Gabriele Kuhn-Zuber | Cornelia Bohnert

Recht in der Heilpädagogik und Heilerziehungspflege

LAMBERTUS

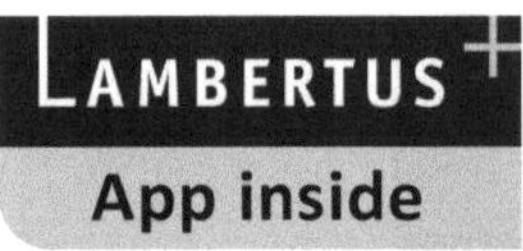

Laden Sie dieses Buch kostenlos auf Ihr Smartphone, Tablet und/oder Ihren PC und profitieren Sie von zahlreichen Vorteilen:

- **kostenlos:** Der Online-Zugriff ist bereits im Preis dieses Buchs enthalten
- **verlinkt:** Die Inhaltsverzeichnisse sind direkt verlinkt, und Sie können selbst Lesezeichen hinzufügen
- **durchsuchbar:** Recherchemöglichkeiten wie in einer Datenbank
- **annotierbar:** Fügen Sie an beliebigen Textstellen eigene Annotationen hinzu
- **sozial:** Teilen Sie markierte Texte oder Annotationen bequem per E-Mail oder Facebook

Aktivierungscode: kzrh-2022

Passwort: 7848-3002

Download App Store/Google play:

- **App Store/Google play** öffnen
- Im Feld **Suchen Lambertus**+ eingeben
- **Laden** und **starten** Sie die **Lambertus**+ **App**
- Oben links den Aktivierungsbereich anklicken um das E-Book freizuschalten
- Bei **Produkte aktivieren** den **Aktivierungscode** und das **Passwort** eingeben und mit **Aktivieren** bestätigen
- Mit dem Button **Bibliothek** oben links gelangen Sie zu den Büchern

PC-Version:

- Gehen Sie auf **www.lambertus.de/appinside**
- **Aktivierungscodes** oben anklicken, um das E-Book freizuschalten
- **Aktivierungscode** und **Passwort** eingeben und mit **Aktivieren** bestätigen
- Wenn Sie Zusatzfunktionen wie persönliche Notizen und Lesezeichen nutzen möchten, können Sie sich oben rechts mit einer persönlichen E-Mail-Adresse dafür registrieren
- Mit dem Button **Bibliothek** oben links gelangen Sie zu den Büchern

Bei Fragen wenden Sie sich gerne an uns:
Lambertus-Verlag GmbH – Tel. 0761/36825-24 oder
E-Mail an info@lambertus.de

Gabriele Kuhn-Zuber | Cornelia Bohnert

Recht in der Heilpädagogik und Heilerziehungspflege

Bibliografische Information der Deutschen Nationalbibliothek

Die Deutsche Nationalbibliothek verzeichnet diese Publikation in der Deutschen Nationalbibliografie; detaillierte bibliografische Daten sind im Internet über http://dnb.d-nb.de abrufbar.

3., vollständig überarbeitete Auflage

www.lambertus.de
Umschlaggestaltung: Nathalie Kupfermann, Bollschweil
Druck: Elanders GmbH, Waiblingen
ISBN: 978-3-7841-3396-6
ISBN ebook: 978-3-7841-3397-3

Inhalt

Die

Lösungen

zu den

Übungsaufgaben

finden Sie unter

https://bit.ly/33jeWnv

Vorwort zur dritten Auflage

In den Jahren seit dem Erscheinen der zweiten Auflage des vorliegenden Lehrbuches ist die Sozialgesetzgebung rasant vorangeschritten. Von herausragender Bedeutung für das Recht in der Heilerziehungspflege und in der Heilpädagogik war das Inkrafttreten des Bundesteilhabegesetzes, dessen Umsetzung sowohl im Recht als auch in der Praxis noch lange nicht abgeschlossen ist. Allerdings war das nicht das einzige Gesetz, das die Regelungen, die in diesem Buch aufgeführt und erläutert werden, grundlegend geändert hat – im Kinder- und Jugendhilferecht, im Betreuungsrecht, im Pflegerecht – überall gab es bei der Neubearbeitung Änderungen zu berücksichtigen. Insofern sind das Recht der Rehabilitation, das Pflegerecht komplett überarbeitet worden; das Recht der Kinder- und Jugendhilfe greift das Kinder- und Jugendstärkungsgesetz und das Betreuungsrecht das Gesetz zur Reform des Vormundschafts- und Betreuungsrechts auf. Das Lehrbuch ist auf dem Rechtsstand vom Herbst 2021; zum großen Teil wurden Änderungen, die erst in den kommenden Jahren in Kraft treten, bereits mit berücksichtigt und durch besondere Hinweise kenntlich gemacht.

Die Autorinnen behalten dabei das Konzept, ein umfassendes Lehrbuch für alle rechtlich relevanten Bereiche der Heilpädagogik und der Heilerziehungspflege zu bieten, bei. Zahlreiche aktualisierte Beispiele und Graphiken veranschaulichen die rechtlichen Fragestellungen; Wiederholungsfragen und -fälle sollen dazu beitragen, die gelernten Inhalte zu vertiefen.

Die Autorinnen hoffen, dass Studierende der Heilpädagogik und Auszubildende in der Heilerziehungspflege, aber auch Studierende und Auszubildende in anderen sozialprofessionellen Bereichen Zugang zu den oft sehr komplexen Rechtsfragen finden und dieses Buch als Lern- und Nachschlagewerk nutzen können.

Wohl wissend, dass die Materie sehr komplex und nicht auszuschließen ist, dass sich Missverständnisse und Fehler trotz sorgfältiger Bearbeitung eingeschlichen haben, sind die Autorinnen für Hinweise und Vorschläge aus der Leser:innenschaft sehr dankbar.

Berlin, im Oktober 2021

Gabriele Kuhn-Zuber, Cornelia Bohnert

Vorwort zur ersten Auflage

Das vorliegende Lehrbuch fasst erstmalig alle für das Studium der Heilpädagogik und die Ausbildung in der Heilerziehungspflege relevanten rechtlichen Grundlagen umfassend zusammen. Die Autorinnen greifen dabei auf ihre jahrelangen Lehrerfahrungen im Studiengang Heilpädagogik zurück. Diese Erfahrung ist auch dadurch gekennzeichnet, dass für Studierende und Auszubildende im Sozialen Bereich der Zugang zu juristischen Themen trotz ihrer hohen Bedeutung in der beruflichen Praxis nicht immer einfach ist. Mit Hilfe zahlreicher Beispielsfälle, Graphiken und Übungsaufgaben soll die Materie anschaulich und erlernbar gemacht und damit für das Studium und die Ausbildung eine wertvolle Hilfe bei der Bearbeitung rechtlicher Fachgebiete geschaffen werden. Darüber hinaus ist es aufgrund der zahlreichen Informationen auch als Nachschlagewerk in der Praxis oder in anderen Studiengängen des Sozialwesens nutzbar.

In Anbetracht des Stoffumfangs musste die Darstellung begrenzt bleiben. Die Auswahl orientiert sich am grundlegend Notwendigen für das Verständnis juristischer Sachverhalte und vor allem an den Erfordernissen der heilpädagogischen und heilerzieherischen Praxis. Insofern liegen die Schwerpunkte des Buches bei den zivil- und sozialrechtlichen Grundlagen; zugleich finden sich aufgrund steigender Bedeutung Darstellungen zum Recht der Europäischen Union und insbesondere zur UN-Behindertenrechtskonvention. Der Rechtsstand entspricht dem 30.4.2014. Das bisher nur im Entwurf vorliegende Pflege-Stärkungsesetz, das zum 1.1.2015 in Kraft treten soll, wird an den entsprechenden Stellen im Kapitel 4.5 kursiv dargestellt.

Die Bearbeitung der Kapitel entspricht den jeweiligen Lehrschwerpunkten der Autorinnen. So wurden die Kapitel 1, 2.8, 3, 4.1, 4.2, 4.4 bis 4.6 sowie 5.2 von Gabriele Kuhn-Zuber und die Kapitel 2, 4.3, 4.7 und 5.1 von Cornelia Bohnert bearbeitet. Hinweise zu weiterführender Literatur finden sich im Literaturverzeichnis, auf die Aufnahme eines umfangreichen wissenschaftlichen Fußnotenapparates wurde zugunsten besserer Lesbarkeit und Verständlichkeit verzichtet. Die Autorinnen sind sich durchaus bewusst, dass eine geschlechtersensible Sprache von hoher Bedeutung ist und hätten gern gerade in diesem Lehrbuch auf eine solche nicht verzichtet. Die konsequente Durchsetzung hätte allerdings den Umfang des Buches erheblich vergrößert, sodass sie sich letztlich dafür entschieden haben, ausschließlich auf die männlichen Formen zurückzugreifen. Von diesen werden in jedem Fall auch Frauen und alle anderen Geschlechter mit erfasst.

Es ist nie ausgeschlossen, dass sich in einem Buch, welches allein aufgrund der Komplexität anfällig ist, immer wieder Fehler einschleichen können oder Verständnisfragen entstehen, die von den juristisch vorgeprägten Autorinnen nicht berücksichtigt wurden. Sie sind den Leserinnen und Lesern für kritische Stellungnahmen und Hinweise zur Verbesserung des Buches sehr dankbar.

Berlin, im August 2014

Gabriele Kuhn-Zuber, Cornelia Bohnert

Abkürzungsverzeichnis

A.A. / a.A.	andere Ansicht
Abs.	Absatz
ABl.	Amtsblatt
AEUV	Vertrag über die Arbeitsweise der Europäischen Union
a.F.	alte Fassung
AG	Amtsgericht oder Arbeitsgemeinschaft
AGG	Allgemeines Gleichbehandlungsgesetz
AHB	Anschlussheilbehandlung
AHP	Anhaltspunkte für die ärztliche Gutachtertätigkeit
Alg	Arbeitslosengeld
Alt.	Alternative
AO	Abgabenordnung
AOK	Allgemeine Ortskrankenkasse
ArbGG	Arbeitsgerichtsgesetz
ASD	Allgemeiner Sozialer Dienst
Art.	Artikel
Az.	Aktenzeichen
BaföG	Bundesausbildungsförderungsgesetz
BÄO	Bundesärzteordnung
BAR e.V.	Bundesarbeitsgemeinschaft für Rehabilitation
BBW	Berufsbildungswerk
BDSG	Bundesdatenschutzgesetz
BeamtVG	Beamtenversorgungsgesetz
BerHG	Beratungshilfegesetz
BeurkG	Beurkundungsgesetz
BFW	Berufsförderungswerk
BGB	Bürgerliches Gesetzbuch
BGBl.	Bundesgesetzblatt
BGG	Behindertengleichstellungsgesetz
BGH	Bundesgerichtshof
BIH	Bundesarbeitsgemeinschaft der Integrationsämter und Hauptfürsorgestellen
BKGG	Bundeskindergeldgesetz
BKK	Betriebskrankenkasse

BMAS	Bundesministerium für Arbeit und Soziales
BMG	Bundesministerium für Gesundheit
BNotO	Bundesnotarordnung
BRK	Behindertenrechtskonvention
BSG	Bundessozialgericht
BSR	Berliner Stadtreinigung
BtBG	Betreuungsbehördengesetz
BTHG	Bundesteilhabegesetz
BtPrax	Betreuungsrechtliche Praxis
BudgetV	Budgetverordnung
BVerfG	Bundesverfassungsgericht
BVG	Bundesversorgungsgesetz
d. h.	das heißt
EinglHV	Eingliederungshilfeverordnung
EMRK	Europäische Menschenrechtskonvention
EStG	Einkommenssteuergesetz
EU	Europäische Union
EuGH	Europäischer Gerichtshof
EGMR	Europäischer Gerichtshof für Menschenrechte
EStG	Einkommenssteuergesetz
e. V.	eingetragener Verein
f. / ff.	folgender / folgende
FamFG	Gesetz über das Verfahren in Familiensachen und in den Angelegenheiten der freiwilligen Gerichtsbarkeit
FamRZ	Zeitschrift für das gesamte Familienrecht
FrühV	Früherkennungs- und Frühförderungsverordnung
GbR	Gesellschaft bürgerlichen Rechts
GdB	Grad der Behinderung
GdS	Grad der Schädigungsfolgen
GG	Grundgesetz
ggf.	gegebenenfalls
(g)GmbH	(gemeinnützige) Gesellschaft mit beschränkter Haftung
GKV	Gesetzliche Krankenversicherung
GVG	Gerichtsverfassungsgesetz
HS	Halbsatz

HeimG	Heimgesetz
i. d. R.	in der Regel
IfSG	Infektionsschutzgesetz
i. H. v.	in Höhe von
i. S. d.	im Sinne des
i. V. m.	in Verbindung mit
JVEG	Justizvergütungs- und Entschädigungsgesetz
KHV	Kommunikationshilfeverordnung
KKG	Gesetz zur Kooperation und Information im Kinderschutz
KonsG	Konsulargesetz
LAG	Lastenausgleichsgesetz
LG	Landgericht
LPartG	Lebenspartnerschaftsgesetz
LSG	Landessozialgericht
MdE	Minderung der Erwerbsfähigkeit
MDK	Medizinischer Dienst der Krankenversicherung
NDV	Nachrichtendienst des Deutschen Vereins für öffentliche und private Fürsorge
n. F.	neue Fassung
OEG	Opferentschädigungsgesetz
OLG	Oberlandesgericht
OVG	Oberverwaltungsgericht
PSG	Pflegestärkungsgesetz
PsychThG	Psychotherapeutengesetz
RehaAnglG	Rehabilitations-Angleichungsgesetz
RelErzG	Gesetz über die religiöse Kindererziehung
Rn.	Randnummer
RechtsPflG	Rechtspflegergesetz
S.	Seite / Satz
SchKG	Schwangerschaftskonfliktgesetz
SchulG	Schulgesetz
SchwbAV	Schwerbehindertenausgleichsabgabenverordnung
SchwbAwV	Schwerbehindertenausweisverordnung
SchwbG	Schwerbehindertengesetz
SG	Sozialgericht

SGB	Sozialgesetzbuch
SGG	Sozialgerichtsgesetz
s.o. / s.u.	siehe oben / siehe unten
SoVD	Sozialverband Deutschland e. V.
StGB	Strafgesetzbuch
StPO	Strafprozessordnung
StVZO	Straßenverkehrszulassungsordnung
SVG	Gesetz über die Versorgung für die ehemaligen Soldaten der Bundeswehr und ihre Hinterbliebenen
u. Ä.	und Ähnlichem
usw.	und so weiter
u. U .	unter Umständen
UhVorschG	Unterhaltsvorschussgesetz
UStG	Umsatzsteuergesetz
VA	Verwaltungsakt
v. a.	vor allem
VBVG	Gesetz über die Vergütung von Vormündern und Betreuern
vgl.	vergleiche
VwGO	Verwaltungsgerichtsordnung
VwVfG	Verwaltungsverfahrensgesetz
WBVG	Wohn- und Betreuungsvertragsgesetz
WfbM	Werkstatt für behinderte Menschen
WHO	Weltgesundheitsorganisation
WMVO	Werkstattmitwirkungsverordnung
WoGG	Wohngeldgesetz
WRV	Weimarer Reichsverfassung
WVO	Werkstätten-Verordnung
z. B.	zum Beispiel
ZDG	Gesetz über den Zivildienst der Kriegsdienstverweigerer
z. T.	zum Teil
ZPO	Zivilprozessordnung

1 Grundlagen des Rechts

Rechtliche Grundlagen sind in unserer **Rechtsordnung** geregelt. Sie enthält verbindliche **Normen**, die für das Zusammenleben der Menschen in der Gesellschaft notwendig sind. Sie enthält ebenso die Normen, die Rechtsansprüche begründen und deren Durchsetzung unterstützen. Rechtsnormen werden durch einen demokratisch legitimierten Gesetzgeber erlassen; ihre Einhaltung wird von unabhängigen Gerichten durchgesetzt.

Das Recht

- schafft Institutionen und regelt deren Handlungsweise. Durch diese **Institutionalisierung** werden u. a. soziale Leistungen berechenbar, planbar und steuerbar;
- sorgt für die Aufbringung und Verteilung finanzieller Mittel, die für die Erbringung sozialer Leistungen notwendig sind **(Ökonomisierung)**;
- beschreibt notwendige Qualitätsstandards, regelt Leistungsvereinbarungen und arbeitsrechtliche Rahmenbedingungen und sanktioniert deren Einhaltung **(Qualitätssicherung)**;
- klärt verbindlich strittige Fragen **(Konfliktsteuerung)**.

Im folgenden Kapitel sollen die Grundlagen des Rechtssystems und allgemeine Rechtsbegriffe erläutert werden. Sie bilden die Basis für das grundsätzliche Verständnis rechtlicher Regelungen.

1.1 Grundlagen des Rechtssystems

1.1.1 Objektives und subjektives Recht

Die Rechtsordnung unterscheidet zwischen objektivem und subjektivem Recht. **Objektives Recht** meint die gesamte Rechtsordnung, die Summe aller rechtlichen Regelungen (z. B. Gesetze, Verordnungen, Satzungen) – die **Rechtsnormen**. Rechtsnormen sind durch fünf wesentliche Merkmale gekennzeichnet. Sie

- gelten für eine unbestimmte Vielzahl von Fällen **(abstrakte Regelung)**,
- richten sich an eine unbestimmte Vielzahl von Personen **(generelle Regelung)**,
- werden in einem bestimmten, formell festgelegten **Verfahren** erlassen,
- müssen für ihr Inkrafttreten in einer amtlichen **Publikation** bekannt gemacht werden (z. B. Bundesgesetzblatt oder Gesetz- und Verordnungsblätter der Bundesländer) und
- sind unmittelbar verbindlich und können ggf. **mit staatlichem Zwang durchgesetzt** werden.

Rechtsnormen unterliegen einer bestimmten Rangordnung, der sog. **Normenhierarchie.** Verstößt eine Norm gegen eine höherrangige Rechtsnorm, ist sie rechtswidrig und darf nicht angewendet werden. An oberster Stelle steht grundsätzlich das EU-Recht. Als supranationale Rechtsordnung begründet es Verpflichtungen, denen nicht nur der deutsche Staat und seine Behörden unterworfen sind, sondern auch Rechte und Pflichten für einzelne Bürger. Ranghöchstes nationales Recht ist das Grundgesetz, die deutsche Verfassung. Am Grundgesetz müssen sich alle nachgeordneten innerstaatlichen Rechtsnormen messen lassen. Dazu zählen zunächst die formellen Gesetze. Diese werden durch den demokratisch legitimierten Gesetzgeber in einem formellen Verfahren (Art. 76 ff. GG) erlassen.

In vielen Gesetzen finden sich Ermächtigungsgrundlagen, aufgrund derer Ministerien **Rechtsverordnungen** mit Einzelregelungen erlassen können. Diese vereinfachen das aufwändige formelle Gesetzgebungsverfahren, um auf gesellschaftliche Veränderungen und Bedürfnisse zügig reagieren zu können. Inhalt, Zweck und Ausmaß der in einer Rechtsverordnung geregelten Materie müssen allerdings im formellen Gesetz geregelt sein (Art. 80 GG).

Unterhalb der Rechtsverordnungen stehen die **Satzungen**. Satzungen werden v. a. von juristischen Personen des öffentlichen Rechts aufgrund einer besonderen Rechtsetzungsbefugnis und ihres Selbstverwaltungsrechts erlassen (z. B. Satzungen der Krankenkassen).

Verwaltungsvorschriften (z. B. Fachliche Weisungen der Bundesagentur für Arbeit zur Umsetzung des SGB II) und Empfehlungen (z. B. Gemeinsame Empfehlung Reha-Prozess der Bundesarbeitsgemeinschaft für Rehabilitation[1] oder die Empfehlungen des Deutschen Vereins für öffentliche und private Fürsorge zur Gewährung des Mehrbedarfs bei kostenaufwändiger Ernährung[2]) sind nicht unmittelbar verbindlich und binden die Gerichte bei der Rechtsanwendung und -auslegung nicht. Auch **Gerichtsurteile** sind – anders als im angloamerikanischen Recht (im sog. Common law) – grundsätzlich nicht bindend, da sie immer nur im Einzelfall zwischen zwei Parteien streitige Rechtsfragen regeln (Ausnahme: Urteile des BVerfG [§ 31 BVerfGG]). Gleichwohl werden Entscheidungen der obersten Bundesgerichte in der Praxis häufig berücksichtigt.

Rechtsnormen werden von **Sozialnormen** unterschieden. Diese beanspruchen keine allgemeine Verbindlichkeit, binden nur diejenigen Mitglieder einer Gesellschaft, die diese Sozialnormen für richtig halten, und sind nicht mit staatlichem Zwang durchsetzbar, sofern durch die Nichteinhaltung der Sozialnormen keine anderen Rechtsgüter verletzt werden.

Beispiel

Die Ablehnung einer Bluttransfusion – auch bei dringender medizinischer Notwendigkeit – ist eine Sozialnorm, die von Angehörigen der Religionsgemeinschaft der Zeugen Jehovas befolgt wird. Der Staat kann keine Zwangstransfusion durchsetzen, sofern Betroffene diese bei freier Einsichtsfähigkeit ablehnen. Handelt es sich allerdings z. B. um ein 5-jähriges Kind, welches nach einem Unfall eine dringende Bluttransfusion bei akuter Lebensgefahr benötigt, kann der Staat eingreifen und das Sorgerecht der Eltern teilweise – hier in Bezug auf die Gesundheitssorge – entziehen, um das Leben des Kindes zu retten.

1 https://www.bar-frankfurt.de/service/publikationen/produktdetails/produkt/91.html (23.6.2021)

2 https://www.deutscher-verein.de/de/download.php?file=uploads/empfehlungen-stellungnahmen/2020/dv-12-20_kostenaufwaendige-ernaehrung.pdf (23.6.2021)

Die Hierarchie der Normen lässt sich wie folgt darstellen:

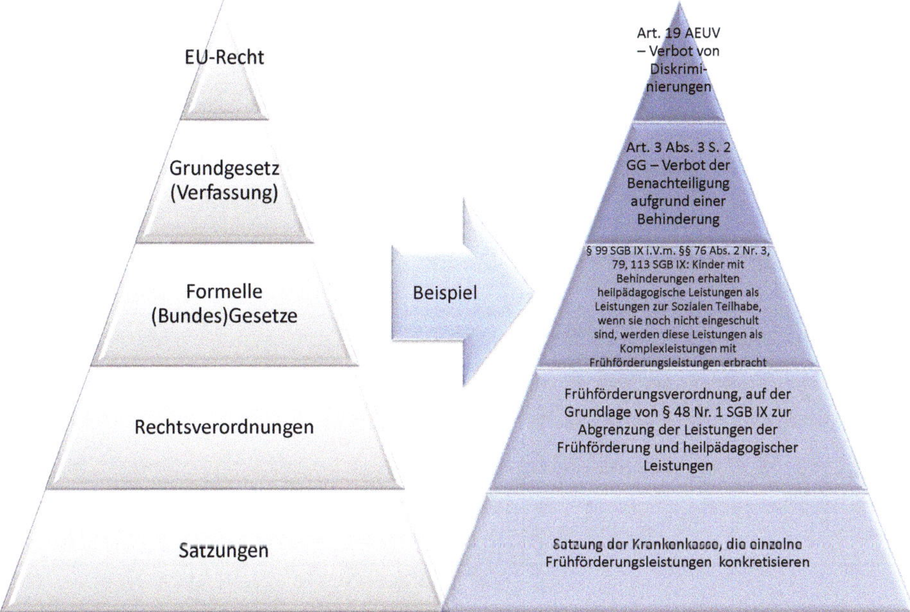

Übersicht 1

Subjektive Rechte sind die sich für die:den Einzelne:n aus dem objektiven Recht ergebenden Individualansprüche. Sie werden im öffentlichen Recht subjektiv-öffentliches Recht genannt.

Beispiel
Der Anspruch auf Eingliederungshilfe ist ein subjektives Recht für denjenigen Menschen mit Behinderung, der die Voraussetzungen des § 99 SGB IX erfüllt. § 99 SGB IX ist Teil des objektiven Rechts, eines Bundesgesetzes.

Subjekte Rechte können als **absolute Rechte** gegenüber jedermann geltend gemacht werden, unabhängig von einer konkreten Rechtsbeziehung (z. B. Eigentumsrechte) oder als **relative Rechte** nur gegenüber einzelnen Personen oder Unternehmen, mit denen eine Rechtsbeziehung besteht (z. B. die Rechte einer:eines Mieter:in gegenüber ihrem:seinem Vermieter:in und umgekehrt oder die Rechte eines:einer Geschädigten gegenüber der:dem Schadensverursacher:in).

1.1.2 Öffentliches Recht und Privatrecht

Die deutsche **Rechtsordnung** unterscheidet zwischen öffentlichem Recht und Privatrecht. Das **öffentliche Recht** regelt die Rechtsbeziehungen der Bürger:innen zum Staat oder zu mit Hoheitsgewalt ausgestatteten Rechtssubjekten (z. B. Träger der Krankenversicherung oder der Rentenversicherung) sowie die Organisation des Staates selbst und die Rechtsbeziehungen zwischen öffentlichen Institutionen. **Privatrecht** regelt die Rechtsbeziehungen der Bürger:innen untereinander oder zwischen Bürger:innen und nicht hoheitlich handelnden Rechtssubjekten (z. B. privaten Unternehmen) oder auch zwischen nicht hoheitlich handelnden

Unternehmen. Es beruht auf der Basis der Gleichordnung und Selbstbestimmung. Das deutsche Rechtssystem unterteilt sich so:

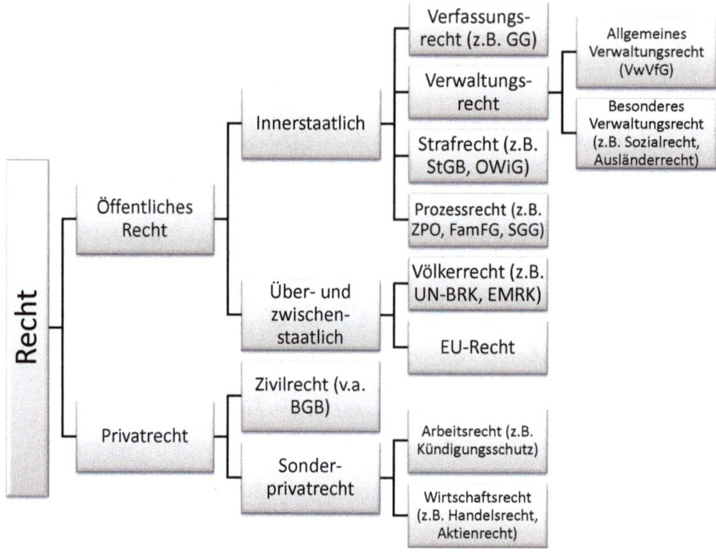

Übersicht 2

In einem Rechtsfall ist es notwendig, die streitentscheidende Norm dem öffentlichen oder dem privaten Recht zuzuordnen. Die Unterscheidung ist zum einen deshalb von Bedeutung, weil ein Träger öffentlicher Gewalt (z. B. eine Behörde, eine staatliche Einrichtung) an das Grundgesetz, insbesondere an die **Grundrechte gebunden** ist und diese im Verhältnis zu den Bürger:innen beachtet werden müssen. Zum anderen ist die Unterscheidung für den jeweiligen Rechtsweg wichtig; öffentliches Recht wird im Konfliktfall vor den Verwaltungs-, Sozial-, Finanz- oder Verfassungsgerichten verhandelt. Die dort geltenden Verfahrensgrundsätze sind für den Rechtssuchenden i. d. R. günstiger, weil der Amtsermittlungsgrundsatz gilt.

Eine dem Rechtsfall zugrundeliegende Rechtsnorm wird jedenfalls dann dem öffentlichen Recht zugeordnet, wenn durch diese ein Träger öffentlicher Verwaltung berechtigt oder verpflichtet wird (sog. **modifizierte Subjektstheorie**). Gilt die Rechtsnorm für jedermann, wird sie dem Privatrecht zugeordnet.

Beispiel 1

Die 12-jährige A mit einer hochgradigen Hörbeeinträchtigung möchte in die 7. Klasse eines Gymnasiums ihres Wohnorts gehen. Sie benötigt hierfür eine Assistenz durch Gebärdensprachdolmetscher:innen sowie Hilfsmittel (Richtmikrophone), um dem Unterricht folgen zu können. Diese Leistungen sind Leistungen zur Teilhabe an Bildung und im Rahmen der Eingliederungshilfe (§§ 99, 112 SGB IX) zu gewähren. Leistungsträger und damit derjenige, gegen den der Anspruch geltend gemacht werden kann, ist hier der Träger der Eingliederungshilfe, der der leistungsberechtigten A die benötigten Hilfen durch einen Bescheid, einen sog. Verwaltungsakt gewährt. Da hier ein Träger öffentlicher Verwaltung – der Träger der Eingliederungshilfe – verpflichtet ist und die §§ 99, 112 SGB IX als sozialrechtliche Normen dem öffentlichen Recht zuzuordnen sind, handelt es sich im vorliegenden Rechtsfall um öffentliches Recht. A kann dann – nach Bewilligung der Leistungen – eine:n Gebärdensprachdolmetscher:in beauftragen und schließt mit dieser:diesem einen Dienstleistungsvertrag (bzw. den Vertrag schließen die gesetzlichen Vertreter:innen von A, weil A noch minderjährig ist) und besorgt sich bei einem Fachgeschäft die Richtmikrophone. Die:der Gebärdensprachdolmetscher:in bzw. das Fachgeschäft sind keine Träger öffentlicher Verwaltung – der Dienstleistungsvertrag und der Kaufvertrag werden nach den Regeln des BGB beurteilt.[3] Deshalb gehören diese beiden Verträge dem Privatrecht an.

Kommt es in den Rechtsverhältnissen zum Streit, muss entschieden werden, vor welchem **Gericht** die Streitigkeit ausgetragen werden muss.

Beispiel 2

Beantragt A im Beispiel 1 eine:n Gebärdensprachdolmetscher:in für 30 Stunden in der Woche, der Träger der Eingliederungshilfe bewilligt aber nur 20 Stunden, muss A – nach einem Widerspruchsverfahren – dann vor das Sozialgericht – ein besonderes Verwaltungsgericht – gehen. Das Verfahren dort wird durch den Amtsermittlungsgrundsatz bestimmt und ist kostenfrei. Stellt sich heraus, dass die:der Gebärdensprachdolmetscher:in nicht die notwendigen Qualifikationen hat oder ständig ausfällt, muss A (bzw. ihre Eltern) vor ein Zivilgericht gehen und eine Vertragsverletzung geltend machen. Dort muss sie alle Beweise vorlegen, die das Fehlverhalten der:des Dolmetscher:in darlegen und zudem Gerichtskosten bezahlen.

Die **Abgrenzung** zwischen öffentlichem Recht und Privatrecht ist dann schwierig, wenn die öffentliche Verwaltung (Staat und Kommunen) öffentliche Aufgaben in privatrechtlichen Formen wahrnehmen.

Beispiel

Die Abfallentsorgung oder die Versorgung mit Wasser, die zu den Aufgaben staatlicher Daseinsvorsorge zählen, werden nicht hoheitlich wahrgenommen, sondern in privatrechtlich organisierter Rechtsform (z. B. durch eine Stadtwerke-GmbH oder eine Aktiengesellschaft). Es werden keine Gebühren erhoben, sondern zivilrechtliche Verträge mit den Nutzern geschlossen.

Man spricht in solchen Fällen von **Verwaltungsprivatrecht**. In diesen Fällen findet zwar das Privatrecht Anwendung, gleichwohl müssen die staatlichen Träger – die „hinter" den privatrechtlichen Organisationen stehen – auch in diesen Rechtsverhältnissen die Grundrechte berücksichtigen und sind z. B. verpflichtet, entsprechende Versorgungsverträge nach dem Gleichbehandlungsgrundsatz auch abzuschließen (keine „Flucht ins Privatrecht", um öffentlich-rechtliche Verpflichtungen zu umgehen[4]).

Darüber hinaus beteiligen sich auch staatliche Hoheitsträger an privatrechtlichen Rechtsgeschäften. Sie müssen z. B. Räume mieten, Büromaterial oder Computer kaufen oder Mitarbeitende anstellen (nicht als Beamt:innen). Diese sog. **fiskalischen Hilfsgeschäfte** sind dem Privatrecht zuzurechnen.

---

3 In der Praxis werden die Leistungen als Dienst- oder Sachleistungen erbracht; A bezahlt weder die:den Gebärdensprachdolmetscher:in noch das Fachgeschäft direkt, sondern die Abrechnung geht über den Träger der Eingliederungshilfe. Das ist Folge des sozialrechtlichen Dreiecksverhältnisses (s. Kapitel 4.1.4). Das soll an dieser Stelle aber zunächst unberücksichtigt bleiben.

4 Vgl. BVerfG, Urteil vom 22.2.2011, 1 BvR 699/06: Hier hatte eine als private Aktiengesellschaft organisierte Flughafengesellschaft, deren Aktien allerdings mehrheitlich in öffentlicher Hand lagen, ein generelles Verbot von Demonstrationen und Versammlungen auf dem Flughafengelände ausgesprochen. Das Bundesverfassungsgericht sah dieses – nach Zivilrecht grundsätzlich zulässige Verbot – als nicht zulässig an, weil hier der staatliche Eigentümer der AG das Grundrecht der Versammlungsfreiheit berücksichtigen muss.

Beispiel
Kauft eine Behörde neue Computer bei einem Elektroniksupermarkt und bezahlt diese nicht, muss der Elektroniksupermarkt Klage beim Zivilgericht (z. B. Amts- oder Landgericht) erheben und die Behörde auf Zahlung verklagen. Eine angestellte Behördenmitarbeiterin, die eine verhaltensbedingte Kündigung bekommt, muss vor einem Arbeitsgericht Kündigungsschutzklage einreichen.

1.1.3 Natürliche und juristische Personen

Inhaber von Rechten und Pflichten sind **Rechtssubjekte**. Die Rechtsordnung unterscheidet dabei zwischen

- natürlichen Personen und
- juristischen Personen.

Natürliche Personen sind alle Menschen unabhängig von Alter, Geschlecht oder Geschäftsfähigkeit. **Juristische Personen** sind Zusammenschlüsse von natürlichen Personen und/oder Sachmitteln, die Träger von Rechten und Pflichten sind. Juristische Personen können als eigene Rechtssubjekte am Rechtsverkehr teilnehmen. Sie sind rechtsfähig und auch parteifähig. Juristische Personen gibt es im Privatrecht und im öffentlichen Recht. Juristische Personen des **Privatrechts** sind z. B. der eingetragene Verein (e. V.), die Kapitalgesellschaften (Gesellschaft mit beschränkter Haftung – GmbH, Aktiengesellschaft – AG) oder privatrechtlich organisierte Stiftungen (z. B. die VW-Stiftung oder die Robert-Bosch-Stiftung oder Stiftungen einzelner Parteien, z. B. die Heinrich-Böll-Stiftung). Juristische Personen des Privatrechts erlangen ihre Rechtsfähigkeit aufgrund gesetzlicher Vorschriften und i. d. R. durch Eintragung in ein Register.

Darüber hinaus gibt es im Privatrecht noch sog. **teilrechtsfähige Vereinigungen**. Dazu gehören nicht rechtsfähige Vereine (z. B. Parteien oder Gewerkschaften), Gesellschaften bürgerlichen Rechts (sog. BGB-Gesellschaft oder GbR, z. B. Anwaltssozietät, Praxisgemeinschaft) oder Handelsgesellschaften (OHG oder KG). Zu den juristischen Personen des öffentlichen Rechts s. u. Kapitel 3.1.1.

1.1.4 Grundlagen der Rechtsanwendung

Bei der **Rechtsanwendung** geht es darum, Einzelfälle und die damit verbundenen rechtlichen Konflikte zu entscheiden oder im Vorfeld gutachterlich zu beurteilen. Sie ist v. a. dadurch gekennzeichnet, dass ein bestimmter Lebenssachverhalt einer bestimmten Norm zugeordnet bzw. ihr untergeordnet wird. Aufgrund der oft schwer verständlichen juristischen Fachsprache liegt hierin eine besondere Herausforderung für soziale Professionen. Grundlegende Voraussetzungen sind:

- Das Erkennen der Struktur von Rechtsvorschriften,
- die Klärung der bestehenden Begriffe sowie
- das Anwenden des Inhalts einer Norm auf den Lebenssachverhalt.

Bei der Lösung eines Falles muss zunächst ermittelt werden, welches Verlangen die Anspruchsteller:innen haben und gegen wen sich dieser Anspruch richtet. Um dies herauszufinden, können die vier **W-Fragen** gestellt werden:

WER will
WAS von
WEM
WORAUS?

„Wer" meint diejenige:denjenigen, die:der etwas verlangt, „Was" was sie:er haben will, „Wem" wer Anspruchsgegner:in ist und „Woraus" schließlich, auf welche Anspruchsgrundlage das Begehren gestützt wird.

Werden Träger öffentlicher Verwaltung tätig und will man die Rechtmäßigkeit einer staatlichen Maßnahme prüfen, spricht man von einer Rechtsgrundlage.

1.1.4.1 Struktur der Rechtsnormen

Es gibt verschiedene Rechtsnormen, die unterschiedliche Funktionen haben. In der Rechtsanwendung von besonderer Bedeutung sind die sog. vollständigen Rechtsnormen. Sie bestehen aus einem **Tatbestand** und einer **Rechtsfolge**. Auf der Tatbestandsseite werden die Voraussetzungen (Tatbestandsvoraussetzungen oder Tatbestandsmerkmale) genannt, die eine bestimmte Rechtsfolge eintreten lassen. Liegen nicht alle Voraussetzungen vor, tritt die Rechtsfolge auch nicht ein.

Die Struktur dieser Normen folgt einem **„Wenn-Dann-Verhältnis"**. Bei einer Anspruchsnorm, die ein subjektives Recht beinhaltet, entspricht die Rechtsfolge dem gewünschten Begehren der Leistungsberechtigten oder Anspruchsinhaber:innen.

Beispiel

Familie B möchte für ihren 3-jährigen Sohn S einen Kindergartenplatz.

Anspruchsnorm oder Anspruchsgrundlage ist § 24 Abs. 3 SGB VIII: „Ein Kind, das das dritte Lebensjahr vollendet hat, hat bis zum Schuleintritt Anspruch auf Förderung in einer Tageseinrichtung."

Tatbestandsvoraussetzungen:

1. Kind
2. Vollendung des dritten Lebensjahres
3. noch nicht in der Schule

Rechtsfolge:

Anspruch auf Förderung in einer Tageseinrichtung (= Kindergartenplatz)

Wenn-Dann-Struktur: **Wenn** ein Kind drei Jahre alt ist und noch nicht in der Schule, **dann** hat es Anspruch auf Förderung in einer Kita.

In vielen Fällen ist die Wenn-Dann-Struktur der Norm nicht eindeutig erkennbar, lässt sich aber in eine solche umformulieren.

Beispiel

§ 19 Abs. 1 S. 1 SGB II: Erwerbsfähige Leistungsberechtigte erhalten Arbeitslosengeld II.

Wenn-Dann-Struktur: **Wenn** jemand erwerbsfähige:r Leistungsberechtigte:r ist, **dann** erhält sie:er Arbeitslosengeld II.

Es gibt Normen, die für den Eintritt einer Rechtsfolge nur eine **Tatbestandsvoraussetzung** haben, andere haben mehrere, die erfüllt sein müssen, um die Rechtsfolge eintreten zu lassen.

Beispiele

1. Für nur eine *Tatbestandsvoraussetzung*: § 19 Abs. 1 S. 1 SGB II: „erwerbsfähiger Leistungsberechtigter".
2. Für mehrere Tatbestandsvoraussetzungen: § 33 Abs. 1 S. 1 SGB V: „Versicherte haben Anspruch auf Versorgung mit Hörhilfen, Körperersatzstücken, orthopädischen und anderen Hilfsmitteln, die im Einzelfall erforderlich sind, um den Erfolg der Krankenbehandlung zu sichern, einer drohenden Behinderung vorzubeugen oder eine Behinderung auszugleichen, soweit die Hilfsmittel nicht als allgemeine Gebrauchsgegenstände des täglichen Lebens anzusehen oder nach § 34 Abs. 4 ausgeschlossen sind."

Tatbestandsvoraussetzungen (aus § 33 Abs. 1 SGB V):

- Versicherung der:des Leistungsberechtigten („Versicherte"),
- im Einzelfall erforderlich,
- um Erfolg einer Krankenbehandlung zu sichern oder einer drohenden Behinderung vorzubeugen oder eine Behinderung auszugleichen,
- kein allgemeiner Gebrauchsgegenstand des täglichen Lebens und
- kein Ausschluss nach § 34 Abs. 4 SGB V.

Rechtsfolge:
Anspruch auf Hilfsmittel

Manche Vorschriften kennen sog. **ungeschriebene Tatbestandsmerkmale**, die entweder aus rechtssystematischen Gründen mitgedacht werden müssen oder die durch die Rechtsprechung entwickelt wurden.

Beispiele

1. Bei einer Schadensersatzpflicht nach § 823 BGB muss neben der Verletzungshandlung und dem Schaden ein Zusammenhang zwischen der Handlung der:des Schädiger:in und dem Schaden der:des Geschädigten bestehen. Dieser Ursachenzusammenhang wird im Gesetz nicht ausdrücklich erwähnt.
2. Bei einem Anspruch auf ein Hilfsmittel gegen die gesetzliche Krankenversicherung wird immer geprüft, ob dieses Hilfsmittel auch ein Grundbedürfnis des täglichen Lebens erfüllt. Geht das Hilfsmittel über ein Grundbedürfnis hinaus, ist die Krankenversicherung nicht leistungspflichtig. Ein Grundbedürfnis des täglichen Lebens ist z. B. das Gehen. Benötigt ein Mensch, dem nach einem Unfall beide Beine amputiert wurden, Prothesen, stehen ihm diese zu, weil er damit eine Behinderung ausgleichen kann und gleichzeitig sein Grundbedürfnis zu gehen erfüllt. Will er jedoch spezielle Sportprothesen, die ihm ermöglichen, weiterhin Hochleistungssport zu betreiben, geht dies über das Grundbedürfnis hinaus. Die Krankenversicherung wäre hier nicht leistungspflichtig.

In den Gesetzen finden sich neben den vollständigen (Anspruchs-)Rechtsnormen auch andere Normen, die wichtige Tatbestandselemente definieren oder Rechtsnormen ergänzen bzw. ihre Geltung einschränken. Man nennt diese „unvollständigen" Rechtsnormen **Definitionsnormen** oder **Ergänzungsnormen**:

1. Definitionsnormen

Sie **definieren** bestimmte Tatbestandsmerkmale oder Rechtsfolgen.

Beispiele

1. § 7 Abs. 1 Nr. 2 SGB VIII: Jugendlicher (ist), wer 14, aber noch nicht 18 Jahre alt ist. – Definition von „Jugendlicher" i. S. d. SGB VIII
2. § 1591 BGB: Mutter eines Kindes ist die Frau, die es geboren hat – Definition von Mutter

3. 19 Abs. 1 S. 3 SGB II: Die Leistungen umfassen den Regelbedarf, Mehrbedarfe und den Bedarf für Unterkunft und Heizung. – hier wird die Rechtsfolge aus § 19 Abs. 1 S. 1 SGB II – Alg II – inhaltlich definiert

2. Ergänzungsnormen

Ergänzungsnormen können in einer Vorschrift als **Verweisungsnormen** vorkommen. In diesen Vorschriften wird auf andere Gesetze oder Normen verwiesen und damit die „Ursprungsnorm" ergänzt. Verweisungsnormen können entweder nur auf die Rechtsfolgen verweisen (dann muss der Tatbestand der anderen Norm nicht erfüllt sein, sog. **Rechtsfolgenverweisung**) oder auch auf den Tatbestand der anderen Norm Bezug nehmen (dann muss dieser auch erfüllt sein, sog. **Rechtsgrundverweisung**).

Beispiele

1. § 16 SGB VI: „Die Träger der gesetzlichen Rentenversicherung erbringen die Leistungen zur Teilhabe am Arbeitsleben nach den §§ 49 bis 54 des Neunten Buches [...]" ⇒ Rechtsfolgenverweisung auf den Leistungsumfang, der sich aus dem SGB IX ergibt. Die (Tatbestands- oder Leistungs-)Voraussetzungen für die Leistungen ergeben sich aus den SGB VI-Vorschriften.
2. § 26 Abs. 1 SGB X: „Für die Berechnung von Fristen und für die Bestimmung von Terminen gelten die §§ 187 bis 193 des Bürgerlichen Gesetzbuches entsprechend [...]" ⇒ Rechtsgrundverweisung, hinsichtlich der Bestimmung von Fristen müssen die Voraussetzungen des BGB erfüllt sein.

Bestimmte Normen müssen zur Auslegung des Tatbestandes herangezogen werden. Sie **ergänzen** bestimmte Tatbestandsmerkmale. Will man z. B. prüfen, ob jemand krankenversichert ist, damit sie:er Leistungen der gesetzlichen Krankenversicherung in Anspruch nehmen kann, kann über § 5 SGB V die Versicherungspflichtigkeit festgestellt werden. Prüft man den Unterhaltsanspruch eines minderjährigen Kindes gegen einen unterhaltspflichtigen Elternteil, ist das in § 1601 BGB geregelt („Verwandte in gerader Linie sind verpflichtet, einander Unterhalt zu gewähren"). Diese Norm muss ergänzt werden durch z. B. § 1602 BGB – Bedürftigkeit –, denn der Unterhaltsanspruch besteht nur dann, wenn die:der Unterhaltsberechtigte nicht in der Lage ist, sich selbst zu unterhalten und durch § 1603 BGB – Leistungsfähigkeit –, denn es ist nur die Person unterhaltspflichtig, die auch so viel Einkommen hat, dass sie Unterhalt leisten kann. Andere Ergänzungsnormen schränken die Tatbestandsvoraussetzungen oder die Geltung einer Norm ein. Hierbei handelt es sich um **Gegennormen**.

Beispiel

§ 100 Abs. 2 SGB IX: „Leistungsberechtigte nach § 1 des Asylbewerberleistungsgesetzes erhalten keine Leistungen der Eingliederungshilfe" ⇒ aus dieser Norm folgt, dass, selbst wenn ein Mensch eine wesentliche Behinderung hat und eigentlich nach § 99 SGB IX die Voraussetzungen für eine Leistung der Eingliederungshilfe vorliegen, dieser Mensch dann keine Leistung erhält, wenn er unter das Asylbewerberleistungsgesetz fällt (z. B. Ausländer:innen im Asylverfahren oder mit aufenthaltsrechtlicher Duldung).

1.1.4.2 Auflösung der bestehenden Begrifflichkeiten

Rechtsnormen enthalten abstrakt-generelle Regelungen und regeln nicht einen konkreten Einzelfall. Die Begriffe in diesen Normen sind daher teilweise wenig bestimmt. Klare und eindeutige oder definierte Begriffe nennt man **„bestimmte Rechtsbegriffe"**. Sie finden v. a. bei Orts-, Zahlen- und Zeitangaben (z. B. Lebensalter) oder bei technischen Angaben Anwendung, können aber auch durch die Norm selbst definiert sein.

Beispiele

1. § 35 SGB VI: Versicherte haben Anspruch auf Regelaltersrente, wenn sie
   - die **Regelaltersgrenze** erreicht und
   - die allgemeine Wartezeit erfüllt haben.
   - Die Regelaltersgrenze wird mit **Vollendung des 67. Lebensjahres** erreicht. ⇒ Definition des Begriffs „Regelaltersgrenze"
2. § 1 BGB: Die Rechtsfähigkeit des Menschen beginnt mit der Vollendung der Geburt. ⇒ Definition des Beginns der Rechtsfähigkeit
3. § 2 BGB: Die Volljährigkeit tritt mit der Vollendung des 18. Lebensjahres ein. ⇒ Definition Volljährigkeit

Der Vielzahl und Unterschiedlichkeit möglicher Lebenssituationen können jedoch genaue Definitionen nicht immer gerecht werden. Aus diesen Gründen enthalten Tatbestände, manchmal auch die Rechtsfolgenseite von Rechtsnormen, häufig sog. **unbestimmte Rechtsbegriffe**. Es handelt sich hierbei um rechtliche Fachbegriffe, die einer Interpretation zugänglich sind bzw. ausgelegt werden müssen. Bei einer Auslegung wird der relevante Inhalt eines Rechtsbegriffs fachlich gedeutet. Als **Auslegungsmethoden** kennt das Rechtssystem:

- Die **wörtliche** Auslegung (Orientierung am natürlichen Sprachsinn),
- die **systematische** Auslegung (Orientierung am Zusammenhang der anderen, die Vorschrift umgebenden Normen),
- die **historische** Auslegung (Orientierung an der rechtsgeschichtlichen Entwicklung einer Norm, einschließlich der Begründung zu den Gesetzentwürfen) und
- die **teleologische** Auslegung (Orientierung am Sinn und Zweck der Norm).

Unbestimmte Rechtsbegriffe können beschreibend oder wertausfüllend sein. Sie sind i. d. R. **gerichtlich voll überprüfbar**.

Beispiele für unbestimmte Rechtsbegriffe: „Wohl des Kindes", „angemessen", „erforderlich", „geeignete und notwendige Hilfe" „wichtiger Grund".

Einschränkungen für die gerichtliche Überprüfung der Auslegung unbestimmter Rechtsbegriffe in öffentlich-rechtlichen Normen durch die Verwaltung gibt es nur dort, wo diese einen **Beurteilungsspielraum** hat.

Beispiele

1. Prüfungsentscheidungen im Schul- und Hochschulbereich, die auf Einmaligkeit einer bestimmten Prüfungssituation beruhen, die nicht nachgeholt werden kann.
2. Entscheidungen, die durch weisungsfreie, mit Sachverständigen oder Interessenvertreter:innen besetzte Ausschüsse getroffen werden (z. B. Bundesprüfstelle für jugendgefährdende Schriften, die ein bestimmtes Buch als jugendgefährdend indiziert).

In diesen Fällen beschränkt sich die gerichtliche Überprüfbarkeit darauf, festzustellen, ob

- die richtigen Tatsachen und ein vollständiger Sachverhalt zugrunde gelegt wurden,
- die Verfahrensvorschriften eingehalten wurden,
- keine sachfremden Erwägungen maßgebend waren und der Gleichheitsgrundsatz eingehalten wurde und
- allgemeingültige Bewertungsmaßstäbe berücksichtigt wurden.

Ist eine Rechtsnorm dem öffentlichen Recht zuzuordnen und berechtigt oder verpflichtet sie eine Behörde, lässt sich auf der **Rechtsfolgenseite** einer Rechtsnorm zwischen

1. Leistungen, auf die ein konkreter Anspruch besteht (gebundene Verwaltung) und
2. Leistungen, die nach pflichtgemäßem Ermessen der Verwaltung gewährt werden (Ermessenverwaltung),

unterscheiden.

Bei der **gebundenen Verwaltung** haben Leistungsberechtigte einen Anspruch auf die Leistung, die die Norm vorsieht, sofern alle Tatbestandsvoraussetzungen erfüllt sind.

Beispiele

1. § 27 Abs. 1 S. 1 SGB VIII: Ein:e Personensorgeberechtigte:r hat bei der Erziehung eines Kindes oder eines Jugendlichen Anspruch auf Hilfe (Hilfe zur Erziehung), wenn eine dem Wohl des Kindes oder der:desJugendlichen entsprechende Erziehung nicht gewährleistet ist und die Hilfe für ihre:seine Entwicklung geeignet und notwendig ist.
2. § 19 Abs. 1 S. 1 SGB II: Erwerbsfähige Leistungsberechtigte erhalten Arbeitslosengeld II.

Eine gebundene Entscheidung kann allerdings auch vorliegen, wenn eine **Maßnahme zulasten** einer Person durchgeführt werden muss.

Beispiele

§ 31a Abs. 1 S. 1 SGB II: „Bei einer Pflichtverletzung nach § 31 mindert sich das Arbeitslosengeld II in einer ersten Stufe um 30 % des für die erwerbsfähige leistungsberechtigte Person nach § 20 maßgebenden Regelbedarfs."

Es handelt sich um sog. **Muss-Vorschriften**, die Behörde hat in diesen Fällen keinen Handlungsspielraum, die Rechtsfolge ist zwingend. Diese Vorschriften erkennt man häufig bereits am Wortlaut. Sie verwenden den Indikativ („ist verpflichtet", „erhalten", „mindert", „hat Anspruch auf").

Weniger bindend in ihrer Rechtsfolge sind sog. **Soll-Vorschriften**. Hier ist die Behörde in der Regel an die vorgesehene Rechtsfolge gebunden, kann aber im Ausnahmefall bei atypischen Umständen anders entscheiden. Allerdings dürfen sich diese Umstände nicht auf verwaltungsinterne Gründe beziehen (z. B. Finanzknappheit).

Beispiel

§ 16 Abs. 3 SGB VIII: Müttern und Vätern sowie schwangeren Frauen und werdenden Vätern sollen Beratung und Hilfe in Fragen der Partnerschaft und des Aufbaus elterlicher Erziehungs- und Beziehungskompetenzen angeboten werden.

Manche Normen lassen der Verwaltung einen relativ großen Handlungsspielraum, damit diese die zweckmäßigste Entscheidung treffen kann. Bei diesen Rechtsnormen tritt die vorgesehene Rechtsfolge nicht zwingend bei Erfüllung der Tatbestandsvoraussetzungen ein, sondern erst nach Ermessensüberlegungen der Behörde. Diese **Kann-Bestimmungen** räumen der Behörde ein Ermessen darüber ein, **ob** sie tätig werden soll (sog. **Entschließungsermessen**). Ist eine Entscheidung über das **Wie** der Leistung zu treffen, besteht **Auswahlermessen**. Bei der Ausübung des Ermessens sind fachliche Standards ebenso zu berücksichtigen wie allgemeine Rechtsgrundsätze und verfassungsrechtliche Wertentscheidungen. Im Sozialrecht gibt es auf eine **pflichtgemäße Ermessensausübung** einen Rechtsanspruch (vgl. § 39 Abs. 1 S. 2 SGB I).

Beispiele

1. § 27 Abs. 3 S. 1 SGB II: Leistungen können für Regelbedarfe, den Mehrbedarf nach § 21 Absatz 7, Bedarfe für Unterkunft und Heizung, Bedarfe für Bildung und Teilhabe und notwendige Beiträge zur Kranken- und Pflegeversicherung erbracht werden, sofern der Leistungsausschluss nach § 7 Absatz 5 eine besondere Härte bedeutet.
2. § 13 Abs. 1 S. 1 SGB VI: „Der Träger der Rentenversicherung bestimmt im Einzelfall unter Beachtung des Wunsch- und Wahlrechts des Versicherten im Sinne des § 8 des Neunten Buches und der Grundsätze der Wirtschaftlichkeit und Sparsamkeit Art, Dauer, Umfang, Beginn und Durchführung dieser Leistungen sowie die Rehabilitationseinrichtung nach pflichtgemäßem Ermessen."

Ermessensnormen sind an den Formulierungen „kann", „ist befugt", „darf", „nach pflichtgemäßem Ermessen" u. Ä. erkennbar.

Ermessensentscheidungen können von den Gerichten **nur eingeschränkt überprüft** werden, da diese aus Gründen der Gewaltenteilung nicht ihr Ermessen an die Stelle des Ermessens der Behörde setzen können. Das Gericht kann lediglich überprüfen, ob die Behörde ihr Ermessen fehlerhaft ausgeübt hat. Folgende Fehler führen zur Rechtswidrigkeit einer Ermessensentscheidung:

1. **Ermessensüberschreitung**, d. h. die Behörde hat nicht innerhalb des gesetzlich eingeräumten Rahmens entschieden; die Grenzen sind überschritten.

Beispiel 1

Nach § 16b Abs. 2 S. 1 SGB II wird das Einstiegsgeld als Eingliederungsmaßnahme für erwerbsfähige Leistungsberechtigte, die eine sozialversicherungspflichtige oder selbstständige Tätigkeit aufnehmen wollen, für höchstens 24 Monate erbracht. Würde das Jobcenter das Einstiegsgeld für 36 Monate gewähren, würde es den gesetzlich vorgegebenen Ermessensspielraum überschreiten.

2. **Ermessensnichtgebrauch** oder -ausfall, d. h. die Behörde hat überhaupt kein Ermessen ausgeübt oder dies zu eng eingeschätzt.

Beispiel 2

Wie Beispiel 1: Das Jobcenter gewährt in jedem Fall das Einstiegsgeld für 24 Monate, obwohl der Gesetzgeber mit dem Begriff „höchstens" 24 Monate auch einen Spielraum für eine zeitlich geringere Förderung ermöglicht. Hier hätte die Behörde ihr Ermessen gar nicht ausgeübt.

3. **Ermessensfehlgebrauch** oder -missbrauch, d. h. die Behörde hat von ihrem Ermessen in einer Weise Gebrauch gemacht, die mit dem Zweck der Ermessensermächtigung nicht in Einklang steht oder die gegen sonstige rechtsstaatliche Grundsätze verstößt.

Beispiel 3

Wie Beispiel 1: Der Sachbearbeiter, der über die Bewilligung des Einstiegsgeldes zu entscheiden hat, gewährt die Leistung nicht, weil der Antragsteller der neue Ehemann seiner von ihm geschiedenen Frau ist.

Bei Ermessensentscheidungen muss die Behörde die Entscheidung besonders begründen, damit die Antragsteller:innen überprüfen können, ob und wie das Ermessen ausgeübt wurde (vgl. § 35 Abs. 1 S. 3 SGB X).

Vom Grundsatz einer freien Ermessensausübung und der Möglichkeit, aus mehreren Varianten die zweckmäßigste im Einzelfall auszuwählen, gibt es eine Ausnahme. Hierbei ist der

Ermessensspielraum der Behörde so eingeschränkt, dass es nur eine rechtmäßige Entscheidung gibt und alle anderen Entscheidungen rechtsfehlerhaft wären. In diesen Fällen ist das **Ermessen „auf Null reduziert“**. Es ist dann anzunehmen, wenn wichtige Rechtsgüter – v. a. Leben oder Gesundheit – erheblich gefährdet sind.

Beispiel

Ein kranker Mensch benötigt dringend medizinische Behandlung, die kurzfristig nur in einem Spezialkrankenhaus in Österreich erbracht werden kann. Die Krankenkasse verweist auf eigene Einrichtungen, die zwar eine Wartezeit von drei Monaten haben, mit denen sie allerdings Versorgungsverträge geschlossen hat. Hier ist die Gesundheit der betroffenen Person erheblich gefährdet, eine andere Entscheidung als die Bewilligung der Behandlung in Österreich ist nicht möglich.

Unbestimmte Rechtsbegriffe und Ermessen dürfen nicht miteinander verwechselt werden. Während unbestimmte Rechtsbegriffe v. a. auf der Tatbestandsebene vorkommen, selten auf der Rechtsfolgenseite, gibt es Ermessen nur auf der Rechtsfolgenseite. Wird ein unbestimmter Rechtsbegriff ausgelegt, ist diese Auslegung kein „Ermessen“ im rechtstechnischen Sinn, denn es gibt nur eine rechtmäßige Auslegung, die gerichtlich voll überprüfbar ist. Das Ermessen dagegen eröffnet mehrere Handlungsoptionen, von denen die Verwaltung die zweckmäßigste und die für den Einzelfall geeignetste Möglichkeit auswählen kann.

1.1.4.3 Anwendung der Norm auf den Lebensalltag – Subsumtion

Die wichtigste Transferleistung bei der Begutachtung von Fällen liegt nach dem Finden der richtigen Anspruchsgrundlage bzw. der für das behördliche Handeln richtigen Rechtsgrundlage und dem Auslegen der jeweiligen Tatbestandsvoraussetzungen darin, den Lebenssachverhalt unter die Norm zu fassen und damit die Fallfrage zu lösen. Die konkrete Anwendung des jeweiligen Gesetzes auf einen Einzelfall heißt **Subsumtion**. Die Subsumtion ist durch folgende Schritte gekennzeichnet:

1. Obersatz bilden: Der Obersatz wird in Form einer Hypothese gebildet, nachdem man die richtige Anspruchs- bzw. Rechtsgrundlage gefunden hat. Er nimmt Bezug auf die Fallfrage und bildet im Grundsatz die 4-W-Frage ab.
2. Herausarbeiten der Voraussetzungen der im Obersatz genannten Norm und ggf. Definition der einzelnen Tatbestandsvoraussetzungen, einschließlich der Auslegung von unbestimmten Rechtsbegriffen.
3. Überprüfen, ob nach dem Sachverhalt/dem vorgegebenen Fall die Voraussetzungen der Norm erfüllt sind (Subsumtion). Hier kommt es darauf an, die abstrakt-generelle Gesetzesnorm auf den konkreten Einzelfall herunterzubrechen. Schritt 2 und 3 können auch miteinander verwoben werden, d. h. es besteht die Möglichkeit, eine Tatbestandsvoraussetzung zu definieren und dann gleich eine entsprechende Information aus dem Sachverhalt zu subsumieren.
4. Feststellung der Rechtsfolge bzw. des Ergebnisses. Hier wird die im Obersatz aufgestellte Hypothese aufgegriffen und beantwortet.

Beispiel

Das Ehepaar M und V hat eine 3 ½-jährige Tochter T. Da beide berufstätig sind, soll T in eine Kindertageseinrichtung gehen. Sie stellen einen Antrag beim örtlich zuständigen Jugendamt; dieses teilt ihnen mit, dass es leider keine freien Plätze gibt und M und V daher keinen Kita-Platz erhalten können. Hat T einen Anspruch auf einen Platz in einer Kindertageseinrichtung?

Auffinden der Rechtsgrundlage für die Betreuung in einer Kindertageseinrichtung – hier § 24 Abs. 3 SGB VIII (im Einzelnen zur Förderung von Kindern in Tageseinrichtungen s. Kapitel 4.3.3.5)

1. Obersatz (Hypothese): T könnte Anspruch auf Förderung in einer Kindertageseinrichtung nach § 24 SGB VIII haben.
2. Herausarbeiten der Voraussetzungen: Voraussetzung für den Anspruch auf die Förderung in einer Kindertageseinrichtung ist, dass es sich um ein Kind handelt, das das dritte Lebensjahr vollendet hat und das noch nicht in der Schule ist.
3. Definition der Voraussetzungen und Subsumtion:
   - Ein Kind ist nach § 7 Abs. 1 Nr. 1 SGB VIII, wer noch nicht 14 Jahre alt ist. T ist erst dreieinhalb Jahre alt und deshalb ein Kind.
   - T muss das dritte Lebensjahr vollendet haben; da sie bereits dreieinhalb ist, ist diese Voraussetzung erfüllt.
   - T darf noch nicht eingeschult sein; das ist sie in ihrem Alter noch nicht.
4. Ergebnis: Alle Voraussetzungen des § 24 Abs. 3 SGB VIII liegen vor. T hat Anspruch auf Förderung in einer Kindertageseinrichtung.

Übungsaufgaben

1. Nennen Sie Funktionen des Rechts!
2. In welchem Verhältnis stehen das Europäische Gemeinschaftsrecht, formelle Bundesgesetze, Rechtsverordnungen und Satzungen zueinander?
3. Welche Unterschiede bestehen zwischen objektivem und subjektivem Recht?
4. Die Kommune K beschließt, die örtliche Wasserversorgung in einer GmbH zu organisieren. Sie bleibt alleiniger Gesellschafter der GmbH. Ein anderes Unternehmen ist innerhalb dieser Kommune nicht tätig. Der Geschäftsführer der GmbH beschließt, einer Kneipe, die hauptsächlich von rechtsradikalen Jugendlichen besucht wird, kein Wasser mehr zu liefern, um auf diese Weise die Kneipe zum Aufgeben zu zwingen. Ist das zulässig?
5. Was sind unbestimmte Rechtsbegriffe und wo finden sich solche? Können solche durch die Gerichte überprüft werden?
6. Was verstehen Sie unter „gebundener Verwaltung"?
7. Die 56-jährige U erhält seit drei Jahren Leistungen nach dem SGB II. Sie hat Mietschulden i.H.v. drei Monatsmieten. Ihr droht eine Wohnungskündigung. Nach § 22 Abs. 8 SGB II können die Jobcenter Schulden übernehmen, wenn dies zur Sicherung der Unterkunft gerechtfertigt ist. Ist das zuständige Jobcenter verpflichtet, die Mietschulden von U zu übernehmen?
8. Welche Ermessensfehler kennen Sie? Erläutern Sie diese kurz!

1.2 Verfassungsrechtliche Grundlagen

Grundlage der deutschen Rechtsordnung ist das **Grundgesetz**, unsere Verfassung. An diesem muss sich das staatliche Handeln ausrichten, unabhängig davon, ob es sich dabei um Maßnahmen des Gesetzgebers (Legislative), der Verwaltung (Exekutive) oder der Gerichte (Judikative) handelt.

1.2.1 Aufbau des Grundgesetzes

Das Grundgesetz gliedert sich in verschiedene **Abschnitte**. Anders als in sonstigen Bundes- oder Landesgesetzen (Ausnahme ist das Bayerische Landesrecht) werden die einzelnen Normen nicht als Paragrafen, sondern als Artikel bezeichnet.

Im ersten Abschnitt des Grundgesetzes finden sich die **Grundrechte** (Art. 1–19 GG), die Menschen (nicht nur Staatsbürger:innen), die in Deutschland leben, zustehen und von allen staatlichen Institutionen und Organen berücksichtigt werden müssen (Art. 1 Abs. 3 GG). Der zweite Abschnitt regelt die rechtlichen Grundlagen von Bund und Ländern und ihr Verhältnis zueinander (Art. 20–37 GG). Hier sind auch die grundlegenden verfassungsrechtlichen **Prinzipien** des Staates niedergelegt. Die folgenden Abschnitte betreffen die **Bundesorgane** (Art. 38–69 GG: Bundestag, Bundesrat, Bundespräsident und Bundesregierung), die **Gesetzgebung** des Bundes und der Länder, die Ausführung der Bundesgesetze und die Bundesverwaltung sowie die zwischen Bund und Ländern bestehenden Gemeinschaftsaufgaben (Art. 70–91e GG). Vorschriften über das Bundesverfassungsgericht, die obersten Gerichtshöfe des Bundes und die Gerichtsorganisation finden sich im Abschnitt IX, ab Art. 92 GG. In diesem Abschnitt finden sich auch noch wichtige **Justizgrundrechte**.

Art. 79 Abs. 1 GG schreibt vor, dass das Grundgesetz selbst nur durch ein Gesetz geändert werden kann, das den Wortlaut des Grundgesetzes ausdrücklich ändert oder ergänzt. Damit werden „versteckte“ Grundgesetzänderungen vermieden und transparent gemacht, welcher Artikel geändert werden soll. Für eine **Grundgesetzänderung** muss eine Mehrheit von zwei Dritteln jeweils der Mitglieder des Bundestages und der Mitglieder des Bundesrates stimmen; so wird sichergestellt, dass eine ausreichend große Anzahl von Vertreter:innen des Parlaments zustimmt und auch die Bundesländer im notwendigen Umfang beteiligt werden.

Es gibt grundgesetzliche Bestimmungen, die keinerlei Änderungen zugänglich sind. Diese sind in Art. 79 Abs. 3 GG aufgeführt, der sog. **Ewigkeitsgarantie**. Nicht geändert werden dürfen v. a.

- die in **Art. 1 GG niedergelegten Grundsätze**: Diese betreffen v. a. die Achtung und den Schutz der Menschenwürde durch die staatliche Gewalt sowie die Bindung der staatlichen Gewalten an die Grundrechte und
- die in **Art. 20 GG niedergelegten Grundsätze**: Diese beziehen sich im Wesentlichen auf die in der Bundesrepublik Deutschland geltenden Rechtsprinzipien sowie die Gewaltenteilung.

Eine Änderung der durch die Ewigkeitsgarantie geschützten Grundsätze wäre nur durch Inkrafttreten einer neuen Verfassung möglich (Art. 146 GG).

1.2.2 Verfassungsprinzipien

Aus dem Grundgesetz ergeben sich bestimmte Verfassungsprinzipien, die für die deutsche Staatsorganisation und Rechtsordnung fundamental sind. Sie bilden den Hintergrund der Auslegung und der Anwendung der Normen. Die **Verfassungsprinzipien** sind im Wesentlichen in Art. 20 und 28 GG festgelegt. Es handelt sich hierbei um:

1. Das Demokratieprinzip,
2. das Rechtsstaatsprinzip,
3. das Bundesstaatsprinzip,
4. das Sozialstaatsprinzip sowie
5. das Republikprinzip.

Für das Recht in der Heilpädagogik und Heilerziehungspflege sind zwei Verfassungsprinzipien von herausragender Bedeutung: das Rechtsstaatsprinzip und das Sozialstaatsprinzip.

1.2.2.1 Das Rechtsstaatsprinzip

Das Rechtsstaatsprinzip garantiert zunächst eine **Bindung** aller staatlichen Gewalt an die Verfassung und an Recht und Gesetz. Staatliche Organe dürfen nicht willkürlich handeln, sondern sind an die Rechtsordnung, so wie sie vom Grundgesetz bestimmt ist, gebunden. Die Verbindlichkeit der Rechtsnormen führt einerseits zu einem **Vorrang des Gesetzes** und legt andererseits einen **Vorbehalt des Gesetzes** fest.

Vorrang des Gesetzes bedeutet, dass staatliche Organe eine Entscheidung nicht gegen ein Gesetz treffen können und die durch den Gesetzgeber erlassenen Normen berücksichtigen müssen. Dabei gilt die Hierarchie der Rechtsnormen: Verfassung und formell erlassene Bundesgesetze gehen allen anderen Normen vor.

Beispiel
Der Sachbearbeiter im Jobcenter bewilligt einer alleinerziehenden Mutter mit vier Kindern einen finanziellen Zuschuss für eine Waschmaschine, den diese nicht zurückzahlen muss. Das Gesetz sieht allerdings vor (§ 24 Abs. 1 SGB II), dass eine solche Leistung nur als Darlehen vergeben werden darf. Er handelt hier gegen den eindeutigen Gesetzeswortlaut und berücksichtigt den Vorrang des Gesetzes nicht.

Vorbehalt des Gesetzes heißt, dass staatliche Eingriffe in die Rechte von Bürger:innen nicht ohne gesetzliche Ermächtigung erfolgen dürfen. Dieser Vorbehalt ist für Rechte und Pflichten im Sozialleistungsrecht in § 31 SGB I ausdrücklich vorgesehen.

Beispiel
Das Jobcenter fordert eine alleinerziehende Mutter eines Kindes auf, den Namen des Vaters zu nennen, um gegen diesen ggf. Unterhaltsansprüche geltend machen zu können. Die Mutter weigert sich. Das Jobcenter kürzt daraufhin ihr Alg II um 30 %. Hier verstößt das Jobcenter gegen § 31 SGB II, der abschließend die Tatbestände aufzählt, wegen derer eine Kürzung von Alg II möglich ist. Es handelt damit gegen den Vorbehalt des Gesetzes.

Aus dem **Rechtsstaatsprinzip** folgen zudem
- der Gleichbehandlungsgrundsatz sowie
- der Grundsatz der Verhältnismäßigkeit.

Der **Gleichbehandlungsgrundsatz** garantiert, dass öffentliche Einrichtungen und staatliche Organe alle Bürger:innen gleichbehandeln (vgl. auch Art. 3 Abs. 1 GG). Es darf nicht dazu kommen, dass einzelne Menschen bevorzugt oder benachteiligt werden. Der Staat kann allerdings keine absolute Gleichheit aller Menschen gewährleisten, in dem er z. B. jedem Menschen alle Sozialleistungen zukommen lässt. Das Bundesverfassungsgericht hat deshalb den Gleichheitssatz so formuliert, dass der Staat eine Gruppe von Menschen nicht ungleich im Vergleich zu einer anderen Gruppe von Menschen behandeln darf, obwohl zwischen beiden Gruppen keine wesentlichen Unterschiede bestehen, die eine Ungleichbehandlung rechtfertigen könnten. Ebenso wenig ist es möglich, zwei Gruppen gleich zu behandeln, zwischen denen wesentliche Unterschiede bestehen, die eine solche Gleichbehandlung ausschließen. Die Berücksichtigung des Gleichbehandlungsgrundsatzes bedeutet also v. a. ein Verbot von Willkür.

Der Gleichheitsartikel des Grundgesetzes – Art. 3 GG – enthält allerdings auch Regelungen, die ausdrücklich eine Bevorzugung bestimmter Personengruppen erlauben, ohne dass dies gegen das Benachteiligungsverbot verstößt. Dazu gehört die Förderung von Frauen und Menschen mit Behinderungen, um bei diesen Personengruppen Gleichberechtigung und Chancengleichheit erst einmal durchzusetzen (Art. 3 Abs. 2 S. 2 und Abs. 3 S. 2 GG).

Staatliches Handeln muss darüber hinaus **verhältnismäßig** sein. Verhältnismäßigkeit bedeutet, dass Bürger:innen durch eine staatliche Maßnahme nicht übermäßig belastet werden dürfen. Das Verhältnismäßigkeitsprinzip ist gekennzeichnet durch

1. die Feststellung eines im Gesetz angestrebten **legitimen Ziels**,
2. die Feststellung, ob die entsprechende Maßnahme **geeignet** ist, dieses Ziel zu erreichen,
3. die Feststellung, ob die entsprechende Maßnahme **erforderlich** ist, um dieses Ziel zu erreichen oder ob es auch Maßnahmen gibt, die nicht so stark in die Rechte der Betroffenen eingreifen, und
4. die Feststellung, ob die Maßnahme **zumutbar** oder angemessen ist, d. h. ob die Vorteile, die durch die Maßnahme erreicht werden, nicht außer Verhältnis zu der Belastung des Betroffenen stehen.

Beispiel

Einem Elternpaar, das sich aus religiösen Gründen weigert, seine Kinder in die Schule zu schicken, darf nicht sofort das Sorgerecht für die Kinder entzogen werden, auch wenn damit möglicherweise das Ziel – Schutz vor Gefährdung des geistigen Wohls der Kinder – erreicht werden kann. Denn es gibt zunächst Maßnahmen, die weniger in das elterliche Erziehungsrecht eingreifen, z. B. die Androhung und Vollstreckung von Bußgeld oder die Durchsetzung der Schulpflicht nach teilweisem Sorgerechtsentzug und Bestellung einer:eines Ergänzungspfleger:in.

1.2.2.2 Das Sozialstaatsprinzip

Art. 20 Abs. 1 GG bestimmt, dass die Bundesrepublik Deutschland ein „sozialer Bundesstaat“ ist; Art. 28 Abs. 1 GG spricht von einem „sozialen Rechtsstaat“. Das **Sozialstaatsprinzip** verpflichtet den Staat, für soziale Gerechtigkeit und soziale Sicherheit zu sorgen, legt allerdings nicht fest, wie dies konkret zu erfolgen hat (sog. **Staatszielbestimmung**).

Die Rechtsprechung leitet aus dem Sozialstaatsprinzip die Verpflichtung auf eine „gerechte Sozialordnung“, die „Schaffung von Chancengleichheit für sozial Benachteiligte“ und ein „Grundrecht auf Sicherung des notwendigen Existenzminimums“ ab, Letzteres im Zusammenhang mit dem Grundsatz der Menschenwürde. Der Gesetzgeber hat jedoch einen erheblichen **Gestaltungsspielraum**. Er kann in einzelnen Sozialleistungsgesetzen festlegen, welche Leistungen er für angemessen hält, um das Sozialstaatsprinzip zu verwirklichen. Gleichwohl ist er bei diesen Festlegungen nicht völlig frei. So hat das BVerfG die vom Gesetzgeber vorgesehene Bestimmung des Regelbedarfs im Rahmen des SGB II und XII für verfassungswidrig und als Verstoß gegen die **Gewährleistung eines menschenwürdigen Existenzminimums** (Art. 1 Abs. 1 i. V. m. Art. 20 Abs. 1 GG) angesehen, weil diese Leistungen nicht in einem transparenten und sachgerechten Verfahren realitätsgerecht und nachvollziehbar auf der Grundlage verlässlicher Zahlen und schlüssiger Berechnungsverfahren bemessen wurden.[5] Letztlich ist das Sozialstaatsprinzip gekennzeichnet durch einen:

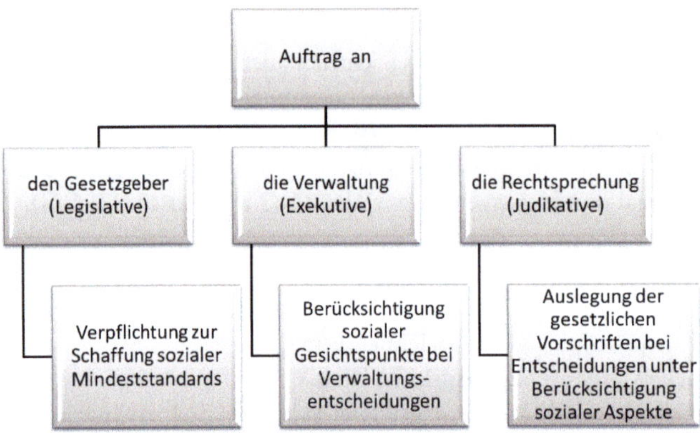

Übersicht 3

Außer der Sicherung des Existenzminimums lassen sich **keine Rechtsansprüche** für die Bürger:innen unmittelbar aus dem Sozialstaatsprinzip ableiten.

1.2.3 Die Grundrechte

Das Grundgesetz enthält v. a. in seinem ersten Abschnitt die Grundrechte als Menschen- und Bürger:innenrechte. Die Stellung am Anfang des GG weist sie als **Maßstab allen staatlichen Handelns** aus und macht sie für Gesetzgebung, Verwaltung und Rechtsprechung verbindlich (Art. 1 Abs. 3 GG). Neben den Grundrechten in Art. 1 bis 19 GG finden sich auch noch an anderen Stellen des Grundgesetzes Rechte, die den Grundrechten **gleichgestellt** sind.[6] Zu diesen Rechten gehören

- die staatsbürgerliche Gleichstellung nach Art. 33 GG,
- die Wahlgrundsätze nach Art. 38 GG und
- das Widerstandsrecht nach Art. 20 Abs. 4 GG.

Als sog. **Justizgrundrechte** gehören darüber hinaus auch

- das Verbot von Ausnahmegerichten, Art. 101 Abs. 1 S. 1 GG,
- das Recht auf den gesetzlichen Richter, Art. 101 Abs. 1 S. 2 GG,
- das Recht auf rechtliches Gehör, Art. 103 Abs. 1 GG,
- das Rückwirkungsverbot, Art. 103 Abs. 2 GG,
- das Verbot der Doppelbestrafung, Art. 103 Abs. 3 GG, sowie
- die Rechtsgarantien bei Freiheitsentzug, Art. 104 GG

zu den Grundrechten.

5 BVerfG, Urteil vom 9.2.2010, 1 BvL 1/09 Rn. 159 ff.

6 Das kann man daran erkennen, dass sie nach Art. 93 Abs. 1 Nr. 4a GG auch mit einer Verfassungsbeschwerde geltend gemacht werden können.

Grundrechte haben verschiedene **Funktionen**, die zunächst durch das Verhältnis der einzelnen Bürger:innen zum Staat geprägt sind.

In diesem Sinne sind Grundrechte vor allem **Abwehrrechte** gegen staatliche Eingriffe. Sie schützen bestimmte Freiheiten, Freiheitsrechte oder die freie Verfügung über einzelne Rechtsgüter gegen staatliche Interventionen. Be- oder Einschränkungen sind nur unter bestimmten verfassungsrechtlichen Vorgaben zulässig.

Beispiel
Nach Art. 6 Abs. 2 S. 1 GG ist die Erziehung der Kinder das Recht der Eltern und eine ihnen zuvörderst obliegende Pflicht. Der Staat kann in dieses Recht nur eingreifen, wenn das Kindeswohl gefährdet ist (Art. 6 Abs. 2 S. 2 GG).

Darüber hinaus können Grundrechte bestimmte **Ansprüche begründen**, soweit sie als Anspruchs-, Schutz-, Teilhabe-, Leistungs- und Verfahrensrechte ausgestaltet sind. Hierzu gehört in besonderer Weise das Recht auf effektiven Rechtsschutz (Art. 19 Abs. 4 GG), das das Recht auf ein gerichtliches Verfahren und eine gerichtliche Entscheidung sicherstellt. Teilhaberechte werden durch den Gleichheitssatz und den Grundsatz der Nichtdiskriminierung mitbestimmt, z. B. durch die Schaffung gleicher Zugangsmöglichkeiten zu staatlichen Einrichtungen wie Hochschulen, Versicherungsträgern usw.

Grundrechte stellen zudem **Einrichtungsgarantien** dar, indem sie als sog. Institutsgarantien privatrechtliche Rechtsinstitute (z. B. die Ehe oder das Eigentumsrecht) oder öffentlich-rechtliche Einrichtungen sicherstellen. Aus diesen Einrichtungsgarantien folgt zum einen, dass der Staat diese Einrichtungen nicht abschaffen darf, zum anderen leiten sich bestimmte Förderpflichten ab. Dabei ist der Sinngehalt der einzelnen Einrichtungsgarantien durchaus einem gesellschaftlichen Wandel unterworfen.

Beispiel
Der institutionelle Schutz von Ehe und Familie in Art. 6 Abs. 1 GG rechtfertigt die steuerliche Begünstigung von Ehepartner:innen. Das betrifft – anders als zur Entstehung des Grundgesetzes – nicht mehr nur Ehen zwischen Personen unterschiedlichen Geschlechts, sondern auch Ehen von Personen gleichen Geschlechts bzw. von eingetragenen Lebenspartnerschaften.[7] Als Familie i.S.d. § 6 Abs. 1 GG werden längst nicht mehr nur Kernfamilien in Form von Mutter-Vater-Kind-Familien erfasst; viele Sozialleistungen stellen auf die (rechtliche oder tatsächliche) Sorge für Kinder ab, unabhängig von der Familienform, in der diese Kinder leben.

Grundrechte sind **wertentscheidende Grundsatznormen**, die nicht nur staatliches Handeln beeinflussen, sondern im Sinne einer objektiven Werteordnung zu verstehen sind. Sie gelten zwar grundsätzlich nur im Verhältnis Bürger:in/private juristische Personen zum Staat bzw. staatlichen Institutionen (Art. 1 Abs. 3 GG); durch ihre Funktion als objektive Werteordnung bilden sie auch gewissermaßen eine ethische Orientierung in anderen Rechtsbereichen, v. a. im Zivilrecht. Unter bestimmten Umständen können deshalb Grundrechte auch zwischen Bürger:innen (bzw. privatrechtlichen juristischen Personen) unmittelbare Wirkung entfalten (sog. **Drittwirkung von Grundrechten**). Von Bedeutung sind Grundrechte in erster

7 Bis zum Inkrafttreten der „Ehe für alle“ im Jahr 2017 gab es für Personen gleichen Geschlechts das Institut der eingetragenen Lebenspartnerschaft nach dem Lebenspartnerschaftsgesetz. Die Eingehung einer eingetragenen Lebenspartnerschaft ist seitdem nicht mehr möglich, allerdings gibt es noch Lebenspartner:innen, die ihre Lebenspartnerschaft nicht in eine Ehe umwandeln wollen.

Linie bei der Auslegung von Verträgen. Hier können sie über zivilrechtliche Generalklauseln, die sich an verschiedenen Stellen des BGB befinden, Einfluss haben.

Beispiele

1. Nach § 138 Abs. 1 BGB ist ein Rechtsgeschäft, das gegen die guten Sitten verstößt, sittenwidrig. Nutzt ein:e Vertragspartner:in ihre:seine geistige Überlegenheit oder ihre:seine Macht aus und bestimmt die Vertragskonditionen zulasten der:des anderen Vertragspartner:in mit nicht absehbaren Folgen für diese:n, ist dieser Vertrag unter Umständen sittenwidrig und muss nicht erfüllt werden.[8]
2. Weigert sich ein Angestellter eines Pharmaunternehmens aus Gewissensgründen bei der Entwicklung eines Medikaments mitzuwirken, das die Kampffähigkeit der Soldat:innen in einem Nuklearkrieg erhöht, muss der Arbeitgeber ihn aufgrund von Art. 4 Abs. 1 GG (Glaubens- und Gewissensfreiheit) ggf. anderweitig beschäftigen.[9]

Für **Menschen mit Behinderungen** haben verschiedene Grundrechte herausragende Bedeutung. Diese zeigen sich v. a.

- in der Garantie der Menschenwürde (Art. 1 GG). Sie stellt sicher, dass staatliche Entscheidungen den Menschen nicht zum Objekt des Handelns machen und ihm vorschreiben, wie und wo er zu leben hat,
- im Schutz des Selbstbestimmungsrechts und des allgemeinen Persönlichkeitsrechts (Art. 1 Abs. 1 i. V. m. Art. 2 Abs. 1 GG). Staatliche Leistungen sollen dazu beitragen, Menschen mit Behinderungen ein selbstbestimmtes Leben zu ermöglichen und sie vor Diskriminierungen durch andere Menschen oder Institutionen zu schützen;
- im Recht auf freie Berufswahl und Berufsausübung, das bei den Leistungen zur Teilhabe am Arbeitsleben berücksichtigt werden muss oder
- im Recht auf Eigentum, das sicherstellt, dass auch Menschen mit Behinderungen Eigentum besitzen und es vererben können.

Von besonderer Bedeutung ist das Grundrecht aus Art. 3 Abs. 3 S. 2 GG. Dieses **spezielle Benachteiligungsverbot** stellt einerseits ein **individuelles Abwehrrecht** gegen Benachteiligungen dar. Auf diese Weise sind Regelungen oder Maßnahmen, die die Lebenssituation von Menschen mit Behinderungen im Vergleich zu Menschen ohne Behinderungen verschlechtern, verboten.

Es untersagt sowohl unmittelbare als auch mittelbare Benachteiligungen. Andererseits ist dieses Recht die Grundlage dafür, Menschen mit Behinderungen die Teilhabe am Leben der Gesellschaft zu ermöglichen und ihnen **Chancengleichheit** zu gewähren. Es geht hierbei u. a. um eine barrierefreie Gestaltung öffentlicher Räume und um einen diskriminierungsfreien sozialen Umgang innerhalb der Gesellschaft.

Nach dieser Lesart sind Begünstigungen für Menschen mit Behinderungen, die den Ausgleich bestehender Benachteiligungen beabsichtigen, ausdrücklich möglich und sogar erwünscht. Das spezielle Benachteiligungsverbot des Art. 3 Abs. 3 S. 2 GG ist auch die verfassungsrechtliche Grundlage für Gesetze, die die Nichtdiskriminierung und Selbstbestimmung von Menschen mit Behinderungen unterstützen, fördern und sicherstellen sollen, wie das SGB IX, das AGG und das BGG.

---

8 BVerfG, Urteil vom 19.10.1993, 1 BvR 567/89; 1 BvR 1044/89.
9 BAG, Urteil vom 24.05.1989, 2 AZR 285/88.

Übungsaufgaben

1. Können Normen des Grundgesetzes geändert werden?
2. Was verstehen Sie unter der Ewigkeitsgarantie?
3. Welche Verfassungsprinzipien kennen Sie?
4. Eine Sachbearbeiterin im Jobcenter hat dem 23-jährigen Herrn A eine Eingliederungsvereinbarung vorgelegt. A weigert sich, diese Eingliederungsvereinbarung zu unterschreiben. Die Sachbearbeiterin kürzt ihm daraufhin sein Alg II, obwohl diese Sanktionsmöglichkeit im Gesetz nicht vorgesehen ist. Gegen welches Prinzip verstößt dieses Vorgehen? Erläutern Sie kurz, was damit gemeint ist!
5. Was verstehen Sie unter dem Verhältnismäßigkeitsgrundsatz?
6. Lassen sich aus dem Sozialstaatsprinzip unmittelbare Rechtsansprüche ableiten?
7. Wo finden sich im Grundgesetz Grundrechte?
8. Welche Funktionen haben Grundrechte?
9. Was meint die Aussage, dass Grundrechte eine „objektive Wertordnung" bilden?
10. Verstößt die Bevorzugung einer (mit den anderen Bewerber:innen gleich qualifizierten) Bewerberin mit Behinderung gegen den Gleichheitsgrundsatz?

1.3 Europarechtliche Grundlagen

Das Zusammenwachsen der Staaten Europas in der Europäischen Union, die gemeinsame Arbeits- und Beschäftigungspolitik, die Unionsbürgerschaft, der Einfluss der europäischen Gesetzgebung auf die nationale Politik und das nationale Recht für Menschen mit Behinderungen zeigen, dass für die etwa 7,9 Mio. Menschen mit Behinderungen[10] in Deutschland die Europäische Union (EU) eine hohe praktische Relevanz besitzt. Dabei geht es nicht allein um europarechtliche Regelungen, die unmittelbar berücksichtigt oder durch den deutschen Gesetzgeber in deutsches Recht umgesetzt werden müssen. Vielmehr haben die **europäischen Grundfreiheiten** (z. B. die Freizügigkeit der Arbeitnehmer:innen oder die Dienstleistungs- und Niederlassungsfreiheit) und die europäischen Grundrechte erheblichen Einfluss auf das deutsche Sozialleistungssystem.

1.3.1 Die Europäische Union

Der Grundstein für die heutige EU, der nach dem Austritt des Großbritanniens 27 Mitgliedstaaten angehören, wurde bereits 1952 mit der Europäischen Gemeinschaft für Kohle und Stahl (EGKS oder Montanunion) gelegt. Dieser Gemeinschaft gehörten sechs Staaten an: Belgien, Deutschland, Frankreich, Italien, Luxemburg und die Niederlande. Zwar ging es hier noch vorrangig darum, wirtschaftliche Interessen, v. a. im Bereich der Stahl- und Schwerindustrie, zu bündeln, gleichwohl sollte auch eine handlungsfähige Staatengemeinschaft geschaffen werden.

Mit den sog. Römischen Verträgen 1957 wurden die Europäische Wirtschaftsgemeinschaft (EWG) und die Europäische Atomgemeinschaft (EAG) in Rom gegründet. Insbesondere die Entwicklung der EWG ist gekennzeichnet durch eine wachsende Zusammenarbeit auf

10 Damit sind nur schwerbehinderte Menschen erfasst, die einen Ausweis haben.

zahlreichen Politikfeldern, die weit über den wirtschaftlichen Bereich hinausgehen. Der politische Einigungsprozess wurde v. a. durch den Vertrag von Maastricht 1992 vorangetrieben, der das Ziel einer politischen Union konkret benennt. Mit diesem Vertrag wurden aus der Europäischen **Wirtschaftsgemeinschaft** deshalb die **Europäische Gemeinschaft** und ein „Dachverband“, die **Europäische Union,** gegründet.

Die Verträge von Amsterdam 1997 und von Nizza 2000 haben die politische Union rechtlich abgesichert; die Europäische Grundrechtscharta, ebenfalls im Jahr 2000 feierlich proklamiert, hat deutlich gemacht, dass auch die Frage der Grundrechte im Zusammenhang mit der EU nicht ausgeklammert werden darf. Mit Inkrafttreten des Lissabonner Vertrags im Jahr 2009[11] hat die EU ihre gegenwärtige Gestalt gewonnen; die Europäische Union tritt insgesamt an die Stelle der Europäischen Gemeinschaft und erhält eine eigene Rechtspersönlichkeit. Das bedeutet, dass die EU z. B. selbst völkerrechtliche Verträge schließen, eigene diplomatische Beziehungen zu anderen Staaten begründen oder Mitglied in internationalen Organisationen werden kann. Die Grundrechtscharta ist zwar nicht Bestandteil des Lissabonner Vertrages geworden, allerdings ist sie durch die beigefügte Erklärung für alle Staaten rechtlich bindend.

Die **Organe** der EU sind:

- Das **Europäische Parlament**, das direkt gewählt wird und mit dem Rat der Europäischen Union (= Ministerrat) als Gesetzgeber tätig ist, die politische Kontrolle ausübt und Beratungsfunktionen innehat. Es wählt die:den Präsident:in der Europäischen Kommission und besteht derzeit aus 705 Vertretern der Unionsbürger (Art. 14 EUV);
- der **Europäische Rat**, der der Union die für ihre Entwicklung erforderlichen Impulse gibt und die allgemeinen politischen Zielvorstellungen und Prioritäten festlegt. Er setzt sich aus den Staats- und Regierungschefinnen und -chefs der Mitgliedstaaten, der:dem Präsident:in des Europäischen Rates und der:dem Präsident:in der Kommission zusammen (Art. 15 EUV). Er ernennt den **Hohen Vertreter oder die Hohe Vertreterin der Union für Außen- und Sicherheitspolitik**, die:der die gemeinsame Politik in diesen Bereichen leitet und sie im Auftrag des Europäischen Rates durchführt (Art. 18 EUV);
- der **(Minister-)Rat der Europäischen Union**, der gemeinsam mit dem Europäischen Parlament als Gesetzgeber tätig wird und gemeinsam mit diesem die Haushaltsbefugnisse ausübt. Er legt die Politik fest und koordiniert diese nach Maßgabe der Verträge. Er besteht aus je einer Vertreter:in der Mitgliedstaaten auf Ministerebene (entsprechend den jeweiligen Fachministerien; Art. 16 EUV);
- die **Europäische Kommission** (oder nur Kommission), die die Interessen der EU fördert und geeignete Initiativen dafür ergreift. Sie sorgt für die Anwendung der Verträge und der von den Organen erlassenen Maßnahmen und überwacht dieses. Die Kommission ist das Verwaltungs- und Exekutivorgan der EU (Art. 17 EUV);
- der **Gerichtshof der Europäischen Union**; dieser umfasst den Gerichtshof (EuGH), das Gericht Erster Instanz (EuG) und Fachgerichte und sichert die Wahrung des Rechts bei der Auslegung und Anwendung der Verträge (Art. 19 EUV). Ihm werden u. a. in einem sog. Vorabentscheidungsverfahren (Art. 267 AEUV) durch ein nationales Gericht Streitfälle mit Europarechtsbezug vorgelegt, in denen über die Auslegung und Anwendung von EU-Vorschriften entschieden werden muss.

11 Konsolidierte Fassung ABl. C 202 vom 7.6.2016.

Beispiel
Der EuGH hatte darüber zu entscheiden, ob es gegen europäische Grundfreiheiten verstößt, wenn ein Sozialgesetzbuch für die Gewährung einer Versicherungsleistung (z. B. Pflegegeld) einen Wohnsitz der:des Leistungsberechtigten im Inland voraussetzt oder ob ein Staat diskriminiert, wenn er bestimmte Leistungen (z. B. Erziehungsgeld) an die Aufenthaltserlaubnis einer Unionsbürgerin anbindet. Der EuGH hat die Verweigerung der Leistungen in beiden Fällen[12] gerügt und festgestellt, dass dies die Freizügigkeit von Arbeitnehmer:innen behindert. Zudem werden durch den Leistungsausschluss Unionsbürger:innen diskriminiert. Der deutsche Gesetzgeber war deshalb verpflichtet, die Gesetzgebung den europäischen Vorgaben anzupassen.

- die **Europäische Zentralbank**, die die Währungspolitik der EU verantwortet (Art. 282 ff. AEUV) und
- der **Europäische Rechnungshof**, der für die Rechnungsprüfung der EU verantwortlich ist (Art. 285 ff. AEUV).

1.3.2 Das Europäische Recht

Der Einfluss des Rechts der EU wird immer dann deutlich, wenn der Bundestag aufgrund europarechtlicher Bestimmungen Gesetze verabschieden muss. Zahlreiche Verbraucherschutzgesetze (z. B. Haustürwiderrufsgesetz oder Bestimmungen für den Reiseverkehr) gehen auf europarechtliche Vorgaben zurück. Auch das Allgemeine Gleichbehandlungsgesetz (AGG) ist auf vier Antidiskriminierungsrichtlinien der EU zurückzuführen; der Erlass dieses Gesetzes wurde sogar durch ein Vertragsverletzungsverfahren (Art. 258 AEUV), welches die Kommission gegen Deutschland durchgeführt hat, erzwungen.[13] Richtlinien dienen dazu, das nationale Recht der einzelnen Mitgliedstaaten in bestimmten Bereichen zu vereinheitlichen, sodass eine größere Rechtssicherheit für alle Unionsbürger:innen besteht. Sie sind allerdings nur eine Form möglicher Rechtsakte, die im Rahmen der EU erlassen werden. Insgesamt gibt es drei Wirkungsbereiche europäischen Rechts:

1. Primärrecht

Das Primärrecht meint die **Verträge**, die die Mitgliedstaaten der EU untereinander einstimmig beschlossen haben. Zu den wichtigsten Verträgen, die zum Teil auch direkt in Deutschland wirken, gehören der Vertrag über die Europäische Union (EUV)[14] sowie der Vertrag über die Arbeitsweise der Europäischen Union (AEUV)[15].

2. Sekundärrecht

Zum Sekundärrecht gehören die Vorschriften, die auf der Grundlage des Primärrechts erlassen wurden. Nach Art. 288 AEUV gehören zum Sekundärrecht

- **Verordnungen** – diese gelten unmittelbar und sind ohne Umsetzung in allen Mitgliedstaaten rechtsverbindlich;
- **Richtlinien** – diese sind hinsichtlich ihrer Ziele in allen Mitgliedstaaten verbindlich, überlassen es jedoch den innerstaatlichen Stellen, Form und Mittel der Umsetzung zur Erreichung dieser Ziele festzulegen;

---

12 Pflegegeld – Urteil vom 5.3.1998, Rs. C-160/96 (Molenaar), Slg. 1998, I-843; Erziehungsgeld – Urteil vom 12.5.1998, Rs. C-85/96 (Martinez Sala), Slg. 1998, I-2691.

13 EuGH, Urteil vom 23.2.2006, Rs. C-43/05 (Kommission./.Deutschland).

14 ABl. 7.6.2016 C 202 S. 13 ff.

15 ABl. 7.6.2016 C 202 S. 47 ff.

- **Beschlüsse** – diese sind an einen einzelnen Adressaten gerichtet und für diesen in allen Teilen verbindlich;
- **Empfehlungen** und **Stellungnahmen**, die nicht verbindlich sind.

3. Sonstige rechtsähnliche Akte
Hierzu gehören **Entschließungen**, die eher einen „Arbeitsauftrag" des Europäischen Rates an die Kommission darstellen, oder **Mitteilungen**, die – ähnlich wie Verwaltungsvorschriften – bestimmte Rechtsvorschriften konkretisieren.

1.3.3 Europäisches Recht für Menschen mit Behinderungen

Es gibt auf EU-Ebene Vorschriften und Gesetze, die die Gleichbehandlung und Nichtdiskriminierung von Menschen mit Behinderungen unterstützen und fördern. So legt bereits die Grundsatznorm des **Art. 19 AEUV** auf primärrechtlicher Ebene fest, dass der Rat im Rahmen der durch die Verträge auf die Union übertragenen Zuständigkeiten geeignete Maßnahmen trifft, um die u. a. auf Behinderungen beruhenden Diskriminierungen zu bekämpfen. Die Richtlinie 2000/78/EG[16] des Rates vom 27.11.2000 zur Festlegung eines allgemeinen Rahmens für die Verwirklichung der Gleichbehandlung in Beschäftigung und Beruf, die auch das AGG maßgeblich geprägt hat, beruht auf dieser Vorschrift. Das AGG selbst muss sich an der Richtlinie messen lassen.

Beispiel
Der EuGH hat bei einer Frage über die Auslegung dieser Richtlinie entschieden, dass auch Arbeitnehmer:innen, die selbst keine Behinderung haben, unter bestimmten Umständen unter den Schutz dieser Vorschriften fallen können.[17] Der Gleichbehandlungsgrundsatz gelte für alle in Art. 1 der Richtlinie genannten Gründe. Ziele und praktische Wirksamkeit der Richtlinie seien gefährdet und ihr Schutz, den sie gewährleisten soll, gemindert, wenn eine Arbeitnehmerin, die eine unmittelbare Diskriminierung aufgrund der Behinderung ihres Kindes erfährt, sich nicht auf das Diskriminierungsverbot berufen könnte.

Die Verordnung (EG) 1107/2006 des Europäischen Parlaments und des Rates vom 5.7.2006 über die **Rechte von behinderten Flugreisenden** und Flugreisenden mit eingeschränkter Mobilität[18] regelt umfassende Rechte von Menschen mit Behinderungen und Menschen mit eingeschränkter Mobilität in Bezug auf Flugreisen innerhalb der EU, einschließlich der Transitreisen. So darf dieser Personengruppe – außer aus Sicherheitsgründen oder wenn die Größe des Flugzeuges nicht ausreicht (in diesen Fällen müssen die Airlines allerdings annehmbare Alternativen anbieten) – die Reise mit dem Flugzeug nicht verwehrt werden. Die Fluggesellschaften müssen Hilfsservices organisieren, die sich speziell und kostenfrei um Menschen mit Beeinträchtigungen kümmern. Zusatzkosten für z. B. den Rollstuhltransport dürfen nicht anfallen. Darüber hinaus verleiht z. B. die Verordnung über Rechte und Pflichten der Fahrgäste im grenzüberschreitenden Bahnverkehr[19] (dort Kapitel V mit Beförderungspflichten, Informationsrechten, Zugänglichkeitsverpflichtungen, Hilfeleistungsrechten usw.) Rechte für Menschen mit Behinderungen.

---

16 ABl. EG L 303, S. 16 f.
17 EUGH, Urteil vom 7.7.2008, Rs. C-303/06 (Coleman).
18 ABl. L 204 vom 26.7.2006, S. 1 ff.
19 Verordnung (EG) 1371/2007 des Europäischen Parlaments und des Rates vom 23.10.2007 über die Rechte und Pflichten der Fahrgäste im Eisenbahnverkehr, ABl. L 315 vom 3.12.2007, S. 14 ff.

1.3.4 Auswirkungen von EU-Recht auf das nationale Sozialrecht

Der Einfluss des EU-Rechts auf das deutsche Sozialrecht zeigt sich an zahlreichen Stellen. Das betrifft sowohl Menschen, die aus dem EU-Ausland nach Deutschland kommen als auch Deutsche, die in einem Mitgliedstaat der EU ihren Wohnsitz begründen. Die entsprechenden Regelungen gelten häufig sogar nicht nur für die Länder der EU, sondern auch für die Staaten, die zwar nicht zur EU, aber zum Europäischen Wirtschaftsraum (EWR) gehören. Das sind Norwegen, Liechtenstein und Island. Auch die Schweiz ist häufig einbezogen. Für die Sozialleistungen innerhalb der EU gelten – neben den Bestimmungen, die die Verträge selbst regeln – v. a. zwei Verordnungen: die Verordnung 883/2004[20] sowie die Verordnung 1612/68[21]. Bestimmt wird das EU-Recht von den Grundsätzen der Nichtdiskriminierung von Unionsbürger:innen in den einzelnen Mitgliedstaaten, der Arbeitnehmer- und Niederlassungsfreizügigkeit sowie einem freien Waren- und Dienstleistungsverkehr.

1.3.4.1 Geldleistungen

Nach Art. 7 VO 883/2004 dürfen Geldleistungen, die nach den Rechtsvorschriften eines (oder mehrerer) Mitgliedstaaten zu zahlen sind, nicht gekürzt, geändert, zum Ruhen gebracht, entzogen oder beschlagnahmt werden, wenn die Person, der die Leistungen zustehen, in einem anderen Mitgliedstaat wohnt, als dem, in dem der zuständige Leistungsträger seinen Sitz hat. Begeben sich also deutsche Staatsbürger:innen in einen anderen Mitgliedsstaat der EU oder des EWR, so stehen ihnen die Geldleistungen, auf die sie einen **Anspruch gegen einen deutschen Sozialleistungsträger** haben, weiterhin zu. Erfasst werden allerdings nur Leistungen der sozialen Sicherheit, für die ihrer Struktur nach die Leistungsverpflichtung des bisherigen Wohnsitzstaates fortbesteht (sog. wohlerworbene Rechte) und deren Voraussetzungen von den leistungspflichtigen Trägern auch bei Aufenthalt der Berechtigten in einem anderen Mitgliedsstaat festgestellt und überprüft werden können.

Damit sind v. a. Leistungen gemeint, die auf einer **vorhergehenden Versicherung** beruhen, z. B. Renten, Pflegegeld, Zuschüsse zu Krankenversicherungsbeiträgen, und nicht ausdrücklich voraussetzen, dass ein Aufenthalt in Deutschland besteht (wie z. B. Arbeitslosengeld, das voraussetzt, dass man dem Arbeitsmarkt zur Verfügung steht und jederzeit für Angebote erreichbar ist). Dies gilt auch für Menschen, die aus dem EU-Ausland kommen, in Deutschland arbeiten und nach ihrem Erwerbsleben zurück in ihre Heimatländer gehen. Die Ansprüche, die sie hier gegen deutsche Sozialversicherungsträger erworben haben, bleiben ihnen erhalten.

Nicht exportierfähig sind allerdings Leistungen, die unabhängig von vorangegangenen Beitragszahlungen sind (z. B. die Sozialhilfe oder die Grundsicherung für Arbeitssuchende). Diese Leistungen werden grundsätzlich nicht im Ausland erbracht (vgl. auch Art. 70 Abs. 3 VO 883/2004).

---

20 Verordnung (EG) Nr. 883/2004 des Europäischen Parlaments und des Rates vom 29.4.2004 zur Koordinierung der Systeme der sozialen Sicherheit, ABl. L 166 vom 30.4.2004, S. 1 ff.; diese löste die lange Zeit geltende Verordnung 1408/71 ab.

21 Verordnung (EWG) Nr. 1612/68 des Rates vom 15. Oktober 1968 über die Freizügigkeit der Arbeitnehmer innerhalb der Gemeinschaft, ABl. L 257 vom 19.10.1968, S. 2 ff.

1.3.4.2 Sachleistungen

Handelt es sich bei der Sozialleistung um einen Anspruch auf Sach- oder Dienstleistungen (z. B. Anspruch auf Pflege, ärztliche Behandlungen, Hilfsmittel, stationäre Unterbringung), ist die Inanspruchnahme im Ausland nicht uneingeschränkt möglich. Nach Art. 17 VO 883/2004 werden Sachleistungen zwar in einem anderen Mitgliedstaat auf Kosten des zuständigen Leistungsträgers erbracht, allerdings nur, wenn das Recht des Wohnsitzstaates solche Leistungen vorsieht. Die Leistungen werden dann im Rahmen der sog. **Sachleistungsaushilfe** erbracht. Sieht der Wohnsitzstaat keine entsprechenden Sachleistungen vor, können Leistungsberechtigte, die in einem anderen EU-Mitgliedsstaat wohnen, diese auch nicht zulasten des zuständigen Leistungsträgers in Anspruch nehmen.

Beispiel[22]

Eine schwerstpflegebedürftige Frau zog mit ihrem Mann nach Österreich und sollte dort vollstationär in einer Pflegeeinrichtung gepflegt werden. Sie war in einer deutschen Pflegekasse im Rahmen der Familienversicherung bei ihrem Mann versichert. Sie stellte einen Antrag auf Leistungen bei stationärer Pflege (§ 43 SGB XI), der allerdings abgewiesen wurde. Da das österreichische Recht keine Leistungen bei vollstationärer Pflege vorsieht, bestand keine Verpflichtung, diese Leistungen im Wege der Sachleistungsaushilfe zu erbringen und der deutschen Pflegekasse in Rechnung zu stellen. Der pflegebedürftigen Frau blieb nur die Möglichkeit, das (betragsmäßig geringere) Pflegegeld von ihrer Pflegekasse zu beziehen, um damit einen Teil der anfallenden Kosten zu bezahlen.

1.3.4.3 Leistungen deutscher Sozialleistungsträger im EU-Ausland

Das deutsche Sozialleistungsrecht hat auf die Einwirkungen des EU-Rechts in verschiedener Weise reagiert. Der eigentliche Grundsatz des § 30 Abs. 1 SGB I, der Leistungen des Sozialgesetzbuches nur für diejenigen vorsieht, die ihren Wohnsitz oder ihren gewöhnlichen Aufenthalt in Deutschland haben, wird durch das europäische Gemeinschaftsrecht modifiziert. Deshalb können:

1. **Leistungen zur Teilhabe** unter bestimmten Voraussetzungen im Ausland erbracht werden (§ 31 SGB IX);
2. **Krankenversicherungsleistungen** auch in anderen EU-Mitgliedstaaten in Anspruch genommen werden (§ 13 Abs. 4–6 SGB V);
3. Leistungen der **Eingliederungshilfe** (§ 101 SGB IX) unter sehr strengen Voraussetzungen sowie Leistungen der Kinder- und Jugendhilfe (§§ 35a, 38 SGB VIII) im Ausland erbracht werden;
4. das **Pflegegeld** im EU-Ausland unbegrenzt bezogen werden (§ 34 Abs. 1a SGB XI); die Rentenversicherungsbeiträge für Pflegepersonen nach § 44 SGB XI werden auch gezahlt, wenn die Pflegeperson im Ausland lebt und Pflegebedürftige in Deutschland pflegt oder wenn die pflegebedürftige Person, die nach deutschem Recht pflegeversichert ist, im Ausland lebt.

Nach § 31 SGB IX können **Sachleistungen zur Teilhabe** im Ausland (hier nicht notwendigerweise in einem Mitgliedsstaat der EU) erbracht werden, wenn sie dort bei zumindest gleicher Qualität und Wirksamkeit wirtschaftlicher ausgeführt werden können. Die Bewilligung der Leistungen liegt im Ermessen des Leistungsträgers; ein Vertrag mit dem jeweiligen ausländischen Leistungserbringer ist grundsätzlich nicht erforderlich, allerdings können die

22 EuGH, Urteil vom 16.7.2009 Rs C-208/07 (Chamier-Glisczinski).

Leistungsträger auf Vertragseinrichtungen verweisen. Besteht kein Vertrag, besteht zumindest dann ein Anspruch, wenn die Leistung im Einzelfall die einzig wirksame Maßnahme zur Erreichung des Teilhabeziels ist. Zu berücksichtigen sind hierbei immer – sofern es sich um EU-Mitgliedstaaten handelt – auch die Grundfreiheiten des EU-Vertrages, insbesondere die Dienstleistungsfreiheit (Art. 56 AEUV), die es ermöglicht, dass Leistungsberechtigte sich ins Ausland begeben und eine Leistung von einem dortigen Leistungserbringer in Anspruch nehmen. Erfasst wird auch der Fall, dass ein ausländischer Leistungserbringer seine Leistungen in Deutschland erbringen will (z. B. ein polnischer Pflegedienst).

Handelt es sich um eine **Krankenversicherungsleistung**, gilt § 13 Abs. 4 und 5 SGB V. Das Recht der Krankenversicherung sieht vor, dass Versicherte berechtigt sind, auch bei Leistungserbringern in einem anderen EU-Mitgliedsstaat, einem Vertragsstaat des EWR oder der Schweiz eine Leistung in Anspruch zu nehmen (z. B. ärztliche Behandlung, Kauf eines Hilfsmittels, Physiotherapie usw.).

Sie erhalten die dafür entstandenen Kosten ersetzt, allerdings nur bis zu der Höhe, zu der auch in Deutschland die entsprechende Leistung erbracht worden wäre. Handelt es sich um eine stationäre Leistung, v. a. eine Krankenhausleistung, dann muss die Krankenkasse zuvor informiert und um Zustimmung ersucht werden. Die Zustimmung darf allerdings nur versagt werden, wenn die gleiche oder eine ebenso wirksame, dem allgemein anerkannten Stand der medizinischen Erkenntnisse entsprechende Behandlung einer Krankheit rechtzeitig bei einem Vertragspartner der Krankenkasse im Inland erlangt werden kann.

Der Träger der Eingliederungshilfe erbringt zwar grundsätzlich keine Leistungen der **Eingliederungshilfe** im Ausland nach § 101 SGB IX, allerdings kann hier im Einzelfall dann von diesem Grundsatz abgewichen werden, soweit dies wegen einer außergewöhnlichen Notlage unabweisbar ist und zugleich nachgewiesen wird, dass eine Rückkehr ins Inland nicht möglich ist, weil

- ein Kind gepflegt und erzogen wird, das aus rechtlichen Gründen im Ausland bleiben muss oder
- jemand längerfristig stationär in einer Einrichtung betreut wird oder schwer pflegebedürftig ist oder
- durch hoheitliche Gewalt daran gehindert wird.

Die Leistungen sind gegenüber Leistungen des Aufenthaltsstaates nachrangig. Eingliederungsleistungen, für die der Träger der Kinder- und Jugendhilfe nach § 35a SGB VIII zuständig ist, sind im Ausland nur dann zulässig, wenn dies nach Maßgabe der Hilfeplanung zur Erreichung des Hilfeziels im Einzelfall erforderlich und die aufenthaltsrechtlichen Vorschriften des aufnehmenden Staates sowie weiterer Regelungen erfüllt sind. Die Einzelheiten regelt § 38 SGB VIII.

Bei Leistungen der **Pflegeversicherung** wird danach unterschieden, ob es sich um Geld- oder Sachleistungen handelt. Das Pflegegeld nach § 37 SGB XI sowie das anteilige Pflegegeld nach § 38 SGB XI (s. Kapitel 4.5.3.1) wird bei nur vorübergehendem Aufenthalt im Ausland generell bis zu sechs Wochen weitergewährt (§ 34 Abs. 1 S. 1 SGB XI). Handelt es sich bei dem Ausland allerdings um einen Mitgliedstaat der EU oder des EWR einschließlich der Schweiz, dann gilt keine zeitliche Begrenzung für das Pflegegeld. In diesen Fällen wird es auch geleistet, wenn Leistungsberechtigte ihren ständigen Wohnsitz im Ausland haben. Pflegesachleistungen werden ebenfalls sechs Wochen weitergewährt, allerdings nur, wenn eine Pflegekraft, die die:den Pflegebedürftige:n pflegt, diese:n während des Auslandsaufenthaltes begleitet (§ 34 Abs. 1 S. 2 SGB XI).

Übungsaufgaben

1. Nennen Sie die wichtigsten Organe der Europäischen Union!
2. Worin besteht der Unterschied zwischen Primärrecht und Sekundärrecht? Nennen Sie ein Beispiel für ein deutsches Gesetz, welches auf europäisches Sekundärrecht zurückgeht!
3. Herr M bezieht seit zwei Jahren Altersrente. Er möchte zu seinem Sohn nach Südfrankreich ziehen, um dort bei der Familie zu sein und das angenehme Klima zu genießen. Kann er seine Rente auch dort beziehen?
4. Muss Herr M, der aufgrund seiner Altersrente weiter in Deutschland kranken- und pflegeversichert ist, und der nach zehn Jahren in Frankreich pflegebedürftig wird, nach Deutschland zurückkommen, um Leistungen der Pflegeversicherung zu erhalten?
5. Die 10-jährige K benötigt eine kieferorthopädische Behandlung mit Zahnspange. Da sie in der Nähe der belgischen Grenze wohnt und es für sie günstiger ist, nach Belgien zu fahren, möchte sie die Behandlung in Belgien durchführen lassen. Muss die Krankenkasse hierfür die Kosten übernehmen?

1.4 Völkerrechtliche Grundlagen

Die Rechte von Menschen mit Behinderungen sind seit vielen Jahren auch Gegenstand der völkerrechtlichen Diskussion. So war z. B. der im SGB IX bis zum 31.12.2017 geltende Begriff der Behinderung an den von der Weltgesundheitsorganisation (WHO) mit der **International Classification of Functioning, Disability and Health** (ICF von 2001) entwickelten Behinderungsbegriff angelehnt. Aber auch die Vereinten Nationen beschäftigen sich seit 1971 verstärkt mit den Rechten für Menschen mit Behinderungen. Die ersten völkerrechtlichen Dokumente finden sich in der „Deklaration über die Rechte von geistig behinderten Menschen“ von 1971 und der „Deklaration über die Rechte behinderter Menschen“ von 1975. Von 1983 bis 1992 wurde auf völkerrechtlicher Ebene das Jahrzehnt der behinderten Menschen proklamiert; 1993 verabschiedeten die Vereinten Nationen schließlich die „Rahmenbestimmungen für die Herstellung der Chancengleichheit behinderter Menschen“. Diese hatten als sog. **Soft Law** maßgeblichen Einfluss auf die weltweite Entstehung von nationalen Antidiskriminierungsgesetzen.

Von herausragender Bedeutung für die Rechte von Menschen mit Behinderungen ist das „Übereinkommen der Vereinten Nationen über die Rechte von Menschen mit Behinderungen“ (**Behindertenrechtskonvention – BRK**) und das dazugehörige Fakultativprotokoll, die die Generalversammlung der Vereinten Nationen am 13.12.2006 verabschiedet haben. Das deutsche Ratifikationsgesetz zur BRK ist am 1.1.2009 in Kraft getreten; seit der Hinterlegung der Ratifikationsurkunde am 26.3.2009 ist die Konvention auch international für

Deutschland bindend. Die BRK hat in Deutschland den Rang eines formellen Bundesgesetzes; sie steht also nicht über dem Grundgesetz (vgl. Kapitel 1.1.1).

Die BRK hat in Deutschland eine intensive Debatte über die Rechte von Menschen mit Behinderungen in allen gesellschaftlichen Bereichen ausgelöst. Im Juni 2011 ist ein erster „**Nationaler Aktionsplan** der Bundesregierung zur Umsetzung der UN-Behindertenrechtskonvention" verabschiedet worden,[23] die zweite Auflage wurde am 28.6.2016 als Nationaler Aktionsplan zur UN-Behindertenrechtskonvention 2.0 (NAP 2.0) erstellt.[24] Er enthält 175 Maßnahmen in 13 Handlungsfeldern; das Bundesteilhabegesetz oder die Weiterentwicklung des Behindertengleichstellungsgesetzes finden hier ihre politische Grundlage.

Auf völkerrechtlicher Ebene gelten darüber hinaus Vorschriften, die vom Europarat – nicht zu verwechseln mit dem Europäischen Rat – erlassen wurden und Menschen mit Behinderungen besondere Rechte verleihen.

1.4.1 Die UN-Behindertenrechtskonvention

Die BRK ist **keine „Sonderrechtskonvention"** für Menschen mit Behinderungen. Es werden vielmehr bestehende menschenrechtliche Standards, die sich aus der Allgemeinen Erklärung der Menschenrechte von 1948 und den internationalen Pakten für bürgerliche und politische Rechte und für wirtschaftliche, soziale und kulturelle Rechte von 1966 ergeben, unter dem besonderen Blickwinkel der Menschen mit Behinderungen ergänzt und präzisiert. Die BRK folgt dem **„Diversity"-Ansatz**; Menschen mit Behinderungen werden als Teil der Normalität menschlichen Lebens und des gesellschaftlichen Zusammenlebens betrachtet und als wichtiger Beitrag zur menschlichen Vielfalt wertgeschätzt.

1.4.1.1 Persönlicher Anwendungsbereich der BRK

Die BRK enthält **keine abschließende Definition von Behinderung**. Angaben zum persönlichen Anwendungsbereich können allerdings in Art. 1 Abs. 2 BRK gefunden werden. Danach zählen zu den Menschen mit Behinderungen „Menschen, die langfristige körperliche, seelische, geistige oder Sinnesbeeinträchtigungen haben, welche sie in Wechselwirkung mit verschiedenen Barrieren an der vollen, wirksamen und gleichberechtigten Teilhabe an der Gesellschaft hindern können".

Dieses Verständnis von Behinderung ist nicht statisch und geht davon aus, dass Behinderung aus der **Wechselwirkung** zwischen Beeinträchtigung und einstellungs- und umweltbedingten Barrieren, die an der vollen, wirksamen und gleichberechtigten Teilhabe hindern, entsteht. Behinderung ist danach kein medizinisches Problem, vielmehr ein durch Barrieren ausgelöstes gesellschaftliches. Mit dem Bundesteilhabegesetz wurde die Definition der Behinderung in § 2 SGB IX entsprechend angepasst (s. Kapitel 4.4.3).

Die BRK verpflichtet in Art. 4 Abs. 1 S. 1 die Vertragsstaaten dazu, die „volle Verwirklichung aller Menschenrechte und Grundfreiheiten für alle Menschen mit Behinderungen, ohne

23 http://www.bmas.de/DE/Service/Publikationen/a740-aktionsplan-bundesregierung.html (3.1.2022).

24 Zu finden auf der Seite des BMAS unter https://www.bmas.de/SharedDocs/Downloads/DE/Teilhabe/inklusion-nationaler-aktionsplan-2.pdf?__blob=publicationFile&v=1 (5.7.2021).

jede Diskriminierung aufgrund von Behinderung zu gewährleisten und zu fördern“ und die entsprechenden notwendigen Maßnahmen zu ergreifen. Die Verpflichtung richtet sich an alle staatlichen Organe: Gesetzgebung, Verwaltung und Rechtsprechung. Die Bundesländer sind im Rahmen ihrer Kompetenzen über Art. 4 Abs. 5 BRK ebenfalls an die BRK gebunden (z. B. im Schul- und Hochschulwesen).

1.4.1.2 Leitprinzipien der BRK

Art. 3 BRK beinhaltet die die Konvention tragenden **Leitprinzipien**. Hierzu gehören:
- Achtung der Menschenwürde, der Autonomie, der Selbstbestimmung und Unabhängigkeit,
- Nichtdiskriminierung,
- volle und wirksame Teilhabe an der Gesellschaft und Einbeziehung in die Gesellschaft,
- Achtung vor der Unterschiedlichkeit von Menschen mit Behinderungen und ihre Akzeptanz als Teil der menschlichen Vielfalt,
- Chancengleichheit,
- Zugänglichkeit,
- Gleichberechtigung von Mann und Frau sowie
- Achtung der Fähigkeiten von Kindern mit Behinderungen und ihres Rechts auf Wahrung ihrer Identität.

Diese Grundsätze bilden den Rahmen, innerhalb dessen nationale (deutsche) Vorschriften ausgelegt und verstanden werden müssen.

Die BRK steht unter dem Leitmotiv der **Inklusion** von Menschen mit Behinderungen in allen Lebensbereichen. Inklusion geht dabei weiter als die Integration. Während es bei der **Integration** darum geht, innerhalb bestehender gesellschaftlicher Strukturen einen Raum auch für Menschen mit Behinderungen zu schaffen, geht es bei der Inklusion darum, die bestehenden Strukturen so zu gestalten und zu verändern, dass sie auch Menschen mit Behinderungen gerecht werden.

Beispiel

Ein Kind mit einer Behinderung soll in einer Tageseinrichtung gefördert werden. Integration bedeutet, dass die Förderung in einer Sondergruppe oder einer Sondereinrichtung stattfindet, auch weil möglicherweise dort die besten Voraussetzungen für die Förderung (z. B. barrierefreier Zugang, Sonderpädagog:innen, besserer Personalschlüssel u. Ä.) gegeben sind. Eine inklusive Förderung gliedert das Kind mit Behinderung ganz selbstverständlich in eine Regelkindertagesstätte ein; die Bedingungen sind dort so, dass Kinder mit Behinderungen ohne Schwierigkeiten betreut werden können.

Die Rechte von Frauen mit Behinderungen (Art. 6 BRK) und Kindern mit Behinderungen (Art. 7 BRK) werden besonders berücksichtigt.

1.4.1.3 Die Rechte in der BRK

In den Art. 10 bis 30 BRK finden sich die einzelnen Rechte für Menschen mit Behinderungen. Dabei kann man **bürgerliche und politische Rechte** ebenso wie wirtschaftliche, soziale und kulturelle Rechte unterscheiden. Zu den bürgerlichen und politischen Rechten gehören das Recht auf Leben (Art. 10 BRK), das Recht, nicht einer Folter oder grausamer, unmenschlicher oder erniedrigender Behandlung oder Strafe unterworfen zu werden (Art. 15 BRK), oder die Freizügigkeit und Staatsangehörigkeit (Art. 18 BRK). Von besonderer Bedeutung sind unter den **wirtschaftlichen, kulturellen und sozialen Rechten** das Recht auf Bildung (Art. 24 BRK), das Recht auf Gesundheit (Art. 25 BRK) oder auf Arbeit und Beschäftigung (Art. 27 BRK). Das deutsche Recht stand häufig nicht im Einklang mit der BRK und bedurfte einer entsprechenden Anpassung oder Auslegung. Mit dem BTHG hat der Gesetzgeber versucht, Rechte BRK-konform auszugestalten.

Beispiel

So gewährt Art. 19 BRK eine unabhängige Lebensführung und Einbeziehung in die Gemeinschaft; Menschen mit Behinderungen sind berechtigt, ihren Aufenthaltsort frei zu wählen und zu entscheiden, wo und mit wem sie leben wollen. Sie sind nicht verpflichtet, in besonderen Wohnformen zu leben. Der Sozialraum muss so angepasst werden, dass Menschen Zugang zu gemeindenahen Unterstützungsdiensten und persönlicher Assistenz haben. Dementsprechend wurden die Leistungen der Eingliederungshilfe so gestaltet, dass sie nicht mehr davon abhängen, wo ein Mensch mit Behinderung lebt, sondern gleichberechtigt und unabhängig von der Wohnform die notwendigen Leistungen personenzentriert und bedarfsgerecht gewährt werden (Fachleistungen). Angemessenen Wünschen der Leistungsberechtigten in der Eingliederungshilfe soll Rechnung getragen werden, insbesondere ist die gewünschte Wohnform angemessen zu berücksichtigen (§ 104 Abs. 2 und 3 SGB IX).

1.4.1.4 Die Durchsetzung der BRK

Art. 33 BRK enthält Vorgaben zur innerstaatlichen Durchführung der BRK und deren Überwachung (monitoring). Er sieht eine **staatliche Anlaufstelle** auf Bundesebene vor, die das Bundesministerium für Arbeit und Soziales innehat. Das innerstaatliche **monitoring** wird durch das Deutsche Institut für Menschenrechte organisiert.

Darüber hinaus sind nach Art. 35 BRK die Vertragsstaaten verpflichtet, innerhalb bestimmter zeitlicher Abstände (alle vier Jahre) **Berichte** an den **Ausschuss für die Rechte von Menschen mit Behinderungen** (Art. 34 BRK) zu senden und über die Umsetzungsfortschritte zu informieren. Diese Berichte werden durch den Ausschuss geprüft; ein erheblicher Rückstand in der Umsetzung wird notifiziert und Empfehlungen für die Verbesserung werden abgegeben. Der Ausschuss prüft aber nicht nur staatlich eingereichte Berichte, sondern auch Berichte, die von Organisationen und Interessenverbänden der Rechte für Menschen mit Behinderungen eingereicht werden (sog. „Schattenberichte"). Auf diese Weise wird ein realistisches Bild über die Situation von Menschen mit Behinderungen in einem Staat, der die BRK ratifiziert hat, übermittelt. Mit dem Fakultativprotokoll wird darüber hinaus ein **individuelles Beschwerderecht** geschaffen, das Menschen mit Behinderungen berechtigt, sich bei Verletzungen der Rechte aus der Konvention an den Ausschuss zu wenden. Die Individualbeschwerde setzt zunächst voraus, dass der innerstaatliche Rechtsweg erschöpft wurde. Die Entscheidungen des Ausschusses sind allerdings nicht rechtlich verbindlich oder vollstreckbar, sondern zielen v. a. auf politische Wirkung.

1.4.2 Rechtliche Regelungen im Rahmen des Europarates

Auf völkerrechtlicher Ebene werden Rechte für Menschen mit Behinderungen auch auf der Ebene des Europarates geschützt. Der **Europarat**, der nichts mit der Europäischen Union zu tun hat, ist eine Institution, die am 5.5.1949 gegründet wurde und v. a. den Menschenrechten und der Demokratie verpflichtet ist. Er hat derzeit 47 Mitglieder. Das wichtigste Dokument des Europarates ist die **Europäische Menschenrechtskonvention** (EMRK), deren Einhaltung durch den Europäischen Gerichtshof für Menschenrechte (EGMR), der in Straßburg sitzt, überwacht wird. Die EMRK enthält in erster Linie bürgerliche und politische Rechte.

Soziale Rechte und damit auch besondere Rechte für Menschen mit Behinderungen finden sich v. a. in der **Europäischen Sozialcharta**, die 1961 beschlossen wurde und als „Schwesterkonvention" der EMRK bezeichnet wird. Sie regelt in Art. 15 das Recht der körperlich, geistig oder seelisch Behinderten auf berufliche Ausbildung sowie auf berufliche und soziale Eingliederung oder Wiedereingliederung. Die Vertragsparteien sind danach verpflichtet, geeignete Maßnahmen für die Vermittlung von Menschen mit Behinderungen auf Arbeitsplätze zu treffen, namentlich durch besondere Arbeitsvermittlungsdienste, durch die Ermöglichung wettbewerbsgeschützter Beschäftigung und durch Maßnahmen, die den Arbeitgebern einen Anreiz zur Einstellung von Menschen mit Behinderungen bieten.

Die Europäische Sozialcharta ermöglicht allerdings **keine Individualbeschwerden** der betroffenen Menschen.[25]

 **Übungsaufgaben**

1. Was versteht die BRK unter Behinderung?
2. Welche Leitprinzipien kennt die BRK und wo finden Sie diese?
3. Was verstehen Sie unter Inklusion und welcher Unterschied besteht zur Integration?
4. Wie wird die BRK innerstaatlich durchgesetzt?
5. Ist der Europarat ein Organ der Europäischen Union?
6. Wo finden sich Rechte für Menschen mit Behinderungen innerhalb der vom Europarat verabschiedeten Normen?

1.5 Gleichstellung und Gleichbehandlung

Zur Umsetzung und Konkretisierung des in Art. 3 Abs. 3 S. 2 GG normierten **Diskriminierungsverbotes** hat der Gesetzgeber seit dem Jahr 2000 eine Reihe von Gesetzen erlassen, um Menschen mit Behinderungen eine gleichberechtigte Teilhabe zu ermöglichen und Diskriminierungen – auch aufgrund einer Behinderung – zu vermeiden. Zu diesen Gesetzen gehören das im Jahr 2001 in Kraft getretene Neunte Sozialgesetzbuch – Rehabilitation und Teilhabe von Menschen mit Behinderungen (SGB IX), das im Jahr 2002 in Kraft getretene Gesetz zur Gleichstellung von Menschen mit Behinderungen (Behindertengleichstellungsgesetz – BGG) und das im Jahr 2006 in Kraft getretene Allgemeine Gleichbehandlungsgesetz (AGG). Gegenstand dieses Kapitels sind das BGG und das AGG; das SGB IX wird in Kapitel 4.4 ausführlich behandelt.

---

25 Ein Zusatzprotokoll zur Sozialcharta, das 1998 in Kraft getreten ist, erlaubt Kollektivbeschwerden von nationalen Gewerkschaften und Arbeitgeberorganisationen beim Europäischen Ausschuss für soziale Rechte. Dieses Protokoll hat Deutschland allerdings nicht unterzeichnet; es gilt daher hier nicht.

1.5.1 Gesetz zur Gleichstellung von Menschen mit Behinderungen – BGG

Das Behindertengleichstellungsgesetz ist bereits 2016 überarbeitet und an die BRK angepasst worden. Mit dem Teilhabestärkungsgesetz vom Juni 2021 wurde es dann um Regelungen zu Assistenzhunden erweitert. Das BGG richtet sich v. a. an die **Träger öffentlicher Gewalt**. Dabei handelt es sich um Dienststellen und sonstige Einrichtungen der Bundesverwaltung, einschließlich der bundesunmittelbaren Körperschaften, Anstalten und Stiftungen des öffentlichen Rechts (z. B. Bundesministerien, Bundesagentur für Arbeit, Deutsche Rentenversicherung Bund, hierzu Kapitel 3.1.1), Beliehene (Privatrechtsträger, die Aufgaben der öffentlichen Verwaltung wahrnehmen), die unter Aufsicht des Bundes stehen und sonstige Bundesorgane, soweit sie öffentlich-rechtliche Verwaltungsaufgaben wahrnehmen (§ 1 Abs. 1a BGG); für Landesbehörden nur dann, wenn sie Bundesrecht ausführen (z. B. Jobcenter, Sozialämter). Für die Behörden der Bundesländer gelten eigene Landesgleichstellungsgesetze (z. B. Bayerisches Behindertengleichstellungsgesetz oder das Berliner Gesetz über die Gleichberechtigung von Menschen mit und ohne Behinderung – Landesgleichberechtigungsgesetz).

Das Gesetz hat als **Ziele** (§ 1 BGG)
- die Benachteiligung von Menschen mit Behinderungen zu beseitigen und zu verhindern,
- ihre gleichberechtigte Teilhabe am Leben in der Gesellschaft zu gewährleisten und
- ihnen eine selbstbestimmte Lebensführung zu ermöglichen.

Diese Ziele sind Programmsätze und vermitteln keine einzelnen Rechtsansprüche.

Die **Definition von Menschen mit Behinderungen** wurde schon vor dem Inkrafttreten des BTHG und der Änderung im SGB IX der BRK angepasst. Danach sind Menschen mit Behinderungen im Sinne des BGG Menschen, die langfristige körperliche, seelische, geistige und Sinnesbeeinträchtigungen haben, welche sie in Wechselwirkung mit einstellungs- und umweltbedingten Barrieren an der gleichberechtigten Teilhabe an der Gesellschaft hindern können. Als langfristig gilt ein Zeitraum, der mit hoher Wahrscheinlichkeit länger als sechs Monate andauert (§ 3 BGG). Zur Durchsetzung der Gleichberechtigung von Frauen und Männern und zur Vermeidung von Benachteiligungen von Frauen mit Behinderungen wegen mehrerer Gründe sind die Belange von Frauen mit Behinderung besonders zu berücksichtigen und bestehende Benachteiligungen zu beseitigen, ggf. auch durch besondere Fördermaßnahmen für Frauen (§ 2 Abs. 1 BGG). Darüber hinaus werden die besonderen Belange von Menschen mit Behinderungen, die Gefahr laufen, wegen weiterer Gründe, die in § 1 AGG festgelegt sind (z. B. Alter, ethnische Herkunft, sexuelle Identität), besonders diskriminiert zu werden, berücksichtigt (§ 2 Abs. 2 BGG).

Die zentralen Begriffe des BGG sind
- **Benachteiligungsverbot** und
- **Barrierefreiheit.**

1.5.1.1 Benachteiligungsverbot

Die Träger öffentlicher Gewalt dürfen Menschen mit Behinderungen nicht benachteiligen. Eine Benachteiligung liegt dann vor, wenn Menschen mit und ohne Behinderungen ohne zwingenden Grund **unterschiedlich behandelt** werden und dadurch Menschen mit Behinderungen an der gleichberechtigten Teilhabe am Leben in der Gesellschaft unmittelbar oder mittelbar beeinträchtigt werden. Eine Benachteiligung liegt auch bei einer Belästigung i. S. d. § 3 Abs. 3 und 4 AGG (§ 7 Abs. 1 BGG) und auch dann vor, wenn angemessene Vorkehrungen für Menschen mit Behinderungen versagt werden (§ 7 Abs. 2 S. 1 BGG). **Angemessene Vorkehrungen** sind Maßnahmen, die im Einzelfall geeignet und erforderlich sind, um zu gewährleisten, dass ein Mensch mit Behinderung gleichberechtigt mit anderen alle Rechte genießen und ausüben kann, und die die Träger öffentlicher Gewalt nicht unverhältnismäßig belasten. Der Begriff der angemessenen Vorkehrungen wurde im Wesentlichen aus der BRK übernommen (dort Art. 2).

Das Benachteiligungsverbot gilt nicht uneingeschränkt: Wenn einer Person aufgrund ihrer Behinderung bestimmte geistige oder körperliche, für die Wahrnehmung des Rechts zwingend erforderliche Fähigkeiten fehlen, liegt in der Verweigerung dieses Rechts kein Verstoß gegen das Benachteiligungsverbot. Allerdings muss es für eine rechtliche Schlechterstellung von Menschen mit Behinderungen **zwingende Gründe** geben – nur dann ist sie zulässig.[26] Diese zwingenden Gründe zur Ungleichbehandlung muss die Behörde selbst nachweisen, und ebenso, dass es keine weniger nachteilige Möglichkeit gegeben hätte. Darüber hinaus sind bei bestehenden Benachteiligungen besondere Maßnahmen zu deren Abbau und deren Beseitigung ausdrücklich zulässig; zur Durchsetzung der Gleichberechtigung von Frauen und Männern sind die besonderen Belange von Frauen mit Behinderung besonders zu berücksichtigen (§ 7 Abs. 3 BGG).

1.5.1.2 Barrierefreiheit

Der zweite Schlüsselbegriff des BGG ist **Barrierefreiheit**. Die Schaffung einer weitgehenden Barrierefreiheit dient dazu, das Benachteiligungsverbot umzusetzen. Barrierefreiheit wird in § 4 BGG definiert. Sie ist viel umfassender als z. B. der Einbau von Aufzügen oder Rollstuhlrampen oder die Brailleschrift auf Medikamentenpackungen. Barrierefreiheit im Sinne des BGG bedeutet im Einzelnen:

- Alles, was Menschen gestalten, soll barrierefrei sein (**gestaltete Lebensbereiche**).
- Die Lebensbereiche müssen nicht nur zugänglich, sondern auch auffindbar sein und genutzt werden können („**auffindbar, zugänglich und nutzbar**"), z. B. durch Informationen für Menschen mit Sinnesbeeinträchtigungen.
- Zugang und Nutzung sollen in der **allgemein üblichen Weise** gewährleistet werden, d. h. die Einrichtung muss so auffindbar, zugänglich und nutzbar sein, wie sie für Menschen ohne Behinderung auffindbar, zugänglich und nutzbar ist (z. B. Zugang durch den Vordereingang).
- **Ohne besondere Erschwernis** heißt Zugang und Nutzung ohne komplizierte Vorkehrungen, z. B. ohne langwierige Voranmeldung, Antragstellung oder Zeitbegrenzung.

Darüber hinaus soll angestrebt werden, dass möglichst viele Menschen mit Behinderungen eine Einrichtung nutzen können, ohne dass sie auf andere Menschen angewiesen sind (**grundsätzlich ohne fremde Hilfe**), z. B. durch akustische Leitung für blinde Menschen, rollstuhlgerechte Wege.

26 Vgl. BVerfG, Urteil vom 19.1.1999, 1 BvR 2161/94.

Ist Barrierefreiheit auf diese Weise nicht möglich, weil die Art der Behinderung oder die Art der entsprechenden Maßnahme sie nicht zulässt, dann muss der Anbieter die **notwendige Hilfe bereitstellen**, indem er z. B. entsprechende Rampen einbaut, Hilfen gewährt oder die Mitnahme von notwendigen Hilfsmitteln oder Assistenzpersonen ermöglicht.

Zur **Durchsetzung** dieser Verpflichtung enthält das BGG verschiedene Vorschriften. Dazu gehören:

- die Herstellung von Barrierefreiheit in den Bereichen Bau und Verkehr (§ 8 BGG),
- das Recht auf Verwendung von **Gebärdensprache, von lautsprachbegleitenden Gebärden** oder von anderen geeigneten Kommunikationshilfen (§ 9 BGG); die Träger öffentlicher Gewalt müssen die Kommunikationshilfen kostenfrei zur Verfügung stellen oder die hierfür notwendigen Aufwendungen tragen (§ 9 Abs. 1 BGG).

Die Deutsche Gebärdensprache und lautsprachbegleitende Gebärden sind nach § 6 BGG als eigenständige Sprache bzw. als Kommunikationsform der deutschen Sprache anerkannt. Dementsprechend haben Menschen mit Hörbehinderungen (gehörlose, ertaubte und schwerhörige Menschen) und Menschen mit Sprachbehinderungen nach den einschlägigen Gesetzen das Recht, die Deutsche Gebärdensprache oder lautsprachbegleitende Gebärden oder auch – wie im Falle von sprachbehinderten Personen – andere geeignete Kommunikationshilfen zu verwenden (§ 6 Abs. 3 BGG). Da die Vorschrift keinen eigenen Anspruch vermittelt, erfolgte ihre Umsetzung in einschlägigen Gesetzen, wie § 9 VwVfG (für das Verwaltungsverfahren des Bundes), § 19 Abs. 1 S. 2 SGB X (für Sozialverwaltungsverfahren), § 17 Abs. 2 SGB I (bei der Ausführung von Sozialleistungen, insbesondere auch bei den begleitenden ärztlichen Untersuchungen und Behandlungen) sowie §§ 186, 191a GVG (für das gerichtliche Verfahren). Die Kosten für die notwendigen Hilfen werden durch die jeweiligen Behörden, Institutionen und Gerichte übernommen; die Regelungen hierzu trifft die Kommunikationshilfeverordnung (KHV).

- **Bescheide**, Allgemeinverfügungen, öffentlich-rechtliche Verträge und Vordrucke müssen so gestaltet sein, dass sie für Menschen mit Sehbeeinträchtigungen ohne zusätzliche Kosten wahrnehmbar sind (§ 10 BGG, das Nähere regelt die Verordnung über barrierefreie Dokumente, VBD). Insbesondere können auch blinde Menschen bei Bundestags- und Europawahlen Schablonen benutzen, um selbstständig und geheim wählen zu können.
- Träger öffentlicher Gewalt sollen mit Menschen mit geistigen Behinderungen und mit Menschen mit seelischen Behinderungen in einfacher und verständlicher Sprache kommunizieren. Auf Verlangen sollen sie ihnen insbesondere Bescheide, Allgemeinverfügungen, öffentlich-rechtliche Verträge und Vordrucke in einfacher und verständlicher Weise erläutern und ggf., wenn notwendig, alles in Leichter Sprache abfassen. Informationen sollen vermehrt in Leichter Sprache zur Verfügung gestellt werden; die Bundesregierung soll darauf hinwirken, dass die Träger öffentlicher Gewalt ihre Kompetenzen in Leichter Sprache auf- und ausbauen (§ 11 BGG).
- Die Schaffung einer **barrierefreien Informationstechnik** für barrierefreie Internetangebote nach den §§ 12 ff. BGG, Details regelt die Verordnung zur Schaffung barrierefreier Informationstechnik (BITV).
- Die Möglichkeit, dass Menschen mit Behinderungen Zugang zu Anlagen und Einrichtungen haben, auch wenn sie durch ihren Assistenzhund begleitet werden. Ein Assistenzhund ist ein unter Beachtung des Tierschutzes und des individuellen Bedarfs eines Menschen mit Behinderung speziell ausgebildeter Hund, der aufgrund seiner Fähigkeiten und erlernten

Assistenzleistungen dazu bestimmt ist, diesem Menschen die selbstbestimmte Teilhabe am gesellschaftlichen Leben zu ermöglichen, zu erleichtern oder behinderungsbedingte Nachteile auszugleichen. Die Regelungen hierzu finden sich in den §§ 12e ff. BGG.

1.5.1.3 Zielvereinbarungen

Ein wichtiges Instrument für die Herstellung der Barrierefreiheit sind die **Zielvereinbarungen**, die nach § 5 BGG zwischen anerkannten **Behindertenverbänden** (§ 15 Abs. 3 BGG) und **Unternehmen oder Unternehmensverbänden** der verschiedenen Wirtschaftsbereiche für ihren jeweiligen sachlichen und räumlichen Organisations- oder Tätigkeitsbereich getroffen werden. Sie können aber auch – über den Wortlaut der Vorschrift hinaus – mit staatlichen Stellen, Kommunen, Gewerkschaften, Kirchen usw. abgeschlossen werden. Allerdings besteht gegen diese, im Gegensatz zu den Unternehmen oder Unternehmensverbänden, kein Anspruch auf die Aufnahme von Verhandlungen über die Zielvereinbarungen (§ 5 Abs. 1 S. 2 BGG). Zielvereinbarungen helfen Unternehmen und anderen Stellen dabei, Barrierefreiheit herzustellen und Fachleute aus den Betroffenenorganisationen als Expert:innen zu Rate zu ziehen. Es handelt sich hierbei um **einvernehmliche Vereinbarungen**, deren Inhalt durch § 5 Abs. 2 BGG bestimmt wird. Auch eine Vertragsstrafe kann in die Zielvereinbarung aufgenommen werden, falls ihre Bestimmungen nicht oder nicht fristgemäß erreicht worden sind.

Da jeder der anerkannten Verbände berechtigt ist, Unternehmen zur Aufnahme von Verhandlungen über Zielvereinbarungen zu verpflichten, erfolgt eine Steuerung über ein **Zielvereinbarungsregister**, welches beim BMAS geführt wird[27]. Wenn ein Verband die Aufnahme von Zielvereinbarungsverhandlungen von einem Unternehmen verlangt, muss dies unter Benennung der Verhandlungsparteien und des Verhandlungsgegenstandes dem Zielvereinbarungsregister angezeigt werden. Innerhalb von vier Wochen haben dann die anderen Verbände das Recht diesen Verhandlungen beizutreten (§ 5 Abs. 3 BGG).

Beispiele

Im Zielvereinbarungsregister können die bisher abgeschlossenen Zielvereinbarungen (z. B. Barrierefreie Museen und ähnliche Einrichtungen in Rheinland-Pfalz nach § 5 BGG und dem Landesgesetz zur Herstellung gleichwertiger Lebensbedingungen für Menschen mit Behinderungen des Landes Rheinland-Pfalz vom 28.10.2019 unter Beteiligung der BAG Selbsthilfe) oder die in Verhandlung befindlichen Zielvereinbarungen (z. B. Barrierefreie Gestaltung bei Möbel Martin Mainz nach § 5 BGG und dem Landesbehindertengleichstellungsgesetz des Landes Rheinland-Pfalz vom 6.11.2013 unter Beteiligung der BAG Selbsthilfe) sowie angekündigte Zielvereinbarungen (z. B. Barrierefreie Dienstleistungen des Sparkassenverbandes Hessen-Thüringen und seiner Mitgliedssparkassen vom 16.1.2015 unter Beteiligung des DBSV) eingesehen werden.

Seit der Neufassung des BGG im Juli 2016 gibt es eine **Bundesfachstelle Barrierefreiheit** bei der Deutschen Rentenversicherung Knappschaft-Bahn-See, die als zentrale Anlaufstelle zu Fragen der Barrierefreiheit sowohl Träger öffentlicher Gewalt als auch – auf Anfrage – Wirtschaft, Verbände und Zivilgesellschaft berät (§ 13 BGG). Das Bundesministerium für Arbeit und Soziales führt die Aufsicht hierüber.

27 https://www.bmas.de/DE/Soziales/Teilhabe-und-Inklusion/Barrierefreie-Gestaltung-der-Arbeit/Zielvereinbarungsregister/zielvereinbarungsregister.html (6.7.2021).

1.5.1.4 Rechtsdurchsetzung

Werden Menschen mit Behinderung in bestimmten Rechten aus dem BGG verletzt (§ 14 S. 1 BGG), können sie dagegen klagen. An ihrer Stelle und mit ihrem Einverständnis können auch anerkannte Verbände klagen (§ 15 BGG: sog. Verbandsklagerecht). Das bedeutet, dass ein Verband, ohne beauftragt oder bevollmächtigt zu sein und ohne, dass er selbst in eigenen Rechten verletzt ist, vor dem Sozial- oder Verwaltungsgericht klagen und einen Verstoß gegen Pflichten aus dem BGG geltend machen kann, sofern dies seine satzungsgemäßen Aufgaben betrifft. Soweit der Mensch mit Behinderung selbst Klage führen will, kann der Verband nur dann klagen, wenn er geltend macht, dass es sich um einen Fall von allgemeiner Bedeutung handelt. Die Klage kann gegen eine bestimmte Maßnahme geführt werden, wenn sie gegen die Pflichten aus dem BGG verstößt als auch dann, wenn etwas – z. B. angemessene Vorkehrungen – unterlassen wurden (§ 15 Abs. 2 BGG).

Beispiel

Ein anerkannter Behindertenverband klagte gegen einen eisenbahnrechtlichen Planfeststellungsbeschluss, der der Deutschen Bahn bei der Modernisierung eines Bahnhofs erlaubte, einen Bahnsteig zu bauen, der nicht barrierefrei für Rollstuhlfahrer erreichbar war und damit gegen § 8 Abs. 2 BGG verstieß.[28]

Seit 2016 gibt es zudem ein niedrigschwelliges Schlichtungsverfahren. Dieses ist in § 16 BGG geregelt. Bei der von der Bundesregierung beauftragten Person für die Belange von Menschen mit Behinderungen besteht eine unabhängige und unparteiische Schlichtungsstelle zur außergerichtlichen Beilegung von Streitigkeiten, bei der ein Mensch mit Behinderung oder (unter bestimmten Voraussetzungen nach § 16 Abs. 3 BGG) ein Verband nach § 15 BGG in seinen Rechten nach dem BGG durch einen Träger öffentlicher Gewalt oder durch Eigentümer:innen, Besitzer:innen und Betreiber:innen von beweglichen oder unbeweglichen Anlagen und Einrichtungen verletzt wird (z. B. wenn ein Bescheid nicht in einfacher oder Leichter Sprache erläutert wird oder der Zugang zu einer Einrichtung aufgrund der Mitnahme eines Assistenzhundes verweigert wird). Es gelten besondere verfahrensrechtliche Regelungen – so wird z. B. während des Schlichtungsverfahrens der Ablauf einer Widerspruchsfrist gehemmt, ein Antrag auf Schlichtung kann direkt in Textform oder zur Niederschrift bei der Schlichtungsstelle eingehen und das ganze Verfahren ist kostenfrei für alle Beteiligten. Auf diese Weise wird versucht, eine Einigung herbeizuführen und dem betroffenen Menschen mit Behinderung den Gang zum Gericht zu ersparen.

1.5.2 Allgemeines Gleichbehandlungsgesetz – AGG

Das Allgemeine Gleichbehandlungsgesetz geht auf europarechtliche Vorgaben zurück. Es setzt vier europäische Antidiskriminierungsrichtlinien[29] in deutsches Recht um. Mit dem AGG sollen Benachteiligungen wegen bestimmter Gründe – nicht nur Benachteiligungen aufgrund einer Behinderung – verhindert oder beseitigt werden (§ 1 AGG). Zur Durchsetzung haben die Personen, die benachteiligt wurden, verschiedene Rechte, v. a. ein Recht auf Schadensersatz und Beschwerderechte. Das AGG gliedert sich in fünf Teile:

- Allgemeiner Teil – §§ 1–5 AGG

---

28 BVerwG, Urteil vom 5.4.2006, 9 C 1/05.

29 Diese sind die Antirassismusrichtline, die Rahmenrichtlinie Beschäftigung, die Richtlinie zur Verwirklichung des Grundsatzes der Chancengleichheit und Gleichbehandlung von Männern und Frauen in Arbeits- und Beschäftigungsfragen und die Richtlinie zur Gleichstellung der Geschlechter auch außerhalb der Arbeitswelt.

- Schutz im Bereich Beschäftigung und Beruf (v. a. Arbeitsrecht) – §§ 6–18 AGG
- Schutz im Bereich des Zivilrechts – §§ 19–21 AGG
- Rechtsschutz – §§ 22–23 AGG
- Sonstiges – §§ 24–33 AGG (hier vor allem Regelungen zur Antidiskriminerungsstelle)

1.5.2.1 Benachteiligungsverbot

Das AGG verbietet Benachteiligungen aus **Gründen** der „Rasse“[30], der ethnischen Herkunft, des Geschlechts, der Religion oder Weltanschauung, einer Behinderung, des Alters oder der sexuellen Orientierung. Die Aufzählung der Diskriminierungsgründe ist abschließend.

Beispiel

Einem Vorsitzenden der rechten Partei NPD wurde eine Hotelbuchung in einem Wellnesshotel storniert. Das Hotel gab u. a. an, dass die offensichtliche rechtsradikale Gesinnung des durch die Medien sehr bekannten Politikers mit dem Verständnis des Vier-Sterne-Hauses nicht vereinbar sei. In seiner Klage gegen die Stornierung berief sich dieser u. a. auch auf das AGG. Das Gericht wies darauf hin, dass die politische Gesinnung kein Diskriminierungsmerkmal und das AGG folglich nicht anwendbar sei.[31]

Das AGG schützt vor Benachteiligungen aus den genannten Gründen in **Beschäftigung** und Beruf sowie in bestimmten Bereichen des **Zivilrechtsverkehrs**. Die Einzelheiten des sachlichen Anwendungsbereichs des AGG benennt § 2 AGG.

§ 3 AGG definiert die einzelnen Begriffe. Nach Absatz 1 liegt eine **unmittelbare** (direkte) **Benachteiligung** dann vor, wenn eine Person wegen eines in § 1 AGG genannten Grundes eine weniger günstige Behandlung als eine andere Person in einer vergleichbaren Situation erfährt, erfahren hat oder erfahren würde.

Beispiele

Unmittelbare Benachteiligungen liegen dann vor, wenn eine Frau bei gleicher Arbeit weniger als ihr männlicher Kollege verdient oder ein Vermieter grundsätzlich keine Wohnungen an Ausländer:innen vermietet oder ein Unternehmen nur Personen einstellt, die maximal 30 Jahre alt sind, oder eine kirchliche Einrichtung nur konfessionsgebundene Menschen beschäftigt.

Eine **mittelbare** (indirekte) **Benachteiligung** liegt nach Absatz 2 dann vor, wenn dem Anschein nach neutrale Vorschriften, Kriterien oder Verfahren Personen wegen einer der in § 1 AGG genannten Gründe gegenüber anderen Personen in besonderer Weise benachteiligen können, es sei denn, dies ist durch ein rechtmäßiges Ziel sachlich gerechtfertigt und die Mittel sind angemessen und erforderlich.

Beispiel

Eine mittelbare Benachteiligung ist anzunehmen, wenn von Bewerber:innen für eine Stelle ein Deutschtest verlangt wird und damit Migrant:innen ohne ausreichende Deutschkenntnisse ausgeschlossen werden oder wenn Banken

30 Die Verwendung des Begriffs „Rasse“ ist sehr umstritten – faktisch geht es um rassistische Diskriminierungen, d.h. rassistische Kategorisierungen und Zuschreibungen aufgrund der Hautfarbe. Mit ethnischer Herkunft sind Bevölkerungsteile gemeint, die durch gemeinsame Herkunft, Geschichte, Kultur und Zusammengehörigkeitsgefühl verbunden sind.

31 BGH, Urteil vom 9.3.2012, V ZUR 115/11.

ihre Standarddienstleistungen wie Überweisungen, Ein- und Auszahlungen oder Kontoauszüge an Automaten verlagern, die für Rollstuhlfahrer:innen, blinde oder alte Menschen nicht oder nur sehr schwer zu bedienen sind.

Erfasst werden darüber hinaus auch **Belästigungen**; dabei handelt es sich nach Absatz 3 um Benachteiligungen, wenn eine unerwünschte Verhaltensweise, die mit einem Diskriminierungsgrund aus § 1 AGG in Verbindung steht, bezweckt oder bewirkt, dass die Würde der betreffenden Person verletzt und ein von Einschüchterungen, Anfeindungen, Erniedrigungen, Entwürdigungen oder Beleidigungen gekennzeichnetes Umfeld geschaffen wird. Die sexuelle Belästigung wird gesondert in Absatz 4 aufgeführt.

Beispiele

Arbeitskolleg:innen versenden wiederholt E-Mails mit rassistischen Inhalten, Frauen oder Männer werden anzüglich angesprochen und unsittlich berührt, Mobbing von Kolleg:innen mit einer Behinderung oder aufgrund ihrer sexuellen Identität

Auch die **Anweisung zur Benachteiligung** einer Person aus einem Diskriminierungsgrund stellt eine Benachteiligung dar (§ 3 Abs. 5 BGG). Eine Benachteiligung bedeutet noch nicht, dass auch eine verbotene Diskriminierung vorliegt. Sowohl bei unmittelbaren oder mittelbaren Benachteiligungen in Beschäftigung und Beruf als auch im Zivilrechtsverkehr benennt das Gesetz **Rechtfertigungsgründe**, die eine Benachteiligung rechtfertigen können. Für Belästigungen bzw. sexuelle Belästigungen oder die Anweisung zur Benachteiligung einer Person gibt es allerdings keine Rechtfertigungsmöglichkeit.

1.5.2.2 Schutz vor Benachteiligung bei Beschäftigung und im Beruf

Beschäftigte dürfen nicht wegen eines in § 1 AGG genannten Grundes benachteiligt werden; dies gilt auch, wenn die Person, die die Benachteiligung begeht, das Vorliegen eines Grundes nur annimmt (§ 7 Abs. 1 AGG).

Beispiel

Eine Person wird nicht eingestellt, weil der Arbeitgeber annimmt, sie sei behindert, tatsächlich ist sie es aber nicht, oder die Ablehnung einer:eines Bewerber:in erfolgt aufgrund seines ausländischen Namens, obwohl es sich um einen in Deutschland geborenen Menschen handelt.

Wer **Beschäftigte:r** ist, definiert § 6 AGG (persönlicher Anwendungsbereich). Es handelt sich hier um Arbeitnehmer:innen, Auszubildende, und arbeitnehmerähnliche Personen. Auch Bewerber:innen für ein Beschäftigungsverhältnis oder Personen, deren Beschäftigungsverhältnis beendet ist, werden erfasst.

Beim Zugang zur Erwerbstätigkeit und bei einem beruflichen Aufstieg werden darüber hinaus auch Selbstständige und Mitglieder von Organen (Geschäftsführung, Vorstand) erfasst. Adressaten des Benachteiligungsverbotes sind Arbeitgeber. Damit sind natürliche und juristische Personen sowie rechtsfähige Personengesellschaften erfasst, die Personen beschäftigen (§ 6 Abs. 2 AGG). Auch Kund:innen des Arbeitsgebers oder Kolleg:innen dürfen Personen aus einem der in § 1 AGG genannten Gründe nicht diskriminieren. Der Arbeitgeber muss für einen entsprechenden Schutz seines Arbeitnehmers sorgen.

Beispiel

Beschäftigt ein Arbeitgeber einen Menschen mit einer geistigen Behinderung und muss dieser unter dem Spott der Kolleg:innen leiden, hat der Arbeitgeber die Pflicht, dafür zu sorgen, dass die:der Arbeitnehmer:in mit Behinderung nicht benachteiligt wird und muss ggf. entsprechende Maßnahmen dagegen ergreifen, wie Abmahnungen, Umsetzungen oder Kündigung. Auch vorbeugend muss der Arbeitgeber durch Schulungen und entsprechende Informationen über das AGG unterrichten.

Der Schutz vor Benachteiligung gilt für alle **Bereiche des Arbeitslebens**. Hierzu gehören nach § 2 Abs. 1 AGG:

- Der Zugang zur Erwerbstätigkeit (Stellenausschreibung, Bewerbungsverfahren, Auswahlgespräch, Auswahlkriterien, Einstellungsbedingungen),
- die Vertragsgestaltung (Beschäftigungs- und Arbeitsbedingungen, Arbeitsentgelt, Zusatzleistungen, Sozialleistungen),
- die berufliche Ausbildung (Umschulung, Aus- und Weiterbildung),
- Fragen des beruflichen Aufstiegs (Beförderungen, Versetzungen oder Umsetzungen, Weisungen über Aus-, Fort- und Weiterbildung),
- die Mitgliedschaft in einer Arbeitnehmervereinigung, Gewerkschaft oder Berufsvereinigung sowie
- die Beendigung des Arbeitsverhältnisses und darüber hinaus, z. B. bei der betrieblichen Altersversorgung.

Das Benachteiligungsverbot ist in § 7 AGG geregelt; es gilt auch bei Ausschreibungen für einen Arbeitsplatz (§ 11 AGG). Gleichwohl gilt das Benachteiligungsverbot nicht uneingeschränkt. Das Gesetz kennt verschiedene **Rechtfertigungsgründe**, die eine unterschiedliche Behandlung (bzw. eine Benachteiligung) zulassen. Diese Rechtfertigungsgründe sind im Arbeitsrecht:

- Notwendige **berufliche Anforderungen** (§ 8 AGG), d. h., wenn der Grund wegen der Art der auszuübenden Tätigkeit oder der Bedingungen ihrer Ausübung eine wesentliche und entscheidende berufliche Anforderung darstellt und der Zweck rechtmäßig und die Anforderung angemessen ist.

Beispiel

So kann weder ein sehbehinderter Mensch als Pilot:in eingestellt werden noch ein Mensch mit schwerem Rückenleiden als Lager- und Transportarbeiter:in, wenn hierbei schwere Lasten zu tragen sind.

- **Religion oder Weltanschauung** (§ 9 AGG) bei Beschäftigung durch Religions- oder Weltanschauungsgemeinschaften bzw. deren Vereinigungen oder Organisationen, wenn eine bestimmte Religion oder Weltanschauung Teil des Selbstverständnisses der jeweiligen Religion oder Weltanschauungsgemeinschaft bzw. ihrer Vereinigungen ist im Hinblick auf ihr Selbstbestimmungsrecht oder nach der Art der Tätigkeit.

Beispiel

Kirchen und Religionsgemeinschaften können – zumindest dann, wenn die Beschäftigten wesentliche pädagogische oder repräsentative Aufgaben wahrnehmen (z. B. in konfessionellen Schulen, Hochschulen oder Kindergärten) – verlangen, dass Beschäftigte oder Bewerber:innen der entsprechenden Religionsgemeinschaft angehören. Ob dies auch in anderen Fällen (z. B. Arbeit als Hausmeister:in, Köchin:Koch, Reinigungstätigkeiten) gilt, ist allerdings fraglich.

- **Altersgründe** (§ 10 AGG), wenn die Ungleichbehandlung objektiv und angemessen und durch ein legitimes Ziel gerechtfertigt ist. Die Mittel zur Erreichung dieses Ziels müssen angemessen und erforderlich sein.

Beispiele

In bestimmten Berufen gibt es Mindestaltersgrenzen, die objektiv gerechtfertigt sein können, z. B. weil sie bestimmte körperliche Anforderungen stellen. Jugendliche können, sofern es um ihre Eingliederung in den Arbeitsmarkt geht, bevorzugt werden; das Jugendarbeitsschutzgesetz verbietet grundsätzlich die Beschäftigung von Kindern (Ausnahmen sind möglich, § 5 JArbSchG).

Werden Beschäftigte benachteiligt und liegt kein Rechtfertigungsgrund i. S. d. §§ 8 – 10 AGG vor, dann haben sie das **Recht**,

- sich bei den zuständigen Stellen des Betriebes, des Unternehmens oder der Dienststelle zu **beschweren** (§ 13 AGG);
- ihre **Arbeitsleistung** zu **verweigern**, wenn der Arbeitgeber keine oder offensichtlich ungeeignete Maßnahmen zur Unterbindung einer Belästigung oder sexuellen Belästigung am Arbeitsplatz ergreift, ohne dass das Arbeitsentgelt entfällt (§ 14 AGG) sowie
- **Entschädigung und Schadensersatz** innerhalb von zwei Monaten zu fordern (§ 15 AGG).

Darüber hinaus darf der Arbeitgeber den Beschäftigten nicht wegen der Inanspruchnahme dieser Rechte maßregeln (§ 16 AGG).

1.5.2.3 Schutz vor Benachteiligung im Zivilrecht

Im Zivilrechtsverkehr erstreckt sich das Benachteiligungsverbot auf die Begründung, Durchführung und Beendigung zivilrechtlicher Schuldverhältnisse (z. B. Verträge), die ein **Massengeschäft** oder eine **privatrechtliche Versicherung** zum Gegenstand haben (§ 19 Abs. 1 AGG). Diskriminierungsgründe sind hier die „Rasse“ oder ethnische Herkunft, das Geschlecht, die Religion (nicht Weltanschauung!), eine Behinderung, das Alter oder die sexuelle Identität. Massengeschäfte sind dabei Geschäfte, die

- typischerweise ohne Ansehen der Person,
- zu vergleichbaren Bedingungen und
- in einer Vielzahl von Fällen

abgeschlossen werden.

Beispiele für Massengeschäfte sind Taxifahrten, Restaurantbesuche, Gebrauchtwagenhandel, Betrieb in Freizeiteinrichtungen wie Schwimmbäder, Theater, Kulturstätten oder öffentlicher Nahverkehr. Auch die Vermietung von Wohnraum zählt dazu, allerdings nur, wenn Vermieter:innen mehr als 50 Wohnungen vermieten (§ 19 Abs. 5 S. 3 AGG). Außerdem kann für Schaffung und Erhaltung sozial stabiler Bewohner:innenstrukturen und ausgewogener Siedlungsstrukturen sowie ausgeglichener wirtschaftlicher, sozialer und kultureller Verhältnisse eine ungleiche Behandlung zulässig sein (z. B. zur Vermeidung von „Ghettoisierungen“, § 19 Abs. 3 AGG).

Das AGG gilt im Zivilrecht nicht bei familien- und erbrechtlichen Schuldverhältnissen oder bei Schuldverhältnissen, bei denen ein besonderes Nähe- oder Vertrauensverhältnis begründet wird (z. B. Einstellung von Assistenz- oder Pflegekräften).

Auch beim zivilrechtlichen Benachteiligungsverbot kann nach § 20 AGG eine unterschiedliche Behandlung gerechtfertigt sein, nämlich dann, wenn ein **sachlicher Grund** vorliegt. Dazu gehört z. B. eine Ungleichbehandlung

- zur Vermeidung von Gefahren, der Verhütung von Schäden oder vergleichbaren Zwecken oder
- um dem Bedürfnis nach Schutz der Intimsphäre oder der persönlichen Sicherheit Rechnung zu tragen, oder
- die besondere Vorteile gewährt und zur Durchsetzung der Gleichbehandlung notwendig ist (z. B. Preisnachlässe oder Sonderkonditionen für Menschen mit Behinderungen) oder
- die besonderen religiösen Bedürfnissen Rechnung trägt.

Wird ein Mensch im Zivilrechtsverkehr unter den genannten Voraussetzungen benachteiligt und liegt kein Rechtfertigungsgrund vor, hat er das **Recht,** innerhalb von zwei Monaten (§ 21 AGG)

- die **Beseitigung** der Beeinträchtigung und deren Unterlassung zu verlangen sowie
- **Schadensersatz und Entschädigung** zu erhalten.

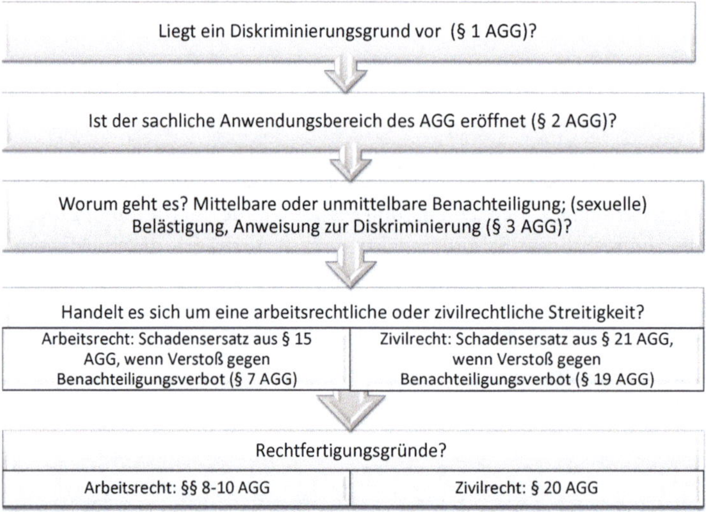

Übersicht 4 – Prüfungsschema zur Prüfung eines Schadensersatzanspruches nach dem AGG

1.5.2.4 Rechtsdurchsetzung

Ein Verstoß gegen das AGG kann je nach Streitgegenstand vor verschiedenen **Gerichten** geltend gemacht werden.

Beispiele

1. Wird ein Mensch mit einer Sprachbehinderung, der sich für eine Stelle in einem Unternehmen beworben hat, mit der Begründung abgelehnt, es mangele ihm an Kommunikationsstärke oder er habe große Kommunikationsprobleme, kann er seinen Anspruch auf Schadensersatz vor den Arbeitsgerichten geltend machen.[32]

32 LAG Köln, Beschluss vom 26.1.2012, 9 Ta 272/11.

2. Erhält ein blinder Mensch keine Heilpraktikererlaubnis durch die zuständige Behörde, kann er dagegen vor den Verwaltungsgerichten vorgehen.[33]
3. Lehnt eine private Versicherung den Abschluss eines Versicherungsvertrages ab, weil die Person eine Behinderung hat, kann diese dagegen vor den Zivilgerichten klagen.[34]

Beim gerichtlichen Verfahren gilt nach § 22 AGG eine sog. **Beweislastumkehr**. Während normalerweise die Person, die einen Anspruch durchsetzen will, die Tatsachen beweisen muss, die den Anspruch stützen, muss in einem AGG-Streitfall die klagende Partei nur Indizien vortragen, die eine Benachteiligung aus in § 1 AGG genannten Gründen vermuten lassen. Dann ist die andere (beklagte) Partei verpflichtet zu beweisen, dass sie nicht benachteiligt hat. Darüber hinaus können sich benachteiligte Personen von **Antidiskriminierungsverbänden** unterstützen lassen (§ 23 AGG).

1.5.2.5 Antidiskriminierungsstelle

Beim Bundesministerium für Familie, Senioren, Frauen und Jugend ist eine Antidiskriminierungsstelle eingerichtet, die Ansprechpartner für Personen ist, die aus einem in § 1 AGG genannten Grund benachteiligt werden (§§ 25 ff. AGG). Sie berät und unterstützt benachteiligte Personen bei der Durchsetzung ihrer Rechte, leistet Öffentlichkeitsarbeit, unterstützt Maßnahmen zur Verhinderung von Benachteiligungen und führt wissenschaftliche Untersuchungen durch.[35]

Übungsaufgaben

1. Welche Ziele verfolgt das BGG? Wo finden sich diese?
2. Was verstehen Sie unter dem Begriff Barrierefreiheit? Ziehen Sie zur Beantwortung die entsprechende Vorschrift aus dem BGG hinzu!
3. Müssen Menschen mit Hör- oder Sprachbehinderungen eine:n Gebärdensprachdolmetscher:in bezahlen, wenn sie bei einer Behörde oder einem Gericht zu tun haben? Begründen Sie Ihre Antwort!
4. Was verstehen Sie unter Zielvereinbarungen?
5. Was bedeutet ein Verbandsklagerecht?
6. Herr L ist Mitglied der CDU. Er bewirbt sich auf eine Stelle bei der SPD und erhält diese unter Hinweis auf die „falsche" Parteimitgliedschaft nicht. Hat er einen Schadensersatzanspruch aus dem AGG?
7. Frau F ist seit 20 Jahren Erzieherin. Durch ihre Tätigkeit hat sie ein chronisches Rückenleiden; sie kann sich nicht mehr bücken und darf nur noch leichte Lasten heben. Als sie sich auf die Stelle einer Erzieherin für Ein- bis Dreijährige in einer Kita bewirbt, wird sie unter Hinweis auf ihr Rückenleiden abgelehnt. Hat sie einen Anspruch auf Schadensersatz nach dem AGG?

33 BVerwG, Urteil vom 13.12.2012, 3 C 26.11.
34 OLG Karlsruhe, Urteil vom 27.5.2010, 9 U 156/09.
35 Einzelheiten einschließlich einer Liste von Publikationen zu diesem Thema findet sich unter www.antidiskriminierungsstelle.de (6.7.2021).

8. Familie J hat drei Kinder im Alter zwischen vier und zehn Jahren. Der 7-jährige A hat eine schwere geistige Behinderung; er befindet sich auf dem Entwicklungsstand eines 2-Jährigen, ist oft trotzig und schreit unkontrolliert. Als die Familie eine neue Wohnung sucht und sich für eine 5-Zimmer-Wohnung des Vermieters V, der in der ganzen Stadt etwa 200 Mietwohnungen vermietet, interessiert, teilt der ihnen telefonisch einen Termin zur Besichtigung mit. Außerdem teilt er ihnen mit, dass die Wohnung schon länger leer stehe und er froh sei, endlich Interessenten gefunden zu haben. Als die Familie zum Termin kommt und V den A sieht, fragt er mehrmals nach, was denn dieser für eine Behinderung habe. Am nächsten Tag ruft V bei Familie J an und teilt mit, dass die Wohnung anderweitig vergeben sei. Hat Familie J Anspruch auf Schadensersatz nach dem AGG?

2 Zivilrechtliche Grundlagen des Rechts für Menschen mit Behinderungen

2.1 Rechtsfähigkeit und Handlungsfähigkeit

Rechtsfähigkeit und rechtliche Handlungsfähigkeit sind zentrale Begriffe des Rechts, die jedoch als solche vom Gesetzgeber nicht definiert sind. Dieser hat nur bestimmte Voraussetzungen oder Rechtsfolgen ausgestaltet. Gegenstand des folgenden Kapitels ist nur die Rechtsfähigkeit und die rechtliche Handlungsfähigkeit von natürlichen Personen (zur Rechtsfähigkeit juristischer Personen vgl. unter 1.1.3).

2.1.1 Rechtsfähigkeit

Rechtsfähigkeit wird allgemein als Fähigkeit definiert, Träger:in von Rechten und Pflichten zu sein. Damit ist gemeint, dass jedem Menschen, also jeder **lebend geborenen natürlichen Person**, grundsätzlich alle vom Recht eingeräumten Rechte oder vom Recht begründeten Pflichten zukommen können, wenngleich auch der einzelne Mensch immer nur Bruchteile dieser potenziell umfassenden Rechtsstellung für sich realisieren kann. Die Rechtsfähigkeit entsteht mit **Vollendung der Geburt**, also mit Austritt aus dem Mutterleib und Trennung der Nabelschnur, sofern vitale Funktionen festzustellen sind. Von intellektuellem Entwicklungsstand und geistiger Reife ist die Rechtsfähigkeit unabhängig.

Beispiel
Auch ein ohne Großhirn geborenes Kind, dessen Kleinhirn intakt ist, ist als Mensch rechtsfähig.

Auch das **ungeborene Kind** wird vom Recht in vielfacher Hinsicht geschützt. Rechtsfähigkeit als solche kommt ihm allerdings nicht zu.

Beispiele
Das Ungeborene ist aufgrund der Einnahme von Medikamenten durch die Schwangere nachhaltig geschädigt worden. Ansprüche aufgrund dessen können erst nach Geburt realisiert werden. Der Ehemann der Kindesmutter ist während ihrer Schwangerschaft bei einem von einem Dritten schuldhaft verursachten Verkehrsunfall ums Leben

gekommen. Die Durchsetzung von Unterhaltsersatzansprüchen ist erst nach Geburt des Kindes möglich. Das Kind ist bereits als Ungeborenes Erbe des Vaters geworden; das Erbe fällt ihm aber erst mit Geburt zu.

Als Mensch kommt der rechtsfähigen natürlichen Person **Menschenwürde** und das Recht auf freie Entfaltung der Persönlichkeit zu (Art. 1 und 2 GG). Zivilrechtlich wird dies durch den schadensrechtlichen Schutz des **allgemeinen Persönlichkeitsrechts** in §§ 823 ff. BGB und die nur durch das Strafrecht und die guten Sitten (vgl. § 826 BGB) eingeschränkte **Betätigungsfreiheit** sichergestellt.

2.1.2 Rechtliche Handlungsfähigkeit

Rechtliche Handlungsfähigkeit ist hingegen mit dem Menschsein als solchem nicht zwangsläufig verbunden. Ihr Erwerb hängt in erster Linie von **psychischer und geistiger Gesundheit** der Person ab, im Übrigen vom Überschreiten gesetzlich eingeführter **Altersstufen** oder dem Vorliegen weiterer Voraussetzungen.

2.1.2.1 Geschäftsunfähigkeit

Rechtlich **nicht handlungsfähig** sind geschäftsunfähige Personen. Dazu gehören zwei Gruppen:

1. Kinder vor Vollendung des 7. Lebensjahres (§ 104 Nr. 1 BGB). Das siebte Lebensjahr ist am siebten Geburtstag 0.00 Uhr vollendet.

Beispiele

Das fünf Jahre alte Kind A kann kein Geschenk annehmen, kein Eis kaufen. Es kann aber den Einkaufszettel der Mutter im Geschäft abgeben.

2. Menschen jeglichen Alters, die aufgrund einer psychischen Krankheit oder geistigen oder seelischen Behinderung auf Dauer keinen vernünftigen Willen bilden können (§ 104 Nr. 2 BGB).

Durch das Merkmal der Dauer sind **situative Einschränkungen** (Vollrausch, Drogenrausch, Grand mal, operativ bedingte Narkose) ausgenommen. Stoffgebundene Abhängigkeitserkrankungen können zur Geschäftsunfähigkeit führen, wenn hirnorganische Veränderungen erhebliche Auswirkungen auf die Willensbildung zeigen oder formale Denkstörungen auftreten. Problematisch sind zyklisch verlaufende Psychosen; dauert die psychotische Phase Wochen, ist von Geschäftsunfähigkeit bis zur erfolgreichen Medikamentierung auszugehen. Bei Menschen mit Lernbehinderung kommt es auf das Ausmaß der Beeinträchtigung der geistigen Leistungsfähigkeit und auf die situativen Anforderungen an die geistige Leistung an.

Beispiele

Frau B leidet an einer schweren Lernbehinderung. Sie kennt zwar Umgebungspersonen und äußert Wünsche, indem sie auf entsprechende Symbole im Rahmen unterstützter Kommunikation drückt, zur Bildung eines freien Willens ist sie aber nicht in der Lage.
Herr C ist Analphabet, aber arbeitsfähig und arbeitet als Gehilfe eines Hausmeisters. Er kann Ausführungen in einfacher Sprache gut folgen. Er ist daher geschäftsfähig.
Frau D erleidet trotz Medikamentierung gelegentlich schwere epileptische Anfälle. Sie darf daher nicht Auto fahren, ist aber in anfallsfreien Zeiten geschäftsfähig.
Herr E ist viertgradig alkoholkrank. Der jahrelange exzessive Konsum hat zu schweren physischen und psychischen Beeinträchtigungen geführt. Er ist geschäftsunfähig.

Geschäftsunfähige Personen können **keinen rechtlich relevanten Willen** bilden. Dass sie oftmals einen sog. **natürlichen Willen** äußern oder faktisch durchsetzen können, bleibt unberührt. Der Ausschluss von der Bildung rechtlich bedeutsamen Willens bewirkt einen umfassenden Schutz der Person im Rechtsverkehr. Der Anschein rechtlichen Handelns, der entstehen kann, führt bei ihnen nicht zum (wirtschaftlichen und rechtlichen) Schaden. Hierbei gibt es für volljährige Personen eine lebenspraktische Ausnahme:

Nach § 105a BGB gelten **Rechtsgeschäfte des täglichen Lebens**, wie der Kauf von Lebens- und Genussmitteln in geringer Menge, dann als wirksam, wenn die von der:dem Geschäftsunfähigen erbrachte Gegenleistung bewirkt ist, sie:er also im obigen Fall den Kaufpreis bezahlt hat. Das **Geschäft** ist nicht wirksam, es **gilt nur als wirksam**; das bedeutet, dass sich keine Seite (d. h. weder die:der gesetzliche Vertreter:in der:des Geschäftsunfähigen noch deren:dessen Geschäftspartner:in) auf die Nichtigkeit berufen kann.

2.1.2.2 Willenserklärung als Element rechtlicher Handlungsfähigkeit

Rechtliche Handlungsfähigkeit liegt damit immer vor, wenn rechtswirksam eine **Willenserklärung** abgegeben werden kann. Auch die Willenserklärung wird vom Gesetzgeber nicht definiert. Man kann die Definition aber aus den Rechtsfolgen der Erklärung herleiten. Danach ist Willenserklärung eine geäußerte Entschließung, die auf die **Begründung, Änderung oder Aufhebung eines Rechtsverhältnisses** gerichtet ist, sofern dieser Wille von der Rechtsordnung zugelassen wird.

Beispiele

Der geäußerte natürliche Wille einer geschäftsunfähigen Person ist keine Willenserklärung. Die Erklärung ist zivilrechtlich nichtig; kann aber unter Umständen für das rechtliche Handeln der:des gesetzlichen Vertreter:in bedeutsam sein. So ist eine Sterilisation einer geschäftsunfähigen Patientin mit Einwilligung ihrer Betreuungsperson ausgeschlossen, wenn sie ihrem natürlichen Willen widerspricht (vgl. § 1905 BGB **[§ 1830 BGB]**), und ist die Behandlung eines geschlossen untergebrachten Patienten gegen dessen natürlichen Willen nur unter den engen Voraussetzungen des § 1906a BGB **[§ 1832 BGB]** zulässig.

In welcher **Form** dieser Wille geäußert wird, ist unerheblich. Die Willenserklärung kann in notariell beurkundeter (vgl. § 128 BGB), öffentlich beurkundeter oder in Schriftform (§ 126 BGB) oder in jeder anderen Form abgegeben werden. Schreibt das Gesetz nicht eine bestimmte Form vor, kann eine Willenserklärung auch in elektronischer Form, als mündliche Äußerung und durch faktisches Handeln abgegeben werden, sofern dieses **Erklärungswert** hat. Schreibt das Gesetz eine bestimmte Form vor, ist eine nicht formgerechte Erklärung nicht voll wirksam oder nichtig.

Beispiele

Für den Kauf einer Immobilie müssen Käufer:in und Verkäufer:in ihre Erklärungen in notariell beurkundeter Form abgeben (§§ 145, 147, 311b Abs. 1, 433 BGB); damit die:der Käufer:in Eigentümer:in wird, ist aber ein weiteres Rechtsgeschäft, die Auflassung, erforderlich (§§ 873, 925 BGB), die wiederum je eine Erklärung der Vertragsparteien voraussetzt. Auch die Einwilligung in die Adoption einer:eines Minderjährigen seitens des Elternteils verlangt notarielle Beurkundung (§§ 1747, 1750 Abs. 1 BGB). Die Erklärungen, die die Vaterschaft begründen, benötigen öffentliche Beurkundung (vgl. § 1596 f. Abs. 1 BGB, § 59 Abs. 1 Nr. 1 SGB VIII). Öffentliche Beurkundung genügt auch, wenn sich der festgestellte Vater zur Zahlung von Unterhalt an das Kind verpflichtet. Schriftform ist Bedingung eines wirksamen Staffelmietvertrages (§ 557a BGB). Der Kauf einer Fahrkarte im Reisebüro erfolgt in der Regel mündlich. Klickt man eine vorgegebene Erklärung eines Internetanbieters an, hat man damit seinen (mündlichen) Willen geäußert (die elektronische Form im Sinne des § 126a BGB ersetzt hingegen die Schriftform, ist daher an weitere Voraussetzungen geknüpft). Betritt man die Stadt- oder Untergrundbahn, kommt damit ein Beförderungsvertrag (spezieller Werkvertrag) zustande, hebt man bei einer Versteigerung die Hand, hat man ein Gebot abgegeben.

Die Abgabe einer Willenserklärung ist wegen der dadurch hervorgerufenen **Rechtsfolgen**, die das Gesetz daran knüpft, entweder

- ein Rechtsgeschäft oder
- Bestandteil eines Rechtsgeschäfts, wenn dieses mehr als eine Erklärung bedingt, um zustande zu kommen.

Man unterscheidet daher

- einseitige,
- zweiseitige und
- mehrseitige Rechtsgeschäfte.

Beispiele

Einseitige Rechtsgeschäfte sind u. a. die Kündigung eines Vertrages, die Erteilung einer Vollmacht, die Errichtung eines Testaments oder die Aufrechnung. Spezifisch familienrechtliche einseitige Rechtsgeschäfte sind der Antrag auf Beistandschaft des Jugendamtes oder die Benennung einer:eines Vormund:in durch letztwillige Verfügung. Zweiseitige Rechtsgeschäfte sind alle Austauschverträge, insbesondere Kauf- und Tauschvertrag, Schenkung, Miete, Pacht, Darlehen, Dienst- und Werkvertrag oder Reisevertrag. Von den familienrechtlichen Rechtsgeschäften gehören die Eingehung der Ehe, der Abschluss eines Ehevertrages oder die vertragliche Verpflichtung von Erziehungsberechtigten hierher. Im Erbrecht zählen dazu der Erbvertrag oder der Erbverzichtsvertrag. Mehrseitige Rechtsgeschäfte prägen das Vereins- und Gesellschaftsrecht. Mindestens zwei Willenserklärungen sind erforderlich für die Feststellung der Vaterschaft für das nicht ehelich geborene Kind oder betreffende Erklärungen zur Herbeiführung gemeinsamer elterlicher Sorge; diese stellen aber kein zweiseitiges Rechtsgeschäft dar.

Für den Abschluss eines mehrseitigen **Rechtsgeschäfts** sind daher mindestens zwei sich entsprechende Willensäußerungen erforderlich. Die komplizierten Regelungen beim Vorliegen von Willensmängeln und die komplexen Vorschriften zur Abwicklung von Verträgen bei Sach- und Rechtsmängeln oder Pflichtverletzung müssen hier unberücksichtigt bleiben. Sie sind Gegenstand des zweiten Buches des Bürgerlichen Gesetzbuchs und ergänzender Vorschriften.

Mit dem Abschluss eines Kaufvertrages ist der Erwerb des Eigentums am gekauften Objekt nach deutschem Recht nicht verbunden (sog. **Abstraktionsprinzip**). Es bedarf daher eines weiteren Rechtsgeschäfts, der Übereignung des Kaufgegenstandes.

Beispiel

Herr F legt wie jeden Morgen einen 5 Euro-Schein auf die Theke und erhält seine Morgenzeitung, einen Becher Kaffee und das Wechselgeld. F und sein Vertragspartner G, der Betreiber des Kiosks, haben insgesamt zehn Willenserklärungen abgegeben. Je eine für den Abschluss des Kaufvertrages, je eine für die Übereignung der Morgenzeitung, je eine für die Übereignung des Kaffees, je eine für die Übereignung des 5 Euro-Scheins und je eine für die Übereignung des Restgeldbetrages. Auch die Schenkung ist nach h. M. ein zweiseitiger Vertrag. Erhält Frau H von Herrn J eine Rose, liegen vier Willenserklärungen vor, bevor die Rose in die Vase gesteckt wird.

Von den rechtsgeschäftlichen Erklärungen sind die geschäftsähnlichen und die Prozesserklärungen zu unterscheiden.

Rechtsgeschäftsähnliche Erklärungen sind rechtlich erhebliche Erklärungen, die im Zusammenhang mit einem Rechtsgeschäft stehen, dieses selbst aber nicht begründen, ändern oder aufheben. Dazu gehört u. a. die Aufforderung, dass das mit einer:einem Minderjährigen geschlossene Geschäft genehmigt wird (vgl. § 108 Abs. 2 BGB), die Aufforderung zu leisten (§ 286 Abs. 1 BGB) oder einen Mangel zu beseitigen, die Mitteilung gegenüber einer:einem Dritten, dass man der:dem Vollmachtnehmer:in eine Vollmacht erteilt hat oder die Erstellung eines Vermögensverzeichnisses als Betreuungsperson.

Prozesshandlungen sind Willenserklärungen, die in gerichtlichen Verfahren abgegeben werden. Dazu gehören in zivilgerichtlichen Verfahren v. a. die Klageerhebung oder die Stellung eines Antrags und deren Rücknahme, die Einlegung eines Rechtsbehelfs oder eines Rechtsmittels, die Rücknahme oder der Verzicht auf die Einlegung eines Rechtsmittels, die Ablehnung wegen Befangenheit, die Stellung von Beweisanträgen.

In speziellen Verfahren sind auch **geschäftsunfähige Personen** rechtlich in der Lage, Prozesshandlungen vorzunehmen (Betroffene und Betreute in betreuungsgerichtlichen Verfahren, über 14 Jahre alte Minderjährige und Volljährige in Unterbringungsverfahren). Im Übrigen verlangt die Vornahme einer Prozesshandlung aber (zumindest beschränkte) Geschäftsfähigkeit.

Willenserklärungen sind **nicht auf zivilrechtliche Rechtsverhältnisse beschränkt**; im öffentlichen Recht sind Willenserklärungen bei öffentlich-rechtlichen Verträgen anzutreffen; auch die **Stellung eines Antrags**, z. B. auf Gewährung einer Sozialleistung, ist eine Willenserklärung. In Verwaltungs- und Sozialgerichtsprozessen gibt es vergleichbare Prozesserklärungen wie in Zivilprozessen.

Im Strafrecht ist insbesondere die Einwilligung in tatbestandsmäßiges Handeln, d. h. in Tathandlungen, die einem strafrechtlichen Verbot oder Gebot zuwiderlaufen, als **Rechtfertigungsgrund** von Bedeutung. Einwilligungsfähigkeit verlangt in der Regel Einsichtsfähigkeit, die voller Geschäftsfähigkeit entspricht. Körperliche Eingriffe, zu denen auch die Behandlung mit Medikamenten gehört, sowie jede Untersuchung, Behandlung und jeder Eingriff, wodurch die Körperintegrität beeinträchtigt wird, sind daher nur mit Einwilligung der Betroffenen oder ihrer gesetzlichen Vertreter:innen gerechtfertigt. Für Prozesserklärungen gilt das Gleiche wie in Zivil- und Verwaltungsprozessen.

Willenserklärungen sind **auslegungsfähig**. Da viele Begriffe sowohl in der Alltagssprache als auch in der Rechtssprache verwendet werden, und diese oftmals nicht deckungsgleich sind, ist der rechtlich relevante wirkliche Wille zu ermitteln, sofern nicht bereits der Wortlaut der Erklärung in sich stimmig ist (vgl. dazu §§ 133, 157, 305c Abs. 2 BGB).

Beispiel

Ein 42-jähriger Mann betritt das Jobcenter und verlangt „Hartz-IV-Leistungen". Dies muss als Antrag auf Leistungen der „Grundsicherung für Arbeitssuchende" ausgelegt werden.

2.1.2.3 Relevante Altersstufen

Rechtliche Handlungsfähigkeit tritt in Stufen ein (Auswahl der gesetzlichen Grundlagen für die in diesem Lehrbuch behandelten Rechtsgebiete). Die im Familienrecht bestehende erste Altersstufe ist die Vollendung des **5. Lebensjahres** (vgl. §§ 1617a Abs. 2 S. 2, 1617b Abs. 1 S. 3, Abs. 2 S. 1, 1617c Abs. 1 S. 1, 1618 S. 3, 1757 Abs. 2 S. 2 BGB). Das Kind muss allerdings, da geschäftsunfähig, vertreten werden.

Darüber hinaus sind folgende Altersstufen rechtlich relevant:

1. Mit Vollendung des **7. Lebensjahres** tritt beschränkte Geschäftsfähigkeit ein, sofern das Kind nicht geschäftsunfähig ist. Außerdem ist das beschränkt geschäftsfähige Kind, außer für Schadensfälle im Verkehr, deliktsfähig (§ 828 Abs. 1 BGB); d. h. es muss für von ihm vorsätzlich oder fahrlässig verursachte Schäden eines Dritten mit seinem Vermögen haften.
2. Mit Vollendung des **10. Lebensjahres** besteht auch für Schadensfälle im Straßenverkehr Deliktsfähigkeit (§ 828 Abs. 2 BGB).
3. Hat das Kind das **12. Lebensjahr** vollendet, kann gegen seinen Willen seine Konfessionszugehörigkeit nicht mehr geändert werden (§ 5 RelErzG).
4. Eine sehr wichtige Altersgrenze ist die Vollendung des **14. Lebensjahres.**
   - Diese Grenze ist genannt in §§ 1596 Abs. 2, 1617a Abs. 2 S. 4, 1617b Abs. 1 S. 4, Abs. 2 S. 3, 1617c Abs. 1 S. 2, Abs. 2, 1618 S. 6, 1746 Abs. 1 S. 3 (Zustimmung der:des gesetzlichen Vertreter:in erforderlich), 1746 Abs. 2 S. 1 und 3 BGB (keine Zustimmung der:des gesetzlichen Vertreter:in erforderlich).
   - Minderjährige können wichtige familienverfahrensrechtliche Prozesserklärungen allein tätigen (vgl. 113 Abs. 3, 1671 Abs. 1 Nr. 1, Abs. 2 Nr. 1, 1762 Abs. 1 S. 2–4, 1778 Abs. 1 Nr. 5 [§ 1783 Abs. 1 Nr. 3 BGB], 1887 Abs. 2 BGB [§ 1804 Abs. 3 Nr. 3 BGB]).
   - Es tritt Religionsmündigkeit ein (§ 5 RelErzG).
   - Jugendliche sind bei Strafreife strafmündig (§ 3 JGG).
5. Im Sozialrecht tritt (begrenzte) sozialrechtliche Handlungsfähigkeit mit Vollendung des **15. Lebensjahres** ein (§ 36 SGB I).
6. Haben Jugendliche das **16. Lebensjahr** vollendet, können sie ein öffentliches Testament errichten (§ 2229 BGB; vgl. Kapitel 2.9.4.1). Eine Eheschließung ist nach deutschem Recht nur unter Volljährigen möglich (§ 1303 S. 1 BGB).[36]

Ohne feste Altersgrenze sind die:der nicht geschäftsunfähige Minderjährige als (künftiger) Elternteil mit Zustimmung der:des gesetzlichen Vertreter:in handlungsfähig nach §§ 1596 Abs. 1 S. 1 und 2, Abs. 1 S. 4 i. V. m. S. 1 und 2, 1626c Abs. 1 und 2 S. 1 BGB. Keiner Zustimmung bedarf die Erklärung nach § 1617 BGB und der Antrag auf Eintritt der Beistandschaft (§ 1712 BGB) oder das Verlangen, dass sie endet (§ 1715 Abs. 1 BGB). Ohne Zustimmung der:des gesetzlichen Vertreter:in kann sie:er die Prozesserklärungen nach §§ 1600a Abs. 2 S. 2, 1626a Abs. 2, 1671 Abs. 2 BGB abgeben und ist in Ehesachen verfahrensfähig (§ 121 FamFG).
Ohne feste Altersgrenze gibt es Sonderregelungen für minderjährige, nicht geschäftsunfähige Erblasser:innen oder Vertragspartner:innen der:des Erblasser:in in § 2275 BGB (mit Zustimmung der:des gesetzlichen Vertreter:in) und in §§ 2290, 2347 Abs. 2 S. 1 BGB (ohne Zustimmung der:des gesetzlichen Vertreter:in).

36 Vgl. BGBl. 2017 I 2429, in Kraft seit 22.7.2017.

2.1.2.4 Sonstige Voraussetzungen

Ausnahmsweise kann bei Handeln von Minderjährigen zusätzlich zur Zustimmung der gesetzlichen Vertreter noch die **Genehmigung des Familiengerichts** (in erster Instanz eine Abteilung des Amtsgerichts) erforderlich sein (§ 1746 Abs. 1 S. 4 BGB). Häufiger ist dies aber bei Handeln der gesetzlichen Vertreter von Minderjährigen der Fall (vgl. §§ 112 Abs. 1 und 2, , 1491 Abs. 3, 1596 Abs. 1 Satz 3, 1631b, 1643–1645 **[§§1643 - 1654 BGB]**; 1803 Abs. 2 **[§ 1798 Abs. 2 i. V. m. § 1837 Abs. 1 BGB analog]**, 1810 **[§ 1798 i. V. m. §§ 1841 f. BGB analog]**, 1812 **[§ 1798 Abs. 2 i. V. m. §§ 1843, 1849 BGB analog]**, 1814 **[§ 1798 Abs. 2 i. V. m. § 1843 BGB analog]**, 1815 Abs. 1 **[§ 1799 Abs. 1 i. V. m. § 1849 Abs. 2 BGB analog]**, 1816 **[§ 1798 Abs. 2 i. V. m. § 1845 Abs. 2 BGB analog]**, 1819–1823 **[§ 1799 Abs. 1 i. V. m. §§ 1849 – 1854 BGB analog]**, 1829 Abs. 1 **[§ 1800 Abs. 1 i. V. m. § 1856 BGB analog]**; 2282 Abs. 2 **[§ 1799 Abs. 1 i. V. m. § 1851 Nr. 4 BGB analog], 2293, 2347 Abs. 1 und 2 BGB [§ 1799 Abs. 1i. V. m. § 1851 Nr. 9 BGB analog]**).

Entsprechend gibt es zahlreiche Normen, die die **Genehmigungsbedürftigkeit** von Rechtsgeschäften von Betreuungspersonal vorsehen (§§ 1411 Abs. 1 und 2, 1484 Abs. 2, 1491 Abs. 3, 1492 Abs. 3, 1596 Abs. 1 S. 3, 1904 **[§ 1829]**, 1905 Abs. 2 **[§ 1830 Abs. 2]**, 1906 Abs. 2, 4 [§ 1831 Abs. 2, 4], 1906a Abs. 2 **[§ 1832 Abs. 2]**, 1907 Abs. 1 und 3 **[§ 1833 Abs. 3]**, 1908, 1908i Abs. 1 in Verbindung mit den betreffenden Vorschriften des Vormundschaftsrechts [entfällt]; 2290 Abs. 3 [§ 1851 Nr. 5], 2347 Abs. 1 BGB [§ 1851 Nr. 9 BGB]). Dafür ist das **Betreuungsgericht** zuständig (dazu Kapitel 2.7.5.2).

Teilweise ist statt der Genehmigung des Familiengerichts bzw. des Betreuungsgerichts die Genehmigung einer:eines **Gegenvormund:in**[37] **bzw.** einer:eines **Kontrollbetreuer:in** ausreichend. In einigen Fällen benötigen auch Bevollmächtigte für das Handeln im Namen der:des Vollmachtgeber:in eine betreuungsgerichtliche Genehmigung (§§ 1904 Abs. 5, 1906 Abs. 5, 1906a Abs. 5 BGB **[§§ 1829 Abs. 5, 1831 Abs. 5, 1832 Abs. 5 BGB]**); entsprechende Möglichkeiten gibt es bei der Vertretung von Minderjährigen nicht. Für die Wirksamkeit sind sowohl die Erklärung der:des Betreffenden wie die familiengerichtliche oder betreuungsgerichtliche Genehmigung erforderlich.

2.1.2.5 Beschränkte Geschäftsfähigkeit

Beschränkt geschäftsfähig sind Minderjährige, die nicht geschäftsunfähig sind. Sie müssen das siebente Lebensjahr vollendet haben. Um 0.00 Uhr des 18. Geburtstags endet die Beschränkung. Für die Tragweite der Handlungsfähigkeit sind einerseits

- einseitige und
- zwei- oder mehrseitige Rechtsgeschäfte

zu unterscheiden. Zum anderen muss die Form der Zustimmung unterschieden werden. Es gibt:

- die **vorhergehende** Zustimmung (Einwilligung in ein Rechtsgeschäft; vgl. § 183 BGB) und
- die **nachträgliche** Zustimmung (Genehmigung eines Rechtsgeschäfts, vgl. § 184 Abs. 1 BGB).

---

37 Das Rechtsinstitut der Gegenvormundschaft entfällt zum 1.1.2023.

(1) Einseitige Rechtsgeschäfte

Einseitige Rechtsgeschäfte sind nur mit Einwilligung der gesetzlichen Vertreter:innen möglich; eine Genehmigung ist ausgeschlossen (§ 111 S. 1 BGB). Die Einwilligung muss in schriftlicher Form vorgelegt werden.

(2) Schenkungen

Einen Schenkungsvertrag als **zweiseitiges Rechtsgeschäft** können Minderjährige ohne Einwilligung und ohne Genehmigung schließen, wenn sie die Beschenkten sind, da sie zu keiner Gegenleistung verpflichtet werden (vgl. § 107 BGB). Dass mit der Annahme eines Geschenks unter Umständen öffentliche Lasten (z. B. Grunderwerbssteuer, Hundesteuer) verbunden sind und das Geschenk möglicherweise wirtschaftlich erhebliche Folgekosten mit sich bringt (z. B. Sanierungskosten, Hundefutter), spielt keine Rolle.

Diese Regelung lässt das Recht auf Erziehung ebenso unbeachtet wie die Auswirkungen von Eigentum und Besitz der Sache seitens der Minderjährigen auf die Personen, mit denen die Minderjährigen in aller Regel zusammenleben, und deren Hausrecht. Diese Regelung muss daher relativiert werden. Sorgeberechtigte dürfen und müssen aus erzieherischen Gründen den Abschluss eines solchen Vertrages den Minderjährigen verbieten, sofern der Gegenstand ihr physisches oder psychisches Wohl gefährdet oder ihre **eigenen Belange** (z. B. wegen Tierhaarallergie, Geruchsbelästigung, beengtem Wohnraum, Geräuschbelästigung) erheblich tangiert sind.

Beispiele

Wenn Inhaltsstoffe gesundheitsschädliche Auswirkungen haben, das Tier Bisswunden zufügen kann, Medien erzieherisch ungeeignet sind, die Benutzung der Sache erhebliche Gefahren für Minderjährige mit sich bringt, wenn die öffentlichen Lasten und die laufenden Kosten nicht aus dem Vermögen der Minderjährigen bestritten werden können, der Gegenstand nicht öffentlich-rechtlichen Anforderungen entspricht. Das ist der Fall bei Gebrauchsuntauglichkeit für den Straßenverkehr, wenn Besitz oder Konsum eine Straftat darstellen.

Sorgeberechtigte haben aber entsprechende Wünsche, berechtigte Interessen und Anliegen der Minderjährigen **abzuwägen**, ggf. zu berücksichtigen und die Angelegenheit mit den älteren Minderjährigen **zu besprechen** (vgl. § 1626 Abs. 2 BGB). Eine gewisse Einschränkung nimmt das Recht der beschränkten Geschäftsführung im Übrigen selbst vor, indem die Überlassung von Geld durch Dritte an Minderjährige zu deren freier Verfügung von der Zustimmung der gesetzlichen Vertreter:innen abhängig gemacht wird (vgl. § 110 BGB).

(3) Sonstige Austauschverträge

Verträge, die nicht nur rechtlich vorteilhaft sind, sondern eine Gegenleistung bedingen, können Minderjährige wirksam

- mit vorheriger Einwilligung der gesetzlichen Vertreter:innen schließen. Handeln sie **ohne Einwilligung,** ist das Rechtsgeschäft **schwebend unwirksam**, kann aber
- durch nachträgliche **Genehmigung rückwirkend** wirksam werden (§ 108 BGB). Die Vertragspartner:innen können bis zur Genehmigung ihre Willenserklärung widerrufen, wenn sie die Minderjährigkeit nicht kannten, im Übrigen die Vertreter:innen zur Genehmigung auffordern (§§ 108 Abs. 2, 109 Abs. 1 BGB).

Wird die **Genehmigung verweigert**, ist das Rechtsgeschäft endgültig unwirksam und kann nicht geheilt werden. Von der Voraussetzung, dass in ein konkretes Rechtsgeschäft eingewilligt wird, damit es von vornherein wirksam ist, gibt es eine lebenspraktische Ausnahme. Werden Minderjährigen Barmittel zu ihrer Verfügung überlassen (Taschengeld), liegt darin, sofern kein entgegengerichteter Wille der Sorgeberechtigten bekannt ist, die ausdrückliche oder stillschweigende Einwilligung in mit diesen Mitteln typischerweise erfüllte Alltagsgeschäfte.

Beispiele

Ankauf von Eintrittskarten zum Volleyballspiel oder ins Kino, Ankauf von Genussmitteln (außer Alkohol und Tabakwaren), Erwerb von Gegenständen als übliche kleine Gelegenheitsgeschenke.

§ 110 BGB stellt aber davon abgesehen keine Sonderregelung gegenüber den Grundsätzen der beschränkten Geschäftsfähigkeit dar.

(4) Sonderregelungen

Minderjährige können **selbstständige Unternehmer:innen** werden, d.h. einen Gewerbebetrieb als Betriebseigner:in führen, sofern sie dazu durch die gesetzlichen Vertretern ermächtigt werden. Sie sind dann partiell voll geschäftsfähig (§ 112 Abs. 1 BGB).

Beispiel

Der verstorbene Vater des 17 Jahre alten K war Inhaber eines Malergeschäfts. Sein Sohn hatte bereits die Lehre begonnen. Die Witwe ermächtigt den Sohn, das Geschäft fortzuführen, um Mitarbeitende und Kundschaft halten zu können. K kann dann Arbeitsverträge eingehen oder kündigen, Aufträge abschließen und abrechnen, Konten führen, Betriebsmittel kaufen, leasen oder pachten und ist verpflichtet, auf die Einhaltung des Arbeitsschutzes zu achten oder Steuern und Abgaben abzuführen.

7. Ermächtigen die gesetzlichen Vertreter:innen Minderjährige, ein **Arbeitsverhältnis** einzugehen, sind die Minderjährigen für damit im Zusammenhang stehende Rechtsgeschäfte voll geschäftsfähig (§ 113 BGB).

Beispiel

Minderjährige können daher ohne Mitwirkung der gesetzlichen Vertreter:innen in die Gewerkschaft eintreten, Arbeitskleidung kaufen, den gesetzlichen Krankenversicherungsträger wählen, Zusatzversicherungen abschließen oder ihren Lohn verwalten.

Für die Eingehung eines **Ausbildungsverhältnisses** bleiben die gesetzlichen Vertreter:innen aber **mitwirkungsverpflichtet**.

Übungsaufgaben

1. Wann tritt Rechtsfähigkeit einer natürlichen Person ein? Ist auch ein Frühchen, das beatmet werden muss, dessen vitale Funktionen daher nur mit medizinischen Mitteln aufrechterhalten werden, rechtsfähig?
2. Wie wird rechtliche Handlungsfähigkeit einer:eines Volljährigen genannt?
3. Nennen Sie vier unterschiedliche Formen schwerer geistiger Krankheit oder Behinderung, die zum Ausschluss der Geschäftsfähigkeit der Person führen.
4. Welche Voraussetzungen hat der Eintritt beschränkter Geschäftsfähigkeit?
5. Wie wird die vorherige Zustimmung der gesetzlichen Vertreter:innen bezeichnet? Wie wird die nachträgliche Zustimmung seitens der gesetzlichen Vertreter:innen genannt?
6. Ist ein Kaufvertrag, den ein:e Jugendliche:r ohne Einwilligung der gesetzlichen Vertreter:innen schließt, wirksam?
7. Welche Optionen hat die:der Vertragspartner:in?
8. Ist ein Alltagsgeschäft, das ein:e geschäftsunfähige:r Volljährige:r mit eigenen Mitteln bewirkt, wirksam?
9. Nennen Sie zwei Vorschriften aus dem Allgemeinen Teil des Bürgerlichen Gesetzbuchs, die Jugendlichen selbstständiges Handeln (ohne Mitwirkung der gesetzlichen Vertreter:innen) ermöglichen!
10. Welche Formen für die Abgabe von Willenserklärungen sind im Text genannt?
11. Welche Vorschriften des Allgemeinen Teils des Bürgerlichen Gesetzbuchs sehen Entscheidungsbefugnisse des Familiengerichts vor?

2.2 Rechtsstellung Minderjähriger

Die Rechtsstellung Minderjähriger ist einerseits durch Rechtsfähigkeit und rechtliche Handlungsfähigkeit geprägt (s. Kapitel 2.1), andererseits durch die (elterliche) Sorge für Minderjährige. Die Sorge wird durch einen Elternteil, die Eltern, die:den Vormund:in und/oder Ergänzungspfleger:in wahrgenommen, diese werden zusammenfassend als gesetzliche Vertreter:innen der:des Minderjährigen bezeichnet. Grundlage der **elterlichen Verantwortung** ist das Bestehen einer rechtlichen **Eltern-Kind-Beziehung**. Elterliche Sorge entsteht aufgrund der Geburt des Kindes[38] oder durch betreffende Erklärungen oder auf Grundlage familiengerichtlicher Beschlüsse. Die Familiengerichte haben darüber hinaus zahlreiche Entscheidungskompetenzen, die letztendlich das Wohl des Kindes gewährleisten sollen. Es werden daher auch Grundzüge des jeweiligen Verfahrensrechts einbezogen.

2.2.1 Begründung des Verwandtschaftsverhältnisses zwischen Elternteil und Kind

Verwandt sind Personen, die voneinander abstammen (**gerade Linie**) oder von derselben dritten Person abstammen (**Seitenlinie**). Die Verwandtschaftsbeziehungen zu Vorfahren werden als Verwandtschaft in **aufsteigender Linie**, die Verwandtschaft zu den Abkömmlingen wird

38 Die Reform des Verwandtschaftsrechts, u. a. die Zuordnung des von einer mit einer anderen Frau verheirateten Frau geborenen Kindes, ist (erneut) Ziel der Parteien für die kommende Legislaturperiode.

als Verwandtschaft in **absteigender Linie** bezeichnet. Die Verwandtschaft wird gradmäßig bestimmt; die Grade entsprechen der Anzahl der vermittelnden Geburten; bei Seitenlinie bis zu den gemeinsamen Vorfahren.

Beispiele

Das Kind ist in gerader Linie aufsteigend mit jedem seiner Elternteile im ersten Grad verwandt; mit jedem seiner Großelternteile im zweiten Grad, da zwei Geburten (Geburt des Kindes und Geburt des Elternteils) den Grad ausmachen. Das Kind ist mit dem Geschwisterkind in Seitenlinie verwandt. Die Verwandtschaft setzt zwei Geburten voraus (die des Kindes und die des Geschwisterkindes), es besteht daher Verwandtschaft im zweiten Grad. Zur Schwester seines Vaters ist das Kind daher in Seitenlinie dritter Grad verwandt. Vermittelnde Geburten sind: die Geburt des Kindes, Geburt des Vaters, Geburt der Schwester des Vaters.

Mutter eines Kindes ist die Frau, die es geboren hat (§ 1591 BGB). Auch bei Leihmutterschaft ist die Ersatzmutter, die mit dem Kind genetisch nicht verwandt ist, rechtlich die Mutter des von ihr geborenen Kindes. Die Feststellung der genetischen Abkunft (vgl. § 1598a BGB) hat keine Auswirkungen auf die rechtliche Verwandtschaft.

Ein Kind ist **ehelich**, und daher mit beiden Elternteilen in gerader Linie verwandt, wenn es in eine bestehende Ehe[39] oder innerhalb von 300 Tagen nach Auflösung der Ehe durch den Tod des Ehemannes zur Welt kommt (§§ 1591 f. Nr. 1, 1593 S. 1 BGB; der Gesetzgeber geht davon aus, dass es noch während der Ehe gezeugt worden ist). Ob das Kind genetisch vom Ehemann der Kindesmutter stammt, ist für die Verwandtschaft im Rechtssinne unmaßgeblich. Das BVerfG anerkennt aber ein Recht des Kindes auf Auskunft über den leiblichen Vater gegenüber der Mutter (aus § 1618a BGB).

Ist die Kindesmutter im Zeitpunkt der Geburt des Kindes nicht verheiratet, wird die **Vaterschaft** durch Vaterschaftsanerkennung oder gerichtliche Vaterschaftsfeststellung begründet (§ 1592 Nrn. 2 und 3 BGB).

Voraussetzungen der **Vaterschaftsanerkennung** sind:

1. Unbedingte, unbefristete, öffentlich beurkundete **Anerkennungserklärung** des Mannes oder seiner gesetzlichen Vertreter:innen (§§ 1594 Abs. 3, 1596 Abs. 1 S. 1, 1596 Abs. 1 S. 3, Abs. 3, 1597 Abs. 1 BGB); ist der Mann minderjährig, ist zusätzlich zu seiner Erklärung die Zustimmung der gesetzlichen Vertreter:innen erforderlich (§ 1596 Abs. 1 S. 2 BGB). Dass der Erklärende genetisch Vater des Kindes ist, ist nicht erforderlich. Der Erklärende ist mindestens ein Jahr an seine Erklärung gebunden, sofern nicht bereits zuvor die Kindesmutter zugestimmt hat und damit die Anerkennung wirksam geworden ist (vgl. § 1597 Abs. 3 BGB). Kostenfrei beurkunden Jugendämter und Standesämter;
2. unbedingte, unbefristete, öffentlich beurkundete **Zustimmung** der **Mutter** oder gesetzlichen Vertreter:innen (§§ 1595 Abs. 1 und 3, 1594 Abs. 3 analog, 1596 Abs. 1 S. 4 i. V. m. S. 1 und 3, 1597 Abs. 1 BGB); ist die Kindesmutter minderjährig, ist zusätzlich die Zustimmung der:des gesetzlichen Vertreter:in zu ihrer Zustimmung erforderlich (§ 1596 Abs. 1 S. 4 i. V. m. S. 2 BGB analog);

---

39 Keine Mit-Mutterschaft bei Geburt des Kindes einer mit einer anderen Frau verheirateten Frau nach geltendem Recht; BGH, Beschl. v. 10.10.2018, XII ZB 231/18; vgl. Dazu Vorlagebeschluss des OLG Celle v. 24.3.2021, 21 UF 146/20; KG Berlin, Beschluss v. 24.3.2021, 3 UF 1120/20.

3. zusätzlich ist die öffentlich beurkundete **Zustimmung** des **Kindes** oder seiner gesetzlichen Vertreter:innen erforderlich, wenn das Kind volljährig oder der Kindesmutter die elterliche Sorge entzogen worden ist (§§ 1595 Abs. 2, 1596 Abs. 2, 1597 Abs. 1 BGB). Teilweise wird die Zustimmung des Kindes überdies analog §§ 1629 Abs. 2 S. 1, 1795 Abs. 1 Nr. 1 BGB verlangt, wenn die Kindesmutter den Anerkennenden geheiratet hat; dies würde aber die Bestellung einer:eines Ergänzungspfleger:in erforderlich machen und entspräche nicht dem Zweck der Ausschlussregelung.

Beispiel

Die 17 Jahre alte unverheiratete A hat ein Kind geboren; sie weiß nicht, ob das Kind von Herrn B oder von Herrn C stammt. Herr B gibt die Anerkennungserklärung ab, Frau A stimmt zu, ihre alleinsorgeberechtigte Mutter stimmt der Erklärung von Frau A zu; die Erklärungen sind formgerecht. Rechtlicher Vater des Kindes ist danach B, auch wenn das Kind ggf. biologisch von C stammt.

Ist das Kind nach Eingang des **Scheidungsantrags**, d. h. nach Anhängigkeit der Ehescheidung, in eine (noch) bestehende Ehe geboren, ist für die Vaterschaftsfeststellung eines anderen Mannes als des Ehemannes neben den oben erwähnten Erklärungen zusätzlich die Zustimmung des (früheren) Ehemannes erforderlich (§§ 1599 Abs. 2, 1597 Abs. 1 BGB). Es erübrigt sich dann die Vaterschaftsanfechtung.

Beispiele

Frau D ist mit Herrn D verheiratet, die Scheidung ist noch nicht rechtskräftig. Das Kind E ist vor Eingang des Scheidungsantrags bei Gericht geboren. Die Sonderregelung ist nicht anwendbar.
Frau F ist mit Herrn F verheiratet gewesen, die Ehescheidung ist seit drei Monaten rechtskräftig. Das Kind G ist nach Eingang des Scheidungsantrags bei Gericht geboren worden. Geben innerhalb der nächsten neun Monate Frau F, Herr F und Herr H, der mutmaßliche leibliche Vater des Kindes, formgerecht die Erklärungen ab, ist das Kind nichteheliches Kind von Frau F und Herrn H.

Die **gerichtliche Vaterschaftsfeststellung** erfolgt durch das Familiengericht auf Antrag. Kind, Mutter und mutmaßlicher Vater sind notwendige Beteiligte (§§ 169 Nr. 1, 171 Abs. 1, 172 FamFG). Das Gericht holt in aller Regel ein Sachverständigengutachten über die genetische Abkunft des Kindes ein (§§ 177 Abs. 2, 178 FamFG); eine Probenentnahme haben die Beteiligten zu dulden.

Beispiel

Das Jugendamt ist Vormund des Kindes J, seine Mutter ist die 16 Jahre alte K. Die Vaterschaft ist bisher nicht festgestellt. Das Jugendamt stellt in Vertretung des Kindes den Antrag, Herrn L als Vater festzustellen. Wenn das Abstammungsgutachten mit an Sicherheit grenzender Wahrscheinlichkeit die genetische Abkunft erweist und entgegenstehende Indizien nicht bekannt sind, wird Herr L als Vater des Kindes J festgestellt.

Stammt das Kind nicht vom Ehemann der Kindesmutter oder von dem Mann, dessen Vaterschaft anerkannt ist, kann die Verwandtschaft angefochten werden. Die erfolgreiche **Vaterschaftsanfechtung** beseitigt die Verwandtschaft des Kindes mit dem betreffenden Mann.

Anfechtungsberechtigt sind:

1. Der Mann, dessen Vaterschaft nach § 1592 Nrn. 1 oder 2 BGB besteht, oder dessen gesetzliche Vertreter:innen (§§ 1600, 1600a Abs. 2 BGB),

2. der Mann, der an Eides statt versichert, der Mutter des Kindes beigewohnt zu haben, sofern keine sozial-familiäre Beziehung des Vaters des Kindes zum Kind (mehr) besteht (§ 1600 Abs. 1 Nr. 2, Abs. 2 BGB),[40]
3. die Kindesmutter oder ihre gesetzlichen Vertreter:innen (§§ 1600, 1600a Abs. 2 BGB),
4. das Kind oder seine gesetzlichen Vertreter (§§ 1600, 1600a Abs. 3 und 4 BGB). Besteht gemeinsame elterliche Sorge, wird das Kind im gerichtlichen Verfahren durch eine:n Ergänzungspfleger:in vertreten (§ 1909 Abs. 1 BGB);[41] die:der gesetzliche Vertreter:in hat dabei das Kindeswohl zu berücksichtigen.

Bei **Samenspende** ist die Anfechtung nur eingeschränkt möglich (§ 1600 Abs. 5 BGB), nämlich nur durch das **Kind**.[42] Dieses hat einen Auskunftsanspruch gegen die behandelnden Ärzt:innen aus § 242 BGB.[43]

Die Anfechtung ist nur innerhalb der **Frist** von zwei Jahren statthaft (§ 1600b BGB). Für die Anfechtungsberechtigten läuft die Frist je **gesondert**. Im Anfechtungsverfahren wird, wie bei der Vaterschaftsfeststellung, gutachterlich geklärt, ob das Kind genetisch von seinem (rechtlichen) Vater abstammt. Die Abstammung von der (Geburts-)Mutter kann nicht angefochten werden. Dass das Kind genetisch nicht von der Frau abstammt, die es geboren hat, sieht das deutsche Recht nicht vor; Leihmutterschaft ist verboten (§ 1 Nr. 6 ESchG).

Beispiele

Der Ehemann der Kindesmutter weiß, dass das ehelich geborene Kind M nicht von ihm stammt. Als die Ehe vier Jahre nach Geburt des Kindes gescheitert ist, will er anfechten. Eine Anfechtung ist wegen Fristablaufs weder ihm noch der Kindesmutter noch dem vertretenen Kind möglich. Erst wenn das Kind volljährig geworden ist, kann es, Kenntnis der Umstände vorausgesetzt, innerhalb einer Frist von zwei Jahren selbst anfechten (vgl. § 1600b Abs. 3 BGB).
Herr N ist leiblicher Vater des Kindes O; dieses ist in die Ehe von Frau P und Herrn P geboren worden. Das Ehepaar lebt mit dem Kind in einer sozialfamiliären Beziehung. Die Anfechtung seitens Herrn N ist ausgeschlossen. Trennen sich die Eheleute drei Jahre nach Geburt des Kindes, kann Herr N dennoch nicht anfechten, da die Anfechtungsfrist verstrichen ist.

Hat der leibliche Vater einen Anfechtungsbeschluss erstritten, beinhaltet dies die gerichtliche Feststellung seiner eigenen Vaterschaft (§ 182 FamFG). Neben der gerichtlichen Vaterschaftsfeststellung und der Vaterschaftsanfechtung gibt es **weitere Verfahren in Abstammungssachen**. Dazu gehört die Ersetzung der Einwilligung in eine außergerichtliche genetische **Abstammungsuntersuchung** und auf Duldung der Probenentnahme (§ 169 Nr. 2 FamFG). Durch die außergerichtliche Klärung der Abstammung ändert sich die Verwandtschaft des Kindes zu seinem Vater (oder seiner Mutter) nicht; sie kann aber Klarheit über den Erfolg eines Vaterschaftsanfechtungsantrags verschaffen. Den Anspruch auf Einwilligung in eine **genetische Untersuchung** zur Klärung der leiblichen Abstammung haben nur die in § 1598a BGB genannten Personen, d. h. nur die (rechtlichen) Elternteile und das Kind.

---

40 Nach BGH, Beschluss v. 24.3.2021, XII ZB 364/19 kommt es auf die Rechtslage im Entscheidungszeitpunkt an. OLG Zweibrücken, Beschluss v. 8.4.2021, 6 UF 19/21 hält bei Fehlen der eidesstattlichen Versicherung übereinstimmendes Vorbringen der Beteiligten für ausreichend.

41 Vgl. BGH, Beschluss v. 24.3.2021, XII ZB 364/19.

42 Dazu Wellenhofer FamRZ 2013, 825. Zur Kindeswohldienlichkeit der Anfechtung durch die:den Ergänzungspfleger:in des Kindes OLG Saarbrücken, Beschluss v. 11.12.2017, 6 UF 110/17.

43 OLG Hamm, Urteil vom 6.2.2013, I-14 U 7/12, 14 U 7/12; vgl. § 14 Abs. 3 TransplantationsG.

Beispiele

Herr Q zweifelt daran, dass das ehelich geborene Kind R von ihm stammt, scheut aber die Kosten eines möglicherweise erfolglosen Anfechtungsverfahrens. Frau Q bestreitet, dass sie während der Empfängniszeit mit einem anderen Mann (Herrn S) verkehrt hat, und verweigert die Einwilligung in die Probenentnahme beim Kind. Antragsgerecht ersetzt das Familiengericht die Einwilligung und ordnet die Duldung der Probenentnahme durch eine:n Ärztin:Arzt an. Herr T, der der Behauptung der Kindesmutter entgegentritt, könnte hingegen einen solchen Antrag nicht stellen.

Von der Vaterschaftsanfechtung abgesehen, kann die Verwandtschaft des Kindes zu seinem Elternteil nur durch die **Minderjährigenadoption** verloren gehen.

Übungsaufgaben

1. A ist von B schwanger, heiratet aber C. Vier Wochen später wird das Kind geboren.
   a) Wer ist Vater des Kindes?
   b) Wie können die genetische und die rechtliche Verwandtschaft in Übereinstimmung gebracht werden?
2. Die Eheleute D und E haben ein gemeinsames Kind (Kind 1). Sie leben getrennt und je in nichtehelicher Lebensgemeinschaft mit einer:einem neuen Partner:in (F bzw. G). Beiden Paaren wird ein Kind geboren (Kind 2, Kind 3).
   a) Sind die Kinder ehelich oder nicht ehelich geboren?
   b) Ist eine Vaterschaftsfeststellung für Kind 2 oder Kind 3 nötig, wenn der genetische auch der rechtliche Vater sein will?
   c) Sind Kind 1 und die Kinder 2 und 3 miteinander verwandt oder
   d) verschwägert?
   Wenn ja, wie?
3. Die ledige H bringt ein Kind zur Welt.
   a) Mittels welcher Erklärungen wird die Vaterschaft des verheirateten J festgestellt?
   b) Welcher Form bedürfen die Erklärungen?
   c) Welche zusätzliche(n) Erklärung(en) ist/sind erforderlich, wenn J minderjährig wäre?
   d) Kann H als Betreute selbst zustimmen?
   e) Unter welcher Voraussetzung gibt für sie die Betreuungsperson die Erklärung ab?
   f) In welchen Fällen ist die Zustimmung des Kindes oder seiner gesetzlichen Vertreter:innen erforderlich? Wer ist gesetzliche:r Vertreter:in des Kindes?
4. K hat wissentlich eine falsche Anerkennungserklärung abgegeben.
   a) Kann er widerrufen, wenn die Kindesmutter L noch nicht zugestimmt hat?
   b) Welcher Form bedarf ggf. der Widerruf?
   c) Kann das Anerkenntnis angefochten werden?
5. Frau M war in erster Ehe mit Herrn N verheiratet. Sechs Monate nach dessen Tod heiratet sie Herrn M. Zwei Wochen später bringt sie ein Kind zur Welt. Sie hat während der Empfängniszeit auch mit Herrn O verkehrt.
   a) Ist das Kind ehelich? Spielt es eine Rolle, von wem das Kind stammt?
   b) Hat Herr M Anspruch auf Einwilligung in die Entnahme einer Probe mit Gewebe des Kindes?
   c) Hat Herr O Anspruch auf Einwilligung in die Entnahme einer Probe mit Gewebe des Kindes?
   d) Hat die Klärung der Abkunft rechtliche Folgen?
   e) Wie können die genetische Abkunft und die Verwandtschaft zur Deckung gebracht werden?

2.2.2 Begründung eines Verwandtschaftsverhältnisses durch Adoption

Adoption ist gleichbedeutend mit der Annahme als Kind. Wird die Annahme vom **Familiengericht** ausgesprochen (im Verfahren nach §§ 186 ff. FamFG), ist das angenommene Kind das Kind derjenigen Person, die den Antrag gestellt hat oder derjenigen Personen, die den Antrag gestellt haben. Es können sowohl eine Einzelperson als auch ein Ehepaar ein Kind annehmen.[44]

Eingetragene Lebenspartner:innen können ein Kind nicht gemeinsam annehmen; Sukzessivadoption ist möglich. Voraussetzungen der **Minderjährigenadoption** sind:

1. Ein unbedingter, unbefristeter, notariell beurkundeter Antrag der:desAnnehmenden zu Lebzeiten des Kindes (§ 1752 BGB),
2. das Erreichen der Altersgrenzen der:des Annehmenden (§§ 1741 Abs. 2 i. V. m. 1743 BGB),
3. die volle Geschäftsfähigkeit der:des Annehmenden (§ 1741 Abs. 2 S. 4 BGB),
4. das Vorhandensein der persönlichen und wirtschaftlichen Voraussetzungen seiten der:des Bewerber:in, um das Wohl des Kindes zu sichern. Die Prüfung der Voraussetzungen und die beratende Begleitung der:des Antragsteller:in, bei offener oder halb offener Adoption auch der Herkunftseltern ist Inhalt des Adoptionsvermittlungsverfahren (vgl. § 9 AdVermG). Weitere Voraussetzungen sind
5. unbedingte, unbefristete, notariell beurkundete Einwilligungserklärungen
   - der ehelichen Eltern oder
   - der nichtehelichen Kindesmutter,
   - des nichtehelichen Kindesvaters bei festgestellter Vaterschaft nach Maßgabe des § 1747 Abs. 3 BGB oder
   - des Mannes, der die Beiwohnung glaubhaft macht, sofern keine Vaterschaftsfeststellung erfolgt ist (§ 1747 Abs. 1 S. 2 BGB),
   - der:des mindestens 14 Jahre alten Minderjährigen oder der:des Vormund:in oder Pfleger:in einer:eines unter 14 Jahre alten Minderjährigen (vgl. § 1746 Abs. 1 und 3 HS 2 BGB),
   - der:des Ehe- oder Lebenspartner:in, wenn die:der Partner:in ein Kind allein annehmen will (§ 1749 Abs. 1 BGB, § 9 Abs. 7 LPartG).

Eine **Einwilligung** ist jeweils nur dann nicht erforderlich, wenn die:der Betreffende geschäftsunfähig oder der Aufenthalt unbekannt ist (sie keine ladungsfähige Anschrift haben). Letzterem ist gleichgestellt, wenn das Kind vertraulich geboren wurde (vgl. §§ 25 ff. SchKG), d. h. die Klardaten der Mutter nur im Herkunftsnachweis erfasst sind.

Notwendige Einwilligungen können nach Maßgabe der §§ 1746 Abs. 3, 1748 f. Abs. 1 S. 2 BGB **ersetzt werden** (zu den betreffenden Aufgaben des Jugendamtes vgl. § 51 SGB VIII). Den Antrag nach §§ 1746 Abs. 3, 1748 BGB kann nur das durch eine:n Ergänzungspfleger:in vertretene Kind stellen; den Antrag aus § 1749 Abs. 1 S. 2 BGB kann die:der Adoptionsbewerber:in stellen.

Mit Einwilligung oder bei vertraulicher Geburt (vgl. § 1674a BGB) **ruht das Sorgerecht** des Elternteils oder der Eltern; das Kind bedarf einer:eines Vormund:in (gesetzliche Vormundschaft

44 Zum Verstoß gegen das allgemeine Gleichbehandlungsgebot bei Ausschluss der Stiefkindadoption allein in nichtehelichen Familien BVerfG, Beschluss v. 26.3.2019 – 1 BvR 673/17.

nach § 1751 Abs. 1 S. 2 BGB). Das gilt nicht für die Stiefkindadoption. Der nicht sorgeberechtigte Vater kann die Übertragung der Sorge beantragen (§ 1671 Abs. 2 und 3 BGB), sofern er nicht bereits eingewilligt hat.

Adoptionspflege (vgl. § 1744 BGB) ist bei Adoption bald nach der Geburt des Kindes nicht Bedingung und bei Auslandsadoptionen i. d. R. ausgeschlossen. Besonderheiten für diese Familienpflege ergeben sich aus § 44 Abs. 1 SGB VIII und § 9 AdVermG. Ist die Einwilligung der alleinsorgeberechtigten Mutter oder beider Eltern erteilt, ist/sind die:der Annehmende:n dem Kind unterhaltspflichtig (§ 1751 Abs. 4 1 BGB).

Folge der Adoption ist die Zuordnung der:des Minderjährigen als **eheliches Kind der:des Annehmenden** (§ 1754 BGB, namensrechtliche Folgen s. § 1757 BGB); die bisherigen **Verwandtschaftsverhältnisse erlöschen** (§ 1755 Abs. 1 S. 1 BGB). **Ausnahmen** bestehen aber nach §§ 1755 Abs. 2, 1756 BGB, wenn die:der Ehepartner:in oder die:der Lebenspartner:in, die:der nicht Elternteil des Kindes ist, dieses (allein) adoptiert; es bleibt dann die Verwandtschaft zu dem in der Ehe oder Lebenspartnerschaft lebenden Elternteil erhalten, nur die Verwandtschaft zu dem je anderen Elternteil endet. Geschont wird auch die Verwandtschaft zu dem anderen Elternteil und dessen Verwandten, wenn dieser Elternteil vorverstorben ist und die elterliche Sorge hatte. Wird das Kind von Verwandten oder Verschwägerten adoptiert, hört nur die Verwandtschaft zwischen dem Kind und dem bisherigen Elternteil, nicht zu den weiteren Verwandten auf.

Beispiele

Frau A war mit Herrn A verheiratet und ist verwitwet; das Kind B ist ehelich. Sie heiratet erneut, ihr Ehemann nimmt das Kind B allein an. Es wird eheliches Kind der Eheleute, die durch Herrn A vermittelte Verwandtschaft bleibt bestehen. Das Kind hat also drei Großelternpaare.

Frau C und Herr C sind geschieden. Herr C war eine eingetragene Lebenspartnerschaft eingegangen, sein Partner adoptiert das eheliche Kind D. Das Kind wird Kind der Lebenspartner, die über Frau C vermittelte Verwandtschaft endet.

Nach dem Unfalltod der Kindesmutter E adoptiert ihr Bruder F das nicht ehelich geborene Kind G. Die Vaterschaft für das Kind G war festgestellt worden. Die Verwandtschaft zum festgestellten Vater endet durch Adoption, die Verwandtschaft auf Mutterseite bleibt erhalten; der Onkel wird aber Elternteil. Adoptiert stattdessen die Großmutter H des Kindes G das Kind, wird sie (auch) seine Mutter und der Bruder der Kindesmutter, der Onkel des Kindes G, wird dessen Bruder.

Bei Adoption des Kindes erhalten Annehmende uneingeschränkt **elterliche Sorge** für das Kind. Das Kind erhält den Familiennamen der:der Annehmenden oder den Ehenamen der Annehmenden. Führen sie keinen, muss er bestimmt werden (§ 1757 Abs. 2 BGB).

Übungsaufgaben

1. Nennen Sie personenbezogene Voraussetzungen, die ein:e Adoptionsbewerber:in erfüllen muss!
2. Was ist der Sinn der Adoptionspflege? Welche rechtlichen Besonderheiten bestehen für die Adoptionspflege?
3. Unter welchen Voraussetzungen kann eine verheiratete Person ein Kind allein annehmen?
4. Kann ein in eingetragener Lebenspartnerschaft lebendes Paar ein Kind gemeinsam annehmen?
5. Kann eine nicht verheiratete Person ein Kind allein annehmen?
6. Welche Einwilligungserklärungen sind nötig
   a) bei ehelichem Kind,
   b) bei nichtehelichem Kind und festgestellter Vaterschaft,
   c) bei nichtehelichem Kind und nicht festgestellter Vaterschaft,
   d) bei verheiratetem Kind,
   e) bei Alleinadoption durch eine:n verheiratete:n oder in eingetragener Lebenspartnerschaft lebende:n Adoptionsbewerber:in?
7. Welche Rechte hat ein Mann, der versichert, der Kindesmutter beigewohnt zu haben, im Verfahren zur Adoption des Kindes?
8. Können verweigerte Einwilligungserklärungen ersetzt werden?
9. Wer kann den Antrag auf Ersetzung stellen?
10. Welche verwandtschaftsrechtlichen Folgen hat die Adoption? Unter welchen Voraussetzungen bleiben Verwandtschaftsbeziehungen bestehen?
11. Welche namensrechtlichen Optionen bestehen?
12. Wie ist das Verwandtschaftsverhältnis der Abkömmlinge der Annehmenden zum angenommenen Kind?
13. Welche Gründe können zur Aufhebung der Adoption führen?

2.3 Elterliche Sorge

Elterliche Sorge erhalten die Eltern eines **ehelich geborenen Kindes** von Gesetzes wegen; sie sind gesetzliche Vertreter, soweit sie voll geschäftsfähig sind. Wird die eheliche Geburt erfolgreich angefochten, entfällt die gemeinsame Sorge nachträglich und die Kindesmutter erhält rückwirkend alleiniges Sorgerecht, bereits getätigte Geschäfte für das Kind bleiben wirksam.

Für das **nichtehelich geborene Kind** erhält die Kindesmutter Sorgerecht mit Geburt des Kindes (§§ 1626, 1626a Abs. 3 BGB). Der Vater des Kindes kann gemeinsames Sorgerecht erhalten, wenn die Vaterschaft festgestellt ist und beide Elternteile **Sorgeerklärungen** abgeben oder er und die Kindesmutter heiraten (§ 1626a Abs. 1 Nr. 1 und 2 BGB). Eine Sorgeerklärung kann auch ein minderjähriger Elternteil abgeben; es ist aber außerdem die Zustimmung der:des gesetzlichen Vertreter:in des minderjährigen Elternteils erforderlich (§ 1626c Abs. 2 S. 1 BGB; diese kann auf Antrag vom Familiengericht ersetzt werden).

Auf Antrag eines Elternteils kann das Familiengericht auch die gemeinsame Sorge beider Elternteile für das Kind beschließen (§ 1626a Abs. 1 Nr. 3 BGB); dies ist auch für Teilbereiche der Sorge möglich. Alleinsorgerecht kann ein Elternteil erhalten, wenn das Familiengericht dieses auf Antrag ganz oder teilweise überträgt (§ 1671 Abs. 2 BGB).

Ist ein Elternteil **geschäftsunfähig** oder **beschränkt geschäftsfähig**, ruht seine Sorge, d. h. er kann das Kind nicht vertreten (§§ 1673 Abs. 1, Abs. 2 S. 1, 1675 BGB). Trotz des Ruhens geht der Wille der minderjährigen Mutter des Kindes dem Willen der:des Vormund:in des Kindes vor (§ 1673 Abs. 2 BGB). Das Sorgerecht der Kindesmutter ruht auch, wenn diese unter Verwendung eines Pseudonyms das Kind geboren hat (sog. vertrauliche Geburt; vgl. § 1674a BGB [**§ 1674a BGB**]). Es lebt erst wieder auf, wenn die Mutter des Kindes die Klardaten einem Familiengericht gegenüber offenbart hat.

Der Elternteil als gesetzlicher Vertreter hat **das Recht und die Pflicht der Vertretung**; das Kindeswohl ist zu beachten (§§ 1626 Abs. 1, 1627, 1629 Abs. 1 BGB).

Die:Der Vertreter:in kann die:den Vertretene:n **nicht vertreten** bei Verträgen zwischen der:dem Vertretenen und ihr:ihm selbst, § 181 BGB, oder einer:einem nahen Angehörigen (vgl. §§ 1629 Abs. 2 S. 1, 1795 Abs. 1 BGB analog [§§ 1629 Abs. 2 S. 1, 1789 Abs. 2 S. 2 i. V. m. § 1824 BGB analog]). Die Vertretungsmacht ist beschränkt (vgl. § 1630 Abs. 1 BGB), wenn sie teilweise entzogen und ein:e Pfleger:in bestellt wird (§§ 1629 Abs. 2 S. 3, 1666 Abs. 1, 1796 Abs. 1 BGB analog [§§ 1629 Abs. 2 S. 3, 1666 Abs. 1, 1789 Abs. 2 S. 3 und 4 BGB analog]).

Die wichtigsten Aufgaben der **Personensorge** ergeben sich aus §§ 1631–1632 BGB; es sind aber nicht alle Belange aufgezählt. Erwähnt sind Pflege und Erziehung, schulische und berufliche Ausbildung und Aufsicht als tatsächliche Pflichten sowie Aufenthaltsbestimmung und Umgangsregelung als Angelegenheiten der Vertretung. Unter die Pflege können auch die gesundheitliche Fürsorge und Vorsorge[45] gefasst werden, die jedoch zu den Vertretungsangelegenheiten gehört, jedenfalls dann, wenn sie von Fachpersonal erfüllt wird. Zur Personensorge gehören aber auch das Recht der Namensgebung[46] und die angemessene Förderung des Kindes (ggf. unter Inanspruchnahme von Eingliederungshilfen). Der Gesetzgeber trennt außerdem wichtige von alltäglichen Aufgaben der Sorge, Letztere wiederum von den Angelegenheiten der tatsächlichen Betreuung (Pflege und Erziehung als rein lebenspraktische Verantwortlichkeiten) und bezeichnet als alltägliche Angelegenheiten solche, die häufig vorkommen und keine schwer abzuändernden Auswirkungen auf die Entwicklung des Kindes haben.

Beispiele

Die Entscheidung, ob das Kind mit einer dritten Person Umgang haben soll, ist keine alltägliche Angelegenheit, wohl aber, an welchen Tagen der Umgang stattfindet oder wie die Übergabe gestaltet wird. Ob das Kind fleischliche Kost erhalten soll, ist von grundsätzlicher Bedeutung, anders aber, wie im jeweiligen Rahmen der tägliche Speisezettel

---

45 Vgl. zum Klimaschutz als intertemporaler Freiheitsschutz und zur Pflicht des Gesetzgebers zur Fortschreibung der Minderungsziele BVerfG, Beschluss v. 24.3.2021, 1 BvR 2656/18.

46 BGH, Beschluss vom 24.10.2001, XII ZB 88/99; vgl. auch §§ 1617–1618 BGB. Zum Verstoß gegen die negative Religionsfreiheit, wenn die (hier: griechische) Geburtsurkunde neben dem Vornamen in Klammern den abgekürzten Vermerk „Namensgebung" sowie eine Spalte mit Angaben zur Taufe enthält, Europäischer Gerichtshof für Menschenrechte, Urteil v. 25.6.2020 - 52484/18.

aussieht. Ob das Kind in der Freizeit eine Risikosportart ausüben darf, wie im Verein Fußball spielen, ist keine alltägliche Entscheidung, jedoch im Anschluss an die Gestattung die Erlaubnis, gegen eine andere Mannschaft zu spielen.

Leben gemeinsam sorgeberechtigte Eltern getrennt, kann derjenige Elternteil, bei dem das Kind lebt, **alltägliche Angelegenheiten** allein regeln; der andere nur während des Umgangs Angelegenheiten der tatsächlichen Betreuung. Wichtige Entscheidungen müssen sie hingegen im Einvernehmen treffen (§ 1687 Abs. 1 BGB).

Hat nur ein Elternteil das Sorgerecht, steht dem anderen Elternteil nur die Entscheidung in Angelegenheiten der **tatsächlichen Betreuung** zu (§ 1687a BGB). Das sog. kleine Sorgerecht soll den Ehepartner:innen oder Lebenspartner:innen eines alleinsorgeberechtigten Elternteils zukommen, die nicht Elternteil des Kindes sind (vgl. § 1687b BGB, § 9 Abs. 1 LPartG); entgegen dem Wortlaut bestehen aber keine Entscheidungsbefugnisse, da es allein auf den Willen des sorgeberechtigten Elternteils ankommt. **Fürsorge- und Beistandspflichten** gegenüber dem Kind ergeben sich bei erweiternder Auslegung bereits aus § 1618a BGB. Für (medizinische) Notfälle gibt es aber Rechtsgrundlagen für Handlungspflichten, die gemeinsames Handeln Sorgeberechtigter nicht verlangen und auch nicht sorgeberechtigten aufsichtspflichtigen Personen zukommen. Für Elternteile finden sich diese in § 1629 Abs. 1 S. 4, § 1687 Abs. 1 S. 5 i. V. m. § 1629 Abs. 1 S. 4 BGB analog, § 1687a i. V. m. § 1687 Abs. 1 S. 5 i. V. m. § 1629 Abs. 1 S. 4 BGB analog, für Ehe- und Lebenspartner:innen stehen diese in § 1687b Abs. 2 BGB, § 9 Abs. 2 LPartG, für Pflegepersonen und erziehungsberechtigte Personen in Einrichtungen in § 1688 Abs. 1 S. 3 und Abs. 2 i. V. m. Abs. 1 S. 3 i. V. m. § 1629 Abs. 1 S. 4 BGB analog.

Über personenbezogene Angelegenheiten hat der getrenntlebende Elternteil einen **Auskunftsanspruch** gegenüber dem anderen Elternteil, bei dem das Kind lebt (§ 1686 BGB).[47] Bei stationären Hilfen bestehen Auskunftsansprüche gegenüber dem Träger aus Vertragsrecht. Auch ein nicht rechtlicher, leiblicher Vater des Kindes hat nach § 1686a Abs. 1 Nr. 2 BGB einen entsprechenden Auskunftsanspruch gegen die Sorgeberechtigten für das Kind.

Die wichtigste Aufgabe der **Vermögenssorge** ist die Verwaltung des Vermögens des Kindes. Erträge und Einkünfte des Kindes können nach Abzug der Verwaltungskosten für den Unterhalt des Kindes verwendet werden; dementsprechend hat das Kind dann keinen Unterhaltsanspruch (vgl. § 1649 BGB). Nur ausnahmsweise können Einkünfte für den Elternunterhalt oder für den Unterhalt nicht verheirateter Geschwister des Kindes verwendet werden. Der Vermögensstamm, das Kapital, wird aber ausnahmslos geschont. Für das elterliche Vermögenssorgerecht wird im Gesetz (vgl. §§ 1643, 1667 Abs. 2 BGB **[§§ 1643 f., 1667 Abs. 2 BGB]**) auf die Vermögenssorge der:des Vormund:in **[der Betreuungsperson]** verwiesen (vgl. Kapitel 2.6.2 **[Kapitel 2.7.5.2.5]**). Mit Mitteln des Kindes erworbene Sachen und Rechte werden unmittelbar Eigentum oder Recht des Kindes (sog. Surrogation; vgl. § 1646 BGB). Zur Vermögenssorge gehört bei vermögenslosen Minderjährigen die Inanspruchnahme von wirtschaftlichen Hilfen der öffentlichen Hand.

Vom Sorgerecht zu trennen ist das **Umgangsrecht**. Ein Umgangsrecht hat

- das Kind im Verhältnis zu seinen rechtlichen Eltern (§ 1684 Abs. 1 BGB),

---

47 Dieser kann auch auf Grundlage des § 1666 Abs. 1 BGB entzogen werden; vgl. OLG Schleswig, Beschluss v. 21.10.2020, 13 UF 123/20.

- die rechtlichen Eltern (§ 1684 Abs. 1 BGB) und der leibliche Vater (§ 1686a BGB) im Verhältnis zum Kind und
- die in § 1685 BGB genannten Verwandten (Großeltern des Kindes und volljährige Geschwister des Kindes) sowie enge Bezugspersonen des Kindes.

Unter **Umgang** versteht man die Pflege direkter Kontakte ebenso wie den Brief-, Telefon- und elektronischen Verkehr zwischen zwei Personen. Den Umgang des Kindes regelt der sorgeberechtigte Elternteil oder regeln die sorgeberechtigten Eltern mit Blick auf das Wohl des Kindes. Sind diese sich nicht einig, entscheidet das Familiengericht auf Antrag (§ 1632 Abs. 3 i. V. m. Abs. 2 BGB), bei allen sonstigen Konflikten entscheidet das Familiengericht, ohne dass ein entsprechender Antrag erforderlich wäre (vgl. §§ 1684 f. BGB).

Erfordert es das Wohl des Kindes, kann auch **begleiteter Umgang** zur Anbahnung des Umgangs, zur geordneten Durchführung und zur Kontrolle des den Umgang wahrnehmenden Erwachsenen angeordnet werden.

Besteht eine **Umgangspflegschaft**, entscheidet die:der Ergänzungspfleger:in über das Ob und Wann des Umgangs des Kindes.[48] Begleiteten Umgang können die betreffenden Personen auch vereinbaren; eine Umgangspflegschaft setzt einen Eingriff des Familiengerichts voraus.

In Sorgerechtsverfahren, die zu den **Kindschaftssachen** gehören (vgl. § 151 FamFG), haben die Familiengerichte umfangreiche Entscheidungsbefugnisse. Rechtgrundlagen für die Zuständigkeiten des **Familiengerichts** in Verfahren, die das **Sorgerecht** eines Elternteils begründen oder die Sorge auf einen Elternteil oder eine:n Pfleger:in übertragen, sind:

1. **§ 1626a Abs. 1 Nr. 3, Abs. 2 BGB** (Begründung gemeinsamen Sorgerechts der Eltern eines nichtehelich geborenen Kindes auf Antrag)

Beispiel

Herr A ist als Vater des Kindes B festgestellt, die Mutter C des Kindes möchte die Alleinsorge behalten. Stellt Herr A Antrag auf Anordnung der gemeinsamen Sorge und widerspricht Frau C nicht, entscheidet das Gericht ohne mündliche Verhandlung (§ 1626a Abs. 2 BGB).

2. **§ 1630 Abs. 3 BGB** (Übertragung von Teilen der elterlichen Sorge auf eine Pflegeperson auf Antrag) (§ 1777 BGB)

Beispiel

Das nicht ehelich geborene Kind D lebt seit drei Jahren bei Pflegeeltern; der Kontakt mit der Kindesmutter E reißt immer wieder für Wochen ab. Die Pflegeeltern beantragen die Übertragung von Teilen der Sorge auf sie. Stimmt E zu, gibt das Familiengericht dem Antrag statt.

3. **§ 1671 Abs. 1 BGB** (Übertragung des Alleinsorgerechts auf einen Elternteil, bei bisher gemeinsamem Sorgerecht auf Antrag)

48 Vgl. OLG Schleswig, Beschluss v. 10.5.2021, 13 WF 20/21.

Beispiel
Die Eheleute F sind geschieden und haben weiterhin gemeinsame Sorge für das Kind G. Dies gestaltet sich zunehmend schwierig. Frau F stellt den Antrag auf Übertragung der Alleinsorge. Dem gibt das Familiengericht statt, wenn Herr F zustimmt oder die Übertragung auf Frau F dem Wohl des Kindes am besten entspricht.

4. **§ 1671 Abs. 2 BGB** (Übertragung des Alleinsorgerecht oder von Teilen des Sorgerechts auf den anderen Elternteil auf Antrag)

Beispiel
Herr H ist rechtlicher Vater des nicht ehelich geborenen Kindes J; die Mutter K ist alkoholkrank. Herr H beantragt die Übertragung der Alleinsorge von der Mutter des Kindes J auf ihn. Das Familiengericht gibt dem Antrag statt, wenn K zustimmt oder gemeinsame Sorge nicht in Betracht kommt und die Alleinsorge des H dem Wohl des Kindes am besten entspricht.

5. **§ 1678 Abs. 2 BGB** (Übertragung des Alleinsorgerechts auf den Vater des nichtehelichen Kindes bei Ruhen der elterlichen Sorge der Kindesmutter)

Beispiel
Herr L ist nach Übertragung des Sorgerechts alleinsorgeberechtigt für das Kind M. Er liegt nach einem Arbeitsunfall im Koma. Das Familiengericht überträgt die Sorge auf die Kindesmutter N zurück, wenn die Genesung nur geringe oder keine Aussichten hat.

6. **§ 1680 Abs. 2 BGB** (Übertragung des Alleinsorgerechts auf den anderen Elternteil bei Tod des bisher Alleinsorgeberechtigten)

Beispiel
Frau O ist alleinsorgeberechtigt für das nicht ehelich geborene Kind P. Die Vaterschaft ist nicht festgestellt. Sie verstirbt an Krebs. Eine Übertragung auf den leiblichen Vater des Kindes ist nicht möglich; das Kind P bekommt eine:n Vormund:in. Diese:r kann dann die Vaterschaftsfeststellung betreiben, sodass eine Entlassung der:des Vormund:in und die Übertragung der Sorge auf den Festgestellten möglich sind.

7. **§ 1680 Abs. 3 i. V. m. Abs. 2 BGB analog** (Übertragung des Sorgerechts auf den anderen Elternteil nach Entzug der Sorge des bisher Alleinsorgeberechtigten)

Beispiel
Der schwer drogenabhängigen Kindesmutter Q wird das Sorgerecht für das Kind R entzogen. Beim Familiengericht läuft bereits ein Verfahren auf gerichtliche Feststellung der Vaterschaft des Herrn S. Das Kind erhält eine:n Ersatzpfleger:in **[vorläufige:n Vormund:in i. S. d. § 1781 BGB]**, bis jenes Verfahren abgeschlossen ist, anschließend kann diese:r entlassen und die Sorge auf Herrn S übertragen werden, wenn es dem Wohl des Kindes dient.

Daneben bestehen **Zuständigkeiten** des Familiengerichts in Verfahren zur Entziehung des Sorgerechts und zur Übertragung des Sorgerechts auf eine:n Vormund:in oder Pfleger:in einschließlich der **Verbleibeanordnungen**. Entsprechende Rechtsgrundlagen sind:

1. **§ 1629 Abs. 2 S. 3 BGB** (Entziehung der Vertretungsmacht)
2. **§ 1632 Abs. 4 BGB** (Anordnung des Verbleibs des Kindes bei der Pflegeperson)[49]

---

49 Vgl. dazu BVerfG, Beschluss v. 12.2.2021, 1 BvR 1780/20.

Beispiel

Das Kind T lebt seit der Entlassung aus der Klinik bei der Pflegemutter. Die Mutter des Kindes T, mit der bisher nur sporadischer Kontakt des Kindes T bestand, will nach ihrer Heirat das Kind zu sich nehmen. Die Pflegemutter kann für eine Übergangszeit[50] eine Verbleibeanordnung beantragen.

3. **§ 1666 Abs. 1 und 3 BGB** (Entziehung der elterlichen Sorge und Ersetzung von Erklärungen des Inhabers der elterlichen Sorge)

Beispiel

Die Mutter des Kindes U duldete, dass ihr Lebensgefährte das Kind wiederholt sexuell missbraucht hat. Das Familiengericht entzieht ihr die Sorge, weil sie nicht dagegen eingeschritten ist.

4. **§ 1671 Abs. 4 BGB** (Übertragung des Sorgerechts entgegen einem Antrag)
5. **§ 1682 S. 1 BGB** (Anordnung des Verbleibs beim nicht aufenthaltsbestimmungsberechtigten verheirateten Elternteil)

Beispiel[51]

Das Kind V lebt beim Vater und dessen Ehefrau. Die allein aufenthaltsbestimmungsberechtigte, im Übrigen gemeinsam sorgeberechtigte Mutter W will nach fünf Jahren, dass das Kind V in ihren Haushalt umzieht. Das Familiengericht kann eine zeitlich befristete Verbleibeanordnung treffen.

6. **§ 1682 S. 2 BGB** (ebenso bei Zusammenleben des Elternteils mit seinem eingetragenen Lebenspartner, vgl. § 1685 Abs. 2 3. Var. BGB)
7. **§ 1682 S. 2 i. V. m. 1685 Abs. 1 BGB** (ebenso bei Zusammenleben des Elternteils mit einem Geschwisterkind oder einem Großelternteil des Kindes)
8. **§ 1696 Abs. 2 BGB** (Abänderung einer Maßnahme nach §§ 1666 f. BGB [§§ 1666 f. BGB])

Von den Zuständigkeiten in Bezug auf die **Ausübung der elterlichen Sorge** sind zu nennen:
1. **§ 1631 Abs. 3 BGB** (Unterstützung bei der Ausübung der Personensorge auf Antrag)
2. **§ 1628 BGB** (Übertragung der Alleinentscheidungsbefugnis im Einzelfall auf Antrag)

Beispiel

Die gemeinsam sorgeberechtigten Eltern des Kindes können sich nicht einigen, ob das Kind in einer konfessionellen oder einer staatlichen Grundschule angemeldet werden soll. Das Gericht überträgt die Alleinentscheidungsbefugnis in dieser Frage auf einen Elternteil. Die gemeinsame Sorge bleibt im Übrigen unberührt. Der Elternteil ist an seine bisher vertretene Auffassung nicht gebunden und vertritt das Kind bei der Anmeldung allein.

3. **§ 1630 Abs. 2 BGB** (Entscheidung von Konflikten zwischen Eltern[teil] und Pfleger)
4. **§ 1640 Abs. 3 BGB** (Anordnung betreffend das Verzeichnis ererbten Vermögens des Kindes)
5. **§ 1667 Abs. 1-3 BGB [§ 1667 Abs. 1 – 3 BGB]** (Gerichtliche Maßnahmen bei Gefährdung des Kindesvermögens)

50 Neuere OLG-Entscheidungen sehen auch eine dauerhafte Regelung vor, ohne das Aufenthaltsbestimmungsrecht zu entziehen.

51 Nach Sorgerechtsentzug kann der Elternteil die Fortsetzung der Betreuung des in seiner Obhut befindlichen Kindes nicht durch eine Verbleibeanordnung analog § 1682 BGB erreichen, OLG Hamburg, Beschluss v. 22.6.2018, 2 WF 55/18.

Beispiel

Die alleinsorgeberechtigte Mutter des Kindes X hat das Kindergeld, das sie für das Kind X erhält, wiederholt für ihren eigenen Bedarf verwendet. Als das Kind X nach seinem väterlichen Großvater erbt, ordnet das Gericht an, dass über das ererbte Vermögen ein Verzeichnis angelegt und über die Verwaltung Rechenschaft gelegt wird.

6. **§ 1674 Abs. 1, Abs. 2 BGB** (Feststellung des Ruhens und aufhebender Beschluss)
7. **§ 1683 Abs. 2 und 3 BGB** (Ausnahmeregelungen hinsichtlich der Auseinandersetzung einer Vermögensgemeinschaft)
8. **§§ 1687 Abs. 2, 1687a i. V. m. 1687 Abs. 2, 1687b Abs. 3, 1688 Abs. 3 und 4, 1751 Abs. 1 S. 5 i. V. m. 1688 Abs. 3 S. 2 BGB; 9 Abs. 3 LPartG** (Regelung der Wahrnehmung elterlicher Sorge)
9. **§ 1693 BGB** (Gerichtliche Maßnahmen bei Verhinderung der Eltern)

Zuständigkeiten in **Herausgabe- und Umgangssachen** finden sich in:

1. **§ 1632 Abs. 3 i. V. m. Abs. 1 und Abs. 2** (Herausgabe des Kindes und Regelung des Umgangs auf Antrag)
2. **§ 1684 Abs. 3 S. 1** (Entscheidung über den Umfang des Umgangsrechts und seine Ausübung auch gegenüber Dritten)

Beispiele

Die väterlichen Großeltern, die im Ausland leben, wollen, dass das Kind Y sie während der sechswöchigen Schulferien besucht. Die Kindesmutter lehnt dies ab, da sie fürchtet, dass das Kind Y dort zurückgehalten wird. Die sorgeberechtigten Eltern der 16 Jahre alten Z untersagen ihr und ihrem 30 Jahre alten verheirateten Freund A, sich zu treffen. Beide halten sich nicht an diese Vorgaben. Das Familiengericht kann ein Umgangsverbot gegenüber A erlassen; dieses wird von Amts wegen vollstreckt.

3. **§ 1684 Abs. 4 S. 1 und 3** (Einschränkung oder Ausschluss des Umgangsrechts oder des Vollzuges einer früheren Entscheidung über das Umgangsrecht)
4. **§ 1685 i. V. m. 1684 Abs. 3 und 4 BGB** (Regelung des Umgangs des Kindes mit umgangsberechtigten Dritten)
5. **§ 1686 BGB** (Regelung von Auskunftsstreitigkeiten)
6. **§ 1686a BGB** (Entscheidung über Umgangsrechte des leiblichen, nicht rechtlichen Vaters auf Antrag)

Beispiel

Herr B, ein Nigerianer, ist leiblicher Vater der Zwillinge C und D. Diese sind eheliche Kinder des Ehepaares E. Herr B beantragt beim Familiengericht, ihm Umgangsrecht mit C und D zu gewähren und stützt darauf seinen Anspruch auf Erteilung eines Aufenthaltstitels.

7. **§ 1686a BGB** (Regelung von Streitigkeiten wegen Auskunftsansprüchen des leiblichen, nicht rechtlichen Vaters des Kindes auf Antrag).

Im Vorfeld gerichtlicher Verfahren hat das **Jugendamt** Hilfen, insbesondere Hilfe zur Erziehung und Eingliederungshilfen, anzubieten und ggf. in die Hilfeplanung einzutreten (vgl. § 1666a BGB). In Umgangssachen bestehen Beratungspflichten nach § 18 Abs. 3 SGB VIII (dazu Kapitel 4.3.3.6.2). Bei Verdacht auf Kindeswohlgefährdung hat das Jugendamt die Gefährdung abzuschätzen (§ 8a SGB VIII) und ggf. das Kind in Obhut zu nehmen (§ 42 SGB VIII; dazu Kapitel 4.3.4).

Übungsaufgaben

1. Hat auch eine nicht verheiratete minderjährige Mutter Sorgerecht für ihr Kind? Kann sie ihr Kind vertreten?
2. Unter welchen Voraussetzungen erhält ein nichtehelicher Kindesvater gemeinsames Sorgerecht?
3. Unter welchen Voraussetzungen kann das Familiengericht auf Antrag das Alleinsorgerecht auf den bislang nicht oder nicht mehr sorgeberechtigten Kindesvater übertragen? Unter welchen Voraussetzungen muss das Familiengericht auf den bislang nicht oder nicht mehr sorgeberechtigten Kindesvater das Alleinsorgerecht übertragen?
4. Ist eine familiengerichtliche Sorgerechtentscheidung von Amts wegen änderbar?
5. Nennen Sie die Vorschrift, die die Vertretungsbefugnis der Elternteile für das minderjährige Kind begründet!
6. Zählen Sie Angelegenheiten der Personensorge auf! Welche wichtigen Aufgaben fehlen im Gesetz?
7. Welche Vorschriften regeln die Vermögenssorge seitens der gemeinsam sorgeberechtigten Eltern?
8. Welche Genehmigungsvorbehalte bestehen
   a) in personensorgerechtlichen Angelegenheiten?
   b) in vermögensrechtlichen Angelegenheiten?
9. Wann wird ein Rechtsgeschäft wirksam, das genehmigungsbedürftig ist?
10. Gehört die Unterhaltpflicht zur Vermögenssorge? Welche Folgen kann die Verletzung der Unterhaltspflicht für die Vermögenssorge haben?
11. Welche Sanktionsmöglichkeiten hat das Familiengericht bei
    a) Verstößen gegen Aufgaben der Personensorge?
    b) Vernachlässigung/Verwahrlosung?
    c) bei unzureichender Förderung von Minderjährigen mit Behinderung?
    d) bei Beeinträchtigungen des Kindeswohls durch dritte Personen?
    e) bei selbstschädigendem Handeln der:des Minderjährigen?
12. Die Eheleute Frau und Herr A können sich nicht einigen, an welcher Schule das eheliche Kind B eingeschult werden soll. Wer entscheidet?
13. Das Kind C ist krank. Welche Art von Vertrag muss bei stationärer Aufnahme in ein Krankenhaus geschlossen werden? Wer willigt in die ärztliche Untersuchung und Behandlung ein?
14. Welche Rechte haben im Notfall, d. h. bei akuter Behandlungsbedürftigkeit des Kindes,
    a) jeder gemeinsam sorgeberechtigte Elternteil?
    b) ein nicht sorgeberechtigter Elternteil?
    c) eine Pflegeperson?
    d) ein:e Erzieher:in in einer Einrichtung?
    e) ein:e Dritte:r?
15. In welchen Fällen muss das Familiengericht tätig werden, um eine Behandlung des Kindes zu ermöglichen?
16. Ist es elterliche Pflicht, das Kind impfen zu lassen, an ärztlichen Vorsorgeangeboten teilnehmen zu lassen, ggf. in eine lebenserhaltende Bluttransfusion einzuwilligen? Wie können solche Maßnahmen ggf. durchgesetzt werden?

17. Den Eltern der D wurde das Sorgerecht entzogen, das Kind D lebt seither im Heim. Nach zwei Jahren haben sich die Verhältnisse gebessert und die Eltern wollen das Kind wieder selbst erziehen. Muss das Sorgerecht rückübertragen werden?
18. Kann das Familiengericht eine Verbleibeanordnung erlassen?
19. Unter welchen Konstellationen kann eine Verbleibeanordnung ergehen? Hat diese Auswirkungen auf das Sorgerecht des Elternteils?
20. Unter welchen Voraussetzungen besteht der Anspruch eines Elternteils gegen den anderen auf Herausgabe des Kindes? Ist ein entsprechendes Herausgabeverfahren antragsabhängig?
21. Wie wird ein Herausgabebeschluss vollstreckt?
22. Was meint Umgang? Hat auch ein Elternteil, der mit dem Kind zusammenlebt, Umgangsrecht?
23. Wer ist (sonst) umgangsberechtigt?
24. Sind Verfahren zur Regelung des Umgangs des Kindes Amtsverfahren?
25. Wer streitet sich mit wem, wenn ein Umgangsverfahren nach § 1632 Abs. 3 i.V.m. Abs. 2 BGB bei Gericht anhängig ist?
26. Kann ein Beschluss zur Herausgabe des Kindes zum Zweck des Umgangs mit dem Kind vollstreckt werden?
27. Welche Anordnungen kann das Familiengericht in Umgangssachen treffen?
28. Wer kommt als Umgangsbegleiter:in in Betracht? Findet sich eine entsprechende Vorschrift im SGB VIII? Welche Formen der Umgangsbegleitung kennen die Sozialarbeiter:innen?
29. Welche Rechte hat der leibliche, nicht rechtliche Vater eines Kindes? Wer kann einen betreffenden Antrag stellen?
30. Welche sorgerechtlichen Folgen hat die Inobhutnahme des Minderjährigen (vgl. § 42 SGB VIII) durch das Jugendamt?

2.4 Vormundschaft und Pflegschaft

Die Verantwortlichkeit und gesetzliche Vertretung eines Kindes oder von Minderjährigen kann neben oder statt der Eltern oder eines Elternteils bei einer:einem **Vormund:in** oder **Ergänzungspfleger:in** liegen. Die Gründe für die Vormundschaft sind in § 1773 BGB [§ 1773 BGB][52] aufgeführt. Sie ist notwendig, wenn

- Kinder oder Jugendliche keine Eltern mehr haben (**Waisenkinder**),
- der **Familienstand** von Kindern oder Jugendlichen **nicht bekannt** ist (Findelkind, Babyklappenkind, vertraulich geborenes Kind, anonym geborenes Kind),
- beiden Eltern oder dem alleinvertretungsberechtigten Elternteil das **Sorgerecht entzogen** wurde,
- beide Eltern oder der alleinvertretungsberechtigte Elternteil **für tot erklärt** oder der Todeszeitpunkt nach Verschollenheitsgesetz festgestellt worden ist (vgl. § 1681 BGB) oder
- beide Eltern **nicht zur Vertretung berechtigt** sind oder ein alleinvertretungsberechtigter Elternteil nicht zur Vertretung berechtigt ist. Das ist der Fall, wenn

52 Das Gesetz zur Reform des Vormundschafts- und Betreuungsrechts tritt zum 1.1.2023 in Kraft. Die betreffenden Bestimmungen werden in eckigen Klammern und farblich markiert an die Bestimmungen des bis zum 31.12.2022 geltenden Rechts angefügt.

- das Sorgerecht bei beiden Eltern oder dem alleinvertretungsberechtigten Elternteil wegen Geschäftsunfähigkeit ruht (§§ 1673 Abs. 1, 1675 BGB), das Vertretungsrecht bei beiden Eltern oder dem sorgeberechtigten Elternteil wegen beschränkter Geschäftsfähigkeit ruht (§§ 1673 Abs. 2, 1675 BGB),
- wenn auf Wunsch der Kindesmutter die **Geburt vertraulich** durchgeführt wurde (§ 1674a BGB **[§ 1674a BGB]**) oder
- wenn beide Elternteile oder der alleinvertretungsberechtigte Elternteil in die **Adoption** des Kindes durch Dritte **eingewilligt** hat bzw. haben (§ 1751 Abs. 1 S. 1 und 2 BGB).

Die **Ergänzungspflegschaft** unterscheidet sich von der Vormundschaft darin, dass die:der Ergänzungspfleger:in i.d.R. nicht sämtliche Aufgaben der Sorge wahrnimmt, sondern nur einen konkret bezeichneten Aufgabenkreis oder eine einzelne Aufgabe.[53] Das ist der Fall, wenn

- die Eltern oder der alleinvertretungsberechtigte Elternteil oder die:der Vormund:in von der Vertretung wegen Interessenskonflikten ausgeschlossen sind (§§ 181, 1629 Abs. 2 S. 1, 1795 BGB **[§§ 181, 1629 Abs. 2 S. 1, 1824 BGB analog]**)[54] oder
- beiden Eltern oder dem alleinvertretungsberechtigten Elternteil oder der:dem Vormund:in die Sorge teilweise entzogen worden ist (§§ 1629 Abs. 2 S. 3, 1666, 1796; 1796, 1837 Abs. 4 i. V. m. 1666 BGB analog **[§§ 1629 Abs. 2 S. 3, 1666, 1789 Abs. 2 S. 3 und 4, 1802 Abs. 1 i. V. m. 1861 Abs. 2 BGB analog, §§ 1802 Abs. 2 i. V. m. 1666 BGB analog]**).

Beispiele

Die alleinsorgeberechtigte Mutter des Kindes A will einen Vertrag im Namen des Kindes mit ihrem Ehemann, der nicht Vater des Kindes ist, schließen. Das Kind kann nur durch eine:n Ergänzungspfleger:in vertreten werden.

Das Gericht hat den gemeinsam sorgeberechtigten Eltern das Recht, Hilfe zur Erziehung zu beantragen und das Aufenthaltsbestimmungsrecht entzogen und einer:einem Ergänzungspfleger:in übertragen. Diese:r stellt den Antrag auf Hilfe; hat sie:er auch Aufenthaltsbestimmungsrecht, kann eine stationäre Hilfe umgesetzt werden.

[Nach §§ 1776 f. BGB gibt es zukünftig auch Pflegschaften, die die Zustimmung der:des Vormund:in voraussetzen; in § 1777 BGB auch zur gemeinsamen Wahrnehmung bei Angelegenheiten von erheblicher Bedeutung für den Mündel.]

Im Übrigen erklärt § 1915 BGB [§§ 1776 Abs. 3 S. 1, 1777 Abs. 4 S. 2, 1813 BGB] auf die [Ergänzungs-]Pflegschaft die Regelungen des Vormundschaftsrechts für anwendbar. **[Dieses wiederum verweist in wesentlichen Teilen auf das materielle Betreuungsrecht (vgl. 1789 Abs. 2, 1794 Abs. 1, 1795 Abs. 4, 1798 Abs. 2, 1799, 1801 f., 1807 f., 1811 Abs. 2 und 4 BGB).]**

Bei den Vormundschaften gibt es

1. gesetzliche und
2. bestellte Vormundschaften.

Ergänzungspflegschaften (§§ 1909, 1911 ff. BGB) **[§§ 1776 f., 1809, 1811 BGB]** sind immer bestellte Pflegschaften.

Bei **gesetzlichen Vormundschaften** tritt die Vormundschaft von Gesetzes wegen ein, d. h. ohne dass das Familiengericht die:den Vormund:in bestellen muss (§§ 1751 Abs. 1 S. 2, 1791c

53 Einzelheiten bei Hauck/Noftz/Bohnert SGB VIII § 50 Rn. 9.

54 Keine familiengerichtliche Genehmigung eines Rechtsgeschäfts gegen den (geänderten) Willen der:des Ergänzungspfleger:in, vgl. OLG Brandenburg, Beschluss v. 11.9.2020, 9 WF 198/20.

BGB) [§§ 1751 Abs. 1 S. 2, 1786 f. BGB]. Gesetzlicher Vormund ist immer das Jugendamt als Behörde; das Familiengericht hat nach Unterrichtung durch den Standesbeamten lediglich dem Jugendamt eine Bescheinigung über den Eintritt der Vormundschaft zu erteilen (vgl. § 1791c Abs. 3 BGB [§ 168b Abs. 2 FamFG]). Eine gesetzliche Vormundschaft tritt ein, wenn

- eine unverheiratete minderjährige Frau im Inland ein Kind zur Welt bringt und die zur Anerkennung der Vaterschaft erforderlichen Erklärungen nicht bereits vor Geburt des Kindes beurkundet worden sind (§ 1791c Abs. 1 BGB [§ 1786 BGB]),
- eine unverheiratete geschäftsunfähige Frau im Inland ein Kind zur Welt bringt; da die natürliche Geschäftsunfähigkeit nur situativ festgestellt werden kann, wird jedoch regelmäßig ein:e Vormund:in bestellt [§ 1786 BGB],
- eine Frau unter Verwendung eines Pseudonyms ein Kind zur Welt bringt und die Vaterschaft nicht feststeht **[oder nach § 1674a BGB auch die Sorge des rechtlichen Vaters ruht** (§ 1787 BGB)] oder
- beide Eltern oder der alleinvertretungsberechtigte Elternteil in die Adoption des Kindes durch Dritte eingewilligt haben/hat (§ 1751 Abs. 1 BGB).

In den übrigen Fällen wird die Vormundschaft vom Familiengericht eingerichtet und die:der Vormund:in bestellt.

2.4.1 Grundzüge des Verfahrens

Muss ein:e Vormund:in oder Ergänzungspfleger:in bestellt werden, wird das **Familiengericht** von Amts wegen tätig (§ 1774 BGB) **[vgl. § 168 Abs. 1 FamFG]. Es prüft die Voraussetzungen, hört das Kind, Angehörige des Kindes und das Jugendamt** (§ 1779 BGB, §§ 159, 162 FamFG [vgl. §§ 159, 168 Abs. 1, Abs. 3 i. V. m. 291, 168c, 168f FamFG analog]) an. Das Jugendamt hat Vormund:innen und Ergänzungspfleger:innen zu werben, auf ihre **Geeignetheit** zu prüfen und einen Vorschlag zu unterbreiten, welche Person oder Stelle infrage kommt (§ 53 Abs. 1 und 3 SGB VIII).

Geeignetheit vorausgesetzt (vgl. §§ 1779–1781, 1784, 1786 BGB [§§ 1779 f., 1782 f. 1784 f. BGB]) besteht eine feste **Rangfolge**, die das Familiengericht zu berücksichtigen hat. Vorrangig ist zu bestellen, wen die Eltern oder der zuletzt verstorbene sorgeberechtigte Elternteil benannt haben/hat (§ 1776 BGB [§ 1782 BGB)]; fehlt eine Benennung, folgen Personen, zu denen das Kind oder die:der Jugendliche eine persönliche Bindung aufgebaut hat, Verwandte und Verschwägerte (vgl. § 1779 Abs. 2 BGB [§§ 1778 Abs. 2, 1779 BGB]).

Stehen diese Personen nicht zur Verfügung, soll ein:e ehrenamtlich tätige:r Dritte:r bestellt werden, andernfalls ein:e Berufsvormund:in oder beruflich tätige:r Ergänzungspfleger:in. Ein Verein und zuletzt das Jugendamt als Behörde kommen nur infrage, wenn keine natürliche Person geeignet ist. Künftig kann ein Verein nur vorläufige Vormundschaften (vgl. § 1781 BGB), Pflegschaften und die Beistandschaft i. S. d. § 1712 BGB übernehmen; Vereinsvormund:innen können hingegen auch Vormundschaften führen: sie dürfen nur mit Einwilligung des Vereins bestellt werden (1785 Abs. 3 BGB).

Die Übernahme kann bei Vorliegen gesetzlich vorgesehener Umstände abgelehnt werden (vgl. § 1786 BGB). Diese Möglichkeit entfällt künftig; an ihre Stelle tritt die Pflicht des

Gerichts, bei der Auswahl der:des Prätendent:in besondere Belastungen zu berücksichtigen (§§ 1780, 1785 Abs. 1 BGB). Die Entscheidung ergeht durch Beschluss (§ 38 FamFG [§§ 38, 168a FamFG)]. Die:Der Vormund:in oder Ergänzungspfleger:in erhält eine Urkunde zum Nachweis der Vertretungsmacht (§ 1791 BGB **[§ 168b FamFG]**).

Das Familiengericht führt **Aufsicht** und kann **Kontrollmaßnahmen** durchführen (vgl. §§ 1837 Abs. 2, 1837 Abs. 4 i. V. m. 1666, 1666a, 1796 Abs. 1, 1798, 1843 Abs. 1, 1854 Abs. 2 S. 2, 1857, 1886 f. Abs. 1, 1888 f., 1892 Abs. 2 BGB **[§§ 1802 Abs. 1 i. V. m. § 1861 Abs. 2 analog, Abs. 2 i. V. m. §§ 1863 – 1867, 1666, 1666a, 1696 BGB analog]**). Zur Arbeitsentlastung kann das Familiengericht auch eine:n **Gegenvormund:in** bestellen (§ 1792 BGB); die Gegenvormundschaft entfällt zum 1.1.2023. Diese:r nimmt statt des Gerichts Kontrollpflichten wahr. Das Gericht hat die jährlichen schriftlichen Auskünfte zur Person des Mündels und die Rechnungslegung entgegenzunehmen und sachlich wie rechnerisch zu prüfen. Sind ausnahmsweise mehrere Vormund:innen für ein Mündel bestellt **[vgl. § 1775 Abs. 1 BGB]** oder haben mehrere Vormund:innen die gemeinsame Sorge für Geschwisterkinder, entscheidet das Familiengericht bei Meinungsverschiedenheiten (§ 1798 BGB) **[§ 1793 Abs. 1 BGB; dasselbe gilt, wenn es zu Meinungsverschiedenheiten zwischen der:dem Vormund:in und der:dem nach §§ 1776 oder 1777 bestellten Pfleger:in kommt]**.

Gesetzliche Vormundschaften enden von Gesetzes wegen mit Volljährigkeit der Kindesmutter, falls sie geschäftsfähig ist, **[bei Offenbarung der Daten bei Geburt unter Pseudonym gegenüber dem Familiengericht]**, bei Eintritt elterlicher Sorge des Kindesvaters oder mit Ausspruch der Adoption, bestellte Vormundschaft mit Tod oder Volljährigkeit des Mündels. Tritt elterliche Sorge aufgrund familiengerichtlicher Entscheidung (wieder) ein, muss die Vormundschaft aufgehoben und die:der Vormund:in entlassen werden. Pflegschaften enden in der Regel mit Erledigung der Aufgaben **[vgl. §§ 1804, 1806, 1812 BGB]**.

Vormund:in und Ergänzungspfleger:in sind im Übrigen zu entlassen, wenn eine ranghöhere Person geeignet und bereit ist, die Vormundschaft oder Pflegschaft zu führen (§§ 1887, 1889 Abs. 2 BGB **[§ 1779 Abs. 2 S. 1, 1804 Abs. 1 Nr. 2 oder 3 BGB]**), sich die:der Vormund:in oder Ergänzungspfleger:in auf Ablehnungsgründe des § 1786 Abs. 1 Nr. 2–5, 7 BGB berufen könnte (§ 1889 Abs. 1 S. 1 BGB) **[vgl. §§ 1780, 1804 Abs. 2 BGB]**, ein sonstiger wichtiger Grund vorliegt (§ 1889 Abs. 2 S. 2 BGB **[§1804 Abs. 2 Nr. 2, Abs. 3 BGB]**) oder die:der Vormund:in oder Ergänzungspfleger:in sich pflichtwidrig verhalten haben (§ 1886 BGB **[§ 1804 Abs. 1 Nr. 1 und 5 BGB]**).

2.4.2 Führung der Vormundschaft oder Ergänzungspflegschaft

Vormund:in und Ergänzungspfleger:in sind **gesetzliche Vertreter:innen** der Kinder oder Jugendlichen. Aufgaben der tatsächlichen Sorge (Pflege, Erziehung, Beaufsichtigung) müssen (und können) sie i. d. R. nicht selbst ausführen, dazu verpflichten sie vertraglich erziehungsberechtigte Personen. Vormund:innen sind jedoch verpflichtet, **persönlichen Kontakt** zum Mündel zu halten (vgl. § 1793 Abs. 1a BGB **[§ 1790 Abs. 3 BGB]**). Es besteht künftig ein Recht auf persönlichen Kontakt, das das Hausrecht der Pflegeperson oder des Einrichtungsträgers einschränkt **[vgl. §§ 1788 Nr. 3, 1790 Abs. 3 BGB]. Der persönliche Kontakt ist zu dokumentieren und der:dem Rechtspfleger:in beim Familiengericht nachzuweisen (§ 1840 Abs. 1 BGB [vgl. §§ 1802 Abs. 2 i. V. m. 1863 Abs. 1 und 3 analog, 1803 Nr. 2 BGB]**).

Das kann organisatorisch zu erheblichen Problemen führen und ist hinsichtlich der parallelen Verantwortlichkeiten von ASD (Allgemeinem Sozialen Dienst der Jugendämter), Heimaufsicht und Pflegekinderdienst unzureichend geregelt. In Hinsicht auf Pflegepersonen und Erziehende in Einrichtungen hat die:der Vormund:in künftig Pflichten, die in § 1796 BGB ausgestaltet sind. Kooperationspflichten der Pflegepersonen oder Einrichtungsträger sind in §§ 1796 Abs. 2 und 3 i. V. m. 1792 Abs. 2 BGB analog niedergelegt, Zwangsbefugnisse der:des Vormund:in bestehen weiterhin nicht. Im Übrigen verweist § 1793 Abs. 3 S. 1 BGB mit wenigen Abweichungen pauschal auf das Recht der elterlichen Sorge. Dieser Rückbezug entfällt künftig; für den Fall der Aufnahme in den eigenen Haushalt der:des Vormund:in gilt § 1619 BGB analog.

Detailliert geregelt ist, anders als im elterlichen Sorgerecht, die **Pflicht zur Vermögenssorge** bei vermögendem Mündel oder Pflegling. Geld ist mündelsicher anzulegen, risikoreiche Wertpapieranlagen oder Spekulationen sind ausgeschlossen. **Familiengerichtliche Entscheidungsbefugnisse** finden sich in §§ 112 Abs. 2, 113 Abs. 2, 1810 ff. Abs. 2 und 3, 1818 f., 1821 ff. BGB. Wird die Vormundschaft oder Pflegschaft vom Jugendamt als Behörde geführt, sieht § 56 Abs. 2 und 3 SGB VIII Vereinfachungen vor. Bei vermögenslosen Minderjährigen hat die:der Vormund:in Unterhaltsansprüche durchzusetzen und/oder wirtschaftliche Leistungen zugunsten des Mündels in Anspruch zu nehmen.

Ab 1.1.2023 sind die Regelungen des Vormundschaftsrechts zur Vermögenssorge aufgehoben. Künftig ist das Vermögenssorgerecht im materiellen Betreuungsrecht platziert. Auf dieses verweisen die entsprechenden Vorschriften (sowohl des elterlichen Sorgerechts [vgl. §§ 1643–1645 BGB] als auch) des Vormundschaftsrechts (§§ 1798 unter Verweis auf §§ 1836 f. und 1839 bis 1847 BGB analog, 1799 Abs. 1 unter Verweis auf §§ 1848 bis 1854 Nr. 1–7 BGB analog, Abs. 2 BGB. Für die Befreiungen vgl. § 1801 BGB). Die Entscheidungsbefugnisse des Familiengerichts nach den §§ 112 Abs.2, 113 Abs. 2 BGB bleiben unberührt.

2.4.3 Haftung der:des Vormund:in

Die:Der Vormund:in, und in ihrem:seinem Bereich die:der Ergänzungspfleger:in, haften dem Mündel oder Pflegling für den aus Pflichtverletzungen resultierenden Schaden **zivilrechtlich uneingeschränkt** (§ 1833 BGB [§ 1794 Abs. 1 BGB]), und damit schärfer als sorgeberechtigte Eltern (vgl. § 1664 Abs. 1 BGB). Lebt der Mündel im Haushalt der:des Vormund:in, gilt § 1664 BGB analog [§ 1794 Abs. 2 BGB].

2.4.4 Aufwendungsersatz, Aufwandsentschädigung und Vergütung

Die Führung einer Vormundschaft oder Ergänzungspflegschaft ist mit **Kosten und Zeiteinsatz** verbunden. Für den Ausgleich hat der Gesetzgeber eine komplizierte Regelung geschaffen, die sich an der Unterscheidung ehrenamtlicher und beruflicher Führung, wie sie in der Rangfolge zum Ausdruck kommt, ausrichtet. Ab dem 1.1.2023 finden sich die entsprechenden Regelungen im analog anwendbaren materiellen Betreuungsrecht und in §§ 168d i. V. m. 292 Abs. 1, Abs. 3–6 FamFG analog.

Ehrenamtlich tätige Vormund:innen und Ergänzungspfleger:innen können
- bezifferten Aufwendungsersatz (§ 1835 BGB **[§§ 1808 Abs. 2 i. V. m. § 1877 analog, 1813 i. V. m. 1808 Abs. 2 i. V. m. 1877 BGB analog]**) oder
- pauschalierte Aufwandsentschädigung (§ 1835a BGB **[Aufwandspauschale gem. §§ 1808 Abs. 2 i. V. m. § 1878 analog, 1813 i. V. m. 1808 Abs. 2 i. V. m. 1878 BGB analog]**)

beantragen. Ab dem 1.1.2023 beträgt die Pauschale jährlich 500 Euro; Kosten müssen nicht nachgewiesen werden. Nur im Ausnahmefall steht der:dem ehrenamtlichen Vormund:in auch eine **Vergütung** nach § 1836 Abs. 2 BGB **[§§ 1808 Abs. 2 S. 3 i. V. m. 1876 BGB analog]** zu.

Beruflich tätige Vormund:innen und Ergänzungspfleger:innen können berechneten Aufwendungsersatz erhalten. Ein Verein oder das Jugendamt erhalten Aufwendungsersatz nur, sofern das einzusetzende Vermögen und die Einkünfte des Mündels (vgl. §1836c BGB) hinreichen, Aufwandsentschädigung erhalten sie nicht (vgl. § 1835a Abs. 5 BGB). Ab 1.1.2023 ist die Rechtslage nach § 5 VBVG n. F. für den Vormundschaftsverein günstiger; dieser erhält Aufwendungsersatz in analoger Anwendung des § 1877 BGB sofern ihm Vergütung bewilligt werden muss. Daneben kann eine **Vergütung** der Dienstleistung verlangt werden, wenn zuvor das Familiengericht die **berufsmäßige Führung** der Vormundschaft festgestellt hat (§ 1 VBVG). Die Feststellung berufsmäßiger Führung kann mit Wirkung für die Zukunft nachgeholt werden.

Die Höhe der Vergütung richtet sich nach dem Zeitaufwand und dem zugrunde liegenden Stundensatz (vgl. § 3 Abs. 1 VBVG). Dieser ist abhängig von der beruflichen Qualifikation. Der Höchstsatz für beruflich tätige Vormund:innen beträgt derzeit 33,50 Euro (§ 3 Abs. 1 Nr. 2 VBVG), ab 1.1.2023 liegt er bei 39 Euro **[§ 3 Abs. 1 Nr. 2 VBVG n. F.]**. Obwohl anders als bei Betreuungspersonen nicht gesetzlich vorgegeben (pauschaliert), ist der Rahmen für die Vergütung des Zeitaufwands relativ eng. Bei Mittellosigkeit des Mündels (vgl. § 1836d BGB **[vgl. §§ 1808 Abs. 2 i. V. m. 1880 BGB analog; ab 1.1.2023 müssen Einkünfte generell nicht mehr eingesetzt werden]**) besteht Anspruch gegen die Staatskasse (§ 1 Abs. 2 S. 2 VBVG **[§ 2 VBVG n. F.]**). Einem Verein oder dem Jugendamt kann keine Vergütung i. S. d. § 1836d BGB **[§ 1876 BGB]** bewilligt werden; ab 1.1.2023 ist dem Verein als Beistand oder bei Bestellung einer:eines Vereinsvormund:in eine Vergütung mit dem Höchstsatz zu bewilligen (§ 5 Abs. 1 S. 2 VBVG n. F.).

2.4.5 Fristen

Die Ansprüche auf Aufwendungsersatz, Aufwandsentschädigung und Vergütung sind innerhalb einer Frist **von 15 Monaten** geltend zu machen (Ausschlussfrist); diese Frist kann vom Gericht auf Antrag verlängert werden (§ 1835 Abs. 3 S. 1 BGB, § 2 VBVG **[§§ 1808 Abs. 2 i. V. m. 1877 Abs. 5 BGB analog]**). Ab 1.1.2023 muss bei ehrenamtlich geführter Vormundschaft berechneter Aufwendungsersatz **[§§ 1808 Abs. 2 i. V. m. 1877 Abs. 4 BGB analog]** binnen 15 Monaten nach seiner Entstehung geltend gemacht werden, die Aufwandspauschale **[§ 1878 BGB]** innerhalb von sechs Monaten nach Ablauf des Vormundschaftsjahres **[§§ 1808 Abs. 2 i. V. m. 1878 Abs. 3 BGB analog]**. Bei beruflicher Führung erlöschen die Ansprüche auf Aufwendungsersatz und Vergütung 15 Monate nach ihrer Entstehung **[§ 2 Abs. 2 VBVG n. F.]**; der Fristbeginn ist nicht zwingend einheitlich.

2.4.6 Annex zur Beistandschaft und zur Verfahrensbeistandschaft

Die **Beistandschaft** ist eine Unterstützung des Jugendamtes [oder eines vorläufige Vormundschaften, Pflegschaften und Beistandschaften führenden Vereins] für alleinsorgeberechtigte Mütter zur (gerichtlichen) Feststellung der Vaterschaft für ein nichtehelich geborenes Kind und für alleinsorgeberechtigte Elternteile zur (gerichtlichen) Durchsetzung von Unterhaltsansprüchen des Kindes (vgl. § 1712 BGB). Nach dem Wortlaut des Gesetzes bleibt die elterliche Sorge eines Elternteils vom Eintritt der **Beistandschaft** unberührt; der Beistand ist damit kein Ergänzungspfleger. Beistandschaft tritt auf Antrag der:des Berechtigten ein, wenn dieser beim Jugendamt [oder dem Verein] eingeht (§§ 1713 f. BGB); das Familiengericht wird daher mit der Beistandschaft als solcher nicht befasst. Da im Übrigen aber Pflegschaftsrecht greift, stellt dies nur eine geringe Modifikation gegenüber den Ausführungen zur Ergänzungspflegschaft dar. Beistand wird das **Jugendamt als Behörde [oder der rechtsfähige Verein]**.

Die Ausführungen zur Ergänzungspflegschaft (einschließlich der Umgangspflegschaft) lassen sich weitgehend auch auf die **Verfahrensbeistandschaft** und die Verfahrensstandschaft übertragen. Die Regelungen zu Aufwandsentschädigung und Vergütung weichen dabei allerdings ab. **Verfahrensbeistände** sind in kindschaftsrechtlichen Verfahren zur Wahrung der Rechte und Interessen des Kindes zu bestellen, wenn entsprechende Konflikte zwischenden Sorgeberechtigten und dem Kind drohen (vgl. § 158 FamFG).

Lehnt das Bundesamt für Familie und zivilgesellschaftliche Aufgaben einem vertraulich geborenen Kind die Einsicht in seinen Herkunftsnachweis nach § 31 Schwangerschaftskonfliktgesetzes ab, kann im nachfolgenden familiengerichtlichen Verfahren dem Kind ein:e **Verfahrensbeistand oder -beiständin** (§ 174 FamFG analog) oder ein:e **Verfahrensstandschafter:in** bestellt werden.

1. Welche Voraussetzungen hat die gesetzliche Vormundschaft nach § 1791c BGB [§ 1786 BGB]?
2. Welche Voraussetzungen hat die gesetzliche Vormundschaft nach § 1751 BGB?
3. Kann eine gesetzliche Vormundschaft durch eine bestellte abgelöst werden?
4. Welche Rangfolge besteht bei bestellter Vormundschaft?
5. Hat ein:e Vormund:in persönlichen Kontakt zum Mündel zu halten? Wer kontrolliert die Einhaltung der Pflichten?
6. Wann kann/muss ein:e Vormund:in entlassen werden?
7. Welche Pflichten hat die:der Vormund:in gegenüber dem Familiengericht? Welche Pflichten hat das Jugendamt im gerichtlichen Verfahren? Welche Pflichten hat das Jugendamt gegenüber der:dem Vormund:in? Lesen Sie dazu § 53 Abs. 2 und 3, 53a SGB VIII!

2.5 Betreuungsrecht

Betreuung im Sinne des Betreuungsrechts meint die **Vertretung der betreuten Person im Rechtsverkehr**. Dazu gehören der Abschluss von Rechtsgeschäften und die Erfüllung öffentlich-rechtlicher Pflichten, darüber hinaus die Absicherung von Teilhaberechten und die Inanspruchnahme von öffentlichen Leistungen zugunsten der betroffenen Person. Das Betreuungsrecht enthält materiell-rechtliche und verfahrensrechtliche Teile. Einbezogen werden überdies Vorschriften, die die Aufgaben der Betreuungsbehörde regeln.

Zur erfolgreichen Führung einer Betreuung sind Rechtskenntnisse, aber auch medizinische Grundkenntnisse sowie Einfühlungsvermögen und Gesprächsführungstechniken notwendig.

2.5.1 Voraussetzungen der Betreuung

Für die Einrichtung einer Betreuung und die Bestellung der Betreuungsperson ist das **Betreuungsgericht** (in der ersten Instanz eine Abteilung des Amtsgerichts) zuständig. Es prüft die Voraussetzungen, die in § 1896 BGB **[§ 1814 BGB]**[55] aufgeführt sind.

2.5.1.1 Materiell-rechtliche Voraussetzungen der Betreuung

§ 1896 BGB verbindet medizinische und rechtliche Voraussetzungen.

(1) Medizinische Voraussetzungen

§ 1896 Abs. 1 BGB nennt als medizinische Voraussetzungen: das Vorliegen einer psychischen Krankheit oder einer geistigen oder seelischen Behinderung oder einer körperlichen Behinderung. [§ 1814 BGB setzt bei der Einschränkung (rechtlicher) Handlungsfähigkeit an und führt diese als notwendige Bedingung auf eine „Krankheit oder Behinderung" zurück. Der Bezug auf einen spezifizierten Kreis von Erkrankungen oder auf die Art der Behinderung findet sich in der Neufassung nicht mehr. Abs. 2 stellt jedoch klar, dass es sich im Regelfall um Krankheiten und Beeinträchtigungen handelt, die Auswirkungen auf die Willensbildung und Willensäußerung haben. Damit sind wie nach der bis zum 31.12.2022 geltenden Rechtslage psychische und seelische Krankheiten und Behinderungen im Fokus.]

Die wichtigsten Diagnosen einschlägiger **psychischer Erkrankungen** sind: Demenzen, schizophreniforme Störungen, Störungen als Auswirkungen des Konsums von psychotropen Substanzen, affektive Störungen, Essstörungen, Persönlichkeitsstörungen und Intelligenzminderung.

- Das **demenzielle Syndrom** verläuft chronisch oder fortschreitend unter Beeinträchtigung höherer kortikaler Funktionen, begleitet von einer Verschlechterung der emotionalen Kontrolle und des Sozialverhaltens.
- Bei den **schizophreniformen Störungen** bestimmen anhaltende oder immer wieder auftretende Wahnideen oder Denkstörungen das klinische Bild.
- **Psychische und Verhaltensstörungen** können durch den Konsum von psychotropen Substanzen (Alkohol, Opioide, Cannabinoide, Kokain, Halluzinogene) ausgelöst werden. Charakteristisch sind Wahrnehmungsverzerrungen und halluzinogene Effekte.
- Bei **affektiven Störungen** bestehen die Hauptsymptome in Stimmungsveränderungen, meist zur Depression hin, mit begleitender Angst, oder zu gehobener, manischer Stimmung. Bei Manie mit psychotischen Symptomen können anhaltende körperliche Aktivität

55 Das Gesetz zur Reform des Vormundschafts- und Betreuungsrechts tritt am 1.1.2023 in Kraft. Die Neuregelungen werden in eckigen Klammern und farblich markiert an die Bestimmungen des bis zum 31.12.2022 geltenden Rechts angefügt.

und Erregung in Aggression und Gewalttätigkeit münden. Es kommt gehäuft zu Selbstverletzungen und Suizidhandlungen.

- **Essstörungen** führen häufig zu Mangelerscheinungen. Die Patient:innen leiden außerdem unter depressiven Symptomen. Von Essstörungen sind v. a. Minderjährige betroffen, manifeste Störungen beeinträchtigen aber auch das Wohl von Erwachsenen.
- **Persönlichkeits- und Verhaltensstörungen** umfassen tief verwurzelte Verhaltensmuster, die sich in starren Reaktionen auf unterschiedliche persönliche und soziale Lebenslagen zeigen. Dabei bestehen gegenüber der Mehrheit der Menschen deutliche Abweichungen im Wahrnehmen, Denken und Fühlen und in den zwischenmenschlichen Beziehungen.
- Nicht zuletzt spielt **Intelligenzminderung** als stehengebliebene oder unvollständige Entwicklung der geistigen Fähigkeiten, oft mit deutlicher Verhaltensstörung einhergehend, für das Betreuungsrecht eine wichtige Rolle.

Psychische oder geistig-seelische Behinderungen sind dauerhafte Beeinträchtigungen der geistigen Funktionsfähigkeit oder der seelischen Befindlichkeit, die entweder aufgrund einer angeborenen Beeinträchtigung, einer psychischen Erkrankung, eines Unfalls oder tiefgreifender Störungen des Beziehungsgefüges entstehen. In § 2 SGB IX wird auf die Abweichung von dem für das Lebensalter typischen Gesundheitszustand abgestellt.

Für schwere und schwerste **körperliche Behinderungen**, die die Einrichtung einer Betreuung mit sich bringen (können), sind neurologische und infektiologische Ursachen gelistet. Zu den Krankheitsbildern zählen Querschnittssyndrome mit einer Schädigung im Bereich der Halswirbelsäule oder andere spinale Erkrankungen, Intoxikationen und Erkrankungen des Gehirns, die selten ausschließlich zu motorischen Einschränkungen führen.

Beispiele

Herr A, 78 Jahre alt und verwitwet, verlässt zunehmend häufig ohne witterungsangepasste Bekleidung und Schlüssel seine Wohnung und irrt orientierungslos durch die Umgebung. Die Wohnung ist unzureichend gesäubert, Herr A nimmt notwendige Medikamente nicht regelmäßig ein und versäumt Arzttermine. Frau B, 52 Jahre alt und geschieden, ist alkoholkrank und mangelernährt; phasenweise hört sie außerdem Stimmen. Sie lehnt jeden Kontakt zu Behörden ab. Wegen hoher Mietrückstände droht ihr der Verlust der Wohnung. Der geschiedene Ehemann zahlt keinen nachehelichen Unterhalt. Frau C, 43 Jahre und verheiratet, hat bei einem Autounfall schwere Gehirnläsionen und Wirbelbrüche erlitten. Sie liegt im Wachkoma.

(2) Soziale Beeinträchtigungen als Folge der medizinischen Befunde

Aufgrund der Erkrankung oder Behinderung muss die Teilhabe der Betroffenen am Rechtsverkehr und am Leben in der Gesellschaft beeinträchtigt sein. Dies kann rein faktisch der Fall sein, liegt darüber hinaus immer vor, wenn die Geschäftsfähigkeit zweifelhaft ist. Insbesondere zur Klärung der **sozialen Auswirkungen** der Krankheit oder der Behinderung sind die Anhörungen von Betroffenen, deren Angehöriger und der zuständigen Betreuungsbehörde von Bedeutung (vgl. §§ 278 Abs. 1, 279 FamFG, § 8 BtBG [§§ 278 Abs. 1, 279 FamFG, § 11 BtOG]).

Beispiele

Herr D, 23 Jahre alt und ledig, ist hochgradig lernbehindert, er kann weder lesen noch schreiben. Er lebte bisher bei seiner Mutter. Nach deren Tod ist er völlig überfordert. Frau E, 38 Jahre alt und früher Freizeitpilotin, leidet an einem Locked-In-Syndrom.

2.5.1.2 Rechtliche Voraussetzungen

Der Gesetzestext umschreibt die rechtlichen Voraussetzungen mit den Worten, dass „ein Volljähriger [...] seine Angelegenheiten ganz oder teilweise [rechtlich] nicht [mehr] besorgen [kann]“. Das setzt voraus, dass Handlungsbedarf besteht (a) und dass rechtliches Handeln in Vertretung erforderlich ist (b), um entsprechende Regelungen zu treffen.[56]

a) Angelegenheiten

Unter Angelegenheiten ist prinzipiell alles erfasst, was die Betroffenen selbst angeht. Das können **einzelne Umstände** sein, wie der Wechsel des Aufenthaltsorts, die Anfechtung der Vaterschaft, die Annahme einer Erbschaft, oder sog. **Aufgabenkreise,** wie die Gesundheitsfürsorge, Wohnungsangelegenheiten oder die Vermögenssorge. Von diesen Angelegenheiten führt der Gesetzgeber die Kontrolle über den Fernmeldeverkehr und die Post der betroffenen Person (§ 1896 Abs. 4 BGB **[§ 1815 Abs. 2 Nr. 5 und 6 BGB]**) [, die Bestimmung des gewöhnlichen Aufenthalts der Betreuten im Ausland (§ 1815 Abs. 2 Nr. 3 BGB), die Regelung des Umgangs der Betreuten] und gesundheitliche Belange (vgl. §§ 1901 Abs. 4, 1901a Abs. 1, 1904, 1906 BGB **[§§ 1815 Abs. 2 i. V. m. 1831 Abs. 1 und 4 BGB]**) an, bezieht sich aber durch Verweisungen auf entsprechende weitere Aufgaben der:des Vormund:in (vgl. § 1908i Abs. 1 BGB; entfällt zum 1.1.2023). Nicht zu den Angelegenheiten gehören die Eheschließung, die Wahrnehmung der elterlichen Sorge für ein Kind, Verantwortung für einen Mündel, die Verwaltung des Vermögens für eine:n Ehegatt:in oder Lebenspartner:in oder die Abfassung eines Testaments. Solche Angelegenheiten können nie Aufgabe einer Betreuungsperson werden.

b) Notwendigkeit rechtlicher Vertretung

Nur soweit für die Regelung von Angelegenheiten **Willenserklärungen** oder **rechtsgeschäftsähnliche Erklärungen** abgegeben werden müssen (wie bei einem Vertragsschluss, der Annahme einer Erbschaft oder der Einwilligung in einen ärztlichen Heileingriff) oder der Zugang von Willenserklärungen (wie für die Kündigung eines Vertragsverhältnisses durch die:den Vertragspartner:in) erforderlich ist, muss eine Betreuung eingerichtet werden. Kann die lebenspraktische Unterstützung durch Dritte oder die Inanspruchnahme von Eingliederungshilfen (z. B. Assistenzleistungen im Rahmen eines Persönlichen Budgets) den Bedarf absichern, ist keine Betreuung notwendig.

Voraussetzung ist weiterhin, dass Betroffene **keine ausreichende Vollmacht** erteilt haben (§ 1896 Abs. 3 S. 1 BGB [§ 1814 Abs. 3 S. 1 BGB]); die Erteilung setzt Geschäftsfähigkeit voraus. Können die Rechtshandlungen auch durch eine:n Bevollmächtigte:n vorgenommen werden, ist eine Betreuung nicht erforderlich. Daher hat die Betreuungsbehörde [die nach BtOG zuständige Behörde] über die Möglichkeit, eine Vorsorgevollmacht zu errichten, zu belehren (§ 4 BtBG) [§§ 5 Abs. 1, 6 Abs. 3 BtOG]. Hinsichtlich bestimmter Aufgaben (Einwilligung in gefährliche ärztliche Maßnahmen, Unterbringung in einer geschlossenen psychiatrischen Einrichtung) ist die Vollmacht **formbedürftig [vgl. § 1820 Abs. 2 BGB]**. Als Vorsorgevollmacht kommt sie erst zum Tragen, wenn die:der Vollmachtgeber:in geschäftsunfähig und einwilligungsunfähig geworden ist. Da die:der Vollmachtgeber:in in solchen Fällen nicht mehr in der Lage ist, die Geschäftsführung durch die:den Vollmachtnehmer:in zu kontrollieren, kann das Betreuungsgericht ggf. eine:n **Kontrollbetreuer:in** bestellen (§ 1896

---

56 Die Bestellung Betreuungsperson für alle Angelegenheiten kommt nur ausnahmsweise in Betracht, vgl. BGH, Beschluss v. 13-5-2020, XII ZB 61/20.

Abs. 3 BGB [§ 1820 Abs, 3 BGB]). Diese:r hat ausschließlich Kontrollbefugnisse und kann bei Verstößen der:des Vollmachtnehmer:in gegen die Interessen der:des Vollmachtgeber:in die Vollmacht widerrufen[57] (vgl. §§ 1908i Abs. 1 i. V. m. 1799 BGB analog [zu Einschränkungen vgl. § 1820 Abs. 5 BGB, zur gerichtlichen Intervention § 1820 Abs. 4 BGB]).

2.5.2 Einleitung des Verfahrens

Leiden Betroffene an einer psychischen Krankheit oder geistig-seelischen Behinderung, erfolgt die Prüfung der Voraussetzungen und die Einrichtung der Betreuung **von Amts wegen**. Das Gericht kann von jedermann in Kenntnis gesetzt werden, dass ein entsprechender Betreuungsbedarf erkennbar ist, zumeist aber erfolgt der Hinweis durch die Betreuungsbehörde (§ 7 Abs. 1 BtBG [§ 9 Abs. 1 BtOG]), einen Sozialleistungsträger (vgl. § 71 Abs. 3 SGB X), eine medizinische Einrichtung oder die Polizei. Ein Antrag ist nicht erforderlich, aber auch nicht ausgeschlossen.

Hat die betroffene Person jedoch keine dominante psychische Störung, ist vielmehr eine schwere körperliche [Krankheit oder] Behinderung die Ursache eingeschränkter oder ausgeschlossener Äußerungs- und Handlungsfähigkeit, wird das Betreuungsgericht nur auf **verfahrenseinleitenden Antrag** (§ 23 FamFG) tätig [vgl. § 1814 Abs. 4 BGB].

§ 1896 Abs. 1a BGB [§ 1814 Abs. 2 BGB] schließt es aus, gegen den „freien Willen des Volljährigen“ eine Betreuungsperson zu bestellen. Kann die betroffene Person einen freien Willen i. S. d. § 104 Nr. 2 BGB bilden, besteht keine die Geschäftsfähigkeit beeinträchtigende geistige oder psychische Erkrankung oder Behinderung, und es besteht damit die Möglichkeit der Bevollmächtigung. Ob ein solch freier Wille noch gebildet werden kann, ist im Zweifel gutachterlich zu klären. § 1896 Abs. 1a BGB [§ 1814 Abs. 2 BGB] wiederholt damit nur die sich bereits aus Absatz 1 [Absatz 4] der Vorschrift ergebende Unterscheidung zwischen den Amts- und den Antragsverfahren.

Beispiel
Herr F, 49 Jahre alt und ledig, leidet an schweren psychotischen Schüben. Er ist aber nicht krankheitseinsichtig und lehnt die Bestellung einer Betreuungsperson vehement ab. Er droht damit, seinen Hund auf die Person zu hetzen.

Besteht eine Vollmacht, kann eine Betreuung für Aufgabenbereiche in Betracht kommen, die nicht von der Vollmacht erfasst sind.

2.5.3 Grundzüge des Verfahrens bei erstmaliger Bestellung einer Betreuungsperson

Das Verfahren in Betreuungssachen zeichnet sich insbesondere dadurch aus, dass die betroffene Person auch dann **verfahrensfähig** ist, wenn sie nicht geschäftsfähig ist (§ 275 FamFG). Es soll ihr im Verfahren größtmöglicher Respekt gezollt und, ungeachtet natürlicher Geschäftsunfähigkeit und entsprechender Schutzbedürftigkeit, prozessual eigenes Handeln ermöglicht werden. Bei zweifelhafter Geschäftsfähigkeit hat das Gericht zum Schutz der betroffenen Person eine:n Verfahrenspfleger:in zu bestellen; dies gilt insbesondere, wenn die betroffene

57 Die Befugnis zum Vollmachtswiderruf muss als eigenständiger Aufgabenkreis ausdrücklich zugewiesen werden, BGH, Beschluss v. 13.5.2020, XII ZB 61/20.

Person nicht anhörungsfähig ist (vgl. § 276 Abs. 1 Nr. 1 FamFG). Die:Der Verfahrenspfleger:in hat die Wünsche oder den mutmaßlichen Willen der betroffenen Person im gerichtlichen Verfahren zur Geltung zu bringen [vgl. § 276 Abs. 3 FamFG]; als Verfahrenspfleger:in ist immer eine natürliche Person zu bestellen (§ 276 Abs. 4 S. 1 FamFG). [Eingefügt wurde § 275 Abs. 2 FamFG, wonach das Gericht die betroffene Person bei Einleitung des Verfahrens in möglichst adressatengerechter Weise über die Aufgaben einer Betreuungsperson, den Verlauf des Verfahrens sowie die entstehenden Kosten informiert; vergleichbare Pflichten hat auch die:der Verfahrenspfleger:in (vgl. § 276 Abs. 3 S. 2 FamFG).]

Beispiele

Frau G, 36 Jahre alt und getrennt lebend, leidet an Paranoia; sie hat Panikattacken bei der Vorstellung, in das Gerichtsgebäude zu gehen oder Personen in ihre Wohnung zu lassen. Herr H, 35 Jahre alt und an einer schweren affektiven Störung leidend, meint, sich durch Strafanzeigen, Dienstaufsichtsbeschwerden und Beschwerden gegen alle Entscheidungen des Gerichts wehren zu müssen. Frau J, 23 Jahre alt, ist außerstande, dem Verfahren geistig zu folgen.

Persönliche Anhörung der Betroffenen ist in den §§ 278 Abs. 1 S. 1, 293 Abs. 1, 296 Abs. 2 S. 1, 297 Abs. 1 S. 1, 298 Abs. 1 S. 1, 299 S. 2, 300 Abs. 1 S. 1 Nr. 4 FamFG vorgeschrieben. Ausnahmen normieren nur die §§ 293 Abs. 2, 296 Abs. 2 S. 2 FamFG.

Das Gericht kann zur Durchsetzung der Anhörung auch die betroffene Person vorführen, d. h. von Mitarbeitenden der Betreuungsbehörde [der nach BtOG zuständigen Behörde (vgl. §§ 1 Abs. 1, 13 BtOG)], ggf. unter Amtshilfe der Polizei, ins Gericht verbringen lassen. Da eine solche Vorführung Grundrechte (Unverletzlichkeit der Wohnung oder allgemeine Handlungsfreiheit) berührt, bedarf sie einer Rechtsgrundlage. Die Rechtsgrundlagen für den Eingriff in die Grundrechte und für die Anwendung von unmittelbarem Zwang finden sich in §§ 278 und 283 FamFG. Gründe, von der Anhörung abzusehen, sind die offensichtliche Unfähigkeit, sich zu äußern oder mögliche gesundheitliche Beeinträchtigungen bei einer Anhörung (§ 34 Abs. 2 FamFG). Erscheint die betroffene Person zum Termin nicht (§ 34 Abs. 3 FamFG), ist die Bestellung einer:eines Verfahrenspflegers:in indiziert, wenn das Verhalten Ausdruck der Krankheit oder Behinderung ist. Das Gericht hat sich überdies einen **persönlichen Eindruck** von der betreffenden Person zu verschaffen, möglichst in der üblichen Umgebung, sofern die betroffene Person nicht widerspricht (§ 278 Abs. 1 Satz 2 und 3 FamFG). In diesen Fällen ist Zwang ausgeschlossen.[58] Die Anhörung dient auch dem Zweck zu erfahren, ob ein Wunsch im Hinblick auf die Auswahl der Betreuungsperson besteht.

Beispiele

Frau C (vgl. oben) ist nicht äußerungsfähig. Frau G (vgl. oben) würde bei einer erzwungenen Anhörung schlimme Angstzustände erleiden. Herr K, 82 Jahre alt, behauptet vor Gericht, dass er allein imstande sei, notwendige Hilfe zu organisieren. Bei einem Hausbesuch stellt sich aber heraus, dass man sich nur durch enge Gassen zwischen hohen Altpapierstapeln in der Wohnung bewegen kann und keine verwendbaren Lebensmittel vorhanden sind. Herr K ist vermögend, weiß aber nicht mehr, wo sich die Unterlagen befinden.

Die Bestellung einer:eines Verfahrenspfleger:in ist auch notwendig, wenn der Inhalt eines **Sachverständigengutachtens** nicht mitgeteilt oder von der Bekanntgabe der Entscheidungsgründe

58 BGH, Beschluss vom 17.10.2012, XII ZB 181/12.

an die betroffene Person abgesehen werden soll (§ 288 Abs. 1 FamFG). Die:Der Verfahrenspfleger:in ist Beteiligte:r. Beteiligt werden können weitere Personen, nämlich Ehe- oder Lebenspartner:in, sofern sie nicht getrennt leben, Eltern, Großeltern, Kinder oder Enkel und Geschwister der betroffenen Person (vgl. § 274 Abs. 4 FamFG). Diese sind als Beteiligte anzuhören (§ 279 FamFG). Es kann auch die Anhörung einer sonstigen Vertrauensperson verlangt werden (§ 279 Abs. 3 FamFG). Unumgänglich ist die Einholung eines Sachverständigengutachtens, welches das Gericht kritisch zu prüfen hat (vgl. §§ 280, 293 f. Abs. 2, 295 FamFG).[59] Ist ein Antrag Verfahrensvoraussetzungen und verzichtet die betroffene Person auf die Einholung eines Gutachtens, genügt die Einholung eines ärztlichen Zeugnisses (§ 281 Abs. 1 Nr. 1 FamFG).

Ein Gutachten kann nur ein:e **approbierte:r Ärztin:Arzt** (vgl. §§ 1 f. BÄO) abgeben; eine Ausbildung als **psychologische:r Psychotherapeut:in** genügt, sofern diese:r nach § 2 PsychThG approbiert ist. Ein Ausbildungsabschluss als Fachärztin:Facharzt für Psychiatrie (und Psychotherapie) oder Geriater:in ist hingegen nicht erforderlich. Ausreichende Erfahrung auf dem Gebiet der Psychiatrie gewinnt man durch berufliche Tätigkeit zum Zweck der Facharztausbildung. Erforderlich ist eine psychiatrische Diagnostik.[60]

Das Gutachten und das ärztliche Zeugnis haben
- die genutzten Informationsquellen zu nennen und
- die Verständigungsmöglichkeit mit der:dem Patient:in zu bewerten.

Das Gutachten im engeren Sinne hat
- den Krankheitsverlauf,
- die aktuelle Situation,
- den Untersuchungsanlass,
- den psychischen und somatischen Befund,
- die Diagnosen

darzulegen und diese zu klassifizieren.[61] Das ärztliche Zeugnis kann auf ein vertieftes wissenschaftliches Fundament evtl. verzichten.

Die Ausführungen zu den Folgen haben vorrangig die **sozialen Auswirkungen** der Krankheit oder Behinderung zu berücksichtigen. Aussagen zu den ggf. notwendigen Aufgabenkreisen können entgegen § 280 Abs. 3 Nr. 4 FamFG im Gutachten oder Zeugnis nicht getroffen werden, da dem Arzt bzw. der Ärztin die rechtlichen Voraussetzungen i. d. R. nicht bekannt sind.

Die:Der Patient:in kann nicht gezwungen werden, Fragen zu beantworten oder eine körperliche Untersuchung zu dulden. Daher ist eine Zuführung zu einer ambulanten Untersuchung nur sinnvoll, wenn anschließend der Widerstand aufgegeben wird. Anderenfalls kommt nur eine geschlossene Unterbringung zum Zweck der Beobachtung als Grundlage der Begutachtung infrage (s. §§ 283 f. FamFG).

---

59 BGH, Beschluss vom 21.11.2012, XII ZB 296/12, Anforderungen an Exploration BGH, Beschluss vom 3.12.2014, XII ZB 355/14; zur Entbehrlichkeit der Einholung eines Gutachtens BGH, Beschluss vom 18.03.2015, XII ZB 370/14.

60 Zu den Aspekten und Befunden s. Möller/Laux/Deister, Psychiatrie und Psychotherapie, S. 107 ff., 139 f., 150, 168 f., 195, 212 ff., 252, 264, 288, 301, 369, 396.

61 Vgl. BGH, Beschluss vom 21.11.2012, XII ZB 270/12, 306/12.

Nach § 279 Abs. 2 FamFG, § 8 Abs. 1 BtBG [§ 11 Abs. 1 Nr. 3 BtOG] hat das Gericht vor der Bestellung der Betreuungsperson auch die Betreuungsbehörde [die nach BtOG zuständige Behörde] anzuhören; das Ergebnis der Anhörung hat die:der Sachverständige zu berücksichtigen, wenn es ihr:ihm bereits vorliegt (§ 280 Abs. 2 S. 1 FamFG).

2.5.4 Eignung und Auswahl der Betreuungsperson

Das Betreuungsgericht ist bei der Auswahl der Betreuungsperson an bestimmte **Eignungskriterien** und eine **Rangfolge** gebunden (vgl. §§ 1897, 1900 BGB [vgl. § 1816 BGB]). Um dem Gericht die Prüfung der Eignung zu erleichtern, verpflichtet der Gesetzgeber die Betreuungsbehörde [die nach BtOG zuständige Behörde] Personen, die sich eignen könnten, zu werben, ihre Eignung im Gespräch zu klären und einen entsprechenden Vorschlag zu unterbreiten (§§ 6 Abs. 1, 8 BtBG, § 1897 Abs. 7 S. 1 BGB) [§§ 6 Abs. 2, 11 Abs. 1 Nr. 2, 12 Abs. 1 und 3 BtOG]. Das Betreuungsgericht kann auch mehrere Betreuungspersonen bestellen, wenn dies die Wahrnehmung der Aufgaben besser gewährleistet.

Beispiele

Herr K (vgl. oben) hat eine Tochter und einen Sohn; die Tochter hat jedoch drei kleine Kinder, der Sohn lebt 500 km entfernt. Eine Nachbarin hat sich bisher um Herrn K gekümmert, ist aber selbst bereits 71 Jahre alt. Herr E wäre bereit, für seine Frau (vgl. oben) die Betreuung zu übernehmen; deren Mutter wendet ein, dass sie selbst viel mehr Zeit aufwenden könne und ihm außerdem Insolvenz drohe. Die Eltern von Frau J und deren 20 Jahre alte Schwester sind bereit, eine Betreuung zu übernehmen. Der Vater von Frau J ist Jurist.

Sinnvoll ist, zugleich mit der Einrichtung der Betreuung und der Bestellung der Betreuungsperson eine:n Verhinderungsbetreuer:in und eine:n Ergänzungsbetreuer:in zu bestellen, damit sowohl bei faktischer wie rechtlicher Verhinderung der:des Hauptbetreuer:in die Führung der Betreuung uneingeschränkt erfolgen kann. [Nach § 1817 Abs. 4 und 5 BGB wird die:der Vertretungsbetreuer:in im Fall faktischer Verhinderung der:des Hauptbetreuer:in künftig Verhinderungsbetreuer:in und bei rechtlichem Hindernis Ergänzungsbetreuer:in genannt].

Beispiele

Die Betreuerin von Herrn L möchte einen Vertrag mit Herrn L schließen. Der Betreuer von Frau M ist sechs Wochen zur Kur.

2.5.4.1 Eignungskriterien

Betreuungspersonen sollten **volljährig** sein, über **ausreichende rechtliche Kenntnisse** und – bei umfangreicher Vermögensverwaltung – über entsprechenden wirtschaftlichen Sachverstand verfügen. Die betreffende Person darf nicht selbst Betroffene:r eines Insolvenzverfahrens sein oder unter Betreuung stehen (§ 1781 BGB analog [vgl. § 23 Abs. 2 Nr. 4 BtOG]). Künftig wird die Tätigkeit als Ehrenamtliche:r von ihrer:seiner persönlichen Eignung und Zuverlässigkeit abhängig gemacht (§ 21 Abs. 1 S. 1 BtOG), Ausschlussgründe ergeben sich aus §§ 21 Abs. 1 S. 2 i. V. m. 23 Abs. 2 Nr. 1 f. i. V. m. Abs. 3, Nr. 4 BtOG. Ehrenamtliche sollen mit der zuständigen Behörde oder einem anerkannten Betreuungsverein eine Vereinbarung schließen (§ 22 BtOG). Beruflich tätige Betreuungspersonen müssen künftig bei der nach BtOG zuständigen Behörde registriert sein und jährlich aktualisierte Nachweise erbringen (§§ 23 ff., 29 BtOG). Über die Registrierung wird durch Verwaltungsakt entschieden, der verwaltungsgerichtlich überprüfbar ist. Entsprechende Befugnisse des Betreuungsgerichts gibt es künftig nicht mehr. Für die Anerkennung von Betreuungsvereinen durch die zuständige Behörde nach Maßgabe des Landesrechts vgl. § 14 BtOG. Nicht bestellt werden dürfen Personen, die in einem Vertragsverhältnis zu einer Einrichtung stehen, in der die betroffene Person wohnt (§ 1897 Abs. 3 BGB **[§ 1816 Abs. 6 BGB]**).

Die Betreuungsperson sollte in relativer Nähe zu der betreuten Person leben, um den **regelmäßigen persönlichen Kontakt** aufrechterhalten zu können, und über hinreichende Zeitressourcen verfügen (vgl. § 1897 Abs. 1 BGB [vgl. § 1821 Abs. 5 BGB]). Kontaktfreudigkeit und Durchsetzungsvermögen sind von Nutzen. Deutsche Staatsangehörigkeit ist nicht erforderlich.

2.5.4.2 Rangfolge

Die betroffene Person kann eine Person **vorschlagen**, die zur Betreuungsperson bestellt werden soll. Diesem Vorschlag hat das Gericht zu entsprechen, wenn es dem Wohl der oder des Volljährigen nicht zuwiderläuft (§ 1897 Abs. 4 S. 1 BGB [vgl. § 1816 Abs. 2 BGB]). Damit entsprechende, zeitlich früher zum Ausdruck gebrachte Wünsche auch in das Verfahren eingeführt werden, verpflichtet § 1901c BGB [verpflichten §§ 1816 Abs. 2 S. 4, 1820 Abs. 1 BGB] jede Person, die eine entsprechende Verfügung (Betreuungsverfügung genannt) verwahrt, diese nach Kenntnis von der Eröffnung eines Betreuungsverfahrens beim **Betreuungsgericht** abzuliefern. Sicherer ist aber die Aufnahme der Erklärung in einem sog. **Vorsorgeregister**, das von der Bundesnotarkammer geführt wird (§§ 78 ff. BNotO) und in welchem Vorsorgevollmachten, Betreuungsverfügungen und Patientenverfügungen registriert und verwahrt werden (die Kosten betragen für Privatpersonen derzeit mindestens 13 Euro).

Schlägt die betroffene Person keine geeignete Person vor, ist eine (andere) natürliche Person auszuwählen. Der Gesetzgeber gibt dabei **ehrenamtlich** tätigen Personen den Vorzug (vgl. § 1897 Abs. 6 S. 1 BGB [§ 1816 Abs. 5 S. 1 BGB]). Bei der Auswahl kommen in erster Linie Eltern, Kinder, die:der Ehegatte:in und Lebenspartner:in in Betracht, sofern keine Interessenskonflikte zu vermuten sind oder fehlende Distanz zur betroffenen Person die Führung der Betreuung durch Dritte empfiehlt. Findet sich keine geeignete Person, die die Betreuung ehrenamtlich übernimmt, ist ein:e **Berufsbetreuer:in** zu bestellen. Nur wenn die oder der Volljährige durch eine oder mehrere natürliche Personen nicht hinreichend betreut werden kann, kann ein rechtsfähiger **Betreuungsverein**, letztrangig die **Betreuungsbehörde [die nach BtOG zuständige Behörde]** als Betreuerin bestellt werden (§ 1900 BGB) [vgl. § 1818 Abs. 4 BGB, § 12 Abs. 1 BtOG]. Der Verein oder die Behörde überträgt die Führung der Betreuung einer:einem ihrer Mitarbeitenden (§ 1900 Abs. 2 und 4 BGB [§ 1818 Abs. 2 BGB, § 1818 Abs. 4 S. 2 i. V. m. Abs. 2 BGB analog]); für die Vergütung des Vereins ist die Registrierung dieser:dieses Vereinsmitarbeitenden notwendig. Findet sich nachgehend eine ranghöhere Person, die bereit ist, die Betreuung zu übernehmen, ist das Betreuungsgericht zu informieren, das die bisherige Betreuungsperson zu entlassen und die andere Person zu bestellen hat. Die Betreuungsbehörde führt die Statistiken über die Zahl der berufsmäßig geführten Betreuungen (vgl. § 1897 Abs. 8 BGB). Zu maßgeblichen Datenschutzregelungen vgl. §§ 4, 26, 31 BtOG.

Die **Einrichtung** der Betreuung durch Bestellung der Betreuungsperson erfolgt durch **Beschluss**; sie ist immer befristet und muss spätestens nach sieben Jahren überprüft werden (vgl. § 294 Abs. 3 FamFG). Der Beschluss unterliegt der Beschwerde; diese kann außer durch die betroffene Person auch durch die:den Verfahrenspfleger:in und die sonstigen Beteiligten sowie die Betreuungsbehörde [die nach BtOG zuständige Behörde] eingelegt werden (§§ 58 f., 303 FamFG).

2.5.5 Aufgaben bei Führung der Betreuung

Man kann bei den Aufgaben im Zusammenhang mit der Führung der Betreuung zwischen **allgemeinen Aufgaben**, die bei jeder Betreuung bestehen, und **speziellen Aufgaben** im Zusammenhang mit der Durchführung ärztlicher Maßnahmen oder der Abwicklung von Rechtsgeschäften unterscheiden.

2.5.5.1 Allgemeine Aufgaben

die Betreuungsperson ist dem **Wohl der betreuten Person** verpflichtet; deren Wünschen ist zu entsprechen, soweit sie dem Wohl nicht zuwiderlaufen (§ 1901 Abs. 2, Abs. 3 1 BGB [vgl. § 1821 Abs. 2 bis 4 BGB]). Eine zweite Schranke richtet das Kriterium der **Zumutbarkeit** für die Betreuungsperson auf; dies ist besonders bedeutsam bei Lebensgemeinschaft mit der betroffenen Person. Die Betreuungsperson hat wichtige Angelegenheiten mit der betreuten Person zu besprechen und sie persönlich aufzusuchen. Allerdings hat der Gesetzgeber von der Pflicht, monatlich einen unmittelbaren Kontakt in der üblichen Umgebung herzustellen, (noch) abgesehen (vgl. aber § 1793 Abs. 1a BGB [§ 1790 Abs. 3 BGB]).

Wird die Betreuung berufsmäßig geführt, ist ein **Betreuungsplan** aufzustellen (§ 1901 Abs. 4 S. 2 BGB [nicht übernommen]). Neu eingefügt ist die Pflicht zur Auskunft über die Lebensverhältnisse der betreuten Person gegenüber nahestehenden Angehörigen und ihrer sonstigen Vertrauenspersonen (§ 1822 BGB), wenn dies dem Wusch der betroffenen Person nicht widerspricht und der Betreuungsperson zumutbar ist.

Beispiele

Frau M (vgl. oben) lebt in einer Seniorenresidenz. Ihr Fernseher ist kaputt. Das Ersatzgerät darf die Betreute aus einer von ihrem Betreuer getroffenen Vorauswahl selbst auswählen, den Kaufvertrag schließt der Betreuer; ein persönlicher Kontakt ist nicht zwingend erforderlich. Die Einrichtung hat das Altgerät zu entsorgen und die Inbetriebnahme des Ersatzgeräts zu ermöglichen, falls dies nicht fachmännisch zu erfolgen hat. Die Berufsbetreuerin von Frau N, die in einem Pflegeheim lebt, hat mit dem ärztlichen und pflegerischen Personal Rehabilitationsmöglichkeiten abzuklären und zur Förderung der verbliebenen Kompetenzen der Betreuten Angebote und Unterstützung der Einrichtung zu vereinbaren. Die Berufsbetreuerin ist zur Kontrolle der Umsetzung und dementsprechend zur Berichterstattung verpflichtet.

2.5.5.2 Spezielle Aufgaben

Die speziellen Aufgaben hängen von den jeweils zugewiesenen **Aufgabenkreisen** ab. Nach der Intention des Gesetzgebers sind die einzelnen Aufgaben bereichsmäßig zu nennen. Im Ausnahmefall können der Betreuungsperson aber auch sämtliche Aufgaben (außer der Einwilligung in eine Sterilisation) zugewiesen werden.

(1) Gesundheitsfürsorge und Gesundheitsvorsorge

Da jede Betreuung aufgrund schwerer **gesundheitlicher Beeinträchtigungen der betroffenen Person** eingerichtet wird, wird dieser Aufgabenkreis regelmäßig zugewiesen. Die Betreuungsperson ist verpflichtet, „dazu beizutragen, dass Möglichkeiten genutzt werden, die Krankheit oder Behinderung des Betreuten zu beseitigen, zu bessern, ihre Verschlimmerung zu verhüten oder ihre Folgen zu mildern" (§ 1901 Abs. 4 S. 1 BGB); künftig verpflichtet § 1821 Abs. 6 BGB dazu beizutragen, dass Möglichkeiten genutzt werden, die Fähigkeit der betreuten Person, ihre eigenen Angelegenheiten zu besorgen, wiederherzustellen oder zu verbessern. Eine Einwilligung in ärztliche oder therapeutische Maßnahmen kann die Betreuungsperson aber nur erteilen, wenn die:der Patient:in nicht mehr einwilligungsfähig ist. **Einwilligungsfähigkeit** setzt voraus, dass die:der Patient:in die Auswirkung der Erkrankung und die Folgen und Risiken, die sich aus diesem Zustand ergeben, kennt und die Behandlungsvarianten und deren Folgen und Risiken abschätzen und über die Optionen einen vernünftigen Willen bilden kann. Die Einwilligungsfähigkeit ist bei Geschäftsunfähigkeit immer ausgeschlossen. Ist die Einwilligungsfähigkeit unklar, wird bei stationärem Aufenthalt in einem Krankenhaus ein psychiatrisches Konsil abgehalten; im Übrigen hat die:der behandelnde Ärztin:Arzt allein die Einwilligungsfähigkeit einzuschätzen und kann eine psychiatrische Begutachtung nahelegen. Im Zweifel werden sowohl die Erklärung der betroffenen Person wie der Betreuungsperson eingeholt. Dass statt der:des einwilligungsunfähigen Patient:in die Betreuungsperson einwilligt, stellt keine Zwangsbehandlung dar.

Ist zur Durchführung gesundheitlicher Fürsorge- oder Vorsorgemaßnahmen der Abschluss von Versicherungen und Verträgen mit niedergelassenen Ärzt:innen oder Therapeut:innen oder medizinischen Einrichtungen notwendig, sind allerdings **weitere Aufgabenkreise** zu übertragen (Regelung von Angelegenheiten mit Ämtern und Behörden und/oder Vermögenssorge). Auch die Organisation der erforderlichen täglichen Pflege und der hauswirtschaftlichen Versorgung gehören mit zu diesem Aufgabenkreis. Entsprechende Dienst- oder Arbeitsleistungen selbst zu erbringen, ist die Betreuungsperson als gesetzliche:r Vertreter:in nicht verpflichtet.

Sind die ärztlichen Maßnahmen (Untersuchung, Behandlung, ärztlicher Eingriff) mit **Lebensgefahr** oder der Gefahr bleibender Schäden für die betroffene Person verbunden, muss die Betreuungsperson vorhergehend die **betreuungsgerichtliche Genehmigung** dazu einholen (§ 1904 Abs. 1 BGB [§ 1829 Abs. 1 BGB]). Das ist immer der Fall, wenn es um Eingriffe am geöffneten Schädel, bei geöffnetem Brustkorb oder um Operationen an unpaarigen Organen geht. Das besondere Risiko kann sich aber auch aus Begleiterkrankungen oder besonderen Belastungen bei der Anästhesie ergeben. Nur im **Eilfall** kann auf die Einholung der Genehmigung verzichtet werden; sie braucht nicht nachträglich eingeholt zu werden. Liegt kein Eilfall vor, rechtfertigen den Eingriff nur die Einwilligung der Betreuungsperson und die Erteilung der Genehmigung seitens des Gerichts.

Entsprechend ist die **Nichteinwilligung** in eine ärztliche Maßnahme oder der Widerruf der Einwilligung in eine Maßnahme genehmigungsbedürftig, wenn die Maßnahme medizinisch indiziert ist. Durch das Unterbleiben oder den Abbruch der Maßnahme muss die:der Patient:in vom Tod oder einem schweren gesundheitlichen Schaden bedroht sein (§ 1904 Abs. 2 BGB [§ 1829 Abs. 2 BGB]).

Hat die betroffene Person eine **Patientenverfügung** errichtet, ist die Betreuungsperson verpflichtet, dem Willen der:des Patient:in Geltung zu verschaffen (§ 1901a Abs. 1 S. 2 BGB [vgl. § 1829 Abs. 3 BGB]). Sind sich die:der behandelnde Ärztin:Arzt und die Betreuungsperson einig, dass die Vornahme der Maßnahme oder ihr Unterbleiben dem Willen der:des Patient:in entspricht, ist **keine betreuungsgerichtliche Genehmigung** erforderlich (§§ 1901a Abs. 1, 1904 Abs. 4 BGB [§ 1829 Abs. 4 BGB]). Eine Patientenverfügung setzt Schriftform voraus (§ 1901a Abs. 1 BGB [§ 1827 Abs. 1 BGB]).[62] Fehlt eine Patientenverfügung, ist sie widersprüchlich oder ist unklar, ob sie auf die gegenwärtige Lebens- und Behandlungssituation zutrifft, hat die Betreuungsperson den mutmaßlichen Willen der:des Patient:in festzustellen. Dazu können alle früher geäußerten Überzeugungen und Wertvorstellungen einfließen; insbesondere sollen Familienangehörige und Vertrauenspersonen gehört werden (vgl. § 1901a Abs. 2 BGB). Die Voraussetzungen, auf die sich der Wille bezieht, sind möglichst konkret zu nennen.[63]

Im Krisenfall oder bei schwerem Verlauf einer psychiatrischen Erkrankung kann eine Unterbringung in einer geschlossenen medizinischen Einrichtung unumgänglich werden. Dafür sind neben den oben genannten weiteren Aufgabenkreisen noch der Aufgabenkreis der mit Freiheitsentziehung verbundenen Unterbringung der betreuten Person [vgl. § 1815 Abs. 2 Nr. 1 BGB] und der Aufgabenkreis der Aufenthaltsbestimmung notwendig.

Die Aufnahme in eine solche Einrichtung ist nur mit Genehmigung des Betreuungsgerichts rechtmäßig (§ 1906 Abs. 1 BGB [§ 1831 Abs. 2 S. 1 BGB]); im Eilfall kann die Genehmigung nachträglich eingeholt werden (§ 1906 Abs. 2 S. 2 BGB [§ 1831 Abs. 2 S. 2 BGB]). Die Einholung der Genehmigung ist eine Unterbringungssache nach § 312 Nr. 1 FamFG. Genehmigungen des Betreuungsgerichts sind auf den jeweiligen Anwendungsfall bezogen und werden somit durch Zeitablauf „verbraucht", sofern die Betreuungsperson diese nicht zeitnah verwendet.

Die Unterbringung kann jederzeit bei geänderter Aufenthaltsbestimmung seitens der Betreuungsperson beendet werden; die Beendigung bedarf keiner weiteren Genehmigung (nur Anzeigepflicht nach § 1906 Abs. 2 Satz 3 BGB [§ 1831 Abs. 3 S. 2 BGB]). Ein Genehmigungsvorbehalt besteht auch, wenn der betreuten Person

- mittels Medikamenten (Sedativa, Psychopharmaka, Hypnotika, Mittel zur Regulierung eines gestörten Tag-Nacht-Rhythmus), die nicht ausschließlich zur Behandlung von Erregungszuständen, Störungen und Depressionen eingesetzt werden,
- durch Vorrichtungen,

Beispiele

Bettgitter, Fixiergurte, Fixierdecken, Blockiervorrichtungen an Rollstühlen, gekippte Stühle, verankerte Tische an Stühlen und Rollstühlen

oder durch sonstige Maßnahmen

62 Zu Anforderungen an Vorsorgevollmacht und Patientenverfügung im Zusammenhang mit dem Abbruch lebenserhaltender Maßnahmen BGH, Beschluss v. 6.7.2016, XII ZB 61/16, zu inhaltlichen Anforderungen BGH, Beschluss v. 14.11.2018, XII ZB 107/18. Zu den Aufklärungspflichten der:des Ärztin:Arztes gegenüber der Betreuungsperson bei auslegungsbedürftiger Patientenverfügung OLG München, Urteil v. 21.12.2017, 1 U 454/17.

63 BGH, Beschluss vom 6.7.2016 – XII ZB 61/16.

Beispiele
Trickschlösser, bauliche Barrieren, Geräte zur Ortung, Wegnahme von Alltagskleidung und Straßenschuhen

die **Bewegungsfreiheit** des ganzen Körpers oder von Gliedmaßen ausgeschlossen oder **eingeschränkt** wird (unterbringungsähnliche Maßnahmen). Nach dem Wortlaut des § 1906 Abs. 4 BGB gilt dieser Vorbehalt nur, wenn sich die betreute Person in einer offenen Einrichtung aufhält; die Vorschrift ist aber erweiternd auszulegen.[64] § 1831 Abs. 4 BGB verzichtet hingegen auf die entsprechende Einschränkung. Ohne gerichtliche Genehmigung sind Fixierungen zur Durchführung notwendiger medizinischer Maßnahmen für begrenzte Zeit zulässig.

Ob die Betreuungsperson in die **Anwendung von Zwang** zum Zweck der Behandlung einwilligen kann und darf, war lange Zeit umstritten. Nach § 1906a Abs. 1 BGB kann die Betreuungsperson auch in ärztliche Maßnahmen zum Wohl des Betroffenen einwilligen, wenn diesen der „natürliche Wille" der betroffenen Person entgegensteht. Das hat zur Folge, dass für die Durchführung dieser Wille, der nicht gleichbedeutend mit Einwilligungsfähigkeit ist, unbeachtet bleibt und äußerstenfalls Gewalt angewendet werden kann, um die Maßnahme durchzusetzen. Die Einwilligung in diese bedarf dann der betreuungsgerichtlichen Genehmigung (§ 1906a Abs. 2 BGB).[65] Die Befugnis zur Zwangsanwendung liegt bei der psychiatrischen Einrichtung, die hoheitliche Befugnisse hat. Eine **ambulante Zwangsbehandlung** oder die Anwendung von Zwang bei Aufnahme in eine offene Abteilung einer medizinischen Einrichtung hat der BGH immer abgelehnt; es darf auch keine heimliche Medikamentierung (z. B. mit empfängnisverhütenden Mitteln) erfolgen. § 1906a BGB ist für die Rechtslage ab 1.1.2023 in § 1832 BGB umgemünzt worden.

Die Einwilligung in eine **Sterilisation**, die nach § 1905 BGB [§ 1830 BGB], § 297 FamFG in einem aufwändigen Verfahren genehmigungsbedürftig ist, kann die:der Hauptbetreuer:in nie erteilen. Dazu ist nur ein:e eigens dafür bestellter Sterilisationsbetreuer:in zuständig. Für die Durchführung bedarf es aber der Zusammenarbeit mit der:dem Hauptbetreuer:in, der:dem die Aufgabenkreise Gesundheitsfürsorge und -vorsorge, Aufenthaltsbestimmung und Regelung von Angelegenheiten mit Behörden oder Vermögenssorge übertragen worden sind.

(2) Aufenthaltsbestimmung

Obwohl häufig als Aufgabenkreis zugewiesen, besteht Handlungsfähigkeit der Betreuungsperson nur, wenn die betreute Person keinen eigenen vernünftigen Willen in Hinsicht auf den eigenen Aufenthalt mehr bilden kann. Zudem hat die Betreuungsperson keine Möglichkeit, eine **Aufenthaltsänderung zwangsweise** durchzusetzen; die einzige Ausnahme ist die Zuführung der betreuten Person zur geschlossenen Unterbringung in eine psychiatrische Einrichtung nach betreuungsgerichtlicher Genehmigung (vgl. § 326 Abs. 1 FamFG). Auch ein Herausgabebeschluss zu Lasten einer:eines Dritten ist ggf. vollstreckbar (vgl. § 1834 Abs. 2 i. V. m. Abs. 3 BGB, §§ 86, 88 ff. FamFG). Unproblematisch ist hingegen die Wahrnehmung der mit einer Aufenthaltsänderung einhergehenden Aufgaben (meldebehördliche Ab- und Anmeldung, Mitteilung der geänderten Anschrift an Vertragspartner:innen).

---

64 BGH, Beschluss vom 28.07.2015, XII ZB 44/15; zu den Pflichten der Heimaufsicht bez. Anschaffung von Niederflurbetten LG Arnsberg, Beschluss vom 27.08.2015, 5 T 229/15.

65 Grundlage der Neuregelung waren die Beschlüsse BVerfG, Beschluss vom 23.3.2011, 2 BvR 882/09 und BGH, Beschluss vom 20.6.2012, XII ZB 99/12. Das AG Elmshorn, Beschluss v. 18.5.2021, 75 XVII 10394 (2) hat die Genehmigung einer ärztlichen Zwangsmaßnahme in der Form der Impfung gegen Coronavirus SARS-CoV2 abgelehnt.

(3) Wohnungsangelegenheiten

Eng mit dem Aufgabenkreis Aufenthaltsbestimmung verknüpft ist die Regelung der **Wohnungsangelegenheiten**. Die zahlreichen in § 1907 BGB [§§ 1833 Abs. 1 i. V. 1821 Abs. 2–4, 1833 Abs. 3 i. V. m. 1855–1858 BGB analog] aufgeführten **Genehmigungsvorbehalte** bringen das Ziel des Gesetzes zum Ausdruck, der betroffenen Person das Wohnumfeld möglichst zu erhalten, und vertiefen damit auch den Vorrang der Gewährung ambulanter Hilfen vor stationärer Versorgung. Langfristiger Leerstand ist jedoch nur sinnvoll, wenn hinreichende finanzielle Mittel zur Verfügung stehen und der Wohnraum Angehörigen oder Erben gesichert werden soll.

Genehmigungsbedürftig ist z. B. die **Kündigung von Wohnraum**, den die betreute Person angemietet hat, bzw. der Abschluss eines betreffenden Aufhebungsvertrages mit der:dem Vermieter:in (§ 1907 Abs. 1 BGB [§ 1833 Abs. 3 Nr. 1 und 2 BGB]). Kündigt die:der Vermieter:in, kann dies mit schriftlichem Widerspruch nach § 574 BGB verhindert werden; derartige Umstände sind dem Betreuungsgericht anzuzeigen (§ 1907 Abs. 2 BGB [§ 1833 Abs. 2 BGB]).

Genehmigungsbedürftig ist auch der **Verkauf** oder die Schenkung einer von der betreuten Person selbstgenutzten **Eigentumswohnung** oder eines selbstgenutzten Hauses aufgrund von § 1821 Abs. 1 Nr. 1 BGB analog [vgl. § 1833 Abs. 3 Nr. 4 BGB].

Der Abschluss eines **Wohnraummietvertrages** ebenso wie der Abschluss eines **Heimvertrages** oder die Anmietung von Räumlichkeiten in einer betreuten Wohnform bei Nutzung durch die betreute Person sind nur genehmigungsbedürftig, wenn für (mindestens) vier Jahre die Kündigung ausgeschlossen werden soll [diese weiteren Genehmigungsvorbehalte entfallen ab 1.1.2023]. Wohnraummietverträge sind im Übrigen genehmigungsbedürftig, wenn die Betreuungsperson Immobilien der betreuten Person vermietet, also die Wohnnutzung durch Dritte erfolgt (§ 1907 Abs. 3 BGB [§ 1833 Abs. 3 Nr. 3 BGB]). Die betreffenden Verträge können nur abgewickelt werden, wenn die Betreuungsperson zumindest Teile der Vermögenssorge hat.

(4) Regelung von Angelegenheiten mit Behörden

Dieser Aufgabenkreis ist von zentraler Bedeutung bei vermögenslosen Betreuten, die auf **Transferleistungen** und **wirtschaftliche Hilfen** angewiesen sind. Soweit Betreute im Einzelfall erwerbsfähig sind, ist die Zusammenarbeit mit den Behörden der Arbeitsverwaltung wichtig, um die Eingliederung der Betroffenen zu ermöglichen. Der Aufgabenkreis umfasst auch Folgeregelungen mit Versicherungsträgern. Insoweit bestehen auch bei vermögenden Betreuten Aufgaben aus diesem Arbeitsfeld. Ist die betroffene Person geschäftsfähig, kann sie alle Anträge selbst stellen; die Betreuungsperson ist jedoch ebenfalls handlungsfähig [vgl. aber § 1821 Abs. 1 S. 2 BGB]. Der Abschluss von Haftpflicht-, Haushaftpflicht- und Immobilienversicherungen gehört hingegen in den Aufgabenkreis der Vermögenssorge.

(5) Vermögenssorge

Die Zuweisung dieses Aufgabenkreises kommt nur in Betracht, wenn eine **Vermögensverwaltung** – sei es Immobilienverwaltung, Verwaltung geldwerten Vermögens, Verwertung von Rechten oder Wahrnehmung der Aufgaben als Gesellschafter:in – erforderlich ist. Betreuungspersonen mit diesem Aufgabenkreis müssen nach Übernahme der Betreuung ein

Vermögensverzeichnis anfertigen (lassen) (§§ 1908i Abs. 1 i. V. m. 1802 BGB analog [§ 1835 Abs. 1–3 BGB]). Das Trennungsgebot und die Pflicht, das Vermögen ausschließlich für die betreute Person zu verwenden, werden aus §§ 1908i Abs. 1 i. V. m. 1803–5 BGB analog künftig in die §§ 1836 f. BGB übernommen.

Hinsichtlich der **Verwaltung geldwerten Vermögens** gibt es zahlreiche einschränkende Bestimmungen und betreuungsgerichtliche Entscheidungskompetenzen (vgl. §§ 1908i Abs. 1 i. V. m. 1803, 1805–1821 f. [mit Ausnahme der Nr. 6, vgl. § 1907], 1823–1825 BGB analog [§§ 1837 f.–1847 f.–1854 BGB]). Weitere Kontrollbefugnisse des Betreuungsgerichts finden sich in §§ 1901 Abs. 4 S. 2 [entfällt], 1908i Abs. 1 i.V.m. 1837 Abs. 1 bis 3, 1839 f., 1843 [§§ 1862–1866 BGB], 1892 Abs. 2, 1893 Abs. 2 S. 1 BGB analog [§§ 1872–1874 BGB], Einschränkungen bei befreiter Betreuung ergeben sich aus 1908i Abs. 2 S. 2 i. V. m. 1852 Abs. 2, 1853 f., 1857a BGB analog [§§ 1859 f. BGB]. Verfahrensrechtliche Bestimmungen im Zusammenhang mit Genehmigungen finden sich künftig in §§ 1855 f. BGB; diese ergänzen die Pflichten des Gerichts nach § 299 FamFG. Seit 1.1.2013 ist die Frist für Rechtsmittel in Genehmigungsverfahren auf 14 Tage verkürzt worden (s. § 63 FamFG). Dasselbe gilt für Erinnerungen seit 1.1.2014 (§ 11 Abs. 2 RPflG).

(6) Aufgaben bei Erlass eines Einwilligungsvorbehalts

Das Betreuungsgericht kann bei Anordnung eines Einwilligungsvorbehalts (§ 1903 BGB [§ 1825 BGB]) durch Beschluss die rechtliche Handlungsfähigkeit der betreuten Person einschränken. Ein **Einwilligungsvorbehalt** ist für den Fall der Geschäftsfähigkeit der betreuten Person vorgesehen, wenn diese sich wirtschaftlich unvernünftig und selbstschädigend verhält. In der Praxis wird insbesondere bei zweifelhafter oder fehlender Geschäftsfähigkeit von im Rechtsverkehr agierenden betreuten Personen ein Einwilligungsvorbehalt erlassen. Er ermöglicht der Betreuungsperson für den Fall, dass die betroffene Person im Einzelfall geschäftsfähig gewesen sein könnte, durch Verweigerung der Genehmigung des Rechtsgeschäfts dieses zu Fall zu bringen; im Übrigen den Anschein der Geschäftsfähigkeit abzuwehren, ohne im Streitfall ein Gericht anzurufen und auf das Ergebnis eines Sachverständigengutachtens hoffen zu müssen. **Alltagsgeschäfte**, die bar beglichen werden, bleiben für die Betroffenen möglich, sofern sich der Einwilligungsvorbehalt nicht ausdrücklich auch auf diese erstreckt (vgl. §§ 105a S. 2, 1903 Abs. 3 S. 2 BGB [§§ 105a S. 2,1825 Abs. 3 S. 2 BGB]). Für bestimmte Rechtshandlungen ist der Erlass eines Einwilligungsvorbehalts ausgeschlossen. Dazu gehören die Eingehung einer Ehe oder Lebenspartnerschaft, die Errichtung eines Testaments oder der Abschluss eines Erbvertrags (vgl. Kapitel 2.9.5) und „Willenserklärungen, zu denen ein beschränkt Geschäftsfähiger (d. h. Minderjährige) nach den Vorschriften des Buches vier und fünf (des Bürgerlichen Gesetzbuchs) [dieses Buches und des Buches 5] nicht der Zustimmung seines gesetzlichen Vertreters bedarf." [vgl. § 1825 Abs. 2 Nr. 5 BGB]. Dazu gehören: §§ 1316 Abs. 2 S. 2, 1600a Abs. 2 S. 2, 1713 Abs. 2 S. 2 BGB. Keinen Einwilligungsvorbehalt gibt es auch nach §§ 2282 Abs. 1, 2290 Abs. 2, 2347 Abs. 2 S. 1, 2351 f. BGB. Für die Erklärung des Elternteils bei der Vaterschaftsfeststellung bleibt ein Einwilligungsvorbehalt möglich (vgl. § 1596 Abs. 3 2. HS BGB).

2.5.6 Anpassung von Aufgabenkreisen

Nach dem Willen des Gesetzgebers soll eine Betreuung permanent dem jeweiligen **Betreuungsbedarf angepasst** werden; sie bleibt daher flexibel. Die betreffenden Beschlüsse des

Betreuungsgerichts werden zwar bestandskräftig, bleiben aber abänderbar. Um den geänderten Bedarf zur Kenntnis des Gerichts zu bringen, sind Betreuungspersonen verpflichtet, solche Umstände dem Gericht mitzuteilen (§§ 1901 Abs. 5, 1903 Abs. 4 i. V. m. 1901 Abs. 5 BGB analog [§ 1864 Abs. 2 BGB]). Entsprechende Aufgaben hat auch die Betreuungsbehörde (§§ 7 f. B tBG) [die nach BtOG zuständige Behörde (§§ 9 Abs. 1, 11 Abs. 1 Nr. 4, 13 BtOG]. Soll ein Aufgabenkreis eingeschränkt oder aufgehoben werden, hat das Gericht vorher die sonstigen Beteiligten und die Betreuungsbehörde [die nach BtOG zuständige Behörde] anzuhören (§ 294 Abs. 1 FamFG i. V. m. § 279 FamFG analog). Bei Erweiterung der Aufgaben verweist § 293 Abs. 1 und 3 FamFG auf das Verfahren bei erstmaliger Anordnung einer Betreuung, wenn

- innerhalb der im anordnenden Beschluss bestimmten Frist die Aufgabenkreise erweitert werden,
- im Zusammenhang mit der Verlängerung der Betreuung die Aufgabenkreise erweitert werden,
- innerhalb des Fristlaufs oder im Zusammenhang mit der Verlängerung der Betreuung eine weitere Betreuungsperson bestellt wird, die für zusätzliche Aufgaben allein betraut wird oder der mit der bereits bestellten Betreuungsperson zusammen die Wahrnehmung weiterer Aufgaben anvertraut wird,
- im Zusammenhang mit der Verlängerung der Betreuung der Kreis der einwilligungsbedürftigen Willenserklärungen erweitert wird, ohne dass zugleich der Aufgabenkreis der Betreuungsperson erweitert werden muss oder
- innerhalb des Fristlaufs oder im Zusammenhang mit der Verlängerung sowohl eine Erweiterung des Aufgabenkreises erfolgt als auch eine Ausdehnung des Kreises der einwilligungsbedürftigen Willenserklärungen vorgenommen wird.

Betreute und die sonstigen Beteiligten sowie die Betreuungsbehörde [die nach BtOG zuständige Behörde] sind dementsprechend **anzuhören;** ein neuerliches Gutachten ist einzuholen.

Diese Regelungen werden für zwei Fallkonstellationen abgeändert:

1. Die Ausweitung der Aufgabenbereiche oder des Einwilligungsvorbehalts ist zwar wesentlich, die Bestellung oder Anordnung oder deren Verlängerung liegt aber **keine sechs Monate** zurück (§ 293 Abs. 2 Nr. 1 FamFG).
2. Die Erweiterung des Aufgabenkreises ist **unwesentlich**, der zusätzlich bestellten Betreuungsperson sind nur geringfügige weitere Aufgaben zugewiesen oder die Erweiterung des Kreises der einwilligungsbedürftigen Willenserklärungen ist gering (§ 293 Abs. 2 Nr. 2 FamFG).

2.5.7 Gerichtliche und behördliche Pflichten nach Bestellung

Zum Schutz der Betreuten hat das Betreuungsgericht nicht nur prozessuale **Fürsorgepflichten**, sondern weitere Verantwortlichkeiten. Die:Der Rechtspfleger:in führt die ehrenamtliche Betreuungsperson in die Aufgaben ein und berät sie (§ 1837 Abs. 1 BGB analog [§ 1861 Abs. 1, Abs. 2 S. 1 BGB). Das Gericht hat darüber hinaus die **Führung** der Betreuung zu beaufsichtigen und bei Pflichtwidrigkeiten geeignete Gebote und Verbote auszusprechen. Diese können mit Zwangsgeld durchgesetzt werden (vgl. § 1837 Abs. 2 S. 2 und Abs. 3 S. 1 BGB analog [§§ 1862, 1866 f. BGB]).

Um das Gericht in Kenntnis zu setzen, hat die Betreuungsperson auf Verlangen des Gerichts jederzeit über die Führung der Betreuung **Auskunft zu erteilen** und mindestens einmal jährlich **Bericht** zu erstatten (§§ 1839 f. Abs. 1 S. 1 BGB analog [§§ 1863 f. BGB]). Umfasst die Betreuung Vermögensangelegenheiten, hat die Betreuungsperson i. d. R. jährlich, längstens aber alle drei Jahre Rechnung zu legen (§§ 1908i Abs. 1 i. V. m. 1840 Abs. 2, 1841, 1843 BGB analog [§ 1865 BGB]) und sämtliche Belege und Unterlagen beizufügen. Die Abrechnung prüft die:der Rechtspfleger:in beim Betreuungsgericht [§ 1866 Abs. 1, 1867 BGB].

Um das Betreuungsgericht zu entlasten, ist auch die **Betreuungsbehörde [die nach BtOG zuständige Behörde]** zur Beratung des Betreuungspersonals verpflichtet [vgl. §§ 5, 8 BtOG]. Die Behörde hat außerdem mit Sozialleistungsträgern zusammenzuarbeiten. Gegenüber der Betreuungsbehörde [der nach BtOG zuständigen Behörde] bestehen bisher aber **keine Kooperationspflichten** der Betreuten oder des Betreuungspersonals. Künftig gibt es für Ehrenamtliche die Pflicht zur Vorlage eines Führungszeugnisses (§ 21 Abs. 2 BtOG), ggf. zu Angaben bei (drohendem) Insolvenzverfahren; es soll eine Vereinbarung i. S. d. § 22 Abs. 2 BtOG abgeschlossen werden. Personen, die beruflich Betreuungen führen wollen, haben zahlreiche Nachweispflichten im Rahmen des Registrierungsverfahrens und auch die Pflicht zur Anwesenheit bei einem Gespräch mit der:dem zuständigen Sachbearbeiter:in (vgl. §§ 23 f. Abs. 1 und 2 BtOG). Mitteilungs- und Nachweispflichten bestehen auch für die Zeit der Berufstätigkeit (§ 25 BtOG).

2.5.8 Verlängerung der Betreuung

Da die Betreuung **immer befristet** ist, muss sie verlängert werden, wenn zwischenzeitlich nicht alle anstehenden Angelegenheiten geregelt werden konnten oder sich neue Defizite in Bezug auf den rechtlich relevanten Handlungsbedarf auftun. Das Verfahren bei **Verlängerung** entspricht mit geringen Ausnahmen dem Verfahren bei erstmaliger Einrichtung der Betreuung (§ 295 FamFG). Ist die erstmalige Bestellung auf Antrag des Menschen mit körperlicher Behinderung erfolgt, wird aber die Betreuung von Amts wegen verlängert, wenn zwischenzeitlich auch eine psychische Krankheit oder Behinderung deutlich geworden ist; wird ein Aufhebungsantrag der betreuten Person daher abgelehnt, ist nunmehr ein Sachverständigengutachten einzuholen (vgl. § 294 Abs. 2 FamFG).

2.5.9 Aufhebung der Betreuung und Entlassung der Betreuungsperson

Stirbt die betreute Person, muss die Betreuung nicht aufgehoben werden [§ 1869 2. Alt. BGB]. Das Betreuungsverfahren endet im Übrigen mit der Aufhebung der Betreuung oder mit der **Genehmigung der Schlussabrechnung** der Betreuungsperson seitens des Gerichts.

Die Betreuungsperson ist zu entlassen, weil die Betreuung aufzuheben ist, wenn

- sich der gesundheitliche Zustand der betroffenen Person wesentlich gebessert hat und daher das Krankheitsbild (psychische Störung, körperliche Beeinträchtigung) als notwendige Voraussetzung der Betreuung entfallen ist oder der Aufgabenkreis des Betreuungspersonals begrenzt war und die betreffenden Angelegenheiten voraussichtlich auf längere Sicht geregelt sind; das Vorliegen dieser Bedingungen ist **von Amts wegen** zu prüfen oder

- eine **Vollmacht** mit entsprechendem Aufgabenprofil aufgefunden oder erteilt wird. Sind Betroffene geschäftsfähig, können sie auch nach Einrichtung der Betreuung eine Vollmacht erteilen. Ggf. kann die Betreuung aber durch eine Kontrollbetreuung abgelöst werden.

War die Einrichtung der Betreuung antragsabhängig, muss die Betreuung **auf Antrag aufgehoben** und die Betreuungsperson entlassen werden (§ 1908d Abs. 3 BGB [§ 1871 Abs. 2 BGB]), sofern im Entscheidungszeitpunkt keine psychische Störung diagnostiziert wird.

Die Betreuung ist auch aufzuheben und die Betreuungsperson zu entlassen, wenn die als Aufgabenkreis bezeichnete **Einzelaufgabe** (z. B. Einwilligung in die Sterilisation und Ersuchen um Genehmigung der Einwilligung [§ 1905 Abs. 1 und 2 BGB [§ 1830 BGB]) oder Abgabe der rechtsgeschäftlichen Erklärung unter den Voraussetzungen der §§ 1908i Abs. 1 i. V. m. 1795 f. BGB analog [durch die:den Ergänzungsbetreuer:in bei Ausschluss der Vertretungsmacht der:des Hauptbetreuer:in auf Grund von § 1824 BGB]) **erfüllt** ist.

Die:Der **Kontrollbetreuer:in** ist zu entlassen, wenn die:der Vollmachtgeber:in die Vollmacht widerruft. Widerruft die:der Kontrollbetreuer:in die Vollmacht, hat das Gericht von Amts wegen zu prüfen, ob eine Betreuungsperson bestellt werden muss.

Dei Betreuungsperson ist zu entlassen, ohne dass dies die Betreuung tangiert, wenn ihre Eignung nicht mehr gegeben ist oder ein sonstiger wichtiger Grund für die Entlassung besteht (§ 1908b Abs. 1 [§ 1868 Abs. 1 BGB]), die nach § 1888 BGB analog erforderliche Erlaubnis zurückgenommen und/oder die

- Führung der Betreuung versagt wird [entfällt künftig].
- Künftig ist die:der Berufsbetreuer:in zu entlassen, wenn die Registrierung widerrufen oder zurückgenommen wird (§ 1868 Abs. 2 BGB].

Weiterhin ist das Gericht verpflichtet, die Betreuungsperson zu entlassen, wenn die in § 1908b Abs. 2 BGB [§ 1868 Abs. 4 BGB]) Gründe vorliegen und die Betreuungsperson ihre Entlassung beantragt, wenn ein im materiellen Recht begründetes Antragsrecht ausgeübt wird (vgl. § 1908b Abs. 4 BGB [§ 1868 Abs. 6 BGB]), eine gleich geeignete Person bereit ist die Betreuung zu übernehmen (§ 1908b Abs. 3 BGB [§ 1868 Abs. 3 BGB]) oder ein Rangvorrang besteht [§ 1868 Abs. 5, 7 BGB].

Das **Verfahren** bei Entlassung ist (teilweise) in § 296 Abs. 1 FamFG geregelt.

2.5.10 Haftung der Betreuungsperson

Betreuungspersonen haften nach § 1833 BGB analog [§ 1826 BGB], sofern **Pflichtwidrigkeit** zu einem Schaden bei der:dem Vertretenen geführt hat. Die Betreuungsperson kann nicht von der Haftung freigestellt werden. Die betreute Person haftet für der Betreuungsperson zugefügte Schäden deliktisch aus § 823 BGB.

Im Vordergrund für eine Haftung stehen z. B.:

- die Unterlassung der Anlage von Geldmitteln,
- Fehlinvestitionen und wirtschaftliche ungünstige Anlage von Geldmitteln,
- das Unterbleiben der Geltendmachung von Rechten und Ansprüchen,

- keine Trennung von Betreuten- und Eigengeld,
- Unterschlagungen,
- Führung von aussichtlosen Prozessen,
- Fristversäumnisse,
- unterlassene Beantragung von Sozialleistungen,
- fehlender Abschluss von Versicherungen für die betreute Person,[66]
- fehlende Vorsorge durch Sicherungsmöglichkeiten bei sturzgefährdeten Betreuten,
- Nichtbeseitigung von Vermüllung, unzureichende Sicherheitsstandards,
- verspätete Räumung eines Platzes im Altenwohnheim bei Verlegung in ein Hospiz,[67]
- Anwendung von körperlichem Zwang oder
- Beleidigung.

Haftungsrechtlich relevant kann auch die Verletzung von **Mitteilungspflichten** an das Gericht sein. Wird deshalb ein Aufgabenkreis nicht bedarfsgerecht erweitert, kann der Schaden darin bestehen, dass Rechtsansprüche verjähren oder eine Nachforderung ausgeschlossen ist. Kann die nicht mehr erforderliche Betreuung mangels Benachrichtigung des Gerichts nicht aufgehoben werden, stellen Aufwendungsersatz und Vergütung einen wirtschaftlichen Schaden dar. Ein Schaden für die betreute Person kann auch dadurch verursacht werden, dass die Betreuungsperson Akteneinsichtsrechte nicht wahrnimmt.[68]

2.5.11 Aufwendungsersatz, Aufwandsentschädigung und Vergütung der Betreuungsperson

Die Führung einer Betreuung ist mit **Kosten und Zeiteinsatz** verbunden. Für den Ausgleich hat der Gesetzgeber eine komplizierte Regelung geschaffen, die sich an der Unterscheidung ehrenamtlicher und beruflicher Betreuung, wie sie in der Rangfolge zum Ausdruck kommt, ausrichtet.

2.5.11.1 Ehrenamtlich geführte Betreuung

Bereits aus der Bezeichnung ergibt sich, dass bei ehrenamtlich geführter Betreuung keine Vergütung des Zeitaufwandes in Betracht kommt. Die Betreuungspersonen können aber

1. einen bezifferten Aufwendungsersatz beantragen (§ 1835 BGB analog [§ 1877 BGB]).

Zum **erstattungsfähigen Aufwand** gehören neben Porto- und Telefonkosten auch die Kosten für die Privathaftpflicht sowie für Dienstleistungen einer:eines Anwältin:Anwalts, einer:eines Dolmetscher:in oder einer:eines Steuerberater:in. Als Aufwendungen gelten auch solche Dienste der Betreuungsperson, die zu Beruf oder Gewerbe gehören. Für **Fahrtkosten** findet sich jedoch in § 1835 Abs. 1 S. 1 2. HS BGB [§ 1877 Abs. 1 S. 2 BGB] eine pauschalierte Abrechnungsart unter Verweis auf § 5 Justizvergütungs- und -entschädigungsG (JVEG).

66 Vgl. OLG Nürnberg, Beschluss vom 17.12.2012, 4 U 2022/12.
67 AG Saarbrücken, Urteil vom 12.12.2013, 121 C 194/13 (09).
68 Zur Vermeidung steuerlicher Haftung nach § 69 AO s. Pump, Krüger BtPrax 2013, 51.

Alternativ kommt

2. **eine pauschalierte Aufwandsentschädigung [Aufwandspauschale]** in Betracht (§§ 1908i Abs. 1, 1835a BGB analog [§ 1878 BGB]). Danach kann pro Jahr das Neunzehnfache[69] [das Zwanzigfache] dessen, was einem Zeugen als Höchstbetrag der Entschädigung für eine Stunde versäumter Arbeitszeit (§ 22 JVEGG) gewährt werden kann, als pauschale Aufwandsentschädigung [Aufwandspauschale] angesetzt werden (§§ 1908i Abs. 1, 1835a Abs. 1 BGB analog [§ 1878 BGB]), bei zeitlich beschränkter Betätigung wird anteilig gekürzt. Die Pauschale beträgt für 2022 425 Euro, ab 1.1.2023 500 Euro. Ist die betreute Person mittellos, kann Ersatz aus der Staatskasse verlangt werden (§§ 1835 Abs. 4 S. 1, 1835a Abs. 3 BGB analog [§ 1879, 1881 BGB]). Bei Vermögenssorge kann die pauschale Aufwandsentschädigung [Aufwandspauschale] aus dem Vermögen der betreuten Person entnommen werden; eine Kontrolle findet nur im Rahmen der Rechnungslegung statt.

Nur im Ausnahmefall steht ehrenamtlichen Betreuungspersonen auch eine Vergütung nach §§ 1908i Abs. 1, 1836 Abs. 2 BGB analog [§ 1876 BGB] zu[70] ; das VBVG ist nicht anwendbar.

2.7.11.2 Berufsbetreuung

Für den Aufwendungsersatz wegen geleisteter Dienste in Beruf und Gewerbe einer:-eines selbstständigen Berufsbetreuer:in gelten dieselben Grundsätze wie für Ehrenamtliche (§ 1835 Abs. 3 BGB analog [§ 11 S. 2 VBVG n. F.]). Daneben kann eine Vergütung der Betreuung(sleistung) verlangt werden, wenn zuvor das Betreuungsgericht [die nach BtOG zuständige Behörde] die berufsmäßige Führung der Betreuung [durch Registrierung der:des Berufsbetreuer:in] festgestellt hat. Die Höhe der Vergütung richtet sich nach dem pauschalierten Satz (Bestimmung der Vergütung lt. Tabelle, abhängig von Dauer der Betreuung, Wohngelegenheit der betreuten Person und deren Vermögensstand), den die einschlägige Tabelle ausweist. Welche Tabelle zur Anwendung kommt (vgl. §§ 4 und 5 VBVG [§§ 8 f. VBVG n. F.]), ist abhängig von der beruflichen Qualifikation der Betreuungsperson (Vergütungstabellen A – C). Bei pauschalierter Vergütung sind sonstige **Aufwendungen abgedeckt (§ 5 Abs. 5 VBVG [§ 11 S. 1 VBVG n. F.]); es können jedoch in den Fällen des § 5a Abs. 1 VBVG [§ 10 VBVG n. F.] gesonderte Fallpauschalen hinzukommen.** Berufsbetreuer:innen sind nicht gewerbesteuerpflichtig.[71] Bei Mittellosigkeit besteht ein Anspruch auf Vergütung gegen die Staatskasse (§ 2 VBVG analog [§ 16 VBVG n. F.]).[72]

Beispiele

Die Betreute, Frau O, lebt in einer stationären Einrichtung der Behindertenhilfe. Die Berufsbetreuerin mit einschlägigem Hochschulabschluss (Tabelle C) kann für den ersten bis dritten Monat je nach Vermögensstand der Betreuten 317 Euro oder 327 Euro pro Monat, für den vierten bis sechsten Monat 208 Euro oder 257 Euro im Monat, für den siebten bis zwölften Monat 202 Euro oder 229 Euro im Monat, für den 13. bis 24. Monat 149 Euro oder 198 Euro pro Monat abrechnen. Ab Beginn des dritten Betreuungsjahres stehen ihr lediglich 102 Euro oder 127 Euro pro Monat

---

69 Durch das KostRÄG 2021 v. 21.12.2020 ist der Stundensatz auf 25 EUR angehoben worden (Art. 6 Nr. 20 KostRÄG 2021; vgl. § 22 S. 1 JVEG n. F.). Es wurde jedoch der Multiplikationsfaktor von bisher 19 auf 16 gesenkt (Art. 8, 13 Abs. 1 KostRÄG 2021). Zum 1.1.2023 sollte der Multiplikationsfaktor auf 17 angehoben werden (Art. 9, 13 Abs. 2 KostRÄG 2021); § 1878 hat den Faktor aber zum 1.1.2023 auf 20 festgesetzt. Kostenrechtsänderungsgesetz 2021 (BGBl. 2020 I 3229).

70 Dazu LG Mainz, Beschluss vom 18.2.2013, 8 T 225/12.

71 Dazu BGH, Beschluss vom 20.3.2013, XII ZB 207/12. Auch die Umsatzsteuerpflicht ist entfallen (vgl. § 4 Nr. 16 lit. K UStG).

72 Zur Mittellosigkeit BGH, Beschluss vom 6.2.2013, XII ZB 582/12. Zur Mittellosigkeit des Erben bei Nachlassverwaltung OLG Schleswig FamRZ 2015, 281. Künftig werden nur noch Vermögenswerte, nicht aber Einkünfte bei der Bewertung der verfügbaren Mittel berücksichtigt (vgl. § 1880 BGB; diese Norm ist analog auch bei Berufsbetreuungen anwendbar).

zu. Der Berufsbetreuer von Herrn P, der nicht in einer Einrichtung lebt, hat eine einschlägige Ausbildung. Er kann lt. Tabelle B für den ersten bis dritten Monat je nach Vermögensstand des Betreuten 258 Euro oder 370 Euro pro Monat, für den vierten bis sechsten Monat 211 Euro oder 258 Euro im Monat, für den siebten bis zwölften Monat 188 Euro oder 238 Euro im Monat, für den 13. bis 24. Monat 151 Euro oder 196 Euro pro Monat abrechnen. Ab dem 25. Betreuungsmonat erhält er nur noch 130 Euro oder 161 Euro im Monat Vergütung.

2.5.11.3 Vereins- und Behördenbetreuung

Im Hinblick auf den Aufwendungsersatz kommt bei der Führung der Betreuung durch einen Betreuungsverein oder die Betreuungsbehörde Ersatz aus der Staatskasse nicht in Betracht. Außerdem sind **Verwaltungskosten** und Versicherungskosten nicht erstattungsfähig (vgl. § 1835 Abs. 5 i. V. m. Abs. 2 BGB analog); pauschalierte Aufwandsentschädigung und Vergütung erhält ein Verein oder die Betreuungsbehörde nicht (§ 1835a Abs. 5 BGB analog); für den Verein gibt es ab 1.1.2023 Verbesserungen nach § 13 Abs. 1 und 2 i. V. m. § 1817 Abs. 4 und 5 BGB, für die nach BtOG zuständige Behörde bleibt es beim Ausschluss einer Vergütung (vgl. § 14 Abs. 3 VBVG n. F.)]. Ist ein Vereins- oder Behördenmitarbeiter bestellt, steht dem Verein bzw. der Behörde Aufwendungsersatz in entsprechendem Umfang zu. Eine Vergütung ist dem Verein zu bewilligen (§ 7 Abs. 1 VBVG [§ 13 Abs. 1 VBVG n. F. analog]), der Betreuungsbehörde kann eine angemessene Vergütung bewilligt werden (§ 8 Abs. 1 VBVG i. V. m. § 1836 Abs. 2 BGB analog [§ 14 Abs. 1 S. 1 VBVG n. F.]). Dem Vereinsbetreuer oder dem Behördenbetreuer in Person stehen weder Aufwendungsersatz noch Vergütung zu (§§ 7 Abs. 3, 8 Abs. 3 i. V. m. 7 Abs. 3 VBVG [§ 14 Abs. 2 VBVG n. F.]).

2.5.11.4 Fristen

Die **Ansprüche** auf Verwendungsersatz, Aufwandsentschädigung [Aufwandspauschale] und Vergütung sind innerhalb einer Frist von 15 Monaten geltend zu machen (Ausschlussfrist); diese Frist kann vom Gericht auf Antrag verlängert werden (§ 1835 Abs. 3 S. 1 BGB analog, § 2 VBVG analog [§ 16 Abs. 3 VBVG n. F.]). Die Frist beginnt mit Ablauf der Drei-Monatsfrist des § 9 VBVG [§ 15 Abs. 1 VBVG n. F.].[73]

Übungsaufgaben

1. Welche Voraussetzungen für die Bestellung einer Betreuungsperson nennt § 1896 [§ 1814 BGB]?
2. Welche Aufgabenkreise einer Betreuungsperson sind im Bürgerlichen Gesetzbuch aufgeführt? Nennen Sie drei weitere!
3. Welche Normen legen die Rangfolge für das Betreuungsgericht bei Bestellung Betreuungsperson fest? Stellen Sie diese Reihenfolge auf! Unter welchen Voraussetzungen können für eine Person mehrere Betreuungspersonen bestellt werden?
4. Was unterscheidet die Ergänzungspflegschaft von der Betreuung? Welche Auswirkungen hat ein Einwilligungsvorbehalt bei geschäftsfähigen Betreuten? Welche Auswirkungen hat ein Einwilligungsvorbehalt bei nicht geschäftsfähigen Betreuten?

73 BGH, Beschluss v. 6.7.2016, XII ZB 493/14.

5. Welche Pflichten hat die Betreuungsbehörde [die nach BtOG zuständige Behörde] zur Vorbereitung des gerichtlichen Verfahrens? Welche Pflichten hat diese im gerichtlichen Verfahren? Welche Pflichten hat die Betreuungsbehörde [die nach BtOG zuständige Behörde] gegenüber Betroffenen und Betreuungspersonen?
6. Welche Aufgabenkreise einer Betreuungsperson sind im Bürgerlichen Gesetzbuch aufgeführt? Nennen Sie drei weitere!

2.6 Aufsichtspflichten und Haftungsrecht

Aufsichtspflichten und Haftungsrecht betreffen unterschiedliche Rechtsbereiche. Sie sind v. a. im **Zivilrecht** angesiedelt, können aber gleichwohl im Kinder- und Jugendhilferecht, im Sozialversicherungsrecht, Arbeitsrecht oder Strafrecht eine Rolle spielen. Aufsichtspflichten umfassen die Pflichten, Minderjährige oder andere anvertraute Personen mit dem Ziel zu beaufsichtigen, sie einerseits vor einer Selbstschädigung oder einer Schädigung durch Dritte zu bewahren und andererseits zu verhindern, dass sie ihrerseits Dritte schädigen. Tritt dennoch ein Schaden ein, muss die aufsichtspflichtige Person u. U. für diesen Schaden einstehen – sie haftet für ihn. Die Haftung bei Aufsichtspflichtverletzungen ist im Kapitel „Unerlaubte Handlungen" im BGB geregelt. Sie kann neben eine vertragliche Haftung treten.

2.6.1 Deliktische Verschuldenshaftung

Nach § 823 BGB **haftet jede Person**, die vorsätzlich oder fahrlässig das Rechtsgut einer anderen Person (z. B. Leben, Körper, Eigentum) widerrechtlich verletzt, für den daraus entstandenen Schaden. Dabei kann die Verletzungshandlung sowohl in einem **aktiven Tun** (z. B. eine Sache eines anderen mutwillig zerstören) als auch in einem Unterlassen (z. B. Nichteinschreiten, wenn jemand anderes eine Sache zerstört) bestehen. Ein **Unterlassen** steht jedoch einem aktiven Tun nur dann gleich, wenn derjenige, der nicht eingreift, eine besondere Rechtspflicht zum Einschreiten hatte (sog. Garantenpflicht).

Die **Garantenstellung** kann sich aus Vertrag, Gesetz, Berufsausübung oder tatsächlicher Obhut ergeben, ggf. auch aus eigenem vorangegangenem gefährlichem Tun.

Beispiele

Ärzt:innen haben eine Garantenpflicht gegenüber ihren Patienten aus dem Behandlungsvertrag, Pflegekräfte für die Patienten aus beruflichen Gründen, Eltern für ihre Kinder aufgrund gesetzlicher Vorschriften. Hat jemand eine Baugrube angelegt, hat er eine Gefahr geschaffen und muss durch entsprechende Vorkehrungen sicherstellen, dass niemand hineinfällt.

Vorsätzlich oder fahrlässig – d. h. schuldhaft – kann nur jemand handeln, der auch schuldfähig ist. **Schuldfähigkeit** bzw. Schuldunfähigkeit ist im Zusammenhang mit strafrechtlichen Taten bekannt (vgl. §§ 19 f. StGB). Zivilrechtlich bedeutet Schuldfähigkeit **Deliktsfähigkeit**; diese ist Teil der Handlungsfähigkeit. Deliktsfähig sind grundsätzlich alle volljährigen Personen. Das BGB regelt in den §§ 827 f. **Ausnahmen** von der Deliktsfähigkeit, d. h. von der Fähigkeit für eigenes schuldhaftes Handeln verantwortlich zu sein. Die Ausnahmen betreffen zum einen Volljährige und zum anderen Minderjährige. Volljährige sind dann nach § 827 S. 1 BGB nicht für die Verursachung eines Schadens verantwortlich, wenn sie die Handlung im

Zustand der Bewusstlosigkeit begangen haben (z. B. jemand erleidet beim Autofahren eine Gehirnblutung und fährt in bewusstlosem Zustand einen Fußgänger tot) oder sich in einem die **freie Willensbestimmung ausschließenden Zustand** krankhafter Störung der Geistestätigkeit befinden. Dabei ist letztere Voraussetzung mit dem Vorliegen der Geschäftsunfähigkeit vergleichbar. Eine Person, die unter rechtlicher Betreuung steht, ist allerdings nicht ohne Weiteres deliktsunfähig. Erfasst werden damit v. a. Menschen mit schwerer geistiger Behinderung oder schwerer Demenzerkrankung, die geschäftsunfähig sind.

Bei **Minderjährigen** gilt nach § 828 BGB eine **differenzierte Regelung**. Bis zur Vollendung des 7. Lebensjahres sind Minderjährige grundsätzlich deliktsunfähig und haften für den von ihnen verursachten Schaden nicht (§ 828 Abs. 1 BGB).

Beispiel

Zwei 5-Jährige spielen im Hof Fußball. Der Ball fliegt in das Fenster einer Erdgeschosswohnung und zerstört dieses. Die beiden Kinder können für diesen Schaden nicht zur Verantwortung gezogen werden.

Kinder ab vollendetem siebtem Lebensjahr bis zum vollendeten zehnten Lebensjahr haften nicht für einen Schaden, der bei einem Unfall im **Straßen- oder Schienenverkehr** eintritt, es sei denn, sie haben diesen Unfall vorsätzlich herbeigeführt (§ 828 Abs. 2 BGB).

Beispiel

Ein 8-Jähriger stürzt mit seinem Fahrrad auf der Straße, ein Autofahrer will ausweichen und fährt sein Auto an einen Laternenpfahl. Der 8-Jährige haftet nicht für den Schaden, der am Auto entstanden ist. Hat sich der 8-Jährige dagegen mit Freunden ein Wettrennen auf der Straße geliefert, auch um den Autoverkehr auszubremsen, ist er für den entstandenen Schaden ggf. verantwortlich.

Minderjährige ab vollendetem siebtem Lebensjahr, die nicht am Straßen- oder Schienenverkehr teilnehmen, sind für den von ihnen verursachten Schaden nicht verantwortlich, wenn sie bei der Tat nicht die **erforderliche Einsichtsfähigkeit** hatten, um die Folgen abzusehen (§ 828 Abs. 3 BGB). Einsichtsfähigkeit besitzt, wer diejenige geistige Entwicklung erreicht hat, die ihn befähigt, das Unrechtmäßige seiner Handlung und zugleich die Verpflichtung zu erkennen, in irgendeiner Weise für die Folgen seines Tuns einstehen zu müssen. Entscheidend sind dabei Alters- und Entwicklungsstufe.

Beispiel

Eine Gruppe von 12- bis 14-Jährigen macht einen Ausflug. Während eines Besuchs auf einem Bauernhof entfernt sich der 13-jährige A unbemerkt, um heimlich in einer Scheune eine Zigarette zu rauchen. Dabei fängt die Scheune Feuer. Ob A für den Schaden aufkommen muss, entscheidet sich danach, ob er die notwendige Einsicht hatte, um zu erkennen, dass offenes Feuer in einer Scheune zu einem Brand führen kann. Das muss u. U. durch ein psychologisches Gutachten geklärt werden.

2.6.2 Vermutetes Verschulden

Neben dem Grundsatz der **Verschuldenshaftung**, bei der jede Person für ihre eigenen schuldhaften Handlungen einsteht, kennt das BGB noch eine Haftung für **vermutetes Verschulden**. Hier wird vermutet, dass eine Person schuldhaft gehandelt hat, ohne dass sie selbst den Schaden verursacht oder den Eintritt eines Schadens beabsichtigt hat. Das hat insbesondere für die Beweislastverteilung Auswirkungen, denn bei vermutetem Verschulden müssen Verantwortliche beweisen, dass sie keine Schuld trifft. Vermutetes Verschulden liegt insbesondere im Fall der Haftung als aufsichtspflichtige Person (§ 832 BGB) oder für eine:n Verrichtungsgehilf:in (§ 831 BGB) vor.

2.6.2.1 Aufsichtspflichten

§ 832 BGB begründet die **Haftung einer aufsichtspflichtigen Person** für Schäden, die die Person verursacht, für die die Aufsichtspflicht bestanden hat. Aufsichtspflichten müssen übernommen werden für Personen, die wegen Minderjährigkeit oder wegen ihres geistigen oder körperlichen Zustandes der Beaufsichtigung bedürfen. Schadensersatzpflichtig ist dann die aufsichtspflichtige Person. Gleichwohl schließt die Haftung einer aufsichtspflichtigen Person nicht aus, dass auch die:der Schadensverursacher:in selbst schadensersatzpflichtig ist. Das ist dann der Fall, wenn z. B. ein:e Minderjährige:r ausreichend einsichtsfähig ist, um die Folgen ihrer:seiner Handlung zu erkennen. Dann können sich Geschädigte an zwei Personen wenden – sowohl an die:den Schädiger:in als auch an die aufsichtspflichtige Person. Beideva haften dann als **Gesamtschuldner:innen** gem. § 840 BGB.

Beispiel

Der 13-jährige B, der gern zündelt und dadurch schon Schäden verursacht hat, legt im Treppenhaus eines Mehrfamilienhauses Feuer unter einem Kinderwagen. Eine Erdgeschosswohnung brennt daraufhin völlig aus. Hier können die geschädigten Bewohner:innen einen Schadensersatzanspruch sowohl gegen B (§§ 823, 828 Abs. 3 BGB) als auch gegen seine Eltern (§ 832 BGB) geltend machen. B und seine Eltern sind Gesamtschuldner i.S.d. § 840 BGB. Dass B möglicherweise als 13-Jähriger keine ausreichenden finanziellen Mittel hat, ist dabei unerheblich; ein entsprechendes Urteil würde erst in 30 Jahren verjähren.

Die Aufsichtspflicht kann auf zweierlei Weise begründet werden:

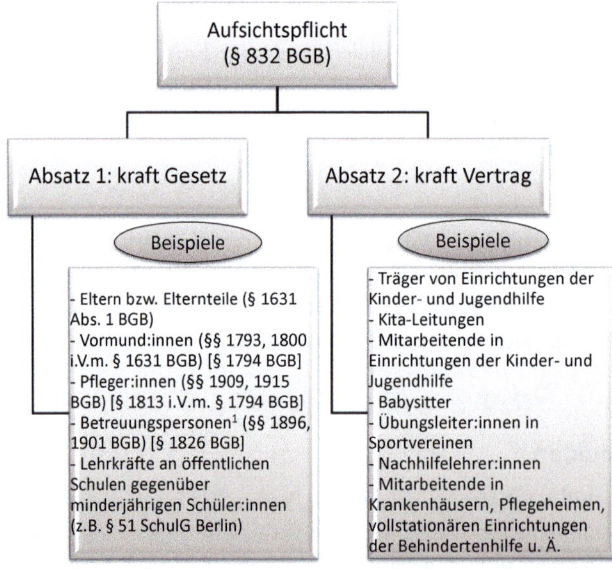

Übersicht 5

Die Voraussetzungen der Haftung für den durch die aufsichtspflichtige Person verursachten Schaden sind in beiden Fällen identisch.

Beispiele

Die Eltern haften für ihr minderjähriges Kind im Rahmen der Personensorge nach §§ 1626, 1631 BGB; Betreuungspersonen für ihre Betreuten nur im Rahmen der ihnen übertragenen Aufgabenkreise nach §§ 1896, 1901 BGB [§ 1813 i. V. m. § 1794 BGB] – beides sind gesetzlich bekräftete Aufsichtspflichten. Bringen die Eltern ihr Kind allerdings in eine Tageseinrichtung oder verbringen Betreute tagsüber ihre Zeit in einer WfbM, dann übernimmt die Tageseinrichtung bzw. die WfbM die Aufsichtspflicht durch den entsprechenden Vertrag (Betreuungsvertrag oder Werkstattvertrag).

Die Haftung nach § 832 BGB besteht nur, wenn die Person, für die die Aufsichtspflicht besteht, einer anderen Person einen Schaden zufügt. Erleidet sie selbst einen Schaden, weil diejenigen, die die Aufsichtspflicht hatten, dieser nicht ausreichend nachgekommen sind, begründet sich die Schadensersatzpflicht der aufsichtspflichtigen Person nach § 823 BGB (oder durch Verletzung des entsprechenden Vertrages).

Beispiele

In einer betreuten Wohneinrichtung verletzt eine Betreute eine Mitbewohnerin mit dem Küchenmesser – geht es um den Schaden der Mitbewohnerin, dann stellen sich Fragen der Aufsichtspflicht des Betreuungspersonals in der Einrichtung.

Hat sie sich dagegen selbst mit dem Messer verletzt, dann ist die Frage, ob das Betreuungspersonal den vertraglichen Pflichten aus dem Betreuungsvertrag, zu denen auch Schutzpflichten gehören, ausreichend nachgekommen ist oder ob es ggf. unterlassen wurde, das Küchenmesser wegzunehmen.

Da ein Verschulden der aufsichtspflichtigen Person nur vermutet wird, besteht die Möglichkeit der **Entlastung**. § 832 Abs. 1 S. 2 BGB sieht zwei Fälle vor, in denen die Haftung nicht eintritt:

1. wenn die aufsichtspflichtige Person ihrer Aufsichtspflicht genügt hat oder
2. der Schaden auch bei gehöriger Aufsichtsführung eingetreten wäre.

Ob eine aufsichtspflichtige Person ihrer **Aufsichtspflicht genügt** hat, kann grundsätzlich nur im **Einzelfall** festgestellt und muss durch diese auch nachgewiesen werden. Denn auch wenn eine minderjährige oder volljährige Person mit geistiger Behinderung dem Grunde nach der Aufsicht bedürfen, so besteht doch die Aufsichtspflicht nicht „rund um die Uhr" in einer Totalüberwachung. Sowohl Kinder als auch volljährige betreute Personen haben das **Recht auf einen persönlichen Freiraum**, da ihnen entsprechend ihren Fähigkeiten Entfaltungs- und Entwicklungsmöglichkeiten geboten werden müssen. Letztlich steht hier die freie Entwicklung der Persönlichkeit der zu Beaufsichtigenden mit der Aufsichtspflicht in einem erheblichen Spannungsverhältnis.

Das **Maß der Aufsichtspflicht** ist dabei von verschiedenen Kriterien abhängig, die von Fall zu Fall differieren können. Dabei können insbesondere das Vorverhalten, erfolgte Belehrungen, die individuelle Situation, in der der Schaden eingetreten ist, oder das Krankheitsbild eine Rolle spielen.

Beispiele

Ein 9-jähriger Schüler mit einer leichten geistigen Behinderung, der schwer verhaltensauffällig ist und ein hohes Aggressionspotenzial hat, darf nicht allein die Wohnung seiner Eltern für längere Zeit (30 bis 60 Min.) unbeaufsichtigt verlassen. Wenn er nach Verlassen der Wohnung sämtliche Seitenspiegel der vor dem Haus parkenden Autos abschlägt, haften die Eltern wegen Verletzung der Aufsichtspflicht. War der 9-Jährige bis zu diesem Tag allerdings nicht auffällig, hat auch schon mehrmals ohne besondere Vorkommnisse die Wohnung verlassen und wurde von den Eltern auf den Schutz des Eigentums anderer hingewiesen, schlägt dann aber aus einer Laune heraus sämtliche Seitenspiegel ab, sind die Eltern nicht schadensersatzpflichtig aus § 832 BGB.

Eine Haftung besteht dann nicht, wenn der **Schaden auch bei gehöriger Aufsichtsführung** entstanden wäre. In diesem Fall müssen Aufsichtspflichtige beweisen, dass der Schaden auch eingetreten wäre, wenn sie ordnungsgemäß Aufsicht geführt hätten.

Beispiel

Die Kinder einer Tageseinrichtung spielen im Garten Fangen. Plötzlich und unvorhersehbar greift der 5-jährige M einen großen Kieselstein aus dem Traufstreifen des Hauses und wirft diesen auf ein Auto des angrenzenden Parkplatzes. Hier hätte auch eine ordnungsgemäße Aufsicht den Schaden nicht verhindern können, auch wenn die Erzieherin möglicherweise den M in dem Moment nicht im Blick gehabt hat.

2.6.2.2 Haftung für Verrichtungsgehilf:innen

Ein **vermutetes Verschulden** liegt auch bei denjenigen vor, die sich verpflichtet haben, eine bestimmte Verrichtung oder einen bestimmten Dienst vorzunehmen, und die sich dafür einer weiteren Person oder mehrerer Personen bedienen, wenn dann diese einer anderen Person einen Schaden zufügen. Diese Konstellation findet häufig Anwendung, wenn Auftragnehmer:innen (oder Träger im sozialen Bereich) andere Personen (z. B. Fachkräfte, Hilfskräfte, Praktikant:innen, Honorarkräfte) anstellen, die sie bei der Erfüllung ihres Auftrages unterstützen. Es wird vermutet, dass die Auftragnehmer:innen dann für das Verhalten der von ihnen angestellten oder zur Unterstützung geholten Personen bei der Ausführung eines Auftrags haften müssen.

Beispiel

In einer betreuten Wohneinrichtung wird der Bewohner B, der eine geringe geistige Behinderung hat, gebadet. Es ist bekannt, dass B Epileptiker ist und alle zwei bis drei Wochen einen Anfall hat. Während des Bades verlässt die Angestellte A für mehrere Minuten das Bad, um einem anderen Bewohner zu helfen, der sie gerufen hat. B erleidet in diesem Moment einen Anfall, gelangt mit dem Kopf unter Wasser und liegt seitdem im Koma. Er muss in einer speziellen Pflegeeinrichtung gepflegt werden. Hier hat sich der Träger der Wohneinrichtung mit dem Abschluss des Betreuungsvertrages verpflichtet, die Bewohner so zu betreuen, dass ihnen kein Schaden entsteht. Der Geschädigte bzw. sein:e gesetzliche:r Vertreter:in kann Schadensersatz nicht nur von A, die das Bad verlassen und damit ihre Sorgfalts(Aufsichts)pflichten verletzt hat (sie hätte ggf. eine Ersatzperson rufen müssen), verlangen, sondern über § 831 BGB auch vom Einrichtungsträger.

Da auch hier das Verschulden vermutet wird, können sich Schadensersatzpflichtige dadurch **entlasten**, dass sie gem. § 831 Abs. 1 S. 2 BGB nachweisen, dass sie

1. die bestellte Person, die den Schaden verursacht hat, sorgfältig ausgewählt haben oder
2. der Schaden auch bei Anwendung dieser Sorgfalt entstanden wäre.

Beispiel

Wie eben. Kann nunmehr der Träger der Wohneinrichtung nachweisen, dass er die A sorgfältig ausgewählt hat und trifft ihn auch kein sonstiges **Organisationsverschulden**, weil er z. B. ausreichend Personal beschäftigt, oder wäre der Schaden auch eingetreten, wenn die A den B sofort aus dem Wasser gezogen hätte, entfällt seine Haftung.

Es ist hier gleichfalls möglich, dass sich Geschädigte sowohl an die Schädiger:innen selbst als auch an diejenige Person wenden, die für die Ausführung der Verrichtung oder Dienstleistung verantwortlich war. In diesen Fällen haften wiederum beide als **Gesamtschuldner** nach § 840 BGB.

Vorrangig vor der deliktischen Haftung nach § 831 BGB gilt die vertragliche Haftung derjenigen, die sich gegenüber Dritten zur Vornahme einer Verrichtung/Dienstleistung verpflichtet haben und Verrichtungsgehilf:innen dann einen Schaden bei der Ausübung dieser Aufgabe verursachen. In diesen Fällen haftet die:der Vertragspartner:in nach § 278 BGB, die:der Verrichtungsgehilfe:in ist dann Erfüllungsgehilfe:in, da sie:er bei der Erfüllung einer vertraglichen Pflicht hilft.

2.6.3 Übertragung der Aufsichtspflicht

Aufsichtspflichten, die gesetzlich oder vertraglich bestehen, können an andere Personen **übertragen bzw. delegiert** werden. Diese sind dann dafür verantwortlich, dass die beaufsichtigte Person keinen Schaden verursacht. Die Delegation der Aufsichtspflicht erfolgt in einer Einrichtung sozialer Dienste i. d. R. vom Träger der Einrichtung an die Arbeitnehmer:innen und Beschäftigten **mittels Arbeitsvertrag**. Dabei muss die Aufsichtspflicht nicht ausdrücklich im Vertrag vereinbart sein; Mitarbeitende in einer sozialen Einrichtung, in der sich aufsichtsbedürftige Personen befinden, sind zur deren Aufsicht verpflichtet. Schematisch lässt sich die Übertragung der Aufsichtspflicht so darstellen:

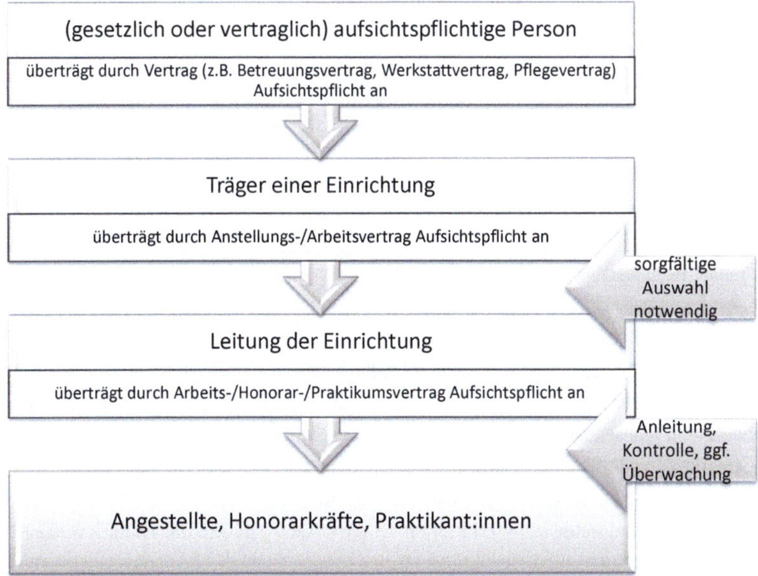

Übersicht 6

Da zwischen den Mitarbeitenden (Angestellten, Honorarkräften, Praktikant:innen) und den ursprünglich aufsichtspflichtigen Personen i. d. R. keine vertraglichen Beziehungen bestehen (der Vertrag wird i. d. R. mit dem Träger einer Einrichtung geschlossen), kommt im Falle der Aufsichtspflichtverletzung mit einer Schadensfolge nur die Haftung über § 832 BGB in Betracht, nicht über eine vertragliche Haftung.

Der Träger wird allerdings durch die Übertragung der Aufsichtspflicht nicht völlig frei von seinen Verpflichtungen. Er muss durch eine **angemessene Organisations- und Personalplanung** sicherstellen, dass die Aufsichtspflicht auch tatsächlich erfüllt werden kann.

2.6.4 Rechtliche Konsequenzen bei Aufsichtspflichtverletzungen

Die Verletzung von Aufsichtspflichten ist nur dann problematisch, wenn ein Schaden eintritt, der bei gehöriger Aufsicht verhindert worden wäre. Ist ein Schaden eingetreten, können verschiedene **rechtliche Konsequenzen** folgen.

So führt die Verletzung von Aufsichtspflichten zunächst **zivilrechtlich** zu einem Anspruch auf Schadensersatz (§§ 832, 823 BGB) für materielle Schäden (z. B. Reparaturkosten, Krankenbehandlungskosten, Verdienstausfall, Ersatzkosten für zerstörte Gegenstände). Der Anspruch setzt voraus, dass entweder ein Schaden bei der betreuten Person eingetreten ist (Personen- oder Sachschaden) oder dass der Schaden an Einrichtungsgegenständen des Trägers oder der Person oder den Sachen von Mitarbeitenden des Trägers oder bei Dritten, d. h. außerhalb der Einrichtung entstanden sind und keine Entlastung nach § 832 Abs. 1 S. 2 BGB möglich ist. Darüber hinaus besteht u. U. ein Anspruch auf Schmerzensgeld für immaterielle Schäden (§ 253 BGB).

Aufsichtspflichtverletzungen können allerdings auch **strafrechtliche Konsequenzen** haben. Wurde mit der Aufsichtspflichtverletzung gleichzeitig ein Straftatbestand verwirklicht (z. B. §§ 222, 229 StGB), kommt eine Geld- oder Haftstrafe in Betracht.

Schließlich können Verletzungen der Aufsichtspflicht auch **arbeitsrechtliche Konsequenzen** haben, v. a. dann, wenn durch den Arbeitsvertrag die Verpflichtung zur Aufsicht übernommen wurde. In diesen Fällen ist eine Abmahnung oder – bei schweren Pflichtverletzungen – auch eine Kündigung möglich.

Beispiel

Bei einem Waldausflug einer heilpädagogisch betreuten Kindergruppe von zehn Kindern im Alter zwischen drei und vier Jahren kommt ein 3-jähriges Mädchen vom Weg ab und rutscht in einen hinter Bäumen versteckten Weiher. Die begleitenden Heilpädagog:innen und Erzieher:innen bemerken das Verschwinden des Kindes erst nach 15 Minuten. Als es gefunden wird, muss es reanimiert werden. Es trägt durch den Sauerstoffmangel, den es im Wasser erlitten hat, schwere Hirnschädigungen davon. Zivilrechtlich haften die begleitenden Aufsichtspersonen auf Schadensersatz (Behandlungskosten, Krankenhauskosten, spätere notwendige Behandlungen, zusätzliche Hilfsmittel, Verdienstausfall der Eltern, die sich künftig um das Kind intensiver kümmern müssen usw.) und ggf. Schmerzensgeld. Gleichzeitig haben sie durch ihre Unaufmerksamkeit und eine erhebliche Sorgfaltspflichtverletzung eine fahrlässige Körperverletzung begangen und werden strafrechtlich zur Verantwortung gezogen. Und letztlich wird auch der Arbeitgeber, der Träger der Einrichtung, auf diese Pflichtverletzung reagieren und den Begleitpersonen zumindest eine Abmahnung erteilen.

2.6.5 Haftungsfreistellung und Versicherungsschutz

Ist die geschädigte Person gesetzlich **unfallversichert**, so wird u. U. die aufsichtspflichtige Person von ihrer Haftung freigestellt. Dies richtet sich nach den arbeits- und versicherungsrechtlichen Beziehungen. Eine solche **Haftungsfreistellung** kennt die gesetzliche Unfallversicherung in den §§ 104 ff. SGB VII.

Nach den §§ 104–106 SGB VII haften die Mitarbeite einer Einrichtung nicht für einen Schaden, den sie Versicherten desselben Betriebes, Betriebsangehörigen desselben Unternehmens oder dem Arbeitgeber zugefügt haben, wenn dieser auf einem von der gesetzlichen Unfallversicherung erfassten Unfall beruht. Allerdings betrifft die Haftungsfreistellung **nur** den Ausgleich wirtschaftlicher Folgen, die durch unfallbedingte **Gesundheitsbeeinträchtigungen** oder einen unfallbedingten Todesfall eingetreten sind, nicht dagegen immaterielle Schäden oder Sachschäden.

Der Anspruch auf Schmerzensgeld ist nach § 105 Abs. 1 SGB VII i. d. R. ausgeschlossen. Eine Einschränkung besteht auch, wenn die aufsichtspflichtige Person grob fahrlässig oder vorsätzlich gehandelt hat. In diesen Fällen kann der Träger der Unfallversicherung auch die aufsichtspflichtige Person in Regress nehmen.

 **Übungsaufgaben**

1. Nach welchem Grundsatz haftet eine Person im Schadensersatzrecht?
2. Was verstehen Sie unter einer Garantenpflicht? Woraus kann sich eine solche Garantenpflicht ergeben?
3. Welcher Unterschied besteht zwischen Schuldfähigkeit und Deliktsfähigkeit?
4. Benennen Sie Personen, die grundsätzlich deliktsunfähig sind! Wo finden sich die gesetzlichen Regelungen dazu?
5. Der 8-jährige T läuft auf die Straße, um seinen Fußball zu holen. Ein Autofahrer weicht aus und rammt ein anderes Fahrzeug auf der Gegenfahrbahn. Muss T für den Schaden aufkommen? Was gilt, wenn T mit seinen Freunden ein „Zielschießen“ auf vorbeifahrende Fahrzeuge gemacht hat?
6. Der 17-jährige K lädt illegal Musik aus dem Internet herunter. Muss er für den dabei verursachten Schaden aufkommen?
7. Was bedeutet vermutetes Verschulden und welche Formen kennen Sie?
8. Wie wird die Aufsichtspflicht begründet und wo ist die Haftung bei Verletzung der Aufsichtspflicht geregelt?
9. Gilt eine Aufsichtspflicht uneingeschränkt und „rund um die Uhr“?
10. Wie kann sich eine aufsichtspflichtige Person entlasten?

2.7 Grundzüge des Erbrechts

Jeder Mensch ist bei seinem Tod Eigentümer und Besitzer von Gegenständen; er hat eventuell noch minderjährige Kinder oder behinderte oder wirtschaftlich bedürftige Kinder und Eltern, ist möglicherweise Unternehmer, Halter von Tieren, Urheber von Werken, Inhaber von Patenten und Rechten, Opfer von Straftaten und Ordnungswidrigkeiten. Viele **Erblasser**, so werden die Personen im Erbrecht bezeichnet um deren (künftigen) Nachlass es geht, sind aber auch verschuldet, haben Straftaten und Ordnungswidrigkeiten begangen oder unterliegen der Zwangsvollstreckung.

Die Regelung der **vermögensbezogenen Angelegenheiten** ist Aufgabe des Erbrechts. Dessen Bestimmungen werden ergänzt durch familienrechtliche (Sorge für verwaiste Minderjährige, güterrechtlicher Einfluss), lebenspartnerschaftliche (vgl. § 10 LPartG) und betreuungsrechtliche Regelungen sowie durch zahlreiche weitere gesetzliche Bestimmungen für den Todesfall. Das Erbrecht betrifft (nur) Fragen der Erbfolge, also das **Erben und Vererben** von Vermögensbestandteilen und Schulden.

Die Person, die die Vermögensnachfolge antritt, heißt **Erbe**. Erbe wird, wer das Erbe annimmt, d. h. nicht ausschlägt. Schlagen diejenigen, denen die Erbschaft anfällt, aus, werden sie nicht Erben (vgl. § 1942 Abs. 1 BGB). Die Annahme der Erbschaft ist eine einseitige Willenserklärung; beschränkt geschäftsfähige Minderjährige brauchen die vorhergehende Zustimmung (vgl. Kapitel 2.1.2.5).

Wie mit der **Leiche** der verstorbenen Person zu verfahren ist, unterliegt teils dem öffentlichen Recht (Bestattungsgesetze der Länder), evtl. auch dem Strafverfahrensrecht.

2.7.1 Familienerbfolge

Nach den Regeln der gesetzlichen Erbfolge soll das Vermögen der Erblasser:innen den **Familienangehörigen** zugutekommen, wenn sie keine entgegengerichteten Bestimmungen über ihre Erbfolge getroffen haben. Damit werden die rechtlichen Regelungen über Linie und Grad der Verwandtschaft (vgl. Kapitel 2.2.1) auch für das Erbrecht bedeutsam. Sind Kinder vorhanden und enterbt, steht ihnen zumindest das **Pflichtteilsrecht**, wertmäßig die Hälfte des gesetzlichen Erbteils (§ 2303 Abs. 1 S. 2 BGB), zu.[74] Das Pflichtteilsrecht schränkt daher den Grundsatz der **Testierfreiheit** mit Rücksicht auf die rechtlichen Familienbindungen ein. Haben Erblasser keine letztwillige Verfügung (Testament oder Erbvertrag) getroffen, tritt die gesetzliche Erbfolge ein. Sie ist in den §§ 1924–1936 BGB geregelt. In der Praxis ist die gesetzliche Erbfolge der Regelfall, da zumeist keine letztwillige Verfügung vorhanden ist. Die gesetzliche Erbfolge kann aber auch ergänzend zu einer partiellen gewillkürten Erbfolge in Betracht kommen.

Gesetzliche Erben sind die Verwandten (§§ 1924–1930 BGB), Ehegatt:in (§§ 1931, 1371 BGB), Lebenspartner:in (§ 10 Abs. 1 bis 3 LPartG) und der Staat (§ 1936 BGB).

2.7.1.1 Verwandte als gesetzliche Erben

Ausschlaggebend ist die **rechtliche Verwandtschaft**. Das Erbrecht benutzt den Begriff der **Ordnung**. Die Zugehörigkeit bestimmt sich nach folgendem Prinzip (aufgeführt werden nur vier Ordnungen):

74 BVerfG, Beschluss vom 19.4.2005, 1 BvR 1644/00 f. BvR 188/03.

1. Erste Ordnung: **Abkömmlinge** der Erblasser:innen (§ 1924 Abs. 1 BGB [Kinder und Enkel])
2. Zweite Ordnung: **Eltern** der Erblasser:innen und deren Abkömmlinge (§ 1925 BGB [Geschwister der Erblasser und deren Nachkommen])
3. Dritte Ordnung: **Großeltern** der Erblasser:innen und deren Abkömmlinge (§ 1926 Abs. 1 BGB [Tanten und Onkel der Erblasser:innen und deren Nachkommen])
4. Vierte Ordnung: **Urgroßeltern** der Erblasser:innen und deren Abkömmlinge (§ 1928 Abs. 1 BGB [Großtanten und Großonkel der Erblasser:innen und deren Nachkommen])

Sofern Erb:innen einer niedrigeren Ordnung leben, schließen sie alle weiteren Verwandten höherer Ordnungen aus; dieses Prinzip wird als Ordnungs- oder **Parentelsystem** bezeichnet. Innerhalb derselben Ordnung schließen gradmäßig niedrigere mit den Erblasser:innen Verwandte die gradmäßig höher mit den Erblasser:innen verwandten Personen von der Erbfolge aus. Dieser Ausschluss von der Erbfolge wird als **Repräsentationssystem** bezeichnet (§ 1924 Abs. 2 BGB; vgl. auch §§ 1925 Abs. 2, 192 Abs. 2, 1928 Abs. 2 BGB).

Beispiele

Lebt ein Enkelkind, aber kein Kind der Erblasserin mehr, schließt es die Eltern der Erblasserin und deren Abkömmlinge von der Erbfolge aus, obwohl es in einem höheren Grad mit der Erblasserin verwandt ist (2. Grad) als jeder Elternteil der Erblasserin (1. Grad). Lebt hingegen das Kind der Erblasserin, von dem das Enkelkind abstammt, noch, gehört das Enkelkind zwar zur ersten Ordnung, wird aber von dem gradmäßig näher mit der Erblasserin verwandten Kind (1. Grad) von der Erbfolge ausgeschlossen. Ist das Enkelkind Halbwaise, weil das Kind der Erblasserin, vom dem es abstammt, vorverstorben ist und lebt ein zweites Kind der Erblasserin, werden dieses und das Enkelkind Erben.

Haben Erblasser:innen keine Abkömmlinge, leben keine Eltern und Geschwister mehr, aber lebt ein Abkömmling eines Geschwisters, schließt dieses sämtliche weiteren Verwandten von der Erbfolge aus.

Angehörige derselben Ordnung, die gradmäßig mit den Erblasser:innen im selben Grad verwandt sind, erben zu gleichen Teilen; diese Regelung wird als **Liniensystem** bezeichnet. Jedes Kind der Erblasser:innen bildet einen Stamm, jedes Enkelkind einen Unterstamm (vgl. § 1924 Abs. 3 BGB). Bei der Erbfolge in aufsteigender Linie müssen die väterliche Linie und die mütterliche jeweils getrennt betrachtet werden; dasselbe gilt für die geraden Linien zu den Großelternteilen und den Urgroßelternteilen (es bestehen zu acht Urgroßelternteilen [vier Urgroßelternpaaren] acht unterschiedliche Linien).

Beispiele

Hat der Erblasser zwei vorverstorbene Kinder (A und B) und von A ein Enkelkind (C), von B zwei Enkelkinder (D und E), erben C 1/2 und D und E je 1/4. Ist ein weiteres Kind des Erblassers, ohne Abkömmlinge zu haben, vorverstorben, fällt diese Linie weg. Hat der Erblasser weder Abkömmlinge noch überlebende Eltern, aber noch einen Bruder (F) und eine Halbschwester (G), die nichteheliche Tochter der verstorbenen Mutter, die mit dem Vater des Erblassers nicht verwandt ist, erben nach der Mutter sowohl der Bruder wie die Halbschwester zu je 1/4, nach dem Vater nur der Bruder zu 1/2. Im Endergebnis erhält also (F) 3/4, (G) 1/4 der Erbschaft. Hat der Erblasser weder Abkömmlinge noch Geschwister und sind die Eltern vorverstorben, erben die überlebenden Großeltern. Das Großelternpaar (1), die Eltern der Mutter des Erblassers, erben je 1/4, der überlebende Vater des Vaters (Großelternteil aus dem Großelternpaar [2]) erbt 1/4 + 1/4 = 1/2 (§ 1926 Abs. 3 BGB), sofern keine weiteren Abkömmlinge von der Mutter des Vaters vorhanden sind. Ansonsten erbt das auf die Großmutter entfallende Viertel der mit ihr im niedrigsten Grad verwandte Abkömmling. Lebt das Großelternpaar (2) nicht mehr, erben die Anteile von je 1/4 ihre Abkömmlinge, anderenfalls das Großelternpaar (1) (§ 1926 Abs. 4 BGB).

2.7.1.2 Ehegatt:innen als gesetzliche Erb:innen

Ehegatt:innen werden gesetzliche Erb:innen, wenn die **Ehe im Zeitpunkt des Todes noch bestand**. Ist die Ehe bereits durch familiengerichtliches Urteil (Scheidung, Aufhebung der Ehe) aufgelöst worden, wird die:der geschiedene oder frühere Ehepartner:in nicht mehr gesetzliche:r Erb:in. Das gilt aber auch für den Fall, dass die:der Erblasser:in die Scheidung oder Aufhebung der Ehe bereits (zulässig) beantragt oder dem Antrag zugestimmt hat (§ 1933 BGB). Trifft die:der verwitwete Ehegatt:in mit anderen gesetzlichen Erb:innen zusammen, hängt ihre:seine Quote von der Ordnung ab, der die anderen gesetzlichen Erb:innen angehören. Außerdem spielt der **Güterstand** der aufgelösten Ehe eine Rolle.

(1) Quote der Ehegatt:innen

Neben Verwandten der **ersten Ordnung** (Kinder und Enkelkinder der Erblasser:innen) erben verwitwete Ehegatt:innen 1/4; wie viele Erben erster Ordnung neben den Ehegatt:innen erben, spielt keine Rolle. Der Anteil von 3/4 des Nachlasses teilt sich unter diesen auf, falls es mehrere gesetzliche Erb:innen gibt.

Neben Erb:innen der **zweiten Ordnung** erben verwitwete Ehegatt:innen 1/2; die andere Hälfte wird ggf. unter den Verwandten aufgeteilt.

Neben den Großeltern der Erblasser:innen als Erben der **dritten Ordnung** erben Ehegatt:innen 1/2; diese Quote erhöht sich aber um die Quote von vorverstorbenden Großelternteilen, da deren Abkömmlinge bei gesetzlicher Erbfolge der Ehegatt:innen ausgeschlossen werden (§ 1931 Abs. 1 S. 2 BGB).

Neben Verwandten der vierten (und weiterer) Ordnung(en), erben die Ehegatt:innen allein (§ 1931 Abs. 2 BGB).

(2) Erbrecht und Güterstand

Lebten die Ehegatt:innen im Güterstand der **Gütertrennung** (Wahlgüterstand), erben Überlebende neben gesetzlichen Erb:innen der ersten Ordnung 1/2, neben zwei Erb:innen der ersten Ordnung 1/3, neben drei und mehr Erb:innen der ersten Ordnung erben sie 1/4. **Gütergemeinschaft** (weiterer Wahlgüterstand) ist praktisch ohne Bedeutung, rechtlich kompliziert und soll daher unberücksichtigt bleiben.

Bei der **Zugewinngemeinschaft**, die den gesetzlichen Güterstand darstellt, gibt es zwei Möglichkeiten:

1. Wählen überlebende Ehegatt:innen die erbrechtliche Lösung, erhöht sich ihr gesetzlicher Anteil um 1/4; neben Erb:innen der ersten Ordnung erhalten sie also 1/2, neben Erb:innen der zweiten und dritten Ordnung 3/4. Erben sie aber sowieso 3/4, werden sie (bei Vorversterben von Großelternteilen) Alleinerbe (§ 1371 Abs. 1 BGB). Ob tatsächlich ein Zugewinn seitens der Erblasser:innen erzielt wurde, spielt keine Rolle.
2. Schlagen sie aus oder werden sie enterbt, können die Überlebenden aber berechneten Zugewinn geltend machen (§ 1371 Abs. 2 BGB) und erhalten den Pflichtteil in Höhe der Hälfte des nicht erhöhten Erbteils (§ 1371 Abs. 2 BGB).

Teilweise wird angenommen, dass überlebende Ehegatt:innen auch stattdessen einen Pflichtteil aus der erhöhten Quote geltend machen kann.

Beispiele
Der Erblasser hinterlässt seine Witwe H und drei Kinder; er lebte im gesetzlichen Güterstand. H erhält 1/2, die Kinder je 1/6 des Nachlasses. Aus dem zusätzlichen 1/4 hat die Witwe aber die Ausbildung von Kindern des Erblassers, mit denen sie nicht verwandt ist und denen sie daher keinen Unterhalt schuldet, zu finanzieren (vgl. § 1371 Abs. 4 BGB). Den Erblasser haben seine Mutter (J) und die Ehefrau (K) überlebt. J erhält 1/4, K 3/4 des Nachlasses. Ist auch die Mutter vorverstorben, erbt K allein. Schlägt der verwitwete Ehemann (L) aus, erhält die Tochter der Erblasserin (M) alles. Der Nachlass ist aber mit 1/8 des Wertes als Pflichtteil belastet, außerdem erhält der Witwer die Hälfte des Zugewinns, den die Bilanz für die verstorbene Ehefrau aufweist. Diese Lösung ist für ihn vorteilhaft, wenn der Wert des Zugewinns mehr als die Hälfte des Werts des Nachlasses minus den Pflichtteil ausmacht.

Außerdem erhalten Ehegatt:innen als gesetzliche Erb:innen ein gesetzliches Vermächtnis, den sog. **Voraus**. Das bedeutet, dass sie Anspruch darauf haben, dass Haushaltsgegenstände und Hochzeitgeschenke ihnen übereignet werden (vgl. § 1932 Abs. 2 BGB). Ein weiteres gesetzliches Vermächtnis ist der sog. **Dreißigte**. Danach haben Familienangehörige der Erblasser:innen, die bis zu deren Tod in demselben Haushalt lebten und Unterhalt bezogen, gegen den Erben Anspruch auf Unterhalt und Nutzung der Wohnung und der Haushaltsgegenstände für 30 Tage nach dem Erbfall (vgl. § 1969 BGB).

2.7.1.3 Lebenspartner:innen als gesetzliche Erb:innen

Bestand im Todeszeitpunkt eine **Lebenspartnerschaft** und ist kein Aufhebungsantrag der Erblasser:innen bei Gericht eingegangen oder haben Erblasser:innen einer Aufhebung nicht zugestimmt, werden Lebenspartner:innen gesetzliche Erb:innen ihrer verstorbenen Lebenspartner:innen (vgl. § 10 LPartG). Die **Erbquote** richtet sich wie bei Ehegatten danach, ob weitere gesetzliche Erb:innen vorhanden sind, zu welcher Ordnung diese gehören und ob die Partner:innen in einem vertraglichen Güterstand oder im gesetzlichen Güterstand gelebt haben. Auch im Lebenspartnerschaftsrecht heißt der gesetzliche Güterstand Zugewinngemeinschaft. Die Lebenspartner:innen können durch Lebenspartnerschaftsvertrag (vgl. §§ 6 f. LPartG) aber auch Gütertrennung oder Gütergemeinschaft vereinbaren. Die Regelungen entsprechen den oben für die Ehegatt:innen dargestellten Grundsätzen (vgl. § 10 LPartG).

Auch einen **Voraus** kennt das Lebenspartnerschaftsrecht; mit kleinen Abweichungen, wenn die Lebenspartner:innen neben Verwandten der ersten Ordnung erben (§ 10 Abs. 1 S. 3 und 4 LPartG).

2.7.2 Gesetzliches Erbrecht des Staates

Es gibt keinen erbenlosen Nachlass. Greift daher keine gesetzliche Erbfolge von Verwandten, Ehe- oder Lebenspartner:innen, wird der Staat Erbe (§ 1936 BGB). Dabei spielt es keine Rolle, ob solche Personen tatsächlich nicht vorhanden sind oder ausgeschlagen haben. Erbe wird das jeweilige **Bundesland**, in dem Verstorbene gemeldet waren oder ihren gewöhnlichen Aufenthalt hatten. Voraussetzung ist ein Beschluss, der feststellt, dass ein anderer Erbe als der Fiskus nicht vorhanden ist (§ 1964 Abs. 1 BGB). Der Staat kann nicht ausschlagen oder auf das Erbe verzichten, er haftet allerdings, anders als die anderen Erben, nicht unbeschränkt.

2.7.3 Pflichtteilsrecht

Werden **Pflichtteilsberechtigte** durch letztwillige Verfügung von der Erbfolge **ausgeschlossen**, können sie den Pflichtteil verlangen. Pflichtteilsberechtigt sind aber nur die Nachkommen der Erblasser:innen, die Gatt:innen einer bestehenden Ehe, die Lebenspartner:innen einer bestehenden Lebenspartnerschaft und die Eltern der Erblasser:innen. Es werden aber entferntere Abkömmlinge von gradmäßig mit den Erblasser:innen niedriger Verwandten und Eltern als Pflichtteilsberechtigte der zweiten Ordnung durch Pflichtteilsberechtigte der ersten Ordnung verdrängt.

Schlagen Erb:innen das Erbe aus, können sie ihren Pflichtteil nur unter den Voraussetzungen des § 2306 BGB verlangen; dies ist der Fall **bei Beschwerungen der Erb:innen** (z. B. durch die Anordnung der Testamentsvollstreckung oder ein Vermächtnis). Häufig geht daher bei **Ausschlagung** auch der Pflichtteil verloren. Ausschlagen können aber die Ehegatt:innen der Erblasser:innen, um den berechneten Zugewinn und den Pflichtteil aus der nicht erhöhten Quote geltend machen zu können. Die Erbschaft ausschlagen kann man nur innerhalb der Frist von regelmäßig sechs Wochen (im Ausnahmefall von sechs Monaten, vgl. § 1944 Abs. 1 und 3 BGB). Schlagen gesetzliche Vertreter:innen einer erbberechtigten Person aus, bedürfen sie der Genehmigung des Familien- bzw. des Betreuungsgerichts. Die Ausschlagung muss gegenüber dem örtlich zuständigen (vgl. § 344 FamFG) Nachlassgericht zu Protokoll oder in öffentlich beglaubigter Form geschehen. Bei gesetzlicher Erbfolge beginnt die Frist zu laufen, wenn den Erb:innen ihr Verwandtschaftsverhältnis zu der:dem Erblasser:in bekannt und kein Hinweis auf eine letztwillige Verfügung vorhanden ist; im Übrigen mit Eröffnung der letztwilligen Verfügung durch das Nachlassgericht

Beispiele

Der Erblasser hat seine Ehefrau und seine Eltern enterbt und als Alleinerben N eingesetzt; es bestand Zugewinngemeinschaft. Wären die Genannten Erben geworden, hätten bei erbrechtlicher Lösung die Witwe 3/4 und die Eltern je 1/8 geerbt. Der Pflichtteilsanspruch der Witwe beträgt 3/8, der der Eltern je 1/16. N erhält daher nur die Hälfte des Nachlasswertes. Der verwitwete Erblasser hinterlässt Sohn (O) und Tochter (P). Der Sohn wird testamentarisch Miterbe zu 5/6, die Tochter erhält 1/6. Wäre die Tochter gänzlich enterbt, erhielte sie 1/4; die Differenz zwischen 1/6 und 1/4 ist 1/12. Sie sollte daher das Erbe annehmen, aber einen Pflichtteilsrestanspruch in Höhe von 1/12 des Nachlasses geltend machen. Der Erblasser errichtet ein Testament, wonach die Tochter (R), die Lebensgefährtin (S) und sein Freund (T) Miterben zu je 1/3 werden. Da der Pflichtteil der Tochter 1/2 beträgt und der hinterlassene Erbteil mit 1/3 kleiner ist, sollte R ausschlagen und den Pflichtteil verlangen. Der Erblasser hat seinen Sohn (U) enterbt und die ihn pflegende Krankenschwester (V) eingesetzt. Er hat U einen größeren Geldbetrag zu Lebzeiten geschenkt; dieser bleibt aber im Betrag unter der Hälfte des gesetzlichen Erbteils. U muss sich die Zuwendung auf den Pflichtteil in Höhe von 1/2 anrechnen lassen, er erhält daher nur einen Pflichtteilsrestanspruch (§ 2305 BGB) gegenüber V. Hätte der Erblasser die Schenkung nicht seinem Sohn, sondern einer dritten Person zugewendet und entsprach diese keiner sittlichen Pflicht, hätte U aber zu Ergänzung des rechnerisch um die Summe geminderten Nachlasswerts einen Anspruch gegen die Erbin, nur im Fall des § 2329 Abs. 2 BGB gegen die:den Beschenkten oder ihre:seine Erb:innen (sog. Pflichtteilergänzungsanspruch).

Der Pflichtteil wird aus dem **bereinigten Nachlasswert** errechnet. Erb:innen können daher die Erblasserschulden und ggf. die Erbfallschulden vom Nachlasswert abziehen; auch Zugewinnausgleichsansprüche werden vorab befriedigt. Schuldner:innen des Pflichtteilsanspruchs sind die Erb:innen, ggf. als Gesamtschuldner:innen.

2.7.4 Gewillkürte Erbfolge

Um den Nachlass nach ihrem Willen zuzuwenden, haben Erblasser:innen zwei Möglichkeiten: sie können ein **Testament** errichten oder einen **Erbvertrag** (zweiseitiges Rechtsgeschäft) schließen. Testamente gibt es als einseitige Verfügung von Todes wegen oder als gemeinschaftliches Testament (aufeinander bezogene Verfügungen auf einer Urkunde). Die Erblasser:innen können:

- Erbeinsetzungen, Enterbungen, Vor- und Nacherbschaft anordnen,
- die Erb:innen mit Vermächtnissen und Auflagen beschweren,
- Teilungsanordnungen treffen,
- Testamentsvollstreckung anordnen und Bestimmungen über die Person der:des Testamentsvollstrecker:in formulieren,
- die Eltern der Erb:innen von der Verwaltung des ererbten Vermögens ausschließen, Anordnungen für die Verwaltung durch Ergänzungspfleger:innen aufnehmen oder
- als Elternteil eine:n Vormund:in benennen, eine Person als Vormund:in ausschließen oder Anordnungen über die Führung der Vormundschaft treffen.

Auch der Widerruf eines Testaments durch Testament ist möglich; ebenso der Widerruf einer Schenkung.

2.7.4.1 Testierfähigkeit

Für die Errichtung eines Testaments müssen Erblasser:innen mindestens **beschränkt geschäftsfähig** sein und das **16. Lebensjahr** vollendet haben. Sie müssen dann allerdings das Testament durch Erklärung gegenüber einer:einem Notar:in oder durch Übergabe einer offenen Schrift, die ein:e Notar:in zu prüfen hat, errichten (§§ 2232 f. Abs. 1 BGB).

Für den Abschluss eines **Erbvertrages** als Erblasser:in ist volle Geschäftsfähigkeit Bedingung (§ 2275 Abs. 1 BGB). Letztwillige Verfügungen muss man persönlich errichten; Stellvertretung ist ausgeschlossen (der Einsatz von Dolmetscher:innen oder Sprachmittler:innen ist hingegen möglich, ggf. notwendig vgl. §§ 16, 22 BeurkG).

2.7.4.2 Testamentsformen

Bei der Errichtung einer letztwilligen Verfügung durch **Volljährige** stehen verschiedene Formen zur Verfügung.

(1) Ordentliches Testament

Das **ordentliche Testament** wird auch öffentliches Testament genannt. Es wird entweder durch Erklärung gegenüber einer:einem Notar:in oder durch Übergabe einer offenen Schrift oder durch Übergabe einer verschlossenen Schrift an die:denselben errichtet (§ 2232 BGB). Es wird eine Niederschrift der:des Notar:in gefertigt; diese:r hat bei Zweifeln die Geschäftsfähigkeit zu prüfen und bestätigt mit der Beurkundung der Niederschrift, dass die:der Erklärende (beschränkt) geschäftsfähig ist (§§ 8, 17, 30 BeurkG). Der Wille der:des Testierenden muss erkennbar sein, gesprochenes Wort ist nicht (mehr) erforderlich. Auch vor einer:einem Berufskonsul:in kann ein Testament errichtet werden (vgl. § 10f KonsularG). Die örtliche Zuständigkeit der:des Notar:in ergibt sich aus § 11 BNotO. Die Niederschrift muss im Anschluss von der:dem Erblasser:in und der:dem Notar:in (oder Berufskonsul:in) unterschrieben werden. Kann die:der Erblasser:in weder lesen noch schreiben, muss ein:e Zeug:in beigezogen werden, die:der statt der:des Erblasser:in unterzeichnet (§ 25 BeurkG). Die **Rücknahme** eines öffentlichen Testaments aus der amtlichen Verwahrung stellt einen irreparablen Widerruf der Verfügung dar.

(2) Eigenhändiges Testament

Das eigenhändige Testament muss zur Gänze von der:dem Erblasser:in **mit der Hand geschrieben** und **unterschrieben** sein. Anderenfalls ist es nichtig (§ 2247 BGB). Kein eigenhändiges Testament können daher Personen errichten, die nicht lesen oder schreiben können. Zweck der Regelung ist es, Fälschungen vorzubeugen.

Beispiele

Der Erblasser hat den Text mit dem PC geschrieben, ausgedruckt und unterschrieben; das Testament ist nichtig. Dasselbe gilt, wenn der Erblasser ausnahmsweise, wenn auch in bester Absicht, Druckbuchstaben schreibt. Weil die eindeutige Zuordnung zum Ersteller der Urkunde fehlt, wird nach h. M. auch die Punktschrift eines Blinden ausgeschlossen. Eine Unterzeichnung nur mit Namenskürzel genügt nicht, wohl aber die Verwendung eines Spitznamens oder einer Verwandtschaftsbezeichnung. Ist die Erklärung nicht unterschrieben, befindet sie sich aber in einem verschlossenen Umschlag, der den Namenszug aufweist, ist der Form nach h. M. genügt, nicht aber, wenn der Umschlag nicht verschlossen ist. Eine mit Blaupapier hergestellte Pause ist ein gültiges Testament. Auch im Übrigen spielt der Untergrund keine Rolle. So kann man auch einen Bierdeckel, ein Stück Zeitung benutzen oder, nachdem man das Testament durch Streichung widerrufen hatte, auf derselben Urkunde ein neues errichten. Auch das Schreibgerät ist nicht entscheidend. Man kann (sollte aber nicht) einen Bleistift oder Geheimtinte benutzen. Wesentlich ist, dass der Inhalt der Erklärungen mittels Augenscheines sicher festgestellt werden kann. Wird in den Sand geschrieben, ist hingegen im Zweifel kein Wille in Hinsicht auf eine bindende Regelung gegeben.

Orts- und Zeitangaben sind nicht zwingend erforderlich (vgl. § 2247 BGB); existieren aber widersprüchliche Testamente, muss geklärt werden können, welche Verfügung die jüngste ist (§ 2254 BGB). Auch das privatschriftliche Testament kann (und sollte) amtlich verwahrt werden. Erblasser:innen können es jederzeit aus der Verwahrung zurücknehmen. Anders als beim öffentlichen Testament bedeutet dies keinen Widerruf der Verfügung.

(3) Gemeinschaftliches Testament

Eheleute und Lebenspartner:innen können ein **gemeinschaftliches Testament** als öffentliches wie als privatschriftliches errichten (§§ 2265 ff. BGB, § 10 Abs. 4 S. 1 LPartG unter Verweis auf die bürgerlich-rechtlichen Vorschriften). Im letzteren Fall muss der Text von einem geschrieben und von beiden unterschrieben sein. Auch ein Widerruf ist nur durch gemeinsame Erklärungen oder durch gemeinsame Rücknahme aus der amtlichen Verwahrung möglich.

Wird die Ehe vor dem Tod einer:eines der Erblasser:innen geschieden bzw. aufgehoben oder die Lebenspartnerschaft aufgehoben, wird die Verfügung unwirksam (§ 2268 Abs. 1 BGB). Die Erklärenden können **wechselbezügliche Verfügungen** treffen; diese gemeinschaftlichen Verfügungen stellen keinen Erbvertrag dar. Nach § 2270 Abs. 2 BGB ist ein solches Verhältnis der Verfügungen zueinander anzunehmen, wenn sich die Erblasser:innen gegenseitig bedenken oder wenn der:dem einen Ehegatt:in von der:dem anderen eine Zuwendung gemacht und für den Fall des Überlebens der:des Bedachten eine Verfügung zugunsten einer Person getroffen wird, die mit der:dem anderen Ehegatt:in [oder Lebenspartner:in] verwandt ist oder ihr:ihm sonst nahe steht. (§ 2270 Abs. 2 BGB) Ein solches Testament kann nach **Eintritt des ersten Erbfalls** nicht mehr geändert werden. Der:Dem Überlebenden steht nur die Möglichkeit offen, Rechtsgeschäfte unter Lebenden durchzuführen.

Der bekannteste Typ des gemeinschaftlichen Testaments ist das sog. **Berliner Testament**. Bei diesem bedenken sich die Partner:innen gegenseitig und als Erb:innen der zuletzt Versterbenden Dritte, zumeist das gemeinsame Kind bzw. die gemeinsamen Kinder. Es gibt zwei Varianten dieses Testamentstyps:

1. Bei der **Einheitslösung** setzen sich die zu unbeschränkten Alleinerb:innen ein; die:der Überlebende wird Vollerb:in. Damit verschmelzen das ererbte und das Privatvermögenden der länger lebenden Person. Das bedeutet, dass die:der zuletzt Erbende (noch) nicht Erb:in wird. Werden Pflichtteilsberechtigte nach dem ersten Erbfall daher nicht Erb:innen, können sie den Pflichtteil verlangen. Das ist aber i. d. R. nicht im Sinne der Testierenden und kann durch Sanktionsklauseln erschwert werden.
2. Bei der **Trennungslösung** wird keine Vollerbschaft angeordnet, sondern Vor- und Nacherbschaft. Die länger lebende Person wird in Hinsicht auf das ererbte Vermögen in ihrer Handlungsmöglichkeit eingeschränkt, da sie nur Vorerb:in der:des zuletzt Erbenden wird. Das Vermögen setzt sich also aus zwei verschiedenen Vermögensmassen zusammen. Nur über das Eigenvermögen kann die:der Vorerb:in frei verfügen; insoweit ist sie:er nur erbrechtlich gebunden. Beim Tod der länger lebenden Person erhält die:der Erb:in das Vermögen der:des zuerst Verstorbenen als deren:dessen Nacherb:in und das Eigenvermögen der länger lebenden Person als deren unmittelbare:r Erb:in. Vor- und Nacherb:innen sind daher unterschiedliche Personen und beide Erb:innen der:des Erblasser:in, aber zeitlich nacheinander.

Selbstverständlich können auch alle weiteren Verfügungen als Erbeinsetzungen Gegenstand eines gemeinschaftlichen Testaments werden. Das gemeinschaftliche Testament muss **zweimal eröffnet** werden; nach dem ersten Erbfall werden nur die trennbaren Anordnungen für den Erbfall bekannt gegeben.

2.7.5 Erbvertrag

Haben Erblasser:innen das Bedürfnis, **bindende vermögensbezogene Regelungen** auf den Todesfall zu treffen und kommt ein wechselbezügliches Testament nicht in Betracht oder genügt dessen schwächere Bindung nicht, steht das Rechtsinstitut des Erbvertrages zur Verfügung (§§ 1941, 2274–2302 BGB). Er hat eine Doppelnatur, ist also eine **letztwillige Verfügung** und ein in der Regel zweiseitiger **Vertrag**.

Auch beim Erbvertrag wird die Verfügung der Erblasser:innen erst mit dem Tod wirksam, für die Vertragspartner:innen können jedoch Vertragspflichten bereits für die Lebenszeit der Verfügenden begründet werden (z. B. Dienstleistungen wie Pflege oder vertragliche Unterhaltsleistungen). Für den Erbvertrag ist die Form des öffentlichen Testaments vorgeschrieben. Nach § 1941 Abs. 1 BGB können Erblasser:innen durch Erbvertrag Erb:innen einsetzen sowie Vermächtnisse und Auflagen anordnen. Treffen Erblasser:innen weitere Verfügungen, liegt insoweit ein öffentliches Testament vor. Es muss aber mindestens in einer Hinsicht eine die Vertragspartner:innen bindende Regelung gewollt sein.

Zu unterscheiden sind
- einseitige,
- zweiseitige und
- mehrseitige Erbverträge.

Bei **einseitigen Erbverträgen** trifft nur ein:e Vertragspartner:in eine oder mehrere Verfügungen von Todes wegen, die:der andere Vertragspartner:in nimmt nur die Erklärung der:des Erblasser:in an, um die Bindungswirkung herbeizuführen, oder sie:er verpflichtet sich ihrerseits:seinerseits zu einer Leistung unter Lebenden. Angenommen wird nur die Erklärung der:des Erblasser:in; d. h. bei Erbeinsetzung und Erbanfall kann das Erbe auch ausgeschlagen werden.

Es können aber auch **beide Seiten** letztwillige Verfügungen, bei mehrseitigen Erbverträgen **alle Vertragsparteien** letztwillige Verfügungen treffen. Hinsichtlich von Verfügungen der:des Vertragspartner:in der:des Erblasser:in, die keine letztwilligen Verfügungen sind (z. B. eine Abtretung), muss bei Betreuten unter Einwilligungsvorbehalt die:der gesetzliche Vertreter:in mitwirken. Es kann auch die:der Vertragspartner:in, nicht aber die:der Erblasser:in, als Geschäftsunfähige:r von der:dem gesetzlichen Vertreter:in vertreten sein. Es können auch ausschließlich Dritte bedacht werden. Die Zustimmung der:des gesetzlichen Vertreter:in ist nicht formbedürftig, sollte aber schriftlich erfolgen (vgl. § 182 Abs. 2 BGB).

2.7.6 Vermächtnis und Auflage

Zuwendungen können nicht nur über Erbeinsetzungen erfolgen, die Erblasser:innen können vielmehr auch ein **Vermächtnis aussetzen** oder die Erb:innen mit einer Auflage belasten. Beim Vermächtnis handelt es sich um die Zuwendung einzelner **Vermögensbestandteile** oder Vermögensvorteile, ohne dass die Zuwendungsempfänger:innen Rechtsnachfolger:innen der Erblasser:innen werden. Macht das „Vermächtnis" aber den wesentlichen Teil des Nachlasses aus, liegt im Zweifel eine Erbeinsetzung vor.

Der **Vermächtnisanspruch** gegen Erb:innen oder die Erbengemeinschaft entsteht mit Annahme der Erbschaft. Sterben Vermächtnisnehmer:innen vor dem Erbfall, fällt im Zweifel das Vermächtnis weg; die Erb:innen der Vermächtnisnehmer:innen treten also im Regelfall nicht ein (§ 2160 BGB, vgl. aber auch § 2069 BGB). Vermächtnisnehmer:innen können auch mit einem Untervermächtnis beschwert werden (§ 2147 BGB).

Die **Auflage** ist eine Anordnung der Erblasser:innen, die die Beschwerten verpflichtet, ohne den Begünstigten ein Recht auf die Zuwendung zu geben.

Beispiele

Der Erblasser hat seinem Gärtner (W) ein Geldvermächtnis ausgesetzt. Erbe ist X. W hat den Anspruch auf Zahlung der Summe gegenüber X. Y soll als Vermächtnis ein bebautes Grundstück erhalten, aber an Z eine bestimmte Geldsumme zahlen (Untervermächtnis). Z muss seinen Anspruch gegenüber Y geltend machen. Der Erbe A erhält die Auflage, das Haustier des Verstorbenen angemessen zu pflegen. B erhält die Auflage, an die Kirchengemeinde eine bestimmte Summe zu zahlen, die für das Lesen der Messe einzusetzen ist. Auf die Zahlung hat die Kirchengemeinde keinen Anspruch. Erhält sie das Geld, muss es bestimmungsgerecht eingesetzt werden und darf nicht in den allgemeinen Haushalt fließen.

2.7.7 Sinn der Nachlassplanung

Da Erbteil wie Pflichtteil gepfändet werden oder vom Sozialleistungsträger übergeleitet werden können, ist eine **Nachlassplanung** insbesondere sinnvoll bei
- besonderen Bedarfslagen von Erb:innen oder Pflichtteilsberechtigten,
- drohendem Zugriff von Gläubiger:innen auf den Nachlass oder
- bei nur schwer teilbaren Vermögensgegenständen.

Außerdem stehen oft **steuerliche Gestaltungsmöglichkeiten** im Vordergrund. Ziele der Nachlassplanung können insbesondere
- Sonderregelungen im Sinne eines Behindertentestaments,
- eines Bedürftigentestaments,
- Sonderregelungen zugunsten Überschuldeter oder
- Teilungsregelungen

sein.

Im Folgenden werden nur die **Grundsätze des Behindertentestaments** erläutert.[75] Wird ein Mensch mit Behinderung, der nicht in der Lage ist, seinen **Lebensunterhalt** zu verdienen, und der auf Eingliederungshilfen und wirtschaftliche Transferleistungen angewiesen ist, Erb:in eines nicht überschuldeten Vermögens, ist dieses bis auf die Schongrenzen zu verbrauchen, bevor wirtschaftliche Leistungen wieder in Anspruch genommen werden können. Es ist daher das Ziel vieler Erblasser:innen, dem (häufig) Kind mit Behinderung die **Sozialleistungsansprüche zu erhalten**, dieses aber zumindest teilweise vom Erbe profitieren zu lassen und zwar möglichst langfristig.

Zur Erreichung dieses Ziels stehen mehrere Möglichkeiten offen, von denen aber manche auf rechtliche oder ethische Bedenken stoßen können:
1. Es besteht die Möglichkeit, den Menschen mit Behinderung zu **enterben**. Ist dieser pflichtteilsberechtigt, kann aber auf den Pflichtteil zugegriffen werden; außerdem wird erbrechtlich der Mensch mit Behinderung, z. B. gegenüber seinen Geschwistern, benachteiligt.
2. Ein **Erbverzicht** des Menschen mit Behinderung führt ebenfalls zu einer Erhöhung der Quote und einer entsprechenden wirtschaftlichen Benachteiligung. Ist das Handeln von gesetzlichen Vertreter:innen notwendig, bedarf der Verzicht auch der familiengerichtlichen oder der betreuungsgerichtlichen Genehmigung. Gesetzliche Vertreter:innen sind bei Verträgen mit Eltern Ergänzungspfleger:innen oder weitere Betreuungspersonen. Dass Verzichtende Empfänger:innen wirtschaftlicher Leistungen sind, macht einen Verzicht zwar nicht grundsätzlich unwirksam, die Leistungen können aber gekürzt werden.[76] Aus diesen Gründen ist diese Lösung die insgesamt ungünstigste. Allerdings können mit einem Erbverzicht aufgrund eines Erbvertrages auch Leistungen unter Lebenden ausbedungen werden, die damit die Lebensbedingungen des Menschen mit Behinderung vor dem Erbfall verbessern können.
3. Man kann eine **Erbeinsetzung auf den Pflichtteil** vornehmen. Das stellt weitere Erb:innen quotenmäßig günstiger, hat aber für die Betroffenen langfristig den Verlust des Vermögens zur Folge. Denkbar ist auch eine Enterbung unter Aussetzung eines Vermächtnisses

75 Zur unterschiedlichen Einschätzung durch die Gerichte, auch hins. des Geschäftswerts vgl. OLG Karlsruhe, Beschluss v. 23.2.2021, 14 W 69/20 (Wx); OLG Zweibrücken, Beschluss v. 23.11.2020, 3 W 58/20; LG Leipzig, Beschluss v. 2.3.2021, 01 T 500/20.

76 BGH, Urteil vom 19.1.2011, IV ZB 7/10.

in Höhe des Pflichtteils. Beides kann durch Anordnungen zur Verwaltung abgefedert werden, die möglichst den Stamm des Vermögens erhalten. Die Erträge kommen dann dem Menschen mit Behinderung zugute. Gesichert werden kann die Einhaltung der Anordnungen durch Testamentsvollstreckung.
4. Erblasser:innen können auch auf die maximale Dauer von 30 Jahren die **Auseinandersetzung der Erbengemeinschaft** zwischen den Miterb:innen, zu denen der Mensch mit Behinderung gehört, **ausschließen**. Das hindert den Sozialleistungsträger am Zugriff auf den Miterbenanteil. Es bedeutet aber eine erhebliche Einschränkung der Verwertbarkeit und einen gesteigerten Verwaltungsaufwand für alle Beteiligten.
5. Setzt man den Menschen mit Behinderung als **nicht befreiten Vorerben** ein, kommt man dem Ziel, den Nachlass für die Familie weitgehend zu erhalten, aber dem Menschen mit Behinderung sozialleistungsunschädliche Verbesserung zukommen zu lassen, näher. Nacherb:in wird die:der überlebende Ehegatt:in, andere Kinder oder dritte Personen; dabei sollte die Erbquote für die:den Vorerb:in über dem hälftigen gesetzlichen Erbteil liegen.

Die Einsetzung auf den Pflichtteil oder die Anordnung eines Vermächtnisses in Höhe des Pflichtteils oder die Einsetzung als nicht befreite:r Vorerb:in sollten mit der **Anordnung der Testamentsvollstreckung** verbunden werden. Die Dauertestamentsvollstreckung ist mit der Anweisung zu verbinden, dass die:der Testamentsvollstrecker:in nur Erträge zuweist, die einem Zugriff des Sozialleistungsträgers nicht unterliegen. Die:Der Bedachte erhält damit die Nutzungen, der Zugriff auf die Vermögenssubstanz ist verwehrt. Beim Eintritt des Nacherbfalls (Tod des Menschen mit Behinderung) ist ein Zugriff des Sozialhilfeträgers wegen § 102 SGB XII ausgeschlossen. Diese Lösung bedingt aber nicht unerhebliche Kosten für die Dauertestamentsvollstreckung und bedeutet gegenüber der Lage eines Vermögenslosen nur eine mäßige Verbesserung.

Bei der **Vermächtnislösung** wird der Mensch mit Behinderungen nicht Miterbe, sondern mit einem Vorvermächtnis, das mindestens die Höhe des Pflichtteils betragen muss, bedacht. Nachvermächtnisnehmer:innen werden Ehegatt:innen oder andere Kinder der Erblasser:innen oder dritte Personen. Ob auch auf diesen Fall § 102 SGB XII Anwendung findet, ist unklar.[77]

2.7.8 Testamentsvollstreckung

Testamentsvollstrecker:innen haben den Nachlass in Besitz zu nehmen und zu verwalten. Dazu können sie auch über Nachlassgegenstände verfügen (§ 2205 BGB). Ihr Aufgabenbereich wird im Übrigen von den Erblasser:innen bestimmt. Es gibt zwei Varianten: die **Abwicklungsvollstreckung** und die **Verwaltungsvollstreckung**.
1. Die **Abwicklungsvollstreckung** soll die Durchführung der Anordnungen der Erblasser:innen gewährleisten (§ 2203 BGB). Bevor Testamentsvollstrecker:innen den (Rest-)Nachlass den Erb:innen aushändigen, haben sie die Nachlass- und Erbfallschulden zu tilgen und Vermächtnisse und Auflagen zu erfüllen. Bei mehreren Erb:innen obliegt ihnen die Erbauseinandersetzung. Es können auch Miterb:innen als Testamentsvollstrecker:innen eingesetzt sein.
2. **Verwaltungsvollstreckung** ist hingegen Dauervollstreckung. Sie verhindert die Auseinandersetzung des Erbes vorübergehend (vgl. § 2209 BGB). Testamentsvollstrecker:innen

77 Vgl. Baltzer/Reisnecker, Vorsorgen mit Sorgenkindern, Rn. 667.

haben im Übrigen die Rechte und Pflichten wie bei der Abwicklungsvollstreckung (vgl. §§ 2205 ff. BGB).

Auch die Nacherbenvollstreckung und die Vermächtnisvollstreckung sind Dauertestamentsvollstreckungen. Den Erb:innen fehlt während der Dauer der Testamentsvollstreckung die Möglichkeit, über Nachlassgegenstände zu verfügen. Für die Gründe der Beendigung des Amtes von Testamentsvollstrecker:innen vgl. §§ 2210, 2225 ff., 2201 BGB.

2.7.9 Stellung der Erb:innen

Erb:innen rücken in die **rechtliche Stellung der Erblasser:innen** ein. Das bedeutet, dass ihnen die Aktiva zustehen und der Besitz auf sie übergeht (§ 857 BGB); sie erhalten i. d. R. auch die Position der Erblasser:innen als Gesellschafter:in eines Unternehmens und können die gerichtlichen Verfahren, die zwischenzeitlich ruhen, fortführen. Es bedeutet aber auch, dass das ererbte Vermögen und das Eigenvermögen verschmelzen und Erb:innen für die Schulden der Erblasser:innen und die Kosten des Erbfalls (z. B. Pacht einer Begräbnisstätte, Gebühren, Überführungskosten, Blumenschmuck, Grabpflege) einstehen müssen. Sie können diese Folgen nur durch Nachlassverwaltung und Nachlassinsolvenz abwenden. Für Regressforderungen wegen Sozialleistungen, die den Erblasser:innen erbracht worden waren, ist die Haftung aber auf den Nachlass beschränkt. Strafverfahren und Ordnungswidrigkeitenverfahren gegen die Verstorbenen werden endgültig eingestellt. Sind Erblasser:innen Opfer eines Delikts geworden, können die Erb:innen Strafanzeige erheben und Strafantrag stellen. Dazu verpflichtet sind sie indessen nicht. Sind **mehrere Personen Erb:innen** geworden, verwalten sie den Nachlass gemeinsam und haften als Gesamtschuldner:innen. Sie müssen aber spätestens 30 Jahre nach dem Erbfall die Erbengemeinschaft **auseinandersetzen** (vgl. § 2042 BGB). Das geschieht nach Berichtigung der Nachlassverbindlichkeiten (§ 2046 Abs. 1 BGB) gemäß den Teilungsanordnungen der Erblasser:innen oder durch Verteilung oder Verwertung und Erlösteilung (§§ 2042, 2047 BGB) auf Grundlage des Auseinandersetzungsvertrages.

2.7.10 Exkurs: Aufgaben im Todesfall

Für Angehörige und Erb:innen stellen sich mit dem Tod eines Menschen zahlreiche Aufgaben.

1. Der Tod ist dem Standesamt spätestens am folgenden Werktag mitzuteilen. Anzeigeverpflichtet sind die nahen Angehörigen, aber auch solche Personen, die die Leichenschau zu veranlassen haben (damit auch die Leitung der Einrichtung, in der der Mensch verstorben ist).
2. Haben Erblasser:innen eine Obduktion nicht untersagt, können nahe Angehörige in eine solche einwilligen; ist letztwillig eine Leichenöffnung verboten worden, ist dieser Wille nur unbeachtlich bei einer Leichenöffnung auf Anordnung der Staatsanwaltschaft oder des ermittelnden Strafgerichts (vgl. §§ 87, 159 StPO).
3. Die Überlassung des Leichnams zu Ausbildungszwecken, zu Zwecken der Forschung oder für eine Plastinierung ist nur zulässig, wenn sie Verstorbene gewollt haben. Grundlage der Überlassung ist ein zivilrechtlicher Vertrag mit der betreffenden Einrichtung.
4. Haben Verstorbene einer Gewebe- oder Organentnahme nicht widersprochen, können nahe Angehörige (Totenfürsorgeberechtigte) in die Spende einwilligen (vgl. §§ 1–4 TransplantationsG).

5. Auch die Form der Bestattung und die nähere Ausgestaltung können Betroffene bindend regeln; ansonsten ist die Entscheidung Pflicht der nach Landesrecht bezeichneten Bestattungsverpflichteten. Die Kosten tragen die Erb:innen (§ 1968 BGB); Ausnahmen gibt es aber nach § 79 Abs. 2 SeeArbG, § 18 BeamtenversorgungsG und § 1615m BGB. Bei **Dürftigkeit** des Nachlasses (nicht höher als doppelter Grundbetrag als Nachlasswert) und geringer Leistungsfähigkeit der Erb:innen oder wenn diese in häuslicher Gemeinschaft mit der verstorbenen Person gelebt haben, kann das Sozialamt die Kosten der Bestattung ganz oder teilweise übernehmen, allerdings sind diese der Höhe nach begrenzt (§§ 74, 102 SGB XII). Sofern sich niemand rechtzeitig um die Bestattung kümmert, lässt sie das Ordnungsamt im Wege der Ersatzvornahme durchführen; die Kosten tragen die Erb:innen.
6. Künstliche Körperteile (z. B. Prothesen) sind nicht vererblich, Erb:innen haben aber ein Aneignungsrecht. Abnehmbare Prothesen, Hörgeräte und Ähnliches fallen in den Nachlass und damit in das Eigentum der Erb:innen.
7. Bis zur Kenntnis vom Tod haben gesetzliche Vertreter:innen Vertretungsbefugnis mit Rechtsfolgen für den Nachlass. Nach Kenntnis vom Ableben der:des Vertretenen sind nur noch Notgeschäftsführungsmaßnahmen rechtmäßig.
8. Sind Kinder von Verstorbenen ohne die notwendige Aufsicht und Pflege, ist das Jugendamt zu informieren (Rechtsgedanke aus § 323c StGB), das die Kinder in Obhut nimmt (§ 42 SGB VIII).
9. Haustiere müssen ggf. zu einem Tierheim oder in Tierpflege gegeben, zumindest muss die Polizei von der Tierhaltung der:des Verstorbenen informiert werden.

Übungsaufgaben

1. Nennen Sie gesetzliche Erben der ersten und der zweiten Ordnung!
2. Gehören Ehegatt:innen oder Lebenspartner:innen zu einer dieser Ordnungen?
3. Welche Auswirkungen hat der gesetzliche Güterstand von Ehepartner:innen oder Lebenspartner:innen bei gesetzlicher Erbfolge?
4. Welche letztwilligen Verfügungen gibt es?
5. In welchen Formen können ledige Minderjährige eine letztwillige Verfügung errichten?
6. Müssen Vertragspartner:innen von Erblasser:innen geschäftsfähig sein?
7. Was unterscheidet das Vermächtnis von der Erbeinsetzung?
8. Was unterscheidet das Vermächtnis von der Auflage?
9. Der Erblasser hat im Testament „meine gesetzlichen Erben“ bedacht. Liegt gesetzliche Erbfolge oder eine letztwillige Verfügung vor?
10. Kann man auf ein Erbe verzichten? Was ist der Unterschied zur Ausschlagung der Erbschaft?
11. Welche Formen der Testamentsvollstreckung gibt es?
12. Für welchen Zeitraum können Erblasser:innen Testamentsvollstreckung anordnen?
13. Welche Ziele verfolgen Erblasser:innen, wenn sie ein sog. Behindertentestament errichten?
14. Was bedeutet die Erbenhaftung?
15. Was sind die Unterschiede zwischen Erblasserschulden und Erbfallschulden?
16. Wer ist totenfürsorgeberechtigt?

3 Verwaltungsverfahren und Rechtsschutz

3.1 Sozialverwaltungsverfahren

Das Sozialverwaltungsverfahren ist das Verwaltungsverfahren, das bei der **Durchführung des Sozialgesetzbuches** anzuwenden ist. Es gelten die Vorschriften des SGB I und des SGB X, sofern es keine abweichenden Verfahrensvorschriften in den besonderen Leistungsgesetzen gibt. Nach § 8 SGB X ist das Verwaltungsverfahren im Sinne des SGB „die nach außen wirkende Tätigkeit der Behörden, die auf die Prüfung der Voraussetzungen, die Vorbereitung und den Erlass eines Verwaltungsaktes oder auf den Abschluss eines öffentlich-rechtlichen Vertrages gerichtet ist; es schließt den Erlass des Verwaltungsaktes oder den Abschluss des öffentlich-rechtlichen Vertrags ein." In dieser Vorschrift sind bereits die zwei wichtigsten **Handlungsformen** der Verwaltung aufgeführt: der Verwaltungsakt und der öffentlich-rechtliche Vertrag. Diese Handlungsformen schließen ein Verwaltungsverfahren ab. Darüber hinaus kann die Behörde noch schlicht-hoheitlich handeln; hierbei gelten allerdings nicht die Verfahrensvorschriften der §§ 8–66 SGB X, sondern nur die allgemeinen Grundsätze, die in §§ 1–7 SGB X sowie im SGB I enthalten sind.

3.1.1 Träger öffentlicher Verwaltung

Im Sozialverwaltungsverfahren handeln **Behörden**. Eine Behörde ist nach § 1 Abs. 2 SGB X „jede Stelle, die Aufgaben der öffentlichen Verwaltung wahrnimmt".

Dies sind i. d. R. hoheitlich tätige, oft in Selbstverwaltung agierende Institutionen und Träger. Es handelt sich hierbei um juristische Personen des öffentlichen Rechts. Dazu gehören:
- Körperschaften,
- Anstalten und
- Stiftungen.

Hoheitlich handeln können aber auch private Rechtsträger, sofern ihnen entsprechende Aufgaben zugewiesen sind.

Körperschaften des öffentlichen Rechts sind rechtsfähige Verwaltungseinheiten, die auf einer Mitgliedschaft natürlicher und/oder juristischer Personen beruhen, vom Wechsel der Mitglieder unabhängig sind und hoheitliche Aufgaben erfüllen. Man unterscheidet sie in Gebietskörperschaften und in Personenkörperschaften.

Bei **Gebietskörperschaften** sind die Mitglieder räumlich zugeordnet, d. h. alle Personen, die innerhalb eines bestimmten Gebietes wohnen oder ihren gewöhnlichen Aufenthalt dort haben, sind Mitglieder dieser Körperschaft. Gebietskörperschaften sind Bund, Länder und Gemeinden (Landkreise).

Die Mitglieder von **Personenkörperschaften** werden personal zugeordnet. Sie zeichnen sich durch gemeinsame persönliche Eigenschaften oder eine bestimmte berufliche Tätigkeit aus. Personenkörperschaften haben gesetzlich festgelegte öffentlich-rechtliche Befugnisse. Sie haben grundsätzlich ein Recht auf Selbstverwaltung, d. h. die Mitglieder der Personenkörperschaft wählen die Organe, die das Selbstverwaltungsrecht gestalten und ausüben. Personenkörperschaften sind z. B. staatliche Hochschulen, die gesetzlichen Krankenkassen und Pflegekassen, die Träger der gesetzlichen Rentenversicherung, die Berufsgenossenschaften, die Ärztekammer, die Handwerkskammer oder die Industrie- und Handelskammer.

Anstalten des öffentlichen Rechts sind rechtlich oder organisatorisch selbstständige Einrichtungen mit eigenen personellen und sächlichen Ressourcen, die Aufgaben öffentlicher Verwaltung wahrnehmen, und zwar nicht in mitgliedschaftlicher Verfassung wie die Körperschaften, sondern „**benutzerorientiert**". Anstalten des öffentlichen Rechts sind z. B. die Rundfunkanstalten der Länder, Studierendenwerke oder kommunale Sparkassen. In einigen Bundesländern sind auch kommunale Krankenhäuser oder andere Einrichtungen staatlicher Daseinsvorsorge als Anstalten des öffentlichen Rechts organisiert, wie z. B. in Berlin die Berliner Stadtreinigung (BSR).

Stiftungen des öffentlichen Rechts sind mit Rechtsfähigkeit ausgestattete Organisationen, die einen Bestand an Vermögensmasse (Kapital- oder Sachvermögen) zu einem bestimmten – i. d. R. gesetzlich festgelegten – Zweck verwalten. Diejenigen, die von diesem Stiftungszweck erfasst werden, sind nicht Mitglieder (wie bei Körperschaften) oder Benutzer (wie bei Anstalten) einer Stiftung, sondern deren **Nutznießer**.

Die Anzahl öffentlich-rechtlicher Stiftungen ist, im Gegensatz zu privaten Stiftungen, überschaubar. Öffentlich-rechtliche Stiftungen des Bundes sind z. B. die Stiftung Preußischer Kulturbesitz, die Stiftung Erinnerung, Verantwortung und Zukunft zur Entschädigung der NS-Zwangsarbeiter, die Stiftung Mutter und Kind oder die Conterganstiftung; eine Stiftung der Länder sind z. B. die Berliner Philharmoniker. Die Studienstiftung des Deutschen Volkes, die begabte Studierende fördert, ist keine öffentlich-rechtliche, sondern eine private Stiftung.

Neben den juristischen Personen des öffentlichen Rechts können auch **private Rechtsträger** Aufgaben öffentlicher Verwaltung wahrnehmen. Dies geschieht einerseits durch **Beleihung**, d. h. durch eine Übertragung von öffentlich-rechtlichen Hoheitsbefugnissen an private Träger.

Beispiele

1. Der TÜV oder die DEKRA nehmen als privat organisierte Vereine hoheitliche Aufgaben der Verkehrssicherheit nach der Straßenverkehrs-Zulassungs-Ordnung (StVZO) wahr.
2. Private Hochschulen, die eine staatliche Anerkennung haben, dürfen Prüfungen abnehmen und Bachelor- und Mastertitel verleihen, die genauso wie die an staatlichen Hochschulen erreichten Abschlüsse anerkannt sind.

Andererseits können private Rechtsträger auch **originär**, d. h. ohne Beleihung, **Verwaltungsaufgaben** wahrnehmen. Dazu gehören v. a. die freien, privatrechtlich organisierten Träger der Kinder- und Jugendhilfe und andere soziale Träger. Sie nehmen Aufgaben der öffentlichen Verwaltung aufgrund eines autonomen Betätigungsrechts wahr und sind damit nicht selbst Träger der öffentlichen Sozialverwaltung. Sie werden häufig durch die öffentlichen Sozialleistungsträger beauftragt und teilweise refinanziert. Gegenüber ihren Klient:innen sind sie privatrechtlich, nicht öffentlich-rechtlich tätig. Private Träger im Sozialverwaltungsrecht sind u. a. die in der Bundesarbeitsgemeinschaft der freien Wohlfahrtspflege zusammengeschlossenen Spitzenverbände (Arbeiterwohlfahrt, Caritasverband, Deutsches Rotes Kreuz, Diakonisches Werk, Paritätischer Wohlfahrtsverband und Zentralwohlfahrtsverband der Juden in Deutschland).

Die **Träger der Sozialverwaltung** sind in Deutschland nach zwei Prinzipien strukturiert, die sich zum einen aufgrund des Föderalismus (Kompetenzaufteilung zwischen Bund und Ländern) und zum anderen aus der Gliederung und Organisation staatlicher Verwaltung ergeben.

Das **Föderalismusprinzip** erfordert eine Aufteilung der Verwaltungsaufgaben zwischen Bund und Ländern (Art. 70 ff., 83 ff. GG). So gibt es Bundesbehörden (**Bundesverwaltung**) und Landesbehörden (**Landesverwaltung**), die noch hierarchisch untergliedert sein können. Die jeweils höhere Behörde besitzt gegenüber der nachgeordneten Behörde die Rechts- und Fachaufsicht; die nachgeordnete Behörde ist weisungsgebunden. Darüber hinaus unterscheidet man danach, ob der Staat seine Verwaltungsaufgaben unmittelbar (selbst) wahrnimmt – dann handelt es sich um **unmittelbare Staatsverwaltung** – oder ob er die Aufgaben an juristische Personen des öffentlichen Rechts überträgt, die zu diesem Zweck geschaffen wurden, die Verwaltungsaufgaben selbstständig wahrnehmen und nur der Aufsicht des Staates unterliegen – dann handelt es sich um **mittelbare Staatsverwaltung**. Mittelbare Staatsverwaltung gibt es auf Bundes- und Landesebene. Die Verwaltungsträger haben Selbstverwaltungsrecht.

Zur mittelbaren Staatsverwaltung auf Bundesebene zählen die als Körperschaften des öffentlichen Rechts geführten Sozialversicherungsträger, deren Zuständigkeitsbereich sich über das Gebiet eines Landes hinaus erstreckt (Art. 87 Abs. 2 GG, z. B. Deutsche Rentenversicherung Bund, Bundesagentur für Arbeit). Zur mittelbaren Staatsverwaltung auf Landesebene gehören z. B. gesetzliche Krankenkassen wie AOK oder BKK, Studierendenwerke, Notarskammern oder Hochschulen.

Kommunale Gebietskörperschaften, und hier insbesondere die Gemeinden, nehmen eine **Doppelstellung** ein. Sie sind einerseits Selbstverwaltungseinheiten, die alle Angelegenheiten der örtlichen Gemeinschaft in eigener Verantwortung erledigen (Art. 28 Abs. 2 GG). Dazu gehören auch die vom Bundesgesetzgeber übertragenen, aber als eigene Aufgaben wahrzunehmenden Aufgaben der Kinder- und Jugendhilfe, der Sozialhilfe oder der Eingliederungshilfe.

Andererseits nehmen die Kommunen auch Auftragsangelegenheiten wahr, d. h. sie erfüllen staatliche Aufgaben, die ihnen durch Bundes- und Landesgesetze übertragen sind. In dieser Funktion sind die Kommunen (und/oder ggf. die Landkreise) Landesbehörden.

3.1.2 Zuständigkeiten

Anträge auf Sozialleistungen sollen beim **zuständigen Leistungsträger** gestellt werden (§ 16 Abs. 1 S. 1 SGB I). Möchte also jemand eine Sozialleistung erhalten und stellt einen Antrag, wird der jeweilige Leistungsträger zunächst prüfen, ob und inwieweit er eigentlich zuständig ist. Die Zuständigkeit eines Leistungsträgers ergibt sich aus den besonderen Teilen des SGB. Darüber hinaus werden Sozialleistungsanträge **auch bei allen anderen Leistungsträgern**, von allen Gemeinden und bei Personen, die sich im Ausland aufhalten, auch von den amtlichen Vertretungen der Bundesrepublik Deutschland im Ausland entgegengenommen (§ 16 Abs. 1 S. 2 SGB I).

Die **Zuständigkeiten** lassen sich wie folgt darstellen:

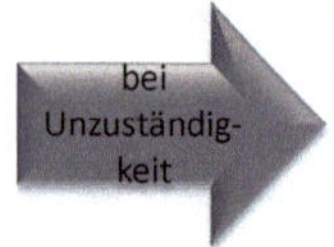

§ 16 Abs. 2 S. 1 SGB I : „Anträge, die bei einem unzuständigen Leistungsträger, bei einer für die Sozialleistung nicht zuständigen Gemeinde oder bei einer amtlichen Vertretung der Bundesrepublik Deutschland im Ausland gestellt werden, sind unverzüglich an den zuständigen Leistungsträger weiterzuleiten."

Übersicht 7

3.1.3 Handlungsformen öffentlicher Verwaltung

Verwaltungen bedienen sich verschiedener **Handlungsformen**, um ihre staatlichen Aufgaben zu erfüllen. Sie können hoheitlich (öffentlich-rechtlich) oder privatrechtlich handeln. Die Unterscheidung, ob eine Behörde öffentlich-rechtlich oder privatrechtlich handelt und welcher Handlungsform sie sich bedient, ist hinsichtlich des Rechtsschutzes und der entsprechenden Rechtsmittel von hoher Relevanz.

Handelt die Behörde **öffentlich-rechtlich**, unterscheidet man i. d. R. drei verschiedene Handlungsformen:

1. Verwaltungsakt (§§ 31 ff. SGB X)
2. öffentlich-rechtlicher Vertrag (§§ 53 ff. SGB X)
3. schlichthoheitliches Verwaltungshandeln (z. B. §§ 13–15 SGB I)

3.1.3.1 Der Verwaltungsakt

Die häufigste und bekannteste Handlungsform der Verwaltung ist der **Verwaltungsakt**. Er wird auch als „Bescheid", „Verfügung", „Entscheidung", „Bewilligung" oder Ähnliches bezeichnet.

Die (Legal-)Definition für den Verwaltungsakt findet sich in § 31 SGB X (bzw. § 35 VwVfG, sofern es sich nicht um Sozialverwaltung handelt). Ein Verwaltungsakt ist danach: „jede Verfügung, Entscheidung oder andere hoheitliche Maßnahme, die eine Behörde zur Regelung eines Einzelfalles auf dem Gebiet des öffentlichen Rechts trifft und die auf unmittelbare Rechtswirkung nach außen gerichtet ist."

Nach dieser Definition erfüllt ein Verwaltungsakt fünf **Merkmale**:

1. **Maßnahme einer Behörde**: in Abgrenzung zu gerichtlichen oder gesetzgeberischen Entscheidungen sowie Handlungen von Privatpersonen; Behörde ist i. S. d § 1 Abs. 2 SGB X gemeint;
2. **auf dem Gebiet des öffentlichen Rechts**: in Abgrenzung zu privatrechtlichen Handlungen;
3. **Regelung**: kennzeichnet das einseitige Handeln der Behörde, in Abgrenzung zum öffentlich-rechtlichen Vertrag und zum schlichthoheitlichen Verwaltungshandeln;
4. **Einzelfall**: ist eine konkret individuelle Regelung für bestimmte Adressat:innen, in Abgrenzung von generellen Regelungen. Verwaltungsakte können auch als sog. Allgemeinverfügung ergehen (§ 31 S. 2 SGB X). In diesen Fällen gelten sie für einen Personenkreis oder für eine Sache (z. B. Aufstellen eines Parkverbotsschildes);
5. **auf unmittelbare Rechtswirkung nach außen gerichtet**: die Maßnahme hat direkte Auswirkungen auf die Rechtsposition der Adressaten, in Abgrenzung von verwaltungsinternen Maßnahmen und Mitteilungen, die (noch) keine unmittelbare Rechtswirkung haben, sondern nur der Vorbereitung des Verwaltungsaktes dienen (z. B. Ermittlung des Sachverhalts, Führen von Gesprächen, vorbereitende medizinische oder andere Gutachten). Auch nachfolgendes Handeln (z. B. Auszahlung der mit dem Verwaltungsakt bewilligten Geldleistung) ist kein mit Rechtswirkung verbundenes Handeln mehr.

Beispiel

Die gehörlose Studentin Z beantragt für die Teilnahme an den Lehrveranstaltungen eine:n Schriftdolmetscher:in. Sie erhält folgenden Bescheid:

Landkreis A
Postfach
X-Stadt
Aktenzeichen: ABC- 123/2021
(Bitte immer angeben)

Frau Z
B-Straße 1
X-Stadt

Bescheid über die Bewilligung eines Schriftdolmetschers nach den §§ 99, 112 SGB IX

Sehr geehrte Frau Z,
aufgrund Ihres Antrags vom 4.8.2021 wird Ihnen ab dem 1.10.2021 ein Schriftdolmetscher für die Teilnahme an den Lehrveranstaltungen im Umfang von 20 Stunden bewilligt. Der Schriftdolmetscher erhält eine Vergütung von 45 € pro Stunde.
Begründung:

Mit freundlichen Grüßen
Unterschrift

Rechtsbehelfsbelehrung: Gegen diesen Bescheid können Sie innerhalb eines Monats ab Bekanntgabe beim Landkeis A, Postfach, X-Stadt schriftlich oder zur Niederschrift Widerspruch einlegen.

Übersicht 8

Es handelt sich hierbei um eine Maßnahme (Verfügung) einer Behörde, nämlich des Landkreises A, auf dem Gebiet des öffentlichen Rechts – hier des Sozialgesetzbuches, SGB IX. Es ist eine einseitige Regelung, die die Behörde aufgrund des Antrags trifft, ohne dass Frau Z mitspracheberechtigt ist; es betrifft mit Frau Z einen Einzelfall, weil nur ihr ein Schriftdolmetscher bewilligt wird. Die Bewilligung beeinflusst ihre Rechtsposition unmittelbar und direkt, da sie nunmehr mit Hilfe eines Schriftdolmetschers an den Vorlesungen und Seminaren teilnehmen kann. Es handelt sich mithin um einen Verwaltungsakt.

Einen Verwaltungsakt kann man häufig auch an der beigefügten **Rechtsbehelfsbelehrung** erkennen (§ 36 SGB X), die Auskunft darüber gibt, wohin man sich ggf. – wenn man mit dem Inhalt des Verwaltungsaktes nicht einverstanden ist – mit welchem Rechtsmittel, in welcher Form und innerhalb welcher Frist wenden kann (s. Kapitel 3.2).

Ein Verwaltungsakt kann **begünstigend sein** – indem er die Rechtsposition der Adressat:innen verbessert – oder belastend (nicht begünstigend) sein – indem er die Rechtsposition der Adressat:innen verschlechtert. Darüber hinaus gibt es Verwaltungsakte, die eine **doppelte Wirkung** haben, nämlich einerseits begünstigend, andererseits belastend sind.

Beispiele

Die Eltern der 5-jährigen K beantragen eine heilpädagogische Assistenz für die Kita im Umfang von 25 Stunden wöchentlich. Der Träger der Eingliederungshilfe bewilligt diese Assistenz. Es handelt sich um einen begünstigenden Verwaltungsakt.

Der 28-jährige F beantragt beim Träger der Eingliederungshilfe Sexualassistenz einmal wöchentlich. Dem Antrag wird nicht stattgegeben, weil Sexualassistenz keine Leistung der Eingliederungshilfe sei. Es handelt sich um einen belastenden Verwaltungsakt

Herr K beantragt eine Arbeitsassistenz für 30 Stunden in der Woche beim Integrationsamt. Das Integrationsamt bewilligt ihm eine Arbeitsassistenz, aber nur für 20 Stunden in der Woche. Hinsichtlich der 20 Stunden stellt der VA eine Begünstigung dar, hinsichtlich der nicht bewilligten Stunden eine Belastung. Hierbei handelt es sich um einen Verwaltungsakt mit Doppelwirkung.

Bei manchen Verwaltungsakten spricht man von **Verwaltungsakten mit Drittwirkung**. Das sind Verwaltungsakte, die nicht nur auf die Adressat:innen des VA, sondern noch auf eine weitere Person begünstigende oder – in der Regel – belastende Rechtswirkungen haben.

Beispiel

Geschäftsführer A der B-GmbH möchte dem schwerbehinderten Arbeitnehmer C kündigen. Er beantragt beim Integrationsamt die Zustimmung zu der Kündigung. Erteilt das Integrationsamt diese Zustimmung, dann betrifft diese nicht nur den Antragsteller – A – bzw. die antragstellende Firma – B-GmbH – sondern auch den Arbeitnehmer C, dem aufgrund dieser Zustimmung nun gekündigt werden kann.

In **zeitlicher Hinsicht** sind Verwaltungsakte danach zu unterscheiden, ob sie sich in einer **einmaligen Regelung** oder Anordnung erschöpfen (z. B. Bewilligung einer medizinischen Rehabilitation oder eines Hilfsmittels) oder ob es sich um **Verwaltungsakte mit Dauerwirkung** handelt. Deren Regelungen sind auf unbestimmte oder bestimmte Zeit angelegt (z. B. Erteilung eines Schwerbehindertenausweises oder Bewilligung von Grundsicherungsleistungen). Bei diesen Verwaltungsakten wird das Vorliegen der Leistungsvoraussetzungen im Rahmen des Antragsverfahrens geprüft und dann grundsätzlich während des Bewilligungszeitraums nicht mehr, es sei denn, es sind Umstände erkennbar, die zum Wegfall des Anspruchs führen.

Nur gegen Verwaltungsakte, die jemanden in seiner Rechtsposition verschlechtern oder belasten („beschweren"), können Widerspruch und im Anschluss Klage eingereicht werden. Zudem gelten bei der Aufhebung von Verwaltungsakten nach ihrer Bestandskraft unterschiedliche Regelungen – je nachdem, ob sie begünstigend oder belastend sind oder ob sie einmalig oder auf längere Zeit Leistungen bewilligen.

Der VA unterliegt bestimmten Regelungen über **Inhalt, Form und Begründung**. Dazu gehören u. a.:

1. **Bestimmtheit** (§ 33 Abs. 1 SGB X): Da der VA eine Regelung (z. B. Gebot, Verbot, Genehmigung, Versagung) enthält, muss er inhaltlich hinreichend bestimmt, d. h. klar, verständlich und widerspruchsfrei sein. Auch die erlassende Behörde und die:der Adressat:in müssen klar erkennbar sein.
2. **Formfreiheit** (§ 33 Abs. 2 SGB X): Der VA unterliegt grundsätzlich keinen Formvorschriften und kann sowohl mündlich (z. B. Aufforderung der Polizei, den Versammlungsplatz zu verlassen), als auch schriftlich (z. B. Bescheid), als auch elektronisch (z. B. per E-Mail) oder auch in anderer Weise (z. B. Aufkleben der Plakette durch den TÜV, Wink der:des Polizeibeamt:in mit der Aufforderung zum Anhalten) erfolgen. Allerdings ist häufig die Schriftform in besonderen Gesetzen vorgeschrieben.
3. **Erkennbarkeit der Behörde** (§ 33 Abs. 3 SGB X): Wird der VA schriftlich oder elektronisch erlassen, müssen die erlassende Behörde sowie die Unterschrift und der Name der:des Sachbearbeiter:in erkennbar sein.
4. **Begründung** (§ 35 Abs. 1 und 2 SGB X): Ein schriftlich oder elektronisch erlassener VA muss begründet werden. Es sind die wesentlichen tatsächlichen und rechtlichen Gründe für die Entscheidung darzulegen, d. h. der Sachverhalt und die der Regelung zugrunde liegenden Vorschriften. Dies gilt v. a. für Ermessensentscheidungen. Auf eine Begründung kann nur in den Fällen des § 35 Abs. 2 SGB X (abschließende Aufzählung) verzichtet werden, so z. B. dann, wenn die Behörde dem Antrag entsprochen hat.

5. **Rechtsbehelfsbelehrung** (§ 36 SGB X)
6. **Bekanntgabe** (§ 37 SGB X): Der VA muss derjenigen:demjenigen, für den er bestimmt ist, bekanntgegeben werden. Erst dann ist er wirksam und erst dann beginnt die Rechtsbehelfsfrist zu laufen. Die Bekanntgabe ist grundsätzlich formfrei, es sei denn, es ist eine bestimmte Form (z. B. förmliche Zustellung, § 85 Abs. 3 SGG) vorgeschrieben. Ist der genaue Zugang nicht nachweisbar, wird nach § 37 Abs. 2 SGB X der Zugang fingiert. Danach gilt ein zur Post aufgegebener Bescheid am dritten Tag nach Absendung als bekannt gegeben.

Beispiel

Ein Bescheid vom 19.8.2021 (Datum auf dem Bescheid) wird nachweisbar (z. B. durch Einwurfeinschreiben) am 21.8.2021 in den Briefkasten des Adressaten geworfen. Die Bekanntgabe des Bescheides ist der 21.8.2021, unabhängig davon, ob der Adressat an diesem Tag seinen Briefkasten geleert hat. Gibt es keinen ausdrücklichen Nachweis (das ist bei „normalen" Verwaltungsakten die Regel, da diese mit der Post verschickt werden), gilt die Zugangsfiktion des § 37 Abs. 2 SGB X; der Bescheid gilt am 22.8.2021 als bekannt gegeben. Dabei spielt es keine Rolle, dass der 22.8.2021 ein Sonntag ist, da es sich hier nur um eine Zugangsfiktion handelt.

Ein VA kann auch mit **Nebenbestimmungen** versehen werden (§ 32 SGB X). Bei Anspruchsleistungen ist das nur möglich, wenn das Gesetz selbst sie vorsieht (z. B. Befristung des Pflegegrads nach § 33 Abs. 1 S. 4 SGB XI). Bei Ermessensleistungen sind grundsätzlich folgende Nebenbestimmungen möglich (§ 32 Abs. 2 SGB X):

- **Befristung**: Die Wirksamkeit des Verwaltungsakts beginnt oder endet mit einem bestimmten Datum oder gilt nur für einen bestimmten Zeitraum (z. B. eine Erwerbsminderungsrente wird vom 1.9.2021 bis 31.8.2023 gewährt).
- **Bedingung**: Die Wirksamkeit des Verwaltungsakts hängt von einem zukünftigen Ereignis ab, dessen Eintritt noch nicht feststeht (z. B. die Bewilligung einer Aufenthaltsgenehmigung wird vom erfolgreichen Abschluss eines Studiums abhängig gemacht).
- **Widerrufsvorbehalt**: Die Wirksamkeit des Verwaltungsakts kann durch einen im VA bereits vorbehaltenen Widerruf nachträglich beseitigt werden (z. B. die Genehmigung von Fördermitteln für eine inklusive Ferienfreizeit erfolgt unter dem Vorbehalt des Widerrufs, wenn nicht 30 % der teilnehmenden Kinder eine Behinderung haben).
- **Auflage**: Ein selbstständiger Teil eines Verwaltungsakts, der den Begünstigten ein Tun, Dulden oder Unterlassen auferlegt (z. B. die Erlaubnis zum Betrieb einer integrativen Kindertageseinrichtung wird nur erteilt, wenn zwei Heilpädagog:innen dort beschäftigt werden).
- **Auflagenvorbehalt**: Die Behörde behält sich vor, später eine entsprechende Auflage zu erteilen.

Ein Verwaltungsakt wird nach Ablauf der Rechtsbehelfsfrist **bestandskräftig**, sofern er nicht nichtig (§ 40 SGB X) ist oder an unheilbaren Fehlern (§§ 41 f. SGB X) leidet. Auch ein rechtswidriger VA ist wirksam und entfaltet verbindliche Wirkung, sofern er nicht aufgehoben wird. Nach Bestandskraft kann ein VA **vollstreckt** werden, ohne dass ein Gerichtsurteil ergehen muss.

Beispiel

Frau Z erhält Grundsicherung im Alter und bei Erwerbsminderung nach den §§ 41 ff. SGB XII. Um diese aufzubessern, arbeitet sie wöchentlich einige Stunden in einem Blumenladen, gibt dies allerdings dem Leistungsträger nicht an. Nachdem dieser von dem Einkommen von Frau Z erfährt, hebt er den Grundsicherungsbescheid auf und fordert 2.000 Euro zurück. Wehrt sich Frau Z nicht gegen diese Bescheide, kann nach Ablauf der Rechtsbehelfsfrist von einem Monat das Grundsicherungsamt direkt aus dem VA vollstrecken und z. B. den Gerichtsvollzieher auf die Suche nach Vermögensgegenständen in die Wohnung von Frau Z schicken, damit die 2.000 Euro bezahlt werden können.

Nach **Bestandskraft** können VA nur nach den besonderen Vorschriften der §§ 44–49 SGB X aufgehoben werden. Handelt es sich um Dauerverwaltungsakte, ist zu prüfen, ob der Grund für die Aufhebung bereits bei Erlass des Verwaltungsaktes bestanden hat oder während des Bewilligungszeitraums eingetreten ist.

Bei der Suche nach der anwendbaren Vorschrift ist zunächst festzustellen, ob der VA zum Zeitpunkt seines Erlasses rechtmäßig oder rechtswidrig war.

Ein **Verwaltungsakt** war **rechtmäßig**, wenn er bei seinem Erlass (Datum auf dem Bescheid) mit dem geltenden Recht und der tatsächlichen Sachlage übereinstimmt, d. h. keine beachtlichen formellen oder materiellen Fehler aufweist. Ein **Verwaltungsakt** ist **rechtswidrig**, wenn er durch eine unrichtige Anwendung von Rechtsvorschriften zustande kommt oder die Sachlage von der Behörde falsch eingeschätzt wurde. Dabei kommt es nicht darauf an, ob die Behörde über die Rechtswidrigkeit des Bescheides Kenntnis hatte; die Bestimmung, ob ein VA rechtmäßig oder rechtswidrig bei seinem Erlass ist, wird objektiv festgestellt.

Beispiele

Die 68-jährige Frau F hat aufgrund ihrer geringen Erwerbstätigkeitszeiten nur geringe Rentenansprüche. Sie beantragt am 23.8.2021 Grundsicherung im Alter und bei Erwerbsminderung. Sie erhält mit Bescheid vom 13.9.2021 Leistungen wie beantragt bewilligt. Da Frau F nur ihre geringe Rente hat und hilfebedürftig ist, sind die Leistungen am 13.9.2021 zu Recht bewilligt worden.

Frau F hat am 30.8.2021 (d. h. sieben Tage nach Antragstellung) einen Lottogewinn in Höhe von 130.000 EUR erzielt, meldet dies aber nicht dem Leistungsträger. Der bewilligt ihr am 13.9.2021 Grundsicherungsleistungen. Hier stimmt die Sach- mit der Rechtslage nicht überein; Frau F war bei Erlass des Bescheides nicht mehr hilfebedürftig und der Verwaltungsakt ist rechtswidrig ergangen.

Die Aufhebung **rechtswidriger Verwaltungsakte** heißt **Rücknahme** und erfolgt je nachdem, ob der VA belastend oder begünstigend war, nach dem § 44 SGB X oder dem § 45 SGB X. Die Aufhebung **rechtmäßiger Verwaltungsakte** heißt **Widerruf**. Rechtmäßige belastende VA werden nach § 46 SGB X, rechtmäßige begünstigende VA nach § 47 SGB X widerrufen. Die Voraussetzungen für die Aufhebung müssen dann anhand dieser Vorschriften geprüft werden. Es ist deshalb in einem nächsten Schritt zu entscheiden, ob der aufgehobene VA belastend oder begünstigend war. **Begünstigend** ist ein VA, wenn er ein Recht oder einen rechtlich erheblichen Vorteil begründet oder bestätigt hat (Legaldefinition in § 45 Abs. 1 S. 1 SGB X). Auch bei **Dauerverwaltungsakten** (diese sind i. d. R. begünstigend) wird zunächst geprüft, ob diese bei ihrem Erlass rechtswidrig oder rechtmäßig waren. Waren sie zunächst rechtmäßig, ist aber während des Bewilligungszeitraums ein Umstand eingetreten, der die Sach- und Rechtslage verändert hat, dann kann auch der Dauerverwaltungsakt nach § 48 SGB X aufgehoben werden.

Beispiel

Familie S erhält mit Bescheid vom 18.8.2021 Leistungen nach dem SGB II für die Zeit vom 1.9.2021 bis 31.8.2022 bewilligt. Hat Herr S am 10.8.2021 eine Erbschaft in Höhe von 350.000 EUR gemacht, ist der Bescheid vom 18.8.2021 rechtswidrig (und begünstigend, weil Leistungen bewilligt wurden), da die Anspruchsvoraussetzungen (hier Hilfebedürftigkeit) nicht vorlagen. Die Rücknahme erfolgt unter den Voraussetzungen des § 45 SGB X. Hat Herr S die Erbschaft erst am 30.11.2021 gemacht, war der Bescheid am 18.8.2021 rechtmäßig, allerdings sind die Anspruchsvoraussetzungen für den Bezug von SGB II-Leistungen am 30.11.2021 weggefallen. Das Jobcenter kann dann nach § 48 SGB X den Bewilligungsbescheid für die Zukunft aufheben. Auch eine Aufhebung für die Vergangenheit ab dem 30.11.2021 ist möglich, wenn z. B. der Aufhebungsbescheid erst am 1.1.2022 ergeht und in der Zwischenzeit die Leistungen weiter geflossen sind.

Die Sach- und Rechtslage kann sich auch **zugunsten** der Leistungsberechtigten ändern, z. B., indem durch eine Gesetzesänderung Regelbedarfe erhöht oder neue Leistungen eingeführt werden.

Wird ein begünstigender VA mit Wirkung für die Vergangenheit aufgehoben, können Leistungen, die bis dahin erbracht wurden, **zurückgefordert** werden (§ 50 SGB X). Nachzahlungen bei zu Unrecht nicht erbrachten Leistungen können bis zu vier Jahre rückwirkend erfolgen. Im Überblick lässt sich die Aufhebung von Verwaltungsakten wie folgt darstellen; die Rücknahmevoraussetzungen sind in den jeweiligen Vorschriften zu finden:

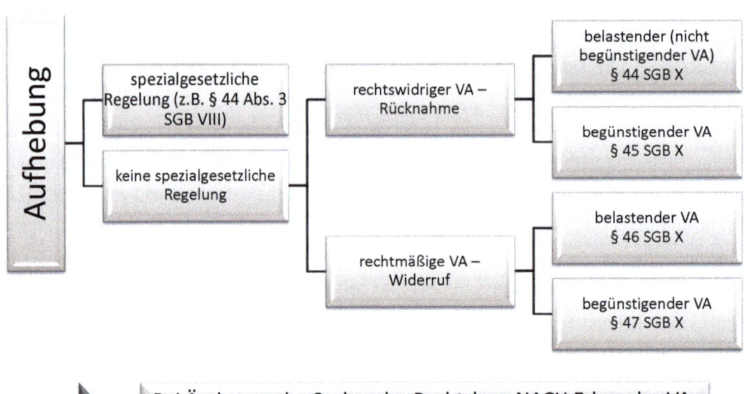

Übersicht 9

Wurde rechtswidrig eine Leistung versagt, kann auch nach Ablauf der Widerspruchsfrist ein Antrag auf Rücknahme des rechtswidrigen – und durch die Versagung auch belastenden – Verwaltungsaktes nach § 44 SGB X gestellt und um Neuprüfung gebeten werden. Durch die Rücknahme dieses rechtswidrigen Verwaltungsakts erhalten Leistungsberechtigte dann die Leistung vom ursprünglichen Antragszeitpunkt an und nicht – wie bei einem Neuantrag – zu einem späteren Zeitpunkt.

3.1.2.2 Der öffentlich-rechtliche Vertrag

Anstelle eines Verwaltungsaktes kann eine Behörde auch einen öffentlich-rechtlichen Vertrag schließen. Die Verträge dienen der **Begründung, Änderung oder Aufhebung eines Rechtsverhältnisses** auf dem Gebiet des öffentlichen Rechts.

Kennzeichen eines öffentlich-rechtlichen Vertrages ist, dass er keine einseitige hoheitliche Regelung ist, sondern dieser im Prinzip – wie im Zivilrecht auch – auf **Verhandlungen** zwischen Vertragspartnern beruht. Es handelt sich hierbei um kooperatives Verwaltungshandeln, das die Akteure in den Entscheidungsprozess der Behörde mit einbezieht. Der öffentlich-rechtliche Vertrag ist in den §§ 53–61 SGB X geregelt. Er ist nur dann zulässig, wenn keine Rechtsvorschriften ihm entgegenstehen. Über die Gewährung von Sozialleistungen kann er nur dann geschlossen werden, wenn die Erbringung der Leistung im Ermessen des Leistungsträgers (§ 53 Abs. 2 SGB X) steht.

Besteht ein Anspruch auf eine Sozialleistung (Muss-Leistung), darf die Behörde keinen öffentlich-rechtlichen Vertrag über die Erbringung der jeweiligen Leistung mit dem Leistungsberechtigten schließen.

Formen öffentlich-rechtlicher Verträge sind:

1. Der **koordinationsrechtliche Vertrag**. Hierzu gehören insbesondere die Verträge, die mit Leistungserbringern (§ 17 Abs. 2 SGB II, §§ 78a ff. SGB VIII, § 38 SGB IX, § 75 ff. SGB XII) geschlossen werden (vgl. zum sozialrechtlichen Dreiecksverhältnis Kap. 4.1.4).
2. Der **subordinationsrechtliche Vertrag**. Er wird anstelle eines VA geschlossen; hierzu gehört insbesondere die Eingliederungsvereinbarung nach § 15 Abs. 1 SGB II. In gewisser Weise gehört auch die im Rahmen des Persönlichen Budgets geschlossene Zielvereinbarung (§ 29 Abs. 4 SGB IX, s. Kapitel 4.4.11) zu dieser Form des öffentlich-rechtlichen Vertrages; sie ist die Grundlage für die Bewilligung der Leistungen, allerdings haben Leistungsberechtigte hier mehr Mitspracherecht.
3. Der **Vergleichsvertrag** (§ 54 SGB X). Er wird zur Vermeidung oder Beendigung von Rechtsstreitigkeiten geschlossen und ist durch ein gegenseitiges Nachgeben bzw. einen Kompromiss gekennzeichnet.
4. Der **Austauschvertrag** (§ 55 SGB X). Mit diesem Vertrag verpflichtet sich die:der Vertragspartner:in der Behörde zu einer Gegenleistung (z. B., um eine Genehmigung zu erhalten).

Ein öffentlich-rechtlicher Vertrag unterliegt der **Schriftform** (§ 56 SGB X). Nichtigkeitsgründe ergeben sich aus § 58 SGB X. Haben sich die Verhältnisse, die für die Festsetzung des Vertragsinhalts entscheidend waren, so wesentlich geändert, dass einer Vertragspartei das Festhalten an der ursprünglichen Vereinbarung nicht mehr zugemutet werden kann, besteht die Möglichkeit, den Vertrag entsprechend anzupassen oder (schriftlich) zu kündigen (§ 59 SGB X).

Beispiel

Der Geschäftsführer eines Vereins, der Notübernachtungen für Wohnungslose aufgrund einer Vereinbarung mit dem Sozialhilfeträger anbietet und in diesem Rahmen Hilfen zur Überwindung besonderer sozialer Schwierigkeiten gem. §§ 67 ff. SGB XII erbringt, wird in den Medien dadurch bekannt, dass er auf Kosten des Vereins einen Maserati fährt und eine Villa in einer besonders teuren Wohngegend bewohnt. Auf Nachforschung des Sozialhilfeträgers stellt sich heraus, dass Gelder für Leistungen der Wohnungslosenhilfe zweckentfremdet und nicht entsprechend den Leistungsvereinbarungen erbracht wurden. Der Sozialhilfeträger war berechtigt, den Vertrag mit dem Verein zu kündigen, weil ein Festhalten an der ursprünglichen Vereinbarung nicht mehr zumutbar war. Es bestand der dringende Verdacht, dass öffentliche Gelder nicht bestimmungsgemäß zugunsten der wohnungslosen Menschen verwendet wurden.

Für den öffentlich-rechtlichen Vertrag gelten ergänzend die Regelungen des BGB (§ 61 S. 2 SGB X).

Gegen (ungünstige) öffentlich-rechtliche Verträge sind weder Widerspruch noch Anfechtungsklage zulässig. Will der Vertragspartner eine Leistung oder eine Änderung durchsetzen oder eine Kündigung feststellen lassen, muss er Leistungsklage oder Feststellungsklage erheben.

3.1.2.3 Schlicht-hoheitliches Verwaltungshandeln

Außer durch Verwaltungsakt und öffentlich-rechtlichen Vertrag kann die Behörde auch **schlicht-hoheitlich** handeln. Diese Handlungsform ist nicht auf einen Rechtserfolg, sondern auf einen tatsächlichen Erfolg gerichtet und umfasst sämtliche Handlungen einer Behörde, die keine unmittelbaren Rechtswirkungen haben.

Zum schlichten Verwaltungshandeln gehören v. a. **Beratungen**, die Weitergabe von Auskünften und Informationen, Ausspruch von Warnungen, vorbereitendes Verwaltungshandeln wie die Erarbeitung von Stellungnahmen, Gutachten, Hilfeplänen oder Realakte wie Dienstfahrten, Auszahlung von Geldleistungen u. Ä.

Beispiele

1. Frau K beantragt Leistungen der Pflegeversicherung bei ihrer Pflegekasse. Die Pflegekasse beauftragt den Medizinischen Dienst, die Begutachtung bei Frau K vorzunehmen. In seinem Gutachten empfiehlt er für Frau K Pflegegrad 1. Als Frau K eine Kopie des Gutachtens erhält, ist sie damit nicht einverstanden, weil ihr Bedarf – ihrer Ansicht nach – wenigstens Pflegegrad 2 erfordert. Frau K kann gegen das Gutachten keinen Widerspruch einlegen, da es nur vorbereitendes und damit schlichtes Verwaltungshandeln ist. Erst wenn der Bescheid der Pflegekasse vorliegt, der den Pflegegrad festlegt, kann sie dagegen Rechtsbehelfe (Widerspruch und Klage) einlegen.
2. Das BAföG-Amt fordert vom Studenten L die Einkommensnachweise seiner Eltern an, weil sonst keine Berechnung der Leistungen erfolgen kann. Auch diese Aufforderung ist nur vorbereitendes Handeln.
3. Frau M möchte vom Träger der Rentenversicherung eine Beratung darüber, ob es sich lohnt, Beiträge nachzuzahlen, um so die Rentenansprüche zu erhöhen.

Gegen schlichtes Verwaltungshandeln kann weder Widerspruch noch Klage eingelegt werden. Lediglich bei falscher Beratung nach den §§ 14 f. SGB I besteht ggf. ein sozialrechtlicher Herstellungsanspruch. Es handelt sich hierbei um einen Anspruch, den die Rechtsprechung entwickelt hat. Er greift dann, wenn Leistungsberechtigte aufgrund einer falschen oder unvollständigen Beratung des zuständigen Trägers eine notwendige Handlung nicht oder nicht richtig vornehmen und dadurch einen Nachteil erleiden. Der Anspruch geht darauf hinaus, die Berechtigten so zu stellen, als ob sie richtig und vollständig beraten worden wären.

3.1.4 Das Verwaltungsverfahren

Das Sozialverwaltungsverfahren unterliegt den Vorschriften des SGB I und des SGB X, sofern keine spezialgesetzlichen Verfahrensvorschriften gelten (§ 37 SGB I).

Es lässt sich im Überblick so darstellen:

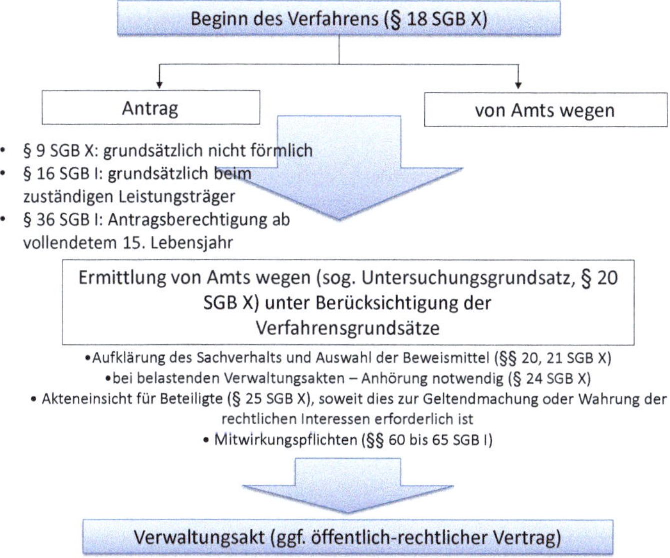

Übersicht 10

3.1.4.1 Verfahrensbeginn

Ob ein Verwaltungsverfahren eingeleitet wird, liegt nach § 18 Satz 1 SGB X im **pflichtgemäßen Ermessen** der Behörde, es sei denn, sie muss von Amts wegen, d. h. von sich aus tätig werden oder es liegt ein Antrag vor (§ 18 S. 2 SGB X).

Viele Sozialleistungen werden nur auf **Antrag** erbracht (z. B. Grundsicherung für Arbeitsuchende nach § 37 SGB II, Renten nach § 115 Abs. 1 SGB VI, Pflegeleistungen nach § 33 Abs. 1 SGB XI, Grundsicherung im Alter und bei Erwerbsminderung § 44 SGB XII oder Leistungen der Eingliederungshilfe nach § 108 SGB IX). Dieser Antrag kann **grundsätzlich formlos** erfolgen (§ 9 SGB X Nichtförmlichkeit des Verwaltungsverfahrens), es sei denn, es ist eine bestimmte Form im jeweiligen Leistungsgesetz vorgeschrieben.

Beispiele

Der Antrag auf Arbeitslosengeld I setzt eine persönliche Arbeitslosmeldung der Leistungsberechtigten bei der Arbeitsagentur (§ 137 SGB III) voraus. Anträge auf BAföG, Kindergeld oder Elterngeld müssen schriftlich gestellt werden (§ 46 Abs. 1 BAföG, § 9 BKGG, § 7 BEEG).

Grundsätzlich sind Anträge beim zuständigen Leistungsträger zu stellen. Nach § 16 Abs. 1 S. 2 SGB I werden sie auch von unzuständigen Leistungsträgern oder Gemeinden (z. B. Bürgerämter, Bürgermeisterstellen) angenommen und sind dann unverzüglich an den zuständigen

Leistungsträger weiterzuleiten (§ 16 Abs. 2 S. 1 SGB I). Ist für eine Leistungsgewährung der **Zeitpunkt** der Antragstellung entscheidend, um den Leistungsbeginn festzulegen, gilt der Zeitpunkt, an dem der Antrag beim unzuständigen Leistungsträger gestellt wurde (§ 16 Abs. 2 S. 2 SGB I).

Beispiel

Beantragt jemand am 24.8.2021 Leistungen der Pflegeversicherung statt bei der Pflegekasse bei der Rentenversicherung oder im Bürgeramt und erhält die Pflegekasse den Antrag aufgrund interner Verzögerungen erst am 24.9.2021, ist der 24.8.2021 Leistungsbeginn und nicht erst der 24.9.2021, an dem die Pflegekasse tatsächlich Kenntnis von dem Antrag hatte.

Die Leistungsträger sind verpflichtet, darauf hinzuwirken, dass unverzüglich klare und sachdienliche Anträge gestellt und unvollständige Angaben ergänzt werden (§ 16 Abs. 3 SGB I).

Stellen Menschen mit Behinderungen einen Antrag auf Leistungen zur Teilhabe nach dem SGB IX, ist § 16 Abs. 2 SGB I nicht anzuwenden. Hier erfolgt das Verfahren bei Antragstellung nach § 14 SGB IX (§ 14 Abs. 5 SGB IX, s. Kapitel 4.4.7.1)

Anträge können im Sozialrecht bereits **von 15-Jährigen** gestellt werden (§ 36 Abs. 1 SGB I). So sind auch Minderjährige im Sozialverwaltungsverfahren handlungsfähig und können Stellungnahmen abgeben oder Rechtsbehelfe einlegen. Die gesetzlichen Vertreter:innen sollen vom Leistungsträger über die Antragstellung informiert werden, allerdings kann es auch Gründe geben, dass davon abgesehen wird.

Beispiel

Der 17-jährige L hat Ärger mit seinen Eltern. Die Familie bezieht Leistungen nach dem SGB II. Zieht L aufgrund der unzumutbaren familiären Zustände aus, kann er selbst einen Antrag stellen und erhält dann die Leistungen (Regelbedarf und Kosten der Unterkunft und Heizung). Gibt es Gründe, die Eltern von der Antragstellung nicht zu informieren, muss dies auch nicht erfolgen.

Wird der Leistungsträger **von Amts wegen** tätig (z. B. § 18 SGB XII: Leistungen nach dem SGB XII mit Ausnahme der Grundsicherung im Alter und bei Erwerbsminderung oder § 19 S. 2 SGB IV: Leistungen der gesetzlichen Unfallversicherung) bedarf es keines Antrags. Das Verfahren beginnt, wenn der Leistungsträger Kenntnis von den leistungsberechtigenden Umständen erlangt.

Eine Behörde darf die **Entgegennahme** von Erklärungen oder Anträgen, die in ihren Zuständigkeitsbereich fallen, nicht mit der Begründung verweigern, die Erklärung oder der Antrag sei unzulässig oder unbegründet (§ 20 Abs. 3 SGB X). Die Bürger:innen haben ein Recht darauf, dass ihr Anliegen beschieden wird und sie sich ggf. bei Ablehnung dagegen zur Wehr setzen können.

3.1.4.2 Verfahrensgrundsätze

Nach Art. 1 Abs. 3 GG ist die vollziehende Gewalt (= Verwaltung) an die Grundrechte und nach Art. 20 Abs. 3 GG an Recht und Gesetz gebunden. Aus dieser **Verfassungsbindung** und dem Rechtsstaatsprinzip folgen eine Reihe von Grundsätzen, denen die Verwaltung – ebenso wie andere staatliche Organe – verpflichtet ist.

Das Verwaltungsverfahren ist grundsätzlich **nicht förmlich**. Es ist einfach, zweckmäßig und zügig durchzuführen (§ 9 SGB X). Das Verfahren ist kostenfrei (§ 64 SGB X). Die Behörde ermittelt den Sachverhalt von Amts wegen und ist für dessen Aufklärung verantwortlich (**Amtsermittlungs- oder Untersuchungsgrundsatz**, § 20 SGB X). Sie darf dabei die ihrer Ansicht nach notwendigen Beweismittel nach pflichtgemäßem Ermessen heranziehen (§ 21 SGB X).

Am Verfahren sind

- Antragsteller:innen und Antragsgegner:innen,
- diejenigen, an die die Behörde einen VA richten will oder gerichtet hat (wenn es kein Antragsverfahren ist),
- diejenigen, mit denen die Behörde einen öffentlich-rechtlichen Vertrag schließen will oder geschlossen hat, sowie
- bestimmte andere Personen, die hinzugezogen werden,

zu beteiligen (§ 12 SGB X). Eine Vertretung durch Bevollmächtigte und Beistände ist möglich (§ 13 SGB X).

An einem Verwaltungsverfahren beteiligte Personen – insbesondere die Antragsteller:innen – können zu Verhandlungen und Besprechungen im Rahmen des Verfahrens mit einem Beistand erscheinen. Dieser kann die Leistungsberechtigten unterstützen und ihnen im Verfahren mit dem Leistungsträger zur Seite stehen. Beistände müssen keine Rechtsanwält:innen sein. Es können auch Sozialarbeiter:innen, Heilpädagog:innen oder Mitarbeitende von Leistungserbringern sein; ebenso wie Verwandte und Freund:innen.

Bestimmte Personen sind kraft Gesetzes vom Verwaltungsverfahren **ausgeschlossen** (§ 16 SGB X); besteht ein Grund anzunehmen, dass ein:e Behördenmitarbeiter:in nicht objektiv und unparteiisch entscheidet (z. B. ist der zuständige Sachbearbeiter der Krankenkasse ein Nachbar, mit dem schon seit Jahren Rechtsstreitigkeiten wegen einer Grenzbebauung bestehen), kann er für **befangen** erklärt werden (§ 17 SGB X).

Die **Amtssprache** ist deutsch. Menschen mit Hörbehinderungen und Menschen mit Sprachbehinderungen haben das Recht, Deutsche Gebärdensprache zu verwenden, mit lautsprachbegleitenden Gebärden, oder über andere geeignete **Kommunikationshilfen** zu kommunizieren. Kosten für Kommunikationshilfen sind von der Behörde oder dem für die Sozialleistung zuständigen Leistungsträger zu tragen (§ 19 Abs. 1 SGB X). Darüber hinaus sollen Leistungsträger mit Menschen mit geistigen Behinderungen und mit Menschen mit seelischer Behinderung in einfacher und verständlicher Sprache kommunizieren und ihnen auf Verlangen Bescheide, Allgemeinverfügungen, öffentlich-rechtliche Verträge und Vordrucke in einfacher und verständlicher Weise erläutern und – falls notwendig – auch **Leichte Sprache** anwenden (§ 19 Abs. 1a SGB X i.V.m. § 11 BGG, vgl. Kapitel 1.5.1).

Bei einem Verwaltungsakt, der in die Rechte der Betroffenen eingreift (z. B. Herabsetzung, Kürzung oder Einstellung einer Leistung, Aufhebungs- und Rückforderungsbescheide), müssen die Betroffenen **angehört** werden (§ 24 Abs. 1 SGB X, zu den Ausnahmen § 24 Abs. 2 SGB X).

Nach § 25 SGB X haben die Beteiligten das Recht, die ihr Verfahren betreffenden **Akten einzusehen**, sofern die Kenntnis dieser Akten zur Geltendmachung oder Verteidigung ihrer rechtlichen Interessen erforderlich ist. Einschränkungen können sich bei sensiblen medizinischen Daten oder Rechten Dritter ergeben.

Weitere **Beteiligungsrechte** im Sozialverwaltungsverfahren und bei der Erbringung von Sozialleistungen können sich auch aus den besonderen Gesetzen ergeben. So ist z. B. bei der Gewährung von Sozialleistungen das Wunsch- und Wahlrecht (vgl. § 8 SGB IX, § 9 Abs. 2 SGB XII, § 2 Abs. 2 SGB XI) zu berücksichtigen oder in der Kinder- und Jugendhilfe können und müssen Minderjährige bei bestimmten Leistungen beteiligt werden (z. B. § 36 SGB VIII).

3.1.4.3 Mitwirkungspflichten

Im Sozialleistungsrecht sind die Beteiligten zur Mitwirkung verpflichtet. Diese **Mitwirkungspflicht** unterstützt die Leistungsträger bei ihrer Untersuchungs- und Amtsermittlungspflicht, damit die für die Aufklärung des Sachverhalts notwendigen Informationen zusammengetragen werden können. Die Mitwirkungspflichten, ihre Einschränkungen und die Folgen ihrer Nichtberücksichtigung sind in den §§ 60–67 SGB I geregelt. Jede Person, die Sozialleistungen beantragt, ist verpflichtet:

- alle für die Leistung erheblichen Tatsachen anzugeben,
- einer Auskunftserteilung durch Dritte zuzustimmen (z. B. Arbeitgeber, Ärzt:innen, Krankenhäuser, Sozialarbeiter:innen),
- alle Änderungen in den Verhältnissen, die für die Leistung erheblich sind, unaufgefordert und unverzüglich mitzuteilen (z. B. Einkommensänderungen),
- vorhandene Beweismittel zu benennen,
- auf Verlangen des Sozialleistungsträgers zur mündlichen Erörterung des Antrags oder zur Vornahme anderer für die Entscheidung über die Leistung notwendiger Maßnahmen persönlich zu erscheinen,
- sich aller notwendigen ärztlichen und psychologischen Untersuchungen zu unterziehen, soweit sie verhältnismäßig und zumutbar sind,
- Heilbehandlungen einschließlich Operationen in einem bestimmten Umfang zu dulden, wenn diese der Besserung des Gesundheitszustandes dienen oder eine Verschlechterung verhindern und
- sich an berufsfördernden Maßnahmen zu beteiligen.

Die Mitwirkungspflichten bestehen nicht uneingeschränkt. Die **Einschränkungen** und Grenzen sind in § 65 SGB I geregelt (z. B. Unverhältnismäßigkeit oder Unzumutbarkeit der Mitwirkung).

Kommen Leistungsbezieher:innen oder Antragsteller:innen ihrer Mitwirkungspflicht nicht nach und kann der Sachverhalt dadurch nicht ausreichend aufgeklärt werden, können die Leistungen ganz oder teilweise **versagt oder entzogen** werden (§ 66 SGB I). Die fehlende Mitwirkung darf allerdings nur dann zu einer Versagung oder Entziehung der Leistungen führen, wenn die Betroffenen auf die Folgen fehlender Mitwirkung vorher schriftlich hingewiesen wurden und sie für die Mitwirkung bzw. deren Nachholung eine angemessene Frist erhalten haben (§ 66 Abs. 3 SGB I).

Neben den allgemeinen Mitwirkungspflichten im SGB I gibt es in einigen besonderen Teilen des Sozialgesetzbuches weitere Mitwirkungspflichten (z. B. §§ 56 ff. SGB II), die teilweise auch sanktioniert werden können.

3.1.4.4 Wenn die Behörde nicht entscheidet

Es kommt häufig vor, dass trotz Antrag und trotz bestehender Dringlichkeit die Behörden und Leistungsträger über eine Leistung nicht entscheiden. Die Leistungsberechtigten haben dann verschiedene – wenn auch teilweise sehr eingeschränkte – Optionen.

Es besteht zunächst die Möglichkeit, bei einem Anspruch auf eine Geldleistung einen **Vorschuss** nach § 42 SGB I zu beantragen. Der Anspruch muss dabei dem Grunde nach bestehen, lediglich über die Höhe sind noch weitere, länger andauernde Feststellungen zu treffen. Die Höhe der Vorschüsse liegt im pflichtgemäßen Ermessen des Leistungsträgers; er ist verpflichtet, einen Vorschuss zu zahlen, wenn Berechtigte einen Antrag gestellt haben. In diesen Fällen beginnt die Vorschusszahlung spätestens nach Ablauf des Kalendermonats nach Eingang des Antrags. Die Vorschüsse werden auf die zustehenden Leistungen angerechnet und müssen – sofern sie den Leistungsanspruch übersteigen – auch zurückgezahlt werden.

Im Krankenversicherungsrecht (§ 13 Abs. 3 SGB V) und im Teilhaberecht (§ 18 SGB IX) kann der Leistungsberechtigte unter den dort genannten Voraussetzungen sich die Leistung selbst beschaffen und dann die **Kosten erstattet** bekommen (vgl. zu den Besonderheiten des Teilhaberechts auch Kapitel 4.4.7.3).

Darüber hinaus gibt es noch das Instrument der **Untätigkeitsklage**, die sowohl im Falle eines nicht beschiedenen Antrags als auch während eines Widerspruchsverfahrens, wenn über den Widerspruch nicht entschieden wird, beim zuständigen Gericht (hier je nach Zuständigkeit: Sozial- oder Verwaltungsgericht) eingelegt werden kann (§ 88 SGG, § 75 VwGO). Die Untätigkeitsklage im Antragsverfahren ist dann zulässig, wenn über den Antrag nicht innerhalb von sechs Monaten entschieden wurde, ohne dass es hierfür einen zureichenden Grund gab. Im Widerspruchsverfahren beträgt die Frist drei Monate, bevor eine Untätigkeitsklage erhoben werden kann. Zureichende Gründe sind z. B. programmtechnische Schwierigkeiten bei der Rentenberechnung oder das Nichtausfüllen von Antragsformularen durch Antragsteller:innen oder ausstehende medizinische Gutachten. Nicht ausreichende Gründe sind allgemeiner Personalmangel oder eine unzureichende, auch finanzielle Ausstattung; auch das Abwarten eines Musterprozesses ist kein zureichender Grund. Problematisch bei Einreichung einer Untätigkeitsklage ist allerdings, dass das Gericht in diesen Fällen die Akten aus der Verwaltung anfordert und dies letztlich weitere Verzögerungen bei der Bearbeitung mit sich bringen kann.

Besteht der begründbare Verdacht, dass die Verzögerung der Entscheidung auf einem persönlichen Fehlverhalten einer:eines Sachbearbeiter:in beruht, besteht darüber hinaus die Möglichkeit der **Dienstaufsichtsbeschwerde** bei der:dem jeweiligen Vorgesetzten.

Manche besonderen Leistungsgesetze schreiben Fristen vor, innerhalb derer die Leistungsträger entscheiden müssen. So muss z. B. nach § 18 Abs. 3 S. 2 SGB XI die Pflegekasse innerhalb von 25 Arbeitstagen über den Antrag der:des Leistungsberechtigten entscheiden, teilweise ist die Frist noch kürzer. Überschreitet die Pflegekasse diese Frist und hat sie dies zu vertreten, muss sie der:dem Antragsteller:in pro angefangene Woche 70 Euro zahlen. Auch das SGB IX kennt Fristen zur Entscheidung, § 14 SGB IX (vgl. Kapitel 4.4.7.2).

Übungsaufgaben

1. Welche Träger öffentlicher Verwaltung kennen Sie?
2. Herr A geht zum Bürgeramt und beantragt „Hartz IV". Für diese Leistungen ist das Jobcenter zuständig. Ist der Antrag von Herrn A unzulässig? Begründen Sie!
3. Welche privatrechtlichen und welche öffentlich-rechtlichen Handlungsformen einer Verwaltung kennen Sie?
4. Wo ist der Verwaltungsakt definiert? Nennen Sie die Merkmale eines Verwaltungsaktes!
5. Welcher Unterschied besteht zwischen einem begünstigenden und einem belastenden Verwaltungsakt? Was sind Verwaltungsakte mit Dauerwirkung?
6. Frau B beantragt einen Stehtrainer als Hilfsmittel beim zuständigen Leistungsträger. Mit Bescheid vom 30.8.2021, der ihr per Post zugeht, wird die Gewährung dieses Hilfsmittels abgelehnt. Wann ist der Bescheid bekanntgegeben? Nennen Sie die entsprechende Vorschrift!
7. Wann wird ein Verwaltungsakt bestandskräftig?
8. Können Verwaltungsakte nach Bestandskraft aufgehoben werden? Benennen Sie die Vorschriften!
9. Was verstehen Sie unter einem öffentlich-rechtlichen Vertrag? Wo ist er geregelt?
10. Nennen Sie ein Beispiel für einen öffentlich-rechtlichen Vertrag!
11. Frau K möchte vom Rentenversicherungsträger wissen, ob sich die Nachzahlung von Beiträgen positiv auf ihren Rentenanspruch auswirken würde. Die zuständige Sachbearbeiterin kennt sich nicht genau aus und rät Frau K davon ab, obwohl tatsächlich eine Nachzahlung den Rentenanspruch von Frau K erhöht hätte. Frau K zahlt nicht nach. Nach zwei Jahren erfährt sie, dass eine Nachzahlung besser gewesen wäre. Welchen Anspruch hat Frau K gegen den Rentenversicherungsträger?
12. Herr C geht am 10.8.2021 zum Jobcenter und sagt, dass er Geld braucht. Das Jobcenter schickt Herrn C weg mit einem Stapel Formulare, die er erst auszufüllen habe. Herr C kommt erst am 30.9.2021 wieder zum Jobcenter mit den ausgefüllten Formularen. Wann hat er einen wirksamen Antrag gestellt?
13. Welche Mitwirkungspflichten der Antragsteller:innen bestehen im Verwaltungsverfahren? Wo sind diese geregelt? Was passiert, wenn diese Mitwirkungspflichten verletzt werden?
14. Welche Möglichkeiten haben Leistungsberechtigte, wenn die Behörde nicht über einen gestellten Antrag entscheidet?

3.2 Rechtsschutz und Rechtsdurchsetzung

Wird ein Antrag von einem Leistungsträger abgelehnt oder wird dem Antrag nicht im beantragten Umfang stattgegeben oder statt der begehrten Leistung etwas anderes bewilligt, obwohl dies nicht der Zielrichtung des Antrags entspricht, dann besteht die Möglichkeit, gegen diese Entscheidung des Leistungsträgers vorzugehen. Bürger:innen, die sich von der öffentlichen Gewalt in ihren Rechten verletzt fühlen, haben ein **Grundrecht auf effektiven Rechtsschutz** (Art. 19 Abs. 4 GG). In Deutschland gibt es unterschiedliche Gerichtszweige, die durch das Grundgesetz festgelegt sind (Art. 95 GG). Je nachdem, welche rechtliche Angelegenheit in Streit steht, sind entsprechende Gerichte zuständig.
Der **Aufbau der Gerichtsbarkeit** in Deutschland lässt sich so darstellen (mit den jeweilig geltenden Prozessvorschriften und den obersten Gerichten jedes Gerichtszweigs):

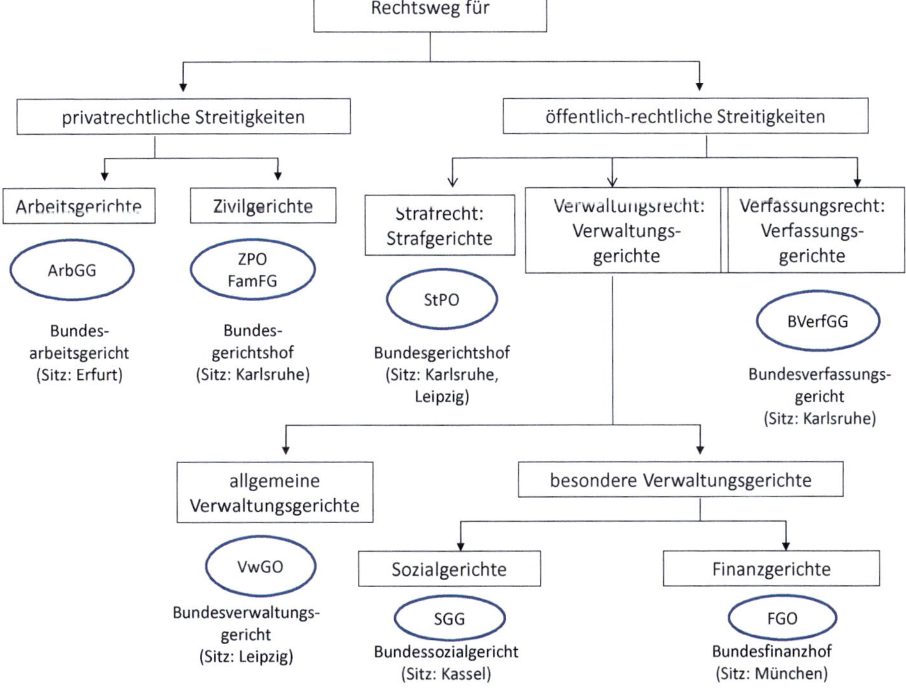

Übersicht 11

Ob das jeweilige Gericht **sachlich zuständig** ist, ergibt sich i. d. R. aus der jeweiligen Prozessordnung (z. B. § 40 VwGO für Verwaltungsrechtsstreitigkeiten, § 51 SGG für sozialrechtliche Streitigkeiten oder § 2 ArbGG für arbeitsrechtliche Streitigkeiten). Einige Gesetze benennen ausdrücklich das jeweilig zuständige Gericht (z. B. § 54 BAföG, § 68 IfSG, § 7 Abs. 1 OEG). Regelungen für die funktionelle Zuständigkeit gibt es z. B. in der ZPO (§ 348 ZPO).

Die **Sozialgerichte** sind v. a. in den Fällen **zuständig**, die inhaltlich § 51 SGG zugeordnet werden können. Von dieser Vorschrift werden allerdings einige Bereiche nicht erfasst, die zum Sozialgesetzbuch gehören oder diesem nach § 68 SGB I zugeordnet sind (z. B. das Kinder- und Jugendhilferecht [SGB VIII], das WohnGG, das BAföG, das UnterhVG oder das BKKG). Gibt es Streitigkeiten in diesen Bereichen, sind deshalb nicht die Sozialgerichte, sondern die Verwaltungsgerichte zuständig. Es gilt allerdings hier – wie bei den Sozialgerichten auch – die Gebührenfreiheit (§ 188 VwGO). Die meisten Gerichte haben drei Instanzen. Für Sozial- und Verwaltungsgerichte bedeutet dies, dass es eine erste Instanz für die Klage i. d. R. auf regionaler Ebene gibt (Sozial- oder Verwaltungsgerichte), eine zweite Instanz für die Berufung auf Landesebene (Landessozial- oder Oberverwaltungsgerichte, Letztere heißen z. T. auch – z. B. in Bayern und Baden-Württemberg – Verwaltungsgerichtshöfe) und eine dritte Instanz für die Revision auf Bundesebene (Bundessozial- oder Bundesverwaltungsgericht). Auf diese Weise wird sichergestellt, dass eine gerichtliche Entscheidung mehrmals überprüft wird.

3.2.1 Rechtsschutz

Verletzt die Maßnahme eines Leistungsträgers - hier ein VA – Leistungsberechtigte in ihren Rechten, können sie dagegen vorgehen. Im Sozial- und Verwaltungsrecht läuft dies wie folgt ab:

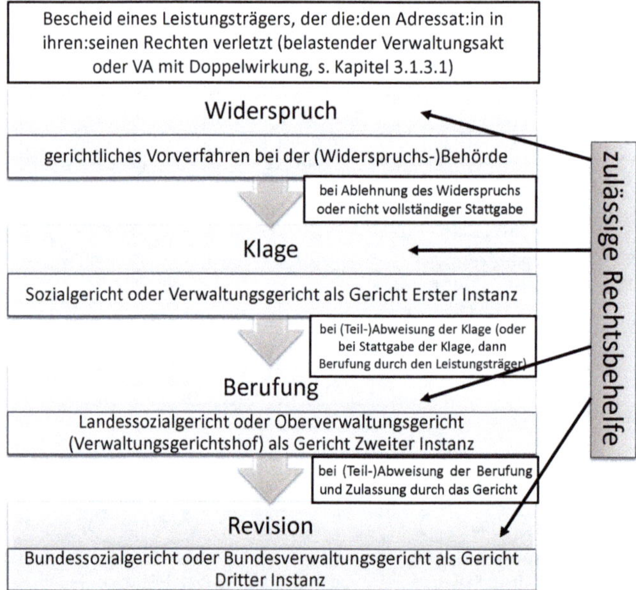

Übersicht 12

Widerspruch und Klage sind **formelle Rechtsbehelfe**, die unabhängig eine konkrete Angelegenheit überprüfen und formell innerhalb einer bestimmten Frist sowie in einer bestimmten Form eingelegt werden müssen. Diese Rechtsbehelfe führen rechtlich verbindliche Entscheidungen herbei.

Neben diesen formellen Rechtsbehelfen gibt es auch **formlose Rechtsschutzmöglichkeiten** wie

- **Gegenvorstellung**: unmittelbare Aufforderung an die handelnde Behörde, die beanstandete Maßnahme zu überprüfen, zu ändern oder aufzuheben – diese bietet sich an, wenn es nicht um Verwaltungsakte geht,
- **Fach- oder Dienstaufsichtsbeschwerde**: Erstere zielt auf eine Überprüfung der Maßnahme durch die Fachaufsichtsbehörde, Letztere wendet sich persönlich gegen eine:n Mitarbeiter:in der Behörde,
- **Petitionen**, die entweder an die Petitionsausschüsse der Landesparlamente oder des Bundestages oder an Ombudsfrauen und -männer gerichtet werden können und die auch eine sachliche Prüfung der Angelegenheit bewirken können; allerdings wird hiermit keine rechtsverbindliche Entscheidung herbeigeführt.

Formlose Rechtsbehelfe führen keine rechtsverbindliche Entscheidung herbei. Sie hemmen auch nicht den Ablauf von Fristen für die formellen Rechtsbehelfe.

3.2.2 Das Widerspruchsverfahren

Bevor Klage beim Sozial- oder Verwaltungsgericht gegen die Entscheidung einer Behörde oder eines Leistungsträgers eingelegt werden kann, muss i. d. R. ein **Widerspruchsverfahren** durchgeführt werden, sofern es sich bei der beanstandeten Maßnahme um einen Verwaltungsakt handelt. Das Widerspruchsverfahren gibt der Verwaltung noch einmal Gelegenheit, einerseits unter Berücksichtigung der Argumentation der Widerspruchsführer:innen ihre Entscheidung auf **Recht- und Zweckmäßigkeit** hin zu überprüfen und entlastet auf diese Weise andererseits die Gerichte. Da das Widerspruchsverfahren Prozessvoraussetzung für Klagen ist, die auf die Aufhebung eines belastenden Verwaltungsaktes gerichtet sind (Anfechtungsklage) oder mit denen der Erlass eines bestimmten Verwaltungsaktes begehrt wird (Verpflichtungsklage), sind die Einzelheiten im Sozialgerichtsgesetz oder in der Verwaltungsgerichtsordnung geregelt. Entscheidend sind die §§ 78, 83 f. SGG bzw. die §§ 68–70 VwGO), die festlegen

- wann ein Vorverfahren durchgeführt werden muss,
- wann das Vorverfahren beginnt und
- in welcher Form und innerhalb welcher Frist der Widerspruch

eingelegt werden muss.

Wie ein Widerspruch erledigt wird, regelt § 85 SGG bzw. § 73 VwGO: wird dem Widerspruch stattgegeben, ergeht ein **Abhilfebescheid**; wird er zurückgewiesen, wird ein **Widerspruchsbescheid** erlassen. Widerspruch und Anfechtungsklage haben i. d. R. **aufschiebende Wirkung**, d. h., solange das Widerspruchs- und das Klageverfahren laufen, ist der angegriffene Verwaltungsakt nicht wirksam und kann nicht vollstreckt werden (§ 86a Abs. 1 SGG, § 80 VwGO). Ausnahmen, in denen Widerspruch und Anfechtungsklage keine aufschiebende Wirkung haben, finden sich in § 86a Abs. 2 SGG, § 80 Abs. 2 VwGO.

Beispiel

Der 10-jährige P hat aufgrund einer körperlichen Behinderung Pflegegrad 3 zuerkannt bekommen und erhält ein entsprechendes Pflegegeld. Nachdem seine Eltern einen Neuantrag auf einen höheren Pflegegrad gestellt haben, stellt der Medizinische Dienst nach der Begutachtung fest, dass P nicht mehr die Voraussetzungen des Pflegegrades 3 erfüllt, sondern nur noch die des Pflegegrads 2. Die Pflegekasse erlässt daraufhin einen Bescheid, in dem P nur noch Pflegegrad 2 zuerkannt bekommt. Gehen jetzt die Eltern – in Vertretung des P – in Widerspruch gegen diesen Bescheid, entfaltet dieser Widerspruch aufschiebende Wirkung, d. h. für P ändert sich erst einmal nichts. Da der neue Bescheid während des Widerspruchsverfahrens keine Wirkung entfaltet und nicht vollstreckbar ist, erhält P weiter Leistungen für Pflegegrad 3, und zwar so lange, bis das Verfahren endgültig abgeschlossen (ggf. auch noch durch gerichtliche Klärung) und der Bescheid bestandskräftig ist.

Der Widerspruch muss nicht begründet werden. Die Behörde ist auch in diesem Verfahren verpflichtet, von Amts wegen zu ermitteln, allerdings ist es ratsam, dass Widerspruchsführer:innen darlegen, warum sie der Ansicht sind, dass die Entscheidung rechtswidrig war. Anderenfalls fällt die Entscheidung über den Widerspruch auf den gleichen Ausgangserkenntnissen wie der ursprüngliche Bescheid.

Besonders wichtig ist die Einhaltung der **Frist**. Sie beträgt nach Bekanntgabe (§ 37 SGB X) des Ausgangsbescheids einen Monat. Dieser wird immer mit 30 Tagen berechnet, auch in den Monaten, die 31 Tage haben oder im Februar, der nur 28 oder 29 Tage hat. Die Frist beginnt am Tag nach der Bekanntgabe zu laufen und endet dann am 30. Tag. Fällt dieser Tag auf einen Samstag, Sonntag oder Feiertag, endet die Frist am folgenden Werktag. Tag der Bekanntgabe ist – sofern der Bescheid per Post aufgeben wurde – nach der Bekanntgabefiktion des § 37 Abs. 2 SGB X am dritten Tag nach Erlass des Bescheids (Datum auf dem Bescheid, s. Kapitel 3.1.3.1).

Beispiel

Wird ein Bescheid, der am 18.8.2021 erlassen wird, per Post an die Adressatin verschickt, gilt er nach § 37 Abs. 2 SGB X am 21.8.2021 als bekannt gegeben. Dass dies ein Samstag ist, spielt keine Rolle, weil es sich um eine Fiktion der Bekanntgabe handelt. Die Frist beginnt am 22.8.2021 zu laufen und endet dann am 21.9.2021 um 24 Uhr. Wäre dies ein Samstag, Sonntag oder Feiertag, würde die Frist am nächsten Werktag um 24 Uhr enden. Im Grunde lässt sich die Monatsfrist sehr schnell berechnen – man benötigt allein den Tag der Bekanntgabe und einen Monat später am gleichen Tag ist um 24 Uhr die Frist abgelaufen, es sei denn dieser Tag ist ein Samstag, Sonntag oder Feiertag, dann gilt der nächste Werktag als Tag des Fristablaufs.

Es ist für das Einlegen eines Widerspruchs nicht notwendig, dass man die genauen juristischen Formulierungen benutzt. Es genügt, dass diejenigen, die Widerspruch einlegen wollen, deutlich machen, dass sie mit dem Bescheid unzufrieden sind und dagegen vorgehen wollen. Darüber hinaus genügt es, fristwahrend sehr kurz Widerspruch einzulegen und die möglicherweise noch zu erarbeitende oder mit Fachleuten zu besprechende Begründung nachzureichen. Wird ein fristgemäßer Widerspruch versäumt, wird der Verwaltungsakt bestandskräftig, auch wenn er eigentlich rechtswidrig ist, und kann vollzogen werden.

Der Ablauf des Widerspruchsverfahrens lässt sich so darstellen:

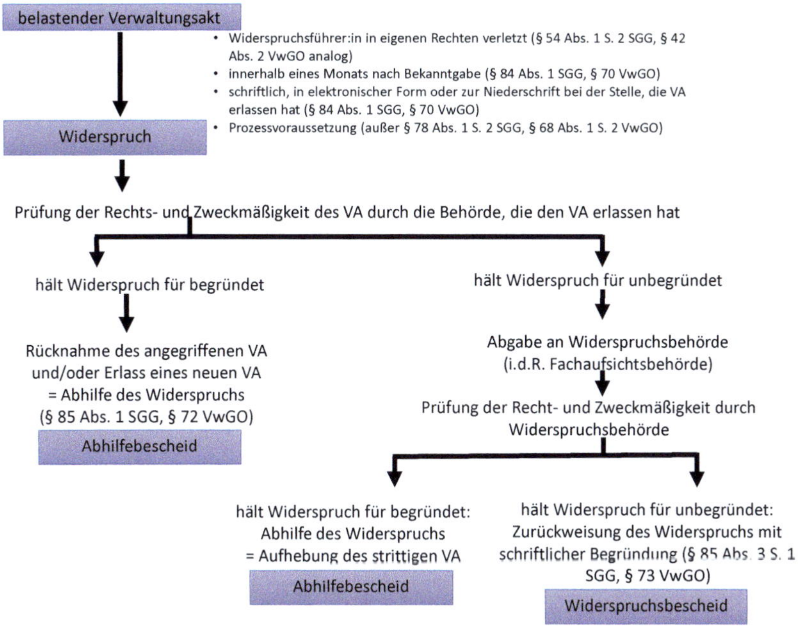

belastender Verwaltungsakt

- Widerspruchsführer:in in eigenen Rechten verletzt (§ 54 Abs. 1 S. 2 SGG, § 42 Abs. 2 VwGO analog)
- innerhalb eines Monats nach Bekanntgabe (§ 84 Abs. 1 SGG, § 70 VwGO)
- schriftlich, in elektronischer Form oder zur Niederschrift bei der Stelle, die VA erlassen hat (§ 84 Abs. 1 SGG, § 70 VwGO)
- Prozessvoraussetzung (außer § 78 Abs. 1 S. 2 SGG, § 68 Abs. 1 S. 2 VwGO)

Widerspruch

Prüfung der Rechts- und Zweckmäßigkeit des VA durch die Behörde, die den VA erlassen hat

hält Widerspruch für begründet

Rücknahme des angegriffenen VA
und/oder Erlass eines neuen VA
= Abhilfe des Widerspruchs
(§ 85 Abs. 1 SGG, § 72 VwGO)

Abhilfebescheid

hält Widerspruch für unbegründet

Abgabe an Widerspruchsbehörde
(i.d.R. Fachaufsichtsbehörde)

Prüfung der Recht- und Zweckmäßigkeit durch Widerspruchsbehörde

hält Widerspruch für begründet:
Abhilfe des Widerspruchs
= Aufhebung des strittigen VA

Abhilfebescheid

hält Widerspruch für unbegründet:
Zurückweisung des Widerspruchs mit schriftlicher Begründung (§ 85 Abs. 3 S. 1 SGG, § 73 VwGO)

Widerspruchsbescheid

Übersicht 13

3.2.3 Das Verfahren vor den Sozial- und Verwaltungsgerichten

Haben Leistungsberechtigte mit ihrem Widerspruch keinen Erfolg und wird ihr Widerspruch mit Widerspruchsbescheid ganz oder teilweise abgewiesen, können sie Klage beim Sozialgericht einreichen, sofern dieses nach § 51 SGG zuständig ist. Andernfalls ist die Klage beim Verwaltungsgericht einzulegen. Das Klageverfahren ist in den §§ 87 ff. SGG bzw. §§ 74, 78 f., 81 ff. VwGO geregelt.

3.2.3.1 Klageantrag

Nach §§ 87, 90 SGG und §§ 74, 81 VwGO ist eine Klage innerhalb eines Monats nach Bekanntgabe des Verwaltungsaktes (i. d. R. des Widerspruchsbescheids) beim zuständigen Gericht der Sozial- oder Verwaltungsgerichtsbarkeit schriftlich zu erheben. Im sozialgerichtlichen Verfahren ist nach § 91 SGG die Frist auch gewahrt, wenn die Klageschrift statt beim zuständigen Gericht bei einer anderen inländischen Behörde oder bei einem Versicherungsträger eingeht, der verpflichtet ist, die Klage unverzüglich an das zuständige Gericht weiterzuleiten.

Wollen Leistungsberechtigte die Klageschrift nicht selbst verfassen, obwohl es hierfür nur eines einfachen Antrags („Hiermit erhebe ich Klage gegen den Bescheid vom 4.5.2021 in Gestalt des Widerspruchsbescheids vom 9.8.2021 und beantrage …") bedarf, können sie die Klage auch beim Urkundsbeamten der Geschäftsstelle einlegen.

Die Sozial- und Verwaltungsgerichte haben hierfür sog. **Rechtsantragsstellen** eingerichtet, in denen Rechtspfleger:innen die Anträge aufnehmen. Die Kläger:innen sollten dabei die entsprechenden Bescheide, gegen die sie vorgehen wollen, mitbringen. Da bereits 15-Jährige im Sozialrecht handlungsfähig sind (§ 36 SGB I), können auch sie Klage einreichen.

Voraussetzung für einen Klageantrag ist die sog. **Beschwer**. Sie ist in § 54 Abs. 1 2 SGG, § 42 Abs. 2 VwGO geregelt und besagt, dass die Klage nur zulässig ist, wenn die:der Kläger:in behauptet, durch den Verwaltungsakt oder durch die Ablehnung oder Unterlassung eines Verwaltungsaktes beschwert zu sein. Das bedeutet, dass die:der Kläger:in behaupten muss, in **ihren:seinen eigenen Rechten verletzt** zu sein.

Beispiele

1. Die Tochter kann nicht für die Mutter klagen, wenn diese nicht den begehrten Pflegegrad erhalten hat oder der zuerkannte Grad der Behinderung nicht die Schwerbehinderung erreicht. Das muss die Mutter allein tun, ggf. vertreten durch eine rechtliche Betreuungsperson.
2. Die Eltern eines Kindes mit Behinderung können nicht klagen, wenn das Kind keine Schulassistenz als Eingliederungshilfe bekommt. Das muss das Kind selbst tun, es wird hierbei allerdings i. d. R. durch die Eltern vertreten.

Die Voraussetzung für eine Klage, in eigenen Rechten verletzt zu sein, gilt in fast allen Rechtsbereichen. Es gibt allerdings Ausnahmen, die es ermöglichen, dass bestimmte Verbände die Rechte von Einzelpersonen einklagen können – z. B. § 15 BGG, § 85 SGB IX.

3.2.3.2 Klagearten

Sozial- und verwaltungsgerichtliche Verfahren kennen drei verschiedene **Klagetypen**:
1. Gestaltungsklagen,
2. Leistungsklagen und
3. Feststellungsklagen,

die sich ihrerseits in verschiedene Klagearten (§§ 54 f. SGG, §§ 42 f. VwGO) unterteilen lassen. Die Klageart richtet sich danach, welches **Ziel** die Kläger:innen verfolgen.

Soll mit der Klage ein belastender Verwaltungsakt ganz oder teilweise aufgehoben oder abgeändert werden, ist die richtige Klageart eine **Anfechtungsklage**. Die Anfechtungsklage ist eine Gestaltungsklage, weil das Gericht mit dem Urteil unmittelbar die Rechtslage gestalten kann.

Beispiel

Herr A erhält Grundsicherung im Alter und bei Erwerbsminderung. Er arbeitet nebenbei als Maler und verdient damit ca. 600 Euro im Monat, die er beim Grundsicherungsamt aber nicht angibt. Nach einer Kontenprüfung wird das Einkommen festgestellt, der ursprüngliche Bewilligungsbescheid aufgehoben und eine Rückzahlung der überzahlten Sozialleistungen gefordert. Gegen den Aufhebungs- und Rückforderungsbescheid kann Herr A – nach durchgeführtem Widerspruchsverfahren – Anfechtungsklage einlegen. Der richtige Antrag wäre:

> „Ich erhebe Klage und beantrage, den Bescheid des Beklagten vom ... (Az. ...) in Gestalt des Widerspruchsbescheids vom ... (Az. ...) aufzuheben."

Begehren Kläger:innen vom Leistungsträger oder einer Behörde ein bestimmtes Tun oder Unterlassen, kommt eine **Leistungsklage** in Betracht. Die wichtigste Form ist die **Verpflichtungsklage**, mit der der Erlass eines begünstigenden Verwaltungsaktes verlangt wird. Häufig wird die Verpflichtungsklage mit einer Anfechtungsklage kombiniert. Mit der **kombinierten Anfechtungs- und Verpflichtungsklage** wird der ablehnende Bescheid angegriffen und gleichzeitig der Erlass eines neuen Bescheides angestrebt.

Beispiel

Die Studierende F leidet an einer progressiven Muskeldystrophie und benötigt Studienassistenz für den Besuch der Lehrveranstaltungen. Sie beantragt eine Unterstützung für 20 Stunden in der Woche. Der Träger der Eingliederungshilfe bewilligt nur 10 Stunden. Der Antrag hierfür wäre:

> „Ich erhebe Klage und beantrage, den Bescheid des Beklagten vom ... (Az. ...) in Gestalt des Widerspruchsbescheids vom ... (Az. ...) aufzuheben und den Beklagten zu verpflichten, der Klägerin eine Studienassistenz in Höhe von 20 Stunden wöchentlich zu gewähren."

Handelt es sich bei dem begehrten Verwaltungsakt um einen, bei dessen Erlass der Leistungsträger Ermessen auszuüben hat, kann das Gericht den Leistungsträger i. d. R. nicht zum Erlass dieses Verwaltungsaktes verurteilen (Ausnahme: es gibt keine andere richtige Entscheidung als die begehrte, sog. Ermessensreduktion auf Null), sondern wird, wenn es der Argumentation des Klägers folgt, eine Entscheidung auf Neuprüfung und **Neubescheidung** des Antrags treffen, wobei es hier Hinweise für eine rechtmäßige Entscheidung trifft („unter Rechtsauffassung des Gerichts").

Leistungsklagen, die nicht auf den Erlass eines Verwaltungsaktes zielen, sind verhältnismäßig selten, was Individualklagen von Leistungsberechtigten anbelangt. Sie treten häufig nur in Kombination mit einer Anfechtungsklage auf. Allerdings sind Leistungsklagen die richtige Klageart, wenn es um öffentlich-rechtliche Verträge geht oder um Erstattungsansprüche der Leistungsträger untereinander. Auch **Unterlassungsklagen** sind möglich, wenn Kläger:innen möchten, dass der Leistungsträger eine bestimmte Handlung nicht vornimmt (z. B. Weitergabe von Sozialdaten).

Feststellungsklagen sind zur Feststellung einer konkreten Rechtslage zulässig. Die Einzelheiten regelt § 55 SGG bzw. § 43 Abs. 1 VwGO.

3.2.3.3 Verfahrensgrundsätze

Wie das Verwaltungsverfahren richtet sich auch das Sozialgerichts- bzw. das Verwaltungsgerichtsverfahren nach bestimmten **Grundsätzen**, die im SGG bzw. der VwGO und teilweise im GVG festgelegt sind. Die wichtigsten Grundsätze sind:

1. Grundsatz der **Amtsermittlung** (sog. Offizialmaxime oder Untersuchungsgrundsatz): Das Gericht ermittelt den Streitstoff von Amts wegen und ist nicht an die Angaben und Beweisanträge der Parteien gebunden.
2. Grundsatz der **Mündlichkeit** und des rechtlichen Gehörs: Die Entscheidung des Gerichts ergeht i. d. R. aufgrund einer mündlichen Verhandlung (Ausnahme: Gerichtsbescheid § 105 SGG, der ohne mündliche Verhandlung das Verfahren beendet; hierfür müssen aber beide Parteien zugestimmt haben). Das Urteil darf nur auf Tatsachen gestützt werden, zu denen sich die Beteiligten äußern konnten.
3. Grundsatz der **Unmittelbarkeit**: Das Gericht muss den streitigen Sachverhalt aus eigener und unmittelbarer Wahrnehmung kennen. Nur diejenigen Richter:innen, die an der Verhandlung teilgenommen haben, dürfen ein Urteil fällen.

4. Grundsatz der **freien Beweiswürdigung**: Das Gericht entscheidet nach seiner freien, aus dem Gesamtergebnis der Verhandlung gewonnenen Überzeugung.
5. Grundsatz der **Öffentlichkeit**: Der Zutritt zum Verhandlungsraum steht allen Personen frei, auch wenn sie selbst vom Prozess nicht betroffen sind (Ausnahmen sind nach §§ 170 ff. GVG möglich, z. B. wenn es sich um Umstände aus dem persönlichen Lebensbereich handelt, deren öffentliche Erörterung schutzwürdige Interessen verletzt). Ton- und Rundfunkaufnahmen sowie Ton- und Filmaufnahmen zum Zwecke der öffentlichen Aufführung sind unzulässig (§ 169 S. 2 GVG).

Das sozialgerichtliche Verfahren ist für die Leistungsberechtigten grundsätzlich **kostenfrei** (§ 183 SGG), d. h. es fallen in keiner Instanz Gerichtsgebühren an. Das Gleiche gilt, wenn ein sozialrechtlicher Streitfall vor den Verwaltungsgerichten verhandelt wird (§ 188 VwGO). Unter Umständen können Kosten wegen mutwilliger Prozessführung unter den Voraussetzungen des § 192 SGG auferlegt werden.

Man benötigt vor den Sozialgerichten und den Landessozialgerichten keinen Rechtsanwalt, sondern kann sich selbst vertreten. Bei den Verwaltungsgerichten ist nur in der ersten Instanz eine Prozessführung ohne Anwalt möglich; geht der Streit in die Berufung vor ein Oberverwaltungsgericht, brauchen Kläger:innen eine:n Anwalt:Anwältin. Da die Gerichte grundsätzlich dem Untersuchungsgrundsatz folgen, haben sie auch die Pflicht, die Kläger:innen auf die notwendig beizuschaffenden Nachweise, die den Klageanspruch unterstützen, hinzuweisen.

3.2.3.4 Rechtsmittel

Gegen Urteile der Sozialgerichte findet gem. § 143 SGG die **Berufung** an das Landessozialgericht statt, sofern die Berufung nach § 144 Abs. 1 S. 1 SGG nicht unzulässig ist. Gegen Urteile der Verwaltungsgerichte richtet sich die Berufung an die Oberverwaltungsgerichte (bzw. Verwaltungsgerichtshöfe); sie muss gesondert zugelassen werden (§ 124 VwGO).

Gegen die Urteile eines LSG ist die **Revision** an das BSG zulässiges Rechtsmittel. Die Überprüfung beschränkt sich hier auf die richtige Rechtsanwendung. Das BSG ist an die Tatsachenfeststellungen des LSG gebunden; wurde der Sachverhalt noch nicht richtig aufgeklärt, kann das BSG keine abschließende Entscheidung treffen, sondern muss das Verfahren an das LSG zurückverweisen. Die Revision ist nur zulässig, wenn sie ausdrücklich im Urteil des LSG oder auf eine Nichtzulassungsbeschwerde hin durch das BSG selbst zugelassen wurde. Zulassungsgründe finden sich in § 160 Abs. 2 SGG. Gegen Urteile eines OVG oder VGH geht die Revision an das Bundesverwaltungsgericht, allerdings gleichfalls nur dann, wenn diese ausdrücklich zugelassen wurde (§ 132 VwGO). Auch hier findet allein eine Überprüfung der richtigen Rechtsanwendung statt.

3.2.3.5 Einstweiliger Rechtsschutz

Die Gewährung effektiven Rechtsschutzes nach Art. 19 Abs. 4 GG bedeutet auch, dass Rechtsschutz zeitnah gewährt werden muss, v. a. dann, wenn ohne diesen die Rechte der Betroffenen so erheblich verletzt werden können, dass dies durch das Hauptsacheverfahren nicht mehr beseitigt werden kann. Da Sozialleistungen für leistungsberechtigte Menschen häufig existenznotwendig sind und die Verfahrensdauer im Hauptsacheverfahren relativ lang ist, gibt es in diesem Bereich Verfahren im **einstweiligen Rechtsschutz**. In diesen Verfahren findet grundsätzlich nur eine summarische Prüfung der Ansprüche statt, da umfassende Ermittlungen aufgrund der Zeitnot kaum möglich sind.

Einstweiliger Rechtsschutz kommt immer dann in Betracht, wenn die Sache **eilbedürftig** ist und das Hauptsacheverfahren nicht abgewartet werden kann. Er wird beim Gericht der Hauptsache beantragt – ist das Sozialgericht im Hauptsacheverfahren zuständig (z. B. § 51 SGG), wird dort der einstweilige Rechtsschutz beantragt, ist das Verwaltungsgericht in der Hauptsache zuständig, ist es das auch für den einstweiligen Rechtsschutz. Es ist nicht notwendig, dass bereits Klage in der Hauptsache erhoben wurde (§ 86b Abs. 3 SGG, § 123 VwGO).

Welche Form des einstweiligen Rechtsschutzes in Betracht kommt, richtet sich wiederum nach dem **Ziel** der betroffenen Person. Möchte jemand gegen einen Verwaltungsakt vorgehen, der ihm Pflichten auferlegt und der sofort vollzogen werden kann, ist ein Antrag auf **Anordnung der aufschiebenden Wirkung** möglich; soll dagegen die Behörde oder der Leistungsträger zu einer bestimmten Maßnahme, die zuvor abgelehnt wurde, veranlasst werden, ist ein Antrag auf **einstweilige Anordnung** möglich.

Ein Verwaltungsakt ist sofort vollziehbar, wenn Widerspruch und Anfechtungsklage keine aufschiebende Wirkung haben (vgl. Kapitel 3.2.2). Dies liegt in den Fällen des § 86a Abs. 2 SGG, § 80 Abs. 2 VwGO vor. Wird ein Bescheid von diesen Ausnahmevorschriften erfasst, muss man zwar ebenfalls Widerspruch und ggf. Klage dagegen einreichen, um ihn nicht bestandskräftig werden zu lassen, allerdings kann er trotzdem sofort vollzogen werden. Um diese **sofortige Vollziehung** und die damit einhergehende Rechtsbeeinträchtigung zu **verhindern**, muss der entsprechende Antrag gestellt werden.

Widerspruch und Anfechtungsklage haben **keine aufschiebende Wirkung**, wenn es sich um Versicherungs-, Beitrags- oder Umlagepflichten oder die Anforderung von Beiträgen u. a. öffentlichen Abgaben handelt (§ 86a Abs. 2 Nr. 1 SGG, § 80 Abs. 2 Nr. 1 VwGO) oder wenn bei Sozialversicherungsangelegenheiten laufende Leistungen herabgesetzt oder entzogen werden (§ 86a Abs. 2 Nr. 3 SGG). Es gibt auch Bundesgesetze, die ausdrücklich den sofortigen Vollzug ermöglichen (§ 86a Abs. 2 Nr. 4 SGG, § 80 Abs. 2 Nr. 3 VwGO). Dazu gehören z. B. § 39 SGB II (bei Aufhebung, Rücknahme oder Widerruf oder Kürzungen von Leistungen der Grundsicherung für Arbeitssuchende) oder § 171 Abs. 4 SGB IX, der eine Zustimmung zur Kündigung eines schwerbehinderten Arbeitnehmers für sofort vollziehbar erklärt.

Bei der Entscheidung, welcher Antrag zulässig ist, geht es letztlich um das Ziel des Begehrens:

- Wollen Betroffene, dass alles bleibt, wie es vor Erlass des belastenden Verwaltungsaktes war, und den Status quo beibehalten: dann ist ein Antrag auf **Anordnung der aufschiebenden Wirkung** zu stellen, wenn der belastende VA sofort vollziehbar ist. Besteht keine sofortige Vollziehbarkeit, genügen Widerspruch und Klage, da diese grundsätzlich aufschiebende Wirkung haben und der VA nicht vollzogen werden kann.

Beispiele

Kürzung des Alg II nach einer Sanktion, Verpflichtung zur Zahlung von Sozialversicherungsbeiträgen, Verhinderung einer Kündigung durch schwerbehinderte Arbeitnehmer:innen nach Zustimmung durch das Integrationsamt

- Wollen Betroffene, dass eine Leistung gewährt wird, die vorher abgelehnt wurde, d. h. eine Veränderung zur vorherigen Situation: dann ist der **Antrag auf einstweilige Anordnung** die richtige Form des einstweiligen Rechtsschutzes.

Beispiele

Gewährung von Grundsicherungsleistungen, nachdem diese abgelehnt wurden; Durchführung einer dringenden medizinischen Behandlung; Bewilligung einer Schulassistenz, die dringend notwendig ist, weil die Einschulung unmittelbar bevorsteht.

Überblick über die (wichtigsten) Verfahren des einstweiligen Rechtsschutzes:

Form des einstweiligen Rechtsschutzes	Antrag auf Anordnung der aufschiebenden Wirkung	Antrag auf einstweilige Anordnung
Rechtsgrundlage	§ 86b Abs. 1 Nr. 2 SGG, § 80 Abs. 5 VwGO	§ 86b Abs. 2 SGG, § 123 VwGO
Ziel	Aussetzung des Vollzugs eines sofort vollziehbaren VA/Wiederherstellung der aufschiebenden Wirkung von Widerspruch und Anfechtungsklage, *Beibehaltung des Status quo*	Vorläufige Gewährung einer abgelehnten Leistung
Voraussetzungen	• sofort vollziehbarer VA • Widerspruch oder Anfechtungsklage wurde bereits eingelegt • Eilbedürftigkeit	• abgelehnte Leistung oder eindeutiges Signal des Leistungsträgers, die Leistung abzulehnen • Vorliegen eines Anordnungsanspruchs (Anspruch auf die begehrte Leistung) • Vorliegen eines Anordnungsgrundes, da ein wesentlicher Nachteil droht und Warten bis zur Hauptsacheentscheidung nicht zumutbar ist • Antrag ist gegenüber anderen Rechtsschutzformen nachrangig
Prüfung des Gerichts	Abwägung zwischen dem öffentlichen Interesse an der sofortigen Vollziehung und dem Interesse der Betroffenen, die Vollziehung auszusetzen, dabei summarische Prüfung der Erfolgsaussichten des Rechtsmittels in der Hauptsache	Summarische Prüfung des Anspruchs auf die Leistung und des Anordnungsgrundes, Folgenabwägung zwischen den (grundrechtlich geschützten) Belangen der Leistungsberechtigten und der Behörde – je schwerer die Belastungen der Betroffenen, die mit Versagung des einstweiligen Rechtsschutzes verbunden sind, umso eher ist er zu gewähren
(Muster) Antrag	„Ich beantrage, den Antragsgegner im Wege des einstweiligen Rechtsschutzes zu verpflichten, die aufschiebende Wirkung des Widerspruchs des Antragstellers vom … gegen den Bescheid des Antragsgegners vom … (Az. …) anzuordnen."	„Ich beantrage, den Antragsgegner im Wege der einstweiligen Anordnung zu verpflichten, der Antragstellerin bis zur endgültigen Entscheidung in der Hauptsache eine Schulassistenz im Umfang von 20 Stunden in der Woche für den Besuch der Arnold-Zweig-Grundschule zu bewilligen."
Rechtsmittel gegen Beschluss	Beschwerde beim LSG (§ 172 Abs. 1 SGG) bzw. OVG/VGH (§ 146 VwGO)	

3.2.4 Unterstützung zur Rechtsdurchsetzung

Zu dem Grundrecht auf effektiven Rechtsschutz gehört auch, dass es den Rechtssuchenden tatsächlich möglich sein muss, außergerichtlichen oder gerichtlichen Rechtsschutz in Anspruch zu nehmen und dies nicht aufgrund fehlender finanzieller Mittel scheitert. Aus diesem Grund gibt es **staatliche Unterstützung** für diejenigen, die Hilfe in Rechtsstreitigkeiten suchen und denen das dafür notwendige Geld fehlt.

Diese staatliche Unterstützung ist – je nachdem, in welchem Stand sich der Rechtsstreit gerade befindet – im Beratungshilfegesetz (BerHG) oder in der ZPO, ggf. i.V.m. mit anderen Prozessordnungen geregelt. Dabei erfasst die staatliche Unterstützung nicht nur sozialrechtliche Streitigkeiten, sondern grundsätzlich alle Prozesse.[78]

3.2.4.1 Beratungshilfe

Die Beratungshilfe unterstützt Rechtssuchende bei der Inanspruchnahme einer Rechtsanwältin oder eines Rechtsanwalts, wenn es um die Wahrnehmung von Rechten **außerhalb eines Gerichtsprozesses** geht (z. B. beim Widerspruchsverfahren). Nach § 1 BerHG sind diejenigen **antragsberechtigt**, die

- die erforderlichen Mittel nach ihren persönlichen und wirtschaftlichen Verhältnissen nicht aufbringen können, d. h. **bedürftig** sind,
- keine **andere zumutbare Hilfe** für den Streit erhalten können,

Beispiele

Haben Rechtssuchende eine Rechtsschutzversicherung, erhalten sie rechtliche Unterstützung hierüber und benötigen keine Beratungshilfe. Betreffen die Rechtsstreitigkeit einen Bereich, in dem ein Verband oder ein Verein, in dem sie Mitglied sind, rechtliche Unterstützung anbietet (z. B. für sozialrechtliche Streitigkeiten der Sozialverband Deutschland – SoVD, für mietrechtliche Streitigkeit der Mieterverein oder für arbeitsrechtliche Streitigkeiten die Gewerkschaften), ist die Beratungshilfe in diesem Bereich ebenfalls ausgeschlossen.

- und ihre Rechte **nicht mutwillig** in Anspruch nehmen.

Mutwillig ist die Rechtsverfolgung dann, wenn selbst zahlende Rechtssuchende aus vernünftigen und nachvollziehbaren Gründen keine anwaltliche Hilfe in Anspruch nehmen würden. Mutwilligkeit liegt auch dann vor, wenn Betroffene für eine Angelegenheit mehrmals Beratungshilfe beantragen, z. B. weil sie sich eine „zweite Meinung" einholen wollen.

Ob jemand **bedürftig** ist, berechnet sich nach den Vorschriften der ZPO. Beratungshilfe erhalten diejenigen, denen nach Abzug aller Freibeträge, den Kosten für Unterkunft und Heizung und ggf. weiterer Belastungen vom Nettoeinkommen weniger als 15 Euro verbleiben. Die Freibeträge werden jedes Jahr neu festgelegt und betragen derzeit (seit 1.1.2021):

- Freibetrag für Antragsteller:innen und Ehepartner:innen bzw. Lebenspartner:innen: 491 Euro
- Freibetrag, wenn Rechtsuchende:r ein Einkommen aus Erwerbstätigkeit bezieht: 223 Euro

78 Eine sehr gute Broschüre über Beratungs- und Prozesskostenhilfe wird vom Bundesjustizministerium herausgegeben; sie kann bestellt werden oder steht zum Download unter https://www.bmjv.de/SharedDocs/Publikationen/DE/Beratungs_PKH.pdf?__blob=publicationFile&v=21 zur Verfügung (10.10.2021).

- Freibeträge für unterhaltsberechtigte Erwachsene 393 Euro, Jugendliche zwischen 14 und 18 Jahren 410 Euro, Kinder zwischen 6 und 13 Jahren 340 Euro und Kinder zwischen 0 und 6 Jahren 311 Euro.

Beispiel

Die 46-jährige A möchte aufgrund schwerwiegender Rückenprobleme eine medizinische Rehabilitationsmaßnahme erhalten, die von der Krankenkasse abgelehnt wurde. Sie möchte eine rechtliche Beratung für das Widerspruchsverfahren. Sie verdient als Gesundheits- und Krankheitspflegerin 2.500 Euro netto, ist verheiratet und lebt mit zwei Kindern (15 und 12 Jahre) in einer Eigentumswohnung, die monatliche Kosten von 700 Euro verursacht.
Von dem Einkommen von 2.500 Euro werden abgezogen:

- 491 Euro für sie selbst und 491 Euro für ihren Ehepartner,
- 223 Euro, weil sie erwerbstätig ist,
- 410 Euro für ihr 15-jähriges und 340 Euro für ihr 12-jähriges Kind sowie
- 700 Euro für die Wohnung.

Nach Abzug aller Freibeträge und der Wohnungskosten verbleiben ihr weniger als 15 Euro (hier -155 Euro). Sie hat deshalb Anspruch auf Beratungshilfe.

Die Beratungshilfe gibt Anspruch auf eine **Erstberatung** bei Rechtsanwält:innen. Es gibt zwei Möglichkeiten der Beantragung von Beratungshilfe (§§ 4–7 BerHG)

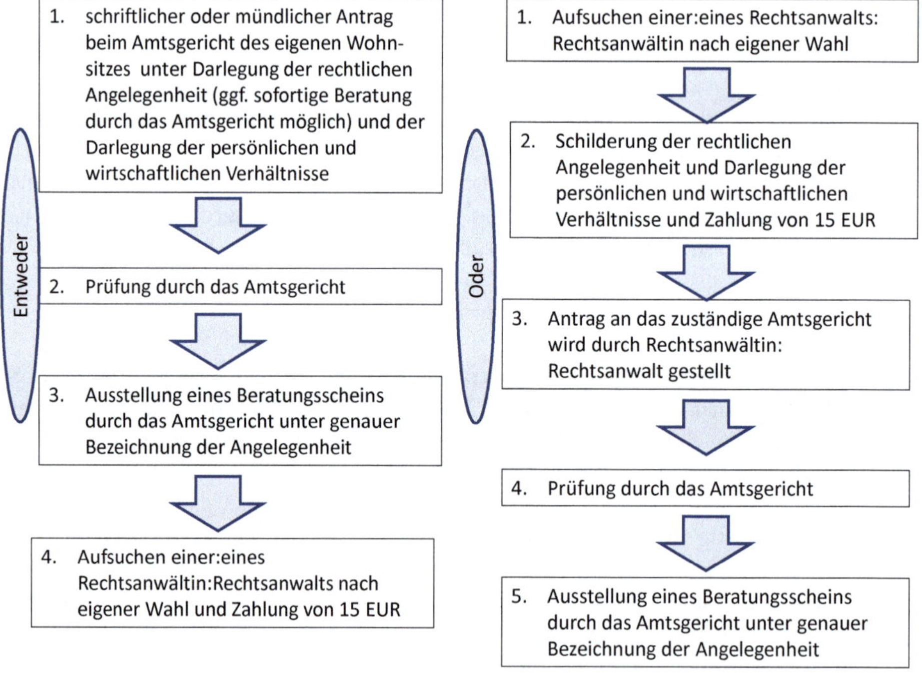

Übersicht 14

3.2.4.2 Prozesskostenhilfe (PKH)

Während die Beratungshilfe bei der Rechtsdurchsetzung außerhalb des Gerichtsprozesses hilft, dient die Prozesskostenhilfe der Finanzierung eines **Gerichtsprozesses**. Da die

Gerichtsverfahren in sozialrechtlichen Angelegenheiten grundsätzlich gerichtskostenfrei sind, werden über die Prozesskostenhilfe v. a. die Mittel für eine **rechtsanwaltliche Vertretung** übernommen. Die Voraussetzungen der PKH für das sozialgerichtliche Verfahren finden sich in § 73a SGG i.V.m. §§ 114 ff. ZPO, für das verwaltungsgerichtliche Verfahren in § 166 VwGO i.V.m. §§ 114 ff. ZPO. Nach § 114 ZPO wird PKH dann gewährt, wenn

- eine Partei nach ihren persönlichen und wirtschaftlichen Verhältnissen nicht in der Lage ist, die Kosten der Prozessführung nicht, nur zum Teil oder nur in Raten aufzubringen (Bedürftigkeit),
- die beabsichtigte Rechtsverfolgung oder Rechtsverteidigung hinreichende Aussicht auf Erfolg bietet und
- die Rechtsverfolgung oder -verteidigung nicht mutwillig ist.

PKH wird beim **Gericht der Hauptsache** beantragt (§ 117 ZPO). Dem Antrag muss eine Erklärung über die persönlichen und wirtschaftlichen Verhältnisse beigefügt werden (Formblatt, § 117 Abs. 3 f. ZPO); das Streitverhältnis ist unter Angabe der Beweismittel darzustellen.

Der Antrag auf PKH hemmt nicht den Ablauf der **Rechtsmittelfrist**. Es muss also neben diesem Antrag auch immer noch Klage eingereicht werden, damit die Monatsfrist nicht abläuft und der angegriffene Verwaltungsakt bestandskräftig wird.

Übungsaufgaben

1. Herr O erhält am 23.9.2021 einen Bescheid, mit dem die beantragte Leistung der Grundsicherung im Alter und bei Erwerbsminderung abgelehnt werden. Was kann er dagegen tun und was muss er dabei beachten? Nennen Sie die entsprechenden Vorschriften!
2. Was bedeutet aufschiebende Wirkung eines Widerspruchs und einer Anfechtungsklage?
3. Die 80-jährige demenzkranke Frau P beantragt Leistungen bei der Pflegeversicherung und hofft auf die Zuerkennung des Pflegegrads 3. Sie erhält nach der Begutachtung nur Pflegegrad 2. Der Widerspruch wird zurückgewiesen. Kann ihre Tochter S nunmehr Klage erheben?
4. Die 11-jährige M hat eine Hörbeeinträchtigung. Sie möchte auf ein Gymnasium in der Stadt S, das speziell auf ihre Behinderung ausgerichtet ist und das sehr begehrt ist. Der Träger der Eingliederungshilfe weigert sich, die Kosten für dieses Gymnasium zu übernehmen, weil die nahegelegene Sonderschule viel günstiger sei. M befürchtet, da das neue Schuljahr unmittelbar bevorsteht und der Platz im Gymnasium anderweitig vergeben wird, dass sie ein langes Klageverfahren nicht abwarten kann. Was können Sie ihr raten?
5. Der nach einem Unfall querschnittsgelähmte Herr M möchte einen Elektrorollstuhl von der Krankenkasse. Der Antrag wird abgelehnt, weil Herr M mit einem Schieberollstuhl ausreichend versorgt ist. Herr M möchte seinen Anspruch gern durchsetzen, fürchtet allerdings die finanziellen Folgen, weil er arbeitslos ist. Was können Sie ihm sagen?

4 Sozialrechtliche Grundlagen

Die Umsetzung des Sozialstaatsprinzips erfolgt u. a. durch das **System der sozialen Sicherheit** bzw. das Sozialrecht insgesamt. Deutlich wird das in § 1 SGB I. Danach soll das Recht des Sozialgesetzbuchs „[…] zur Verwirklichung sozialer Gerechtigkeit und sozialer Sicherheit Sozialleistungen einschließlich sozialer und erzieherischer Hilfen gestalten. Es soll dazu beitragen,

- ein menschenwürdiges Dasein zu sichern,
- gleiche Voraussetzungen für die freie Entfaltung der Persönlichkeit, insbesondere auch für junge Menschen zu schaffen,
- die Familie zu schützen und zu fördern,
- den Erwerb des Lebensunterhalts durch eine frei gewählte Tätigkeit zu ermöglichen und
- besondere Belastungen des Lebens, auch durch Hilfe zur Selbsthilfe, abzuwenden oder auszugleichen."

Das Sozialrecht gliedert sich, um diesen Vorgaben des § 1 SGB I gerecht zu werden, in unterschiedliche Bereiche mit einer Vielzahl von Leistungen und Leistungsträgern, mit unterschiedlichen staatlichen und privaten Akteuren, Leistungserbringern und rechtlichen Regelungen, die teilweise sehr kompliziert sind. Überdies hängt der Großteil steuerfinanzierter Leistungen an den finanziellen Ressourcen des Staates; Änderungen in der Sozialgesetzgebung sind häufig. Gegenstand des vorliegenden Kapitels sind die wesentlichen sozialrechtlichen Regelungen, die für Menschen mit Behinderungen relevant sind.

Das **Sozialrecht** wird üblicherweise in vier verschiedene Bereiche unterteilt. Dabei wird v. a. nach dem Kreis der Leistungsberechtigten, der Finanzierung und der Bedürftigkeit unterschieden. Diese **Sozialleistungsbereiche** sind in den §§ 4 bis 10 SGB I als soziale Rechte festgehalten. Sie werden durch die **Einweisungsvorschriften** der §§ 18 bis 29 SGB I konkretisiert (s. Tabelle auf der nächsten Seite). Diese Vorschriften vermitteln keine Rechtsansprüche, sondern einen Überblick über Ziele, Leistungen und Leistungsträger. Die einzelnen Rechtsansprüche ergeben sich aus den jeweiligen Leistungsgesetzen.

Beispiel

Ein Anspruch auf Krankenbehandlung ergibt sich nicht aus den §§ 4, 21 SGB I, obwohl dort die Leistungen der Krankenversicherung aufgeführt sind, sondern direkt aus dem Leistungsgesetz der Krankenversicherung – hier dem SGB V. Der Anspruch auf Krankenbehandlung, die Voraussetzungen und der Inhalt der Leistungen krankenversicherter Menschen ist in § 27 SGB V geregelt.

Soziale Vorsorge	Soziale Förderung	Soziale Hilfe	Soziale Entschädigung
Leistungsprinzip			
Sozialversicherung	öffentliche Förderung	Fürsorge	Versorgung
Zielsetzung			
Absicherung typischer Lebensrisiken	Leistungen zur Schaffung sozialer Chancengleichheit	nachrangige Existenzsicherung, Absicherung bei Bedürftigkeit	Entschädigung bei Aufopferung für die Allgemeinheit Sonderopfer
Leistungsberechtigte			
Mitglieder der Sozialversicherungen	bestimmte Bevölkerungsgruppen, die die Voraussetzungen erfüllen	Menschen ohne ausreichendes Einkommen und Vermögen	bestimmte Bevölkerungsgruppen, die die Voraussetzungen erfüllen
Finanzierung			
Beiträge zur Sozialversicherung (teilweise Steuermittel)	Steuermittel	Steuermittel	Steuermittel
Beispiele			
Krankenversicherung, Rentenversicherung, Pflegeversicherung, Arbeitslosenversicherung, Unfallversicherung	Kinder- und Jugendförderung, Arbeitsförderung, Wohnungsförderung, Rehabilitation und Teilhabe von Menschen mit Behinderungen, Ausbildungsförderung	Grundsicherung für Arbeitssuchende, Sozialhilfe, Wohngeld, Grundsicherung im Alter und bei Erwerbsminderung	Kriegsopferentschädigung, Entschädigung bei Impfschäden, Opferentschädigung

4.1 Grundzüge des Sozialgesetzbuchs

4.1.1 Die Bücher des Sozialgesetzbuchs

Das Sozialrecht ist im Wesentlichen im Sozialgesetzbuch geregelt. Dieses besteht aus allgemeinen und besonderen Teilen; die allgemeinen Teile wie das SGB I und das SGB X gelten für das gesamte Sozialgesetzbuch und sind von allen Leistungsträgern zu berücksichtigen. Das SGB IV gilt als übergreifendes Recht für Sozialversicherungsträger (s. Kapitel 4.2) und der Erste Teil des SGB IX als übergreifendes Recht für alle Rehabilitationsträger (s. Kapitel 4.4).

Leistungen, Leistungsberechtigung und Leistungsvoraussetzungen für einzelne Sozialleistungen finden sich in den besonderen Teilen. Bisher existieren folgende Teile (in Klammern findet sich das Jahr des Inkrafttretens):

Erstes Buch (SGB I) Allgemeiner Teil (1.1.1976)
Zweites Buch (SGB II) Grundsicherung für Arbeitssuchende (1.1.2005)
Drittes Buch (SGB III) Arbeitsförderung (1.1.1998)

Viertes Buch (SGB IV)	Gemeinsame Vorschriften für die Sozialversicherung (1.7.1977)
Fünftes Buch (SGB V)	Gesetzliche Krankenversicherung (1.1.1989)
Sechstes Buch (SGB VI)	Gesetzliche Rentenversicherung (1.1.1992)
Siebtes Buch (SGB VII)	Gesetzliche Unfallversicherung (1.1.1997)
Achtes Buch (SGB VIII)	Kinder- und Jugendhilfe (1.1.1991)
Neuntes Buch (SGB IX)	Rehabilitation und Teilhabe von Menschen mit Behinderungen (1.7.2001)
Zehntes Buch (SGB X)	Sozialverwaltungsverfahren und Sozialdatenschutz (1.1.1981/1.7.1983)
Elftes Buch (SGB XI)	Soziale Pflegeversicherung (1.1.1995)
Zwölftes Buch (SGB XII)	Sozialhilfe (1.1.2005)
Vierzehntes Buch (SGB XIV)	Recht der Sozialen Entschädigung (1.1.2024)

Neben diesen Teilen des Sozialgesetzbuches gelten nach § 68 SGB I weitere Teile als **besondere Teile** des Sozialgesetzbuchs. Dazu gehören z. B.

- das Bundesausbildungsförderungsgesetz (BAföG),
- das Bundesversorgungsgesetz (BVG),
- das Bundeskindergeldgesetz (BKKG),
- das Wohngeldgesetz (WoGG) oder
- das Unterhaltsvorschussgesetz (UnterhVG)

Darüber hinaus gibt es weitere Sozialgesetze, die formell nicht als Teil des Sozialgesetzbuches gelten. Dazu gehören z. B. die Versorgungsgesetze für Beamt:innen, Richter:innen und Soldat:innen oder auch das Asylbewerberleistungsgesetz. Neben dem SGB und seinen besonderen Teilen, welche als formelle Gesetze durch den parlamentarischen Gesetzgeber erlassen werden, gelten im Bereich des Sozialrechts weitere Rechtsvorschriften, die das SGB ergänzen oder konkretisieren. Hierzu gehören v. a. die durch die Exekutive (z. B. Ministerien) erlassenen **Rechtsverordnungen** oder die von Selbstverwaltungsorganen (z. B. einer Krankenkasse) erlassenen **Satzungen**.

Beispiele

Die Verordnung zur Früherkennung und Frühförderung von Kindern mit (drohenden) Behinderungen (Frühförderungsverordnung – FrühV) konkretisiert Früherkennungs- und Frühförderungsleistungen. Ihre Rechtsgrundlage findet sich in § 46 Abs. 6 SGB IX. Die Konkretisierung der Leistungsberechtigung in der Eingliederungshilfe soll durch eine Rechtsverordnung erfolgen, die die Bundesregierung mit Zustimmung des Bundesrates erlassen kann (§ 99 Abs. 4 SGB IX idF ab 1.1.2022).

Darüber hinaus gibt es eine Vielzahl von Regelungen, die eigentlich keine Rechtsnormen sind und dennoch eine gewisse Rolle bei der Auslegung von Rechtsvorschriften spielen. Dazu gehören z. B. die von Leistungsträgern und deren Verbänden oder von Gremien der gemeinsamen Selbstverwaltung erlassenen **Rahmenvereinbarungen, Empfehlungen oder Richtlinien**.

Beispiel

Die Bundesarbeitsgemeinschaft für Rehabilitation (BAR e.V.) erarbeitet Empfehlungen, die ein einheitliches Handeln bei der Gewährung von Leistungen zur Rehabilitation ermöglichen sollen. Diese Empfehlungen sind keine Rechtsnormen, allerdings werden sie bei der Leistungsgewährung berücksichtigt. Es gibt seitens der BAR z. B. die Gemein-

same Empfehlung Reha-Prozess, die Gemeinsame Empfehlung Beteiligung der Bundesagentur für Arbeit oder Handlungsempfehlungen zum trägerübergreifenden Persönlichen Budget. Diese finden sich unter www.bar-frankfurt.de.

Auch Landesrecht kann unter Umständen noch eine Rolle spielen. Alle Bundesländer haben z. B. eigene Ausführungsgesetze zum SGB IX erlassen müssen, in dem sie u. a. die zuständigen Träger der Eingliederungshilfe festlegen. Landesrahmenverträge konkretisieren die Leistungserbringung zwischen Leistungsträgern und Leistungserbringern. Darüber hinaus gibt es z. B. weitere Sozialleistungen nach landesrechtlichen Vorschriften wie Landesblindengeld oder Pflegewohngeld.

4.1.2 Sozialleistungen

Sozialleistungen sind individuelle Begünstigungen, die nach den Vorschriften des SGB zur Verwirklichung der sozialen Rechte (§§ 3–10 SGB I) einzelnen Leistungsberechtigten oder einer Gruppe von Leistungsberechtigten zugutekommen sollen. Sie werden in § 11 SGB I definiert. Danach sind Sozialleistungen, „die in diesem Gesetz vorgesehenen Dienst-, Sach- und Geldleistungen […]. Die persönliche und erzieherische Hilfe gehört zu den Dienstleistungen." Welche Sozialleistungen gewährt werden können, benennen die §§ 18 bis 29 SGB I. Sozialleistungen können folgendermaßen eingeteilt werden:

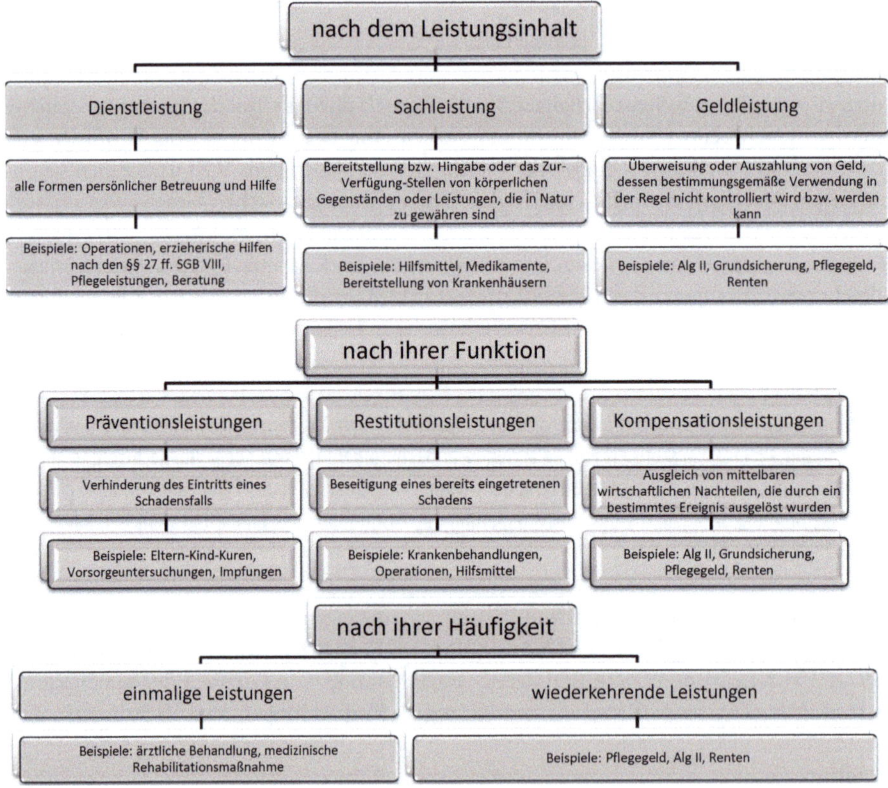

Übersicht 15

4.1.3 Sozialleistungsträger

Sozialleistungen werden von **Sozialleistungsträgern** erbracht. Nach § 12 SGB I sind Leistungsträger die in den §§ 18 bis 29 SGB I genannten Körperschaften, Anstalten und Behörden; Abs. 2 der einzelnen Vorschriften benennt die für die Leistungen zuständigen Sozialleistungsträger. Die Zuständigkeit im Einzelfall richtet sich nach den jeweiligen Leistungsgesetzen.

Beispiele

Für die Leistungen der Krankenversicherung sind die Orts-, Betriebs- und Innungskrankenkassen, die Seekrankenkasse, die landwirtschaftlichen Krankenkassen die Deutsche Rentenversicherung Knappschaft-Bahn-See und die Ersatzkassen die zuständigen Leistungsträger (§ 21 Abs. 2 SGB I). Aus dieser grundsätzlichen Zuständigkeit ergibt sich aber noch nicht, wer im konkreten Einzelfall z. B. eine Krankenbehandlung erbringen muss. Das richtet sich nach dem SGB V. Leistungen der Ausbildungsförderung erbringen die Ämter und Landesämter für Ausbildungsförderung (§ 18 Abs. 2 SGB I). Auch hier muss im Einzelfall geklärt werden, wer konkret zuständig ist. Hierfür sind die Regelungen des BAföG entscheidend.

4.1.4 Leistungserbringer

Die Leistungsträger, die gegenüber den Leistungsberechtigten zur Erbringung von Sozialleistungen verpflichtet sind, erbringen diese Leistungen – v. a., wenn es sich um Sach- oder Dienstleistungen handelt – i. d. R. nicht selbst. Das hat nicht nur mit fehlenden personellen und sachlichen Mitteln zu tun, sondern hat v. a. rechtliche Gründe und hier insbesondere das **Subsidiaritätsprinzip**, das die Erbringung von Leistungen in die Hände der Wohlfahrtsverbände oder privater und gewerblicher Leistungserbringer legt.

Das **Subsidiaritätsprinzip** betrifft im sozialrechtlichen Sinn das Verhältnis von freien (gemeinwohlorientierten oder privatgewerblichen) Trägern zu öffentlichen (Leistungs)Trägern. Es bedeutet, dass staatliches Handeln so lange nicht notwendig ist, solange die Zivilgesellschaft Hilfen erbringen kann. Freie Träger sollen bei der Erbringung von Leistungen gegenüber staatlichen Trägern vorrangig berücksichtigt werden. Auf diese Weise soll eine totale fürsorgerische Abhängigkeit der Bürger:innen vom Staat verhindert werden.

Die Leistungsträger bedienen sich aus diesen Gründen i. d. R. freier Träger zur Erbringung der Leistungen. Diese heißen die **Leistungserbringer**. Umgangssprachlich wird in diesem Zusammenhang häufig von „Trägern" gesprochen; im Sozialleistungsrecht sind „Träger" die Leistungs-(oder Kosten-)Träger. Die „Träger", die Leistungen erbringen, sind Leistungserbringer. Es handelt sich dabei überwiegend um natürliche oder juristische Personen, die privatrechtlich (z. B. Verein, gGmbH, GbR) oder auch öffentlich-rechtlich (z. B. Religionsgemeinschaften und Kirchen) organisiert sind. Leistungserbringer sind die Wohlfahrtsverbände, freie Träger der Kinder- und Jugendhilfe, der Hilfe für Menschen mit Behinderungen oder auch Ärzt:innen, Krankenhäuser und Träger von Rehabilitationseinrichtungen. Leistungserbringer können als natürliche Personen (z. B. als Familienhelfer:innen, Heilpädagog:innen) oder als eingetragener Verein (z. B. Bundesvereinigung Lebenshilfe e.V., Caritasverband e.V., Sozialdienst katholischer Frauen e.V. Berlin), als gemeinnützige Stiftung (z. B. Björn-Schulz-Stiftung) oder als gemeinnützige GmbH (z. B. Albatros gGmbH) tätig sein.

Leistungsberechtigte können aufgrund der Vielfalt der Leistungserbringer zwischen mehreren Alternativen wählen und so von ihrem im Sozialrecht an verschiedenen Stellen gewährten

Wunsch- und Wahlrecht Gebrauch machen (vgl. § 33 S. 2 SGB I, § 8 SGB IX, § 2 Abs. 2 SGB XI oder § 104 Abs. 2 SGB IX). Leistungsberechtigte, Leistungsträger und Leistungserbringer stehen bei der Erbringung von Sozialleistungen (Sach- und Dienstleistungen) in einem sog. **sozialrechtlichen Dreiecksverhältnis**, in dem drei verschiedene Rechtsbeziehungen bestehen. Die Unterscheidung der unterschiedlichen Rechtsverhältnisse ist wichtig, v. a. dann, wenn es zu Störungen kommt und gerichtlich dagegen vorgegangen werden muss.

Übersicht 16

Leistungsberechtigte haben gegen den Leistungsträger einen Anspruch auf eine Sozialleistung aus dem Sozialgesetzbuch. Dieses Sozialrechtsverhältnis ist dem öffentlichen Recht zuzuordnen. Kommt es zum Streit, weil der Leistungsträger eine Leistung nicht oder nicht im gewünschten Umfang bewilligt oder entzieht der Leistungsträger bereits bewilligte Leistungen wieder, muss (ggf. nach einem Widerspruchsverfahren) der Streitfall vor der Sozial- oder Verwaltungsgerichtsbarkeit geklärt werden.

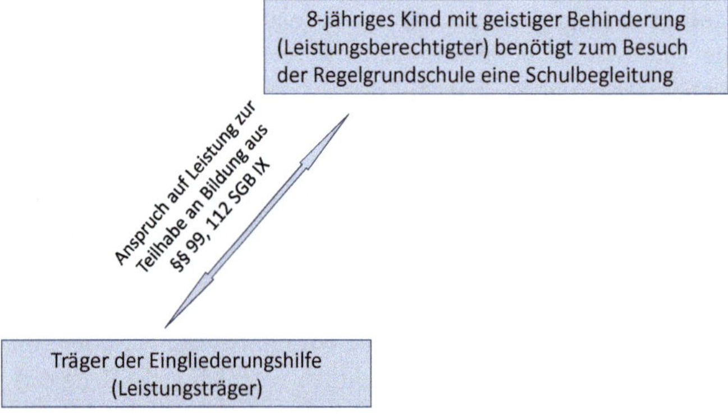

Übersicht 17 – Beispiel

Der Leistungsträger bedient sich eines Leistungserbringers, um den Anspruch der Leistungsberechtigten auf die Sozialleistung zu erfüllen. Der Leistungsträger schließt mit dem Leistungserbringer einen (i. d. R. **öffentlich-rechtlichen**) **Vertrag**, in dem die Leistungen, die Vergütung der Leistungen, die Anforderungen an die personelle Ausstattung, die Qualitätsstandards nebst Qualitätsprüfungen usw. geregelt sind. Kommt es bei der Umsetzung dieses Vertrages zum Streit, weil z. B. die Vergütung zu gering bemessen ist oder die Leistungen nicht der verabredeten Qualität entsprechen, entscheidet die Sozial- oder Verwaltungsgerichtsbarkeit.

Aufgrund des Vertrages erhält der Leistungserbringer seine Leistungen vergütet; der Leistungsberechtigte weiß i. d. R. nicht, welche Kosten anfallen und kann darauf – im Falle einer Schlechtleistung – auch nicht unmittelbar, z. B. durch geringere Bezahlung, reagieren. Leistungsberechtigte müssen, wenn sie Sach- oder Dienstleistungen erhalten, diese i. d. R. von einem Leistungserbringer beziehen, der einen entsprechenden Vertrag mit dem Leistungsträger hat. Besteht kein solcher Vertrag, müssen Leistungsberechtigte die Leistung selbst bezahlen oder sie sich im Rahmen eines Persönlichen Budgets finanzieren lassen (s. Kapitel 4.4.11).

Übersicht 18 – Beispiel

Die:Der Leistungsberechtigte schließt dann mit dem Leistungserbringer einen **privatrechtlichen Vertrag** (z. B. Dienstvertrag, Betreuungsvertrag, Pflegevertrag, Behandlungsvertrag). Hier gelten die zivilrechtlichen Vorschriften. Kommt es zum Streit, weil z. B. die leistungsberechtigte Person während der Betreuung einen Schaden durch das Handeln des Leistungserbringers erleidet, wird er vor den Zivilgerichten geklärt.

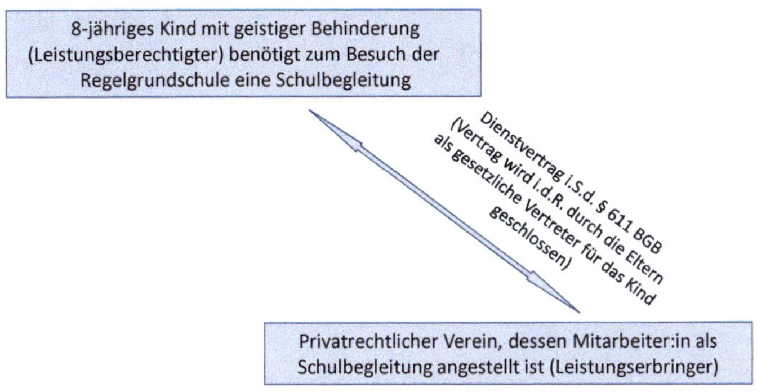

Übersicht 19 – Beispiel

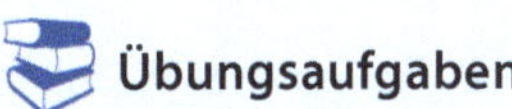

Übungsaufgaben

1. Welche Bereiche des Systems der sozialen Sicherung kennen Sie? Nennen Sie die wichtigsten Unterschiede!
2. Wo sind Sozialleistungen geregelt?
3. Was verstehen Sie unter dem sozialrechtlichen Dreiecksverhältnis? Beschreiben Sie die jeweiligen rechtlichen Beziehungen zwischen den Beteiligten des Leistungsdreiecks!
4. Die 9-jährige K erhält heilpädagogische Leistungen im Sozialpädiatrischen Zentrum (SPZ) des Trägers T. Zuständig für die Leistungen ist der Träger der Eingliederungshilfe E. Skizzieren Sie die Rechtsbeziehungen zwischen den beteiligten Akteuren!

4.2 Grundzüge des Sozialversicherungsrechts

Sozialversicherungen sind Einrichtungen des Staates, die auf **sozialem Ausgleich** beruhen, öffentlich-rechtlich organisiert sind und der Absicherung eines bestimmten **Lebensrisikos** dienen. Die ersten Sozialversicherungen gibt es bereits seit Ende des 19. Jahrhunderts: die Krankenversicherung wurde 1883 eingeführt, die Unfallversicherung 1884 und die Alters- und Invalidenversicherung 1889.

In Deutschland gibt es derzeit fünf Versicherungszweige, die die Versicherten im Falle
- der Krankheit,
- der Pflegebedürftigkeit,
- von Arbeitsunfällen und Berufskrankheiten,
- der Arbeitslosigkeit oder
- des Alters und der vorzeitigen Erwerbsminderung

absichern. Die einzelnen Versicherungszweige sind in den Leistungsgesetzen des Sozialgesetzbuches geregelt, und zwar im SGB III (Arbeitslosenversicherung), im SGB V (Krankenversicherung), im SGB VI (Rentenversicherung), im SGB VII (Unfallversicherung) und SGB XI (Pflegeversicherung). Die zuständigen Leistungsträger bezeichnet man als **Sozialversicherungsträger**. Diese sind Körperschaften des öffentlichen Rechts mit Selbstverwaltungsrecht.

4.2.1 Grundsätze der Sozialversicherung

Kennzeichen der Sozialversicherungen sind:
1. wesentliche Finanzierung durch **Beiträge** der Versicherten und deren Arbeitgeber;
2. **Zwangsgemeinschaft**, d.h. bestehende Versicherungspflicht bzw. Versicherung kraft Gesetzes, der auch freiwillig Versicherte angehören können;
3. der Umfang der Versicherung ist durch Gesetz oder Satzung vorgegeben;
4. Organisation nach dem **Solidarprinzip**, d.h.
   - jede Person zahlt nach Leistungsfähigkeit bei Berücksichtigung einer Beitragsbemessungsgrenze,
   - häufig Mitfinanzierung (teilweise paritätisch) durch Arbeitgeber (Ausnahme: gesetzliche Unfallversicherung),
   - Einbeziehung nicht beitragszahlender Angehöriger in Kranken- und Pflegeversicherung,
   - grundsätzlich keine Risikoprognose im Einzelfall (wie sie z.B. die privaten Krankenversicherungen, privaten Unfallversicherungen und privaten Lebensversicherungen durchführen) und
   - sozialer Ausgleich.

Gemeinsame Vorschriften für die Sozialversicherungen finden sich im SGB IV. Es enthält wichtige Bestimmungen, wie z.B. Beschäftigung und geringfügige Beschäftigung, die für die Versicherungspflicht von großer Bedeutung sind (§§ 7 ff. SGB IV), zum Arbeitsentgelt (§ 14 SGB IV) oder zum Arbeitseinkommen (§ 15 SGB IV), die für die Beitragshöhe wichtig sind, oder Regelungen zum Verfahren der Beitragserhebung oder zu den Meldepflichten der Arbeitgeber. Auch die für viele andere Regelungen wichtige Bezugsgröße der Sozialversicherungen, die der Gesetzgeber jährlich festlegt, ist in § 18 SGB IV geregelt (vgl. z.B.

Kapitel 4.4.9.5). Die Einzelheiten und die konkrete Zuständigkeit im Einzelfall regeln die einzelnen Leistungsgesetze.

Beispiele

So legt § 2 Abs. 1 SGB IV zwar den „versicherten Personenkreis" fest: Personen, die kraft Gesetzes oder Satzung (Versicherungspflicht) oder aufgrund freiwilligen Beitritts oder freiwilliger Fortsetzung der Versicherung (Versicherungsberechtigung) versichert sind und § 2 Abs. 2 regelt, dass Personen, die gegen Arbeitsentgelt beschäftigt sind, Auszubildende, Menschen mit Behinderungen in besonderen Einrichtungen und Landwirte immer sozialversicherungspflichtig sind. Die Leistungsgesetze enthalten aber besondere Vorschriften über Versicherungspflicht, Versicherungsfreiheit und Versicherungsberechtigung. So sind in § 5 SGB V die Personen genannt, die versicherungspflichtig sind – u. a. Beschäftigte – allerdings sind z. B. diejenigen, deren Arbeitsentgelt regelmäßig die Jahresarbeitsentgeltgrenze übersteigt (für 2021 bedeutet das, dass jemand über 64.350 Euro im Jahr verdienen muss), von der Versicherungspflicht befreit (§ 6 Abs. 1 Nr. 1 SGB V). § 9 SGB V beschreibt die Personengruppen, die sich freiwillig weiterversichern können. Ähnliche Regelungen enthalten auch die anderen Leistungsgesetze: z. B. die Rentenversicherung in den §§ 1–3 SGB VI (Versicherungspflicht), §§ 5–6 SGB VI (Versicherungsfreiheit bzw. Möglichkeit der Befreiung von der Versicherungspflicht) und § 7 SGB VI (freiwillige Versicherung).

Die Sozialversicherungen lassen sich im Überblick wie folgt darstellen:

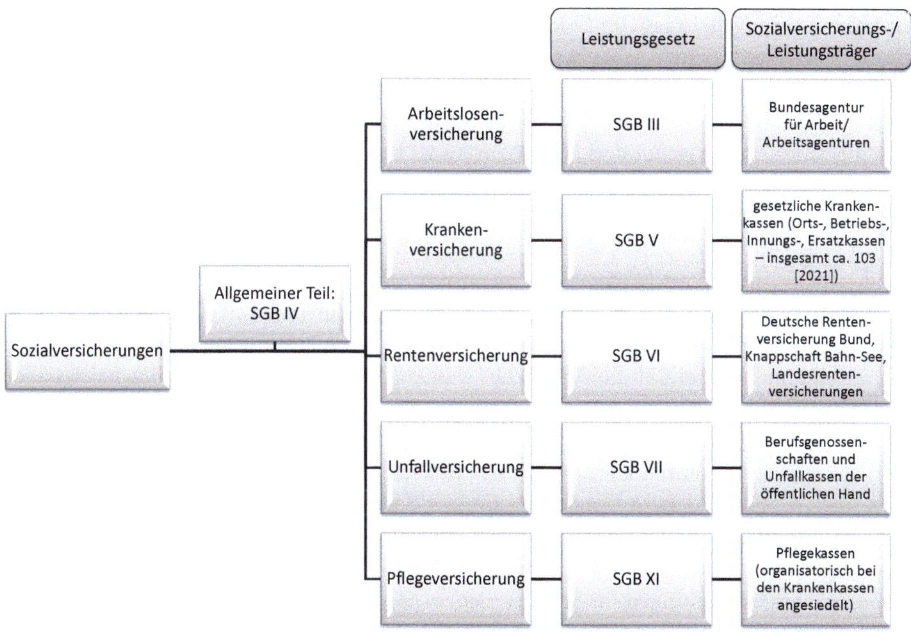

Übersicht 20

4.2.2 Gemeinsame Vorschriften für alle Versicherungszweige (SGB IV)

Von zentraler Bedeutung im Versicherungsrecht ist der Begriff der Beschäftigung. Nach §7 Abs. 1 SGB IV ist Beschäftigung „die nichtselbstständige Arbeit, insbesondere in einem Arbeitsverhältnis. Anhaltspunkte für eine Beschäftigung sind eine Tätigkeit nach Weisungen und eine Eingliederung in die Arbeitsorganisation des Weisungsgebers".

Mit dieser Begriffsbestimmung erfolgt insbesondere eine Abgrenzung zur selbstständigen Tätigkeit. Bei einer solchen besteht keine überwiegende Abhängigkeit vom Arbeitgeber; die Tätigkeit kann für mehrere Auftraggeber ausgeübt werden, Aufträge werden i. d. R. selbstständig akquiriert und das wirtschaftliche Risiko von der Person getragen, die die selbstständige Tätigkeit ausübt. Arbeitet jemand im Rahmen eines Arbeitsverhältnisses mit Arbeitsvertrag, ist die Abgrenzung i. d. R. unproblematisch.

Allerdings wird durch die Flexibilisierung des Arbeitsmarktes, die Zunahme von Leiharbeit, „schein-selbstständig“ Beschäftigte, Minijobs oder wegen der immer häufiger auftretenden Praxis, mit eigentlich abhängig beschäftigten Arbeitnehmern Werkverträge abzuschließen, die Abgrenzung schwieriger. Deshalb besteht nach §7a SGB IV die Möglichkeit, auf schriftlichen oder elektronischen **Antrag** eine Entscheidung darüber zu erhalten, ob jemand beschäftigt (und insofern versicherungspflichtig) ist oder nicht. Über den Antrag entscheidet die Deutsche Rentenversicherung Bund.

Stellt ein Sozialversicherungsträger (i. d. R. der Rentenversicherungsträger, §28p SGB IV) bei einer Betriebsprüfung fest, dass der Arbeitgeber Schein-Selbstständige beschäftigt, d. h. Menschen wie Arbeitnehmer:innen behandelt und sie in den Betrieb eingliedert, allerdings nur Honorar- oder Werkverträge mit ihnen geschlossen hat, muss er unter Umständen die **Sozialversicherungsbeiträge** für diese **bis vier Jahre rückwirkend** nachzahlen und zwar vollständig. Zwar kann er den Arbeitnehmeranteil, der während der vier Jahre angefallen wäre, mit dem Lohn aufrechnen, das geht allerdings nur, wenn noch ein Beschäftigungsverhältnis mit dem:der „Schein-Selbstständigen“ besteht, ansonsten trägt er die Beiträge allein. Und auch die Aufrechnung ist auf drei Monate maximal begrenzt.

Nicht sozialversicherungspflichtig sind Beschäftigungsverhältnisse, die geringfügig ausgeübt werden (sog. „450-Euro-Jobs – oder Minijobs“). Eine **geringfügig ausgeübte Beschäftigung** liegt nach §8 Abs. 1 SGB IV dann vor, wenn das Arbeitsentgelt im Monat nicht höher als 450 Euro ist oder die Tätigkeit innerhalb eines Jahres nicht mehr als drei Monate oder 70 Arbeitstage ausgeübt wird; im letzteren Fall darf die Beschäftigung nicht berufsmäßig mit einem Einkommen über 450 Euro ausgeübt werden. Mehrere geringfügige Beschäftigungen werden zusammengerechnet.

Wird bei mehreren geringfügig ausgeübten Beschäftigungen die 450 Euro-Entgeltgrenze überschritten oder sind Betroffene mehr als zwei Monate im Jahr beschäftigt, besteht eine Versicherungspflicht für alle Beschäftigungsverhältnisse.

Weitere **wichtige Regelungen** für Sozialversicherungen im SGB IV sind z. B.

- Regelungen zu Arbeitszeit-Wertguthaben (§§7b–7f SGB IV)
- an welchem Ort jemand als beschäftigt gilt (§9 SGB IV),
- was zum Arbeitsentgelt oder Arbeitseinkommen zählt und damit zur Beitragsberechnung herangezogen werden kann (§§14 f. SGB IV),
- die Bezugsgröße für die Sozialversicherung (§18 SGB IV),
- Beitragsbemessung und Beitragsfälligkeit (§§20 ff. SGB IV),
- Meldepflichten, Verfahren bei der Beitragszahlung, Auskunftspflichten, Betriebsprüfungen u. Ä. (§§28a ff. SGB IV),
- Sozialversicherungsausweis (§18h SGB IV).

Übungsaufgaben

1. Gegen welche Lebensrisiken besteht in Deutschland eine Versicherung und in welchen Teilen des SGB ist diese jeweils geregelt?
2. Heilpädagogin M arbeitet für einen freien Träger der Behindertenhilfe. Sie hat einen Honorarvertrag, der sie verpflichtet, 40 Stunden wöchentlich in einer stationären Einrichtung zu arbeiten. Außerdem sind Urlaub, Entgeltfortzahlung im Krankheitsfall und die Weisungsbefugnis der Geschäftsleitung geregelt. Um die Sozialversicherung muss sie sich laut Honorarvertrag selbst kümmern. Zu Recht? Nennen Sie die gesetzliche Vorschrift!

4.3 Recht der Kinder- und Jugendhilfe

Das Recht der Kinder- und Jugendhilfe gehört zum Sozialverwaltungsrecht. Die einschlägigen Regelungen finden sich im Achten Buch Sozialgesetzbuch (SGB VIII) und im KKG, im Adoptionsvermittlungsrecht, im Jugendschutz- und Jugendarbeitsschutzrecht und in den Bestimmungen über den Arrest und (Jugend-)Strafvollzug. Die verfahrensrechtlichen Pflichten in Verfahren vor dem Familiengericht sind im FamFG niedergelegt; jugendhilferechtliche Streitigkeiten werden hingegen vor dem Verwaltungsgericht ausgetragen, sodass insoweit die VwGO Anwendung findet. Das SGB VIII und das KKG sind 2021 umfangreich geändert worden; der Darstellung liegt die neue Fassung zu Grunde.

4.3.1 Verpflichtung aufgrund des SGB VIII

Als Gesetz verpflichtet das SGB VIII wie die anderen genannten Vorschriften den Träger der öffentlichen Jugendhilfe. Wer örtlicher Träger und wer überörtlicher Träger der öffentlichen Jugendhilfe ist, bestimmt das jeweilige Landesrecht (Länderhoheit im Organisationsrecht). In aller Regel sind die Landkreise und kreisfreien Gemeinden örtliche Träger; als überörtliche Träger kommen die Länder (Bayern, Berlin, Brandenburg, Bremen, Freie und Hansestadt Hamburg, Niedersachsen, Rheinland-Pfalz, Saarland, Sachsen, Sachsen-Anhalt, Schleswig-Holstein, Thüringen) oder eine Körperschaft des öffentlichen Rechts (in Baden-Württemberg der Kommunalverband für Jugend und Soziales, in Hessen der Landeswohlfahrtsverband, in Mecklenburg-Vorpommern der Kommunale Sozialverband, in Nordrhein-Westfalen die Landschaftsverbände) in Betracht.

Die örtlichen Träger richten je ein Jugendamt, und die überörtlichen Träger richten je ein Landesjugendamt als Behörden im Sinne des verwaltungsverfahrensrechtlichen Behördenbegriffs ein (vgl. § 1 Abs. 2 SGB X); teilweise erfüllen die Oberbehörden die Aufgaben der Landesjugendämter mit. Die Behördendichte spiegelt damit die Verwaltungsstruktur des jeweiligen Bundeslandes wider. Soweit nicht der Träger, sondern das Jugendamt als Behörde genannt ist, ist die Redeweise des Gesetzes verkürzt. Die Jugendämter und die Landesjugendämter sind zweigliedrig verfasst; d. h. sie bestehen aus der Verwaltung des Jugendamtes und dem Jugendhilfeausschuss bzw. der Verwaltung des Landesjugendamtes und dem Landesjugendhilfeausschuss. Entsprechend sind die Aufgaben verteilt.

Die Aufgaben der laufenden Verwaltung der Jugendämter lassen sich untergliedern. Sie machen die **sachliche Zuständigkeit** der Behörde aus. Zur **laufenden Verwaltung** gehören

- die vorbereitende Hilfeplanung,
- die Qualitätsentwicklung und Qualitätssicherung,
- Vereinbarungen mit freien Trägern,
- die Gewährung und die Kontrolle der Umsetzung von Leistungen mit Ausnahme der Leistungen an Deutsche im Ausland,
- die Wahrnehmung der sogenannten anderen Aufgaben, soweit nicht die Landesjugendämter zuständig sind,
- die Wahrnehmung der Aufgaben nach dem Jugendschutz- und Jugendarbeitsschutzrecht, im öffentlichen Namensänderungsrecht und im Vollstreckungsrecht,
- die strukturelle Zusammenarbeit mit anderen Personen und Stellen (vgl. § 81 SGB VIII) sowie
- die Wahrnehmung von Aufgaben nach § 85 Abs. 2 Nr. 3 f., 7 f. SGB VIII für den örtlichen Bereich.

Die **Jugendhilfeausschüsse** sind funktionell zuständig für

- die Bestands- und
- die Bedarfsermittlung,[79]
- die planerische Sicherstellung der erforderlichen Angebote in Form der Satzung. Dabei sind, seit dem Achten Jugendbericht, Sozialraumorientierung und Lebensweltorientierung, Flexibilisierung und Vernetzung unter möglichst weitreichender Beteiligung der Betroffenen angesagt. Je nach Aufgabenbereich ist daher planungstechnisch wie planungsrechtlich zu differenzieren.
- Die Prüfung und Weiterentwicklung des Plans,
- die haushaltsrechtliche Budgetierung sowie
- die kooperative Abstimmung mit Blick auf § 81 SGB VIII sind weitere Pflichten.

Die Verwaltung der Landesjugendämter hat die Aufgaben, die in § 85 Abs. 2 SGB VIII zusammengestellt sind (**sachliche Zuständigkeit** der Landesjugendämter). Sie umfassen nach dieser Vorschrift

- die **beratende Tätigkeit**, die sich auf die Jugendämter und Einrichtungen ihres Bereichs bezieht (Absatz 2 Nr. 1, 5, 7),
- die **unterstützende** (fördernde und anregende) **Tätigkeit** im Hinblick auf die Zusammenarbeit der Jugendämter mit freien Trägern, auf Einrichtungen, Dienste und Veranstaltungen, auf Modellvorhaben sowie die Fortbildung von Mitarbeitenden (Absatz 2 Nr. 2 f. und 8) und
- die **planende Tätigkeit,** die auf die Weiterentwicklung der Jugendhilfe gerichtet ist (Absatz 2 Nr. 4).

Außer den genannten generellen und koordinierenden Aufgaben gehören zur sachlichen Zuständigkeit der Landesjugendämter auch bestimmte **Einzelaufgaben**, die in Absatz 2 ebenfalls abschließend aufgeführt sind. Es handelt sich hierbei um

- den Schutz von Kindern und Jugendlichen in Einrichtungen nach §§ 45 bis 48a SGB VIII,

79 Hauck/Noftz/Hilke, SGB VIII § 80 RZ 12 f., 30 ff.

- die Gewährung von Leistungen an Deutsche im Ausland nach § 6 Abs. 3 SGB VIII, soweit die Hilfe nicht bereits im Inland vor der Ausreise geleistet wurde, und
- die Erlaubnis zur Übernahme von Vereinspflegschaften, -vormundschaften und Beistandschaften nach § 54 SGB VIII i. V. m. dem jeweiligen Landesrecht (Absatz 2 Nr. 6, 9 und 10).

Die Landesjugendhilfeausschüsse sind **funktionell** für die überregionale Planung und Kooperation verantwortlich.

Steht die sachliche Zuständigkeit des Jugendamtes fest, bestimmt die **örtliche Zuständigkeit**, welches der Jugendämter tätig werden muss. Die örtliche Zuständigkeit ist (lückenhaft) in den §§ 86–87e SGB VIII geregelt. Für Leistungen sind die §§ 86–86d SGB VIII einschlägig; die örtliche Zuständigkeit für die sog. anderen Aufgaben findet sich in den §§ 87–87e SGB VIII. Dabei betrifft § 86 SGB VIII dem Wortlaut nach nur Leistungen an Personensorgeberechtigte; für Leistungen an Minderjährige (insbesondere Eingliederungshilfen) und an nicht sorgeberechtigte Erziehungsberechtigte sowie im Ausnahmefall an andere Berechtigte ist § 86 SGB VIII sinngemäß anzuwenden.

Grundsätzlich wird danach unterschieden, ob die Eltern beide den **gewöhnlichen Aufenthalt** im Einzugsbereich desselben Jugendamtes haben oder das Kind nur einen Elternteil im Rechtssinne hat, der in diesem Einzugsbereich lebt (vgl. § 86 Abs. 1 SGB VIII) oder ob die Eltern getrennt leben (vgl. § 86 Abs. 2 SGB VIII). Bei gewöhnlichem Aufenthalt in den Einzugsbereichen zweier Jugendämter ist der gewöhnliche Aufenthalt des sorgeberechtigten Elternteils ausschlaggebend. Sind beide Eltern sorgeberechtigt oder sind beide Eltern nicht sorgeberechtigt, ist der gewöhnliche Aufenthalt des Kindes vor Beginn der Leistung maßgebend. Sonderregelungen gibt es für die Leistungen an junge Volljährige (vgl. § 86a SGB VIII) und für Leistungen in gemeinsamen Wohnformen für Mütter/Väter und Kinder (vgl. § 86b SGB VIII). §§ 86c und 86d SGB VIII treffen ergänzende Regelungen für den Wechsel der örtlichen Zuständigkeit und die vorläufige Handlungspflicht bei unklarer örtlicher Zuständigkeit.[80]

Bis die umfassende sachliche Zuständigkeit der Jugendämter für sämtliche Eingliederungshilfen zugunsten von Kindern, Jugendlichen und jungen Volljährigen voraussichtlich 2028 umgesetzt wird, bleibt es bei der komplizierten Konkurrenzregelung des § 10 Abs. 4 SGB VIII a. F. (für die Rechtslage ab 2028 vgl. § 10 Abs. 4 und 5 SGB VIII n. F.), wonach die Jugendhilfe, von der Frühförderung abgesehen, nur für seelisch beeinträchtigte Kinder und Jugendliche sachlich zuständig ist. Der Einbezug der Jugendämter als Rehabilitationsträger (vgl. § 6 SGB IX) in das Verfahren nach den §§ 14 ff. SGB IX birgt immer das Kostenrisiko, Leistungspflichten auch gegenüber Kindern und Jugendlichen mit geistigen Behinderungen wahrnehmen zu müssen.

Sind die Jugendämter als Rehabilitationsträger nach dem SGB IX in der Pflicht, richtet sich örtliche Zuständigkeit nach § 98 SGB IX.

Die örtliche Zuständigkeit des jeweiligen Landesjugendamtes für die erstmalige Gewährung von Hilfen an **Deutsche im Ausland** ist in § 88 SGB VIII verankert.

80 Ausführlich und unter Einbezug zahlreicher Sonderfälle Hauck/Noftz/Bohnert SGB VIII §§ 86–88.

4.3.2 Vertragliche Einbeziehung freier Träger

Private, d. h. anerkannte oder (noch) nicht anerkannte Träger der freien Jugendhilfe, gewerbliche Anbieter und Privatpersonen, sind nicht Adressaten der Gesetze. Ihnen wird aber unter bestimmten Voraussetzungen eine **Betätigungsgarantie** auf dem Gebiet der Jugendhilfe eingeräumt (vgl. §§ 3 und 4 SGB VIII); sie sind dann gehalten, ihre Tätigkeiten nach den Grundprinzipien des Kinder- und Jugendhilferechts auszurichten. Die Einbeziehung freier Träger ist Ausdruck des **Subsidiaritätsprinzips** in der Jugendhilfe. Es ist daher die Verpflichtung zur Aufgabenerfüllung von der Erbringung entsprechender Dienstleistungen zu unterscheiden.

Die Betätigung kann
- frei gemeinnützig oder
- frei gewerblich erfolgen.

Freie Tätigkeit meint in diesem Zusammenhang eine nicht-staatliche Betätigung.

Beispiele
Ist der Landkreis alleiniger Gesellschafter einer gemeinnützigen GmbH, ist diese kein freier Träger; es muss also eine von staatlichen Stellen unabhängige Entschließungsmöglichkeit gegeben sein. Wird eine Kindertagesstätte von einem Verein oder einer Einzelperson auf eigenes Risiko betrieben, ist sie in freier Trägerschaft.

Eine staatliche **Förderung** der Betätigung (auch) durch Einbeziehung in die Erfüllung der Aufgaben der öffentlichen Jugendhilfe setzt aber
- die Gleichstellung mit einem anerkannten Jugendhilfeträger oder
- die Anerkennung als Jugendhilfeträger und
- eine vertragliche Einbeziehung in den Formen des öffentlich-rechtlichen Vertrages (§§ 53 Abs. 1 S. 1, 56 SGB X)

voraus.

4.3.2.1 Trägervielfalt

Träger der Jugendhilfe ist grundsätzlich jede Organisation, die aufgrund der Satzung, des Gesellschaftsvertrages oder in Ausrichtung der Unternehmensziele ausschließlich oder teilweise Aufgaben verwirklicht, die die Bildung, Erziehung und Förderung von Kindern, Jugendlichen und jungen Erwachsenen betreffen. Auf die rechtliche Struktur des Trägers kommt es nicht primär an.

Daher sind als freie Träger anzutreffen (Auswahl):
- Öffentlich-rechtliche Körperschaften (Kirchen und ihre Verbände),
- eingetragene Vereine (eV),
- gemeinnützige GmbH (gGmbH) und GmbH,
- Gesellschaft bürgerlichen Rechts (BGB-Gesellschaft bzw. GbR),
- Gewerbetreibende,
- Jugendverbände und Jugendgemeinschaften oder
- Initiativ- und Selbsthilfegruppen.

Auf übergeordneter Ebene gibt es Fach- und Beratungsgremien, z. T. auch länderübergreifend.

4.3.2.2 Zugang

Freie und gewerbliche Träger haben den gleichen Zugang zum Betätigungsfeld für **stationäre Leistungen** in entgeltfinanzierten Einrichtungen (vgl. § 17 Abs. 3 S. 1 SGB I, § 78b Abs. 2 S. 1 SGB VIII). Einschränkungen gibt es jedoch für Vereinbarungen über die Erbringung von Leistungen im Ausland (vgl. § 78b Abs. 2 S. 2 Nr. 1 unter Bezug auf §§ 79a S. 2 und § 38 Abs. 2 Nr. 2 a) bis d) SGB VIII). Landesrecht kann nach § 78a Abs. 2 SGB VIII die in §§ 78b bis 78g SGB VIII geregelte Finanzierung bei der Erbringung stationärer Leistungen auch auf frei getragene Erziehungsberatungsstellen ausweiten; wird diese Möglichkeit nicht genutzt, sind einzelfallbezogene Leistungsverträge abzuschließen. Über eine Zuwendungsfinanzierung kann allerdings die Zugangsschwelle für Klient:innen abgesenkt werden. Außerhalb des entgeltfinanzierten stationären Einrichtungsbereichs bestehen jedoch erhebliche Unterschiede.[81]

Für die Inanspruchnahme von Einrichtungen und Diensten bei der Erbringung ambulanter Leistungen sieht § 77 SGB VIII eine **Finanzierungsvereinbarung** nur mit anerkannten **freien Trägern der Jugendhilfe unter in Absatz 2 eingefügten zusätzlichen Voraussetzungen** vor. Gewerbliche Anbieter werden dadurch zwar nicht vom Markt ausgeschlossen, aber benachteiligt, da ihre Nutzer:innen nur Selbstzahler sein können, oder sie müssen unwirtschaftlich arbeiten.

Auch soweit statt der Entgeltfinanzierung noch eine **finanzielle Förderung** i. S. d. § 74 SGB VIII erfolgt, gibt es wesentliche Unterschiede. Eine auf Dauer angelegte und damit betriebswirtschaftlich kalkulierbare Förderung setzt die Anerkennung als freier Jugendhilfeträger voraus (§ 74 Abs. 1 S. 2 SGB VIII). Den Mitteleinsatz bestimmt § 74 Abs. 6 SGB VIII. Projektbezogene Förderung ist zeitlich begrenzt auch ohne formelle Anerkennung möglich, setzt jedoch gemeinnützige Ziele, nicht unbedingt den steuerrechtlichen Status als gemeinnütziges Unternehmen voraus. Die Gemeinnützigkeit muss der Träger nachweisen.[82] Die weiteren **Voraussetzungen** sind (vgl. § 74 Abs. 1 S. 1, Abs. 3 bis Abs. 5 S. 2 SGB VIII)

- die hinreichende sachliche und fachliche Ausstattung und ein geeignetes Konzept (dabei ist der Begriff der Geeignetheit ein ausfüllungsbedürftiger unbestimmter Rechtsbegriff),
- die Beachtung der Grundsätze und Maßstäbe der Qualitätsentwicklung und Qualitätssicherung,
- die Gewähr für die zweckentsprechende und wirtschaftliche Verwendung der Mittel; dabei sind Grundsätze und Maßstäbe zugrunde zu legen, die für die Finanzierung der Maßnahmen der öffentlichen Jugendhilfe gelten,
- die angemessene Eigenleistung (bei den Betriebsmitteln, hinsichtlich der finanziellen Ausstattung, durch besonders qualifiziertes Personal) sowie
- Gewährleistung der Menschenrechte und sonstiger verfassungsrechtlicher Verbürgungen.

Die **Auswahl** des förderwürdigen Trägers soll sich an den Interessen der betroffenen (potenziellen) Klient:innen und der Nachhaltigkeit der Betätigung orientieren (§ 74 Abs. 4 SGB VIII). Dabei spielt auch die Einbindung in die Jugendhilfeplanung eine erhebliche Rolle. Gleich qualifizierte Träger sind grundsätzlich gleich zu behandeln. Neben Geldmitteln ist auch die Gewährung von Sachmitteln oder sonstigen Vergünstigungen zulässig. Die Förderungen sind haushaltstechnisch Zuwendungen im Sinne des § 23 der Bundeshaushaltsordnung und der

---

81 Hauck/Noftz/Neumann, SGB VIII § 3 Rn 7 ff.
82 Hauck/Noftz/Grube, SGB VIII § 74 Rn 24.

entsprechenden Landeshaushaltsordnungen; es wird zwischen der Anteilsfinanzierung und der Fehlbedarfsfinanzierung unterschieden. Die Finanzierung von **Tageseinrichtungen** für Kinder ist wegen des Verweises in §74a SGB VIII auf das jeweilige Landesrecht unterschiedlich; der Gesetzgeber wollte die Einbeziehung privat-gewerblicher Träger durch diese Regelung erleichtern.

Eine erleichterte finanzielle Förderung ist für die aufgrund von §12 Abs. 1 SGB VIII förderfähigen **Jugendverbände** und Jugendgruppen möglich. Der Verweis auf die Wahrung des „satzungsmäßigen Eigenlebens" fordert aber auch in diesen Fällen eine rechtliche Verfestigung. Die Förderung der Jugendverbände der politischen Parteien ist problematisch, da hier die Gefahr besteht, unzulässig die jeweilige Partei mit zu finanzieren.

Der Gesetzgeber unterscheidet im SGB VIII **Leistungen** von den sog. **anderen Aufgaben.** Letztere sind dadurch charakterisiert, dass sie in der Alleinverantwortung der örtlichen und des überörtlichen Trägers stehen. **Freie Jugendhilfeträger** können jedoch teilweise von den Behörden in die Aufgabenwahrnehmung **einbezogen** werden. Diese Aufgaben zählt §76 Abs. 1 SGB VIII abschließend auf. Dem Buchstaben nach kommt auch eine Delegation der Aufgaben in Betracht; diese ist aber in der Praxis äußerst selten. Freie Träger, die keine freien Jugendhilfeträger sind, können nicht beteiligt werden, und ihnen kann keine Aufgabe delegiert werden. Ein Zugang ist daher nur im Bereich der Leistungen eröffnet; aus der Betätigungsgarantie folgt aber **keine Bestandsgarantie** für den jeweiligen Träger.

4.3.2.3 Anerkennung von freien Jugendhilfeträgern

Bereits von Gesetzes wegen sind anerkannte Träger der freien Jugendhilfe:

- die Kirchen und Religionsgemeinschaften des öffentlichen Rechts (Art. 140 GG V. m. Art. 137 WRV) sowie
- Bundesverbände der freien Wohlfahrtspflege. Dazu gehören Arbeiterwohlfahrt, Deutscher Caritasverband, Deutscher Paritätischer Wohlfahrtsverband, Deutsches Rotes Kreuz, Diakonisches Werk, Zentralwohlfahrtsstelle der Juden in Deutschland und ihre Untergliederungen.

Andere Träger benötigen eine **Anerkennung (VA)**; die:der Antragsteller:in hat Anspruch auf ermessensfehlerfreie Entscheidung. Die Voraussetzungen der Anerkennungsfähigkeit sind (§75 Abs. 1 SGB VIII):

- Rechtsform als juristische Person (z. B. als e.V. oder GmbH) oder als Personenvereinigung (z. B. als GbR oder als nichteingetragener Verein); Einzelpersonen sind damit ausgeschlossen,
- Tätigkeit (auch) auf dem Feld der Jugendhilfe und ein zumindest nicht unwesentlicher Beitrag dort,
- Verfolgung gemeinnütziger Ziele. Gewerbliche Anbieter sind damit nicht anerkennungsfähig, sowie
- Beachtung der verfassungsmäßigen Grundsätze.

Mit der Anerkennung darf die Bezeichnung als anerkannter Träger der freien Jugendhilfe geführt und beworben werden; sie ist Voraussetzung einer längerfristigen (Re-)Finanzierung.

4.3.2.4 Zusammenarbeit zwischen öffentlichen und freien Trägern

Grundlage der **Kooperation** zwischen öffentlichen und freien Trägern ist § 4 Abs. 1 S. 1 SGB VIII. Das Jugendamt hat daher nicht nur kein Aufgabenmonopol, es hat vielmehr in der übergeordneten Jugendhilfeplanung den Einbezug privater Anbieter ausdrücklich zu gewährleisten und nach Satz 2 von eigenen Einrichtungen, Diensten und Veranstaltungen abzusehen, soweit solche von freien Trägern, auch nicht anerkannten, erbracht werden können.

Dieser Rückzug der öffentlichen Hand hat aber Grenzen. Eigene Einrichtungen und Dienste müssen aufgebaut oder erhalten werden, wenn

- anderenfalls Lücken im Angebot bestehen;
- zur Verbesserung der Diversität (Grundsatz der Pluralität in der Jugendhilfe);
- zur Durchführung von Modellvorhaben;
- eigene Angebote wirtschaftlicher sind als Fremdleistungen. Die Betätigungsgarantie als Ausdruck der Entstaatlichung der Jugendhilfe sollte Effektivität und Effizienz stärken und die kommunalen Haushalte entlasten. Dies gelingt nicht durchweg.
- zur Steuerung des Anbietermarktes im Rahmen der Gewährleistung der Gesamtverantwortung der Jugendhilfe. Es besteht aufgrund der Betätigungsgarantie ein Kontrolldefizit in der Steuerung des Zugangs und damit auch in der politischen Ausrichtung der Träger.

Die **Koordination** ist über die im Gesetz vorgesehene Beteiligung der freien Träger in den für die Jugendhilfeplanung funktionell zuständigen Jugendhilfeausschüssen gewährleistet. Anerkannte Träger der Jugendhilfe sind zu beteiligen (§ 80 Abs. 4 SGB VIII).[83]

4.3.3 Jugendhilferechtliche Leistungen

Jugendhilferechtliche Leistungen sind **Dienstleistungen**, die die öffentliche Hand erbringt oder die durch freie Träger, die vertraglich eingebunden sind, aufgrund der Verpflichtung durch die öffentliche Hand umgesetzt werden (zum sozialrechtlichen Dreiecksverhältnis vgl. Kapitel 4.1.4). Dienstleistungen, die ein freier Träger in Eigeninitiative erbringt, mögen jugendhilferechtlichen Leistungen entsprechen, stellen aber keine solchen dar.

Beispiele

Wird das 3-jährige Kind A in eine von der Gemeinde getragene Kindertagesstätte aufgenommen, liegt eine jugendhilferechtliche Leistung nach §§ 22, 24 SGB VIII vor. Ist Träger der Einrichtung eine gGmbH oder ein eingetragener Verein, gewährt dennoch das örtliche Jugendamt diese Leistung auf Antrag, erbringt sie aber nicht selbst, sondern bezieht für die Umsetzung der gewährten Leistung einen Dritten ein. Der freie Träger kann die Leistung aber nicht selbst gewähren. Wird das Kind, ohne dass eine entsprechende Leistung beim örtlichen Jugendamt beantragt wurde und ein solcher Vertrag mit der öffentlichen Hand besteht, in einem Kinderladen betreut, unterscheidet sich die erzieherische Fürsorge von der jugendhilferechtlichen Leistung nicht prinzipiell, sie ist aber keine jugendhilferechtliche Leistung.

Jugendhilferechtliche Leistungen sind **ausnahmslos antragsabhängig**. Dieser Antrag ist nicht formbedürftig. Geht es um längerfristige und wirtschaftlich teure Leistungen, wird in der Praxis aber ein schriftlicher Antrag verlangt.

83 Einzelheiten bei Hauck/Noftz/Hilke, SGB VIII § 80 Rn. 62 ff.

Beispiele

Der Antrag von Personensorgeberechtigten auf Hilfe zur Erziehung erfolgt schriftlich, wenn voraussichtlich eine langfristige Hilfe oder eine stationäre Betreuung des Kindes oder der:des Jugendlichen erforderlich ist. Die Anmeldung zu einem Kurs oder für die Teilnahme an der Familienerholungsmaßnahme ist ebenfalls ein Antrag in schriftlicher Form. Die Teilnahme an den Angeboten eines Jugendclubs ist hingegen ohne schriftlichen Antrag möglich; in der Regel ist den Interessent:innen gar nicht klar, dass ein sozialverwaltungsrechtliches Rechtsverhältnis entsteht.

Wer den Antrag stellen kann, führt die jeweilige Norm auf. Nur die dort genannte Person oder der dort genannte Personenkreis kann die Leistung in Anspruch nehmen. Nicht rechtlich handlungsfähige Kinder und Jugendliche müssen als Antragsteller:innen von ihren Personensorgeberechtigten vertreten werden.

Beispiele

Die Förderung des 3-jährigen Kindes B in einer Kindertagesstätte hat dieses zu beantragen, da der Rechtsanspruch dem Kind zukommt; da es aber geschäftsunfähig ist, muss es von der:dem:den Personensorgeberechtigten vertreten werden. Hilfe zur Erziehung kann/können nur die:der Sorgeberechtigte:n in Anspruch nehmen.

Leistungen der Kinder- und Jugendhilfe finden sich in den §§ 8 Abs. 3, 10a, 11, 13, 13a, 14, 16ff., 25, 27–35, 35a, 41, 41a SGB VIII, §§ 42 Abs. 2 Nr. 2, 46 Abs. 2, 79 SGB IX, § 9 AdVermG. Zu unterscheiden sind **Einzelleistungen** und **Hilfearten**.

Hilfearten sind:

1. Eingliederungshilfe für Kinder und Jugendliche (§ 35a SGB VIII),
2. Eingliederungshilfe für junge Volljährige (§§ 41 Abs. 2 i. V. m. § 35a SGB VIII analog),
3. Hilfe zur Erziehung für Personensorgeberechtigte (§§ 27–35 SGB VIII) und
4. Hilfe für junge Volljährige (§ 41 i. V. m. §§ 27 Abs. 3 und 4, 28–30, 33–35 SGB VIII analog).

Jede dieser Hilfearten umfasst unterschiedliche **Hilfeformen**. Die Auswahl der geeigneten Hilfeform, ggf. die Kombination verschiedener Hilfeformen (vgl. § 27 Abs. 2 S. 3 SGB VIII) obliegt der Behörde; sie hat Auswahlermessen.[84] Es kann auch eine von den vorgegebenen Formen abweichende Hilfe festgelegt werden; diese Ausnahme ist zu begründen. Die Leistungen werden teilweise ergänzt durch

- **Annexleistungen** (vorbereitende, begleitende und nachgehende Beratung) und
- wirtschaftliche Hilfen.

Annexleistungen und wirtschaftliche Hilfen werden immer nur im Zusammenhang mit den entsprechenden Leistungen erbracht; eine Unterhaltssicherung als solche ist jugendhilferechtlich nicht vorgesehen. Die **Einzelleistungen** (Hilfeformen) werden in ambulante, teilstationäre und stationäre Leistungen unterteilt. Dabei gilt für die Auswahl der Hilfe(n) der Grundsatz: **ambulant vor stationär**. Diese Unterteilung ist für die Kostenbeteiligung wichtig. Die Leistungen werden im Folgenden nach den jeweiligen Leistungsberechtigten geordnet und inhaltlichen Kontexten entsprechend vorgestellt.

---

84 Nach abweichender Ansicht besteht hingegen kein Ermessen, sondern ein Beurteilungsspielraum, vgl. Hauck/Noftz/Stähr, SGB VIII § 35a Rn. 37.

4.3.3.1 Eingliederungshilfen

Die öffentlichen Träger der Jugendhilfe sind **Rehabilitationsträger** (§ 10 Abs. 4 SGB VIII, § 6 Abs. 1 Nr. 6 SGB IX). Eingliederungshilfen stehen

- noch nicht schulpflichtigen Kindern als **Frühfördermaßnahmen** oder Komplexleistungen[85] unabhängig von der Form der (drohenden) Behinderung zu (§§ 42 Abs. 2, 46 Abs. 2, 79 SGB IX). Maßnahmen der medizinischen Rehabilitation haben die Jugendämter zu gewähren, soweit die Leistung nicht in ärztlicher Verantwortung steht und der Hilfebedarf daher nicht durch die (gesetzlichen) Krankenversicherungsträger gedeckt wird. Heilpädagogische Leistungen sind hingegen Leistungen zur sozialen Teilhabe. Die örtlichen Jugendhilfeträger sind zuständig, sofern nicht das Landesrecht eine andere sachliche Zuständigkeit regelt (§ 10 Abs. 4 Satz 3 SGB VIII);
- Kindern und Jugendlichen mit einer (drohenden) seelischen Behinderung zu, deren Eingliederung in die Gesellschaft gefährdet oder beeinträchtigt ist (§ 35a SGB VIII). Diese Maßnahmen sind Rehabilitationsleistungen zur **Sozialen Teilhabe**. Die Beeinträchtigung muss nicht i.S.v. § 99 IX „wesentlich" sein. Kinder und Jugendliche mit körperlichen und/oder geistigen Behinderungen erhalten hingegen ab Eintritt der Schulpflicht regelhaft keine jugendhilferechtlichen Leistungen aufgrund dieser Formen der Behinderung; auf Grund von § 10 Abs. 4 und 5 SGB VIII n. F., wird sich dies ab 2028 ändern;
- jungen Volljährigen bis längstens zur Vollendung des 27. Lebensjahres zu, sofern sie (weiterhin) unter seelischen Behinderungen leiden und ihre Eingliederung in die Gesellschaft eine jugendhilferechtliche Leistung möglich machen kann (§ 41 Abs. 2 i. V. m. § 35a SGB VIII analog; nachgehende Hilfe gem. § 41a Abs. 1 SGB VIII möglich). Auch diese Leistung ist eine Rehabilitationsleistung zur Teilhabe am Leben in der Gemeinschaft.

Maßnahmen zur **Teilhabe am Arbeitsleben** werden nur unter den Voraussetzungen der §§ 13, 35a Abs. 4 i. V. m. 27 Abs. 3 Abs. 2 Nr. 1 i. V. m. 13 Abs. 2 SGB VIII analog, §§ 49 ff., 111 SGB IX gewährt.

(1) Eingliederungshilfe für Kinder und Jugendliche

Leistungsberechtigt sind **Minderjährige**, die mit einer seelischen Behinderung oder einer drohenden seelischen Behinderung belastet sind, die ihre soziale Integration zumindest gefährdet. Der Tatbestand der Norm verlangt danach einen medizinischen Befund und eine soziale Folge, die kausal verknüpft sind. Dabei ist zu beachten, dass die Hilfen **medizinische Behandlung nur ergänzen** können und sollen. Die (sozial-)pädagogischen Bemühungen müssen gegenüber der Medizin eigene Voraussetzungen, Ansätze und Ergebnisse zeigen. Die Diagnose einer (drohenden) seelischen Behinderung folgt diagnostisch zwar in der Regel der ICD-10 bzw. ICD-11, kann sich aber wegen der Einbeziehung der sozialen Folgen darauf nicht beschränken. In der Praxis stehen im Vordergrund insbesondere

- **kognitive Teilleistungsstörungen** (Legasthenie, Dyskalkulie) ohne allgemeine Intelligenzminderung; dabei stehen die seelischen Folgen, die mit der aufgrund der Leistungsbeeinträchtigung gefährdeten schulischen Laufbahn verbunden sind, im Zentrum. Sie führen ggf. durch einen Wechsel des Klassenverbunds und nachfolgenden Risiken für eine weiterführende schulische und berufliche Bildung und Ausbildung zu einer erschwerten Integration ins Berufsleben. Indizien dafür sind Versagensängste und Schulunlust. Krankheitswert haben Schulphobie, Lernverweigerung und soziale Vereinsamung;

85 Zu Zielen und Inhalten vgl. SG Nürnberg, Urteil v. 27.11.2020, S 4SO 81/18.

- **autistische Störungen** als komplexe Entwicklungs- und Beziehungsstörungen, schwere Formen führen aber zu Mehrfachbehinderungen. Bei Beziehungsstörungen sind soziale Fähigkeiten immer beeinträchtigt;
- **hyperkinetische Störungen** (ADS und ADHS), häufig verbunden mit Distanzstörungen. Mangelnde Konzentrationsfähigkeit, Sprunghaftigkeit, ungeregelte Aktivität und unzureichende Ausdauer sind für das Kind wie die Umgebungspersonen belastend und beeinträchtigen den Bildungserfolg. Häufig führen sie zu gestörten Beziehungen innerhalb der Familie und der Gleichaltrigengruppe;
- **Tic-Störungen**;
- **Essstörungen** (Anorexia nervosa, Bulimia nervosa) und nichtorganische Schlafstörungen oder Störungen des Tag-/Nachtrhythmus;
- **affektive Störungen**, insbesondere Depressionen im Jugendalter;
- **psychotische Störungen**. Psychotische Störungen sind im Kindes- und Jugendalter eher selten, treten aber bei Substanzmittelmissbrauch gehäuft auf;
- **diverse Verhaltensstörungen**, soweit sie nicht auf Erziehungsmängeln beruhen. Liegen sowohl gestörte Verhaltensmuster wie Verhaltensauffälligkeiten aufgrund schwerer Erziehungsmängel und/oder Verwahrlosung vor, kann sowohl Eingliederungshilfe als auch Hilfe zur Erziehung in Betracht kommen (vgl. § 35a Abs. 4 SGB VIII).

Zwar verlangt § 35a Abs. 1 S. 1 Nr. 1 SGB VIII, dass die seelische Gesundheit „länger als sechs Monate von dem für das Lebensalter typischen Zustand abweicht", relativiert diese **nicht medizinisch begründete Frist** aber in zweifacher Hinsicht: einerseits dadurch, dass die Dauer der Beeinträchtigung nur „mit hoher Wahrscheinlichkeit" erreicht werden muss, andererseits durch die Aufnahme drohender Beeinträchtigung unter die Tatbestandsmerkmale, die deshalb hypothetisch bleiben kann. Es muss daher nicht abgewartet werden, bis eine Mindestfrist verstrichen ist. Hilfe sollte vielmehr zu einem möglichst frühen Zeitpunkt geleistet werden.

Die Fristbestimmung betont jedoch, dass die befürchtete oder bereits eingetretene Beeinträchtigung gravierend sein und ohne Hilfeleistung zumindest zu einer mittelfristigen Beeinträchtigung der Teilhabe führen können muss. Die Bedingung, als Zeitgrenze gefasst, bringt daher den Grundsatz der **Erforderlichkeit** der Hilfe zum Ausdruck. Jede Hilfe muss darüber hinaus eine vernünftige **Zweck-Mittel-Relation** verwirklichen (Wahrung des Verhältnismäßigkeitsgrundsatzes).

Nach § 35a Abs. 1a SGB VIII ist ein kinder- und jugendpsychiatrisches oder -psychotherapeutisches, alternativ ein kinder- und jugendpsychotherapeutisches oder -psychologisches **Gutachten** unumgänglich. Eine Begutachtung ist nur **mit Willen der:des Personensorgeberechtigten** möglich. Zwar spricht der Gesetzgeber statt von einem Gutachten von einer „Stellungnahme". Die vorgeschriebene Qualifizierung, die Klassifikation und deren Begründung setzen die Stellungnahme aber einem Gutachten inhaltlich und in der wissenschaftlichen Tragweite gleich. Das Gutachten ist Bestandteil des behördlichen Verfahrens und kann auch von der Partei beigebracht werden. Ausgeschlossen als Begutachtende sind vorbefasste Personen (vgl. § 35a Abs. 1a S. 4 SGB VIII), nicht aber Gutachter:innen, die bei der Jugendhilfebehörde beschäftigt sind.

Für die Antragstellung auf Eingliederungshilfe müssen Minderjährige vertreten werden; für den Fall, dass Jugendliche bereits das 15. Lebensjahr vollendet haben und somit sozialrechtlich handlungsfähig sind, ist die **Einwilligung oder Genehmigung** notwendig.[86] Eingliederungshilfen haben immer Auswirkungen auf das elterliche Sorgerecht (Aufenthaltsbestimmung, Aufsichtspflicht, Einwilligung in die Begutachtung als Angelegenheit elterlicher Sorge für die Gesundheit, Pflicht und Recht der Erziehung bzw. Förderung, Beteiligung der Sorge- und Erziehungsberechtigten bei der Hilfeplanung und bei Durchführung der Hilfen) und sind in der Regel mit wirtschaftlichen Hilfen und entsprechendem Regress verbunden, die eine Mitwirkung auch bei der Antragstellung unumgänglich machen.

Auszuwählen ist eine für die Bedarfslage **geeignete Hilfeform**. Das Gesetz führt unterschiedliche Hilfeformen in einem offenen Katalog auf; die Hilfe kann daher in einer individuell auf den Bedarf zugeschnittenen Form geleistet werden. Genügt jedoch eine im Katalog vorgesehene Hilfeform, ist diese auszuwählen (**Vorrang der Kataloghilfen**). Für das Hilfespektrum ist die Verweisung auf die Vorschriften „des Kapitels 6 des Teils 1 des Neunten Buches [SGB IX] sowie § 90 und den Kapiteln 3 bis 6 des Teils 2 des Neunten Buches [SGB IX]" unter der Maßgabe relevant, dass die dort aufgeführten Hilfen (Medizinische Rehabilitation, Teilhabe am Arbeitsleben, Teilhabe an Bildung, Soziale Teilhabe) auch für Kinder und Jugendliche mit seelischen Behinderungen oder für Kinder und Jugendliche, die wegen ihrer seelischen Behinderung von sozialer Deprivation bedroht sind, erforderlich und geeignet sind (vgl. § 35a Abs. 3 SGB VIII).

Von diesen Leistungen sind bedeutsam

- Hilfen für eine angemessene schulische und berufliche Bildung oder
- eine angemessene Tätigkeit oder
- Besuchsbeihilfen bei stationärer Aufnahme des Kindes oder der:des Jugendlichen.

Auch ein Persönliches Budget (vgl. § 29 SGB IX) kann eingerichtet werden.

(a) Hilfen in ambulanter Form (§ 35a Abs. 2 Nr. 1 SGB VIII)

Das Gesetz erwähnt **therapeutische Hilfen** nicht explizit, dennoch stellen therapeutische Leistungen einen wesentlichen Bestandteil der ambulanten Hilfen dar. Dazu gehören:

- lerntherapeutische Maßnahmen,
- heilpädagogische Angebote, insbesondere Musiktherapie, Maltherapie, Ergotherapie, Reittherapie, sofern der Schwerpunkt auf der pädagogischen Arbeit mit dem Kind oder der:dem Jugendlichen liegt, oder
- Verhaltenstherapien zur Förderung der sozialen Kompetenz.

Daneben sind praktisch wichtig

- die Gewährung der Begleitung des Kindes durch eine:n Schul- oder Integrationshelfer:in,
- die Beratung der Erziehungsberechtigten in Hinsicht auf Fördermöglichkeiten oder
- die Förderung von Selbsthilfepotenzialen bei Jugendlichen.

Ambulante Hilfen können auch in **Kombination** mit teilstationären oder stationären Hilfen gewährt werden.

---

86 A. A. Hauck/Noftz/Stähr, SGB VIII § 35a Rn. 8.

(b) Teilstationäre Leistungen (§ 35a Abs. 2 Nr. 2 SGB VIII)

Als Hilfen kommt die Aufnahme „in Tageseinrichtungen für Kinder oder in anderen teilstationären Einrichtungen" in Betracht. Unter den Tagesseinrichtungen für Kinder sind Krippen, Kindertagesstätten und Horte zu verstehen, die allesamt **integrativ konzipiert** sein müssen. Diese Leistungen sind, anders als die entsprechenden, in § 22 SGB VIII aufgeführten Leistungen, teilstationär, da sie mit wirtschaftlichen Hilfen verbunden sind (vgl. § 39 Abs. 1 SGB VIII). Die Deckung der Kosten für den anteiligen Unterhalt (Beköstigung) und therapeutische Begleitangebote sind damit Bestandteil der Leistung (und Gegenstand der Kostenbeteiligung).

Unter die zweite Alternative fällt die **heilpädagogische Tagesgruppe** (zur Tagesgruppe als teilstationäre Hilfe zur Erziehung vgl. unten). Sie ist für ältere Kinder konzipiert, die relativ schwere Beeinträchtigungen haben und daher einen höheren Betreuungsaufwand benötigen als Hortkinder. Die Förderung der schulischen Bildung während der Betreuungszeiten und Elternarbeit sind ergänzende Elemente. Für ältere Jugendliche kommt evtl. die Aufnahme in eine heilpädagogisch ausgerichtete Einrichtung für die Tagesstrukturierung und -gestaltung in Betracht.

(c) Stationäre Hilfen

Sind teilstationäre Hilfen auf die Tagesbetreuung begrenzt, umfassen stationäre Hilfen solche über Tag und Nacht. Es gibt sie in drei unterschiedlichen Formen:

1. Aufnahme in den Haushalt einer Pflegeperson (§ 35a Abs. 2 Nr. 3 SGB VIII)
   Vollzeitpflege als Eingliederungshilfe bedeutet die Ganztagspflege bei einer vom Jugendhilfeträger ausgewählten Person und setzt entsprechende fachliche Eignung der Pflegeperson, die in der Regel durch berufliche Ausbildung erworben wird, voraus. Sie erfolgt immer innerhalb der Räume, die im Eigentum der Pflegeperson stehen oder die diese angemietet hat. Wohnen Pflegeperson und Pflegekind in trägereigenen oder von ihm angemieteten Räumlichkeiten, liegt keine Vollzeitpflege, sondern Hilfe in einem Kleinstheim vor. Für die Eignung gibt es Kriterienkataloge. Die ausgewählte Pflegeperson braucht keine Pflegeerlaubnis, da ihre Eignung mit der Auswahl nachgewiesen ist. Die Pflegeperson verpflichtet sich vertraglich zur Umsetzung der entsprechenden Hilfe und hat Auskunftspflichten gegenüber der Behörde sowie Kooperationspflichten gegenüber den Sorgeberechtigten. Sie ist erziehungsberechtigt und -verpflichtet und im Rahmen des § 1688 Abs. 1 BGB ausübungsbefugt. Die Pflegeperson hat Kontrollmaßnahmen des ASD und des Pflegekinderdienstes des Jugendamtes zu dulden. Zur Gewährleistung der Rechte der Kinder oder der Jugendlichen vgl. § 37b Abs. 1 und 2 SGB VIII.
2. Aufnahme in eine Einrichtung über Tag und Nacht (§35a Abs. 2 Nr. 4 1. Alt. SGB VIII)
   Für schwerwiegend beeinträchtigte Kinder, deren Erziehungsberechtigte überfordert sind oder die keine:n Erziehungsberechtigt:en haben, kann die Aufnahme in ein **heilpädagogisch ausgerichtetes Kinder- und Jugendheim** gewährt werden. Dieses muss eine entsprechende Betriebserlaubnis haben und unterliegt der Aufsicht durch das Landesjugendamt unter Beteiligung des örtlichen Jugendamtes (für die spezifischen Trägerpflichten vgl. § 47 SGB VIII). Für jüngere Kinder kommt diese Leistung in Betracht, wenn die Aufnahme nur relativ kurzfristig notwendig erscheint oder sich keine geeignete Pflegeperson findet; für ältere Kinder und Jugendliche kann diese Hilfeform geeignet sein, wenn die Integration in ein familienähnliches Umfeld schwierig ist oder entwicklungsbedingt nicht mehr angemessen erscheint.

3. Aufnahme in eine sonstige betreute Wohnform (§ 35a Abs. 2 Nr. 4 2. Alt. SGB VIII)
   Sonstige Wohnformen finden sich als **ausgegliederte Wohngruppen** angebunden an Heime oder rechtlich verselbständigt. Sie sind **altersgemischt** auch für jüngere Kinder, im Übrigen für ältere Minderjährige geeignet. Diese werden intensiv durch innewohnende Betreuungspersonen begleitet. Die Struktur ist aber weniger familienadäquat als bei Kleinstheimen. Die Kontrolle sowie die Pflichten sind entsprechend ausgestaltet (§ 48a Abs. 1 SGB VIII). Wohnformen ohne innewohnende Betreuungspersonen sind für Kinder und Jugendliche mit seelischer Behinderung nicht vorgesehen.

Stationäre Hilfen werden durch **wirtschaftliche Hilfen** flankiert. Sie decken nicht nur den Unterhaltsbedarf der Kinder oder der Jugendlichen, sondern auch anteilige Fixkosten und die anteiligen Kosten der Betreuung (vgl. § 39 Abs. 2 und 4 SGB VIII). Die Sätze richten sich nach den örtlichen Verhältnissen und werden nach dem Alter der Kinder oder der Jugendlichen gestaffelt von den sachlich zuständigen Behörden pauschaliert festgesetzt. Sind Kinder oder Jugendliche nicht krankenversichert (§ 5 Abs. 1 Nr. 5 SGB V greift nicht!), muss unverzüglich eine Anmeldung erfolgen, anderenfalls hat das die Hilfe gewährende Jugendamt auch die Kosten der medizinischen Versorgung (vorläufig) zu tragen (vgl. § 40 SGB VIII).

Bekommt ein Kind oder eine Jugendliche, der stationäre Eingliederungshilfe gewährt wurde, ein Kind, nachdem sie aufgenommen worden ist, umfasst die Leistung auch die Unterstützung bei der Pflege und Erziehung des Kindes (§ 35a Abs. 1 S. 3 i. V. m. § 27 Abs. 4 SGB VIII analog) sowie den Unterhalt des Kindes (§ 39 Abs. 7 SGB VIII).

Für ambulante Eingliederungshilfen erfolgt keine **Kostenbeteiligung**; bei teilstationären Hilfen werden nach §§ 91 Abs. 2 Nr. 3, 92 Abs. 1 Nr. 5 SGB VIII unterhaltspflichtige Elternteile an den Kosten beteiligt, sofern die Kinder oder die Jugendlichen im elterlichen Haushalt leben. Die Kostenbeteiligung der Kinder oder der Jugendlichen und nachrangig der unterhaltspflichtigen Eltern bei Gewährung stationärer Hilfen (und wirtschaftlicher Hilfen) erfolgt nach §§ 91 Abs. 1 Nr. 6, 92 Abs. 1 Nr. 1 und 5 SGB VIII im Rahmen der Leistungsfähigkeit (vgl. §§ 93 f. SGB VIII). Kinder oder Jugendliche haben maximal 25 % ihrer Einkünfte i. S. d. § 93 Abs. 2 SGB VIII einzusetzen (vgl. § 94 Abs. 6 SGB VIII).

(2) Eingliederungshilfe für junge Volljährige

Eingliederungshilfe kann auch zugunsten von **jungen Volljährigen**, die seelisch behindert oder von einer Behinderung bedroht sind, gewährt werden (§ 41 Abs. 2 i. V. m. § 35a Abs. 1 SGB VIII analog). Sie ist als erstmalig gewährte Leistung in der Praxis relativ selten anzutreffen. Auf Eingliederungshilfe besteht, wie für Kinder und Jugendliche, ein **Rechtsanspruch** der jungen Volljährigen. Die medizinischen Indikationen entsprechen denen bei Kindern und Jugendlichen; allerdings spielen Auswirkungen von Suchterkrankungen eine größere Rolle als bei Kindern und Jugendlichen. Das notwendige Gutachten können auch Psychiater, Psychotherapeuten oder Psychologen ohne fachspezifische Ausrichtung auf Kinder und Jugendliche erstellen. Die erforderliche, geeignete und verhältnismäßige Hilfe ist aus dem Katalog der Hilfeformen auszuwählen oder festzulegen.

Da Volljährige nicht mehr unter elterliche Sorge stehen, kommt aus dem Katalog

- bei den ambulanten Hilfen statt der Beratung der Erziehungsberechtigten die Beratung der Lebensgemeinschaften in Betracht;

- die Aufnahme in eine tagesstrukturierende Einrichtung (2. Alt.) infrage. Eine Leistung nach § 35a Abs. 2 Nr. 2 1. Alt. SGB VIII ist ausgeschlossen.

Der weitere Verbleib in einer Pflegefamilie kann nur ermöglicht werden, sofern die:der nunmehr volljährig Gewordene bis zu diesem Zeitpunkt bei einer Pflegeperson lebte. Daneben bleibt die Aufnahme in eine Einrichtung möglich.

Bekommt die stationär aufgenommene junge Volljährige ein Kind, wird die Hilfe entsprechend erweitert (§§ 27 Abs. 4, 39 Abs. 7 SGB VIII analog); eines weiteren Antrags bedarf es nicht.

Für ambulante Leistungen erfolgt keine **Kostenbeteiligung**. Wird Hilfe nach § 35a Abs. 2 Nr. 2 SGB VIII analog gewährt, werden die jungen Volljährigen gemäß § 91 Abs. 2 Nr. 4 i. V. m. Nr. 3 2. Alt. SGB VIII aus ihrem Einkommen beteiligt. Erhalten sie eine stationäre Hilfe, erfolgt die Kostenbeteiligung der jungen Volljährigen aus Einkommen auf Grundlage der §§ 91 Abs. 1 Nr. 8 i. V. m. Nr. 6, 92 Abs. 1 Nr. 2 SGB VIII[87]; nachrangig werden Ehe- oder Lebenspartner:innen nach § 92 Abs. 1 Nr. 4, letztrangig werden unterhaltspflichtige Eltern nach § 92 Abs. 1 Nr. 5 SGB VIII aus deren Einkommen an den Kosten beteiligt. Für die Schongrenzen gelten wiederum §§ 93 f. SGB VIII; danach werden die jungen Volljährigen nur noch in Höhe von 25 % des gem. § 93 Abs. 2 einzusetzenden Einkommens herangezogen.

4.3.3.2 Hilfe zur Erziehung

Hilfe zur Erziehung steht den **Personensorgeberechtigten** zu, nicht den betroffenen Kindern und Jugendlichen. Personensorgeberechtigt sind Elternteile, Eltern, Vormund:in, Ergänzungspfleger:in. Liegen die Voraussetzungen vor, besteht ein **Rechtsanspruch** auf Gewährung von Hilfe zur Erziehung. Die Auswahl der Hilfeform obliegt der Behörde; es besteht daher kein Rechtsanspruch auf eine bestimmte Form der Hilfe.

Voraussetzungen sind das Vorliegen von
- **Erziehungsmängeln** seitens der:des **Erziehungsberechtigten**. Das können die:der Personensorgeberechtigte:n oder dritte, erziehungsberechtigte Personen sein, deren Fehlverhalten von der:dem:den Personensorgeberechtigten nicht verhindert wird. Ob das unzureichende, unzulängliche, fehlerhafte oder überschießende Erziehungsverhalten verschuldet ist oder Unfähigkeit, Krankheit oder Überforderung vorliegen, spielt keine Rolle. Erziehungsmängel können auch gegeben sein, wenn eine kulturelle Einbindung von Migrant:innen nicht gelingt und gravierende Abweichungen zu erzieherischen Grundüberzeugungen der inländischen Gesellschaft auftreten, auch hinsichtlich der Rollenbilder von Mädchen und Jungen, oder die sexuelle Selbstbestimmung von Minderjährigen aufgrund tradierter Gepflogenheiten im Herkunftsland tangiert ist. Entsprechende Angaben müssen offengelegt werden (zu den Mitwirkungspflichten vgl. 4.7.1). Es muss daher eine Sorgepflichtverletzung zumindest wahrscheinlich sein, sei es durch aktives Tun oder durch Unterlassen.
- **Erziehungsdefiziten** bei den **Minderjährigen**. Diese können sich in Verhaltensauffälligkeiten, Bindungsstörungen, Lernschwierigkeiten, Delinquenz oder selbstschädigendem Verhalten äußern.

---

87 Dass in § 92 Abs. 1a SGB VIII „junge Volljährige und" gestrichen wurde, bleibt ohne Bedeutung.

Beispiele

Die alleinsorgeberechtigte, leicht lernbehinderte Frau C ist mit der Aufsicht und Erziehung des unruhigen und impulsiven Kindes D überfordert. Der getrenntlebende Kindesvater E kann die Betreuung des Kindes F und den regelmäßigen Schulbesuch nicht sicherstellen. Das Kind G ist adipös, die Eltern sind nicht in der Lage, eine gesunde Ernährung anzubieten. Die Eltern des 15-jährigen H haben kaum mehr Einfluss auf den wiederholt straffällig gewordenen Sohn. Die 16-jährige J ist akut magersüchtig. Der Freund der Kindesmutter hat sich wiederholt sexuelle Übergriffe auf deren minderjährige Tochter K zuschulden kommen lassen. Die Mutter des Mädchens K ignoriert das Verhalten. Das Pflegekind L wird von der Pflegeperson vernachlässigt; die alleinsorgeberechtigte Kindesmutter kümmert sich nicht. Der 15 Jahre alte M wird im Internat ständig gemobbt; der Leiter des Internats greift nicht ein. Die Eltern des M sind sich nicht einig, was sie tun sollen. Die 16 Jahre alte N soll gegen ihren Willen die Schule verlassen und heiraten. Der 13 Jahre alte O konsumiert häufig Alkohol und gelegentlich Haschisch. Die 3-jährige P schlägt immer wieder ihren Kopf gegen die Wand des Kindesbettes. Die 14 Jahre alte Q ritzt sich und zeigt Leistungseinbrüche in der Schule; deren Eltern halten Schwierigkeiten im Kontakt mit der Tochter für altersentsprechend.

Eine **Begutachtung** der Erziehungsfähigkeit oder der Auswirkungen auf die Minderjährigen ist nicht vorgeschrieben, aber zulässig, sofern der:die Sorgeberechtigte:n einverstanden ist/sind.

Für die Hilfeformen gibt es einen umfangreichen **offenen Katalog**; die Hilfe wird „insbesondere nach Maßgabe der §§28 bis 35 gewährt" (§27 Abs. 2 S. 1 SGB VIII). Die konkrete Hilfeform ist von der Behörde auszuwählen oder festzulegen.

(1) Ambulante erzieherische Hilfen

Ambulante erzieherische Hilfen sind in §§27 Abs. 3, 28–31 SGB VIII aufgeführt. Daher gibt es auch bei Hilfe zur Erziehung

1. **therapeutische Leistungen**, deren Schwerpunkt aber in der pädagogischen Arbeit mit den Betroffenen liegen muss und sich darin von medizinisch ausgerichteten Therapien unterscheidet (vgl. §27 Abs. 3 S. 1 SGB VIII). In der Praxis stehen familientherapeutische Angebote und integrative Lerntherapien im Vordergrund. Daneben können Gestaltungs- und Ergotherapien, aber auch pädagogisch ausgerichtete Psychotherapien (insbesondere Gesprächstherapien) in Kombination mit (sozial-)pädagogischen Hilfen gewährt werden.
2. Gemäß §27 Abs. 3 S. 2 SGB VIII kommen auch **jugendhilfeeigene Ausbildungs- und Beschäftigungsmaßnahmen** nach §13 Abs. 2 SGB VIII analog in Betracht. Das bedeutet, dass solche Angebote nicht nur der Klientel des §13 Abs. 1 SGB VIII offenstehen, sondern auch Jugendlichen, deren Personensorgeberechtigte Hilfe zur Erziehung erhalten.
3. **Erziehungsberatung** als Kernaufgabe (§28 SGB VIII). Dabei sind unterschiedliche Formen der Erziehungsberatung nach den Beratungsschwerpunkten anzutreffen:
   - Beratung zu erzieherischen Problemen, die durch Trennung und Scheidung (mit)verursacht worden sind,
   - Beratung bei familienstrukturbezogenen Problemen, wobei auch hier die Auswirkungen der Probleme auf die betroffenen Kinder und Jugendlichen Beratungsthema sind (eine Ehe- und Partnerberatung ohne Bezug auf erzieherische Probleme ist jugendhilferechtlich nicht vorgesehen),
   - Beratung bei auf einzelne Familienmitglieder bezogenen Problemen mit Auswirkungen auf das Erziehungsverhalten (insbes. bei Suchterkrankungen, psychischen Erkrankungen eines Familienmitglieds, Arbeitsplatzverlust und sozialer Entwurzelung,

schulischen Problemen, dominanten Peerbeziehungen, familiärer Gewalt und sexuellem Missbrauch von Minderjährigen).

Die Beratung erfolgt immer durch fachlich ausgebildete Personen, i. d. R. im **multiprofessionellen Team**. Die methodische Ausrichtung ist von der spezifischen Problemlage, der sprachlichen Ausdrucksfähigkeit und dem Alter der Betroffenen abhängig; neuerdings gibt es auch Internetberatungsangebote. Bei der Erziehungsberatung können außer den Personensorgeberechtigten auch Kinder oder Jugendliche, Erziehungsberechtigte und weitere Umgangsberechtigte einbezogen werden.

1. Die **soziale Gruppenarbeit** (vgl. § 29 SGB VIII) ist für „ältere Kinder und Jugendliche" gedacht (Mindestalter etwa zehn Jahre). Die gruppenpädagogische Arbeit ist auf die Überwindung von Verhaltensauffälligkeiten insbesondere während der Pubertät und im Ablösungsprozess, aber auch bei starker Beeinflussung durch dominante Peergruppen ausgerichtet, bezieht damit gruppendynamische Steuerungen ein. Die Gruppenarbeit ist regelmäßig durchzuführen und auf einen längeren Zeitraum angelegt; sie sollte mit der Beratung der Erziehungsberechtigten einhergehen.
2. Der **Erziehungsbeistand** gewährleistet eine erzieherische Begleitung der Minderjährigen, die bei einer kindspezifischen Problemlage (schulische Probleme, Suchtproblematik bei der Minderjährigen, Delinquenz oder selbstverletzendes Verhalten, soziale Vereinsamung, soziale Abhängigkeiten) angezeigt ist, wenn die familiäre Erziehung gescheitert ist oder zu scheitern droht. Zwar gibt es keine Ausrichtung auf „ältere Kinder und Jugendliche", dennoch ist die Erziehungsbeistandschaft ihrer Aufgabenstellung nach nur für diese geeignet. Die Erziehungsbeistandschaft ist auf längere Sicht angelegt; sie wird sowohl ehrenamtlich als auch professionell übernommen. Für die Realisierung der Aufgaben steht im Wege, dass die:der Erziehungsbeistand:in keinerlei Befugnisse hat (kein Fragerecht, kein Akteneinsichts- oder Auskunftsrecht, kein Recht auf Zugang, keine Kontrollbefugnisse). Das unterscheidet die:den Erziehungsbeistand:in von der:dem **Betreuungshelfer:in**, die:den es jugendhilferechtlich **nicht** gibt (die Einbeziehung in § 30 SGB VIII ist daher unzutreffend); diese:r kann nur im Rahmen einer jugendstrafrechtlichen Weisung tätig werden.
3. Die **sozialpädagogische Familienhilfe** nach § 31 SGB VIII ist für Multiproblemfamilien konzipiert, die aufgrund ihrer Probleme bei der Bewältigung der Alltagsaufgaben (Arbeits- oder Beschäftigungssuche, Beantragung von Leistungen, Schuldenbewirtschaftung, faktisch-praktische Pflichten bei der Haushaltung) an der notwendigen erzieherischen Zuwendung gehindert oder damit überfordert sind oder die Minderjährigen unangemessen mit einspannen. Die Fachkraft soll durch die Unterstützung bei der Bewältigung der Alltagsprobleme, durch Beobachtung, Beratung und Anleitung die erzieherischen Kompetenzen der Betroffenen fördern, sofern eine Veränderung zum Positiven realistisch erscheint und das Kindeswohl nicht schwer gefährdet ist. Es ist eine Hilfe zur Selbsthilfe, die damit ein gewisses Maß an Kompetenzen bei der Klientel voraussetzt. Die sozialpädagogische Familienhilfe hat aber auch, anders als die rein pädagogischen Hilfen, praktische Aspekte und ermöglicht die Begleitung und faktische Unterstützung der Klientel, da zeitlich weiterreichende Ressourcen zur Verfügung stehen. Sozialpädagogische Familienhilfe ist auch bei langfristigen strukturellen Problemen des Familiensystems einsetzbar, bedingt aber eine günstige Prognose. Die Hilfe ist immer langfristig angelegt (max. zwei Jahre).
4. Als sozialpädagogische **Familienhilfe** wird häufig auch eine Unterstützung bezeichnet, die sich im Wesentlichen auf die **Beratung vor Ort** bei erzieherischen Problemen konzentriert

und situative Problemlagen (Verlust eines Familienmitgliedes, akute, besondere Schwierigkeiten des Kindes, Eingliederung nach Migration) bearbeitet. Eine solche Hilfeform ist möglich, da der Katalog der Hilfeformen nicht abschließend ist.

(2) Teilstationäre erzieherische Hilfen

Teilstationäre Hilfe zur Erziehung gibt es in zwei Formen:
1. als **Tagesgruppe** (§ 32 S. 1 SGB VIII) und
2. als **Tagespflege** in einer heilpädagogischen Pflegestelle (§ 32 S. 2 SGB VIII).

Letzteres kommt nur ausnahmsweise in Betracht, wenn ein Kind oder ein:e Jugendliche:r zwar in der Herkunftsfamilie verbleiben kann, aber schwere erzieherische Defizite bestehen und keine Tagesgruppe erreichbar ist oder das Kind oder die:der Jugendliche nicht in eine Tagesgruppe integriert werden kann. Es gibt aber auch die Möglichkeit der Aufnahme in eine Großtagespflegestelle mit entsprechendem methodischem Konzept.

Die Tagesgruppe kommt nur für **schulpflichtige** Kinder und Jugendliche in Betracht. Sie verlangt einen über die Hortbetreuung hinausgehenden erzieherischen Betreuungsbedarf, arbeitet mit gruppenspezifischen Methoden, aber auch einzelkindbezogen. Sie umfasst schulische Förderung in Zusammenarbeit mit der Schule, aber auch therapeutische Angebote und Elternarbeit der Erzieher:innen, die in der Tagesgruppe arbeiten. Als teilstationäre Leistung ist die pädagogische Hilfe mit wirtschaftlichen Hilfen verbunden (§ 39 Abs. 1 SGB VIII), die den Unterhaltsbedarf einschließlich der Kosten der Erziehung und der schulischen Förderung decken.

(3) Stationäre erzieherische Hilfen

Das Spektrum der stationären Formen der **Hilfe zur Erziehung** ist breiter als das der stationären Eingliederungshilfe. Jede stationäre Hilfe setzt voraus, dass das **Wohl** des Kindes oder der Jugendlichen in der Herkunftsfamilie **schwer gefährdet** ist, das Kind oder die Jugendlichen daher nicht bei der Herkunftsfamilie oder bei den bisher Erziehungsberechtigten verbleiben kann. Die Aufnahme setzt aber eine entsprechende Aufenthaltsbestimmung der:des Sorgeberechtigten voraus, ist also gegen deren/dessen Willen (anders als die Inobhutnahme, dazu vgl. Kapitel 4.3.4.3) nicht durchführbar. Es kann
1. **Vollzeitpflege** in einer Pflegefamilie gewährt werden (§ 33 S. 1 SGB VIII). Vollzeitpflege meint die pflegerische Betreuung, Beaufsichtigung und Erziehung des Kindes oder der:des Jugendlichen über Tag und Nacht als Kurzzeitpflege, als Wochentagspflege oder Dauerpflege. Einbezogen werden durch § 27 Abs. 2a SGB VIII auch **Verwandtenpflegestellen** oder die Aufnahme des Kindes oder der:des Jugendlichen durch die:den Vormund:in des Kindes oder der:des Jugendlichen. Die Pflegeperson oder die Pflegefamilie muss **erzieherisch geeignet** und die räumlichen Verhältnisse müssen angemessen sein. Eine berufliche Vor- oder Ausbildung ist jedoch nicht notwendig. Die persönlichen und sächlichen Voraussetzungen für die Aufnahme eines Pflegekindes sind durch die nach Landesrecht zuständige Behörde festgelegt; die Kontrolle der Pflegestelle erfolgt über den Pflegekinderdienst.
2. Bei Aufnahme in eine **heilpädagogische Sonderpflegestelle** (§ 33 S. 2 SGB VIII) ist hingegen eine einschlägige berufliche Bildung der Pflegepersonen unumgänglich, damit sie den gesteigerten Anforderungen bei der Betreuung und Erziehung des Kindes oder der:des Jugendlichen gewachsen ist/sind und hinreichend fördern kann/können.

Pflegepersonen sind aufgrund der Vereinbarung mit der:dem:den Personensorgeberechtigten erziehungsberechtigt und -verpflichtet und ausübungsbefugt. Ihre Position wird nach der Rechtsprechung des BVerfG über Art. 6 Abs. 1 GG grundrechtlich für die Dauer der Pflege geschützt. Ihre Rechte setzen sich aber nicht gegenüber dem Elternrecht der Herkunftseltern (Art. 6 Abs. 2 GG) durch. Über § 37 Abs. 1 SGB VIII sind Pflegepersonen gehalten, mit dem örtlichen Jugendamt und der:dem:den Personensorgeberechtigten zusammenzuarbeiten, da auch die stationären Hilfen als zeitlich begrenzte Unterstützung der:des Sorgeberechtigten angelegt sind. Ziel ist i. d. R. die Rückführung des Kindes oder der:des Jugendlichen. Wegen der Pflichten des Jugendamtes zur Sicherung der Rechte des Pflegekindes vgl. § 37b Abs. 1 und 2 SGB VIII.

3. Steht keine Pflegefamilie zur Verfügung oder geht es um die Hilfe zugunsten einer:eines älteren Jugendlichen, ist die **Aufnahme in eine Einrichtung** die geeignete Maßnahme (§ 34 S. 1 1. Alt. SGB VIII). Heime gibt es in unterschiedlichen Größen und mit ausdifferenzierten Konzepten; die Kosten können erheblich abweichen. Bei der Wahl der entsprechenden Einrichtung sind auch auf die räumliche Entfernung zum gewöhnlichen Aufenthalt der:des Umgangsberechtigten, die Erreichbarkeit, die Anforderung der schulischen und beruflichen Bildungswege, besondere Stärken und Schwächen der:des Minderjährigen im Hinblick auf das pädagogische Profil der Einrichtung, die personelle und sächliche Ausstattung und nicht zuletzt die anfallenden Kosten zu berücksichtigen. Der notwendige Standard ist über die Leistungs- und Entgeltvereinbarungen abgesichert.
4. Alternativ steht die betreute Wohnform mit dort wohnenden Erzieher:innen zur Verfügung.

Die Hilfe nach § 34 SGB VIII wird ergänzt durch (externe) **therapeutische Angebote** und einen Beratungsanspruch von Jugendlichen über Fragen der Ausbildung, Beschäftigung und selbstständigen Lebensführung (Satz 3).

Nur für **ältere Jugendliche** kommt die betreute Wohnform nach **§ 35 SGB VIII** in Betracht; dabei erfolgt die erzieherische Begleitung extern. Diese Hilfe dient der unterstützten Verselbständigung, insbesondere bei Vorbelastungen durch Straftaten, Prostitution und soziale Deprivation.

Im Katalog nicht vorgesehen, aber auch nicht ausgeschlossen, ist die Aufnahme in ein **Internat** als stationäre Leistung. Dies stellt eine stationäre Leistung i. S d. § 91 Abs. 1 Nr. 5 d) SGB VIII dar.

Ambulante Leistungen werden ohne **Kostenbeteiligung** erbracht. Für die teilstationären Leistungen erfolgt die Heranziehung unterhaltspflichtiger Eltern auf der Grundlage von §§ 91 Abs. 2 Nr. 3, 92 Abs. 1 Nr. 5 SGB VIII aus deren Einkommen, wenn sie mit dem Kind oder der:dem Jugendlichen zusammenleben. Bei stationärer Hilfe wird das Einkommen der:des Minderjährigen und nachrangig ihrer:seiner unterhaltspflichtigen Eltern über §§ 91 Abs. 1 Nr. 5 a) bis d), 92 Abs. 1 Nr. 1 und 5 SGB VIIII herangezogen. Die Bemessungsgrenzen halten die §§ 93 f. SGB VIII fest. Danach kann der junge Mensch nur in Höhe von 25 % der nach § 93 Abs. 2 SGB VIII bestimmten Einkünfte herangezogen werden.

4.3.3.3 Hilfe für junge Volljährige

Zur Persönlichkeitsentwicklung und zu Unterstützung eigenverantwortlicher Lebensführung sieht § 41 Abs. 1 SGB VIII bei **entwicklungsverzögerten jungen Volljährigen** als Pflichtleistung entsprechende Hilfen vor. Die Hilfe wird in der Regel nur bis zur Vollendung des **21. Lebensjahres** gewährt, kann aber unter Umständen darüber hinaus fortgesetzt werden. Sie endet jedenfalls mit dem 27. Geburtstag; die Verselbstständigung kann danach nur noch durch nachgehende Beratung abgefedert werden (§ 41a Abs. 1 SGB VIII).

Von den **ambulanten Hilfen** ist neben therapeutischen Angeboten und der Leistung nach § 13 Abs. 2 SGB VIII analog die Beratung in Hinsicht auf die den Hilfebedarf auslösenden Faktoren (§ 28 SGB VIII analog), die soziale Gruppenarbeit (§ 29 SGB VIII analog) und die Gewährung einer:eines Einzelfallhelfer:in (§ 30 SGB VIII analog) vorgesehen. Teilstationäre Leistungen gibt es nicht, von den vollstationären kommt die Vollzeitpflege nur dann in Betracht, wenn der weitere Verbleib in der Pflegefamilie nunmehr über die Hilfe für junge Volljährige ermöglicht werden soll. Die:Der junge Volljährige hat den Antrag selbst zu stellen, nur in Ausnahmefällen kann eine Betreuungsperson tätig werden. §§ 39 f. SGB VIII gelten analog; für die Heranziehung zu den Kosten kann auf die obigen Ausführungen verwiesen werden.

4.3.3.4 Annexleistungen/Hilfeplanung

Die Leistungen zur Eingliederungshilfe, die Hilfe zur Erziehung und die Hilfe für junge Volljährige sind immer mit einer vorbereitenden und begleitenden **Hilfeplanung** und **speziellen Beratungen** verbunden. Bei der Vorbereitung von Hilfe zur Erziehung ist auch das engere soziale Umfeld des Kindes oder der:des Jugendlichen einzubeziehen (§27 Abs. 2 S. 2 2 HS SGB VIII). Darüber hinaus sind bei der Hilfeplanung ggf. Sachverständige (Ärzt:innen, Psycholog:innen, Psychotherapeut:innen, andere Therapeut:innen) sowie Vertreter:innen der freien Träger, die in die Erbringung der Hilfe einbezogen sind, oder selbstständige Dienstleister und ein:e Vertreter:in der Arbeitsgemeinschaft für Koordination, ggf. die:der Vertreter:in der Jugendgerichtshilfe einzubeziehen. Bei den verschiedenen Formen der **Vollzeitpflege** hat die Pflegeperson flankierend Beratungsansprüche gegenüber dem Träger der Jugendhilfe (vgl. § 37a SGB VIII); die Herkunftseltern werden auf Grundlage von § 37 Abs. 1 S. 2–4 SGB VIII beraten. Die **Kooperation** der Beteiligten untereinander und mit dem Jugendamt sowie die flankierende Beratung sind im Hilfeplan zu dokumentieren (§ 37c Abs. 4 SGB VIII).

Nach Auswahl der Hilfe ist in regelmäßigen **Hilfeplankonferenzen** mit allen notwendigen Beteiligten der Erfolg der Hilfe zu prüfen und ggf. der Hilfeplan zu ändern. Es ist
- eine Situationsbewertung vorzunehmen,
- das Veränderungspotenzial zu bewerten und
- die notwendige Mitwirkung der Beteiligten zu klären.

Es können eine weitere oder eine andere Hilfeform derselben Hilfeart ausgewählt, durch erneute Antragstellung Hilfe zur Erziehung und Eingliederungshilfe für Kinder und Jugendliche mit seelischer Behinderung kombiniert oder auch die Hilfe für junge Volljährige mit Eingliederungshilfe für junge Volljährige mit seelischer Behinderung ergänzt werden. Sind die Beteiligten, insbesondere auch die Kinder oder die Jugendlichen, nicht kooperationswillig und ist die Hilfe daher erfolglos, ist sie unverzüglich zu beenden. Das ist den Betroffenen vorher mitzuteilen.

Die Ablehnung eines Antrags, die Auswahl der Hilfe und deren Beendigung unterliegen **verwaltungsgerichtlicher Kontrolle**.

Ist ein Antrag gestellt und liegen die tatbestandlichen Voraussetzungen der Gewährung der Leistung vor, verzögert sich aber die behördliche Entscheidung oder eine betreffende verwaltungsgerichtliche Entscheidung oder die Umsetzung des Bescheids oder Urteils trotz akutem Bedarf, kann nach vorheriger Anzeige der Selbstbeschaffung die:der Leistungsberechtigte oder ihr:e bzw. sein:e gesetzliche:r Vertreter:in die Dienstleistung nach § 36a Abs. 3 SGB VIII selbst beschaffen; das Jugendamt ist verpflichtet, die Kosten zu erstatten.

4.3.3.5 Förderung von Kindern in Tageseinrichtungen und in Kindertagespflege

Der Dritte Abschnitt des SGB VIII regelt die Leistungen der Förderung von Kindern in Tageseinrichtungen und Kindertagespflege. Einen **Rechtsanspruch** auf die Aufnahme in eine Einrichtung zur Förderung nicht schulpflichtiger Kinder haben diese mit Vollendung des ersten Lebensjahres (vgl. § 24 Abs. 2 und 3 SGB VIII). Die Aufnahme in eine Kinderkrippe für Kinder unter einem Jahr oder eine ergänzende schulische Betreuung (z. B. Horte) stellt eine Sollleistung dar, die die:der Sorgeberechtigte:n des Kindes in Anspruch nehmen kann/können (vgl. § 24 Abs. 1 und 4 SGB VIII). Die Eltern werden über das Leistungsspektrum und die vorhandenen Einrichtungen informiert (vgl. § 24 Abs. 5 SGB VIII). Die **pädagogischen Ziele** der Tageseinrichtungen sind in §§ 22 Abs. 2 und 3, 22a Abs. 2–4 SGB VIII ausdrücklich im Gesetz beschrieben. Der Appell (in § 22a Abs. 4 SGB VIII), Kinder mit und ohne Behinderungen gemeinsam zu fördern, ist landesrechtlich weitgehend umgesetzt.

Alternativ kommt für Kinder unter drei Jahren die **Kindertagespflege** in Betracht. Die Kindertagespflegeperson bedarf einer Genehmigung und muss die in §§ 23 Abs. 3, 43 Abs. 2 SGB VIII genannten Kriterien erfüllen. Diese Regelungen greifen bei nur gelegentlicher oder zeitlich kurz befristeter Betreuung eines oder mehrerer Kinder nicht (vgl. § 43 Abs. 1 SGB VIII). Nicht erfasst wird auch die Betreuung des Kindes im elterlichen Haushalt. Kindertagespflegepersonen haben Anspruch auf Beratung in Hinsicht auf den Schutz des Kindeswohls durch das Jugendamt (§§ 23 Abs. 1 und 4 S. 1, 43 Abs. 4 SGB VIII). Hat das Jugendamt die Kindertagespflegeperson ausgewählt, hat diese Anspruch auf laufende Geldleistungen (vgl. § 23 Abs. 1-3 SGB VIII).

Für genannte Leistungen werden **Kostenbeiträge** erhoben; Rechtsgrundlage ist § 90 Abs. 1 Nr. 3 SGB VIII; die Höhe regelt das jeweilige Landesrecht; auch den Verzicht auf eine entsprechende Erhebung der Kostenbeiträge. Ist die Belastung nicht zumutbar, kann der Kostenbeitrag ganz oder teilweise erlassen werden. Für die Prüfung der Zumutbarkeit gelten §§ 82–85, 87 f. und 92 Abs. 1 S. 1, Abs. 2 SGB XII entsprechend. Wird das Kind in eine von einem freien Träger getragene Einrichtung aufgenommen, fallen entsprechende **Teilnahmebeiträge** an. Diese kann das Jugendamt auf Antrag teilweise oder ganz übernehmen (vgl. § 90 Abs. 2 SGB VIII). Kostenschuldner sind das Kind und seine unterhaltspflichtigen Eltern.

4.3.3.6 Förderung der Erziehung in der Familie

Der zweite Abschnitt des SGB VIII fasst höchst unterschiedliche **Beratungen und sonstige Dienstleistungen** zusammen, die verbindet, dass sie das persönliche Wohl junger Menschen und die Rechte der Betroffenen sichern sollen.

(1) Leistungen nach §§ 16 und 17 SGB VIII

§ 16 Abs. 2 SGB VIII nennt mehrere **primärpräventive Leistungen**. Im Vordergrund steht die **Beratung** in allgemeinen Fragen der Erziehung und Entwicklung junger Menschen. Diese ist nicht problembezogenen, sondern eine Einstiegsberatung mit weitgehend informativem Charakter (§ 16 Abs. 2 Nr. 2 SGB VIII).

Darüber hinaus sind in § 16 SGB VIII aufgeführt:

- **Familienbildungsangebote** (Abs. 2 Nr. 1), eine Domäne der freien Träger, die aber eine spezifische pädagogische Ausrichtung haben und auf das Zusammenleben mit Kindern, auf die Bewältigung von Konflikten in der Familie, auf Selbst- und Nachbarschaftshilfe vorbereiten und die Teilnehmenden befähigen sollen, ihre erzieherische Verantwortung bewusst und kompetent wahrzunehmen. Angefügt wurde, dass die Entwicklung vernetzter, kooperativer, niedrigschwelliger, partizipativer und sozialraumbezogener Angebotsstrukturen unterstützt werden soll;
- **Familienfreizeit** und -erholungsmaßnahmen (Abs. 2 Nr. 3); dabei liegt die Betonung auf „Familie“, d. h. die Angebote kommen (nur) Elternteil und Kind gemeinsam zugute. Eine Entlastung erfolgt durch erzieherische Betreuung der Kinder durch Fachkräfte;
- sog. **Frühe Hilfen**, die sich an zukünftige Elternteile richten und i. d. R. durch besonders dafür ausgebildete Hebammen oder Entbindungshelfer abgesichert werden. Es sollen rechtzeitig Gefährdungspotenziale erkannt und gebannt werden (Abs. 3).

§ 17 SGB VIII verbindet primär- und sekundärpräventive **Beratungsangebote**. Diese können nur von **Elternpaaren** in Anspruch genommen werden. Dazu gehört die Beratung

- für ein partnerschaftliches Zusammenleben in der Familie (Abs. 1 Nr. 1); diese ist keine Paarberatung, sondern strebt mit Hilfe vorbeugender Hinweise ein konfliktfreies Zusammenleben der um Beratung Nachsuchenden mit Kind oder Kindern an;
- zur Bewältigung von Konflikten und Krisen in der Familie (Abs. 1 Nr. 2); diese bestehen bereits und die Beratung will daher auf der Grenze zur Mediation versuchen, die Kräfte der Beteiligten zu steuern, damit diese die Konflikte und Krisen beilegen und künftig vermeiden lernen;
- im Fall der Trennung oder Scheidung (Abs. 1 Nr. 3); sie erfolgt, wenn die Strategie zur Konfliktbewältigung versagt oder die Beteiligten erst nach Beendigung der Paarbeziehung zur Beratung kommen. Dann ist es Aufgabe dieser Beratung, den Blick auf die Auswirkungen für das Kind zu öffnen und Beziehungsabbrüche vermeiden zu helfen. Nur gemeinsam sorgeberechtigte Eltern werden über die Wahrnehmung der Elternverantwortung nach Trennung beraten.

Besteht eine gemeinsame Sorge, kann die Trennung Anlass für eine familiengerichtliche Sorgerechtsregelung werden (vgl. 2.5). Die Beratung soll wegen der Bindungswirkung einer einvernehmlichen Regelung die Kindperspektive absichern und eine kindeswohlgerechte Regelung herbeiführen.

(2) Beratungen auf Grundlage des § 18 SGB VIII

§ 18 SGB VIII beinhaltet die Grundlagen für **Rechtsberatung** seitens des Jugendamtes und stellt damit eine Ausnahme vom Rechtsberatungsmonopol rechtsberatender Berufe dar. Diese Ausnahme ist aber eng zu sehen; daher besteht nicht die Möglichkeit, für alle einschlägigen Rechtsfragen den Rechtsrat des Jugendamtes einzuholen. Einen Rechtsanspruch auf Beratung haben:

- Mütter oder (festgestellte) Väter je allein über die Voraussetzungen und die Folgen der Abgabe von **Sorgeerklärungen** und die Übertragung gemeinsamer Sorge seitens des Familiengerichts (Abs. 2, vgl. 2.4);
- alleinsorgeberechtigte Mütter oder Väter in Hinsicht auf Fragen der Personensorge und in Hinsicht auf die Durchsetzung von Kindesunterhaltsansprüchen und eigener Ansprüche gegen den anderen Elternteil auf Grundlage von § 1615l BGB;
- Umgangsregelungsberechtigte hinsichtlich einer kindeswohlgerechten Regelung (Abs. 3 S. 2);
- der aus §§ 1686 oder 1686a BGB Berechtigte bei Getrenntleben; das schließt auch das Recht auf Vermittlung des Jugendamtes ein, wenn der (andere) Elternteil aus seiner Sicht keine oder unzureichende Angaben macht (Abs. 3 S. 4);
- Antragsberechtige aus § 1712 BGB über die Möglichkeit, eine Beistandschaft beantragen zu können. Nur als Beistand kann das Jugendamt den Elternteil „unterstützen", d. h. an Stelle des Elternteils handeln;
- nichtsorgeberechtigte, aber erziehungsberechtigte Väter über die Wahrnehmung der tatsächlichen Personensorge und erzieherische Fragen (Abs. 1);
- Kinder und Jugendliche über ihr Umgangsrecht in Bezug auf die Eltern (Abs. 3 S. 1 1. Alt.). Eine Unterstützung in Form einer **Umgangsanbahnung oder -begleitung** ist auf Initiative des Kindes **nicht** möglich. Eine entsprechende Umgangsbegleitung kann das Familiengericht anordnen, im Einzelfall auch die:der Sorgeberechtigte:n vereinbaren (vgl. Abs. 3 S. 4 2. Alt.). Die „Unterstützung" nach Abs. 3 S. 2, dass die (anderen) Umgangsberechtigten davon zum Wohl des Kindes Gebrauch machen, ist kein Recht(sanspruch) der:des Minderjährigen, vielmehr eine leitende Verpflichtung des Jugendamtes und wird durch die Mitwirkungspflichten in Verfahren nach § 1684 BGB (vgl. § 50 Abs. 1 SGB VIII, § 162 FamFG) realisiert;
- Obhutsberechtigte darüber, wie im Einzelnen die Umsetzung einer Umgangsregelung kindeswohlgerecht möglich ist (Abs. 3 S. 3);
- noch nicht 21 Jahre alte Volljährige, die nicht mehr im elterlichen Haushalt leben, auf Beratung im Hinblick auf ihren Unterhaltsanspruch (Abs. 4).

Nicht sorgeberechtigte Umgangsberechtigte sind darauf hinzuweisen, im Umgang mit dem Kind dessen Wohl in erster Linie zu berücksichtigen (ausgestaltet als Recht des Umgangsberechtigten; vgl. Abs. 3 S. 3).

Eine andere Zielrichtung als die in diesem Abschnitt zusammengeschlossenen Beratungsnormen verfolgt der eingefügte § 10a SGB VIII. Er richtet sich an Leistungsberechtigte bzw. an Antragsteller:innen während der **vorbereitenden Hilfeplanung** und will über

- Bedarfe, vorhandene Ressourcen sowie mögliche Hilfen
- auch anderer Sozialleistungsträger;
- die möglichen Auswirkungen der Umsetzung der beantragten oder gewährten Hilfe,
- die Verwaltungsabläufe,

- das Spektrum der Leistungsanbieter
- und sonstige Beratungsangebote im Sozialraum

beraten. Die Norm schnürt damit Beratungspflichten nach §§ 14 f. SGB I, die Teilhabeberatung nach § 32 SGB IX, Rechtsbehelfsbelehrung nach § 62 SGB X und Kernaufgaben der jugendhilferechtlichen Hilfeplanung zusammen; die Koordination mit anderen Sozialleistungsträgern diesbezüglich und die Auswirkungen für konkurrierende Anbieter sind ungeklärt. § 10a Abs. 3 SGB VIII wiederholt und modifiziert Teilregelungen des Gesamtplanverfahrens nach dem SGB IX.

(3) Gemeinsame Wohnformen für Mütter/Väter und Kinder (§ 19 SGB VIII)

Die Leistung steht **Müttern oder Vätern** offen; eine gemeinsame Aufnahme der Elternteile scheidet aus. Die Leistung kommt auch für Schwangere in Betracht, die psychisch unter erheblichem Druck stehen. Die Aufnahme dient in diesen Fällen der Entlastung der Schwangeren und ihrer Vorbereitung auf die erzieherische Verantwortung. Davon abgesehen muss ein Hilfebedarf bei der Betreuung eines unter sechs Jahre alten Kindes bestehen. Dabei geht nicht darum, die Pflege und Betreuung abzunehmen, vielmehr die Betreffenden zu einer **kindeswohlgerechten Wahrnehmung ihrer Erziehungsverantwortung** anzuleiten und Optionen zu erarbeiten, wie eine Eingliederung in die Arbeitswelt mit den Aufgaben als Elternteil verbunden werden kann. Es gibt daher keine präzise Altersobergrenze, jedoch sind Personen, deren Defizite nicht entwicklungsbedingt sind und daher nicht mittelfristig ausgeglichen werden können, nicht einbezogen.

Zur Klientel gehören vornehmlich **minderjährige Mütter**; deren Personensorgeberechtigte:r muss/müssen bei der Antragstellung mitwirken. Diese Mütter haben nicht allein für ein Kind zu sorgen, da dieses unter Vormundschaft steht. Dennoch wird mit erweiternder Auslegung der Tatbestandsmerkmale besonders diese Personengruppe aufgenommen. Ältere Geschwister des Kindes können mit aufgenommen werden, sofern der Elternteil Alleinsorgerecht hat. Dies ist eine Verengung der Voraussetzungen. Als **Sollleistung** besteht kein klagbarer Anspruch auf die Leistung; auch die wirtschaftlichen Hilfen werden nur als Sollleistung gewährt (vgl. Abs. 3).

Die gemeinsame Wohnform nach § 19 SGB VIII darf nicht mit einem Frauenhaus verwechselt werden; die Aufnahme und die Kostentragung erfolgen dort auf Grundlage der SGB II und XII.

Als stationäre Leistung erfolgt die **Kostenbeteiligung** vorrangig des die Hilfe nachsuchenden Elternteils, nachrangig der:des Ehegatt:in oder Lebenspartner:in des Elternteils. Auch unterhaltsverpflichtete Eltern können letztrangig in den wie für Hilfe für junge Volljährige üblichen Bemessungsgrenzen nach §§ 91 Abs. 1 Nr. 2, 92 Abs. 1 Nr. 3 und 4 und 5, Abs. 1a SGB VIII an den Kosten beteiligt werden.

(4) Betreuung und Versorgung des Kindes in Notsituationen (§ 20 SGB VIII)

§ 20 SGB VIII ist eine **stationäre Hilfe**, die **im elterlichen Haushalt** des Kindes erbracht wird. Voraussetzung ist, dass die Pflege und Betreuung des Kindes von einem Elternteil übernommen worden war, dieser ausfällt, jedoch keine Leistung nach § 38 SGB V (Haushaltshilfe) gewährt wird. Ist der andere Elternteil in der Lage, die Lücke zu füllen oder kann das Kind von Angehörigen, in Kindertagespflege oder in einer Tageseinrichtung ausreichend betreut werden, ist die Leistung ausgeschlossen. Sie umfasst kindbezogene, aber auch auf die Führung des Haushalts bezogene Aufgaben. Fällt die:der Alleinsorgeberechtigte oder fallen zeitgleich beide sorgeberechtigte Eltern aus, kann die Leistung dennoch nur gewährt werden, wenn noch ein Antrag gestellt werden kann. Anderenfalls kommt nur eine Inobhutnahme in der Sonderform der Pflege und Betreuung im elterlichen Haushalt infrage. Auf die Leistung besteht nunmehr ein Rechtsanspruch. Zwar werden keine flankierenden wirtschaftlichen Leistungen erbracht, dennoch erfolgt die **Kostenbeteiligung** wie bei stationären Hilfen nach §§ 91 Abs. 1 Nr. 3, 92 Abs. 1 Nr. 1, nachrangig Nr. 5 SGB VIII.

(5) Aufgaben in Zusammenhang mit der Erfüllung der Schulpflicht (§ 21 SGB VIII)
Sorgeberechtigte, die beruflich zu **ständigem Ortswechsel** gezwungen sind und daher den regelmäßigen Schulbesuch der schulpflichtigen Kinder nicht gewährleisten können, haben Anspruch auf Beratung. Eventuell können die Kosten einer Unterbringung in Pflege oder einem Internat bis zum Ende der Schulbesuchszeit (zur Erlangung der allgemeinen Hochschulreife oder zur Erfüllung der Berufsschulpflicht bis maximal zur Vollendung des 21. Lebensjahres) übernommen werden.

4.3.3.7 Sonstige Leistungen

Von erheblicher praktischer Bedeutung und eine Domäne der freien Träger sind die **Jugendarbeitsangebote nach § 11 SGB VIII.** Auf diese besteht seitens der Minderjährigen kein Rechtsanspruch; der Gesetzestext ist insoweit berichtigend auszulegen. Ziel ist immer die sozialverhaltensbezogene Entwicklung der Persönlichkeit der:des Minderjährigen.

Alle Jugendarbeitsangebote können von der Erbringung von **Teilnahmebeiträgen** abhängig gemacht werden. Dies gilt auch für die Jugendberatung als Angebot nach § 11 Abs. 3 Nr. 6 SGB VIII; sie ist damit die einzige Beratung, die mit Kosten für die:den Beratene:n verbunden ist.

Bedeutsam ist die sozialpädagogische Unterstützung **besonders benachteiligter junger Menschen** – nicht nur Minderjähriger – zur Förderung ihrer schulischen und beruflichen Ausbildung mit dem Ziel der Eingliederung in die Gesellschaft und sozialer Integration insbesondere von Migrant:innen. Teilweise ist die Förderung durch die Bundesarbeitsverwaltung von der sozialpädagogischen Begleitung der **Fördermaßnahme** im Rahmen des § 13 Abs. 1 SGB VIII abhängig. Für den gleichen Personenkreis gibt es, subsidiär nach Abs. 2 die Möglichkeit, als Kann-Leistung jugendhilferechtliche Maßnahmen in Form von jugendhilfeeigenen Ausbildungs- und Beschäftigungsangeboten vorzusehen. Darunter fallen berufsvorbereitende Maßnahmen. Nur die Aufnahme in eine Wohnform zur weiteren Unterstützung des Bildungsweges ist kostenpflichtig (vgl. §§ 91 Abs. 1 Nr. 1, 92 Nr. 1 alt. Nr. 2, nachrangig Nr. 4, letztrangig Nr. 5 SGB VIII).

Schulische Förderung von Schüler:innen mit sonderpädagogischem Förderbedarf regelt hingegen das jeweilige Landesrecht. Ergänzend kommt **Schulsozialarbeit** in Betracht. Diese ist in § 13a SGB VIII geregelt worden. Das Angebotsspektrum in der Schulsozialarbeit ist breit; dazu gehören neben Unterrichtsbegleitung und Gewährleistung der Aufsicht Kursangebote, Durchführung von Projekten, Mediation und Ausbildung von Schülermediator:innen, Hilfe bei der Hausaufgabenbewältigung, Arbeit mit Geschwistern von gewaltbereiten jungen Menschen, Mitarbeit in schulischen Gremien und Elternarbeit. Außer Schulsozialarbeit gibt es Unterstützungsmöglichkeiten für Schüler:innen seitens Schulhelfer:innen und externem Fachpersonal für therapeutische Hilfestellungen, Schulwegbegleitung und ergänzende Betreuung nach den Schulgesetzen der Länder. Diese Unterstützungsmöglichkeiten werden teilweise auch als jugendhilferechtliche Eingliederungshilfe nach §§ 35a Abs. 2 Nr. 1 oder 27 Abs. 3 SGB VIII erbracht.

In diesen Zusammenhang gehört auch der **erzieherische Kinder- und Jugendschutz** nach § 14 SGB VIII, der eine gewisse praktische Bedeutung als Primärprävention in Hinsicht auf Substanzmittelmissbräuche, aber auch für die seitens der Jugendlichen stark unterschätzten Gefahren sozialer Netzwerke hat. Er richtet sich mit seinen Informationsangeboten nicht nur an die jungen Menschen, sondern auch an Erziehungsberechtigte und -verpflichtete.

4.3.3.8 Leistungen nach AdVermG

Werden Vermittlungsbemühungen für ein Kind oder eine:n Jugendliche:n aufgenommen, entstehen für die häufig in der Hand des Jugendhilfeträgers liegenden Adoptionsvermittlungsstellen etliche Beratungs- und Begleitungsaufgaben sowohl für die Herkunftseltern als auch für die Adoptionsbewerber:innen (§ 9 AdVermG). An das behördliche Vermittlungsverfahren schließt sich i. d. R. das gerichtliche Adoptionsverfahren an.

Übungsaufgaben

1. Das 3-jährige, stark entwicklungsbeeinträchtigte Kind A wird in eine Kindertagesstätte aufgenommen. Auf welcher Rechtsgrundlage erfolgt die Aufnahme? Wer ist leistungsberechtigt? Wer stellt den Antrag?
2. Stellen Sie die Unterschiede zwischen der Leistung nach § 22 SGB VIII und der Leistung nach § 35a Abs. 2 Nr. 2 1. Alt. SGB VIII dar!
3. Das neun Jahre alte Kind B zeigt autistische Störungen. Die Sorgeberechtigten beantragen Eingliederungshilfe. Das Autismuszentrum bietet ein Gruppentraining an. Auf welcher Rechtsgrundlage könnte das Jugendamt eine entsprechende Hilfe gewähren?
4. Das 18 Monate alte Kind C lächelt nicht und ist wenig aktiv. Die alleinsorgeberechtigte Mutter ist unsicher und wendet sich an das Jugendamt. Ist eine Begutachtung des Kindes erforderlich? Kann diese auch gegen den Willen der Mutter erfolgen?
5. Die fünf Jahre alte D bleibt regelmäßig abends und Teile der Nacht allein in der Wohnung, während die Mutter und ihr Lebensgefährte in der Kneipe sitzen; sie kommen oft erheblich angetrunken zurück. Meistens schläft sie, die Nachbarn haben das Kind aber auch schon anhaltend schreien hören. Hat das Jugendamt Hilfe anzubieten?
6. Die Mutter der 12-jährigen E erfährt, dass der Stiefvater das Kind bereits mehrfach sexuell belästigt hat, und beobachtet Ängste beim Kind; eine Strafanzeige lehnt sie ab, fragt aber beim Jugendamt um Hilfe nach. Welche Leistungen kommen in Betracht?

7. Die Mutter des Kindes F hat eine mittelschwere geistige Behinderung und ist mit der Pflege, Erziehung und Förderung des Kindes F überfordert. Sie steht unter Betreuung. Wer kann Hilfe beantragen? Welche Hilfeart und welche Hilfeform kommen in Betracht?
8. Was unterscheidet die Kindertagespflege von einer Vollzeitpflege? Nach welchen Vorschriften erfolgt die Kostenbeteiligung bei Kindertagespflege? Gibt es auch eine heilpädagogische Kindertagespflege?
9. Die Mutter des zwei Jahre alten Kindes H ist drogenabhängig und aidskrank, das Kind ist in Vollzeitpflege. Die Pflegeeltern wollen das Kind adoptieren. Welche Beratungsansprüche haben sie als Pflegepersonen/nach Aufnahme des Adoptionsvermittlungsverfahrens? Nennen Sie die Rechtsgrundlagen!
10. Der 14 Jahre alte J ist bereits dreimal von der Polizei beim Sprayen aufgegriffen worden; derzeit läuft ein Ermittlungsverfahren wegen Fahrens ohne Fahrerlaubnis. Er hat das Moped seines älteren Bruders benutzt. Ist den Eltern ein Antrag auf Hilfe zu empfehlen? Welche Hilfe könnte in Betracht kommen?
11. Die 16 Jahre alte K ist magersüchtig. Die alleinsorgeberechtigte Mutter ist ratlos und wendet sich an das Jugendamt. Steht eine geeignete Hilfe zur Verfügung?
12. L ist seit zwei Jahren volljährig und nunmehr aus dem Jugendstrafvollzug entlassen; er hat keinerlei Kontakt mit der Familie mehr, hat zwar eine Ausbildung begonnen, aber nicht abgeschlossen, und fühlt sich überfordert, sein Leben selbständig zu meistern. Welche Hilfeart und welche Hilfeformen kommen in Betracht? Ist auch bei einem volljährigen Antragsteller eine Hilfeplanung erforderlich?
13. Wer hat welche Ansprüche auf Beratung in Hinsicht auf den Umgang des Minderjährigen mit einem getrennt lebenden Elternteil/Großeltern/einem volljährigen Geschwister des Kindes und einem gleichaltrigen Freund, mit dem der Kontakt untersagt worden ist? Nennen Sie jeweils die Rechtsgrundlage!
14. Kann ein Mann, der ein Kind gezeugt hat, in Bezug auf die Vaterschaftsfeststellung/in Bezug auf seine Unterhaltspflichten nach Vaterschaftsfeststellung beraten werden?
15. M und N leben in nichtehelicher Lebensgemeinschaft mit dem Kind O. Welche Voraussetzungen hat eine Beratung nach § 17 Abs. 1 Nr. 3/§ 17 Abs. 2 SGB VIII?
16. Das Kind G ist tagsüber in einer Kindertagespflegestelle. Welche Rechte und Pflichten hat die Kindertagespflegeperson?

4.3.4 Andere Aufgaben

Zu den **anderen Aufgaben** der Kinder- und Jugendhilfeträger gehört die Pflicht zur Mitwirkung in familiengerichtlichen Verfahren. Sie ist jugendhilferechtlich in den §§ 50 Abs. 1, 51, 53 Abs. 1 und 2 SGB VIII geregelt. Die Mitwirkung wird ergänzt um die Pflicht zur Mitwirkung in Strafverfahren gegen Jugendliche und Heranwachsende nach Jugendstrafrecht auf Grundlage des § 52 SGB VIII und der §§ 38, 50 Abs. 3 JGG.

Von den sonstigen anderen Aufgaben sind besonders bedeutsam die Prüfung des **Gefährdungsrisikos** von Kindern und Jugendlichen und die damit im Zusammenhang stehende Pflicht zur **Inobhutnahme**.

4.3.4.1 Gefährdungsprognose (§ 8a Abs. 1–3 SGB VIII)

Werden dem Jugendamt durch Beobachtung oder Mitteilung seitens Dritter Indizien bekannt, die auf eine Gefährdung schließen lassen, hat es diese zu gewichten und bei vermutlich nicht nur geringfügiger Beeinträchtigung des Kindeswohls Maßnahmen einzuleiten. Solche **Anhaltspunkte** können (nach den Empfehlungen des Landesjugendamtes Bayern) u. a. sein:

- nicht plausibel erklärbare sichtbare Verletzungen (auch Selbstverletzungen),
- körperliche oder seelische Krankheitssymptome (z. B. Einnässen, Ängste, Zwangshandlungen),
- unzureichende Flüssigkeits- oder Nahrungszufuhr,
- fehlende, aber notwendige ärztliche Vorsorge und Behandlung,
- Zuführung von die Gesundheit gefährdenden Substanzen,
- mangelnde Aufsicht,
- Hygienemängel (z. B. Körperpflege, Kleidung),
- unbekannter Aufenthalt (z. B. Weglaufen, Streunen),
- unentschuldigte Schulversäumnisse oder fortgesetztes unentschuldigtes Fernbleiben von der Kindertageseinrichtung,
- Gewalttätigkeiten in der Familie,
- sexuelle Übergriffe auf das Kind oder die:den Jugendlichen,
- psychisch kranke oder körperlich oder geistig beeinträchtigte Erziehungsberechtigte,
- finanzielle Notlage,
- desolate Wohnsituation (z. B. Vermüllung, geringe Wohnfläche, Obdachlosigkeit),
- traumatisierende Lebensereignisse (z. B. Verlust einer:eines Angehörigen) oder
- desorientierendes soziales Milieu bzw. desorientierende soziale Abhängigkeiten.

Erhält das Jugendamt – auch anonym – entsprechende Hinweise, muss es sich, ggf. vor Ort, ein Bild machen (§ 8a Abs. 1 S. 2 Nr. 1 SGB VIII). Bei Meldung durch Mitglieder im Netzwerk Kinderschutz sind diese bereits bei der Gefährdungsabschätzung am Verfahren zu beteiligen (vgl. Nr. 2); das ist im Gesetzgebungsverfahren auf breite Kritik gestoßen. Die erste Phase umfasst neben dem Augenschein die Einladung der:des Erziehungsberechtigten zum Gespräch, um die Situation zu klären. Dabei erweist sich deren/dessen **Mitwirkungsbereitschaft** und -fähigkeit. An der Bereitschaft fehlt es, wenn eine solche Einladung ignoriert, der Zutritt verweigert oder explizit eine Zusammenarbeit mit dem Jugendamt verweigert wird. An der **Mitwirkungsfähigkeit** kann man zweifeln, wenn

- die Problemeinsicht fehlt,
- grundsätzlich keine Bereitschaft besteht, Hilfe anzunehmen oder
- bisherige Unterstützungsversuche und Hilfeleistungen erfolglos geblieben sind.

Fehlt die Bereitschaft oder Mitwirkungsfähigkeit und sind die Anhaltspunkte gewichtig, ist das **Familiengericht zu benachrichtigen** (Abs. 2 S. 1 2. HS). Anderenfalls ist die angetroffene Situation im Zusammenwirken mit den Verantwortlichen zu bewerten und Hilfe anzubieten.

Ist eine **Hilfe** im Ergebnis **nicht erforderlich**, kann das zwei Gründe haben: Entweder war die Gefährdungssituation punktuell und die Sachlage hat sich zwischenzeitlich geändert oder die Gewichtigkeit wurde überschätzt.

Bestehen Unsicherheiten, ist es u. U. notwendig, weitere **Informationen** zu beschaffen. Gemäß § 62 Abs. 3 Nr. 2d SGB VIII ist das Jugendamt berechtigt, Informationen „ohne Mitwirkung des Betroffenen" (der:des Personensorgeberechtigten, der:des Erziehungsberechtigten, des Kindes oder der:des Jugendlichen) zu erheben, wenn andernfalls die Erfüllung des Schutzauftrags nach § 8a SGB VIII gefährdet wäre.

Als dritter Schritt ist zu klären, ob ggf. **Hilfe angenommen**, d. h. beantragt wird, oder ob das Familiengericht nunmehr informiert werden muss. Im Notfall hat das Jugendamt selbstständig die zuständige Polizeibehörde zu informieren.

Besteht die **Gefährdungssituation**, obwohl das Kind oder die:der Jugendliche stationäre Hilfe erfährt, ist ggf. unverzüglich auf eine Aufenthaltsänderung seitens der:des Sorgeberechtigten hinzuwirken.

Kommen alle voranstehenden Maßnahmen zu spät, um einer akuten Gefahr zu begegnen, ist das Kind oder die:der Jugendliche in Obhut zu nehmen (s. Kapitel 4.3.4.3).

Das Jugendamt hat darüber hinaus durch **Vereinbarungen mit den Trägern** sicherzustellen, dass ein entsprechender Klärungsprozess durch die Mitarbeitenden des freien Trägers abläuft, wenn in der Arbeit mit dem Kind oder der:dem:den Erziehungsberechtigten im Jugendhilfekontext ein entsprechender Verdacht aufkommt (§ 8a Abs. 4 SGB VIII). In die Vereinbarung sind Kriterien für die Qualifikation zu regeln und insbes. Kinder und Jugendlichen mit Behinderungen Rechnung zu tragen (vgl. Abs. 4 S. 2 und 3). Zur Unterstützung bei der Umsetzung der Vereinbarungen bestehen **Beratungsansprüche** einerseits des Trägers, andererseits der betroffenen Mitarbeitenden nach § 8b SGB VIII. Eingefügt wurde in § 8a SGB VIII dessen Abs. 5, der sicherstellt, dass auch Kindertagespflegepersonen, die Leistungen nach § 23 SGB VIII erbringen, für die von ihnen betreuten Kinder ggf. Gefährdungsprognosen stellen. In den Klärungsprozess sind die:der Erziehungsberechtigte:n und das Kind oder die:der Jugendliche einzubeziehen.

4.3.4.2 Gefährdungsprognose nach dem KKG

Das Jugendamt hat nicht nur Jugendhilfeträger auf die Aufgaben des **Kindesschutzes** zu verpflichten, sondern auch mit zahlreichen **weiteren Berufsträger:innen**, die in Ausübung ihres Berufes mit Kindern, Jugendlichen und den Erziehungsverantwortlichen zu tun haben, entsprechende Vereinbarungen zu schließen. Grundlage der Verpflichtung ist in diesen Fällen § 3 KKG. Auch im Übrigen schweigepflichtige **Berufsgeheimnisträger** (vgl. § 4 Abs. 1 KKG) dürfen bei Vorliegen des Verdachts auf Gefährdung des Wohls eines Kindes oder einer:eines Jugendlichen das Jugendamt und ggf. das Familiengericht informieren, sofern die Belehrung über jugendhilferechtliche Rechte der:des Sorgeberechtigten von diesen nicht angenommen wird oder eine Gefahr für das Kind oder die:den Jugendlichen besteht (vgl. §§ 4 Abs. 3, 5 KKG). Im Vorfeld dieser Informationsweitergabe haben die Angehörigen der entsprechenden Berufsgruppen einen Beratungsanspruch gegenüber dem Jugendamt (§ 4 Abs. 2 KKG). Deren Einbezug in das jugendbehördliche Verfahren wird in Abs. 4 wiederholt. Durch § 5 KKG sind auch Strafverfolgungsbehörden und Strafgerichte zu entsprechenden Meldungen verpflichtet, wenn Gegenstand des Verfahrens gegen eine in häuslicher Gemeinschaft mit dem Kind oder der:dem Jugendlichen lebende Person eine der im Abs. 2 aufgeführten Straftaten ist.

4.3.4.3 Inobhutnahme (§ 42 SGB VIII)

Die Inobhutnahme sichert das Wohl von Minderjährigen, deren Wohl gefährdet ist, durch eine vorübergehende Aufnahme bei einer geeigneten Pflegeperson oder in einer jugendhilferechtlich genehmigten Einrichtung. Zur Inobhutnahme ist das Jugendamt in **Krisenfällen** verpflichtet. Diese bestehen dann, wenn (§ 42 Abs. 1 SGB VIII)

- ein Kind oder ein:e Jugendliche:r um Inobhutnahme bittet; auch in diesem Fall muss die Gefährdung ihres:seines Wohls nach den Angaben möglich sein. Diese Bitte kann auch in der elterlichen Wohnung ausgesprochen werden; Zwangsbefugnisse gegenüber der Inobhutnahme widersprechenden Eltern hat das Jugendamt nicht;
- eine dringliche Gefahr vorliegt, entweder sich die Gefährdung bereits in einem Schaden verfestigt hat oder ein solcher unmittelbar bevorsteht und das Kind oder die:der Jugendliche in der konkreten Situation nicht bei der:dem:den Erziehungsberechtigten belassen werden kann;
- ein Kind in eine Babyklappe gelegt wurde oder als Findelkind angetroffen wurde, auch dann, wenn dafür gesorgt ist, dass kein Schaden eintritt;
- ein:e unbegleitete:r Minderjährige:r ohne deutsche Staatsangehörigkeit im Inland angetroffen wird.

§ 42 Abs. 1 Nr. 3 SGB VIII kommt aber nur infrage, wenn entweder ein Verteilungsverfahren durchgeführt oder ein Verteilungsverfahren ausgeschlossen wurde (vgl. 4.3.4.4).

Die Inobhutnahme ist ein **begünstigender Verwaltungsakt** mit belastender Drittwirkung. Das Aufenthaltsbestimmungsrecht der:des Personensorgeberechtigten ruht während der Dauer der Inobhutnahme. Das Jugendamt ist überdies nach § 42 Abs. 2 S. 4 SGB VIII befugt, alle notwendigen **Rechtshandlungen** zum Wohl des Kindes oder der:des Jugendlichen vorzunehmen. Es kann auch notwendige Unterlagen und Sachen für das Kind oder die:den Jugendlichen von der:dem:den Sorgeberechtigten herausverlangen. Aufsichtspflichten, Pflege und erzieherische Betreuung treffen hingegen die Pflegeperson oder die:den Erzieher:in in der Einrichtung. Das Jugendamt hat den **Unterhalt** des Kindes oder der:des Jugendlichen, einschließlich der Kosten der Erziehung, sicherzustellen; die anfallenden Kosten sind höher als bei stationären Hilfen.

Es hat die Sorge- und ggf. Erziehungsberechtigten umgehend von der Inobhutnahme zu **unterrichten**, u. U. ohne Angaben zum Ort, an dem das Kind oder die:der Jugendliche verweilt. Dieser:Diesem ist Gelegenheit zu geben, eine Person des Vertrauens zu **benachrichtigen**. Damit sollen Vermisstenanzeigen und dem Verdacht der Kindesentziehung vorgebeugt werden.

Widerspricht/Widersprechen die:der Sorgeberechtigte:n der Inobhutnahme, hat das Jugendamt das Kind oder die:den Jugendliche:n unverzüglich zu übergeben, wenn keine weitere Gefahr bei Rückkehr des Kindes oder der:des Jugendlichen droht. Die:Der Sorgeberechtigte:n hat/haben das Kind abzuholen. Anderenfalls ist die Herausgabe zu verweigern und spätestens jetzt das **Familiengericht** zu informieren (vgl. Abs. 3). Rechtsgrundlage des nachfolgenden Eilverfahrens ist § 1666 BGB, bei bestehender Vormundschaft §§ 1837 Abs. 4 2 i. V. m. 1666 BGB analog, [§§ 1802 Abs. 2 i. V. m. 1666 BGB analog, 1862 Abs. 3 BGB analog].[88] Eine Entscheidung des Gerichts ist auch dann herbeizuführen, wenn nicht widersprochen, aber auch kein Antrag auf Hilfe gestellt wird.

Das Gericht ist zudem auch anzurufen, wenn die:der Sorgeberechtigte:n **nicht erreicht wird/werden** (keine Meldeadresse oder falsche Angaben des Kindes oder der:des Jugendlichen; Verweigerung aller Angaben und Auskünfte, Nichterreichbarkeit am gewöhnlichen Aufenthaltsort); da das Jugendamt keine polizeilichen Ermittlungspflichten hat. Ohne große praktische Bedeutung ist die Möglichkeit der **freiheitsentziehenden Inobhutnahme** (§ 42 Abs. 5 SGB VIII). Sie endet immer mit Ablauf des auf die Freiheitsentziehung folgenden Tages. Eine längerfristige Freiheitsentziehung kann familiengerichtlich genehmigt werden, aber nicht auf Grundlage von § 42 SGB VIII, sondern nur über § 1631b BGB oder auf Antrag der für die öffentlich-rechtliche Unterbringung zuständigen Landesbehörde nach Landesunterbringungsrecht. Die Rechtmäßigkeit der (freiheitsentziehenden) Inobhutnahme ist verwaltungsgerichtlich zu prüfen (keine Freiheitsentziehungssache im Sinne des 7. Buches FamFG). Die Inobhutnahme endet mit **Herausgabe** des Kindes an die:den Sorgeberechtigte:n, ggf. nach Bestellung einer:eines Vormund:in an diese:n. An den **Kosten** der **Inobhutnahme** werden vorrangig das Kind oder die:der Jugendliche, nachrangig die unterhaltspflichtigen Eltern nach §§ 91 Abs. 1 Nr. 7, 92 Abs. 1 Nr. 1 und 5 SGB VIII aus dem Einkommen beteiligt, begrenzt auf 25 % zugunsten der Einkünfte des jungen Menschen.

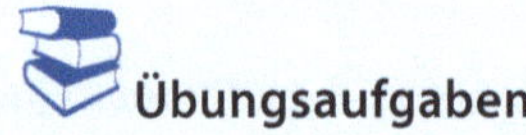

Übungsaufgaben

1. Das fünf Jahre alte Kind P ist schulpflichtig, aber nicht angemeldet worden. Muss das Jugendamt tätig werden, wenn es davon erfährt?
2. Aufgrund eines anonymen Anrufs besteht der Verdacht, dass das Kind Q vernachlässigt und eingesperrt wird. Muss das Jugendamt dem Hinweis nachgehen?
3. Der vier Jahre R besucht einen Kindergarten der Caritas. Die Gruppenleiterin sieht wiederholt blaue Flecke an den Armen des Kindes. Was muss sie tun?
4. Die elf Jahre alte S ist wiederholt nicht zur Schule gekommen; es besteht der Verdacht, dass sie die jüngeren Geschwister beaufsichtigen und den Haushalt führen muss. Die Eltern lehnen einen Hausbesuch ab. Kann das Jugendamt einen Hausbesuch durchsetzen?
5. Die 14 Jahre alte T kommt zum Jugendamt und bittet um Inobhutnahme. Sie habe die altmodischen Vorstellungen der Eltern von Pflicht und Ordnung gründlich satt. Was wird der Mitarbeiter tun?
6. Der ca. 15 Jahre alte U ist von der Polizei aufgegriffen worden; er hat versucht ein Auto zu knacken. Da er keine Angaben macht, wird er zum Jugendamt gebracht. Er will sofort wieder gehen. Kann das verhindert werden?
7. Welche Pflichten gegenüber den Sorgeberechtigen und dem Minderjährigen bestehen nach Inobhutnahme? Kann die Inobhutnahme auch durch einen freien Träger erfolgen? Kann der Minderjährige zum Zweck der Inobhutnahme in eine Einrichtung eines freien Trägers aufgenommen werden? Was passiert, wenn der Sorgeberechtigte nicht erreichbar ist?
8. Wer wird an den Kosten der Inobhutnahme beteiligt?
9. Ist eine freiheitsentziehende Inobhutnahme familiengerichtlich zu genehmigen?

88 Für Rechtsmittel gegen eine Inobhutnahme ist jedoch grundsätzlich das Verwaltungsgericht, nicht das Familiengericht zuständig, VG München, Beschluss v. 21.12.2020, M 18 S 20.6711. Der Sofortvollzug des Verwaltungsakts ist zu begründen, die Inobhutnahme stellt keine Notstandsmaßnahme dar.

4.3.4.4 Inobhutnahme minderjähriger unbegleiteter Flüchtlinge (§§ 42a ff. SGB VIII)

Mit Wirkung zum 01.11.2015 sind die §§ 42a–42f SGB VIII in das Gesetz aufgenommen worden.[89] § 42a SGB VIII begründet Pflichten des Jugendamtes im Zusammenhang mit der vorläufigen Inobhutnahme eines unbegleitet eingereisten oder unbegleitet zurückgelassenen Kindes oder einer:eines Jugendlichen, das oder die:der nicht die deutsche Staatsangehörigkeit besitzt und nicht zu den Freizügigkeitsberechtigten zählt. Die:Der Minderjährige reist nur rechtmäßig ein, wenn sie:er einen Pass und einen Aufenthaltstitel besitzt. Da dies bei unbegleitet einreisenden ausländischen Kindern und Jugendlichen zumeist nicht der Fall ist, reisen sie unerlaubt ein.

Wird bereits an der Grenze um Asyl ersucht, ist die Einreise zu gestatten. Melden sie sich bei der Polizei, einer Ausländerbehörde oder werden sie aufgegriffen, ist das nächstgelegene Jugendamt (Aufnahmejugendamt) verpflichtet, sie vorläufig auf Grundlage des § 42a SGB VIII in Obhut zu nehmen; dass sie sich illegal aufhalten, spielt insoweit keine Rolle (vgl. Art. 3, 6 Abs. 1 KSÜ). Unbegleitet sind die ausländischen Kinder und Jugendlichen, wenn keine sorgeberechtigte Person(en) oder nach dem Recht des Herkunftslandes verantwortliche Person(en) sich im Inland aufhält/aufhalten. Das Jugendamt muss versuchen, die Identität zu klären und das Alter der betroffenen Person festzustellen.[90] Dazu kann ein Augenschein dienen, im Zweifel ist aber ein ärztliches Gutachten einzuholen (§ 42f SGB VIII). Infrage kommen nichtinvasive und invasive Methoden, deren Zulässigkeit und Ergebnissicherheit umstritten ist.[91]

Für die Aufgaben bei vorläufiger Inobhutnahme verweist § 42a SGB VIII auf § 42 Abs. 1 S. 2, Abs. 2 S. 2 und 3, Abs. 5 sowie Abs. 6 SGB VIII. Damit ist auch dem ausländischen Kind oder der:dem Jugendlichen zu ermöglichen, eine Vertrauensperson zu benachrichtigen, ihr:sein Unterhalt und die Krankenversorgung sind sicherzustellen. Das Jugendamt hat das Recht und die Pflicht, alle notwendigen Rechtshandlungen zugunsten der:des Minderjährigen vorzunehmen.

Die vorläufige Inobhutnahme ist zeitlich begrenzt. Das Jugendamt hat zu prüfen, ob eine Teilnahme am bundesweiten Verteilungsverfahren

- das körperliche und psychische Wohl der:des Minderjährigen beeinträchtigen würde, ggf. ist ein ärztliches Votum einzuholen,
- Geschwisterbindungen beeinträchtigen würde,
- sich Verwandte des Kindes oder der:des Jugendlichen im In- oder Ausland aufhalten, denen die:der Minderjährige zugeführt werden kann.[92]

Das Ergebnis stellt die Entscheidung des aufnehmenden Jugendamtes dar, dass die:der Minderjährige am Verteilungsverfahren teilnimmt oder dies unzumutbar erscheint. Diese Entscheidung wird der nach Landesrecht zuständigen Stelle mitgeteilt, die wiederum die

89 Grundlage ist das Gesetz zur Verbesserung der Unterbringung, Versorgung und Betreuung ausländischer Kinder und Jugendlicher (BGBl. 2015 I S. 1802); Vgl. Hauck/Noftz/Bohnert, SGB VIII, § 42 f. Rz 8 f.

90 Vgl. VG München, Beschluss v. 4.2.2021, M 18 S .170. Eine Bindung der Ausländerbehörde an das Ergebnis eines jugendhilferechtlichen Altersfeststellungsverfahrens gem. § 42f SGB VIII besteht nicht, OVG Saarlouis, Beschluss v. 23.11.2020, 2 D 268/20.

91 Vgl. Hauck/Noftz/Bohnert, SGB VIII, § 42 f. Rz 8 f.

92 Ausführlich zu den Voraussetzungen und zum Verfahren Hauck/Noftz/Bohnert, SGB VIII, § 42a.

Meldung nach eigener Aktenprüfung an das Bundesverwaltungsamt weiterleitet oder den Ausschluss der Verteilung anzeigt (§ 42b SGB VIII).

Im letzten Fall wandelt sich die vorläufige Inobhutnahme in eine Inobhutnahme des Aufnahmejugendamtes nach § 42 Abs. 1 Nr. 3 SGB VIII um. Das Bundesverwaltungsamt wählt anderenfalls anschließend ein Bundesland aus und teilt die Auswahlentscheidung (VA) der nach Landesrecht zuständigen Stelle des ausgewählten Bundeslandes mit. Die Verteilung erfolgt grundsätzlich nach dem Königsteiner Schlüssel (§ 42c SGB VIII). Kinder und Jugendliche, die nicht am Verteilungsverfahren teilnehmen, werden auf die Quote angerechnet. Die nach Landesrecht zuständige Stelle weist ein Jugendamt an (Zuweisungsjugendamt), das Kind oder die:den Jugendlichen aufzunehmen und die Inobhutnahme als Inobhutnahme nach § 42 Abs. 1 Nr. 3 SGB VIII fortzusetzen. Für den Weg zum Zuweisungsjugendamt muss die:der Minderjährige begleitet werden.

Die:Der unbegleitete Minderjährige bedarf einer:eines Vormund:in, die:den das Familiengericht, in dessen Bezirk das Zuweisungsjugendamt liegt, zu bestellen hat. Die:Der Vormund:in hat vorrangig die aufenthaltsrechtliche Situation zu klären, in dem sie:er entweder

- Antrag auf Asyl zugunsten des Kindes oder der:des Jugendlichen oder
- einen Antrag auf Gewährung eines Aufenthaltstitels (aus humanitären Gründen) stellt oder
- eine Duldung (§ 60 AufenthG) erwirkt.

Unter diesen Voraussetzungen hält sich die:der Minderjährige rechtmäßig oder geduldet im Inland auf. Ist die aufenthaltsrechtliche Situation geklärt, kann die:der Vormund:in Antrag auf jugendhilferechtliche Leistungen stellen. Die:Der behinderte Minderjährige hat dann auch Anspruch auf Eingliederungshilfen nach SGB IX, da sie:er nicht zu den Anspruchsberechtigten nach AsylbLG gehört.

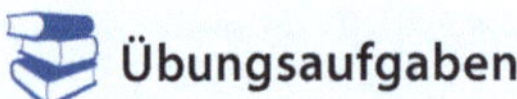

V wird von der Polizei in Grenznähe aufgegriffen. Er behauptet, Flüchtling zu sein, er wisse nicht, wo seine Eltern seien. Muss er in Obhut genommen werden, auch wenn Zweifel bestehen, ob er noch minderjährig ist? Welche Maßnahmen kommen zur Klärung seines Alters infrage? Unter welchen Voraussetzungen nimmt er am Verteilungsverfahren teil?

4.4 Recht der Rehabilitation und Teilhabe von Menschen mit Behinderungen

Das Recht der Rehabilitation und Teilhabe vom Menschen mit Behinderungen als Teil des Sozialrechts (§§ 10, 28a, 29 SGB I) ist im Wesentlichen im SGB IX geregelt. Es stellt – neben dem AGG und dem BGG (s.o. Kapitel 1.5) – eine Umsetzung des Art. 3 Abs. 3 S. 2 GG dar und soll dazu beitragen, dass Menschen mit Behinderungen selbstbestimmt und gleichberechtigt am Leben der Gesellschaft teilhaben können, Benachteiligungen vermieden werden bzw. diesen entgegengewirkt wird.

Das Gesetz, welches zum 1.7.2001 in Kraft getreten ist, hat seine **Vorläufer** in zwei Gesetzen: dem Rehabilitations-Angleichungsgesetz (RehaAnglG) und dem Schwerbehindertengesetz (SchwbG). Das RehaAnglG war ein erster Versuch, die rehabilitationsrechtlich relevanten Rechtsgrundlagen zu harmonisieren. Das SchwbG hatte die Eingliederung schwerbehinderter Menschen in Arbeit, Beruf und Gesellschaft zum Ziel.

Bei der Schaffung des SGB IX ging es auch um die Frage, ob Rehabilitationsleistungen in einem eigenen Sozialleistungszweig zusammengefasst werden sollten, für die ein eigenständiger Leistungsträger zuständig ist, oder ob das in verschiedenen Sozialleistungszweigen **gegliederte Leistungsrecht** für Menschen mit Behinderungen beibehalten, aber koordiniert und verbessert gestaltet werden sollte.

Der Gesetzgeber hat sich für letzteren Weg entschieden. Das Recht der Rehabilitation und Teilhabe für Menschen mit Behinderungen ist daher sehr **komplex** und **wenig übersichtlich** ausgestaltet, was das Verständnis dieser Leistungen und des Leistungssystems oftmals – v. a. auch für die leistungsberechtigten Menschen – erschwert.

Gleichwohl stellte das SGB IX bei seinem Inkrafttreten einen **Paradigmenwechsel** in der Politik und im Recht für Menschen mit Behinderungen dar. Während lange Zeit der Gedanke der Fürsorge und der bevormundenden Hilfe das Recht bestimmte, setzte das SGB IX auf Selbstbestimmung, Chancengleichheit und gleichberechtigte Teilhabe. Deutlich wird diese Zielsetzung in § 1 des SGB IX.

Eine grundlegende Neufassung und Neuausrichtung erhielt das SGB IX mit dem Bundesteilhabegesetz (BTHG), welches im Jahr 2016 verabschiedet wurde und welches insbesondere Regelungen der UN-Behindertenrechtskonvention (s. o. Kapitel 1.4.1) umsetzte. Ein Schwerpunkt lag dabei auf der Neufassung der Leistungen der Eingliederungshilfe.

4.4.1 Einführung in das SGB IX

Das SGB IX vereint das **Rehabilitations- und Teilhaberecht, das Recht der Eingliederungshilfe und das Schwerbehindertenrecht** in drei sehr unterschiedlichen Teilen. Während das im ersten Teil geregelte Rehabilitations- und Teilhaberecht ein für alle Rehabilitationsträger übergreifendes Recht ist (in Kraft seit 1.1.2018), das neben den wichtigen Verfahrensvorschriften einen Überblick über die Rehabilitationsleistungen und ihre Ziele enthält und das nicht ohne die einzelnen Leistungsgesetze gelesen werden kann, der zweite Teil mit dem Recht der Eingliederungshilfe (in Kraft seit 1.1.2020) ein echtes Leistungsgesetz darstellt, bildet das Schwerbehindertenrecht im dritten Teil (in Kraft seit 1.1.2018) ein mehr oder weniger in sich geschlossenes System mit Regelungen für schwerbehinderte Menschen. Das Gesetz lässt sich mit seinen wesentlichen Inhalten so darstellen:

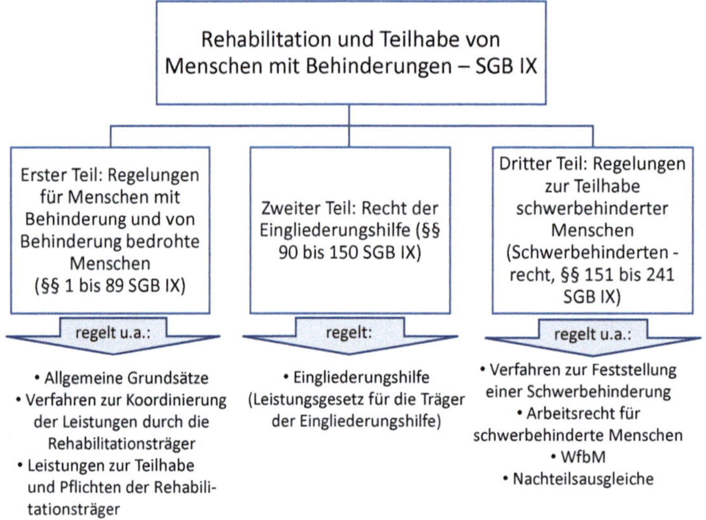

Übersicht 21

Der erste Teil des SGB IX fasst das Recht der Rehabilitation und Teilhabe zwar zusammen, es ist aber kein Leistungsrecht in dem Sinne, dass Menschen mit Behinderungen daraus unmittelbar Leistungsansprüche ableiten können. Der individuelle konkrete Leistungsanspruch folgt erst im Zusammenhang mit dem jeweiligen Leistungsrecht des Rehabilitationsträgers. Da dies für leistungsberechtigte Menschen unübersichtlich ist, hat der Gesetzgeber mit dem BTHG die **Zusammenarbeits-, Koordinierungs- und Verfahrensvorschriften** verbindlicher gefasst und eigene Beratungsstellen für Menschen mit Behinderungen geregelt:

1. Die Kapitel 2 bis 4 gelten für alle Rehabilitationsträger (§7 Abs. 2 SGB IX), die Erkennung und Ermittlung des Rehabilitationsbedarfs und die Koordinierung der Leistungen müssen – auch bei abweichendem Leistungsrecht – von allen Rehabilitationsträgern berücksichtigt werden (s.u. 4.4.6).
2. Das Verfahren in Kapitel 4 ist abweichungsfest, d. h. von den Verfahrensvorschriften darf auch das Landesrecht nicht abweichen. Dies gilt insbesondere für Rehabilitationsträger, die durch die Bundesländer festgelegt werden: die Träger der Eingliederungshilfe, die Träger der öffentlichen Jugendhilfe und die Träger der Kriegsopferversorgung/Kriegsopferfürsorge bzw. – ab 1.1.2024 – die Träger der Sozialen Entschädigung.
3. Mit dem BTHG wurde die **Ergänzende unabhängige Teilhabeberatung** (EUTB, §32 SGB IX) eingeführt. Diese unabhängigen Beratungsstellen sollen Menschen mit Behinderungen helfen, ihre Selbstbestimmung und Eigenverantwortung wahrzunehmen und ihre Rolle gegenüber den Leistungsträgern und den Leistungserbringern zu stärken. Die EUTBs sind v. a. Beratungsstellen von Menschen mit Behinderungen für Menschen mit Behinderungen (sog. Peer-Counseling). Unter www.teilhabeberatung.de findet man Beratungsstellen nach Postleitzahlen und Beratungsschwerpunkten sortiert.

4.4.2 Systematische Stellung des SGB IX

Das SGB IX ist in verschiedenen **Kontexten** zu lesen und bezieht hieraus seine Bedeutung. Es soll rechtliche Vorgaben umsetzen, die insbesondere aus dem

1. **Grundgesetz** (Art. 3 Abs. 3 S. 2 GG) folgen. Dies betrifft v. a. das verfassungsrechtliche **Benachteiligungsverbot**, die soziale Gleichstellung für Menschen, die in ihrer Teilhabe und damit in den Voraussetzungen, ihre Grundrechte wahrzunehmen, beeinträchtigt sind, sowie die Berücksichtigung der Belange von Menschen mit Behinderungen bei der Gestaltung von Lebensbereichen durch den Staat;
2. **EU-Recht** folgen. Es werden damit das Diskriminierungsverbot (Art. 19 AEUV und die Diskriminierungsrichtlinien vgl. Kapitel 1.3.3) umgesetzt. Das Diskriminierungsverbot findet sich ausdrücklich auch in § 33c SGB I und in § 19a SGB IV wieder;
3. **Völkerrecht** und hier insbesondere aus der UN-Behindertenrechtskonvention folgen. Das SGB IX sieht eine Vielzahl von Rechten vor, die sich auch in der UN-Behindertenrechtskonvention finden, und ist damit ein rechtliches Mittel zur Umsetzung dieser Konvention (vgl. Kapitel 1.4.1).

Nicht zuletzt steht das SGB IX auch in einem **sozialpolitischen Kontext**, welcher im Zusammenhang mit den Gleichstellungsgesetzen des Bundes und der Länder das Ziel verfolgt, Menschen mit Behinderungen selbstbestimmte und gleichgestellte Teilhabe zu ermöglichen. Damit wird dem Sozialstaatsgebot des Grundgesetzes, so wie es in § 1 SGB I konkretisiert ist, Rechnung getragen.

4.4.3 Der Begriff der Behinderung

Das SGB IX definiert in § 2 Abs. 1 den Begriff der **Behinderung**: „Menschen mit Behinderungen sind Menschen, die körperliche, seelische, geistige oder Sinnesbeeinträchtigungen haben, die sie in Wechselwirkung mit einstellungs- und umweltbedingten Barrieren an der gleichberechtigten Teilhabe an der Gesellschaft mit hoher Wahrscheinlichkeit länger als sechs Monate hindern können. Eine Beeinträchtigung nach Satz 1 liegt vor, wenn der Körper- und Gesundheitszustand von dem für das Lebensalter typischen Zustand abweicht."

Diese Definition knüpft an Art. 1 BRK an. Anders als die vorhergehende Definition, die im Rahmen der Weltgesundheitsorganisation (WHO) entwickelt wurde und die Behinderung bereits nicht mehr allein medizinisch – defizitorientiert – verstanden hat, sondern die Verknüpfung mit einer Teilhabebeeinträchtigung verlangt hat, geht die mit dem BTHG eingeführte Definition noch einen Schritt weiter. Nicht die körperliche, geistige, seelische oder Sinnesbeeinträchtigung des Menschen führt zu einer Teilhabebeeinträchtigung, sondern die **einstellungs- und umweltbedingten Barrieren**. Es geht damit um eine gestörte oder nicht entwickelte Interaktion zwischen dem einzelnen Menschen mit Behinderung und seiner materiellen und sozialen Umwelt; Behinderung ist keine „persönliche" Eigenschaft, sondern das negative Ergebnis zwischen Beeinträchtigung, Aktivität und Partizipation auf der Grundlage des bio-psycho-sozialen Verständnisses der ICF. Entsprechend kann die Teilhabebeeinträchtigung in verschiedenen Lebensbereichen vorliegen; angelehnt an die ICF in den Bereichen: Lernen und Wissensanwendung, allgemeine Aufgaben und Anforderungen, Kommunikation, Mobilität, Selbstversorgung, häusliches Leben, interpersonelle Interaktionen und Beziehungen, bedeutende Lebensbereiche wie Bildung, Arbeit und Wirtschaft sowie Gemeinschafts-, soziales- und staatsbürgerliches Leben. Die Barrieren, die zu einer Beeinträchtigung führen, können sowohl umweltbedingt (z. B. fehlende Rollstuhlzugänge, Automaten ohne Brailleschrift, nicht barrierefreie Webseiten) als auch einstellungsbedingt (z. B. Vorurteile, Unkenntnis, Berührungsängste, Kommunikationshemmnisse) sein.

Die so verstandene Behinderung muss **länger als sechs Monate** vorliegen; da Menschen mit Behinderung berechtigt sind, Leistungen der Teilhabe zu erhalten, soll das zeitliche Kriterium – das eine Prognose beinhaltet – von kurzfristigen, durch Akutereignisse oder Krankheit bedingte Beeinträchtigungen abgrenzen helfen. Problematischer ist, was ein vom Lebensalter abweichender Zustand ist. Das kalendarische und das biologische Alter können auseinanderfallen, jeder Mensch altert anders; Lebenswandel und Lebensumstände beeinflussen den Alterungsprozess. Im früheren Schwerbehindertenrecht wurden Beeinträchtigungen als altersbedingt angesehen, die für das Alter als typisch galten und deshalb, von wenigen Ausnahmen abgesehen, die überwiegende Mehrzahl der jeweiligen Altersgenoss:innen betrafen. Hierzu gehören z.B. die allgemeine Verminderung der körperlichen Leistungsfähigkeit (weniger Kraft, Ausdauer und Belastbarkeit), das Nachlassen des Gedächtnisses, der geistigen Beweglichkeit und der Seh- und Hörfähigkeit. Ob das heute immer noch so gilt, ist eher zweifelhaft. In jedem Fall muss eine individuelle Entscheidung getroffen werden. Die altersbedingte Abweichung ist v.a. bei Kleinkindern oft schwer feststellbar, da diese immer einen höheren Betreuungsbedarf haben.

Auch **drohende Behinderungen** werden vom Behinderungsbegriff erfasst (§2 Abs.1 S.3 SGB IX). Von einer Behinderung bedroht ist jemand, bei dem die Beeinträchtigung der Teilhabe mit hoher Wahrscheinlichkeit zu erwarten ist, entweder durch eine drohende Einschränkung der körperlichen Funktionen, der geistigen oder seelischen Fähigkeiten oder eine drohende Sinnesbeeinträchtigung oder – daraus folgend und unter Berücksichtigung der Kontextfaktoren – eine Beeinträchtigung der Teilhabe.

Der Begriff der Behinderung ist zu unterscheiden von:

1. dem **Grad der Behinderung** (GdB)
   Dieser bezieht sich auf die Auswirkungen einer Behinderung auf die Teilhabe am Leben in der Gesellschaft, §152 Abs.1 S.5 SGB IX.
   Im Entschädigungsrecht heißt dieser „Grad der Schädigungsfolgen" – GdS (§30 Abs.1 BVG bzw. ab 1.1.2024 §5 SGB XIV).
2. der **Schwerbehinderung**
   Die Schwerbehinderung ist in §2 Abs.2 SGB IX definiert und setzt einen GdB von mindestens 50 sowie einen Wohnsitz, einen gewöhnlichen Aufenthalt oder einen Arbeitsplatz im Geltungsbereich des Sozialgesetzbuches (i.d.R. in Deutschland) voraus.
3. der **Erwerbsminderung**
   Die Definition der Erwerbsminderung findet sich in §43 SGB VI. Sie liegt bei denjenigen vor, die weniger als drei Stunden (volle Erwerbsminderung) bzw. weniger als sechs Stunden (teilweise Erwerbsminderung) täglich unter den allgemeinen Bedingungen des Arbeitsmarktes tätig sein können. Sie hat mit dem GdB nichts zu tun, da auch Menschen mit einem GdB von 100 voll erwerbsfähig sein können, sondern ist ein Begriff aus dem Rentenversicherungsrecht und dem Recht der Grundsicherung im Alter und bei Erwerbsminderung.
4. der **Minderung der Erwerbsfähigkeit (MdE)**
   Der Begriff stammt aus dem Unfallversicherungsrecht und erfasst Versicherte, deren Erwerbsfähigkeit infolge eines Versicherungsfalles (Arbeitsunfall oder Berufskrankheit) über die 26. Woche hinaus wenigstens 20% gemindert ist (§56 SGB VII).

Auch wenn der Begriff der Behinderung im SGB IX definiert ist und dort für alle Teile des SGB IX und grundsätzlich auch für alle Rehabilitationsträger gilt, finden sich in einzelnen **Leistungsgesetzen** manchmal weitere Voraussetzungen, die den Begriff konkretisieren können. Dies ist nach § 7 Abs 1 S. 2 SGB IX rechtlich zulässig. So setzt z. B. das Recht der Eingliederungshilfe in § 99 SGB IX eine „wesentliche" Teilhabebeeinträchtigung voraus, das Recht der Arbeitsförderung verlangt nach § 19 SGB III, dass die Aussicht von Menschen mit Behinderungen am Arbeitsleben teilzuhaben wegen Art und Schwere der Behinderung nicht nur vorübergehend wesentlich gemindert ist. Das Recht der Kinder- und Jugendhilfe hat in § 35a SGB VIII eine eigene Definition der seelischen Behinderung, die auf die Begriffsbestimmung des § 2 SGB IX vor Inkrafttreten des BTHG zurückgeht.

4.4.4 Grundsätze der Teilhabeleistungen

Teilhabeleistungen umfassen nach § 4 Abs. 1 SGB IX alle notwendigen **Sozialleistungen**, um unabhängig von der Ursache der Behinderung

1. die Behinderung abzuwenden, zu beseitigen, zu mindern, ihre Verschlimmerung zu verhüten oder ihre Folgen zu mildern
2. Einschränkungen der Erwerbsfähigkeit oder Pflegebedürftigkeit zu vermeiden, zu überwinden, zu mindern oder eine Verschlimmerung zu verhüten sowie den vorzeitigen Bezug anderer Sozialleistungen zu vermeiden oder laufende Sozialleistungen zu mindern,
3. die Teilhabe am Arbeitsleben entsprechend den Neigungen und Fähigkeiten dauerhaft zu sichern oder
4. die persönliche Entwicklung ganzheitlich zu fördern und die Teilhabe am Leben in der Gesellschaft sowie eine möglichst selbstständige und selbstbestimmte Lebensführung zu ermöglichen oder zu erleichtern.

Diese Ziele finden sich im Wesentlichen in den **Zielen der einzelnen Leistungsgruppen** wieder. Teilhabeleistungen werden unabhängig von der Ursache der Behinderung erbracht; sie sind final ausgerichtet. Es gibt allerdings Rehabilitationsträger, die Leistungen nur dann erbringen, wenn die Behinderung durch ein bestimmtes Ereignis verursacht wurde – hier geht es allerdings um Zuständigkeitsfragen, nicht darum, ob die Leistungen überhaupt erbracht werden. § 4 Abs. 3 SGB IX nimmt besonders Kinder mit Behinderungen in den Fokus. Die Leistungen für diese sollen so geplant und gestaltet werden, dass sie nach Möglichkeit nicht von ihrem sozialen Umfeld getrennt und gemeinsam mit Kindern ohne Behinderung betreut werden. Die Kinder und ihre Sorgeberechtigten sollen an der Planung und Gestaltung der Hilfen aktiv beteiligt werden.

In dieser Vorschrift, die sich ähnlich auch in § 19 Abs. 3 SGB IX wiederfindet, ist das mit der UN-Behindertenrechtskonvention angestrebte Ziel der inklusiven Betreuung auch im SGB IX angelegt. Da sich daraus jedoch kein Rechtsanspruch ergibt und die für die Ausgestaltung des Bildungswesens verantwortlichen Bundesländer nur vereinzelt eine gemeinsame Betreuung von Kindern mit und ohne Behinderung geregelt haben, ist diese Vorschrift bisher v. a. als Zielbestimmung zu betrachten.

Bei der Gewährung von Teilhabeleistungen ist das **Wunsch- und Wahlrecht** der Leistungsberechtigten, welches speziell für Rehabilitationsleistungen in § 8 SGB IX geregelt ist, zu berücksichtigen. Danach muss bei der Entscheidung über und bei der Ausführung der Leistungen zur Teilhabe den berechtigten Wünschen der Leistungsberechtigten entsprochen werden.

Dieses Recht folgt dem Grundsatz der **individuellen Leistungskonkretisierung** um zu verhindern, dass Leistungsträger und Leistungserbringer standardisierte Leistungen anbieten, die den Bedarfen der Leistungsberechtigten nicht vollumfänglich gerecht werden. Zudem ist die Bereitschaft der Leistungsberechtigten, Leistungen zur Teilhabe wahrzunehmen, und damit der Erfolg der Leistungen größer, wenn diese v. a. bei der Ausgestaltung der Leistungen mitwirken können. Berechtigt sind Wünsche, wenn sie sich im Rahmen des Leistungsrechts und der damit verfolgten Ziele sowie anderer geltender Rechtsvorschriften halten.

Beispiel 1

Herr A arbeitet als Erzieher und benötigt aufgrund einer Bandscheibenerkrankung eine Anschlussheilbehandlung in einer Reha-Klinik. Er beantragt beim zuständigen Rehabilitationsträger eine entsprechende Rehabilitation in einer Klinik in S, da er von vorangegangenen Aufenthalten die Ärzt:innen und das Betreuungspersonal gut kennt und die dortige Rehabilitation am besten zur Wiederherstellung seiner Erwerbsfähigkeit führt. Allerdings hat der Rehabilitationsträger mit der Klinik in S keinen Versorgungsvertrag (§ 38 SGB IX) geschlossen und bewilligt stattdessen Herrn A eine Rehabilitation in der Klinik in K, mit der ein Vertrag besteht und die vergleichbare Leistungen anbietet. Auch wenn sich A auf sein Wunsch- und Wahlrecht beruft, um die Maßnahme in S bewilligt zu bekommen, wird diesem hier nicht nachgekommen, weil der Wunsch nicht berechtigt ist. Er bewegt sich nicht im Rahmen des geltenden Leistungsrechts, da der Rehabilitationsträger (hier z. B. die gesetzliche Rentenversicherung) nur Leistungen in Einrichtungen bewilligt, die entweder von ihm selbst betrieben werden oder mit denen ein Vertrag nach § 15 Abs. 2 S. 1 SGB VI besteht.[93]

Beispiel 2

Der 6-jährige K leidet an einer autistischen Störung. Er besucht einen integrativen Kindergarten und soll eingeschult werden. Er begehrt Leistungen der Eingliederungshilfe in Form einer speziellen, für seinen Autismus geeigneten Therapie in einem Institut, welches diese Therapie allein anbietet; andere Leistungsanbieter gibt es nicht. Der Leistungsträger lehnt ab, weil mit diesem Institut kein Vertrag besteht. In diesem Fall ist der Wunsch des K berechtigt, weil allein diese begehrte Therapie seinen Bedarf decken konnte und keine andere Einrichtung hierzu in der Lage war. Der Leistungsträger ist in solchen Fällen verpflichtet, im Einzelfall die Kosten zu übernehmen, wenn es keine ebenso gut geeignete Alternative zu der gewünschten Leistung gibt.[94]

§ 8 Abs. 2 SGB IX eröffnet darüber hinaus die Möglichkeit für Leistungsberechtigte, auf Antrag **Sachleistungen** zur Teilhabe, die nicht in Einrichtungen ausgeführt werden (z. B. Heil- und Hilfsmittel), **als Geldleistungen** ausgezahlt zu bekommen, wenn diese Leistungen

- gleich wirksam und
- wirtschaftlich zumindest gleichwertig sind.

Für aufwändigere Leistungen müssen die Leistungsberechtigten die Mehrkosten selbst tragen.

Beispiel 3

Frau L benötigt aufgrund einer zentralen Koordinationsstörung eine ergotherapeutische Behandlung. Sie kann nunmehr statt der Sachleistung (die Behandlung erfolgt durch Ergotherapeut:innen, die einen Vertrag mit dem Rehabilitationsträger haben) auch eine Geldleistung wählen, sich eine:n eigene:n Therapeut:in wählen und diese:n selbst

93 Vgl. LSG Baden-Württemberg, Urteil vom 21.8.2012 – L 11 R 5319/11.

94 Vgl. SG München, Urteil vom 14.10.2011 – S 13 SO 269/10.

bezahlen. Dabei muss die Behandlung gleich wirksam (ggf. ist ein Nachweis erforderlich) und wirtschaftlich gleichwertig sein. Die wirtschaftliche Gleichwertigkeit besteht, wenn die Geldleistung nicht höher ist als eine vergleichbare Sachleistung oder wenn für den gleichen Preis eine umfangreichere Behandlung angeboten wird.

Es handelt sich hierbei um eine „Vorstufe" zum Persönlichen Budget (s. Kapitel 4.4.11). Im Recht der Eingliederungshilfe wird das Wunsch- und Wahlrecht enger gefasst. Hier müssen die Wünsche der Leistungsberechtigten nicht nur berechtigt sein, sondern auch angemessen (§ 104 Abs. 2 SGB IX). Der Angemessenheitsprüfung liegt dem Grunde nach ein Kostenvergleich zwischen der begehrten Leistung und einer vergleichbar bedarfsdeckenden Leistung, die genauso geeignet ist, zugrunde.

4.4.5 Leistungsgruppen und Leistungsträger

Das Recht der Rehabilitation und Teilhabe kennt **fünf verschiedene Leistungsgruppen** und **sieben verschiedene Leistungs- (oder Rehabilitations-)träger**. Geregelt sind diese in den §§ 5 und 6 SGB IX. Aus diesen Regelungen ist zwar nicht erkennbar, welcher Leistungsträger im konkreten Einzelfall zuständig ist, aber es lässt sich ersehen, welcher Leistungsträger grundsätzlich für welche Teilhabeleistung zuständig sein kann. Dieser Überblick ist notwendig, um zu wissen, wie bei Fragen der Zuständigkeitsklärung verfahren werden muss.

Leistungen zur Teilhabe am Leben in der Gesellschaft umfassen nach § 5 SGB IX:
1. Leistungen zur medizinischen Rehabilitation
2. Leistungen zur Teilhabe am Arbeitsleben
3. unterhaltssichernde und ergänzende Leistungen
4. Leistungen zur Teilhabe an Bildung und
5. Leistungen zur Sozialen Teilhabe

Die Leistungsgruppe der Leistungen zur Teilhabe an Bildung wurde mit dem BTHG gesondert aufgenommen, um die Bedeutung der Bildung für Menschen mit Behinderungen, insbesondere auch für Kinder und Jugendliche mit Behinderungen, deutlich zu machen und damit Art. 24 UN-BRK Rechnung zu tragen.

Die konkreten Ziele, die mit den jeweiligen Teilhabeleistungen verfolgt werden, und die Leistungsinhalte finden sich in den Kapiteln 9 bis 13 des Ersten Teils des SGB IX, und zwar:

die Leistungen zur medizinischen Rehabilitation	in den §§ 42 bis 47 SGB IX
die Leistungen zur Teilhabe am Arbeitsleben	in den §§ 49 bis 63 SGB IX
die unterhaltssichernden und ergänzenden Leistungen	in den §§ 64 bis 74 SGB IX
die Leistungen zur Teilhabe an Bildung	im § 75 SGB IX und
die Leistungen zur Sozialen Teilhabe	in den §§ 76 bis 84 SGB IX

Die **Reihenfolge** der Leistungen ist bewusst gewählt, auch wenn sie nebeneinander erbracht werden können. Zunächst geht es mit der medizinischen Rehabilitation um die (Wieder-)Herstellung des Gesundheitszustandes, dann mit den Leistungen zur Teilhabe am Arbeitsleben die (Wieder-)Eingliederung in das Erwerbsleben und mit den Leistungen zur Sozialen Teilhabe um die (Wieder-)Eingliederung in das Leben in der Gemeinschaft bzw. mit den

Leistungen zur Teilhabe an Bildung um die Schaffung von Chancengleichheit beim Zugang zu Bildung. Die unterhaltssichernden und ergänzenden Leistungen werden ergänzend zu den Leistungen der medizinischen Rehabilitation und der Teilhabe am Arbeitsleben erbracht und sichern deren Rahmenbedingungen.

§ 6 SGB IX benennt die sieben **Rehabilitationsträger**, d. h. diejenigen Leistungsträger, die Leistungen zur Rehabilitation und Teilhabe erbringen (können). Dabei handelt es sich um (in Klammern die jeweiligen Leistungsgesetze der Leistungsträger):
1. die gesetzlichen Krankenkassen (SGB V),
2. die Bundesagentur für Arbeit (SGB III),
3. die Träger der gesetzlichen Unfallversicherung (SGB VII),
4. die Träger der gesetzlichen Rentenversicherung (SGB VI),
5. die Träger der Kriegsopferversorgung bzw. der Kriegsopferfürsorge (BVG, ab 1.1.2024 die Träger der Sozialen Entschädigung nach dem SGB XIV),
6. die Träger der öffentlichen Jugendhilfe (SGB VIII) und
7. die Träger der Eingliederungshilfe (Zweiter Teil des SGB IX).

Aus der Vorschrift lässt sich auch erkennen, welche Leistungsgruppen zum Leistungsspektrum des jeweiligen Rehabilitationsträgers gehören. Danach erbringen:

1. die Träger der gesetzlichen Unfallversicherung und die Träger der Kriegsopferfürsorge/Kriegsopferversorgung[95] (bzw. ab 1.1.2024 die Träger der Sozialen Entschädigung) alle Leistungen zur Teilhabe; die gesetzliche Unfallversicherung erbringt allerdings Leistungen zur Teilhabe an Bildung nur, wenn die leistungsberechtigten Personen zu den Versicherten nach § 2 Abs. 1 Nr. 8 SGB VII gehören (Kinder in Kitas und Kindertagespflege, Schüler:innen, Studierende),
2. die Träger der gesetzlichen Rentenversicherung Leistungen zur medizinischen Rehabilitation, zur Teilhabe am Arbeitsleben und unterhaltssichernde und ergänzende Leistungen,
3. die Träger der gesetzlichen Krankenversicherung Leistungen zur medizinischen Rehabilitation und unterhaltssichernde und ergänzende Leistungen,
4. die Bundesagentur für Arbeit Leistungen zur Teilhabe am Arbeitsleben und unterhaltssichernde und ergänzende Leistungen und
5. die Träger der öffentlichen Jugendhilfe und die Träger der Eingliederungshilfe alle Leistungsgruppen außer den unterhaltssichernden und ergänzenden Leistungen.

Da mehrere Rehabilitationsträger für mehrere Teilhabeleistungen zuständig sein können, muss im konkreten Einzelfall ermittelt werden,
a) um welche Teilhabeleistung es sich handelt (§ 5 SGB IX i.V.m. Kapiteln 9 bis 13 des Ersten Teils des SGB IX; dies erfolgt anhand der Zielrichtung und der Inhalt der Leistungen und
b) wer zuständiger Rehabilitationsträger im Einzelfall ist (§ 6 SGB XI i.V.m. mit den jeweiligen Leistungsgesetzen).

95 Diese werden durch Landesrecht bestimmt, i.d.R. sind es die Versorgungsämter.

Zur Bestimmung des im Einzelfall zuständigen Rehabilitationsträgers können folgende Faustregeln angewendet werden:

Faustregel 1

Für Arbeits- und Wegeunfälle sowie für Berufskrankheiten sind grundsätzlich die *Träger der gesetzlichen Unfallversicherung* für alle Rehabilitationsleistungen (Ausnahme bei den Leistungen zur Teilhabe an Bildung) zuständig, wenn
1. eine Versicherung nach den §§ 2 f. SGB VII besteht,
2. ein Versicherungsfall gem. §§ 8 f. VII (Arbeitsunfall/Berufskrankheit) vorliegt und
3. eine Kausalität zwischen Versicherungsfall und Behinderung besteht.

Faustregel 2

Bei Kriegs-, Wehrdienst-, Zivildienst-, Impf- oder Gewalttatschädigung sind grundsätzlich die *Versorgungsämter und Hauptfürsorgestellen* (= Träger der Kriegsopferfürsorge/Kriegsopferversorgung) für alle Teilhabeleistungen zuständig, wenn
1. ein Schadensfall i. S. d. § 1 BVG, § 80 SVG, 47 ZDG, § 60 IfSG, § 1 OEG u. a. vorliegt und
2. eine Kausalität zwischen Schadensfall und Behinderung besteht.

Ab 1.1.2024 sind die Leistungen der Sozialen Entschädigung im SGB XIV zusammengefasst. Zuständig sind dann die Träger der Sozialen Entschädigung, die alle Leistungen zur Teilhabe erbringen, wenn
1. es sich um ein schädigendes Ereignis nach § 1 Abs. 2 SGB XIV handelte, das
2. eine gesundheitliche Schädigung verursacht hat.

Faustregel 3

Für Leistungen zur medizinischen und beruflichen Rehabilitation sowie für unterhaltssichernde und ergänzende Leistungen ist der *Träger der gesetzlichen Rentenversicherung* zuständig, wenn die
1. persönlichen (§ 10 SGB VI) und
2. versicherungsrechtlichen Voraussetzungen (§ 11 SGB VI)

vorliegen und kein Leistungsausschluss nach § 12 SGB VI vorliegt.

Die persönlichen Voraussetzungen liegen vor, wenn die Erwerbsfähigkeit erheblich gefährdet oder gemindert ist und die begehrte Leistung der Gefährdung oder Minderung der Erwerbsfähigkeit entgegenwirkt bzw. die Erwerbsfähigkeit gebessert oder wiederhergestellt werden kann (§ 10 SGB VI).

Die versicherungsrechtlichen Voraussetzungen sind bei einer Wartezeit von 15 Jahren erfüllt oder wenn Leistungsberechtigte bereits eine Erwerbsminderungsrente beziehen. Besondere versicherungsrechtliche Voraussetzungen für die medizinische Rehabilitation finden sich zudem in § 11 Abs. 2 SGB VI bzw. für die berufliche Rehabilitation in § 11 Abs. 2a SGB VI.

Die *gesetzlichen Krankenkassen* sind für medizinische (ambulante und stationäre) Rehabilitation nach § 40 Abs. 4 SGB V gegenüber den Trägern der gesetzlichen Rentenversicherung nachrangige Rehabilitationsträger.

Die *Bundesagentur für Arbeit* ist für Leistungen der Teilhabe am Arbeitsleben nach § 22 Abs. 2 SGB III gegenüber den Trägern der gesetzlichen Rentenversicherung nachrangiger Rehabilitationsträger.

Faustregel 4

Sind Faustregeln 1 bis 3 nicht anzuwenden, so sind
- für Leistungen der *medizinischen Rehabilitation* und die entsprechenden unterhaltssichernden und ergänzenden Leistungen die gesetzlichen *Krankenkassen* zuständig, wenn die Leistungsberechtigten gesetzlich krankenversichert sind;
- für die Leistungen zur *Teilhabe am Arbeitsleben* und die unterhaltssichernden und ergänzenden Leistungen ist die *Bundesagentur für Arbeit* zuständig.

Bei den Leistungen zur Teilhabe am Arbeitsleben wird zwischen Leistungsberechtigten, die erwerbsfähig und hilfebedürftig sind – diese erhalten Leistungen nach dem SGB II (Grundsicherung für Arbeitssuchende oder „Hartz IV") – und anderen Leistungsberechtigten, die keine Leistungen nach dem SGB II erhalten, unterschieden.

Für beide Personengruppen ist der zuständige Rehabilitationsträger die Bundesagentur für Arbeit; sie stellt den Rehabilitationsbedarf auch für SGB II-Leitungsempfänger:innen fest (§ 6 Abs. 3 S. 3 SGB IX). Über die Leistungen selbst für diese Personengruppe entscheidet das Jobcenter, das auch die Kosten der Rehabilitationsmaßnahmen trägt. Handelt es sich dagegen um Leistungsberechtigte, die nicht dem SGB II zugeordnet werden (nicht Hilfebedürftige), stellt die Bundesagentur für Arbeit nicht nur den Bedarf fest, sondern übernimmt auch die Kosten für die notwendigen Leistungen.

Faustregel 5

Nachrangig für die Leistungen der medizinischen Rehabilitation und zur Teilhabe am Arbeitsleben sind die *Träger der Eingliederungshilfe* zuständig. Die Leistungen der medizinischen Rehabilitation gehen dabei nicht weiter als das, was die Krankenversicherung übernehmen würde (§ 109 Abs. 2 SGB IX). Leistungen zur Teilhabe am Arbeitsleben umfassen nur Leistungen im Arbeitsbereich anerkannter WfbMs, Leistungen bei anderen Leistungsanbietern und Leistungen im Rahmen des Budgets für Arbeit (§ 61 SGB IX) oder des Budgets für Ausbildung (§ 61a SGB IX). Unterhaltssichernde Leistungen erbringen die Träger der Eingliederungshilfe grundsätzlich nicht, weil diese nicht zu den Fachleistungen, sondern zu den existenzsichernden Leistungen gehören. Ergänzende Leistungen nach § 64 Abs. 1 Nr. 3 bis 6 SGB IX werden als Leistungen zur medizinischen Rehabilitation erbracht. Für Kinder und Jugendliche mit seelischen Behinderungen gilt § 10 Abs. 4 SGB VIII.

Faustregel 6

Leistungen zur Teilhabe an Bildung und zur Sozialen Teilhabe werden für diejenigen, die nicht unter Faustregel 1 und 2 fallen, nach folgenden Regeln erbracht:
1. Zuständig für Kinder und Jugendliche mit seelischen Behinderungen sind die Träger der öffentlichen Jugendhilfe.
2. Zuständig für alle anderen Menschen mit Behinderungen (auch Kinder und Jugendliche mit geistigen oder körperlichen Behinderungen) sind die Träger der Eingliederungshilfe.

Diese Faustregeln geben eine grobe Orientierung, die sich in Anbetracht der Koordinierungs- und Abstimmungsverpflichtungen der Rehabilitationsträger untereinander und des festgelegten Verfahrens eigentlich erübrigen sollten. Allerdings ist es ratsam – insbesondere im Hinblick auf die Begründung eines Rehabilitationsantrags und die Prüfung von Leistungsvoraussetzungen – zumindest grob zu wissen, wer wann für welche Leistungen zuständig ist.

4.4.6 Das Verhältnis des SGB IX zu den Leistungsgesetzen der Rehabilitationsträger

Der erste Teil des SGB IX beinhaltet die für **alle Rehabilitationsträger** geltenden Vorschriften für Teilhabe- und Rehabilitationsleistungen. Darüber hinaus hat jeder Rehabilitationsträger sein **eigenes Leistungsgesetz**, welches bei der Prüfung der Zuständigkeit, der Leistungsvoraussetzungen und des Leistungsumfangs berücksichtigt werden muss. Das Verhältnis zwischen dem Ersten Teil des SGB IX und den Leistungsgesetzen der Rehabilitationsträger regelt § 7 SGB IX. Danach gilt:

1. Der Erste Teil des SGB IX gilt für alle Leistungen zur Teilhabe, allerdings nur, soweit sich aus den Leistungsgesetzen **nicht Abweichendes** ergibt (§ 7 Abs. 1 S. 1 SGB IX). Allerdings gehen die Vorschriften der Kapitel 2 (Erkennung der Rehabilitation von Amts wegen), 3 (Bedarfserkennung und Bedarfsermittlung) und 4 (Koordinierung der Leistungen) vor, auch wenn ggf. die Leistungsgesetze Abweichungen enthalten (§ 7 Abs. 2 SGB IX). Von besonderer Bedeutung sind die Verfahrensvorschriften des Kapitel 4. Dessen Vorschriften sind absolut abweichungsfest und müssen von allen Rehabilitationsträgern berücksichtigt werden.
2. Ob ein einzelner Rehabilitationsträger im konkreten Einzelfall für die Leistung zur Teilhabe zuständig ist und welche Leistungsvoraussetzungen für einen Anspruch gegen diesen Rehabilitationsträger vorliegen müssen, ist NUR in den **Leistungsgesetzen der einzelnen Rehabilitationsträger** geregelt (§ 7 Abs. 1 S. 2 SGB IX). Der Erste Teil des SGB IX spielt hier keine Rolle. Dies führt dazu, dass die Vorschriften des SGB IX allein i. d. R. keine Anspruchsgrundlage für eine bestimmte Teilhabeleistung darstellen, sondern immer in Verbindung mit den entsprechenden Vorschriften aus dem Leistungsgesetz des zuständigen Rehabilitationsträgers gelesen werden müssen (s. a. Kapitel 4.4.10).

Vereinfacht lässt sich das Zusammenwirken am Beispiel der Hilfsmittel für die medizinische Rehabilitation so darstellen:

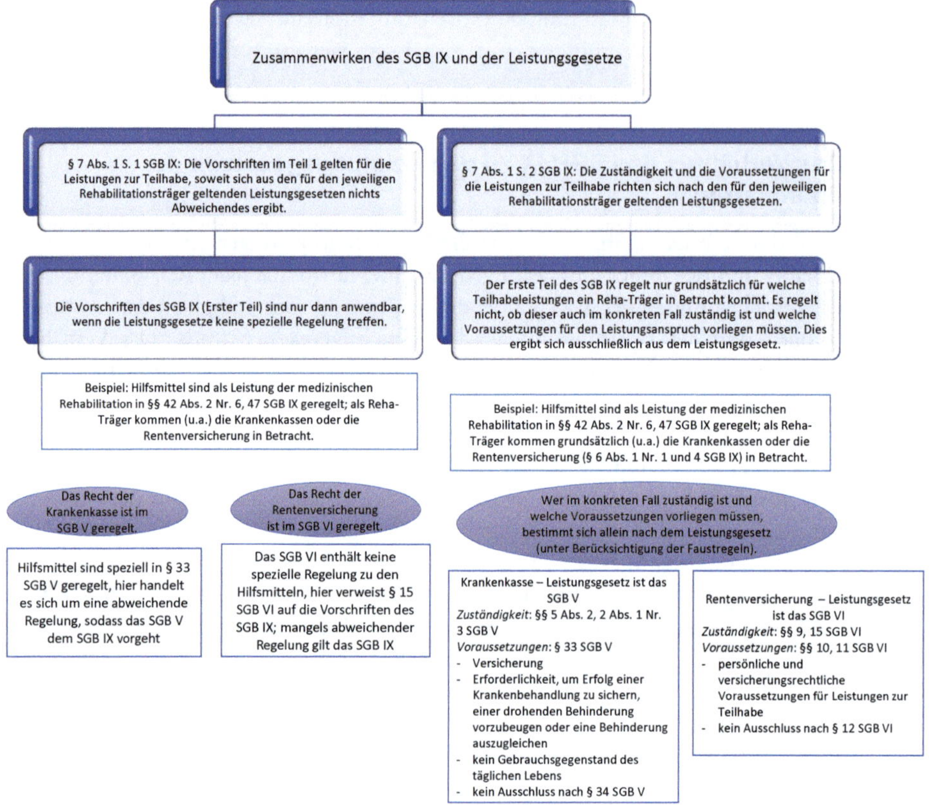

Übersicht 22

Zusammengefasst kann man festhalten:

1. **Leistungsvoraussetzungen und Zuständigkeit** für den konkreten Einzelfall sind ausschließlich nach den jeweiligen Leistungsgesetzen zu bestimmen.
2. Der **Umfang der Teilhabeleistungen,** d.h. welche Leistungen konkret in Betracht kommen, ergibt sich nur aus dem SGB IX, wenn es keine abweichenden Regelungen in den besonderen Leistungsgesetzen gibt.
3. Die **Verfahrensvorschriften**, insbesondere des Kapitel 4 des Ersten Teils des SGB IX, die Grundsätze und Teilhabeziele müssen von allen Rehabilitationsträgern berücksichtigt werden.

4.4.7 Koordinierung der Leistungen und Teilhabeplan

Mit dem BTHG werden die Rehabilitationsträger verpflichtet, enger miteinander zusammenzuarbeiten, Zuständigkeiten innerhalb knapper Fristen zu klären, eine umfassende Bedarfsermittlung durchzuführen und Leistungen aufeinander abzustimmen. Auf diese Weise sollen leistungsberechtigte Menschen mit Behinderungen ihren Bedarf an Teilhabeleistungen zügig gedeckt bekommen, ohne dass sie zwischen den Rehabilitationsträgern und den Streitigkeiten über Zuständigkeiten zerrieben werden. Geregelt ist dies in Kapitel 4 des Ersten Teils des SGB IX.

4.4.7.1 Bestimmung des „leistenden Rehabilitationsträgers"

Am Beginn jedes Verfahrens steht – nach der Antragstellung – die Bestimmung des sog. „**leistenden Rehabilitationsträgers**" in § 14 SGB IX. Dieser ist nicht zwingend derjenige, der alle Leistungen erbringt, sondern derjenige, der die Verantwortung für den gesamten Teilhabeprozess hat – er ist der „**fallverantwortliche**" Rehabilitationsträger. Sind mehrere Rehabilitationsträger in einem Verfahren involviert, ist er derjenige, der alle zusammenführen muss (§ 15 SGB IX), der ggf. ein Sachverständigengutachten einholen muss (§ 17 SGB IX) und der das Teilhabeplanverfahren leitet (§§ 19 bis 23 SGB IX).

Geht ein Antrag bei einem Rehabilitationsträger ein, läuft nach § 14 SGB IX folgendes Verfahren ab:

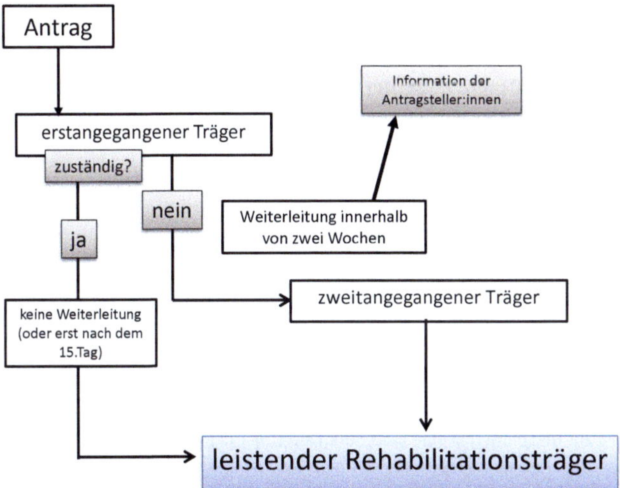

Übersicht 23

Geht ein Antrag bei einem Rehabilitationsträger ein – er ist „**erstangegangener Träger**", weil er zuerst mit dem Antrag befasst wird –, hat er zwei Wochen Zeit festzustellen, ob er zuständig ist oder nicht. Stellt er seine Zuständigkeit fest oder versäumt er die Frist, wird er „leistender Rehabilitationsträger". Ist er der Ansicht, er sei nicht zuständig, muss er den Antrag innerhalb von zwei Wochen an den – seiner Meinung nach – zuständigen Träger weiterleiten. Über die Weiterleitung muss er die Antragsteller:innen informieren, damit diese immer Bescheid wissen, wo ihr Antrag gerade ist. Da der Träger, an den weitergeleitet wird, der zweite Rehabilitationsträger ist, der mit dem Antrag befasst ist, heißt er „**zweitangegangener Träger**". Dieser wird auf diese Weise leistender Rehabilitationsträger. Er darf den Antrag grundsätzlich nicht weiterleiten; ist er nicht zuständig, so erhält er die Kosten für die zu erbringenden Leistungen erstattet.

Beispiel 1

Der 44-jährige K sitzt nach einem Unfall im Rollstuhl. Um seine Wohnung verlassen zu können und seiner Berufstätigkeit nachzugehen, benötigt er einen Treppenlift und eine Rollstuhlrampe. Er beantragt den Umbau beim Träger der Eingliederungshilfe, weil er diesen wegen „Leistung für Wohnraum" für zuständig hält, die eine Leistung zur Sozialen Teilhabe ist (§§ 76 Abs. 2 Nr. 1, 77 SGB IX). Der Träger der Eingliederungshilfe als erstangegangener Träger prüft innerhalb von 14 Tagen seine Zuständigkeit und kommt zum Ergebnis, dass es sich bei dem Umbau um eine Leistung zur Teilhabe am Arbeitsleben (§ 49 Abs. 3 Nr. 1 und 7, Abs. 8 Nr. 6 SGB IX) handelt und leitet den Antrag an die Bundesagentur für Arbeit weiter. K muss über die Weiterleitung informiert werden.
Die Bundesagentur für Arbeit ist zweitangegangener Träger und damit leistender Rehabilitationsträger. Stellt sie bei der Bearbeitung des Antrags fest, dass K auch die persönlichen und versicherungsrechtlichen Voraussetzungen für eine Leistung zur Teilhabe am Arbeitsleben der Rentenversicherung erfüllt und diese eigentlich leistungspflichtig ist, darf sie nicht einfach weiterleiten. Sie bleibt leistender Rehabilitationsträger und muss die Leistungen erbringen. Allerdings kann sie ggf. die dafür entstandenen Kosten der Rentenversicherung in Rechnung stellen.

Im Ausnahmefall kann nach § 14 Abs. 3 SGB IX der Antrag auch ein zweites Mal weitergeleitet werden, allerdings nur dann, wenn der zweitangegangene Träger für die Leistung überhaupt nicht zuständig sein kann. Dann kann der Antrag – wiederum unter Information der Antragsteller:innen – an einen weiteren Rehabilitationsträger („**drittangegangener Träger**") weitergeleitet werden, aber nur, wenn dieser damit einverstanden ist. Eine zweite Weiterleitung ist also ausgeschlossen, wenn

1. der zweitangegangene Träger die beantragte Leistung grundsätzlich erbringen könnte (§ 6 Abs. 1 SGB IX), auch wenn er im konkreten Fall ggf. nicht zuständig ist und/oder
2. der drittangegangene Träger der Weiterleitung nicht zustimmt.

Weil die Fristen trotz zweiter Weiterleitung weiterlaufen, d. h. die Rehabilitationsträger an die Entscheidungsfristen weiter gebunden sind, heißt diese auch „**Turboklärung**". Der drittangegangene Träger ist dann der leistende Rehabilitationsträger.

Beispiel 2

Die 16-jährige S hat eine schwere Mehrfachbehinderung und überdies mindestens zwei Mal in der Woche schwere epileptische Anfälle. Für den Besuch einer Regelschule hat sie eine Integrationsbegleiterin. Nachdem die Eltern von S ins Umland gezogen sind und der Weg zur gewohnten Schule statt 500m künftig 15 km beträgt, beantragen die Eltern unter Verweis auf die Gefahr eines epileptischen Anfalls eine Schulwegbegleitung; der Schultransport selbst erfolgt durch Schulbusse, die vom Landkreis finanziert werden. Das Jugendamt nimmt an, dass für die Begleitung eine spezielle medizinische Fachkraft notwendig ist und leitet den Antrag an die Krankenkasse des Mädchens weiter. Tatsächlich ist die Schulwegbegleitung aber eine Leistung zur Teilhabe an Bildung; diese Leistungsgruppe wird grundsätzlich nicht von der Krankenkasse erbracht. Nunmehr könnte die Krankenkasse an den Träger der Eingliederungshilfe (der hier – da das Mädchen nicht ausschließlich seelisch behindert ist – zuständig ist) herantreten und den Antrag an diesen weiterleiten. Das setzt allerdings voraus, dass der Träger der Eingliederungshilfe damit einverstanden ist; ist er es nicht, muss die Krankenkasse die Leistung übernehmen und erhält dann die Kosten vom Träger der Eingliederungshilfe erstattet.[96]

Der leistende Rehabilitationsträger übernimmt jetzt die Fallverantwortung, die mit einer umfassenden Bedarfsermittlung beginnt. Die Grundsätze für die Bedarfsermittlung sind in § 13 SGB IX geregelt; die Rehabilitationsträger müssen systematische Arbeitsprozesse und standardisierte Arbeitsmittel (sog. Instrumente) einsetzen, die eine individuelle und

96 Fall nach LSG Niedersachsen/Bremen vom 13.3.2017 – L 4 KR 65/17 B ER.

funktionsbezogene Bedarfsermittlung ermöglichen, und zwar umfassend, einschließlich des Pflegebedarfs, und nicht beschränkt auf die eigentlich ursprünglich beantragte Leistung bleiben. Die Instrumente müssen zwingend folgende Aspekte umfassen (§ 13 Abs. 2 SGB IX):

- ob eine Behinderung vorliegt oder einzutreten droht,
- welche Auswirkung die Behinderung auf die Teilhabe der Leistungsberechtigten hat,
- welche Ziele mit Leistungen zur Teilhabe erreicht werden sollen und
- welche Leistungen im Rahmen einer Prognose zur Erreichung der Ziele voraussichtlich erfolgreich sind.

§ 13 SGB IX gilt v. a. für alle Rehabilitationsträger außer den Trägern der Eingliederungshilfe und den Trägern der öffentlichen Jugendhilfe. Die Träger der Eingliederungshilfe haben nach § 118 SGB IX ein eigenes Bedarfsermittlungsinstrument, das an den Lebensbereichen der ICF orientiert ist und das durch den Landesgesetzgeber festgelegt wird.[97] In der Kinder- und Jugendhilfe werden die Bedarfe weiter durch § 35a SGB VIII ermittelt.

Stellt der leistende Rehabilitationsträger bei der Bedarfsermittlung fest, dass Leistungen erforderlich sind, für die weitere Rehabilitationsträger zuständig sind, muss er diese nach § 15 SGB IX in das **Verfahren einbinden**. Die Vorschrift ist sehr kompliziert; im Überblick lässt sie sich wie folgt darstellen:

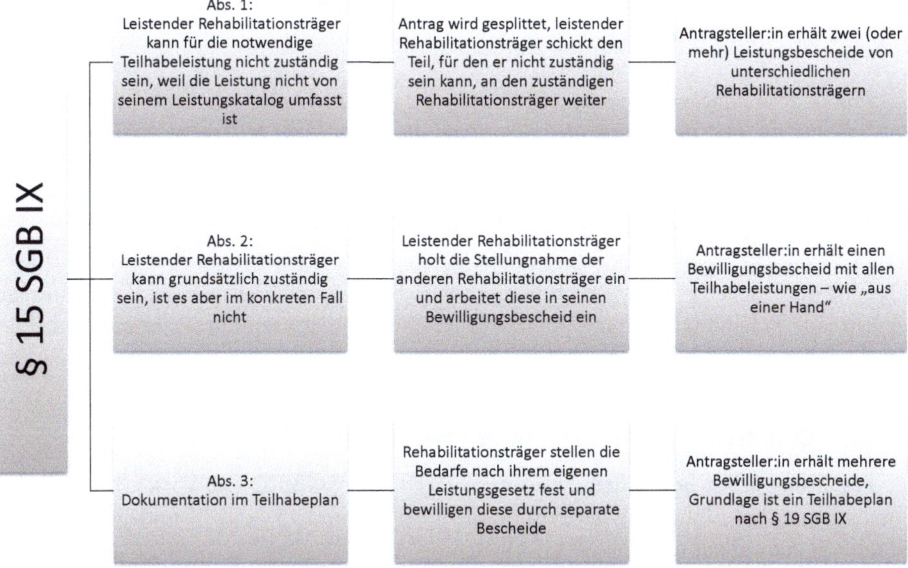

Übersicht 24

97 So hat z.B. Berlin als Bedarfsermittlungsinstrument das TIB (Teilhabeinstrument Berlin), Brandenburg den ITP (Integrierten Teilhabeplan), Niedersachsen das B.E.Ni (BedarfsErmittlung Niedersachsen) oder Nordrhein-Westfalen das BEI_NRW (Bedarfsermittlungsinstrument für Nordrhein-Westfalen). Nähere Informationen zu allen Bundesländern findet man unter https://umsetzungsbegleitung-bthg.de/gesetz/umsetzung-laender/ (14.5.2021).

4.4.7.2 Fristen

Um den Prozess der Bedarfserkennung, Bedarfsermittlung und der Entscheidung über die Teilhabeleistungen zu beschleunigen, sieht der Gesetzgeber **bestimmte Fristen** vor, die eingehalten werden sollen. Zusammengefasst umfassen sie folgende Zeiträume:

Entscheidung über die Zuständigkeit	zwei Wochen nach Antragseingang (§ 14 Abs. 1 S. 1 SGB IX)
Entscheidung über den Antrag selbst, wenn kein medizinisches Gutachten erforderlich ist	drei Wochen nach Antragseingang (§ 14 Abs. 2 S. 2 SGB IX)
Entscheidung über den Antrag, wenn ein medizinisches Gutachten erforderlich ist	zwei Wochen nach Vorliegen des Gutachtens (§ 14 Abs. 2 S. 3 SGB IX)
Entscheidung über den Antrag, wenn der Rehabilitationsträger Adressat einer Weiterleitung ist	drei Wochen ab Zugang des weitergeleiteten Antrags (§ 14 Abs. 1 Satz 2 oder Abs. 3 SGB IX)
Entscheidung über den Antrag bei einem Antragssplitting oder Beteiligung im Teilhabeplanverfahren (§ 15 Abs. 2 oder 3 SGB IX)	sechs Wochen nach Antragseingang (§ 15 Abs. 4 S. 1 SGB IX)
Entscheidung über den Antrag, wenn eine Teilhabeplankonferenz durchgeführt wird	zwei Monate nach Antragseingang (§ 15 Abs. 4 S. 2 SGB IX)

Da ein Antrag grundsätzlich formlos möglich ist, stellt sich immer wieder die Frage, wann ein **Antrag die Frist auslösen** kann, wenn dieser noch nicht hinreichend konkretisiert ist. Die Gemeinsame Empfehlung Reha-Prozess, der BAR, schreibt dazu:

> *„Ein die Frist auslösender Antrag auf Leistungen zur Teilhabe liegt vor, wenn Unterlagen vorliegen, die eine Beurteilung der Zuständigkeit ermöglichen. Hierzu gehört insbesondere, dass die Identität sowie ein konkretisierbares Leistungsbegehren des Antragstellers erkennbar sind und sich dieses konkretisierbare Leistungsbegehren unabhängig von den verwendeten Begriffen auf Leistungen zur Teilhabe i.S.v. § 4 SGB IX bezieht.“*[98]

Wird für die Feststellung des Rehabilitationsbedarfs ein Gutachten notwendig, beauftragt der leistende Rehabilitationsträger unverzüglich eine:n geeignete:n Sachverständige:n. Die Einzelheiten regelt § 17 SGB IX.

4.4.7.3 Erstattung selbstbeschaffter Leistungen

Die **Erstattung selbst beschaffter Leistungen** regelt § 18 SGB IX. Die Vorschrift dient der Durchsetzung und Einhaltung der Fristen, die die §§ 14 und 15 SGB IX festlegen (s. Kapitel 4.4.7.2). Sie enthält mehrere Möglichkeiten:

(1) Genehmigungsfiktion – § 18 Abs. 1 bis 5 SGB IX

Wird über einen Antrag auf Leistungen zur Teilhabe nicht innerhalb einer Frist von zwei Monaten ab Antragseingang beim leistenden Rehabilitationsträger entschieden, muss dieser den Antragsteller:innen die Gründe hierfür schriftlich mitteilen (sog. **begründete Mitteilung**). In dieser begründeten Mitteilung muss der Rehabilitationsträger auf den Tag genau

98 Gemeinsame Empfehlung Reha-Prozess, S. 29, download unter https://www.bar-frankfurt.de/fileadmin/dateiliste/_publikationen/reha_vereinbarungen/pdfs/GEReha-Prozess.BF01.pdf (14.5.2021).

bestimmen, bis wann er über den Antrag entscheiden wird. Er kann die Frist von zwei Monaten auch verlängern, allerdings darf er nur bestimmte Gründe hierfür geltend machen. Diese finden sich in § 18 Abs. 2 S. 2 SGB IX; der Umfang einer möglichen Verlängerung pro zulässigem Grund ist gleichfalls festgelegt (z. B. zwei Wochen, wenn kein geeigneter Sachverständiger verfügbar ist oder für die Dauer der Zeit, in der Antragsteller:innen ihren Mitwirkungspflichten nicht nachkommen. Versäumt der leistende Rehabilitationsträger die Frist von zwei Monaten und sendet keine begründete Mitteilung an die:den Leistungsberechtigten oder überschreitet den Termin, den er in der begründeten Mitteilung benannt hat, gilt die beantragte Leistung als genehmigt.

Diese **Genehmigungsfiktion** tritt allerdings nur ein, wenn der **Antrag hinreichend bestimmt** formuliert ist, sodass er praktisch einen „Bewilligungs-Verwaltungsakt" i.S.d. § 33 Abs. 1 SGB X bilden könnte. Das BSG ist bei der dem § 18 SGB IX vergleichbaren Vorschrift (§ 13 Abs. 3a SGB V) zunächst davon ausgegangen, dass die Genehmigungsfiktion nicht nur eine Kostenerstattung beinhaltet, d. h. dass die Leistungsberechtigten sich die Leistung selbst beschaffen (und bezahlen) und dann hierfür die Kosten zwingend erstattet bekommen, sondern auch ein Sachleistungsanspruch, der den Leistungsberechtigten ermöglicht, die begehrte Leistung direkt auf Kosten des Rehabilitationsträgers in Anspruch zu nehmen.[99]

Beispiel

Der 7-jährige A leidet an einer tiefgreifenden Kommunikationseinschränkung. Er stellt am 27.5.2019 einen Antrag bei der gesetzlichen Rentenversicherung auf Leistungen zur Kinderrehabilitation (§ 15a SGB VI) in Form einer Sprach-Rehabilitation in einer Klinik in W. Dem Antrag ist eine sprachtherapeutische Stellungnahme einer Dipl. Patholinguistin beigefügt, die A eine Sprachheilkur in der Rehabilitationsklinik in W empfahl. A könne durch diese Sprach-Rehabilitation einen Einstieg in eine sukzessive fortzuentwickelnde Kommunikationskompetenz finden, die ihm die Teilhabe am Leben in der Gemeinschaft ermögliche. Der Rehabilitationsträger forderte am 6.6.2019 und – wiederholt – am 4.7.2019 ein Gutachten des behandelnden Arztes von A an; dieses ging am 27.7.2019 dann bei ihm ein. Am 29.7.2019 teilte die Rentenversicherung dem A mit, dass sie seinen Antrag an die Krankenkasse weitergeleitet habe. Eine begründete Mitteilung i.S.d. § 18 Abs. 1 und 2 SGB IX erfolgte nicht. Geht man von den Fristen des § 14 SGB IX aus, war die Weiterleitung des Antrags, der am 27.5.2019 hinreichend konkret bei der Rentenversicherung einging, am 29.7.2019 nicht zulässig – die Weiterleitungsfrist von zwei Wochen, die § 14 Abs. 1 S. 1 SGB IX war bereits abgelaufen; leistender Rehabilitationsträger war damit die Rentenversicherung. Diese hat allerdings nicht innerhalb von zwei Monaten entschieden – rechnet man von Eingang des Antrags am 27.5.2019 ist die Frist am 27.7.2019 abgelaufen; da dies ein Samstag war, verschiebt sich der Fristablauf auf den 29.7.2019. Allerdings hat die Rentenversicherung hier auch nicht entschieden, sondern den Antrag weitergeleitet – eine begründete Mitteilung mit einer datumsgenauen Angabe, wann sie über den Antrag entscheiden wird und unter Angabe der Gründe, warum sich die Entscheidungsfrist verlängert, hat sie nicht gemacht. Deswegen wurde A die Sprach-Rehabilitation fiktiv genehmigt; er konnte sie ohne Weiteres auf Kosten der Rentenversicherung in der Klinik in W in Anspruch nehmen.[100]

Das BSG hat allerdings mit einer Entscheidung vom Mai 2020 seine Rechtsprechung insoweit geändert, als nunmehr die Genehmigungsfiktion – zumindest die nach § 13 Abs. 3a SGB V – nur noch einen **Kostenerstattungsanspruch** beinhalten soll. Das bedeutet, dass Leistungsberechtigte sich die Leistung selbst beschaffen und (vor-)finanzieren müssen.[101]

---

99 Vgl. BSG vom 27.8.2019 – B 1 KR 36/18 R.
100 Fall nach LSG Berlin/Brandenburg vom 23.6.2020 – L 27 R 735/19 B ER.
101 Vgl. BSG vom 26.5.2020 – B 1 KR 9/18 R.

Abgesehen davon, dass die Vorfinanzierung einer Rehabilitationsmaßnahme mit der Hoffnung auf einen Kostenerstattungsanspruch vielen Leistungsberechtigte mangels finanzieller Ressourcen nicht möglich sein wird, gilt die Genehmigungsfiktion bei einer verfristeten Bescheidung auch nicht für alle Rehabilitationsträger. Für die Träger der Eingliederungshilfe, die Träger der öffentlichen Jugendhilfe und die Träger der Kriegsopferversorgung gilt diese Regelung nicht (§ 18 Abs. 7 SGB IX). Wenn diese nicht entscheiden, bleibt lediglich der Weg über das Gericht – entweder per einstweiliger Anordnung im vorläufigen Rechtsschutz (§ 86b Abs. 2 SGG) oder über eine Untätigkeitsklage (§ 88 SGG).

Neben der Genehmigungsfiktion eröffnet § 18 Abs. 6 SGB IX auch die Möglichkeit der Selbstbeschaffung, wenn ein Rehabilitationsträger eine unaufschiebbare Leistung nicht rechtzeitig erbringt oder eine Leistung zu Unrecht abgelehnt hat. Dieser Anspruch ist von vornherein auf die **Kostenerstattung** beschränkt, kann aber gegenüber allen Rehabilitationsträgern geltend gemacht werden.

Der Anspruch ist allerdings darauf beschränkt, „soweit die Leistung notwendig war". Beschaffen sich damit Leistungsberechtigte eine Leistung unter diesen Voraussetzungen selbst, tragen sie das Kostenrisiko, wenn sie sich unnötige oder zu teure Leistungen besorgt haben. Das wird i. d. R. für die betroffenen Menschen eine wenig attraktive Alternative sein.

4.4.7.4 Das Teilhabeplanverfahren

Herzstück des Verfahrensrechts nach dem BTHG ist das in den §§ 19 bis 23 SGB IX geregelte Teilhabeplanverfahren. Es stellt das **zentrale Instrument zur Koordinierung der Leistungen** dar. Verantwortlich hierfür ist der leistende Rehabilitationsträger, der die Fall- und Koordinierungsverantwortung hat und im Einvernehmen mit den beteiligten Rehabilitationsträgern sowie mit Zustimmung der Leistungsberechtigten die nach dem individuellen Bedarf voraussichtlich erforderlichen Leistungen hinsichtlich Ziel, Art und Umfang funktionsbezogen feststellen und sie schriftlich oder elektronisch so zusammenstellen muss, dass sie nahtlos ineinandergreifen.

Der leistende Rehabilitationsträger wird nach § 14 SGB IX bestimmt (s. Kapitel 4.4.7.1). Er ist grundsätzlich für die Durchführung des Teilhabeplanverfahrens verantwortlich. Allerdings besteht die Möglichkeit, dass ein am Verfahren beteiligter Rehabilitationsträger nach § 19 Abs. 5 SGB IX das Teilhabeplanverfahren „übernimmt". Das ist dann sinnvoll, wenn der leistende Rehabilitationsträger nur einen geringen Teil der insgesamt notwendigen Leistungen zu tragen hat. Die Träger der Eingliederungshilfe sind angehalten, die Übernahme des Verfahrens „anzubieten", wenn sie nicht leistende Rehabilitationsträger sind.

Der leistende Rehabilitationsträger ist verpflichtet, ein **Teilhabeplanverfahren** durchzuführen und einen Teilhabeplan zu erstellen, wenn (§ 19 Abs. 1 S. 1, Abs. 2 S. 3 SGB IX)

1. **mehrere Rehabilitationsträger Leistungen erbringen müssen.**

Beispiel 1

A hat nach einem Verkehrsunfall ein schweres Schädel-Hirn-Trauma erlitten, das mit einer kompletten Erblindung einhergeht. Seine bisherige Tätigkeit als Erzieher kann er nicht mehr ausüben. Er benötigt eine Umschulung als Leistung zur Teilhabe am Arbeitsleben und darüber hinaus eine Assistenz, die ihn bei der Alltagsbewältigung unterstützt. Für die Leistung zur Teilhabe am Arbeitsleben ist die Bundesagentur für Arbeit zuständig, die Assistenzleistungen muss der Träger der Eingliederungshilfe erbringen. Damit sind zwei Rehabilitationsträger in das Rehabilitationsverfahren involviert; es muss ein Teilhabeplan erstellt werden.

2. **Leistungen aus mehreren Leistungsgruppen notwendig sind**, dabei gelten unterhaltssichernde Leistungen nicht als eine eigene Leistungsgruppe (§ 19 Abs. 6 SGB IX).

Beispiel 2

Die 28-jährige B hat aufgrund einer frühkindlichen Hirnschädigung eine kognitive Beeinträchtigung. Sie arbeitet in einer WfbM im Hauswirtschaftsbereich und erhält unterstützende Leistungen im eigenen Wohnraum eines Betreuten Einzelwohnens (BEW). Für beide Leistungen ist der Träger der Eingliederungshilfe zuständig. B erhält allerdings Leistungen zur Teilhabe am Arbeitsleben (Beschäftigung in der WfbM – § 111 SGB IX) und Leistungen zur Sozialen Teilhabe (§§ 76 Abs. 2 Nr. 1, 77, 113 SGB IX). Damit erhält sie Leistungen aus zwei verschiedenen Leistungsgruppen; es muss ein Teilhabeplan erstellt werden.

3. **Leistungsberechtigte die Erstellung eines Teilhabeplans wünschen.**

Beispiel 3

Der 35-jährige C ist gehörlos. Er benötigt eine Assistenzkraft in Form einer:eines Gebärdendolmetscher:in für den Alltag (§§ 76 Abs. 2 Nr. 2, 78 SGB IX), Leistungen zur Förderung der Verständigung aus besonderem Anlass, um als Elternvertreter in der Schule seiner 10-jährigen Tochter an den Elternabenden und Gesamtelternvertretungssitzungen teilzunehmen (§§ 76 Abs. 2 Nr. 6, 82 SGB IX) und Leistungen zur Mobilität, da er sonst seinem Engagement in der Schule nicht nachkommen kann (§§ 76 Abs. 2 Nr. 7, 83 SGB IX). Alle Leistungen werden vom Träger der Eingliederungshilfe erbracht und sind den Leistungen der Sozialen Teilhabe zuzuordnen. Ein Teilhabeplan wäre nicht erforderlich, gleichwohl könnte sich C aufgrund der Komplexität der Leistungen einen solchen wünschen; in diesem Fall muss ein Teilhabeplan erstellt werden.

Mit dem Teilhabeplan werden die erforderlichen Leistungen unter den Rehabilitationsträgern abgestimmt. Allerdings können und müssen unter Umständen auch **andere öffentliche Stellen** in das Verfahren einbezogen werden, wenn dies zur Feststellung des Rehabilitationsbedarfs erforderlich ist. Dies gilt nach § 22 SGB IX:

- für die **Pflegekassen** und ggf. die Träger der Hilfe zur Pflege, wenn im Einzelfall Anhaltspunkte für eine Pflegebedürftigkeit nach dem SGB XI und/oder dem SGB XII besteht,
- für die **Integrationsämter**, wenn es um Leistungen zur Teilhabe am Arbeitsleben für schwerbehinderte Menschen geht,
- für die zuständigen **Jobcenter** sowie
- für die **Betreuungsbehörden**, wenn es Anhaltspunkte für einen Betreuungsbedarf gibt.

Andere öffentliche Stellen können aber auch **Schulen** sein, wenn es um schulpflichtige Minderjährige geht, oder die Jugendämter, die Leistungen der Hilfe zur Erziehung erbringen, wenn das leistungsberechtigte Kind nicht nur einen Eingliederungsbedarf hat, sondern auch erzieherische Hilfe benötigt. Die **Inhalte des Teilhabeplans** sind in § 19 Abs. 2 S. 2 SGB IX festgehalten. Dabei ist nicht jeder Einzelpunkt zwingend aufzunehmen, sondern nur diejenigen, die im konkreten Einzelfall relevant sind. Immer relevant sind die von den beteiligten Rehabilitationsträgern zu treffenden Feststellungen im Hinblick auf das Ziel, die Art und den Umfang der voraussichtlich notwendigen Leistungen. Der Teilhabeplan muss schriftlich oder elektronisch erstellt werden. Die Leistungsberechtigten haben ein Einsichtsrecht. Sind die Träger der **Eingliederungshilfe** oder die Träger der **öffentlichen Jugendhilfe** für das Teilhabeplanverfahren verantwortlich, müssen sie das Teilhabeplanverfahren in ihr jeweiliges Planverfahren – Gesamtplanverfahren beim Träger der Eingliederungshilfe (§§ 117 ff. SGB IX) und Hilfeplanverfahren beim Träger der öffentlichen Jugendhilfe (§ 36 SGB VIII) – einbinden (§ 21 SGB IX). Graphisch lässt sich das so darstellen:

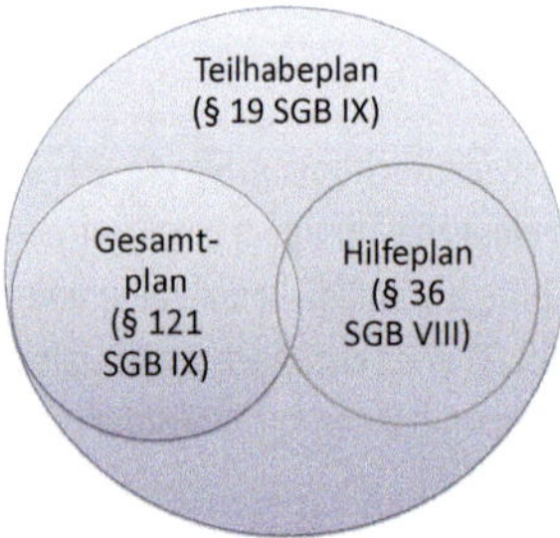

Übersicht 25

Das Teilhabeplanverfahren ist das umfassendere Planverfahren. In den Teilhabeplan wird der **Gesamtplan**, den der Träger der Eingliederungshilfe IMMER erstellen muss, wenn er Leistungen zur Teilhabe erbringt, integriert (s. Kapitel 4.4.9.3). Gleiches gilt für den Träger der öffentlichen Jugendhilfe, wenn er Teilhabeleistungen im Sinne des § 3a SGB VIII erbringt und diese einen **Hilfeplan** nach § 36 SGB VIII erfordern (s. Kapitel 4.3.3.4).

Das Teilhabeplanverfahren kann auch eine **Teilhabeplankonferenz** beinhalten. Diese steht nach § 20 SGB IX grundsätzlich im Ermessen des leistenden (bzw., wenn eine Übernahme des Verfahrens nach § 19 Abs. 5 SGB IX erfolgt ist, des verantwortlichen) Rehabilitationsträgers. Sie ist nur mit Zustimmung der Leistungsberechtigten zulässig. Eine Teilhabeplankonferenz ist zwingend durchzuführen, wenn sie durch einen leistungsberechtigten Elternteil mit Behinderung gewünscht wird, der Leistungen zur Versorgung und Betreuung des eigenen oder mehrerer eigener Kinder beantragt (§ 20 Abs. 2 S. 2 SGB IX). An der Teilhabeplankonferenz nehmen auf Wunsch der Leistungsberechtigten auch die Bevollmächtigten und Beistände gem. § 13 SGB X sowie Vertrauenspersonen teil. Die Rehabilitationsträger müssen vorab auf die Ergänzende Unabhängige Teilhabeberatung (EUTB) hinweisen, um die Leistungsberechtigten in die Lage zu versetzen, die Konferenz aktiv mitgestalten zu können.

4.4.8 Leistungen zur Teilhabe

Die Kapitel 9 bis 13 des ersten Teils des SGB IX konkretisieren die in § 5 SGB IX genannten Leistungsgruppen. Die Leistungskataloge sind dort – abgesehen von den unterhaltssichernden und ergänzenden Leistungen – offen formuliert; dies wird durch das Wort „insbesondere" deutlich, das den typischen (Standard-)Leistungen vorangestellt wird. Aus den Vorschriften ergibt sich allerdings kein individueller Rechtsanspruch; ob jemand Anspruch auf eine Teilhabeleistung gegen einen bestimmten Rehabilitationsträger hat, ergibt sich aus den jeweiligen Leistungsgesetzen. Nach § 7 Abs. 1 S. 1 SGB IX können sich bezüglich des **Verhältnisses der Leistungsgesetze** zu diesen Kapiteln unterschiedliche Regelungen ergeben:

- das Leistungsgesetz verweist pauschal auf die im SGB IX genannten Leistungen (z. B. § 35 SGB VII verweist bei den Leistungen zur Teilhabe am Arbeitsleben auf die §§ 49 bis 55 SGB IX);
- das Leistungsgesetz benennt neben dem Verweis auf die Leistungen des SGB IX weitere Leistungen, die vom entsprechenden Rehabilitationsträger erbracht werden (z. B. umfassen nach § 109 Abs. 1 SGB IX die Leistungen zur medizinischen Rehabilitation auch bestimmte ergänzende Leistungen wie Reha-Sport und Funktionstraining oder Reisekosten);
- das Leistungsgesetz benennt Leistungen für Menschen mit Behinderungen, ohne auf das SGB IX zu verweisen (z. B. §§ 112 ff. SGB III benennen Leistungen zur Teilhabe am Arbeitsleben der Bundesagentur für Arbeit ohne auf das SGB IX zu verweisen oder § 33 SGB V benennt die Voraussetzungen für Hilfsmittel, wenn die Krankenkassen für diese Leistung zuständig sind);
- das Leistungsgesetz verweist auf die im SGB IX genannten Leistungen, nimmt aber einige davon ausdrücklich aus (z. B. § 15 SGB VI verweist im Rahmen der Leistungen zur medizinischen Rehabilitation der Rentenversicherung auf die §§ 42 bis 47 SGB IX, ausgenommen sind die Leistungen der Früherkennung und Frühförderung);
- das Leistungsgesetz benennt ausdrücklich nur einzelne Leistungen des SGB IX und definiert so einen abschließenden Leistungskatalog; andere Leistungen aus der entsprechenden Leistungsgruppe werden dann nicht mehr erbracht (z. B. § 111 SGB IX nach dem die Leistungen zur Teilhabe am Arbeitsleben, die der Träger der Eingliederungshilfe erbringt, auf Leistungen im Arbeitsbereich einer WfbM oder bei anderen Leistungsanbietern oder im Rahmen des Budgets für Arbeit oder Ausbildung beschränkt ist).

Wird eine Leistung zur Teilhabe beantragt, muss diese zunächst einer **Leistungsgruppe** zugeordnet werden; dies kann anhand der mit der Leistung verfolgten Ziele und des jeweiligen Leistungskatalogs erfolgen. Anschließend muss der mögliche Rehabilitationsträger bestimmt und geprüft werden, ob das **Leistungsgesetz** bestimmte Voraussetzungen für die Leistungen benennt und wie das Verhältnis zu den Vorschriften des SGB IX ist.

4.4.8.1 Leistungen zur medizinischen Rehabilitation

Die Leistungen der **medizinischen Rehabilitation** finden sich zusammengefasst in den §§ 42 bis 47 SGB IX. Sie werden nach § 42 Abs. 1 SGB IX erbracht, um

- Behinderungen, einschließlich chronischer Erkrankungen abzuwenden, zu beseitigen, zu mindern, auszugleichen, eine Verschlimmerung zu verhüten oder
- Einschränkungen der Erwerbsfähigkeit und Pflegebedürftigkeit zu vermeiden, zu überwinden, zu mindern, eine Verschlimmerung zu verhindern sowie den vorzeitigen Bezug von laufenden Sozialleistungen zu verhüten oder laufende Sozialleistungen zu mindern.

Medizinische Rehabilitation ist **komplex, ganzheitlich und interdisziplinär** angelegt. Es geht nicht in erster Linie um die Linderung von Beschwerden oder um die Beseitigung von Krankheitsursachen, sondern um die Bewältigung der Folgen einer Erkrankung oder einer Behinderung und um den Ausgleich oder um die Vermeidung von Funktions- und Fähigkeitsstörungen, die Menschen mit (drohenden) Behinderungen in ihrer Teilhabe am Leben der Gesellschaft oder im Erwerbsleben einschränken. Gleichwohl kann auch während der medizinischen Rehabilitation eine Akutversorgung notwendig sein bzw. werden. Nach § 43 SGB IX werden bei einer Krankenbehandlung auch die Ziele der

Rehabilitation berücksichtigt (z. B. bei einer sog. Frührehabilitation im Krankenhaus § 39 Abs. 1 S. 3 SGB V). Rehabilitation wird als integraler Bestandteil der medizinischen Versorgung verstanden, um die notwendigen Fähigkeiten, Mobilität, Kommunikation, Orientierung usw., frühzeitig (wieder-)herzustellen und auf diese Weise Behinderungen zu vermeiden, zu lindern oder die Folgen zu beseitigen. Gleichwohl muss insbesondere wegen der unterschiedlichen Zuständigkeiten die Akutbehandlung von der medizinischen Rehabilitation abgegrenzt werden, da z. B. die Träger der Rentenversicherung nach § 13 Abs. 2 Nr. 1 und 2 SGB VI keine Leistungen in der Phase akuter Behandlungsbedürftigkeit und keine Krankenhausbehandlung übernehmen.

Leistungen der medizinischen Rehabilitation sind in § 42 Abs. 2 SGB IX aufgeführt. Sie umfassen insbesondere:
1. Behandlung durch Ärzt:innen, Zahnärzt:innen und Angehörige anderer Heilberufe, soweit deren Leistungen unter ärztlicher Aufsicht oder auf ärztliche Anordnung hin ausgeführt werden, einschließlich der Anleitung, eigene Heilungskräfte zu entwickeln,
2. Früherkennung und Frühförderung für Kinder mit Behinderungen oder von Behinderung bedrohter Kinder,
3. Arznei- und Verbandsmittel,
4. Heilmittel einschließlich physikalischer, Sprach- und Beschäftigungstherapie,
5. Psychotherapie als ärztliche und psychotherapeutische Behandlung,
6. Hilfsmittel,
7. digitale Gesundheitsanwendungen sowie
8. Belastungserprobung und Arbeitstherapie.

Von besonderer Bedeutung – gerade im Recht der Heilpädagogik und Heilerziehungspflege – sind die **Früherkennung und Frühförderung** und die Versorgung mit **Hilfsmitteln**, auf die im Folgenden eingegangen wird.

Zu den Leistungen der medizinischen Rehabilitation gehören nach § 42 Abs. 3 SGB IX auch **medizinische, psychologische und pädagogische Hilfen**, soweit diese notwendig sind, um die Rehabilitationsziele zu erreichen oder zu sichern und Krankheitsfolgen zu vermeiden, zu überwinden, zu mindern oder ihre Verschlimmerung zu verhüten. Diese Leistungen werden nur dann übernommen, wenn die betroffene Person gleichzeitig eine Leistung nach § 42 Abs. 2 SGB IX erhält; es handelt sich hierbei **nicht** um **eigenständige Rehabilitationsleistungen**. Sie sollen den Menschen mit (drohenden) Behinderungen helfen, den sozialen, psychischen und physischen Belastungen, die sich aus der Behinderung ergeben, entgegenzutreten und sie zu überwinden bzw. damit fertig zu werden. Diese sog. Annex-Leistungen machen deutlich, dass die Rehabilitation als ganzheitlicher Prozess wahrgenommen wird, der nicht nur auf die Beseitigung oder Verminderung der Folgen einer Behinderung zielt, sondern den Menschen auch in seinen sozialen Fähigkeiten zur Bewältigung des Alltags mit einer Behinderung und in seiner Selbstbestimmung und Eigenverantwortung stärken will. Zur medizinischen Rehabilitation zählt darüber hinaus auch die **stufenweise Wiedereingliederung** (§ 44 SGB IX). Sie zielt auf die schrittweise Wiedereingliederung von arbeitsunfähigen Erwerbsfähigen in den Arbeitsprozess, damit diese ihre bisherige Tätigkeit teilweise oder vollständig wieder verrichten können. Dies erfolgt mittels eines Stufenplanes, der eine Brücke zur Rückkehr in das Erwerbsleben darstellt (früher sog. „Hamburger Modell“). Die schrittweise

Gewöhnung soll helfen, Leistungsfähigkeit und Selbstvertrauen zu stärken und den Weg zurück ins Berufsleben zu finden, statt mit einer Erwerbsminderungsrente auszusteigen.

(1) Früherkennung und Frühförderung

Früherkennung und Frühförderung für Kinder mit (drohenden) Behinderungen gehören in den Leistungskatalog der medizinischen Rehabilitation (§ 42 Abs. 2 Nr. 2 SGB IX). Sie werden als Komplexleistung in Verbindung mit heilpädagogischen Leistungen nach § 79 SGB IX, die den Leistungen der Sozialen Teilhabe zugeordnet sind, erbracht und umfassen dann heilpädagogische Leistungen (§ 46 Abs. 3 SGB IX).

Unter **Komplexleistungen** versteht man entweder die Erbringung mehrerer verschiedener Leistungen durch einen Leistungsträger (wie es z. B. bei der medizinischen Rehabilitation oder der Soziotherapie der Fall ist) oder die Erbringung von Leistungen durch unterschiedliche Leistungsträger. Zu Letzteren gehören die Leistungen der Früherkennung und Frühförderung in Verbindung mit den heilpädagogischen Leistungen. Es handelt sich hierbei um Leistungen, die sich gegenseitig ergänzen und damit aufeinander abgestimmt sein müssen; dabei muss eine Kostenteilung zwischen den beteiligten Leistungs- bzw. Rehabilitationsträgern – hier v. a. Krankenkassen, Träger der Eingliederungshilfe und Träger der öffentlichen Jugendhilfe – erfolgen; die Leistungsberechtigten müssen nicht gesondert die Leistungen beantragen. Sie erhalten die Leistung insgesamt „wie aus einer Hand".

Die Komplexleistung besteht aus einem **interdisziplinär abgestimmten System** ärztlicher, medizinisch-therapeutischer, psychologischer, heilpädagogischer und sozialpädagogischer Leistungen und schließt die ambulante und mobile Beratung sowie Leistungen zur Sicherung der Interdisziplinarität (sog. „Korridorleistungen") mit ein. Letztere sind notwendig, um das Zusammenwirken der einzelnen Fachdisziplinen sicherzustellen; sie umfassen interne und externe Koordination, Vor- und Nachbereitungszeiten und die Dokumentation. Die Einzelheiten finden sich in § 46 SGB IX sowie der Frühförderungsverordnung (FrühV). Insbesondere § 6a FrühV enthält weitere Leistungen, die der Komplexleistung zugeordnet werden können, wie z. B. Beratung, Unterstützung und Begleitung der Erziehungsberechtigten oder offene niedrigschwellige Beratungsangebote für Eltern, die ein Entwicklungsrisiko bei ihrem Kind vermuten.

Die Begriffe Früherkennung und Frühförderung sind nicht definiert; allerdings lassen sich ihre Inhalte anhand der gesetzlichen Vorschriften (§§ 42 Abs. 1 Nr. 1, 46 Abs. 1 und 2 SGB IX) entnehmen. Das Ziel der **Früherkennung** ist in § 46 Abs. 1 S. 1 Nr. 2 SGB IX festgeschrieben: es geht darum, eine (drohende) Behinderung möglichst früh zu erkennen und einen Förder- und Behandlungsplan aufzustellen (vgl. § 43a SGB V). Damit ist auch der Unterschied zu den sonstigen Vorsorgeuntersuchungen bei Kindern (sog. U-Untersuchungen, § 26 SGB V) festgelegt. Während der Anspruch auf die Vorsorgeuntersuchungen unabhängig davon besteht, ob ein konkreter Krankheitsverdacht vorliegt, muss bei der Früherkennung bereits ein konkreter Verdacht auf eine vorliegende oder drohende Behinderung bestehen.

Frühförderung umfasst die notwendigen Förder- und Behandlungsleistungen zum Ausgleich oder zur Milderung einer Behinderung, die im Anschluss an die Diagnosestellung im Rahmen der Früherkennung und des damit entwickelten Behandlungsplanes ermittelt wurden. Sie dient dazu, mithilfe einer Kombination von medizinischen und nichtmedizinischen Leistungen eine erkannte (drohende) Behinderung einschließlich einer chronischen Krankheit abzuwenden, zu beseitigen, zu mindern, auszugleichen oder eine Verschlimmerung zu verhüten (vgl. §42 Abs. 1 Nr. 1 SGB IX).

Die **Zielgruppe** sind jüngere, noch nicht eingeschulte Kinder, auch wenn das Gesetz selbst keine Altersgrenze vorsieht. Das lässt sich zum einen daran erkennen, dass §46 Abs. 3 SGB IX auf die heilpädagogischen Leistungen des §79 SGB IX verweist, mit denen die Leistungen als Komplexleistungen zu erbringen sind und die sich an noch nicht eingeschulte Kinder richten und zum anderen, dass §46 Abs. 3 S. 3 SGB IX den Zeitraum für die Komplexleistung von der Geburt bis zur Einschulung festlegt. Allerdings kann das Schuleintrittsalter variieren; es zählt der tatsächliche Schuleintritt, nicht das Alter, in dem normalerweise eingeschult wird (je nach Bundesland mit 5 oder 6 Jahren). Allerdings können auch ältere Kinder Leistungen der Frühförderung erhalten, dann allerdings nicht als Komplexleistung mit den heilpädagogischen Leistungen nach §79 SGB IX; heilpädagogische Leistungen werden dann als Leistung zur Sozialen Teilhabe erbracht (s. Kapitel 4.4.8.5).

Die **Abgrenzung** zwischen Frühförderung und Früherkennung lässt sich so darstellen:

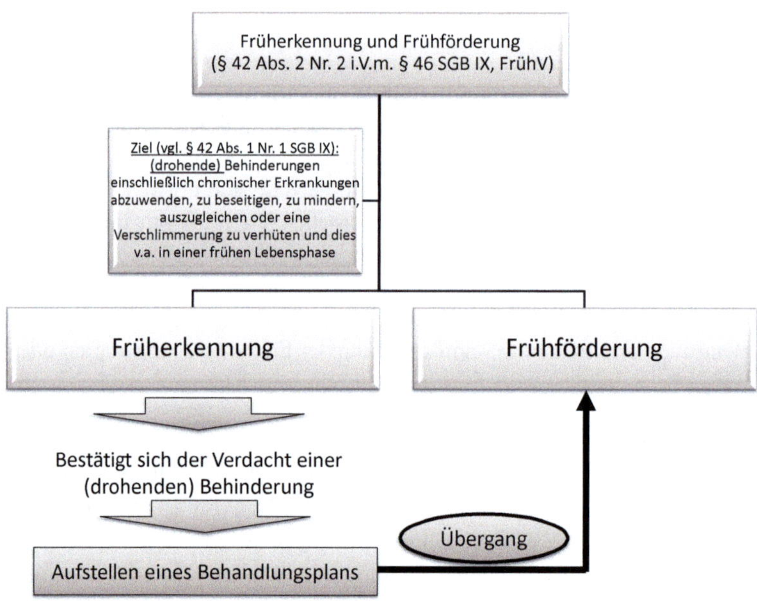

Übersicht 26

Die **Leistungen** der Früherkennung und Frühförderung können **medizinische** (§46 Abs. 1 S. 1 SGB IX) und **nichtmedizinische** Leistungen (§46 Abs. 1 S. 1 Nr. 2 und Abs. 2 SGB IX) sein (vgl. auch den Leistungskatalog des §5 FrühV). **Medizinische Leistungen** sind Leistungen, die von Ärzt:innen, Angehörigen verschiedener Heilberufe, Therapeut:innen und sonstigen nichtärztlichen Berufsgruppen mit medizinischer Ausbildung erbracht werden, nicht dagegen von pädagogisch ausgebildeten Berufsgruppen.

Da die Leistungen der Früherkennung und Frühförderung v. a. durch die Rehabilitationsträger der medizinischen Rehabilitation, d. h. die **gesetzliche Krankenversicherung**, erbracht werden, sind als medizinische Leistungen nur solche anerkannt, die im Rahmen des SGB V erbracht werden können. Die Einschränkung auf die nach dem SGB V zugelassenen medizinischen Leistungen führt dazu, dass „Außenseiterbehandlungen" grundsätzlich nicht im Rahmen der Früherkennung und Frühförderung erbracht werden.

Beispiele

Die Hippotherapie ist als Heilmittel im Rahmen der Früherkennung und Frühförderung nicht zugelassen[102]. Auch die Petö-Therapie wird von den Krankenkassen nicht übernommen[103]. Allerdings können diese Therapien im Einzelfall im Rahmen der Leistungen zur Teilhabe an der Sozialen Teilhabe gewährt werden.[104]

Gleichwohl legt § 5 Abs. 1 S. 2 FrühV fest, dass medizinisch-therapeutische Leistungen im Rahmen der Komplexleistung Frühförderung sich grundsätzlich nicht nach den Vorgaben der Heilmittelrichtlinie des Gemeinsamen Bundesausschusses richten; entscheidend ist der Förder- und Behandlungsplan. Zu den medizinischen Leistungen gehören darüber hinaus alle Leistungen aus dem „Katalog" des § 42 Abs. 2 SGB IX, insbesondere auch die Hilfsmittel.

Nichtmedizinische Leistungen sind nach § 46 Abs. 1 S. 1 Nr. 2, Abs. 2 SGB IX nichtärztliche sozialpädiatrische, psychologische, heilpädagogische, psychosoziale Leistungen und die Beratung der Erziehungsberechtigten. Da es sich allerdings um solche Leistungen handelt, die im Rahmen der medizinischen Rehabilitation erbracht werden, müssen diese Leistungen den medizinischen Leistungen zugeordnet werden. Das bedeutet, sie müssen **unter ärztlicher Verantwortung** (d. h. Anordnung von Ärzt:innen sowie ärztliche Kontrolle und Begleitung, auch wenn keine ständige Anwesenheit erforderlich ist) durchgeführt werden. Diese Leistungen haben kein eigenständiges Gewicht gegenüber den medizinischen Leistungen. Andernfalls sind sie keine Leistungen der medizinischen Rehabilitation. Die eigenständig durch Heilpädagog:innen erbrachten Leistungen, die nicht unter ärztlicher Verantwortung stehen, sind deshalb keine Leistungen der medizinischen Rehabilitation, sondern Leistungen zur Sozialen Teilhabe. Dementsprechend sind auch andere Rehabilitationsträger (i. d. R. Träger der Eingliederungshilfe oder Träger öffentlichen Jugendhilfe) dafür zuständig. Erst ihre Verbindung über § 46 Abs. 3 SGB IX bringt sie in einen rechtlichen Zusammenhang mit den Leistungen der Früherkennung und Frühförderung, macht sie damit aber nicht zum Bestandteil dieser Leistungen. Die unterschiedliche Zuständigkeit der Rehabilitationsträger bleibt bestehen. Die Zusammenarbeit und die Kostentragung regeln die §§ 8 und 9 FrühV.

Leistungen der Früherkennung und Frühförderung werden durch ein Gesamtsystem von Hilfen erbracht, das von Ärzt:innen, speziellen Diensten und Einrichtungen getragen wird. Von besonderer Bedeutung bei der Leistungserbringung sind:

1. **Sozialpädiatrische Zentren** (SPZ, § 119 SGB V, § 4 FrühV)
   SPZs sind Einrichtungen, die zur ambulanten sozialpädiatrischen Behandlung von Kindern ermächtigt sind. Sie stehen fachlich-medizinisch unter ständiger ärztlicher

102 BSG, Urteil vom 19.3.2002, B 1 KR 36/00.

103 BSG, Urteil vom 3.9.2003, B 1 KR 34/01 R; das BVerfG hat eine Verfassungsbeschwerde gegen dieses Urteil nicht angenommen: BVerfG, Beschluss vom 26.4.2004, 1 BvR 529/04.

104 BSG, Urteil vom 29.9.2009, B 8 SO 19/08 R, allerdings nur dann, wenn der Leistungszweck der Therapie unmittelbar der Sozialen Teilhabe dient – BSG, Urteil vom 28.8.2018, B 8 SO 5/17. Zur Abgrenzung s. Urteilsbesprechung Kuhn-Zuber, RP Reha 2020, S. 16-21.

Leitung und bieten die Gewähr für eine leistungsfähige und wirtschaftliche sowie interdisziplinäre sozialpädiatrische Behandlung. Sie sind auf Kinder (und Jugendliche jeglichen Alters) ausgerichtet, die wegen Art, Schwere oder Dauer ihrer Behinderung oder einer drohenden Behinderung nicht von geeigneten Ärzt:innen oder geeigneten interdisziplinären Frühförderstellen oder anderen durch Landesrecht zugelassenen Einrichtungen behandelt werden können. Sie erbringen ihre Leistungen in ambulanter und – in begründeten Einzelfällen – in mobiler Form oder in Kooperation mit Frühförderstellen.
2. Interdisziplinäre **Frühförderstellen (§ 3 FrühV)**
   Dabei handelt es sich um familien- und wohnortnahe Dienste und Einrichtungen, die der Früherkennung, Behandlung und Förderung von Kindern dienen, um in interdisziplinärer Zusammenarbeit von qualifizierten medizinisch-therapeutischen und pädagogischen Fachkräften eine drohende oder bereits eingetretene Behinderung zum frühestmöglichen Zeitpunkt zu erkennen und die Behinderung durch gezielte Förder- und Behandlungsmaßnahmen auszugleichen oder zu mildern. Sie erbringen ihre Leistungen i. d. R. in ambulanter, einschließlich mobiler Form.
3. Nach Landesrecht zugelassene Einrichtungen mit vergleichbarem interdisziplinären Förder-, Behandlungs- und Beratungsspektrum (§ 3 FrühV)
   Diese Form der Leistungserbringer wurden durch das BTHG eingeführt. Sie sind mit den interdisziplinären Frühförderstellen vergleichbar; eine genaue fachlich-rechtliche Klärung über ihre Ausgestaltung erfolgt durch das Landesrecht.

Ein **Antrag** auf Früherkennungs- und Frühförderungsleistungen kann bei jedem der beteiligten Rehabiltiationsträger gestellt werden (§ 8 Abs. 1 S. 2 FrühV), auch und gerade, wenn es um die Erbringung der Leistung als Komplexleistung mit den heilpädagogischen Leistungen nach § 79 SGB IX geht. Die Rehabilitationsträger sind verpflichtet, unverzüglich den oder die an der Komplexleistung beteiligten Rehabilitationsträger zu unterrichten. Sie müssen sich dann untereinander abstimmen und innerhalb von zwei Wochen nach Vorliegen des Behandlungsplanes über die Leistung entscheiden (§ 8 Abs. 1 S. 3 f. FrühV).

(2) Hilfsmittel

Hilfsmittel sind **Teilhabeleistungen**, die sich in verschiedenen Leistungsgruppen wiederfinden. Sie sind praktisch von hoher Relevanz und oft Gegenstand von Rechtsstreitigkeiten. Deswegen ist die Kenntnis der rechtlichen Zusammenhänge für Heilpädagog:innen und Heilerziehungspfleger:innen von besonderer Bedeutung, zumal es Hilfsmittel auch im Bereich der Pflege (§ 40 Abs. 1 bis 3 SGB XI) gibt. Benötigen Menschen mit Behinderungen also ein Hilfsmittel, ist genau zwischen der einzelnen damit verbundenen Zielsetzung und den einzelnen Leistungsgruppen zu unterscheiden. Zum besseren **Gesamtverständnis** und für den Überblick über Hilfsmittel insgesamt wird im Folgenden der ganze Leistungskomplex dargestellt, auch wenn dies auf weitere Teilhabeleistungen und das Recht der Pflegeversicherung vorgreift.

Hilfsmittel sind **Körperersatzstücke sowie orthopädische und andere Hilfsmittel**, die von Leistungsberechtigten getragen oder mitgeführt werden können. Auch in Gebäuden eingebaute Sachen können Hilfsmittel sein, allerdings nur dann, wenn sie bei einem Umzug ohne nennenswerten Substanzverlust an Wänden, Decken oder Fußböden entfernt und mit vertretbarem Aufwand in der neuen Wohnung wieder eingebaut werden können (vgl. § 47 Abs. 1 SGB IX).

Beispiel

Ein eingebauter Aufzug in einem Gebäude ist für einen Rollstuhlfahrer kein Hilfsmittel; ein Treppenlift, der am Geländer befestigt wird und mitgenommen werden kann, dagegen schon.

Im Unterschied zu Hilfsmitteln, die Sachgegenstände sind, sind **Heilmittel** persönliche medizinische Dienstleistungen, die i. d. R. durch Menschen erbracht werden (z. B. Physiotherapie, Ergotherapie, Logopädie).

Überblick über die Hilfsmittel (aus systematischen Gründen werden die Pflegehilfsmittel mit aufgeführt, obwohl diese keine Leistungen zur Rehabilitation sind):

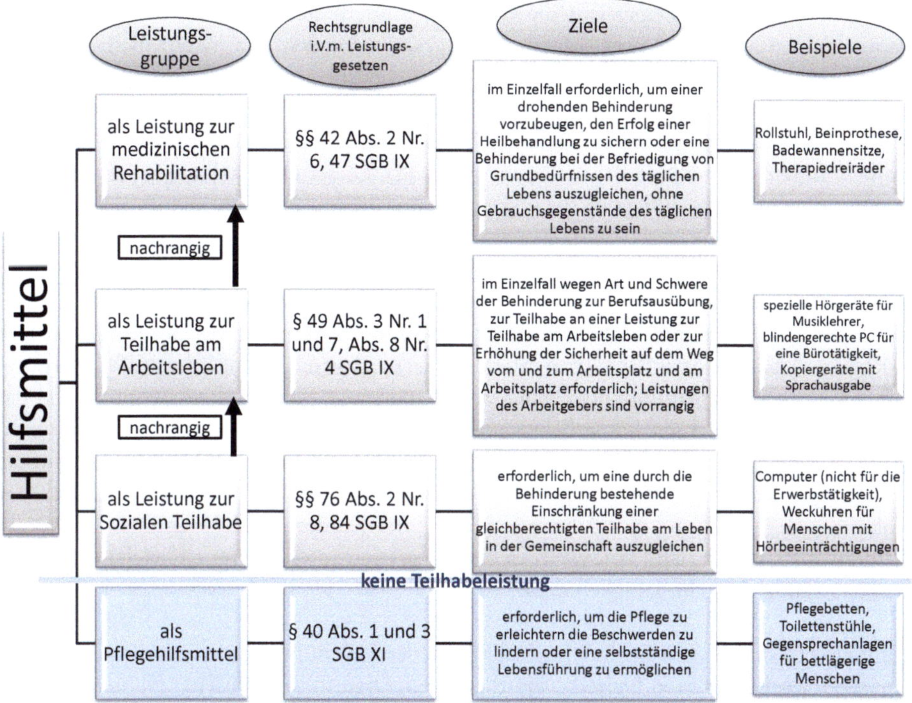

Übersicht 27

Entscheidend für die Einordnung eines benötigten Hilfsmittels ist die damit verfolgte **Zielsetzung**. Regelmäßig gehört nicht nur die „Zur-Verfügung-Stellung" des Hilfsmittels selbst zur Leistung, sondern auch die Unterrichtung im Gebrauch und ggf. notwendige Änderungen, Instandhaltung oder auch die Ersatzbeschaffung, wenn das Hilfsmittel kaputt geht. Die Zuständigkeit der Leistungsträger ergibt sich aus ihren jeweiligen Leistungsgesetzen im Rahmen der jeweiligen Teilhabeleistung. Pflegehilfsmittel werden allerdings ausschließlich für pflegebedürftige, Menschen, die im häuslichen Bereich gepflegt werden, von den Pflegekassen erbracht.

Hauptleistungsträger für Hilfsmittel, die als Leistung der medizinischen Rehabilitation erbracht werden, ist die gesetzliche Krankenversicherung. Der Anspruch auf ein Hilfsmittel ergibt sich deshalb aus **§33 SGB V i.V.m. §42 Abs.2 Nr.6 SGB IX**. §33 SGB V ist dabei eine vom SGB IX abweichende Regelung, die nach §7 Abs.1 S.1 SGB IX zulässig ist.

Hilfsmittel aus der gesetzlichen Krankenversicherung erhalten nicht nur Menschen mit (drohenden) Behinderungen. Sie werden auch in der Akutversorgung eingesetzt (z. B. Rollstuhl nach Beinbrüchen). In diesen Fällen wird nicht das SGB IX mit herangezogen; die Anspruchsgrundlage folgt dann nur aus dem SGB V. Im Übrigen stimmt der Wortlaut des §47 SGB IX mit dem des §33 SGB V weitestgehend überein.

Einen Überblick über die von der Krankenversicherung gewährten Hilfsmittel findet man im **Hilfsmittelverzeichnis**, welches nach §139 SGB V erstellt wird.[105] Dieses Hilfsmittelverzeichnis bindet allerdings nicht die Gerichte, sondern stellt nur eine Empfehlung dar. Damit können auch Hilfsmittel im Einzelfall gewährt werden, die (noch) nicht im Hilfsmittelverzeichnis aufgeführt sind. Die Krankenversicherung gewährt Hilfsmittel, die Grundbedürfnisse des täglichen Lebens erfüllen. Dabei wird danach unterschieden, ob das Hilfsmittel eine beeinträchtigte oder ausgefallene Körperfunktion unmittelbar „ersetzt" (z. B. eine Prothese für ein amputiertes Bein oder ein Hörgerät). Dieser **unmittelbare Ersatz** ist immer ein Grundbedürfnis.

Wird ein Hilfsmittel benötigt, um **mittelbar** die Folgen einer Behinderung **auszugleichen**, liegt ein Grundbedürfnis des täglichen Lebens dann vor, wenn es erforderlich ist, um ein möglichst selbstbestimmtes Leben zu führen und die Anforderungen des Alltags meistern zu können. Dazu gehören das Gehen, Stehen, Sitzen, Liegen, Hören, Sehen, die Nahrungsaufnahme und Ausscheidung, die elementare Körperpflege, selbständiges Wohnen und das Erschließen eines gewissen körperlichen und geistigen Freiraums (Mobilität). Für Erwachsene ist der Bereich der Mobilität, der zum Grundbedürfnis gehört, begrenzt worden auf die Bewegung innerhalb der Wohnung, zum Verlassen der Wohnung und im Nahbereich der Wohnung zur Erledigung von Alltagsgeschäften. Bei **Kindern und Jugendlichen** liegt ein Grundbedürfnis auch dann vor, wenn es der Integration in die Gruppe Gleichaltriger oder der Herstellung der Schulfähigkeit dient.

Dient ein Hilfsmittel dem Behinderungsausgleich demgegenüber nur in bestimmten Lebensbereichen, wie bestimmten Freizeit-, sportlichen oder beruflichen Aktivitäten, dient es regelmäßig nicht der Befriedigung von Grundbedürfnissen des „täglichen Lebens" und ist dann kein Hilfsmittel, dessen Kosten von der Krankenversicherung übernommen werden.

Benötigt ein Mensch mit Behinderung ein Hilfsmittel für die Erwerbstätigkeit und geht dieses über den Basisausgleich, den die gesetzliche Krankenversicherung übernimmt, hinaus, kann dieses Hilfsmittel im Rahmen einer Leistung zur Teilhabe am Arbeitsleben finanziert werden. Dafür ist dann u. U. ein anderer Leistungsträger zuständig, der ggf. die Mehrkosten übernimmt.

Beispiel

Die Musiklehrerin einer Grundschule leidet an einer fortschreitenden beidseitigen Innenohrschwerhörigkeit. Sie benötigt zur Ausübung ihrer beruflichen Tätigkeit ein hochwertiges Hörgerät mit Richtmikrofonen und Spracherken-

105 Das Hilfsmittelverzeichnis findet sich unter https://www.gkv-spitzenverband.de/krankenversicherung/hilfsmittel/hilfsmittelverzeichnis/hilfsmittelverzeichnis.jsp (21.5.2021).

nung sowie Rauschunterdrückung beidseits. Die Krankenkasse stellt nur einfache digitale Hörgeräte zur Verfügung; diese reichen zwar für den Alltag, aber nicht, um den spezifischen Anforderungen an ihre Tätigkeit (Kommunikation mit Kindern und Eltern, genaues Hören der Töne und Melodien bei Kontrollen usw.) gerecht zu werden. Sie hat Anspruch auf die speziellen Hörgeräte gegen den Träger der Leistungen zur Teilhabe am Arbeitsleben, ggf. abzüglich der Kosten, die die Krankenversicherung für die digitalen Hörgeräte übernehmen würde.[106]

Hilfsmittel gibt es auch bei **vollstationärem Aufenthalt in Einrichtungen der Pflege oder in besonderen Wohnformen für Menschen mit Behinderungen**. In vollstationären Pflegeeinrichtungen müssen allerdings die Träger der Einrichtungen Hilfsmittel und Pflegehilfsmittel vorhalten, die für den jeweiligen Pflegebetrieb notwendig sind (z. B. Rollstühle, Hilfen für die Benutzung von Badewannen und Toiletten). Nur individuell benötigte Hilfsmittel (z. B. Prothesen, Brillen, Hörgeräte, u. U. Antidekubitusmatratzen) werden hier als Leistungen erbracht; dabei darf der Anspruch nach § 33 Abs. 1 S. 3 SGB V nicht davon abhängig gemacht werden, in welchem Umfang eine Teilhabe am Leben in der Gemeinschaft noch möglich ist.

4.4.8.2 Leistungen zur Teilhabe am Arbeitsleben

Leistungen zur Teilhabe am Arbeitsleben sind in den §§ 49 bis 63 SGB IX geregelt. Dabei umfassen die §§ 56 bis 63 SGB IX die Vorschriften für Werkstätten für behinderte Menschen (WfbM) und die – seit dem BTHG möglichen – Alternativen wie (zu den Einzelheiten s. Kapitel 4.4.5):

- die Erbringung von Leistungen statt in einer WfbM bei sog. anderen Leistungsanbietern (§ 60 SGB IX),
- das Budget für Arbeit (§ 61 SGB IX),
- das Budget für Ausbildung (§ 61a SGB IX) sowie
- das besondere Wahlrecht der Menschen mit Behinderungen (§ 62 SGB IX).

Leistungen zur Teilhabe am Arbeitsleben werden nach § 49 Abs. 1 SGB IX erbracht, um die **Erwerbsfähigkeit** von Menschen mit (drohenden) Behinderungen entsprechend ihrer Leistungsfähigkeit zu erhalten, zu verbessern, herzustellen oder wiederherzustellen und ihre **Teilhabe am Arbeitsleben** möglichst auf Dauer zu sichern. Bei diesen Leistungen geht es darum, Menschen mit Behinderungen die Möglichkeit der Ausübung einer bezahlten – auch selbstständigen oder im Bereich der WfbMs bzw. anderer Leistungsanbieter möglichen – Erwerbstätigkeit zu verschaffen, mit der sie ihren Lebensunterhalt selbst vollständig oder teilweise sichern können. Leistungen zur Teilhabe am Arbeitsleben werden nicht nur an Menschen mit (drohenden) Behinderungen erbracht (§ 49 SGB IX), sondern **auch** an **Arbeitgeber** (§ 50 SGB IX). Diese Leistungen an Arbeitgeber stellen einen Anreiz dar, um Menschen mit Behinderungen einzustellen und zu beschäftigen.

Die einzelnen **Leistungen** an leistungsberechtigte Menschen mit Behinderungen sind in § 49 Abs. 3 bis 8 SGB IX geregelt. Nach § 49 Abs. 3 SGB IX gehören hierzu:

1. Hilfen zur Erhaltung oder Erlangung eines Arbeitsplatzes einschließlich der Leistungen zur Aktivierung und beruflichen Eingliederung (z. B. behinderungsgerechte Umrüstung

106 SG Dresden, Urteil vom 15.12.2011, S 35 R 626/11.

des bisherigen Arbeitsplatzes oder die Vermittlung eines neuen behinderungsgerechten Arbeitsplatzes, einschließlich notwendiger Hilfsmittel),
2. eine Berufsvorbereitung einschließlich einer wegen der Behinderung erforderlichen Grundausbildung,
3. die individuelle betriebliche Qualifizierung im Rahmen Unterstützter Beschäftigung,
4. die berufliche Anpassung und Weiterbildung, auch soweit die Leistungen in einem zeitlich nicht überwiegenden Abschnitt schulisch durchgeführt werden,
5. die berufliche Ausbildung, auch soweit die Leistungen in einem zeitlich nicht überwiegenden Abschnitt schulisch durchgeführt werden,
6. die Förderung der Aufnahme einer selbstständigen Tätigkeit durch die Rehabilitationsträger nach § 6 Abs. 1 Nr. 2 bis 5 SGB IX sowie
7. sonstige Hilfen zur Förderung der Teilhabe am Arbeitsleben, um Menschen mit Behinderungen eine angemessene und geeignete Beschäftigung oder eine selbstständige Tätigkeit zu ermöglichen und zu erhalten.

Die Leistungen nach § 49 Abs. 3 Nr. 1 und 7 SGB IX betonen den offenen Leistungskatalog der Leistungen; sie werden in § 49 Abs. 8 SGB IX **konkretisiert** (z. B. Kraftfahrzeughilfe, Ausgleich eines Verdienstausfalls der Leistungsberechtigten oder einer Begleitperson, Arbeitsassistenz, Hilfsmittel, technische Arbeitshilfen, Beschaffung und Ausstattung einer behinderungsgerechten Wohnung).

Beispiel

Die **Kraftfahrzeughilfe** wird nach der Kraftfahrzeughilfe-Verordnung (KfzHV) gewährt. Sie umfasst Leistungen zur Beschaffung eines Kraftfahrzeugs, für eine behinderungsgerechte Zusatzausstattung eines Fahrzeugs sowie zur Erlangung einer Fahrerlaubnis. Die Leistungen gibt es als Zuschüsse oder Darlehen. Voraussetzung ist, dass der Mensch mit Behinderung infolge seiner Behinderung nicht nur vorübergehend auf die Benutzung eines Kraftfahrzeugs angewiesen ist, um seinen Arbeits- oder Ausbildungsort oder einen Ort der beruflichen Bildung zu erreichen. Kraftfahrzeughilfe gibt es demzufolge grundsätzlich nur dann, wenn das Fahrzeug für die Erwerbstätigkeit bzw. für eine Maßnahme der beruflichen Bildung benötigt wird. Die Beschaffung eines Kraftfahrzeugs wird – einkommensabhängig – mit einem Betrag von maximal 9.500 Euro unterstützt. Die behinderungsbedingte Zusatzausstattung ist dabei nicht umfasst; deren Kosten werden in voller Höhe übernommen. Auch für den Erwerb der Fahrerlaubnis werden – einkommensabhängig – Zuschüsse geleistet. Ein Antrag auf die Kfz-Hilfe sollte vor Abschluss des Vertrages über den Kauf des Autos bzw. der Zusatzausstattung gestellt werden.

Leistungen zur Teilhabe am Arbeitsleben werden im Übrigen auch für Zeiten notwendiger Praktika erbracht (§ 49 Abs. 5 SGB IX).

Ebenso wie in der medizinischen Rehabilitation werden die Leistungen zur Teilhabe am Arbeitsleben nach § 49 Abs. 6 SGB IX durch **medizinische, psychologische und pädagogische Hilfen** ergänzt, soweit diese Leistungen im Einzelfall erforderlich sind, um die in § 49 Abs. 1 SGB IX genannten Ziele zu erreichen oder zu sichern und Krankheitsfolgen zu vermeiden, zu überwinden, zu mindern oder ihre Verschlimmerung zu verhüten. Wie bei den Leistungen zur medizinischen Rehabilitation sind auch diese psychosozialen Hilfen als Annexleistungen nur im Rahmen einer Hauptleistung zur Teilhabe am Arbeitsleben (§ 49 Abs. 3 SGB IX) möglich.

Darüber hinaus umfassen die Leistungen zur Teilhabe am Arbeitsleben nach § 49 Abs. 7 SGB IX auch die Übernahme der erforderlichen **Kosten für Unterkunft und Verpflegung**, wenn für die Ausführung einer Leistung eine Unterbringung außerhalb des eigenen oder des elterlichen Haushalts wegen Art oder Schwere der Behinderung oder zur Sicherung des Erfolges der Teilhabe notwendig ist. Erfasst sind ebenso die **erforderlichen Kosten**, die mit der Ausführung einer Leistung in unmittelbarem Zusammenhang stehen, insbesondere Lehrgangskosten, Prüfungsgebühren, Lernmittel, Leistungen zur Aktivierung und beruflichen Eingliederung.

Leistungen der beruflichen Teilhabe sollen Eignung, Neigung, die bisherige Tätigkeit und die Lage und Entwicklung auf dem Arbeitsmarkt angemessen berücksichtigen (§ 49 Abs. 4 SGB IX). Deshalb soll die **Bundesagentur für Arbeit** – sofern sie nicht selbst Leistungsträger ist – bei der Gewährung der Leistungen beteiligt werden (§ 54 SGB IX).

Leistungen zur Teilhabe am Arbeitsleben werden auch an **Arbeitgeber** erbracht (§ 50 SGB IX). Dazu gehören:

1. die Gewährung von Ausbildungszuschüssen zur betrieblichen Ausführung von Bildungsleistungen (auch für die gesamte Dauer der Maßnahme, § 50 Abs. 3 SGB IX),
2. Eingliederungszuschüsse, die einen Einstellungsanreiz darstellen und einen Ausgleich von noch vorhandenen Minderleistungen des Menschen mit Behinderung bis zur Erreichung der vollen Leistungsfähigkeit schaffen sollen,
3. Zuschüsse für Arbeitshilfen im Betrieb und
4. die teilweise oder volle Kostenerstattung für eine befristete Probebeschäftigung.

Leistungen der Teilhabe am Arbeitsleben sollen primär betrieblich und auf dem ersten Arbeitsmarkt erfolgen, gleichwohl findet sie häufig außerbetrieblich und in Einrichtungen der beruflichen Rehabilitation (§ 51 SGB IX) statt. Hierzu gehören in erster Linie die **Berufsbildungswerke**, in denen jüngere Menschen mit Behinderung eine Erstausbildung erhalten und **Berufsförderungswerke**, deren Aufgabe die Weiterbildung älterer Menschen mit Behinderungen ist.

Einen guten Überblick über alle Leistungen zur Teilhabe am Arbeitsleben sowohl für Arbeitnehmer:innen mit Behinderungen als auch für Arbeitgeber erhält man bei der **Bundesarbeitsgemeinschaft der Integrationsämter und Hauptfürsorgestellen** (BIH).[107]

4.4.8.3 Unterhaltssichernde und ergänzende Leistungen

Unterhaltssichernde und ergänzende Leistungen sind in den §§ 64 bis 74 SGB IX geregelt. Sie **ergänzen** die **Leistungen der medizinischen Rehabilitation und der Teilhabe am Arbeitsleben**. Ihre Aufgabe liegt darin, den Lebensunterhalt während der Rehabilitation einschließlich der Sozialversicherungsbeiträge sicherzustellen sowie eine Unterstützung durch andere, die Rehabilitation begleitende Maßnahmen zu ermöglichen. Insofern schaffen sie die **Rahmenbedingungen**, unter denen die Rehabilitation ermöglicht, erleichtert, erreicht oder gesichert wird.

---

107 https://www.integrationsaemter.de/files/11/ZB_info_Leistungen.pdf (21.5.2021).

Unterhaltssichernde und ergänzende Leistungen werden nur erbracht, wenn **gleichzeitig Leistungen** zur medizinischen Rehabilitation oder zur Teilhabe am Arbeitsleben gewährt werden. Sie können nicht für sich alleinstehen. Dementsprechend ist derjenige Rehabilitationsträger, der die „Hauptleistung" erbringt, auch für die unterhaltssichernden und ergänzenden Leistungen zuständig.

Die Träger der Eingliederungshilfe und der öffentlichen Jugendhilfe erbringen keine unterhaltssichernden Leistungen. Die Träger der Eingliederungshilfe erbringen lediglich Fachleistungen; existenzsichernde (d. h. unterhaltssichernde) Leistungen werden von den Trägern der Grundsicherung im Alter und bei Erwerbsminderung (siehe Kapitel 4.6) oder von den Sozialhilfeträgern als Hilfe zum Lebensunterhalt erbracht. Die Träger der öffentlichen Jugendhilfe erbringen unterhaltssichernde Leistungen unter den Voraussetzungen des § 39 SGB VIII.

Unterhaltssichernde und ergänzende Leistungen lassen sich im **Überblick** darstellen, wobei die Art der unterhaltssichernden Leistung sich danach richtet, ob es sich um Leistungen zur medizinischen Rehabilitation oder zur Teilhabe am Arbeitsleben handelt und welcher Rehabilitationsträger die Leistungen erbringt.

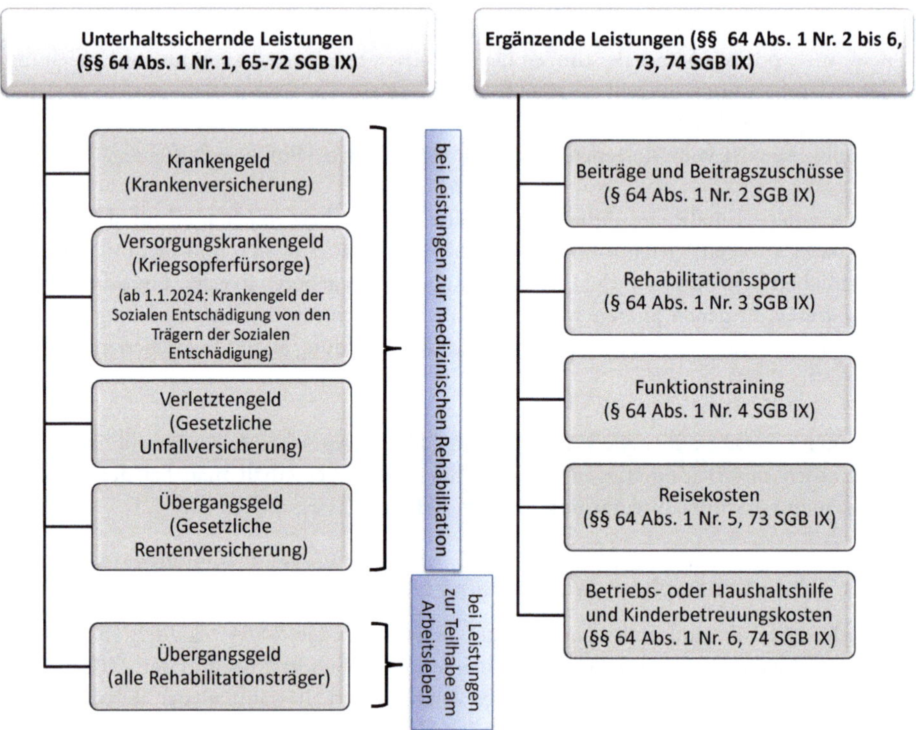

Übersicht 28

Beispiel

Eine 42-jährige Gesundheits- und Krankenpflegerin erleidet einen Herzinfarkt. Sie betreut allein ihre 5-jährige Tochter. Während sie eine von der Krankenversicherung finanzierte medizinische Rehabilitation in einer stationären Einrichtung durchführt, erhält sie Krankengeld von der Krankenversicherung (wenn der sechswöchige Lohnfortzahlungsanspruch bereits beendet ist) gem. §§ 44 ff. SGB V. Diese bezahlt auch eine Haushaltshilfe für die Betreuung ihrer Tochter (§ 38 SGB V). In der Klinik wird festgestellt, dass sie ihren Beruf nicht mehr ausüben kann und eine Umschulung benötigt. Zuständig für diese Maßnahme der Teilhabe am Arbeitsleben ist die Bundesagentur für Arbeit. Erhält sie während der Umschulung Übergangsgeld und ebenfalls eine Haushaltshilfe, dann ist für diese Leistungen die Bundesagentur für Arbeit zuständig.

Bestimmte ergänzende Leistungen (Rehabilitationssport und Funktionstraining, Reisekosten, Betriebs- oder Haushaltshilfe und Kinderbetreuungskosten) erbringen auch die Träger der Eingliederungshilfe. Dort sind diese Leistungen allerdings den Leistungen zur medizinischen Rehabilitation zugeordnet (§ 109 Abs. 1 SGB IX), allerdings nur, wenn der Träger der Eingliederungshilfe nachrangig Leistungen zur medizinischen Rehabilitation erbringt. Über den Verweis in § 35a Abs. 3 SGB VIII gilt dies ggf., wenn die Leistungen von den Trägern der öffentlichen Jugendhilfe erbracht werden.

4.4.8.4 Leistungen zur Teilhabe an Bildung

Die Leistungen zur Teilhabe an Bildung nach § 75 SGB IX sind erst seit dem BTHG eine eigene Leistungsgruppe. Sie wurden zuvor im Rahmen der Leistungen zur Teilhabe am Leben in der Gemeinschaft erbracht. Da die Leistungen aber einen besonderen Stellenwert nicht nur, aber v. a. auch für Kinder und Jugendliche mit Behinderungen haben und Art. 24 UN-BRK, der inklusive Bildungsformen von Menschen mit und ohne Behinderungen erfordert, Rechnung getragen werden sollte, hat der Gesetzgeber sie ausdrücklich aufgenommen.

Gleichwohl geht es bei dieser Leistungsgruppe nicht um die Bildung als solche, sondern um einen diskriminierungsfreien und gleichberechtigten Zugang zum allgemeinen Bildungssystem – von der allgemeinen Schulbildung über die Hochschul- und Berufsausbildung, Erwachsenenbildung bis zum lebenslangen Lernen.

Aus diesen Gründen umfassen die Leistungen zur Teilhabe an Bildung sämtliche **Unterstützungsleistungen**: für den Weg von und zu den Bildungseinrichtungen, für die Teilnahme am Bildungsangebot oder für die Aufnahme und Verarbeitung von Bildungsinhalten. Dadurch sollen Zugangsbarrieren überwunden und Menschen mit Behinderungen die Teilnahme an Bildungsangeboten ermöglicht werden. In Frage kommen kommunikative, technische oder andere Hilfsmittel, Hilfen zum Aufsuchen und/oder zur Teilnahme am jeweiligen Unterricht oder personelle Unterstützung durch Schulbegleiter:innen oder Integrationshelfer:innen oder Assistenzkräfte.

Beispiel 1

Die 8-jährige L leidet unter Epilepsie mit häufig auftretenden sog. Grand-Mal-Anfällen. Sie wird mit dem Schulbus in eine Regelschule befördert – die Schüler:innenbeförderung wird vom Land finanziert. Wegen ihrer Anfälle benötigt sie eine Assistenz, die ihr zur Seite steht, wenn ein Anfall kommt, und die entsprechenden Hilfsmaßnahmen einleiten kann.

Beispiel 2

Die 23-jährige A studiert Heilpädagogik. Sie ist gehörlos und benötigt, um an den Lehrveranstaltungen teilzunehmen, eine:n Gebärdensprach- oder Schriftdolmetscher:in.

Beispiel 3

Der 12-jährige B hat eine starke Sehbeeinträchtigung. Für die Teilnahme am Unterricht benötigt er einen PC mit der entsprechenden Ausrüstung.

Bei den Hilfen zur Schulbildung im Rahmen der Schulpflicht ergeben sich häufig Abgrenzungsschwierigkeiten zwischen der Verantwortlichkeit des Rehabilitationsträgers und der des Schulträgers. Die Leistungen zur Teilhabe an Bildung umfassen nur den Zugang zur Bildung, der Schulträger ist für die **Umsetzung des Bildungsauftrags** zuständig. Dieser Bildungsauftrag betrifft den **Kernbereich pädagogischer Tätigkeit**. Er beinhaltet die Vorgabe und Vermittlung der Lerninhalte, d. h. den Unterricht als solchen, dessen Inhalte, das pädagogische Konzept der Wissensvermittlung sowie die Leistungsbewertung. Der Kernbereich pädagogischer Tätigkeit ist nicht betroffen, wenn eine Schulbegleitung die eigentliche pädagogische Arbeit der Lehrkraft nur absichert, d. h. integrierende, beaufsichtigende und fördernde Assistenzdienste, die den Unterricht flankieren und dem Kind oder dem Jugendlichen mit Behinderung die Teilnahme am pädagogischen Angebot der Schule überhaupt erst ermöglichen.

Die Träger der gesetzlichen Unfallversicherung erbringen nur Leistungen zur Teilhabe an Bildung, wenn die Behinderung aufgrund eines Versicherungsfalls eingetreten ist, den Versicherte nach § 2 Abs. 1 Nr. 8 SGB VII erlitten haben. Dabei handelt es sich um Kinder in Kindertageseinrichtungen, in Kindertagespflege oder in vorschulischen Sprachförderungskursen, um Schüler:innen, die allgemeine oder berufsbildende Schulen und dazu gehörige Betreuungseinrichtungen besuchen, und um Studierende während der Aus- und Fortbildung an Hochschulen. Da das SGB VII diese Leistungsgruppe nicht gesondert aufführt, werden die Leistungen als Leistungen zur Teilhabe am Arbeitsleben oder zur Sozialen Teilhabe erbracht (§ 75 Abs. 2 S. 2 SGB IX).[108]

4.4.8.5 Leistungen zur Sozialen Teilhabe

Leistungen zur Sozialen Teilhabe werden nach § 76 Abs. 1 SGB IX erbracht, um Menschen mit (drohenden) Behinderungen eine gleichberechtigte Teilhabe am Leben in der Gemeinschaft zu ermöglichen oder zu erleichtern. Dabei liegt der Fokus auf einer möglichst **selbstbestimmten und eigenverantwortlichen Lebensführung** im eigenen Wohnraum sowie im Sozialraum, zu der die Leistungen die Leistungsberechtigten befähigen und sie unterstützen sollen. Damit soll dem Recht auf eine selbstbestimmte und eigenverantwortliche Lebensführung, wie es Art. 19 UN-BRK für Menschen mit Behinderungen festlegt, Rechnung getragen werden.

Leistungen zur Sozialen Teilhabe sind gegenüber den anderen Leistungsgruppen **nachrangig** (§ 76 Abs. 1 Satz 1 letzter HS SGB IX). Sie werden v. a. von den **Trägern der Eingliederungshilfe** (§§ 113-116 SGB IX) und von den **Trägern der öffentlichen Jugendhilfe** (§ 35a Abs. 3 SGB VIII i.V.m. §§ 113 ff. SGB IX) erbracht.

---

108 Die Vorschrift spricht immer noch von den Leistungen zur „Teilhabe am Leben in der Gemeinschaft". Diese Leistungsgruppe umfasst seit dem BTHG die Leistungen zur Sozialen Teilhabe und auch das SGB VII benennt diese Leistungsgruppe inzwischen so (§ 39 SGB VII). Es handelt sich hier offenbar um ein redaktionelles Versehen des Gesetzgebers.

Nach § 76 Abs. 2 SGB IX gehören zu den **Leistungen**, die in den folgenden Vorschriften genauer ausdefiniert werden:

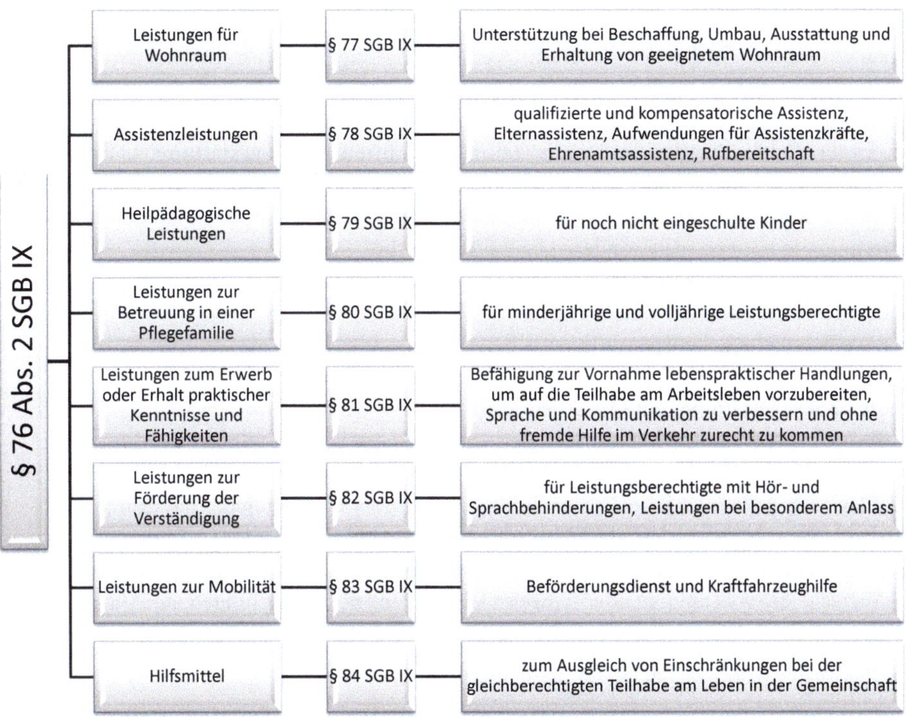

Übersicht 29

Die acht Leistungskategorien sind nicht abschließend. Zu den **Leistungen für Wohnraum** gehören v. a. beratende und unterstützende Maßnahmen bei der Suche nach einer Wohnung oder – falls nicht anders möglich – auch zu einem Platz in einer besonderen Wohnform oder in einer Wohngemeinschaft. Auch materielle Leistungen zur Beschaffung und Erhaltung einer Wohnung, behinderungsbedingte Umbauten oder Zusatzausstattungen oder die Übernahme von Umzugskosten können als Leistungen erbracht werden. Ist der **Umbau** einer Wohnung erforderlich, um eine Erwerbstätigkeit zu ermöglichen, unterfällt dieser den Leistungen zur Teilhabe am Arbeitsleben (§ 49 Abs. 8 Nr. 6 SGB IX); diese gehen denen der Sozialen Teilhabe vor. Eine Abgrenzung muss auch zu den wohnumfeldverbessernden Maßnahmen nach § 40 Abs. 4 SGB XI (s. Kapitel 4.5.3.2) getroffen werden. Diese Leistungen werden für pflegebedürftige Menschen erbracht; ihre Ziele richten sich auf die Ermöglichung oder Erleichterung häuslicher Pflege oder einer selbstständigen Lebensführung im Kontext der Pflege.

Grundsätzlich gehören laufende Kosten der Unterkunft nicht zu den Leistungen der Sozialen Teilhabe, sondern zu den existenzsichernden Leistungen (z. B. § 22 SGB II, § 42a SGB XII). Entsteht jedoch behinderungsbedingt ein erhöhter Wohnraumbedarf und würden Menschen mit Behinderungen dann Gefahr laufen, ihr Grundbedürfnis Wohnen in einer eigenen Wohnung mangels Übernahme der Kosten durch einen Sozialleistungsträger im Rahmen existenzsichernder Leistungen (z. B. Jobcenter oder Träger der Grundsicherung im Alter und bei Erwerbsminderung) nicht decken zu können, können auch laufende Kosten zu den Leistungen der Sozialen Teilhabe gehören.[109]

Einen besonderen Stellenwert haben die **Assistenzleistungen** nach § 76 Abs. 2 Nr. 2 SGB IX, die mit dem BTHG sehr ausführlich in § 78 SGB IX konkretisiert wurden. Der Begriff „Assistenz" soll ein anderes Verständnis von professioneller Hilfe deutlich machen – es geht um Unterstützung zu einer **möglichst selbstbestimmten Alltagsgestaltung**, nicht um eine Betreuung im Über-/Unterordnungsverhältnis. Assistenzleistungen dienen nicht nur der selbstbestimmten und eigenständigen Bewältigung des Alltags, sondern auch der Tagesstrukturierung. Sie können insbesondere Unterstützung für

- die allgemeinen Erledigungen des Alltags wie die Haushaltsführung,
- die Gestaltung sozialer Beziehungen,
- die persönliche Lebensplanung,
- die Teilhabe am gemeinschaftlichen und kulturellen Leben,
- die Freizeitgestaltung, einschließlich sportlicher Aktivitäten sowie
- die Sicherstellung der Wirksamkeit ärztlicher und ärztlich verordneter Leistungen

umfassen. Nach § 78 Abs. 2 SGB IX entscheiden die Leistungsberechtigten auf der Grundlage des nach § 19 SGB IX erstellten Teilhabeplans über die konkrete Gestaltung der Assistenzleistungen, insbesondere im Hinblick auf Ablauf, Ort und Zeitpunkt der Inanspruchnahme. Das Gesetz unterscheidet zwischen **zwei Formen** der Assistenz:

1. einerseits die vollständige oder teilweise Übernahme von Handlungen zur Alltagsbewältigung sowie die Begleitung der Leistungsberechtigten und
2. andererseits die Befähigung der Leistungsberechtigten zu einer eigenständigen Alltagsbewältigung.

Unter Nr. 1 fallen Assistenzleistungen, die z. B. der Erledigung des Haushalts dienen oder bei der Überwindung von Barrieren beim Einstieg in Bus oder Bahn oder bei der Nutzung von Ticketschaltern helfen. Diese Leistungen sind **einfache oder kompensatorische Assistenzleistungen** und zu unterscheiden von der qualifizierten Assistenz, die Fachkräfte voraussetzt und die auch pädagogische und psychologische Anleitung erfasst (Nr. 2). Die **qualifizierte Assistenz** ist darauf gerichtet, die Selbstbestimmung, Selbstverantwortlichkeit, Selbstständigkeit und die soziale Verantwortung von Menschen mit Behinderungen zu stärken.

Beispiele

Geht es um Aufgaben im Haushalt, die ein Mensch mit Behinderung aufgrund seiner behinderungsbedingten Einschränkungen nicht allein tragen kann und benötigt er aufgrund dessen eine Haushaltshilfe, handelt es sich bei dieser um eine einfache Assistenz. Diese kann durch Hilfskräfte erfolgen. Soll er hingegen befähigt werden, seine Haushaltsaufgaben selbstständig und eigenverantwortlich durchzuführen und benötigt er hierfür pädagogische Anleitung, handelt es sich um eine qualifizierte Assistenz, die nur von Fachkräften erbracht werden kann.

Assistenzleistungen umfassen auch die Unterstützung für Eltern mit Behinderungen bei der Betreuung und Versorgung ihrer Kinder. Dabei wird die Elternassistenz von der begleiteten Elternschaft unterschieden. **Elternassistenz** besteht in einer kompensatorischen Assistenz für Eltern mit körperlichen oder Sinnesbeeinträchtigungen; die **begleitete Elternschaft** muss

109 BSG, Urteil vom 4.4.2019, B 8 SO 12/17 R.

durch eine qualifizierte Assistenz erbracht werden, weil sie Eltern mit Behinderungen pädagogisch anleitet, berät und begleitet, damit diese ihre Elternrolle wahrnehmen können, ohne dass es zu einer Gefährdung des Kindeswohls kommt.

Von besonderer Bedeutung im Rahmen der Heilpädagogik und Heilerziehungspflege sind die **heilpädagogischen Leistungen**, die nach §§ 76 Abs. 2 Nr. 3, 79 SGB IX als Leistung zur Sozialen Teilhabe erbracht werden. Heilpädagogische Leistungen umfassen dabei nach § 79 Abs. 2 SGB IX alle Maßnahmen, die zur Entwicklung des Kindes und zur Entfaltung seiner Persönlichkeit beitragen, einschließlich der jeweils erforderlichen nichtärztlichen, therapeutischen, psychologischen, sonderpädagogischen, psychosozialen Leistungen und der Beratung der Erziehungsberechtigten, sofern die Leistungen nicht unter § 46 Abs. 1 SGB IX im Rahmen der Früherkennung und Frühförderung erbracht werden. Beide Leistungsgruppen lassen sich wie folgt **abgrenzen**:

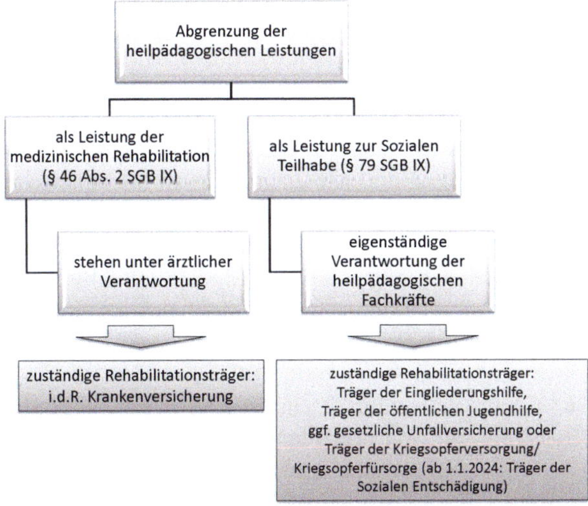

Übersicht 30

Bei noch nicht eingeschulten Kindern werden die heilpädagogischen Leistungen als **Komplexleistungen** mit den Leistungen der Früherkennung und Frühförderung erbracht (§§ 46 Abs. 3, 79 Abs. 3 S. 1 SGB IX). Die beteiligten Sozialleistungsträger sind verpflichtet, zu kooperieren und ihre Leistungen aufeinander abzustimmen (§ 8 FrühV).

Darüber hinaus können heilpädagogische Leistungen auch als Komplexleistungen mit **schulvorbereitenden Maßnahmen** der Schulträger erbracht werden (§ 79 Abs. 3 S. 3 SGB IX). Dabei handelt es sich i. d. R. um Angebote für die Betreuung, Bildung und Erziehung von Kindern mit (drohenden) Behinderungen ab vollendetem drittem Lebensjahr, die aufgrund ihres zusätzlichen Förderbedarfs in einem Regelkindergarten nicht angemessen gefördert werden können.

Beispiele für schulvorbereitende Maßnahmen

- Schulvorbereitende Förder- und Betreuungsangebote an Förderschulen für Blinde und Sehgeschädigte sowie Förderschulen für Gehörlose und Hörgeschädigte nach § 8 Abs. 7 Schulgesetz Sachsen-Anhalt;

- Förderung in schulvorbereitenden Einrichtungen als Bestandteile von Förderzentren und Mobile Sonderpädagogische Hilfe nach Art. 22 Bayerisches Erziehungs- und Unterrichtsgesetz in den letzten drei Jahren vor Erreichung der Schulpflicht;
- besondere Fördermaßnahmen in Kindertageseinrichtungen für entwicklungsbeeinträchtigte Kinder, bei denen die Voraussetzungen für eine sonderpädagogische Unterstützung in den Förderschwerpunkten Sehen, Hören und geistige Entwicklung vorliegen (§ 4a Abs. 7 Schulordnungsgesetz Saarland).

Heilpädagogische Leistungen erhalten grundsätzlich Kinder mit (drohenden) Behinderungen, die **noch nicht eingeschult** sind. Entscheidend ist die tatsächliche Einschulung und nicht das Erreichen des schulpflichtigen Alters, das von Bundesland zu Bundesland unterschiedlich sein kann. Allerdings versteht das Bundesverwaltungsgericht die Regelung nicht ausschließend, sodass auch bereits eingeschulte Kinder heilpädagogische Leistungen erhalten können.[110] Die Leistungen werden erbracht, wenn nach fachlicher Erkenntnis zu erwarten ist, dass hierdurch (§ 79 Abs. 1 S. 1 SGB IX):
- eine drohende Behinderung abgewendet oder der fortschreitende Verlauf einer Behinderung verlangsamt wird oder
- die Folgen einer Behinderung beseitigt oder gemildert werden können.

Die fachliche Erkenntnis ist eine **Prognoseentscheidung**, die i. d. R. durch ein Gutachten nachgewiesen werden muss. Die Erwartungen sind allerdings nicht zu hoch gesteckt, es genügt eine allgemeine Wahrscheinlichkeit, ob die heilpädagogische Leistung die Ziele der Leistungen zur Sozialen Teilhabe erreichen kann; eine spürbare Verbesserung auch im Bereich einfachster lebenspraktischer Fähigkeiten genügt dabei. Bei Kindern mit **schwersten oder schweren Mehrfachbehinderungen** ist keine Prognose über die Zielerreichung erforderlich. Diese Kinder erhalten immer heilpädagogische Leistungen.

Heilpädagogische **Leistungen** sind in § 6 FrühV aufgeführt. Zu ihnen gehören z. B. die Förderung von Basiskompetenzen im Bereich Sprache und persönliche Entwicklung einschließlich des sozialen Verhaltens, Maßnahmen, die auf eine sinnesspezifische Entwicklung abzielen oder ggf. auch heilpädagogisches Reiten. Sie sollen so erbracht werden, dass die Kinder möglichst nicht von ihrem sozialen Umfeld getrennt und mit Kindern ohne Behinderungen gemeinsam betreut werden.

Leistungen zur **Betreuung in einer Pflegefamilie** kommen nach § 80 SGB IX dann in Betracht, wenn Leistungsberechtigte nicht in ihrer Herkunftsfamilie betreut werden können oder sollen. Die Leistungen werden an Kinder und Jugendliche mit Behinderungen erbracht, aber auch an volljährige Menschen mit Behinderungen. Bei Minderjährigen ist eine **Abgrenzung zu § 33 SGB VIII** vorzunehmen – im Rahmen der Hilfe zur Erziehung können, bei Vorliegen der Voraussetzungen des § 27 SGB VIII, auch Leistungen in einer Pflegefamilie erbracht werden. Allerdings setzt § 27 SGB VIII – anders als § 80 SGB IX – keine Behinderung voraus und § 80 SGB XI – im Gegensatz zu § 27 SGB VIII – keinen erzieherischen Bedarf. Überschneidungen kann es geben, wenn Kinder mit Behinderungen in einer Pflegefamilie betreut werden und einen erzieherischen Bedarf haben. Hat das Kind eine seelische Behinderung, kann im Rahmen des § 35a Abs. 4 SGB VIII auf beide Bedarfe reagiert werden; die Kosten übernimmt der Träger der Kinder- und Jugendhilfe für alle Leistungen. Hat das

110 BVerwG, Urteil vom 18.10.2012, 5 C 15.11.

Kind eine körperliche und/oder geistige Behinderung und einen erzieherischen Bedarf, erfolgt die Betreuung in einer Pflegefamilie nach § 33 SGB VIII, deren Kosten der Träger der Kinder- und Jugendhilfe trägt und das Kind erhält gleichzeitig Leistungen der Eingliederungshilfe nach dem SGB IX vom Träger der Eingliederungshilfe, allerdings werden die Leistungen in diesem Rahmen dann nicht nach § 80 SGB IX erbracht. Die Pflegepersonen benötigen keine Pflegeerlaubnis nach § 44 SGB VIII.

Die Leistungen zum **Erwerb und Erhalt praktischer Kenntnisse und Fähigkeiten** zielen darauf ab, Leistungsberechtigten die für sie erreichbare Teilhabe am Leben in der Gemeinschaft zu verbessern. Es geht darum, Alltagskompetenzen und lebenspraktische Fähigkeiten, einschließlich hauswirtschaftlicher Kompetenzen zu stärken. Die Leistungen sollen in Fördergruppen, durch Schulungen oder ähnliche Maßnahmen erbracht werden.

Beispiele

Hilfen zum Erlernen von Fähigkeiten, sich allein anzuziehen, ohne fremde Hilfe zu essen oder einfache manuelle Tätigkeiten auszuüben, auch wenn dies ggf. nur unter dauernder Anleitung und Überwachung erfolgt; Maßnahmen, die eine möglichst selbstständige Haushaltsführung und räumliche Orientierung ermöglichen sowie Ausbildungsmaßnahmen wie eine blindentechnische Grundausbildung, hauswirtschaftliche Lehrgänge, Mobilitätstraining.

Leistungen zur **Förderung der Verständigung** unterstützen Menschen mit Hör- und Sprachbehinderungen. Sie erfassen v. a. Hilfen durch Gebärdensprachdolmetscher:innen und andere geeignete Kommunikationshilfen[111], die aus besonderem Anlass erforderlich sind.

Beispiele für besondere Anlässe

Verkehr mit Behörden, Vertragsverhandlungen, Gerichtstermine, Arztbesuche, Einlieferung ins Krankenhaus, familiäre Feste, Elternversammlungen in Kitas und Schulen, Teilnahme an Beiratsversammlungen in WfbM

Besteht kein besonderer Anlass, werden die Hilfen zur Verständigung mit der Umwelt über § 78 SGB IX im Rahmen der Assistenzleistungen erbracht.

Es gibt eine Reihe von Spezialregelungen, die dem gleichen Ziel dienen und die in anderen Gesetzen geregelt sind. So beinhaltet z. B. § 9 BGG das Recht, zur Wahrnehmung eigener Rechte im Verwaltungsverfahren in Deutscher Gebärdensprache, mit lautsprachbegleitenden Gebärden oder über andere geeignete Kommunikationshilfen zu kommunizieren. § 19 Abs. 1 SGB X legt das gleiche Recht für das Sozialverwaltungsverfahren fest; § 17 Abs. 2 SGB I für den Verkehr mit Sozialleistungsträgern oder § 186 Gerichtsverfassungsgesetz (GVG) für ein Gerichtsverfahren. Der Einsatz der Dolmetscher:innen oder Kommunikationshilfe ist für die beeinträchtigten Menschen kostenfrei; die Aufwendungen hierfür tragen die Behörden oder Gerichte.

Leistungen zur Mobilität wurden mit dem BTHG ausdrücklich neu aufgenommen. Sie bestehen nach § 83 SGB IX aus Leistungen zur Beförderung, insbesondere durch einen Beförderungsdienst und Leistungen für ein Kraftfahrzeug. Die Leistungen erhalten Menschen mit Behinderungen, denen die Nutzung öffentlicher Verkehrsmittel aufgrund von Art und Schwere der Behinderung nicht zumutbar ist. Die Unzumutbarkeit kann sich auch aus

111 Kommunikationshilfen sind in der Kommunikationshilfenverordnung, insbesondere in § 3 KHV, geregelt.

fehlender oder unzureichender ÖPNV-Infrastruktur ergeben. Dabei werden Leistungen für ein Kraftfahrzeug nur erbracht, wenn die Leistungsberechtigten entweder das Fahrzeug selbst führen oder gewährleisten können, dass Dritte das Fahrzeug führen. Die Kraftfahrzeughilfe, deren Einzelheiten in § 83 Abs. 3 und 4 SGB IX geregelt sind, ist gegenüber den Leistungen für einen Beförderungsdienst nachrangig; sie setzt voraus, dass dieser nicht zumutbar oder nicht wirtschaftlich ist.

Hilfsmittel im Rahmen der Sozialen Teilhabe werden nach den §§ 76 Abs. 2 Nr. 8, 84 SGB IX erbracht, wenn sie erforderlich sind, um eine Einschränkung einer gleichberechtigten Teilhabe am Leben in der Gemeinschaft auszugleichen. Hilfsmittel als Leistung der Sozialen Teilhabe sind gegenüber denen der medizinischen Rehabilitation und denen der Teilhabe am Arbeitsleben **nachrangig**. Das Gesetz nennt als Beispiel barrierefreie Computer.

Beispiele

Personalcomputer für blinde Menschen, Batterien für Hörgeräte, Hilfen zur Erleichterung oder Ermöglichung der Verständigung mit der Umwelt wie Verständigungsgeräte für Taubblinde, Hörgeräte, Hörtrainer und Sprachübungsgeräte, Geräte zur häuslichen Kommunikation für querschnittsgelähmte Menschen, behinderungsgerechte Wasch- und Küchenmaschinen, ggf. Tandem

Die Leistungen für Hilfsmittel umfassen auch die notwendige Unterweisung im Gebrauch, Instandhaltung und Änderungen sowie ggf. – wenn erforderlich – auch eine Doppelausstattung (§ 84 Abs. 2 und 3 SGB IX).

4.4.9 Leistungen der Eingliederungshilfe

Das Recht der Eingliederungshilfe ist mit dem BTHG grundlegend geändert worden. Bis 31.12.2019 waren die Leistungen der Eingliederungshilfe im SGB XII und damit im Sozialhilfe- bzw. Fürsorgerecht geregelt; Leistungsträger waren die Sozialhilfeträger. Seit dem 1.1.2020 sind die „Besonderen Leistungen zur selbstbestimmten Lebensführung für Menschen mit Behinderungen" bzw. ist das Eingliederungshilferecht im zweiten Teil des SGB IX geregelt. Zuständig sind die durch die Bundesländer zu bestimmenden Träger der Eingliederungshilfe, für die – als Rehabilitationsträger nach § 6 Abs. 1 Nr. 7 – dieser Teil das entsprechende Leistungsgesetz ist. Wichtiges Kernstück der BTHG-Reform war vor allem die Trennung der Fachleistungen von den existenzsichernden Leistungen; die Leistungen sollen unabhängig von der Wohnform der Menschen mit Behinderungen individuell und bedarfsgerecht – **personenzentriert** – erbracht werden.

4.4.9.1 Allgemeine Vorschriften

Die **Aufgaben und die Ziele der Eingliederungshilfe** finden sich in § 90 Abs. 1 SGB IX. Sie sind darauf gerichtet, Leistungsberechtigten eine individuelle Lebensführung zu ermöglichen, die der Würde des Menschen entspricht, und die volle, wirksame und gleichberechtigte Teilhabe am Leben in der Gesellschaft zu fördern. Die Leistungen sollen die Menschen mit Behinderungen befähigen, ihre Lebensplanung und -führung möglichst selbstbestimmt und eigenverantwortlich wahrnehmen zu können. Die Vorschrift greift nicht nur § 1 SGB IX auf, sondern betont zugleich, dass mit den Leistungen der Eingliederungshilfe das Menschenrecht auf individuelle Autonomie und auf **gleichberechtigte Teilhabe in einer inklusiven**

Gesellschaft verfolgt wird. Die Absätze 2 bis 5 des § 90 SGB IX stellen die besonderen Aufgaben der einzelnen Leistungsgruppen heraus.

Die **Träger der Eingliederungshilfe** werden nach § 94 SGB IX durch die Bundesländer bestimmt. Diese haben entsprechende Ausführungsgesetze zum SGB IX erlassen. In welchem Bundesland welcher Träger für die Eingliederungshilfeleistungen zuständig ist, kann über die Internetseite Umsetzungsstand Länder – Umsetzungsbegleitung Bundesteilhabegesetz (umsetzungsbegleitung-bthg.de) nachgelesen werden.

Auch wenn die Leistungen der Eingliederungshilfe nicht mehr dem Fürsorgerecht zugerechnet werden, sind sie gem. § 91 SGB IX grundsätzlich **nachrangig** gegenüber Dienstleistungen anderer Träger (z. B. Schulen oder private Dritte) und Leistungen anderer Sozialleistungsträger.

Beispiele

Ist in einem Schulgesetz eines Bundeslandes eine sonderpädagogische Unterstützung für Schüler:innen mit Behinderungen vorgesehen (z. B. § 2 Abs. 5 SchulG NRW), sind diese Unterstützungsleistungen vorrangig in Anspruch zu nehmen. Nur wenn diese nicht geeignet sind oder aber nicht ausreichen, um den individuellen Unterstützungsbedarf zu decken, kommen (ggf. ergänzende) Leistungen der Eingliederungshilfe in Betracht.

Beruht die Behinderung eines 12-jährigen Kindes auf einem Unfall, den es während des Sportunterrichts erlitten hat, kommt als vorrangiger Träger für Eingliederungsleistungen der Träger der gesetzlichen Unfallversicherung in Betracht.

Problematisch ist v. a. das **Verhältnis zu den Pflegeleistungen**. Zwischen den Leistungen der Eingliederungshilfe und den Pflegeleistungen besteht häufig ein enger Zusammenhang, da der Begriff der Pflegebedürftigkeit nach § 14 SGB XI (s. Kapitel 4.5.2.2) mit dem Behinderungsbegriff Überschneidungen aufweist. Zu unterscheiden sind hierbei die Leistungen der Pflegeversicherung und die Leistungen der Hilfe zur Pflege.

Die **Leistungen der Pflegeversicherung** nach dem SGB XI sind den Leistungen der Eingliederungshilfe nicht nachrangig, sondern **gleichrangig**. Dies ergibt sich aus § 91 Abs. 3 SGB IX und § 13 Abs. 3 S. 3 SGB XI. Der Gesetzgeber geht davon aus, dass beide Leistungsbereiche unterschiedliche Ziele verfolgen: die Eingliederungshilfe die Förderung der vollen, wirksamen und gleichberechtigten Teilhabe am Leben in der Gesellschaft, die Pflege die Kompensation von gesundheitlich bedingten Beeinträchtigungen der Selbstständigkeit und der Fähigkeiten. Da Menschen mit Behinderungen häufig auch einen Pflegebedarf haben, soll der Träger der Eingliederungshilfe die zuständige Pflegekasse frühzeitig in das Gesamtplanverfahren mit einbinden (§ 13 Abs. 4a SGB XI – zum Gesamtplanverfahren s. unten 4.4.9.4).

Werden Eingliederungsleistungen in Einrichtungen oder **Räumlichkeiten über Tag und Nacht** erbracht, sind die erforderlichen Pflegeleistungen dort Teil der Eingliederungsleistungen (§ 103 Abs. 1 S. 1 SGB IX, § 13 Abs. 3 S. 3 Hs 2 SGB XI), zumindest solange die Teilhabeleistungen im Vordergrund stehen. Die Pflegekasse zahlt dann dem Träger der Eingliederungshilfe zur Abgeltung dieser Pflegeleistungen einen bestimmten Betrag, der nach § 43a SGB XI 15 % des vereinbarten Heimentgelts, maximal 266 Euro beträgt. Übersteigt der Pflegebedarf den Teilhabebedarf, haben die Träger der Eingliederungshilfe, die zuständige Pflegekasse und der Leistungserbringer zu vereinbaren, dass die Leistungen bei einem anderen

Leistungserbringer – i. d. R. einer vollstationären Pflegeeinrichtung – erbracht werden (§ 103 Abs. 1 S. 2 SGB IX). Leistungsberechtigte Menschen haben nur ein begrenztes Mitspracherecht; sie können lediglich „angemessene Wünsche" äußern.

Die Regelung führt dazu, dass bei steigendem Pflegebedarf v. a. älterer Menschen mit Behinderungen diese ihren bisherigen Lebensort verlassen müssen, ohne dass sie ein wirkliches Mitbestimmungsrecht haben. Da vollstationäre Pflegeeinrichtungen auf Menschen mit Behinderungen nicht eingestellt sind und kein oder kaum pädagogisches Fachpersonal zur Betreuung und Unterstützung dieser Menschen vorhalten, ist ein Wechsel der Einrichtung für die Betroffenen sehr schwierig und widerspricht zudem dem Selbstbestimmungsrecht des § 1 SGB IX und dem Recht auf freie Wahl des Wohnortes, wie es in § 19 UN-BRK geregelt ist.

Wird ein Mensch mit Behinderung **im häuslichen Bereich** gepflegt und erhält Eingliederungsleistungen, sieht § 13 Abs. 4 SGB XI ein Verfahren vor, wie beide Leistungen – die der Eingliederungshilfe und die der Pflegeversicherung – wie „aus einer Hand" erbracht werden können. Das Verfahren ist hochkomplex und nur mit Zustimmung der Leistungsberechtigten möglich.

Für die Leistungen der **Hilfe zur Pflege**, bei denen es sich um Leistungen der Sozialhilfe nach den §§ 64a ff. SGB XII handelt, trifft § 103 Abs. 2 eine Regelung. Außerhalb von Einrichtungen oder Räumlichkeiten, d. h. im ambulanten oder häuslichen Bereich, sind die Leistungen der Hilfe zur Pflege nach dem SGB XII Bestandteil der Eingliederungsleistungen, solange die Teilhabeziele erreicht werden können und Leistungsberechtigte bereits vor Erreichen der **Regelaltersgrenze**[112] Leistungen der Eingliederungshilfe erhalten haben. Beginnen Leistungen der Eingliederungshilfe erst im Rentenalter, werden die Leistungen der Hilfe zur Pflege nach dem SGB XII erbracht. Hier gelten dann strengere Einkommens- und Vermögensanrechnungsregelungen.

4.4.9.2 Leistungsberechtigung

Leistungen der Eingliederungshilfe erhalten nach § 99 Abs. 1 SGB IX „Menschen mit Behinderungen im Sinne von § 2 Abs. 1 Satz 1 und 2, die **wesentlich in der gleichberechtigten Teilhabe an der Gesellschaft eingeschränkt** sind (wesentliche Behinderung) oder von einer solchen wesentlichen Behinderung bedroht sind, wenn und solange nach der Besonderheit des Einzelfalls Aussicht besteht, dass die Aufgabe der Eingliederungshilfe nach § 90 erfüllt werden kann". Diese Fassung wurde in einer vom BMAS initiierten Arbeitsgruppe „Leistungsberechtigter Personenkreis" im Jahr 2019 entwickelt, nachdem die ursprüngliche Definition des leistungsberechtigten Personenkreises im BTHG (Art. 25a)[113] nach Durchführung einer Studie abgelehnt wurde. Der Kreis der Leistungsberechtigten soll so UN-BRK-konform und an der ICF orientiert sein. Entscheidend für einen Leistungsanspruch sind also:

112 Die Regelaltersgrenze ist im SGB VI geregelt. Sie wird nach § 35 S. 2 SGB VI mit Vollendung des 67. Lebensjahres erreicht; dies gilt allerdings erst ab dem Geburtsjahrgang 1964. Für frühere Geburtsjahrgänge trifft § 235 SGB VI eine Regelung über die schrittweise Anhebung der Regelaltersgrenze.

113 BGBl. 2016, S. 3339.

- **eine wesentliche Behinderung**
  Eines solche wesentliche Behinderung war bereits vor Inkrafttreten des BTHG Voraussetzung, um einen Anspruch auf Leistungen der Eingliederungshilfe zu haben (§ 53 SGB XII idF bis 31.12.2019). Konkretisiert wurde diese wesentliche Behinderung (körperlich, geistig oder seelisch) in den §§ 1 bis 3 der Eingliederungshilfeverordnung. Diese ist seit 1.1.2020 zwar nicht mehr in Kraft, gleichwohl verweist § 99 Abs. 4 SGB IX auf diese Vorschriften. Sie gelten so lange, bis die Bundesregierung mit Zustimmung des Bundesrates eine neue Rechtsverordnung über die Konkretisierung der Leistungsberechtigung in der Eingliederungshilfe erlässt.

oder

- **eine drohende wesentliche Behinderung**
  Von einer wesentlichen Behinderung bedroht sind nach § 99 Abs. 2 SGB IX Menschen, bei denen der Eintritt einer wesentlichen Behinderung nach fachlicher Erkenntnis mit hoher Wahrscheinlichkeit zu erwarten ist.

und

- nach der Besonderheit des Einzelfalls die Aussicht besteht, dass die **Aufgabe der Eingliederungshilfe nach § 90 SGB IX erfüllt** wird.
  Ob die Aufgabe der Eingliederungshilfe erfüllt wird, bestimmt sich nach den individuellen Teilhabezielen. Diese müssen nachvollziehbar und nicht über die Bedürfnisse von Menschen ohne Behinderungen hinausgehen; die Leistungen müssen geeignet und darüber hinaus auch notwendig sein, die Teilhabeziele zu erreichen.

Beispiel

Ein 45-jähriger Mann mit einer wesentlichen Gehbehinderung beantragt die Kostenübernahme für die Beschaffung eines Kfz im Rahmen der Leistungen zur Mobilität. Er benötigt dieses, um Einkäufe zu erledigen, Arzttermine wahrzunehmen, zu seinen Chorproben zu fahren und an kulturellen Veranstaltungen teilnehmen zu können. Diese Teilhabeziele sind Ziele der Sozialen Teilhabe nach § 90 Abs. 5 SGB IX, weil sie die gleichberechtigte Teilhabe am Leben in der Gemeinschaft betreffen. Das Kfz ist auch eine geeignete Leistung zur Mobilität, um diese Ziele zu ermöglichen oder zu erleichtern. Es stellt sich die Frage, ob die Leistungen auch notwendig sind, d. h. ob die Orte, die der Mann erreichen will, nicht auch ohne Leistungen zur Mobilität erreichbar sind, z. B. mit dem ÖPNV, und die Alternative für ihn zumutbar ist.

Die Leistungen der Eingliederungshilfe richten sich nach der **Besonderheit des Einzelfalls**. § 104 Abs. 2 SGB IX gibt ein Verfahren vor, wie mit Wünschen der Leistungsberechtigten umzugehen ist; anders als in § 8 SGB IX genügt es nicht, wenn die Wünsche „berechtigt" sind, sondern sie werden nur berücksichtigt, wenn sie angemessen sind. Unangemessen sind dabei Wünsche für Leistungen, die **unverhältnismäßige Kosten** verursachen und wenn auch vergleichbare kostengünstigere Leistungen das gleiche Teilhabeziel erreichen. Entscheidend ist allerdings, ob die (kostengünstigere) Alternative für die Leistungsberechtigten auch zumutbar ist. Dabei werden die persönlichen, familiären und örtlichen Umstände einschließlich der gewünschten Wohnform angemessen berücksichtigt.

Beispiel

Die 23-jährige A studiert Informatik an einer Universität. Sie ist aufgrund einer Tetraplegie auf ständige Unterstützung sowohl bei der Teilhabe am Leben in der Gemeinschaft als auch bei der Pflege angewiesen und benötigt – um in einem barrierefreien Studierendenwohnheim leben zu können – Unterstützung durch Assistenzkräfte rund um die Uhr. Der Träger der Eingliederungshilfe verweist sie auf eine vollstationäre Pflegeeinrichtung, in der die Versorgung ebenso gut stattfinden könne. Hier ist es der Studierenden aufgrund der in Pflegeeinrichtungen herrschenden Altersstruktur nicht zumutbar, dort zu leben; ihr Interesse an einem Leben außerhalb einer besonderen Wohnform muss angemessen berücksichtigt werden.

Die §§ 100 und 101 SGB IX schränken die Leistungen der Eingliederungshilfe für Fälle mit Auslandsbezug ein.

Um Leistungen der Eingliederungshilfe zu erhalten, muss nach § 108 SGB IX ein Antrag gestellt werden. Dieser Antrag kann auch formlos sein; notwendig ist die Identität der:des Antragsteller:in und ein konkretisierbares Leistungsbegehren. Nach § 108 Abs. 2 SGB IX bedarf es ausnahmsweise keines Antrags, wenn im Rahmen eines Gesamtplanverfahrens weitere Bedarfe offenkundig werden; die Leistungen sind dann von Amts wegen zu erbringen.

4.4.9.3 Leistungen

Die **Leistungen der Eingliederungshilfe** benennt § 102 SGB IX. Sie umfassen:
- Leistungen zur medizinischen Rehabilitation
- Leistungen zur Teilhabe am Arbeitsleben
- Leistungen zur Teilhabe an Bildung und
- Leistungen zur Sozialen Teilhabe

Dabei sind die Leistungen zur Sozialen Teilhabe den anderen Leistungsgruppen nachrangig. Die Leistungen werden als **Dienst-, Sach- und Geldleistungen** erbracht (§ 105 Abs. 1 SGB IX, § 11 SGB I). Sie entsprechen im Umfang im Wesentlichen den im Ersten Teil definierten Leistungen mit einigen Besonderheiten.

(1) Die Leistungen zur **medizinischen Rehabilitation** umfassen nach § 109 SGB IX insbesondere die Leistungen aus § 42 Abs. 2 und 3 SGB IX. Hinzu kommen einige ergänzende Leistungen. Der Leistungsumfang entspricht dem der gesetzlichen Krankenversicherung.

(2) Leistungen zur **Teilhabe am Arbeitsleben** erbringen die Träger der Eingliederungshilfe nur und ausschließlich (§ 111 SGB IX) für:
- Leistungen im Arbeitsbereich einer WfbM, einschließlich des Arbeitsförderungsgeldes,
- Leistungen bei anderen Leistungsanbietern nach den §§ 60 und 62 SGB IX (s. Kapitel 4.4.13.3), einschließlich des Arbeitsförderungsgeldes,
- Leistungen im Rahmen des Budgets für Arbeit (§ 61 SGB IX) bei einer sozialversicherungspflichtigen Beschäftigung bei einem privaten oder öffentlichen Auftraggeber,
- Leistungen für ein Budget für Ausbildung (§ 61a SGB IX) sowie
- Gegenstände und Hilfsmittel, die wegen der gesundheitlichen Beeinträchtigung zur Aufnahme oder Fortsetzung der Beschäftigung erforderlich sind.

(3) Leistungen zur **Teilhabe an Bildung** sind in § 112 SGB IX geregelt. Sie umfassen den Leistungskatalog des § 75 SGB IX, allerdings sind einige Leistungen klarer ausformuliert. So werden u. a. Leistungen für die schulische Ganztagsbetreuung in offener Form erbracht, d. h. auch über das Unterrichtsende hinaus, ebenso heilpädagogische und andere Maßnahmen, die erforderlich und geeignet sind, den Schulbesuch zu ermöglichen oder zu erleichtern,

sowie Gegenstände und Hilfsmittel aufgeführt, die wegen der gesundheitlichen Beeinträchtigungen zur Teilhabe an Bildung erforderlich sind. Unterstützung wird auch zur (hoch-)schulischen Aus- und Weiterbildung geleistet; auch ggf. für eine (hoch-)schulische Zweitausbildung, wenn diese aus behinderungsbedingten Gründen erforderlich ist (§ 112 Abs. 1 S. 4 SGB IX). Unter den Voraussetzungen des § 112 Abs. 2 SGB IX werden auch Leistungen für eine Höherqualifizierung (Masterabschluss) erbracht.

(4) Die Leistungen zur **Sozialen Teilhabe** sind in der Praxis die bedeutendsten Leistungen der Eingliederungshilfe, die auch finanziell am umfangreichsten sind. § 113 Abs. 2 SGB IX verweist zunächst auf die Vorschriften des Ersten Teils des SGB IX (§§ 76 ff. SGB IX), allerdings gibt es einige Besonderheiten. Dazu gehören:

- die Leistungen zur **Mobilität** werden insofern eingeschränkt, als die Leistungsberechtigten bei den Leistungen für ein Kfz ständig auf dessen Nutzung zur Teilhabe am Leben in der Gemeinschaft angewiesen sein müssen; die Zuschussregelungen der §§ 6 und 8 Kraftfahrzeughilfeverordnung kommen nicht zur Anwendung,
- die Leistungen werden um **Besuchsbeihilfen** (§ 115 SGB IX) ergänzt,
- bestimmte Leistungen zur Sozialen Teilhabe (einfache Assistenz und Assistenz zur Ausübung eines Ehrenamtes, Leistungen zur Förderung der Verständigung und Leistungen zur Beförderung durch einen Beförderungsdienst) können mit Zustimmung der Leistungsberechtigten durch **pauschale Geldleistungen** erbracht werden und
- die Möglichkeit, bestimmte Leistungen zu **poolen**, d. h. darauf hinzuwirken, dass diese Leistungen von mehreren Leistungsberechtigten gemeinsam in Anspruch genommen werden (§ 116 Abs. 2 SGB IX), sofern dies für die Leistungsberechtigten zumutbar ist.

4.4.9.4 Gesamtplanverfahren

Das Gesamtplanverfahren im Rahmen der Eingliederungshilfe ist Kernstück der **personenorientierten Leistungsgewährung und -erbringung**. Es ist in den §§ 117 bis 120 SGB IX geregelt und dient einerseits der Steuerung, der Wirkungskontrolle und der Dokumentation des Teilhabeprozesses, soll andererseits aber auch die Leistungsberechtigten zu einer selbstbestimmten Lebensführung befähigen. Erhalten Menschen mit Behinderungen Leistungen der Eingliederungshilfe, muss der Träger der Eingliederungshilfe **immer einen Gesamtplan** aufstellen, auch wenn keine anderen Rehabilitationsträger beteiligt sind oder nur Leistungen aus einer Leistungsgruppe erbracht werden. Ist der Träger der Eingliederungshilfe leistender Rehabilitationsträger und für die Durchführung eines Teilhabeplanverfahrens verantwortlich, gelten für ihn die Vorschriften für die Gesamtplanung ergänzend (§ 21 Abs. 1 SGB IX).

Der **Ablauf** des Gesamtplanverfahrens lässt sich wie folgt darstellen:

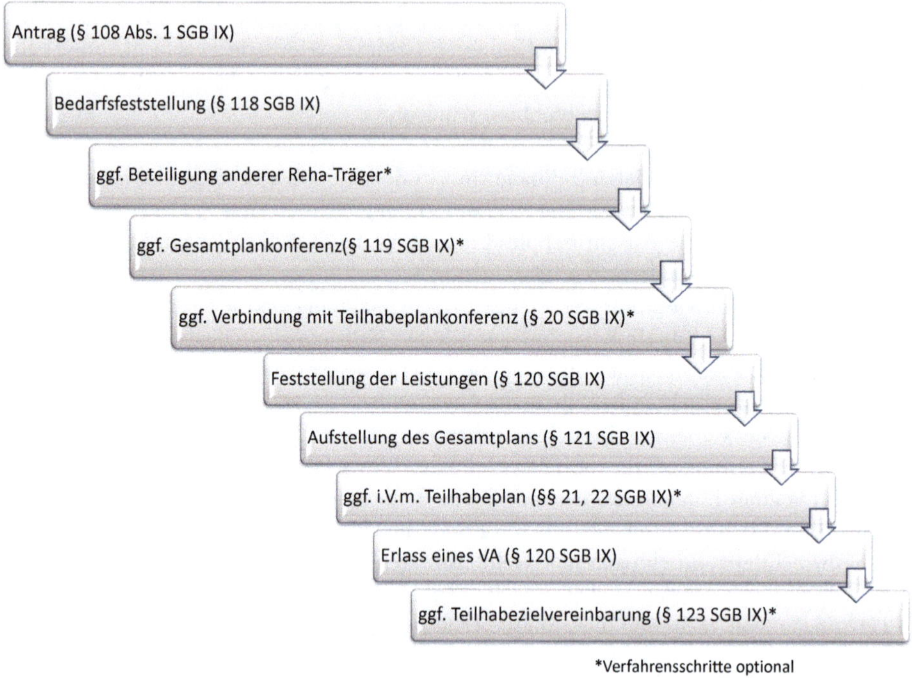

Übersicht 31

Beispiel 1

Der 28-jährige L erhält Leistungen der Sozialen Teilhabe im eigenen Wohnraum. Die Leistungen umfassen Assistenzleistungen, Leistungen zur Mobilität und Leistungen zum Erwerb und Erhalt praktischer Kenntnisse und Fähigkeiten. Zuständig ist der Träger der Eingliederungshilfe, der – obwohl L nur Leistungen aus einer Leistungsgruppe erhält – ein Gesamtplanverfahren durchführen muss.

Beispiel 2

Die 23-jährige F wohnt in einer Wohngemeinschaft mit zwei anderen Frauen mit Behinderungen. Sie erhält dort Leistungen zur Sozialen Teilhabe in Form von Assistenzleistungen und Leistungen zum Erwerb und Erhalt praktischer Kenntnisse und Fähigkeiten. Darüber hinaus arbeitet sie in einer WfbM im Landschaftsgartenbereich. Dabei handelt es sich um eine Leistung zur Teilhabe am Arbeitsleben. Für beide Leistungsgruppen ist der Träger der Eingliederungshilfe zuständig. Er ist verpflichtet, ein Gesamtplanverfahren durchzuführen und – da es sich um Leistungen aus zwei Leistungsgruppen handelt – auch ein Teilhabeplanverfahren (§ 19 Abs. 1 SGB IX). Da die Vorschriften zum Teilhabeplanverfahren ergänzend gelten, muss der Träger der Eingliederungshilfe beide Verfahren verbinden, der Gesamtplan ist dann Teil des Teilhabeplans.

Beispiel 3

Die 18-jährige K beantragt beim Träger der Eingliederungshilfe Leistungen zur Teilhabe an Bildung, um ein Studium an einer Hochschule aufzunehmen. Beim Bedarfsfeststellungsverfahren stellt der Träger fest, dass K auch noch Leistungen zur medizinischen Rehabilitation benötigt, für die die gesetzliche Krankenversicherung zuständig ist. Auch in diesem Fall muss der Träger der Eingliederungshilfe als leistender Rehabilitationsträger sowohl ein Gesamtplan-

verfahren als auch ein Teilhabeplanverfahren durchführen, nicht nur, weil Leistungen aus verschiedenen Leistungsgruppen notwendig sind, sondern auch, weil ein weiterer Rehabilitationsträger am Teilhabeprozess beteiligt ist. Der Gesamtplan wird in den Teilhabeplan integriert.

Die **Verfahrensgrundsätze** des Gesamtplanverfahrens sind in § 117 Abs. 1 SGB IX geregelt; auf Verlangen der Leistungsberechtigten kann eine Person ihres Vertrauens daran beteiligt werden. Bestehen Anhaltspunkte für eine **Pflegebedürftigkeit,** sind die Pflegekassen und ggf. die Träger der Hilfe zur Pflege mit einzubinden, sofern die leistungsberechtigte Person damit einverstanden ist. Das gleiche gilt für die Einbindung der Leistungsträger, die existenzsichernde Leistungen (z. B. Grundsicherung im Alter und bei Erwerbsminderung) erbringen.

Die **Bedarfsermittlung** erfolgt auf der Grundlage eines an der ICF orientierten Bedarfsermittlungsinstruments (§ 118 SGB IX), das von den jeweiligen Bundesländern festgelegt wird. Der Träger der Eingliederung kann mit Zustimmung der Leistungsberechtigten eine Gesamtplankonferenz durchführen; dies ist v. a. dann angezeigt, wenn es sich um einen komplexeren Teilhabeprozess handelt.

Nach Abschluss des Verfahrens, ggf. der Gesamtplankonferenz, treffen die Träger der Eingliederungshilfe und ggf. beteiligte Rehabilitationsträger Feststellungen darüber, welche **Leistungen zur Deckung des Teilhabebedarfs** im konkreten Einzelfall erforderlich sind; die angemessenen Wünsche der Leistungsberechtigten werden dabei berücksichtigt (§ 104 SGB IX).

Anschließend wird der **Gesamtplan** schriftlich unter Mitwirkung der Leistungsberechtigten und anderer Personen (u. a. Person des Vertrauens, im Einzelfall behandelnder Arzt, Gesundheitsamt, Jugendamt, Bundesagentur für Arbeit) aufgestellt (§ 121 SGB IX). Er ist – da er der Steuerung, Wirkungskontrolle und Dokumentation des Teilhabeprozesses dient – spätestens nach zwei Jahren zu überprüfen und fortzuschreiben. Die **Inhalte** des Gesamtplans ergänzen die Inhalte des Teilhabeplans nach § 19 SGB IX (§ 121 Abs. 4 SGB IX).

Den **Abschluss** des Gesamtplanverfahrens bildet der Erlass eines Verwaltungsaktes (VA) auf der Grundlage des Gesamtplans und der festgestellten Leistungen. Es besteht darüber hinaus die Möglichkeit einer zusätzlich abzuschließenden Teilhabezielvereinbarung nach § 122 SGB IX, die die Umsetzung (ggf. von Teilen) der Mindestinhalte des Gesamtplans beinhaltet.

4.4.9.5 Einkommens- und Vermögenseinsatz

Die Leistungen der Eingliederungshilfe werden nicht als Nachteilsausgleich unabhängig von der finanziellen Situation der leistungsberechtigten Menschen gewährt; vielmehr müssen diese gem. § 92 SGB IX einen **Eigenbeitrag aus eigenem Einkommen und Vermögen** aufbringen. Diese Regelungen wurden mit dem BTHG neu eingeführt und machen die Gewährung der Leistungen zwar nicht mehr vom Einkommen und Vermögen abhängig, erfordern aber nach wie vor einen eigenen finanziellen Beitrag zu den Leistungen dazu.

Die Einzelheiten zur Berechnung des Eigenbeitrags aus dem Einkommen, der als konkreter Kostenbeitrag bei der Inanspruchnahme von Leistungen konzipiert ist, richtet sich nach den §§ 135 bis 138 SGB IX; die Berücksichtigung von Vermögen ist in den §§ 139 und 140 SGB IX geregelt. Der Eigenbeitrag kann nach folgenden Schritten ermittelt werden:

1. Ist die begehrte Leistung der Eingliederungshilfe ohne Beitrag zu erbringen? (§ 138 SGB IX)
2. Wie hoch ist das Einkommen, das herangezogen werden kann? (§ 135 SGB IX)
3. Wie hoch sind die Freibeträge, die vom heranzuziehenden Einkommen abgezogen werden können? (§ 136 SGB IX)
4. Liegt das Einkommen über den Freibeträgen?
5. Welche Differenz ergibt sich aus dem Einkommen und den Freibeträgen? (§ 136 SGB IX)
6. Ermittlung des Eigenbeitrags aus dem den Freibetrag übersteigenden Einkommen (§ 137 SGB IX)

Das Einkommen und Vermögen der nicht getrenntlebenden Ehegatt:innen oder Lebenspartner:innen der Menschen, die Eingliederungshilfe beziehen, werden seit dem 1.1.2020 nicht mehr berücksichtigt.

§ 138 SGB IX legt fest, bei welchen Leistungen **kein Eigenbeitrag** aufzubringen ist. Dabei handelt es sich v. a. um Leistungen zur medizinischen Rehabilitation und zur Teilhabe am Arbeitsleben, aber auch um Leistungen zur Teilhabe an Bildung, die im Rahmen der allgemeinen Schulpflicht erbracht werden, um heilpädagogische Leistungen oder um bestimmte Leistungen der sozialen Teilhabe.

Das Einkommen, das der Berechnung des Eigenbeitrags zugrunde gelegt wird, bestimmt sich nach § 135 SGB IX aus der **Summe der Einkünfte des Vorvorjahres**. Aus diesen werden nach § 136 SGB IX Freibeträge ermittelt, deren Grundlage die jährlich nach § 18 Abs. 1 SGB IV festgelegte Bezugsgröße ist (2021: 39.480 Euro). Dabei wird bei der Herkunft des Einkommens unterschieden. Stammt das Einkommen aus einer **sozialversicherungspflichtigen Beschäftigung,** werden davon 85 % nicht berücksichtigt (Freibetrag 2021: 33.558 EUR), bei Einkünften aus einer **nicht sozialversicherungspflichten Beschäftigung** (z. B. selbstständige Tätigkeit oder geringfügige Beschäftigung) werden 75 % nicht berücksichtigt (Freibetrag 2021: 29.610 Euro) und bei Einkünften aus einer **Rente** werden 60 % nicht berücksichtigt (Freibetrag 2021: 23.688 Euro).

Beispiel 1

Ein alleinstehender Beschäftigter im öffentlichen Dienst mit einer mindestens dreijährigen Berufsausbildung erhält als Einstiegsgehalt rund 32.000 Euro jährlich; der Betrag liegt unterhalb der Freibeträge – er muss keinen Eigenbeitrag leisten. Hat er hingegen einen Hochschulabschluss (Master) beträgt sein Jahresbruttogehalt rund 51.000 Euro; hier übersteigt das Einkommen den Freibetrag um 11.520 EUR; dieses kann für die Berechnung der Beiträge herangezogen werden.

Der **Freibetrag erhöht** sich, wenn die Leistungsberechtigten verheiratet oder verpartnert sind oder in einer ehe- bzw. partnerschaftsähnlichen Lebensgemeinschaft leben und/oder unterhaltspflichtige Kinder haben. Für die:den Partner:in erhöhen sich die Freibeträge um 15 %, für jedes unterhaltspflichtige Kind um 10 % (§ 136 Abs. 3 SGB IX), es sei denn, die:der Partner:in haben selbst ein die Freibeträge übersteigendes Einkommen.

Beispiel 2

Ist der Beschäftigte mit Hochschulabschluss aus Beispiel 1 nicht alleinstehend, sondern verheiratet und hat mit seinem Ehegatten zwei unterhaltsberechtigte Kinder, würde ihm ein Freibetrag von 120 % der Bezugsgröße zustehen

(85 % für ihn selbst, 15 % für seinen Ehegatten, jeweils 10 % für die zwei Kinder). Er hätte damit einen Freibetrag in Höhe von 47.376 Euro; von seinem Einkommen würden nur noch 3.624 Euro für die Berechnung des Eigenbeitrags herangezogen.

Bei **minderjährigen Leistungsberechtigten** im Haushalt ihrer Eltern erfolgt die Eigenbeitragsberechnung nach § 136 Abs. 5 SGB IX.

Steht fest, welches Einkommen zur Berechnung des Eigenbeitrags herangezogen werden kann, wird nach § 137 SGB IX dessen **Höhe** berechnet. Er beträgt monatlich 2 % des übersteigenden Einkommensbetrages, der auf volle 10 Euro abgerundet wird.

Beispiel 3

Der alleinstehende Beschäftigte im öffentlichen Dienst mit Hochschulabschluss aus Beispiel 1 hat ein über den Freibetrag hinausgehendes Einkommen i.H.v. 11.520 EUR. Davon sind 2 % 230,40 Euro. Abgerundet auf die vollen 10 Euro, würde er monatlich einen Eigenbeitrag für die Leistungen der Eingliederungshilfe i.H.v. 230 Euro zahlen. Hat er – wie im Beispiel 2 – Familie, beträgt sein über den Freibetrag hinausgehendes und damit zu berücksichtigendes Einkommen 3.624 Euro. Davon sind 2% 72,48 Euro; er müsste also 70 Euro monatlich zu den Leistungen hinzubezahlen.

Der Beitrag wird nach § 137 Abs. 3 SGB IX **von der zu erbringenden Leistung abgezogen**. Bei minderjährigen Leistungsberechtigten werden i. d. R. und mangels eigener Einkommen die Eltern/Personensorgeberechtigten den Eigenbeitrag aufbringen (müssen). Besteht die Gefahr, dass eine notwendige Eingliederungsleistung nicht erbracht wird, weil die Eltern/ Sorgeberechtigten sich weigern, den Beitrag zu bezahlen, so wird die Leistung auch ohne Abzug erbracht. Der Träger der Eingliederungshilfe hat dann allerdings einen Kostenerstattungsanspruch gegen die eigentlich Verpflichteten.

Auch das **Vermögen** ist grundsätzlich einzusetzen, wenn es bestimmte Freibeträge übersteigt (vgl. § 139 Satz 2 SGB IX) und nicht dem Schonvermögen zugerechnet werden kann. Der Vermögensfreibetrag beträgt 150 % der jährlichen Bezugsgröße nach § 18 Abs. 1 SGB IV, d. h. für das Jahr 2021 muss Vermögen erst dann eingesetzt werden, wenn es über 59.220 Euro liegt. Zum Schonvermögen verweist § 139 SGB IX auf die Vorschriften des Sozialhilferechts (§ 90 Abs. 2 Nr. 1 bis 8 SGB XII). Hier sind z. B. Altersvorsorgebeiträge, ein angemessener Hausrat oder ein angemessenes selbst bewohntes Hausgrundstück von der Pflicht zur Verwertung ausgenommen. Darüber hinaus muss kein Vermögen eingesetzt werden, wenn die Verwertung dieses Vermögens für die:den Leistungsberechtigte:n oder ihre:seine unterhaltsberechtigten Angehörigen eine besondere Härte darstellen würde.

4.4.10 Zusammenfassung: Teilhabeleistungen, Leistungsträger, Rechtsgrundlagen

Leistungsgruppe (§ 5 SGB IX)	Rehabilitationsträger (§ 6 SGB IX)	Rechtsgrundlagen	Voraussetzungen/ Besonderheiten
Leistungen zur medizinischen Rehabilitation **§§ 42 ff. SGB IX**	1. Gesetzliche Krankenversicherung	§ 40 i. V. m. § 27 ff. SGB V	Mitgliedschaft in der GKV (§§ 5, 9 f. SGB V)
	2. Gesetzliche Unfallversicherung	§§ 27 ff. SGB VII	Versicherung (§§ 2 f., 6 SGB VII) Versicherungsfall: Arbeitsunfall oder Berufskrankheit (§§ 8 f. SGB VII) und Kausalität zwischen Versicherungsfall und Behinderung
	3. Gesetzliche Rentenversicherung	§ 15 SGB VI	§§ 10 f. SGB VI (persönliche und versicherungsrechtliche Voraussetzungen)
	4. Kriegsopferversorgung/Kriegsopferfürsorge (ab 1.1.2024: Träger der Sozialen Entschädigung)	§§ 10 ff., 25b, 26b BVG (ggf. i. V. m. Verweisungsgesetzen) (ab 1.1.2024: § 62 Satz 1 Nr. 4 i. V. m. §§ 41 ff. SGB XIV)	maßgeblicher Schadensfall: aus dem BVG oder Verweisungsgesetzen (z. B. OEG, SDG, ZDG) und Kausalität (ab 1.1.2024: §§ 1, 4 SGB XIV)
	5. Träger der öffentlichen Jugendhilfe	§ 35a, SGB VIII, § 35a SGB VIII analog	seelische Behinderung bei Kindern, Jugendlichen, jungen Volljährigen
	6. Träger der Eingliederungshilfe	§§ 99 ff. SGB IX	(drohende) wesentliche Behinderung ggf. Eigenbeitrag
Leistungen zur Teilhabe am Arbeitsleben **§§ 49 ff. SGB IX**	1. Bundesagentur für Arbeit	§§ 112 ff. SGB III § 16 SGB II i. V. m. SGB III	Kostenträger für erwerbsfähige Leistungsberechtigte mit Behinderungen (§ 7 Abs. 1 SGB II) sind die Jobcenter
	2. Gesetzliche Unfallversicherung	§ 35 SGB VII	s.o.
	3. Gesetzliche Rentenversicherung	§ 16 SGB VI	versicherungsrechtliche Voraussetzungen: 15 Jahre Wartezeit oder § 11 Abs. 2a SGB VI, persönliche Voraussetzungen § 10 SGB VI
	4. Kriegsopferversorgung/Kriegsopferfürsorge (ab 1.1.2024: Träger der Sozialen Entschädigung)		s.o.
	5. Träger der öffentlichen Jugendhilfe	§ 35a SGB VIII; § 35a SGB VIII analog	s. o.
	6. Träger der Eingliederungshilfe	§§ 99, 111 SGB IX	abschließender Leistungskatalog (WfbM, andere Leistungsanbieter, Budget für Arbeit und Budget für Ausbildung)

Leistungsgruppe (§ 5 SGB IX)	Rehabilitationsträger (§ 6 SGB IX)	Rechtsgrundlagen	Voraussetzungen/ Besonderheiten
unterhaltssichernde und ergänzende Leistungen §§ 64 ff. SGB IX werden nur in Verbindung mit Leistungen zur medizinischen Rehabilitation und zur Teilhabe am Arbeitsleben erbracht	1. Gesetzliche Krankenversicherung	§§ 44 ff. SGB V (Krankengeld); § 43 SGB V (ergänzende Leistungen)	s. o.
	2. Bundesagentur für Arbeit	§§ 119 ff. SGB III (Übergangsgeld), § 127 SGB III (ergänzende Leistungen) § 16 SGB II i. V. m. SGB III	s. o. für Übergangsgeld muss eine Vorbeschäftigungszeit vorliegen § 120 SGB III
	3. Gesetzliche Unfallversicherung	§§ 45 ff. SGB VII (Verletztengeld bzw. Übergangsgeld), §§ 39, 42 f. SGB VII (ergänzende Leistungen)	s. o.
	4. Gesetzliche Rentenversicherung	§§ 20 f. SGB VI (Übergangsgeld), § 28 SGB VI (ergänzende Leistungen)	s.o.
	5. Kriegsopferversorgung/Kriegsopferfürsorge (ab 1.1.2024 Träger der Sozialen Entschädigung)	§§ 16–16h, 18a BVG (Versorgungskrankengeld), § 26a BVG (Übergangsgeld) (ab 1.1.2024: §§ 47, 64 SGB XIV [Krankengeld der Sozialen Entschädigung bzw. Übergangsgeld], §§ 53, 64 SGB XIV [ergänzende Leistungen])	s. o.
Leistungen zur Teilhabe an Bildung § 75 SGB IX	1. Gesetzliche Unfallversicherung	§§ 35, 39–42 SGB VII	§ 75 Abs. 2 S. 2 SGB IX – Leistungen nur für versicherte KiTa-Kinder, Schüler:innen und Studierende, deren Behinderung durch einen Versicherungsfall verursacht wurde
	2. Kriegsopferversorgung/Kriegsopferfürsorge (ab 1.1.2024: Träger der Sozialen Entschädigung)	§ 27d Abs. 1 Nr. 3 BVG (ab 1.1.2024: § 65 SGB XIV)	s. o.
	3. Träger der öffentlichen Jugendhilfe	§ §35a, 35a SGB VIII analog i. V. m. § 112 SGB IX	s. o.
	4. Träger der Eingliederungshilfe	§§ 99, 112 SGB IX	s. o.

Leistungsgruppe (§ 5 SGB IX)	Rehabilitationsträger (§ 6 SGB IX)	Rechtsgrundlagen	Voraussetzungen/ Besonderheiten
Leistungen zur sozialen Teilhabe **§§ 76 ff. SGB IX**	1. Gesetzliche Unfallversicherung	§§ 39–42 SGB VII	s. o.
	2. Kriegsopferversorgung/Kriegsopferfürsorge (ab 1.1.2024: Träger der Sozialen Entschädigung)	§ 27d Abs. 1 Nr. 3 BVG (ab 1.1.2024: § 66 SGB XIV i. V. m. §§ 113–116 SGB IX)	s. o.
	3. Träger der öffentlichen Jugendhilfe	§ 35a, 35a SGB VIII analog i. V. m. §§ 113 ff. SGB IX	s. o.
	4. Träger der Eingliederungshilfe	§§ 99, 113 ff. SGB IX	s. o.

4.4.11 Das Persönliche Budget

Das Persönliche Budget ist eine **Geldleistung**, die der leistungsberechtigte Mensch mit Behinderung zur selbst organisierten und eigenverantwortlich geführten Deckung seines Bedarfs an Teilhabeleistungen auf Antrag erhält.

Es ersetzt die durch die Rehabilitationsträger sonst gewährten Sach- und Dienstleistungen und ist keine eigenständige oder neue Leistung, sondern nur eine alternative **Form der Finanzierung** bzw. der Leistungserbringung. Statt einer Sach- oder Dienstleistung, die ein Leistungserbringer erbringt, der mit dem Leistungsträger einen Vertrag nach § 38 SGB IX geschlossen hat, erhalten Leistungsberechtigte i. d. R. einen Geldbetrag, mit dem sie sich die Teilhabeleistung, die ihren Bedarf decken soll, bei einem Anbieter ihrer Wahl „einkaufen" können.

Auf diese Weise erhalten sie mehr Selbstbestimmung bei der Gestaltung der ihnen zustehenden Hilfen. Die Rehabilitationsträger sind nach § 12 Abs. 1 S. 2 Nr. 2 SGB IX verpflichtet, barrierefreie Informationsangebote über die Möglichkeiten der Leistungserbringung in Form des Persönlichen Budgets bereitzustellen. Auch die EUTBs nach § 32 SGB IX beraten über die Möglichkeiten und Grenzen eines Persönlichen Budgets.

Das das Sozialleistungsrecht bestimmende sozialrechtliche Dreiecksverhältnis (s. Kap. 4.1.4) wird damit an einer Stelle unterbrochen (s. Übersicht 32 auf der nächsten Seite).

Zwischen Leistungsträger und Leistungserbringer besteht **keine Vertragsbeziehung** mehr; die Leistungsberechtigten können den Leistungserbringer mit den für sie am besten geeigneten Leistungen wählen.

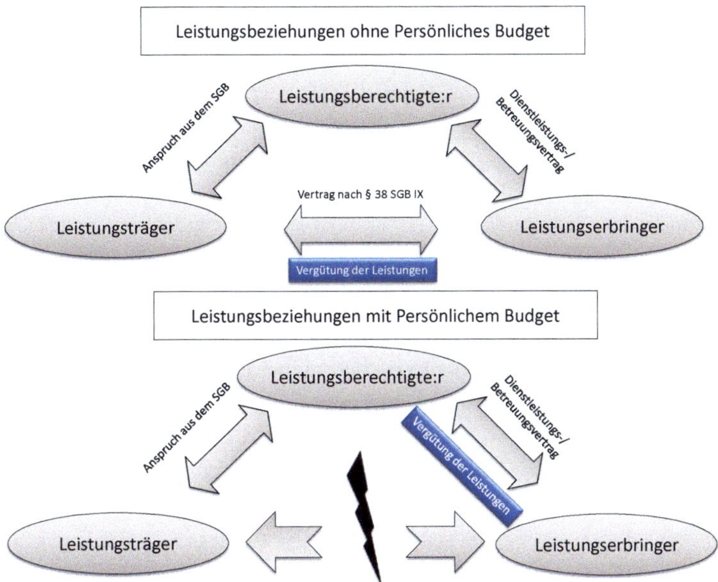

Übersicht 32

Das Persönliche Budget ist geregelt in § 29 SGB IX. Menschen mit Behinderungen haben darauf einen Rechtsanspruch, wenn sie die Leistungen in Form eines solchen Persönlichen Budgets wünschen. Da der Erste Teil des SGB IX zwar die Regelungen zur Ausgestaltung des Persönlichen Budgets trifft, selbst aber keine Anspruchsgrundlage für die Gewährung eines Persönlichen Budgets gegen einen konkreten Leistungsträger bildet, müssen die für die Rehabilitationsträger geltenden Leistungsgesetze selbst noch den Anspruch auf das Persönliche Budget für die von ihnen gewährten Teilhabeleistungen verankern.

Diese finden sich für die:

Gesetzliche Krankenversicherung	in § 11 Abs. 1 Nr. 5 und Abs. 2 S. 3 SGB V
Bundesagentur für Arbeit	in § 114 Abs. 2 SGB III
Gesetzliche Unfallversicherung	in § 26 Abs. 1 S. 2 SGB VII
Gesetzliche Rentenversicherung	in § 13 Abs. 1 S. 2 SGB VI
Kriegsopferversorgung/Kriegsopferfürsorge (ab 1.1.2024: Träger der Sozialen Entschädigung)	in § 9 Abs. 2 BVG (ab 1.1.2024 in § 26 Abs. 3 SGB XIV)
Träger der öffentlichen Jugendhilfe	in § 35a Abs. 3 SGB VIII i. V. m. § 29 SGB IX
Träger der Eingliederungshilfe	in § 105 Abs. 4 SGB IX

Zuständig für die Ausführung des Persönlichen Budgets sind neben den in § 6 SGB IX genannten Rehabilitationsträgern auch die **Pflegekassen** und die **Integrationsämter**. Die Regelungen hierzu finden sich in § 35a SGB XI (Pflegeversicherung) bzw. § 185 Abs. 8 SGB IX (Integrationsämter). Wird das Persönliche Budget bei einem dieser Träger beantragt, werden sie nach § 29 Abs. 3 S. 2 SGB IX leistende Rehabilitationsträger, obwohl beide keine eigentlichen Rehabilitationsträger i. S. d. SGB IX sind.

Pflegekassen erbringen das Persönliche Budget nur für bestimmte Leistungen – Pflegesachleistungen, Pflegegeld, Kombinationsleistungen, Pflegehilfsmittel zum Verbrauch und teilstationäre Pflege. Dabei werden Pflegesachleistungen, Kombinationsleistungen und die teilstationäre Pflege im Persönlichen Budget nur in Form von Gutscheinen zur Verfügung gestellt, die nur bei von den Pflegekassen zugelassenen Anbietern eingelöst werden können. Da damit faktisch das Ziel – eigene Auswahl der Leistungserbringer durch die:den Leistungsberechtigte:n – ins Leere läuft, findet das Persönliche Budget in der Pflegeversicherung kaum Nutzer:innen.

Budgetfähige Leistungen sind alle Leistungen zur Teilhabe (§ 29 Abs. 1 S. 1 SGB IX). Darüber hinaus sind nach § 29 Abs. 1 S. 5 SGB IX auch die Leistungen der Krankenkassen und der Pflegekassen, die Leistungen der Träger der Unfallversicherung bei Pflegebedürftigkeit sowie Leistungen der Sozialhilfeträger bei der Hilfe zur Pflege budgetfähig, wenn sie sich auf

- alltägliche und
- regelmäßig wiederkehrende Bedarfe beziehen und als
- Geldleistungen oder
- durch Gutscheine

erbracht werden können.

Alltägliche Bedarfe sind Bedarfe, die in Arbeit, Familie, Privatleben und Gesellschaft sowie bei der Gestaltung des eigenen Lebensumfeldes anfallen. Sie werden benötigt, um die Anforderungen des täglichen Lebens individuell zu bewältigen und die eigenen Ressourcen (persönlich, sozial und umweltbezogen) zu erweitern, und sollten mindestens sechs Monate, nur in Einzelfällen für kürzere Zeiträume anfallen.

Regelmäßig wiederkehrend ist ein Bedarf, der entweder in feststellbaren Zeitabständen (z. B. täglich, wöchentlich, monatlich, jährlich) anfällt und einen erkennbaren Rhythmus aufweist oder innerhalb eines vorab feststehenden Zeitraums dauerhaft, zumindest aber wiederholt gegeben ist.

Eine beispielhafte Aufzählung budgetfähiger Leistungen einzelner Leistungsträger, einschließlich der entsprechenden Rechtsgrundlagen sowie der Anspruchsvoraussetzungen findet sich in den Handlungsempfehlungen der BAR „Trägerübergreifende Aspekte bei der Ausführung von Leistungen durch ein Persönliches Budget“ vom 1.4.2009.[114]

Da die Nutzung des Persönlichen Budgets, v. a. wenn es trägerübergreifend erbracht wird, hoch komplex ist (z. B. die richtige Höhe festzustellen, Leistungserbringer auszuwählen und Verträge mit ihnen zu schließen), sieht das Gesetz auch eine **Budgetassistenz** vor, die bei der Höhe des Budgets berücksichtigt werden muss (§ 29 Abs. 2 S. 6 SGB IX). Sie umfasst zum einen die **Budgetberatung** – sie begleitet das Verfahren bis zum Bescheid – und zum anderen die **Budgetunterstützung**, die den Menschen mit Behinderungen bei der Ausführung des Budgets (z. B. Einkauf der Leistungen, Verwaltung des Budgets) zur Seite steht.

---

114 Download unter https://www.bar-frankfurt.de/fileadmin/dateiliste/_publikationen/reha_vereinbarungen/pdfs/Persoenliches_Budget.pdf (3.6.2021), S. 10–41.

Ein Persönliches Budget gibt es als einfaches Budget, wenn nur ein Leistungsträger daran beteiligt ist (z. B. Träger der Eingliederungshilfe oder Bundesagentur für Arbeit) oder als trägerübergreifendes Persönliches Budget als Komplexleistung, wenn mehrere Leistungsträger für die Teilhabe- oder Pflegeleistungen zuständig sind (§ 29 Abs. 1 S. 3 SGB IX).

Das Verfahren für die Erlangung eines Persönlichen Budgets lässt sich im Überblick wie folgt darstellen:

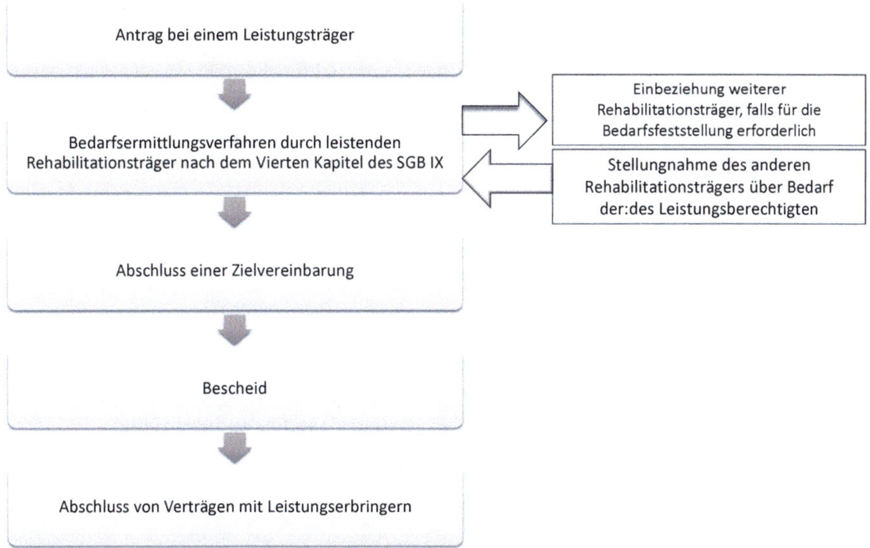

Übersicht 33

Der **Antrag auf ein Persönliches Budget** kann bei allen genannten Leistungsträgern – einschließlich Pflegekassen und Integrationsämtern – gestellt werden. Nach Feststellung des leistenden Rehabilitationsträgers (§ 14 SGB IX), koordiniert dieser die Leistungen und ist Ansprechpartner für die Leistungsberechtigten. Stellt der leistende Rehabilitationsträgers im Bedarfsermittlungsverfahren fest, dass er für eine Leistung aus dem Persönlichen Budget nicht zuständig sein kann, leitet er den Antrag nach § 15 SGB IX an den seiner Auffassung nach zuständigen Rehabilitationsträger weiter.

Wird im Rahmen des Bedarfsermittlungsverfahrens eine Teilhabeplankonferenz durchgeführt, ist es sinnvoll, dass sich die Budgetnehmer:innen mit den Kosten für die einzelnen Teilhabeleistungen, die ihren Bedarf decken sollen, beschäftigen und z. B. Kostenangebote einholen. Auf diese Weise können sie von vornherein sicherstellen, dass die Leistungen des Persönlichen Budgets ihre Bedarfe auch tatsächlich decken können. Unterstützung kann man sich hierfür von den EUTBs oder von Selbsthilfeorganisationen holen.

Zur Umsetzung des Persönlichen Budgets muss die leistungsberechtigte Person mit dem zuständigen Leistungsträger (bzw. mit dem leistenden Rehabilitationsträger) eine **Zielvereinbarung** abschließen, es sei denn, im Persönlichen Budget sind nur Leistungen der Pflegeversicherung einbezogen. Bei mehreren beteiligten Rehabilitationsträgern (im trägerübergreifenden Persönlichen Budget) muss die Zielvereinbarung die Feststellungen dieser und die jeweiligen Teilbudgets enthalten.

Die Zielvereinbarung ist **Teil der Qualitätssicherung** und muss nach § 29 Abs. 4 SGB IX mindestens folgende Regelungen enthalten:

- die Ausrichtung der individuellen Förder- und Leistungsziele,
- die Erforderlichkeit eines Nachweises zur Deckung des festgestellten individuellen Bedarfs,
- die Qualitätssicherung sowie
- die Höhe der Teil- und des Gesamtbudgets.

Sie wird i. d. R. für zwei Jahre geschlossen und kann von beiden beiden Vertragspartner:innen schriftlich mit sofortiger Wirkung aus wichtigem Grund gekündigt werden (§ 29 Abs. 4 S. 4 und 5 SGB IX).

Beispiele für wichtige Gründe

- Änderung der persönlichen Lebenssituation für den Leistungsberechtigten
- Nichterbringung des Nachweises zur Bedarfsdeckung und Qualitätssicherung für den Leistungsträger

Die Zielvereinbarung ist Teil des **Bewilligungsbescheids** für das Persönliche Budget. Wird diese gekündigt, wird der Bescheid aufgehoben (§ 29 Abs. 4 S. 7 SGB IX). Entscheidet sich ein Mensch mit Behinderung für eine Begleitung und Pflege im **Arbeitgeber- oder Assistenzmodell**, ist das Persönliche Budget eine Möglichkeit, dieses Modell zu finanzieren.

Übungsaufgaben

1. Welche Leistungen zur Teilhabe kennen Sie und wer sind die hierfür zuständigen Rehabilitationsträger? Nennen Sie die gesetzlichen Vorschriften dazu!
2. In welchem Verhältnis stehen das SGB IX und die besonderen Leistungsgesetze der Rehabilitationsträger? Wo ist das geregelt?
3. Herr K reicht einen Antrag auf eine medizinische Rehabilitation bei der Krankenkasse ein. Wie ist das weitere Verfahren, wenn
   a) die Krankenkasse zuständig ist?
   b) die Rentenversicherung zuständig ist?
   c) K gar nicht kranken- und rentenversichert ist?
   d) die Rehabilitationsmaßnahme aufgrund einer Berufskrankheit erforderlich ist?
4. Was verstehen Sie unter dem leistenden Rehabilitationsträger? Wie wird er festgestellt und welche Aufgaben erfüllt dieser?
5. Wiederholen Sie die Faustregeln zur Feststellung des zuständigen Rehabilitationsträgers!
6. Um welche Leistungen zur Teilhabe handelt es sich in den nachfolgenden Fällen? Wer ist zuständiger Rehabilitationsträger? Benennen Sie die jeweiligen gesetzlichen Regelungen sowohl aus dem SGB IX als auch aus dem jeweiligen Leistungsgesetz des ermittelten zuständigen Rehabilitationsträgers!
   a) Die 56-jährige A arbeitet seit 20 Jahren als Angestellte in einem Karosseriebetrieb. Aufgrund einer Rückenerkrankung benötigt sie für ihren Arbeitsplatz einen besonderen Bürostuhl und eine Fußauflage.

b) Der 20-jährige Krankenpfleger M verunglückt auf dem Heimweg von der Nachtschicht, weil er kurz einschläft. Er benötigt nach der Behandlung im Krankenhaus eine Rehabilitation in einer stationären Einrichtung.
c) Der 10-jährige gehörlose F möchte die Regelschule in der Nähe seiner Wohnung besuchen. Er benötigt Unterstützung durch eine Schulassistenz.
d) Die 34-jährige C verunglückt beim Bungeespringen und bricht sich den vierten Halswirbel. Sie benötigt zukünftig einen Rollstuhl.

7. Die 12-jährige T leidet unter einer progressiv verlaufenden Augenerkrankung, die mittelfristig zur Blindheit führen wird. Sie beantragt beim Träger der Eingliederungshilfe einen blindengerechten PC und eine Schulwegbegleitung. Im Bedarfsermittlungsverfahren wird festgestellt, dass sie auch noch eine Begleitung zu ihrem Chor benötigt, in dem sie zwei Mal die Woche singt.
   a) Um welche Leistungen zur Teilhabe handelt es sich bei den von T benötigten Leistungen? Benennen Sie die jeweilige Vorschrift dazu!
   b) Ist der Träger der Eingliederungshilfe für diese Leistungen zuständig? Begründen Sie Ihre Antwort!
   c) Muss in Ts Fall ein Teilhabe- und/oder Gesamtplanverfahren durchgeführt werden? Begründen Sie Ihre Antwort!
8. Benennen Sie die Unterschiede zwischen der Erbringung heilpädagogischer Leistungen im Rahmen der medizinischen Rehabilitation und im Rahmen der Leistungen zur sozialen Teilhabe! Suchen Sie die entsprechenden Regelungen!
9. In welchen Leistungsgruppen werden Hilfsmittel erbracht? Wo finden Sie die Regelungen? Benennen Sie die Unterschiede!
10. Was verstehen Sie unter dem Persönlichen Budget? Was ändert sich im Sozialrechtlichen Dreiecksverhältnis zwischen den beteiligten Akteur:innen?

4.4.12 Grundzüge des Schwerbehindertenrechts

Im dritten Teil des SGB IX finden sich die Regelungen für schwerbehinderte Menschen (**Schwerbehindertenrecht**). Dieser Teil geht auf das frühere Schwerbehindertengesetz zurück; es geht hier vorrangig um die **Eingliederung** schwerbehinderter Menschen in **Arbeit und Gesellschaft**. Das Schwerbehindertenrecht des SGB IX wird durch weitere Verordnungen ergänzt.

Hierzu gehören v. a.

- die **Schwerbehinderten-Ausgleichsabgabeverordnung** (SchwbAV), in der die Förderung schwerbehinderter Menschen am Arbeitsleben, die Schaffung von Arbeits- und Ausbildungsplätzen oder begleitende Hilfen im Arbeitsleben aus den Mitteln der Ausgleichsabgabe geregelt werden. Die Ausgleichsabgabe (§ 160 SGB IX) müssen Arbeitgeber zahlen, die über mindestens 20 Arbeitsplätze verfügen und weniger als 5 % dieser Plätze mit schwerbehinderten Menschen besetzt haben. Sie beträgt zwischen 140 und 360 Euro im Monat pro unbesetzten Pflichtplatzes. Zuständig für die Einziehung der Ausgleichsabgabe ist das Integrationsamt (§§ 154 ff. SGB IX) und
- die **Schwerbehindertenausweisverordnung** (SchwbAwV), die die Einzelheiten zum Schwerbehindertenausweis und den einzelnen Merkmalen regelt.

Das Schwerbehindertenrecht des SGB IX gilt nach § 151 Abs. 1 SGB IX für schwerbehinderte und ihnen gleichgestellte Menschen mit Behinderung. Nach § 2 Abs. 2 SGB IX sind Menschen schwerbehindert, wenn

- bei ihnen ein Grad der Behinderung von mindestens 50 vorliegt und
- sie in Deutschland wohnen oder beschäftigt sind oder ihren gewöhnlichen Aufenthalt hier haben.

Die Schwerbehinderung wird auf Antrag in einem Anerkennungsverfahren durch einen Schwerbehindertenausweis dokumentiert. Dieser stellt die Schwerbehinderung fest; für bestimmte Rechte, v. a. arbeitsrechtliche Schutzvorschriften, muss bereits ein entsprechender Antrag auf Schwerbehinderung gestellt worden sein, um von diesen Schutzvorschriften zu profitieren.

Schwerbehinderten Menschen gleichgestellt werden Menschen mit Behinderungen, die einen GdB von weniger als 50, aber wenigstens 30 haben, wenn sie ansonsten ohne Gleichstellung keinen geeigneten Arbeitsplatz erlangen oder behalten können (§ 2 Abs. 3 SGB IX). Die Gleichstellung setzt zwingend einen Bezug zu einer Beschäftigung voraus. Verantwortlich für die Entscheidung über den Gleichstellungsantrag ist die Bundesagentur für Arbeit (§§ 151 Abs. 2, 187 Abs. 1 Nr. 5 SGB IX). Auf gleichgestellte Menschen mit Behinderungen sind die Regelungen des Schwerbehindertenrechts grundsätzlich anwendbar mit Ausnahme von § 208 SGB IX (Zusatzurlaub) und den §§ 228 ff. SGB IX (unentgeltliche Beförderung im öffentlichen Personennahverkehr).

Jugendliche und junge Erwachsene mit Behinderungen sind während der Zeit ihrer Berufsausbildung in Betrieben und Dienststellen oder einer beruflichen Orientierung auch dann gleichgestellt, wenn ihr GdB weniger als 30 beträgt oder überhaupt kein GdB festgestellt wurde. In diesen Fällen genügt eine Stellungnahme der Bundesagentur für Arbeit oder ein Bescheid über die Erbringung von Leistungen zur Teilhabe am Arbeitsleben. Diese Gleichstellung ist v. a. für bestimmte Leistungen des Integrationsamtes erforderlich (§ 151 Abs. 4 SGB IX).

4.4.12.1 Der Schwerbehindertenausweis und die Merkzeichen

Nach § 152 Abs. 1 SGB IX stellt die zuständige Behörde auf Antrag das Vorliegen einer Behinderung und den Grad der Behinderung fest und stellt einen Ausweis über die Einordnung als schwerbehinderter Mensch aus, der sowohl den Grad der Behinderung als auch weitere gesundheitliche Merkmale enthält. Zuständige Behörde für die Feststellung der Behinderung und die Ausstellung des Ausweises ist das örtlich zuständige Versorgungsamt. Die Auswirkung einer Behinderung auf die Teilhabe am Leben in der Gesellschaft wird in Zehnergraden abgestuft festgestellt und als GdB bezeichnet. Er beträgt mindestens 20 und höchstens 100.

Der festgestellte GdB sagt nichts über die Erwerbsfähigkeit eines Menschen mit Behinderungen aus. So können Personen, die einen GdB von 100 haben, voll erwerbstätig sein oder Menschen mit einer vollen Erwerbsminderung keine Schwerbehinderung bescheinigt bekommen.

Das Verfahren lässt sich so darstellen:

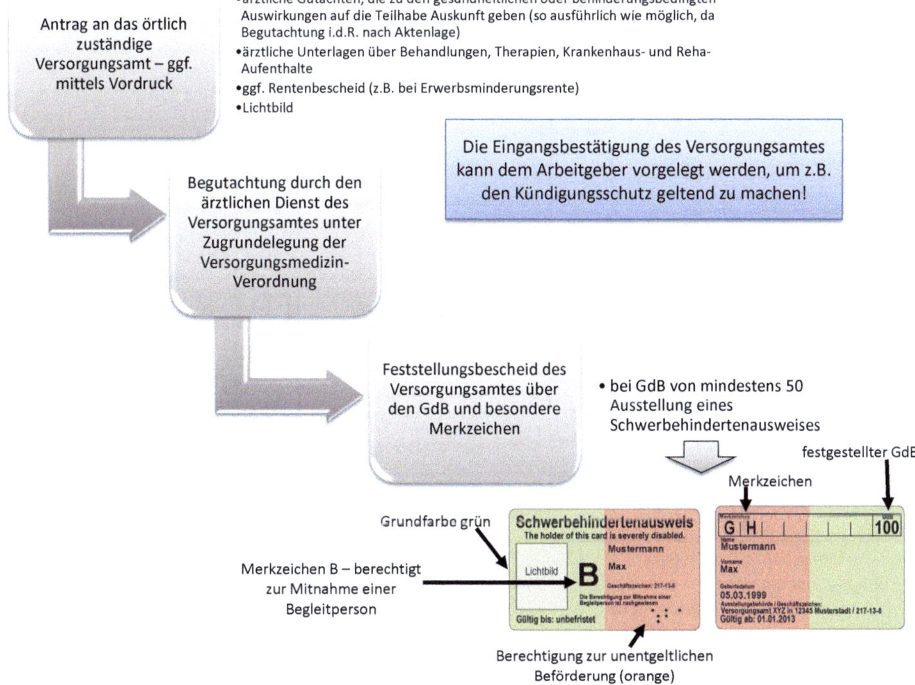

Übersicht 34

Grundlage für die Feststellung des GdB ist die **Versorgungsmedizin-Verordnung**[115]. In ihr werden die einzelnen Behinderungen und ihre Auswirkungen auf die Teilhabe einzelnen GdB zugeordnet. Dabei wird nach einzelnen Organen und Körperfunktionen und den jeweiligen Erkrankungen unterschieden. Liegen mehrere Beeinträchtigungen vor, werden die sich daraus ergebenden GdB nicht einfach addiert. Vielmehr wird ein **Gesamtgrad** nach den Auswirkungen der Beeinträchtigungen in ihrer Gesamtheit unter Berücksichtigung der wechselseitigen Beziehungen festgestellt (§ 152 Abs. 3 SGB IX).

Beispiel

Nach der Versorgungsmedizin-Verordnung erhält jemand mit Wirbelsäulenschäden und schweren funktionellen Auswirkungen in einem Wirbelsäulenabschnitt (Verformung, häufig rezidivierende oder anhaltende Bewegungseinschränkung oder Instabilität schweren Grades, häufig rezidivierende und Wochen andauernde ausgeprägte Wirbelsäulensyndrome) einen GdB von 30. Hat die betroffene Person auch noch eine Augenmuskellähmung, bei der ein Auge wegen der Doppelbilder vom Sehen ausgeschlossen werden muss und die mit einem GdB von 30 nach der Verordnung bewertet wird, werden die beiden „Teil"-GdB nicht auf 60 addiert. Vielmehr wird geprüft, wie beide Behinderungen sich gegenseitig beeinflussen und wie sie sich insgesamt auf die Teilhabe auswirken.

115 Diese kann auf der Seite des BMAS als Broschüre bestellt oder heruntergeladen werden: https://www.bmas.de/SharedDocs/Downloads/DE/Publikationen/k710-versorgungsmed-verordnung.pdf?__blob=publicationFile&v=1 (3.6.2021).

Wird ein **Schwerbehindertenausweis** ausgestellt, kann dieser neben dem festgestellten GdB auch weitere gesundheitliche Merkmale enthalten. Diese heißen **Merkzeichen** und finden sich in § 229 SGB IX sowie § 3 SchwbAwV. Es gibt folgende Merkzeichen:

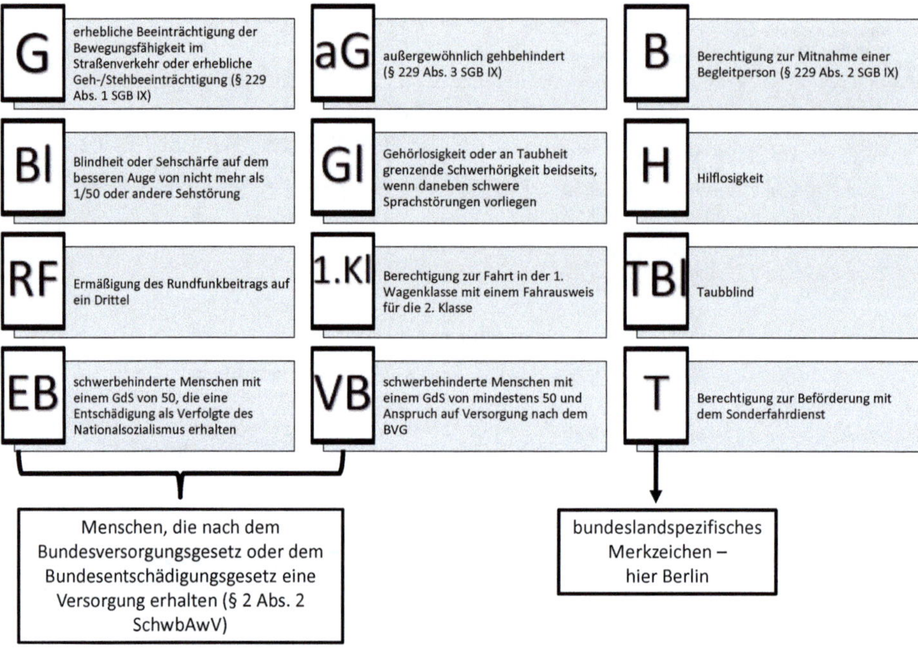

Übersicht 35

Die Merkzeichen B, VB und EB werden auf der Vorderseite des Ausweises eingetragen, alle anderen auf der Rückseite. Es können auch **mehrere Merkzeichen** vergeben werden, sofern ein Mensch mit Behinderung mehrere gesundheitliche Merkmale erfüllt. Teilweise hängen bestimmte Merkzeichen mit der Erfüllung anderer Voraussetzungen zusammen.

Beispiele

Das Merkzeichen B wird nur demjenigen vergeben, der auch die Voraussetzungen des Merkzeichens G oder H erfüllt und bei der Benutzung von öffentlichen Verkehrsmitteln infolge der Behinderung regelmäßig auf Hilfe angewiesen ist. Diese kann in Hilfeleistung bei der Benutzung öffentlicher Verkehrsmittel beim Ein- und Aussteigen oder während der Fahrt bestehen oder in einer Hilfeleistung zum Ausgleich von Orientierungsstörungen (bei Sehbehinderung oder geistiger Behinderung). RF erhalten Menschen mit einem GdB von mindestens 80, die wegen ihrer Behinderung nicht an (sämtlichen) öffentlichen Veranstaltungen teilnehmen können, auch nicht mit Begleitperson oder technischen Hilfsmitteln oder Menschen mit einem GdB von mindestens 60 wegen einer Sehbehinderung oder mit einem GdB von 50 aufgrund Hörbehinderung.

4.4.12.2 Arbeitsrechtliche Regelungen und Nachteilsausgleiche für schwerbehinderte Menschen

Schwerbehinderteneigenschaft und Merkzeichen sind Grundlage für **Nachteilsausgleiche**, die die Teilhabe von Menschen mit Behinderungen erleichtern sollen. Dazu gehören v.a. **arbeitsrechtliche** Nachteilsausgleiche, zu denen

- der besondere **Kündigungsschutz** (§§ 168 ff. SGB IX),
- ein **Zusatzurlaub** von fünf zusätzlichen Tagen im Jahr, abhängig von der Anzahl der regelmäßigen Wochenarbeitstage; der Zusatzurlaub wird auf den gesetzlich, vertraglich, tarifvertraglich oder durch Betriebsvereinbarung gewährten Urlaub gerechnet (§ 208 SGB IX); Zusatzurlaub gibt es nicht für gleichgestellte Menschen,
- die **Freistellung von Mehrarbeit** von über acht Stunden täglich, d. h. keine Verpflichtung, Überstunden zu leisten (§ 207 SGB IX) oder
- ein Anspruch auf **behindertengerechte Beschäftigung**, Ausstattung des Arbeitsplatzes mit technischen Arbeitsmitteln und andere in § 164 SGB IX gegenüber dem Arbeitgeber festgelegte Rechte

gehören.

Arbeitgeber haben eine Reihe von Pflichten, die die Beschäftigung von schwerbehinderten Menschen fördern und unterstützen sollen. Diese sind im Wesentlichen in den §§ 154 bis 167 SGB IX geregelt und umfassen u.a.

- eine **Beschäftigungspflicht** von schwerbehinderten Menschen ab einer Unternehmensgröße von mindestens 20 Arbeitsplätzen mit mindestens 5 % dieser Arbeitsplätze; falls die Quote nicht erfüllt wird, muss eine Ausgleichsabgabe gezahlt werden,
- die Pflicht zur frühzeitigen **Prüfung**, ob freie Arbeitsplätze mit schwerbehinderten Menschen besetzt werden können,
- das Verbot, schwerbehinderte Menschen zu benachteiligen
- die Verpflichtung, mit der Schwerbehindertenvertretung eine **Inklusionsvereinbarung** zu schließen sowie
- bei Feststellung bestimmter Schwierigkeiten einzelner Arbeitnehmer:innen (hier aber auch bei Arbeitnehmer:innen ohne Behinderung) frühzeitig präventive Maßnahmen zu ergreifen und ein **betriebliches Eingliederungsmanagement** (BEM) durchzuführen.

Darüber hinaus müssen nach § 181 SGB IX **Inklusionsbeauftragte** bestellt werden, die auf die Einhaltung der dem Arbeitgeber obliegenden Verpflichtungen achten.

Schwerbehinderte Menschen werden, um ihre Teilhabe am Arbeitsleben sicherzustellen, durch Integrationsämter und Integrationsfachdienste unterstützt. Die Aufgaben der **Integrationsämter**, die selbst zwar keine Rehabilitationsträger sind, aber in die Zusammenarbeitsstrukturen eingebunden werden, sind in den §§ 185 Abs. 1, 187 SGB IX geregelt. Die **Integrationsfachdienste** unterstützen nach § 192 SGB IX schwerbehinderte Menschen, die einen besonderen Unterstützungsbedarf aufweisen.

Hinzu kommt eine Reihe von Leistungen, die als **begleitende Hilfe** im Arbeitsleben erbracht werden. Sie richten sich an schwerbehinderte Menschen, an Arbeitgeber oder an Träger von Integrationsfachdiensten (§ 185 Abs. 3 SGB IX). Die Leistungen werden durch die Integrationsämter erbracht; die Kosten hierfür werden aus Mitteln der Ausgleichsabgabe finanziert.

Von besonderer Bedeutung im beruflichen Kontext für schwerbehinderte Menschen ist die **Arbeitsassistenz**. Dabei handelt es sich um eine Leistung zur Teilhabe am Arbeitsleben nach §§ 49 Abs. 3 Nr. 1 und 7, Abs. 8 Nr. 3, 185 Abs. 5 SGB IX.

Sie zielt auf die Erlangung oder Erhaltung eines Arbeitsplatzes auf dem allgemeinen Arbeitsmarkt, kann aber auch als Sonstige Hilfe i. S. d. § 49 Abs. 3 Nr. 7 SGB IX die Teilhabe am Arbeitsleben fördern. Es handelt sich dabei um eine, über gelegentliche Handreichungen hinausgehende, zeitlich wie tätigkeitsbezogen regelmäßig wiederkehrende Unterstützung schwerbehinderter Menschen bei der Ausübung ihres Berufs in Form einer, i. d. R. von ihnen beauftragten, persönlichen Arbeitskraft.

Beispiele für Arbeitsassistenzen

Vorlesekräfte für blinde und hochgradig sehbehinderte Menschen, Gebärdendolmetscher:innen, Kommunikationshelfer:innen zur Ermöglichung der Teilnahme an einer Ausbildung

Eine Arbeitsassistenz kann auch im Eingangsverfahren oder im Berufsbildungsbereich einer WfbM oder eines anderen Anbieters nach §§ 60, 62 SGB IX in Frage kommen. Sie muss **notwendig** sein, d. h. sie ist Voraussetzung für eine Tätigkeit des schwerbehinderten Menschen; diesem wird erst durch diese Leistung eine wettbewerbsfähige Erbringung der jeweils arbeitsvertraglich/dienstrechtlich geschuldeten Tätigkeiten möglich.

Die Arbeitsassistenz als Leistung zur Teilhabe am Arbeitsleben ist zu unterscheiden von der Assistenz nach § 78 SGB IX, die als Leistung zur Sozialen Teilhabe erbracht wird und für die i. d. R. der Träger der Eingliederungshilfe oder der öffentlichen Jugendhilfe zuständig ist.

Darüber hinaus gibt es eine Vielzahl von **Nachteilsausgleichen** in Beförderung und Verkehr, im Steuerrecht oder im Sozialrecht, die teilweise im SGB IX, teilweise in anderen Gesetzen geregelt sind.[116]

Beispiele für Nachteilsausgleiche

Von erheblicher Bedeutung ist die unentgeltliche Beförderung im öffentlichen Personennahverkehr nach den §§ 228 ff. SGB IX. Hiernach erhalten schwerbehinderte Menschen mit dem Merkzeichen G, aG, Bl, H oder Gl eine unentgeltliche Beförderung, wenn der Ausweis über eine entsprechende Wertmarke (80 Euro/Jahr) verfügt. Die Marke gibt es auch kostenfrei unter den Voraussetzungen des § 228 Abs. 4 SGB IX. Statt der unentgeltlichen Beförderung kann ggf. auch eine Befreiung von der Kfz-Steuer geltend gemacht werden. Darüber hinaus gibt es je nach GdB und Merkzeichen Pauschbeträge, die vom Einkommen abgesetzt werden können und die Steuerlast vermindern (§ 33 EStG). Weitere Nachteilsausgleiche betreffen z. B. das Rentenversicherungsrecht (vorzeitige Inanspruchnahme der Altersrente, § 37 SGB VI), das Wohngeldrecht, wo zusätzliche Freibeträge bei schwerbehinderten Haushaltsangehörigen das Haushaltseinkommen verringern (§ 17 WoGG), oder Parkerleichterungen für Menschen mit Merkzeichen aG.

116 Einen guten **Überblick** über die einzelnen Nachteilsausgleiche gibt es beim Berliner Landesamt für Gesundheit und Soziales. Die Broschüre „Ratgeber Inklusion für Menschen mit Behinderung“ ist bundesweit anwendbar, auch wenn einzelne Berliner Besonderheiten mit aufgelistet sind (z.B. ein Merkzeichen T, welches zur Beförderung mit dem Sonderfahrdienst für Menschen mit Behinderung berechtigt). Die Broschüre findet sich unter https://www.berlin.de/lageso/behinderung/schwerbehinderung-versorgungsamt/ratgeber-inklusion/ (4.6.2021). Die Broschüre ist auch in Leichter Sprache verfügbar.

Übungsaufgaben

1. Wann ist ein Mensch mit Behinderung schwerbehindert? Welche Behörde ist für die Feststellung zuständig?
2. Was bedeutet „Gleichstellung“ und wo kann man diese beantragen?
3. Was sind Merkzeichen? Wo finden sich diese?
4. Nennen Sie zwei Nachteilsausgleiche, die schwerbehinderte Menschen haben!
5. Wo sind die Aufgaben des Integrationsamtes geregelt?
6. Was verstehen Sie unter der Ausgleichsabgabe?

4.4.13 Werkstätten für Menschen mit Behinderungen

Werkstätten für Menschen mit Behinderungen (WfbM) sind Einrichtungen der **Teilhabe** von Menschen mit Behinderungen **am Arbeitsleben** und zur Eingliederung in das Arbeitsleben. Die Leistungen werden erbracht, um die Leistungs- oder Erwerbsfähigkeit von Menschen mit Behinderungen zu erhalten, zu entwickeln, zu verbessern oder wiederherzustellen, die Persönlichkeit dieser Menschen weiterzuentwickeln und ihre Beschäftigung zu ermöglichen und zu sichern (§ 56 SGB IX). Die Rechtsgrundlagen für die WfbM sind nicht nur im SGB IX, sondern auch in anderen Teilen des Sozialgesetzbuches und in verschiedenen Verordnungen geregelt.

Grundlegende Vorschriften sind:

§§ 56–59, 62–63 SGB IX	Leistungen, Zuständigkeit der Rehabilitationsträger, Arbeitsförderungsgeld, Wahlrecht
§§ 219–227 SGB IX	Einrichtungsdefinition, Aufnahme in WfbM, Rechtsstellung und Mitwirkung der schwerbehinderten Beschäftigten, Anrechnung von WfbM-Aufträgen auf die Ausgleichsabgabeschuld, Anerkennungsverfahren für WfbM u. a.
Werkstättenverordnung (WVO)	Einzelheiten zu fachlichen Anforderungen an die Werkstätten und zum Verfahren für die Anerkennung als WfbM
Werkstätten-Mitwirkungsverordnung (WMVO)	Mitwirkungsrechte der schwerbehinderten Beschäftigten
§§ 90, 99, 111 SGB IX	persönliche Voraussetzungen und die Rechtsgrundlage für Leistungen der Eingliederungshilfe zur Teilhabe am Arbeitsleben in den WfbM bzw. ihren Alternativen
§§ 112–128 SGB III; § 16 SGB VI, § 35 SGB VII, § 26 BVG (bzw. § 63 SGB XIV ab 1.1.2024)	persönliche Voraussetzungen und Leistungen anderer Leistungsträger (Bundesagentur für Arbeit; Rentenversicherung, gesetzliche Unfallversicherung, Träger der Kriegsopferfürsorge bzw. Träger der Sozialen Entschädigung ab 1.1.2024) für WfbM

Ergänzend finden sich in den Teilen der Sozialgesetzbücher Regelungen zur **Sozialversicherungspflicht** und weitere Vorschriften, die Leistungen zur Teilhabe am Arbeitsleben für Personen regeln, die Anspruch auf Leistungen in einer WfbM haben, wie z. B. die Unterstützte Beschäftigung (§ 55 SGB IX), das Budget für Arbeit oder das Budget für Ausbildung (§§ 61, 61a SGB IX) oder die Beschäftigung in Inklusionsbetrieben nach den §§ 215 ff. SGB IX.

Das Verfahren in einer WfbM gliedert sich in **drei Bereiche**, in denen je nach Stand der beruflichen Tätigkeit unterschiedliche Leistungen erbracht werden. Die Zuständigkeit der Rehabilitationsträger kann hier je nach Bereich differieren. Die Bereiche entsprechen folgenden Phasen, wobei es in allen Phasen begleitende pädagogische, soziale, psychologische, medizinische, pflegerische und therapeutische Begleitung und Förderung durch Fachdienste gibt:

Eingangsverfahren (§ 57 Abs. 1 Nr. 1, Abs. 2 SGB IX, § 3 WVO)

- Feststellung, ob die Werkstatt die geeignete Einrichtung für den Menschen mit Behinderungen ist und welche Bereiche in Frage kommen – Stellungnahme des Fachausschusses, es sei denn, es findet ein Teilhabeplanverfahren statt (§ 2 Abs. 1a WVO)
- Erstellung eines Eingliederungsplans bei positiver Prognose
- Dauer: grundsätzlich drei Monate, ggf. Verkürzung auf vier Wochen
- zuständige Rehabilitationsträger (§ 63 Abs. 1 SGB IX): Bundesagentur für Arbeit (nachrangig, faktisch aber Hauptleistungsträger), gesetzliche Unfallversicherung, gesetzliche Rentenversicherung, Kriegsopferfürsorge (bzw. ab 1.1.2024: Träger der Sozialen Entschädigung)

Berufsbildungsbereich (§ 57 Abs. 1 Nr. 2, Abs. 3 SGB IX, § 4 WVO)

- Entwicklung, Verbesserung oder Wiederherstellung der Leistungs- oder Erwerbsfähigkeit, um Menschen mit Behinderungen in die Lage zu versetzen, ein Mindestmaß an wirtschaftlich verwertbarer Arbeitsleistung i.S.d. § 219 Abs. 1 S. 1 SGB IX zu erbringen
- in Grund- und Aufbaukurs gegliedert zu je mindestens zwölf Monaten (Inhalte § 4 Abs. 4 und 5 WVO)
- Stellungnahme des Fachausschusses , ob andere oder weiterführende berufliche Bildungsmaßnahme oder Wiederholung des Berufsbildungsbereichs oder die Beschäftigung im Arbeitsbereich zweckmäßig sind, es sei denn, es findet ein Teilhabeplanverfahren statt
- Dauer: grundsätzlich zwei Jahre, Bewilligung für jeweils ein Jahr (§ 57 Abs. 3 SGB IX)
- zuständige Rehabilitationsträger (§ 63 Abs. 1 SGB IX): wie im Eingangsverfahren
- finanzielle Unterstützung mit Ausbildungsgeld (bei Zuständigkeit der BA), Übergangsgeld (bei Zuständigkeit der gesetzlichen Rentenversicherung oder gesetzlichen Unfallversicherung) oder Unterhaltsbeihilfe (bei Zuständigkeit der Kriegsopferfürsorge/Kriegsopferversorgung)

Arbeitsbereich (§ 58 SGB IX, § 5 WVO)

- Leistungen für die Aufnahme, Ausübung und Sicherung einer der Eignung und Neigung des behinderten Menschen entsprechenden Beschäftigung
- Teilnahme an arbeitsbegleitenden Maßnahmen zur Erhaltung und Verbesserung der im Berufsbildungsbereich erworbenen Leistungsfähigkeit und Weiterentwicklung der Persönlichkeit sowie
- Förderung des Übergangs geeigneter Menschen mit Behinderungen auf den allgemeinen Arbeitsmarkt durch geeignete Maßnahmen
- keine Begrenzung der Dauer, solange Anspruchsvoraussetzungen vorliegen
- zuständige Rehabilitationsträger (§ 63 Abs. 2 SGB IX): Unfallversicherung, Kriegsopferfürsorge/ Kriegsopferversorgung, Träger öffentlichen Jugendhilfe und Träger der Eingliederungshilfe (Hauptleistungsträger)

Übersicht 36

4.4.13.1 Leistungsberechtigter Personenkreis

Anspruch auf Leistungen in den WfbM haben nach § 219 SGB IX Menschen mit Behinderungen, „die wegen Art und Schwere der Behinderung nicht, noch nicht oder noch nicht wieder auf dem allgemeinen Arbeitsmarkt beschäftigt werden können".

Nicht auf dem allgemeinen Arbeitsmarkt beschäftigt werden können Menschen mit Behinderungen, die wegen ihrer Beeinträchtigungen auch mit Unterstützung nicht die objektiv und subjektiv anfallenden Pflichten eines Arbeitsverhältnisses auf dem allgemeinen Arbeitsmarkt erfüllen können. **Noch nicht auf dem allgemeinen Arbeitsmarkt** tätig sein können Menschen mit Behinderungen, die nach Beendigung der Schule oder einer Rehabilitationsmaßnahme jedenfalls nicht ohne weitere Fördermaßnahmen und Praktika, die von der WfbM begleitet werden, in ein Arbeitsverhältnis auf dem allgemeinen Arbeitsmarkt wechseln können. **Nicht mehr auf dem allgemeinen Arbeitsmarkt** tätig sein können Menschen, die aufgrund von Krankheit oder Unfällen ein solches Ausmaß an Beeinträchtigungen haben, dass sie nicht (mehr) auf dem allgemeinen Arbeitsmarkt vermittelt werden können und die deshalb auf die Werkstatt angewiesen sind. Der Bezug einer Erwerbsminderungsrente steht einer Vermittlung in eine WfbM nicht entgegen.

Liegt eine dieser Einschränkungen bezüglich einer Beschäftigung auf dem allgemeinen Arbeitsmarkt vor, besteht grundsätzlich ein Rechtsanspruch auf Aufnahme in eine WfbM nach § 220 Abs. 1 i. V. m. § 219 Abs. 2 SGB IX. Art und Ursache der Behinderung sind dabei unerheblich, auch eine anerkannte Schwerbehinderung muss nicht vorliegen. Allerdings muss die leistungsberechtigte Person spätestens nach dem Berufsbildungsbereich in der Lage sein, ein **Mindestmaß an wirtschaftlich verwertbarer Arbeitsleistung** zu erbringen (§ 219 Abs. 2 S. 1 SGB IX). Eine unmittelbare Definition, was dies im Einzelnen bedeutet, findet sich nicht; es wird insoweit aber nicht auf den Umfang des konkreten Arbeitsergebnisses abgestellt, sondern darauf, ob der individuelle Unterstützungsbedarf mit den der WfbM zur Verfügung stehenden personellen und sachlichen Mitteln geleistet werden kann. Für die personelle Ausstattung – insbesondere in Bezug auf die Fachkräfte – legt § 9 Abs. 3 WVO einen **Betreuungsschlüssel** fest. Im Arbeitsbereich beträgt diese 1:12 – eine Fachkraft auf 12 Beschäftigte, im Berufsbildungsbereich 1:6. Ist mit diesem Personalschlüssel aufgrund einer erheblichen Fremd- oder Selbstgefährdung oder des Ausmaßes der erforderlichen Betreuung und Pflege die Teilnahme an Maßnahmen im Berufsbildungsbereich oder im Arbeitsbereich nicht zu gewährleisten (vgl. § 219 Abs. 2 S. 2 SGB IX), besteht grundsätzlich kein Anspruch auf Aufnahme in einer WfbM. Allerdings kann es innerhalb der einzelnen Bundesländer durchaus Abweichungen vom Betreuungsschlüssel geben.

Beispiel

Ein Mensch mit Behinderung, der für die Beschäftigung im Arbeitsbereich eine dauernde Betreuung und Pflege durch eine Fachkraft benötigt, ist i. d. R. für eine Beschäftigung in einer WfbM nicht anspruchsberechtigt.[117]

Ist ein Mensch mit Behinderung nicht in der Lage, ein Mindestmaß an wirtschaftlich verwertbarer Arbeitsleistung zu erbringen, besteht für ihn die Möglichkeit, in einer der den Werkstätten angegliederten **Förder- oder Betreuungsgruppen** Betreuung und Förderung (z. B. tagesstrukturierende Maßnahmen, Vermittlung einfachster Fertigkeiten, kulturelle Betreuung usw.) zu erhalten. Die Aufnahme in eine solche Fördergruppe ist allerdings keine Leistung zur Teilhabe am Arbeitsleben, sondern gehört zu den Leistungen zur Sozialen Teilhabe, die i. d. R. im Rahmen der Eingliederungshilfe erbracht werden. Durch die Angliederung an die WfbM soll sichergestellt werden, dass ggf. ein Übergang in den Arbeitsbereich ermöglicht werden kann.

Liegen die Voraussetzungen für eine Aufnahme in eine WfbM vor, haben Menschen mit Behinderungen einen Rechtsanspruch auf Aufnahme in eine Einrichtung im Einzugsgebiet. Parallel zu diesem Rechtsanspruch sind die WfbMs verpflichtet, die leistungsberechtigten Menschen aus ihrem Einzugsgebiet auch aufzunehmen (§ 219 Abs. 1 f. SGB IX i. V. m. § 1 Abs. 1 WVO). Das bedeutet, dass Werkstätten auch bei einer beschränkten Aufnahmekapazität keine Auswahl zwischen verschiedenen Bewerber:innen treffen oder bestimmte Kriterien (z. B. Konfessionszugehörigkeit bei kirchlichen Trägern) zugrunde legen dürfen. Alle eingehenden Aufnahmeanträge müssen gleichberechtigt geprüft werden – das gilt

117 Vgl. hierzu LSG Niedersachsen-Bremen, Urteil vom 23.9.2014 – L 7 AL 56/12; LSG Sachsen, Urteil vom 3.6.2011 – L 3 AL 86/10 oder LSG Bayern, Urteil vom 23.5.2012 – L 10 AL 8/11.

sowohl für den Fall, dass der Fachausschuss tätig wird als auch für den, dass die Entscheidungen in einem Teilhabe- und/oder Gesamtplanverfahren getroffen werden. Dabei ist das Wunsch- und Wahlrecht der Menschen mit Behinderungen (§§ 8, 62 SGB IX) zu berücksichtigen.

4.4.13.2 Rechtsstellung von Menschen mit Behinderungen in der WfbM

Das Rechtsverhältnis zwischen Träger der WfbM und leistungsberechtigten Menschen mit Behinderungen unterscheidet sich jeweils danach, in welchem Bereich die Beschäftigung erfolgt.

Im **Eingangsverfahren und Berufsbildungsbereich** sind die Leistungsberechtigten nicht in den Betrieb der Einrichtungen eingegliedert (§ 221 Abs. 4 i. V. m. § 52 SGB IX), d. h. sie sind keine Arbeitnehmer:innen i. S. d. Betriebsverfassungsgesetzes mit den damit zusammenhängenden Rechten und Pflichten. Allerdings gelten arbeitsrechtliche Grundsätze wie Persönlichkeitsschutz, Haftungsbeschränkungen sowie die gesetzlichen Vorschriften über Arbeitsschutz, Schutz vor Diskriminierungen in Beschäftigung und Beruf nach dem AGG, Erholungsurlaub und Gleichberechtigung. Der Träger der Werkstatt darf den dort beschäftigten Menschen nicht kündigen, es sei denn, es besteht eine erhebliche Fremd- oder Selbstgefährdung oder der Betreuungsaufwand ist unverhältnismäßig hoch. Letztlich trifft die Entscheidung über die Beendigung der Maßnahme der zuständige Rehabilitationsträger, es sei denn, der Mensch mit Behinderung kündigt selbst.

Im **Arbeitsbereich** stehen die Menschen mit Behinderungen in einem arbeitnehmerähnlichen Rechtsverhältnis, soweit sich aus dem zugrunde liegenden Sozialleistungsverhältnis nichts anderes ergibt (§ 221 Abs. 1 SGB IX). Der Inhalt dieses Verhältnisses ist in dem **Werkstattvertrag**, welchen der Einrichtungsträger mit der:dem Leistungsberechtigten abschließt, geregelt (§ 221 Abs. 3 SGB IX). Damit sind arbeitsrechtliche Vorschriften zwar nicht grundsätzlich ausgeschlossen, allerdings unterscheiden sie sich von einem Arbeitsverhältnis auf dem allgemeinen Arbeitsmarkt. Das Verhältnis ist von den Zielen der Beschäftigung in der WfbM geprägt. Anwendbar sind deshalb z. B. die Vorschriften über Beschäftigungszeit, Urlaub, Entgeltfortzahlung, Mutterschutz, Elternzeit, Haftungsbeschränkungen.

Der Werkstattvertrag ist ein zivilrechtlicher Vertrag. Bei Streitigkeiten aus diesem Vertrag ist der **Rechtsweg zu den Arbeitsgerichten** gegeben. Allerdings sind die WfbM-Träger nicht berechtigt, den Werkstattvertrag – wie einen Arbeitsvertrag – zu kündigen. Da Leistungsberechtigte einen Anspruch auf Beschäftigung in einer WfbM haben, kommt eine Lösung des Vertrages nur dann in Frage, wenn die Voraussetzungen für eine Beschäftigung im Arbeitsbereich nicht mehr vorliegen. Die Lösung des Werkstattvertrages ist nach § 221 Abs. 7 SGB IX schriftlich vorzunehmen und zu begründen."

Menschen mit Behinderungen im Arbeitsbereich einer WfbM erhalten ein **Arbeitsentgelt** (§ 221 Abs. 2 SGB IX). Dieses setzt sich aus einem Grundbetrag in Höhe des Ausbildungsgeldes, das die Bundesagentur für Arbeit im Berufsbildungsbereich geleistet hat (§ 125 SGB III: 119 Euro monatlich) und einem leistungsangemessenen Steigerungsbetrag zusammen, der sich nach der individuellen Arbeitsleistung des beschäftigten Menschen unter Berücksichtigung von Arbeitsmenge und Arbeitsgüte ergibt. Das Arbeitsentgelt wird aus dem Arbeitsergebnis nach § 12 Abs. 4 f. WVO finanziert. Darüber hinaus erhalten Menschen mit Behinderungen neben dem Arbeitsentgelt ein Arbeitsförderungsgeld nach § 59 SGB IX. Dieses beträgt 52 Euro monatlich für jeden im Arbeitsbereich beschäftigten Menschen, wenn dessen Arbeitsentgelt zusammen mit dem Arbeitsförderungsgeld den Betrag von 351 Euro nicht übersteigt. Ist das Arbeitsentgelt monatlich höher als 299 Euro, beträgt das Arbeitsförderungsgeld den Differenzbetrag zwischen dem Arbeitsentgelt und 351 Euro.

Beispiel

Ein Beschäftigter in einer WfbM erhält als Arbeitsentgelt einen Grundbetrag von 119 Euro und einen Steigerungsbetrag von 200 Euro, insgesamt 319 Euro. Rechnet man jetzt das Arbeitsförderungsgeld (52 Euro) dazu, erhält man 371 Euro. Dies liegt über 351 Euro; der Beschäftigte erhält als Arbeitsförderungsgeld nur den Differenzbetrag zwischen 319 und 351 Euro, d. h., das Arbeitsförderungsgeld beträgt 32 Euro. Das volle Arbeitsförderungsentgelt erhielte er nur, wenn er maximal 299 Euro verdienen würde.

Das Arbeitsförderungsgeld wird – sofern der Leistungsberechtigte bedürftigkeitsabhängige Leistungen zur Sicherung des Lebensunterhalts (z. B. Hilfe zum Lebensunterhalt, Grundsicherung bei Erwerbsminderung) erhält, nicht als Einkommen angerechnet (§ 59 Abs. 2 SGB IX). Die Anrechnung des übrigen Arbeitsentgelts für Leistungen der Grundsicherung bei Erwerbsminderung oder der Hilfe zum Lebensunterhalt richtet sich nach § 82 Abs. 3 Satz 2 SGB XII. Danach kann ein Achtel der Regelbedarfsstufe 1 (2021: 55,75 EUR/ Monat) zuzüglich 50 % des diesen Betrag übersteigenden Arbeitsentgelts abgesetzt werden. Diese Regelung gilt auch bei einem Arbeitsentgelt, das bei einem anderen Leistungsanbieter i. S. d. § 60 SGB IX bezogen wird.

Darüber hinaus haben Menschen mit Behinderungen in WfbM ein besonderes **Mitwirkungsrecht** durch Werkstatträte (§ 222 Abs. 1 SGB IX). Der Werkstattrat vertritt die Interessen der Beschäftigten gegenüber der Werkstattleitung und anderen Personen. Seine Aufgaben sind durch das BTHG erheblich erweitert worden. Die Einzelheiten hierzu sind in der Werkstattmitwirkungsverordnung geregelt. Zudem muss nach § 222 Abs. 5 SGB IX jede WfbM eine **Frauenbeauftragte** und mindestens eine Stellvertreterin haben, die die Interessen der beschäftigten Frauen mit Behinderungen vertritt. Die Einzelheiten zur Wahl und ihren Aufgaben sind in den §§ 39a-c WMVO geregelt.

Menschen mit Behinderungen, die in WfbMs arbeiten, sind überdies in fast allen Zweigen der **Sozialversicherung** versicherungspflichtig. Eine Ausnahme besteht nur bei der Arbeitslosenversicherung, die nicht notwendig ist, weil ein Beschäftigungsanspruch besteht, solange die Leistungsvoraussetzungen vorliegen. Eine Besonderheit besteht in Bezug auf die **Rentenversicherung**. Der Beitrag für diese Versicherung richtet sich nach § 162 S. 1 Nr. 2, 2a SGB VI nach dem tatsächlich erzielten Arbeitsentgelt, mindestens aber nach der Höhe von 80 % der monatlichen Bezugsgröße nach § 18 SGB IV. Das bedeutet faktisch, dass WfbM-Berechtigte Rentenversicherungsbeiträge in der Höhe bezahlt bekommen, als würden sie monatlich – so im Jahre 2021 – 2.632 Euro (alte Bundesländer) bzw. 2.492 Euro (neue Bundesländer) verdienen. WfbM-Beschäftigte gelten nach § 43 Abs. 2 Satz 3 Nr. 1 SGB VI rentenrechtlich als voll erwerbsgemindert. Sie haben deshalb gem. § 43 Abs. 6 SGB VI nach 20 Jahren Wartezeit (ununterbrochene Beschäftigung in einer WfbM) Anspruch auf eine **volle Erwerbsminderungsrente**, deren Höhe sich aus den gezahlten Beiträgen berechnet und ohne Abschläge ausgezahlt wird.

4.4.13.3 Alternativen zur Beschäftigung in einer WfbM

Mit dem BTHG und daran anschließenden Gesetzen wurden für Menschen mit Behinderungen, die einen Anspruch auf Beschäftigung in einer WfbM haben, **alternative Möglichkeiten** geschaffen, um ihre Teilhabe am Arbeitsleben auch anders sicherzustellen. Die Regelungen reagieren nicht zuletzt auf die Kritik am System der WfbMs, das letztlich einem inklusiven Arbeitsmarkt entgegensteht. So wurden auf der einen Seite die Wahlmöglichkeiten der Menschen mit Behinderungen verstärkt, die ihre Leistungen nicht mehr nur und exklusiv in WfbMs in Anspruch nehmen müssen, sondern auch andere Leistungsanbieter wählen können. Darüber hinaus können WfbM-Beschäftigte ein Budget für Arbeit und/ oder ein Budget für Ausbildung erhalten. Beide sollen Leistungsberechtigten ermöglichen, auf dem allgemeinen Arbeitsmarkt eine Ausbildung oder eine Beschäftigung aufzunehmen.

Andere Leistungsanbieter sind in § 60 SGB IX geregelt. Menschen mit Behinderungen können diese Leistungen im Eingangsverfahren, im Berufsbildungsbereich oder im Arbeitsbereich vollständig oder teilweise in Anspruch nehmen. Andere Leistungsanbieter unterliegen grundsätzlich den Vorschriften für WfbM des SGB IX, der WMVO und der WVO, allerdings gibt es hiervon in § 60 Abs. 2 SGB IX einige Ausnahmen. So bedürfen sie z. B. nicht der förmlichen Anerkennung, müssen keine Mindestplatzzahl anbieten, können ihr Angebot auf einzelne Bereiche einer WfbM beschränken und unterliegen keiner Aufnahmeverpflichtung. Die zuständigen Rehabilitationsträger sind parallel dazu auch nicht verpflichtet, Plätze bei anderen Leistungsanbietern sicherzustellen. Das Rechtsverhältnis zwischen anderen Leistungsanbietern und den beschäftigten Menschen und die Sozialversicherungspflichten entsprechen denen der WfbM. Menschen mit Behinderungen haben nach § 62 SGB IX ein Wahlrecht, wo und welche Leistungen sie in einer WfbM oder bei anderen Leistungsanbietern in Anspruch nehmen wollen.

Das **Budget für Arbeit** nach § 61 SGB IX ist ein seit dem 1.1.2018 bestehender Anspruch für Menschen mit Behinderungen, die die Leistungsvoraussetzungen für den Arbeitsbereich einer WfbM erfüllen. Sie können hiermit in ein sozialversicherungsrechtliches Beschäftigungsverhältnis bei privaten oder öffentlichen Arbeitgebern wechseln. Das Budget für Arbeit ist faktisch ein Lohnkostenzuschuss für die Arbeitgeber. Es umfasst nach § 61 Abs. 2 SGB IX bis zu 75 % des Arbeitgeberbruttos; allerdings ist es begrenzt auf 40 % der monatlichen Bezugsgröße (2021: 1.316 Euro). Die Bundesländer können eine höhere Grenze festlegen. Es genügt ein Anspruch auf Leistungen im Arbeitsbereich einer WfbM; es ist nicht erforderlich, dass die Leistungen dort auch bereits in Anspruch genommen wurden.

Das **Budget für Ausbildung** gibt es seit 2020. Es richtete sich zunächst darauf, Menschen mit Behinderungen, die Anspruch auf Leistungen nach § 57 SGB IX (Eingangsverfahren und Berufsbildungsbereich) haben, eine Alternative zur Ausbildung in einer WfbM zu bieten. Voraussetzung ist neben diesem Leistungsanspruch ein sozialversicherungspflichtiges Ausbildungsverhältnis in einem anerkannten Ausbildungsberuf oder in einem Ausbildungsgang nach dem Berufsbildungsgesetz oder der Handwerksordnung. Mit dem Teilhabestärkungsgesetz 2021 wurde das Budget für Ausbildung dann auch auf Menschen ausgeweitet, die bereits im Arbeitsbereich einer WfbM oder bei einem anderen Leistungsanbieter beschäftigt sind. Das Budget für Ausbildung umfasst die vollständige Erstattung der Ausbildungsvergütung einschließlich des Anteils des Arbeitgebers am Gesamtsozialversicherungsbeitrag und des Beitrags zur Unfallversicherung, die Aufwendungen für die wegen der Behinderung erforderliche Anleitung und Begleitung am Ausbildungsplatz und in der Berufsschule sowie die erforderlichen Fahrtkosten. Statt einer Berufsschule kann der schulische Teil der Ausbildung auch in einer Einrichtung der beruflichen Rehabilitation erfolgen (z. B. einem Berufsbildungswerk oder einem Berufsförderungswerk).

Das Budget für Arbeit und das Budget für Ausbildung werden von allen **Rehabilitationsträgern** erbracht, die auch die Leistungen in den verschiedenen Bereichen der WfbM erbringen.

Das Budget für Arbeit und das Budget für Ausbildung haben mit dem Persönlichen Budget kaum etwas gemeinsam, auch wenn es begrifflich ähnlich klingt. Beim Budget für Arbeit handelt es sich um eine Leistung zur Teilhabe am Arbeitsleben, in Gestalt eines Lohnkostenzuschusses und von Begleitleistungen; beim Budget für Ausbildung werden die Ausbildungsvergütung, Sozialversicherungsbeiträge, die Fahrtkosten und Unterstützungsleistungen finanziert. Der leistungsberechtigten Person selbst wird kein Budget in Form einer Geldleistung zur Verfügung gestellt. Aus ihrer Sicht handelt es sich um Sachleistungen. Das Persönliche Budget ist demgegenüber eine alternative Form der Ausführung der Rehabilitationsleistung, bei der leistungsberechtigten Personen auf ihren Antrag Geld ausgezahlt wird, um sie in die Lage zu versetzen, sich selbst bedarfsdeckende Leistungen zu verschaffen.

1. Zu welchen Teilhabeleistungen gehören die WfbM?
2. Welche Bereiche gibt es in der WfbM und wo finden sich die Regelungen hierzu?
3. Welche Voraussetzungen müssen Menschen mit Behinderungen erfüllen, um Leistungen in einer WfbM zu erhalten?
4. Kann der Träger einer WfbM einer:einem Beschäftigen kündigen, wenn diese:r immer zu spät zur Arbeit kommt?
5. Zu welchen Leistungen gehört die Förderung in einer der WfbM angegliederten Förder- und Betreuungsgruppe?
6. Wie setzt sich das Arbeitsentgelt der Beschäftigten in einer WfbM zusammen?
7. Welche Alternativen zu einer Beschäftigung in einer WfbM kennen Sie?
8. Welcher Unterschied besteht zwischen dem Persönlichen Budget und dem Budget für Arbeit?

4.5 Pflegerecht und Pflegeversicherung

Menschen mit Behinderungen haben häufig neben einem umfassenden Rehabilitationsbedarf auch einen **Bedarf an Pflegeleistungen**, die sie in die Lage versetzen, ihren Teilhabeanspruch wahrzunehmen. In Deutschland gibt es seit 1995 ein eigenes System der sozialen Sicherheit zur Absicherung der Pflegebedürftigkeit: die gesetzliche Pflegeversicherung, die im SGB XI und – für die Träger der privaten Pflegepflichtversicherung – zusätzlich in den Musterbedingungen für die private Pflegepflichtversicherung (MB/PPV)[118] geregelt ist. Bevor es die Pflegeversicherung gab, waren es v.a. die Träger der Sozialhilfe, die Leistungen bei Pflegebedürftigkeit erbrachten, die ihre Leistungen einkommens- und vermögensabhängig erbringen. Das führte dazu, dass Pflegebedürftigkeit häufig dann auch mit materieller Armut einherging. Betroffen waren v.a. ältere Menschen. Mit der Pflegeversicherung sollte diese Verknüpfung zwischen Pflegebedürftigkeit und Altersarmut beseitigt werden, was zumindest zu Beginn der Versicherung auch ansatzweise gelang.

Die Pflegeversicherung erbringt Leistungen, wenn Menschen **pflegebedürftig** im Sinne des SGB XI sind. Allerdings sind diese Leistungen nicht bedarfsdeckend angelegt, sondern durch Pauschalbeträge gedeckelt. Das System der Pflegeversicherung war von vornherein als „**Teilkaskosystem**" geplant, das auch von der Pflegebereitschaft anderer – ehrenamtlich tätiger – Menschen (z.B. Angehörige, Nachbar:innen, Freund:innen) ausgeht. Ergänzend erbringt weiterhin der Träger der Sozialhilfe im Rahmen der „Hilfe zur Pflege" Leistungen im Pflegefall.

Seit der Einführung der Pflegeversicherung im Jahre 1995 gab es eine Vielzahl von **Änderungen**, die bedeutsam waren und die das ursprüngliche System grundlegend reformierten. Die wichtigste Änderung gab es zum 1.1.2017 mit einer Neubestimmung des Pflegebedürftigkeitsbegriffs durch das Pflegestärkungsgesetz II.[119] Seitdem wurden zudem die Leistungen angepasst, neue Kombinationsleistungen ermöglicht und versucht, die Leistungen der Pflegeversicherung für die betroffenen Menschen und ihre Angehörigen flexibler zu gestalten. Dies allerdings führt zu einer höheren Komplexität, die eine gute Beratung erforderlich macht.

4.5.1 Einführung in das Recht der Pflegeversicherung

Das Recht der Pflegeversicherung ist relativ übersichtlich im SGB XI geregelt. Die (nicht einklagbaren) **Grundsätze**, die für das gesamte Recht gelten, finden sich im Ersten Kapitel des SGB XI. Dazu gehören u.a.

- der Grundsatz der **Selbstbestimmung**, nach dem die Leistungen der Pflegeversicherung pflegebedürftigen Menschen helfen sollen, ein möglichst selbstständiges und selbstbestimmtes Leben zu führen, das ihrer Würde entspricht (§ 2 Abs. 1 SGB XI); dazu gehören auch eine kultursensible Pflege und eine Pflege, die geschlechtsspezifische Unterschiede berücksichtigt (§§ 1 Abs. 5, 2 Abs. 2 S. 3 SGB XI);
- das **Wunsch- und Wahlrecht**, welches pflegebedürftige Menschen berechtigt, zwischen Einrichtungen und Diensten verschiedener Träger zu wählen und ihre (angemessenen) Wünsche im Rahmen des Leistungsrechts zur Gestaltung der Hilfe berücksichtigt (§ 2 Abs. 2 SGB XI);
- der Grundsatz **des Vorrangs häuslicher Pflege**, nach dem ambulante häusliche Leistungen gegenüber teilstationären und stationären Leistungen vorrangig sind; er beinhaltet auch die Notwendigkeit, die Pflegebereitschaft ehrenamtlicher Pflegepersonen zu stärken;

118 Bei diesen MB/PPV handelt es sich um Allgemeine Geschäftsbedingungen, die vom Verband der privaten Krankenversicherung (PKV) herausgegeben werden und Vertragsgegenstand des (privatrechtlichen) Versicherungsvertrages mit einem privaten Pflegepflichtversicherungsunternehmen sind. Sie finden sich z.B. unter https://www.dkv.com/productdb_img/pdf/B220.pdf?010 (7.6.2021).

119 Zweites Gesetz zur Stärkung der pflegerischen Versorgung vom 21.12.2015, BGBl. I S. 2424.

4. der **Vorrang von Prävention**[120] **und medizinischer Rehabilitation** vor und während der Pflege (§ 5 SGB XI).

Insbesondere dieser Grundsatz hat im Rahmen der Gesetzgebungsreformen immer wieder eine Stärkung erfahren, weil die Möglichkeiten von Prävention und Rehabilitation im Falle der Pflegebedürftigkeit noch zu wenig genutzt und beachtet werden. So gibt es inzwischen eine Reihe von **Regelungen**, die die Durchsetzung unterstützen sollen:

- § 7 Abs. 2 S. 2 SGB XI verpflichtet Ärzt:innen, Krankenhäuser, Vorsorge- und Rehabilitationseinrichtungen sowie andere Sozialleistungsträger dazu, die zuständige Pflegekasse bei drohender Pflegebedürftigkeit zu **benachrichtigen**, sofern die betroffenen Personen zustimmen.
- § 7a Abs. 1 S. 3 Nr. 2 SGB XI legt fest, dass Präventions- und Rehabilitationsmaßnahmen im Rahmen der **Pflegeberatung** berücksichtigt werden und in den Versorgungsplan aufgenommen werden müssen.
- Durch § 18 Abs 1 S. 3, Abs. 6 SGB XI werden die Gutachter:innen beim Begutachtungsverfahren verpflichtet, geeignete, notwendige und zumutbare Präventions- und Rehabilitationsleistungen festzustellen und eine **gesonderte Präventions- und Rehabilitationsempfehlung** nach §§ 18 Abs. 6 S. 3, 18a SGB XI zu erstellen, die – mit Zustimmung der antragstellenden Person – als Antrag auf eine empfohlene Maßnahme weitergeleitet werden muss.
- Nach § 31 Abs. 3 S. 4 SGB XI sind die Pflegekassen verpflichtet zu prüfen, ob die entsprechende Maßnahme durchgeführt wurde und müssen nach §§ 31 Abs. 3 S. 5, 32 SGB XI die Leistungen ggf. **vorläufig** erbringen, wenn sie erforderlich sind, um eine unmittelbar drohende Pflegebedürftigkeit zu vermeiden, eine bestehende Pflegebedürftigkeit zu überwinden oder deren Verschlimmerung zu verhüten. Diese Vorschriften werden in der Praxis aber faktisch nicht angewendet.

5. die Grundsätze der **Pflegequalität und Qualitätssicherung**, die in § 11 Abs. 1 SGB XI mit der Verpflichtung der Pflegeeinrichtungen zu einer Pflege nach dem allgemein anerkannten Stand medizinisch-pflegerischer Erkenntnisse unter Beachtung einer humanen und aktivierenden – menschenwürdigen – Pflege bereits festgeschrieben sind. Eine Konkretisierung dieser Grundsätze enthalten dann die §§ 112 ff. SGB XI, in denen u. a. die Einhaltung von Expertenstandards, die i. d. R. unangemeldeten Qualitätsprüfungen in den Pflegeeinrichtungen durch den Medizinischen Dienst oder andere Sachverständige und die Veröffentlichung der Prüfergebnisse aufgeführt sind. Die Landesverbände der Pflegekassen müssen nach § 115 Abs. 1a SGB XI sicherstellen, dass die von den Pflegeeinrichtungen erbrachten Leistungen und deren Qualität für die Pflegebedürftigen und ihre Angehörigen **verständlich, übersichtlich und vergleichbar** sowohl im Internet als auch in anderer geeigneter Form kostenfrei **veröffentlicht** werden. Die Ergebnisse der Prüfungen fließen mit ein.

Leistungen der Pflegeversicherung müssen von anderen Leistungen, die ebenfalls den Pflegebedarf (mit-)decken sollen, **abgegrenzt** werden. Hierzu gehören bei Menschen mit

120 Für vollstationäre Pflegeeinrichtungen gibt es einen vom GKV-Spitzenverband herausgegebenen Leitfaden Prävention, der Teil der Broschüre zum Leitfaden Prävention in der Krankenversicherung ist. Hier finden sich eine Reihe von möglichen Maßnahmen, die durch die Pflegekassen finanziell gefördert werden. Die Broschüre ist im Download unter: https://www.gkv-spitzenverband.de/media/dokumente/krankenversicherung_1/praevention__selbsthilfe__beratung/praevention/praevention_leitfaden/Leitfaden_Pravention_2020_barrierefrei.pdf (7.6.2021) bereit gestellt.

Behinderungen v. a. die Leistungen der **Eingliederungshilfe**. Hier gibt es einige Überschneidungen, die die Abgrenzung erschweren und durch die die Gefahr besteht, dass Leistungen aus der Eingliederungshilfe in die Pflegeversicherung „verschoben“ werden (s. hierzu Kapitel 4.4.9.1). Ob eine Pflegeleistung durch die Pflegeversicherung oder durch den Träger der Eingliederungshilfe übernommen wird, unterscheidet die Rechtsprechung danach, mit welchem **Ziel** und in welchem **Zusammenhang** die Leistung erbracht wird: dient sie dazu, die körperlichen, geistigen oder seelischen Kräfte der Leistungsberechtigten wiederzugewinnen oder zu erhalten, ist es „reine“ Pflege, sind die rehabilitativen und integrativen Aspekte der Leistung wichtiger, bei denen die pflegerische Maßnahme in den Hintergrund tritt, muss die Pflegeleistung durch den Träger der Eingliederungshilfe übernommen werden.

Beispiel

Ein Mädchen mit einer Mehrfachbehinderung erhält für den Besuch eines Förderzentrums eine Integrationshelferin. In der Schule benötigt sie Hilfen im pflegerischen Bereich (Toilettengang, Hilfe bei der Nahrungsaufnahme, beim An- und Auskleiden usw.). Sie erhält – aufgrund eines anerkannten Pflegegrades – Pflegegeld von der Pflegeversicherung. Der Träger der Eingliederungshilfe kürzte seine Eingliederungsleistungen für die Integrationshelferin um das Pflegegeld, weil er der Ansicht war, dass die pflegerischen Leistungen von einem Pflegedienst in der Schule übernommen werden müssten. Das angerufene Gericht sah dies als rechtswidrig an, weil der Einsatz der Integrationshelferin dem Kind den Schulbesuch überhaupt erst ermöglicht hat; die Pflegeleistungen seien nachrangig und deshalb vom Träger der Eingliederungshilfe zu übernehmen.[121]

Das SGB XI kennt darüber hinaus weitere Vorrangigkeits-Nachrangigkeits-Regelungen im §13 SGB XI. Diese lassen sich so darstellen:

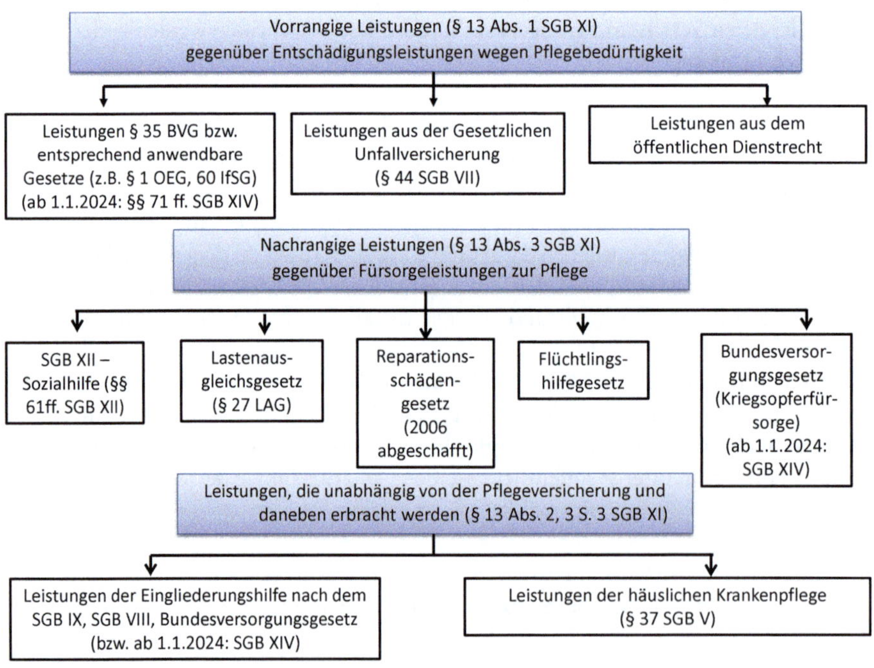

Übersicht 37

121 Vgl. LSG Baden-Württemberg, Urteil vom 28.6.2007, L 7 SO 414/07).

Kennzeichen der **vorrangigen Leistungen** ist v. a., dass diese Systeme **kausal ausgerichtet** sind, d. h. leistungsberechtigt sind diejenigen pflegebedürftigen Menschen, deren Pflegebedürftigkeit Folge eines bestimmten, gesetzlich geregelten Schadensereignisses (Schadensfall nach dem BVG oder den darauf verweisenden Gesetzen, Arbeitsunfall oder Berufskrankheit oder ein Schaden während der Ausübung einer Dienstpflicht) ist.

Beispiel

Verunglückt jemand auf dem Weg von oder zur Arbeit so schwer, dass er aufgrund dieses Unfalls pflegebedürftig wird, ist zunächst die gesetzliche Unfallversicherung für die Pflegeleistungen zuständig. Nur wenn diese bestimmte Leistungen nicht erfasst (z. B. die Übernahme von Versicherungsbeiträgen für die Alterssicherung der ehrenamtlich tätigen Pflegeperson), dann erbringt die gesetzliche Pflegeversicherung ergänzend diese Leistungen.

Nachrangige Pflegeleistungssysteme sind – abgesehen von der Hilfe zur Pflege nach dem SGB XII – ebenfalls grundsätzlich kausal ausgerichtet, d. h. es muss ein schadensrechtlich relevantes Ereignis Ursache für die Pflegebedürftigkeit sein. Hier kommt noch hinzu, dass der pflegebedürftige Mensch bedürftig sein muss, d. h. kein ausreichendes Einkommen und Vermögen haben darf. Von den nachrangigen Leistungssystemen ist faktisch nur noch die Hilfe zur Pflege bedeutsam (ggf. landesrechtliche Bestimmungen).

Die Pflegeversicherung ist – wie die Krankenversicherung auch – in einen gesetzlichen (hier **sozialen**) und einen **privaten** Zweig unterteilt. Anders als bei der Krankenversicherung sind die Voraussetzungen, Beiträge und Leistungen in beiden Versicherungszweigen allerdings weitgehend gleich und auch die Rechtsstreitigkeiten aus dem Versicherungsverhältnis sind – anders als Streitigkeiten aus der privaten Krankenversicherung – den Sozialgerichten zugeordnet (§ 51 Abs. 1 Nr. 2 SGG).

4.5.2 Anspruchsberechtigung nach dem SGB XI

Leistungen nach dem SGB XI erhält, wer

1. **versichert** ist und die Vorversicherungszeit erfüllt hat,
2. **pflegebedürftig** ist und
3. bei der zuständigen Pflegekasse einen **Antrag** gestellt hat.

4.5.2.1 Versicherung und Vorversicherungszeit

Leistungen der Pflegeversicherung erhalten nur diejenigen, die pflegeversichert sind. Da die Pflegeversicherung als „**Volksversicherung**“[122] angelegt ist und es eine umfassende Versicherungspflicht gibt, dürfte die Anzahl der nicht versicherten Menschen gering sein.

Die **Versicherungspflicht** ist in den §§ 20 ff. SGB XI geregelt. Es gilt der Grundsatz „Pflegeversicherung folgt der Krankenversicherung“, d. h. alle Mitglieder einer Krankenversicherung sind – unabhängig davon, ob sie gesetzlich, freiwillig gesetzlich oder privat versichert sind – auch in der Pflegeversicherung versichert. Dabei richtet sich der Pflegeversicherungsstatus grundsätzlich nach der entsprechenden Krankenversicherung: gesetzlich Versicherte sind in der sozialen Pflegeversicherung und privat Versicherte bei einem privaten

122 BVerfG, Urteil vom 3.4.2001, 1 BvR 81/98.

Pflegepflichtversicherungsunternehmen versichert. Da die Pflegekassen organisatorisch bei den Krankenkassen angesiedelt sind, lässt sich die Zugehörigkeit zu einer Pflegekasse anhand der jeweiligen Krankenkasse bestimmen. Das Gleiche gilt für private Krankenkassen, denen i. d. R. auch ein privates Pflegepflichtversicherungsunternehmen zugeordnet ist. Menschen, die freiwillig in der gesetzlichen Krankenversicherung versichert sind, oder bestimmte Personengruppen, die nicht krankenversichert sein müssen (z. B. Heilfürsorgeberechtigte wie Soldat:innen auf Zeit oder Polizeivollzugsbeamt:innen der Bundespolizei), können die Art ihrer Pflegeversicherung wählen (§§ 22 Abs. 1, 23 Abs. 4 SGB XI). Darüber hinaus sind auch Familienmitglieder unter den Voraussetzungen des § 25 SGB XI **familienversichert**; eine Familienversicherung gibt es auch in der privaten Pflegepflichtversicherung (§ 23 Abs. 1 S. 2 SGB XI). Für bestimmte Personengruppen besteht die Möglichkeit zur Weiterversicherung (§ 26 SGB XI) bzw. zum Beitritt zu einer Pflegeversicherung (§ 26a SGB XI).

Der Beitrag zur Pflegeversicherung beträgt derzeit 3,05 % (§ 55 Abs. 1 SGB XI). Kinderlose Menschen über 23 Jahre zahlen 0,25 % mehr (§ 55 Abs. 3 SGB XI).

Die **Vorversicherungszeit** ist erfüllt, wenn Antragsteller:innen in den letzten zehn Jahren vor Antragstellung mindestens zwei Jahre gesetzlich oder privat pflegeversichert waren; bei Kindern ist die Vorversicherungszeit erfüllt, wenn ein Elternteil diese erfüllt (§ 33 Abs. 2 SGB XI).

4.5.2.2 Pflegebedürftigkeit

Der Begriff der **Pflegebedürftigkeit** ist in § 14 Abs. 1 SGB XI klar definiert. Danach sind Menschen pflegebedürftig, die

1. gesundheitlich bedingte Beeinträchtigungen der Selbständigkeit oder der Fähigkeiten aufweisen und
2. deshalb der Hilfe durch andere bedürfen, weil sie die körperlichen, kognitiven oder psychischen Beeinträchtigungen oder gesundheitlich bedingte Belastungen oder Anforderungen nicht selbständig kompensieren oder bewältigen können und
3. diese Beeinträchtigungen in bestimmten Bereichen des Lebens vorliegen.

Dabei muss die Pflegebedürftigkeit **auf Dauer**, voraussichtlich für **mindestens sechs Monate**, und mit mindestens der in § 15 festgelegten Schwere bestehen.

§ 14 Abs. 2 SGB XI legt fest, welche **Bereiche** für das Vorliegen gesundheitlich bedingter Beeinträchtigungen der Selbstständigkeit oder der Fähigkeiten relevant sind. Die Prüfung richtet sich danach, wie selbstständig noch jemand in einem bestimmten Bereich ist oder inwieweit seine Fähigkeiten (noch) ausgeprägt sind, und danach, wie viel Unterstützung eine Person benötigt. Unerheblich ist, ob die Person noch die entsprechende Handlung oder Aktivität durchführen möchte. In seiner Selbstständigkeit ist jemand beeinträchtigt, wenn sie:er von **personeller Hilfe** abhängig ist; wobei sowohl die körperlichen als auch die geistigen Ressourcen eine Rolle spielen. Personelle Hilfe umfasst dabei alle **unterstützenden Handlungen**, die ein Person benötigt, um die betreffende Aktivität durchzuführen. Wer diese Hilfe erbringt (ehrenamtliche Pflegeperson oder professionelle Pflegekraft), spielt keine Rolle und ist allenfalls für die Pflege- und Hilfeplanung maßgebend.

Die für die Pflegebedürftigkeit **relevanten Bereiche** sind in § 14 Abs. 2 SGB XI aufgeführt und werden (fast abschließend) durch einzelne Kriterien konkretisiert:

1. **Mobilität**: Positionswechsel im Bett, Halten einer stabilen Sitzposition, Umsetzen, Fortbewegen innerhalb des Wohnbereichs, Treppensteigen;
2. **Kognitive und kommunikative Fähigkeiten**: Erkennen von Personen aus dem näheren Umfeld, örtliche Orientierung, zeitliche Orientierung, Erinnern an wesentliche Ereignisse oder Beobachtungen, Steuern von mehrschrittigen Alltagshandlungen, Treffen von Entscheidungen im Alltagsleben, Verstehen von Sachverhalten und Informationen, Erkennen von Risiken und Gefahren, Mitteilen von elementaren Bedürfnissen, Verstehen von Aufforderungen, Beteiligen an einem Gespräch;
3. **Verhaltensweisen und psychische Problemlagen**: motorisch geprägte Verhaltensauffälligkeiten, nächtliche Unruhe, selbstschädigendes und autoaggressives Verhalten, Beschädigen von Gegenständen, physisch aggressives Verhalten gegenüber anderen Personen, verbale Aggression, andere pflegerelevante vokale Auffälligkeiten, Abwehr pflegerischer und anderer unterstützender Maßnahmen, Wahnvorstellungen, Ängste, Antriebslosigkeit bei depressiver Stimmungslage, sozial inadäquate Verhaltensweisen, sonstige pflegerelevante inadäquate Handlungen[123];
4. **Selbstversorgung**: Waschen des vorderen Oberkörpers, Körperpflege im Bereich des Kopfes, Waschen des Intimbereichs, Duschen und Baden einschließlich Waschen der Haare, An- und Auskleiden des Oberkörpers, An- und Auskleiden des Unterkörpers, mundgerechtes Zubereiten der Nahrung und Eingießen von Getränken, Essen, Trinken, Benutzen einer Toilette oder eines Toilettenstuhls, Bewältigen der Folgen einer Harninkontinenz und Umgang mit Dauerkatheter und Urostoma, Bewältigen der Folgen einer Stuhlinkontinenz und Umgang mit Stoma, Ernährung parenteral oder über Sonde, Bestehen gravierender Probleme bei der Nahrungsaufnahme bei Kindern bis zu 18 Monaten, die einen außergewöhnlich pflegeintensiven Hilfebedarf auslösen;
5. **Bewältigung von und selbstständiger Umgang mit krankheits- und therapiebedingten Anforderungen und Belastungen**:
   a. in Bezug auf Medikation, Injektionen, Versorgung intravenöser Zugänge, Absaugen und Sauerstoffgabe, Einreibungen sowie Kälte- und Wärmeanwendungen, Messung und Deutung von Körperzuständen, körpernahe Hilfsmittel,
   b. in Bezug auf Verbandswechsel und Wundversorgung, Versorgung mit Stoma, regelmäßige Einmalkatheterisierung und Nutzung von Abführmethoden, Therapiemaßnahmen in häuslicher Umgebung,
   c. in Bezug auf zeit- und technikintensive Maßnahmen in häuslicher Umgebung, Arztbesuche, Besuche anderer medizinischer oder therapeutischer Einrichtungen, zeitlich ausgedehnte Besuche medizinischer oder therapeutischer Einrichtungen, Besuch von Einrichtungen zur Frühförderung bei Kindern sowie
   d. in Bezug auf das Einhalten einer Diät oder anderer krankheits- oder therapiebedingter Verhaltensvorschriften;
6. **Gestaltung des Alltagslebens und sozialer Kontakte**: Gestaltung des Tagesablaufs und Anpassung an Veränderungen, Ruhen und Schlafen, Sichbeschäftigen, Vornehmen von

123 Der Bereich 3 ist der einzige Bereich mit einem „Öffnungskriterium". Unter diese sonstigen pflegerelevanten inadäquaten Handlungen sollen Verhaltensweisen erfasst werden, die von der Schwere her den anderen Kriterien vergleichbar sind. In den Begutachtungsrichtlinien werden als Beispiele Nesteln an der Kleidung, Stereotypien, Verstecken und Horten von Gegenständen, Kotschmieren oder Urinieren in der Wohnung genannt.

in die Zukunft gerichteten Planungen, Interaktion mit Personen im direkten Kontakt, Kontaktpflege zu Personen außerhalb des direkten Umfelds.

Die Auswertung der einzelnen Bereiche mit den jeweiligen Kriterien bestimmt in der Summe den Grad der Pflegebedürftigkeit (dazu unten). Beeinträchtigungen der Selbstständigkeit oder der Fähigkeiten, die dazu führen, dass eine Person ihren **Haushalt** nicht mehr allein bewältigen kann, sind für sich genommen für die Begutachtung der Pflegebedürftigkeit nicht (mehr) relevant. Dort bestehende Beeinträchtigungen fließen in die o. g. Bereiche mit ein (§ 14 Abs. 3 SGB XI). Die Begutachtung in den Bereichen, die bei der Begutachtung als „**Module**" bezeichnet werden, wird anhand des Neuen **Begutachtungsassessments** durch die verantwortlichen Gutachter:innen nach § 18 SGB XI und den **Begutachtungs-Richtlinien** (BRi)[124], die der GKV-Spitzenverband herausgegeben hat, vorgenommen.

Bei der Begutachtung werden über die in § 14 Abs. 2 SGB XI genannten Bereiche hinaus zwei weitere Bereiche bewertet: Beeinträchtigungen der Selbstständigkeit oder der Fähigkeiten bei **außerhäuslichen Aktivitäten** und bei der **Haushaltsführung** (§ 18 Abs. 5a SGB XI). Diese sind zwar für die Feststellung des Pflegegrades unerheblich, werden allerdings erhoben, um die häusliche Versorgung zu gestalten und notwendige Ressourcen zu ermitteln.

Das Ausmaß der für die Annahme des Versicherungsfalls und für die zur Verfügung stehenden Leistungen notwendigen Pflegebedürftigkeit regelt § 15 SGB XI. Die bis zum 31.12.2016 geltenden Pflegestufen und die gesonderte Beurteilung der eingeschränkten Alltagskompetenz wurden durch **Pflegegrade** abgelöst. Die **Bestimmung** eines Pflegegrades erfolgt in mehreren Schritten:

1. **Bewertung d**er Beeinträchtigung der Selbstständigkeit oder der Fähigkeiten anhand der einzelnen Kriterien der sechs Module (insgesamt 64 Kriterien) – sie werden in der Anlage 1 zu § 15 SGB XI aufgeführt,
2. **Zuordnung von Einzelpunkten** je nach Schweregrad der Beeinträchtigung zu jedem Kriterium im Modul,
3. **Zuordnung der Summenwerte** der Einzelpunkte pro Modul zu einem **gewichteten Punktwert**, um körperliche, kognitive und psychische Defizite gleichermaßen zu berücksichtigen; dies erfolgt nach Anlage 2 zu § 15 SGB XI,
4. Zusammenführung aller gewichteten modulspezifischen Punkte in einen **Gesamtpunktwert** und
5. **Bestimmung des Pflegegrades** aus dem Gesamtpunktwert und damit Feststellung des Ausmaßes der Pflegebedürftigkeit (§ 15 Abs. 3 S. 4 SGB XI).

Liegen **besondere Bedarfskonstellationen** vor, können Pflegebedürftige dem Pflegegrad 5 zugeordnet werden, auch wenn der Schwellenwert für diesen Pflegegrad nicht erreicht wird (§ 15 Abs. 4 SGB XI). Besondere Bedarfskonstellationen erfordern einen außergewöhnlich hohen Hilfebedarf. Eine solche liegt z. B. vor, wenn jemand beide Arme und Beine nicht gebrauchen kann – unabhängig von der Ursache – wie bei Menschen im Wachkoma, bei Menschen mit hochgradigen Kontrakturen, Versteifungen, hochgradigem Tremor oder

124 Richtlinien zum Verfahren der Feststellung der Pflegebedürftigkeit sowie zur pflegefachlichen Konkretisierung der Inhalte des Begutachtungsinstruments nach dem Elften Buch des Sozialgesetzbuches (Begutachtungs-Richtlinien – BRi) vom 15.4.2016, geändert durch Beschluss vom 22.3.2021, Download: https://www.gkv-spitzenverband.de/media/dokumente/pflegeversicherung/richtlinien__vereinbarungen__formulare/richtlinien_zur_pflegeberatung_und_pflegebeduerftigkeit/20210517_Pflege_Begutachtungs-RL.pdf (7.6.2021).

Tetraplegien. Besonderheiten für pflegebedürftige Kinder werden in § 15 Abs. 6 und 7 SGB XI berücksichtigt.

Bei der Begutachtung werden auch Kriterien berücksichtigt, die zu einem Hilfebedarf führen, für den Leistungen der Krankenversicherung vorgesehen sind (§ 15 Abs. 5 SGB XI). Dabei handelt es sich vorrangig um **krankheitsspezifische Pflegemaßnahmen**. Diese sind nach § 15 Abs. 5 S. 3 SGB XI Maßnahmen der Behandlungspflege, bei denen der behandlungspflegerische Hilfebedarf aus medizinisch-pflegerischen Gründen regelmäßig und auf Dauer untrennbarer Bestandteil einer pflegerischen Maßnahme der in § 14 Abs. 2 SGB XI genannten Lebensbereiche ist oder mit einer solchen notwendig in einem unmittelbaren zeitlichen oder sachlichen Zusammenhang steht. Damit wird berücksichtigt, dass der Aufwand an personeller Hilfe in diesem Bereich maßgebend von den noch vorhandenen kognitiven und kommunikativen Fähigkeiten der Pflegebedürftigen abhängt. Gemeint ist nicht die Durchführung der Maßnahme selbst (diese verbleibt in der Verantwortung der zuständigen Krankenversicherung), sondern ob die Person sie noch eigenständig vornehmen oder mitwirken kann.

Die Beeinträchtigung der Selbstständigkeit oder der Fähigkeiten wird – abgesehen von Modul 5 – in allen Modulen innerhalb von **vier Schweregraden** beurteilt. Je nach Ausprägung des Kriteriums wird der in der Anlage 1 zu § 15 SGB XI vorgesehene Einzelpunkt vergeben. Der Punktwert steigt mit zunehmender Unselbstständigkeit oder wachsenden Beeinträchtigungen oder steigendem Bedarf an personeller Unterstützung. Die Module 1 (Mobilität), 4 (Selbstversorgung) und 6 (Gestaltung des Alltagslebens und soziale Kontakte) werden anhand einer vierstufigen „**Selbstständigkeitsskala**" beurteilt: für jedes Kriterium geht die Skala von 0 (selbstständig), über 1 (überwiegend selbstständig), über 2 (überwiegend unselbstständig) bis 3 (unselbstständig). Besonderheiten gibt es bei Modul 4, wo bestimmte Aktivitäten besonders hoch gewichtet werden wie z. B. die unselbstständige Nahrungsaufnahme oder die Unfähigkeit, die Toilette aufzusuchen.

Beispiel Mobilität[125]

Ziffer	Kriterien	selbstständig	überwiegend selbstständig	überwiegend unselbstständig	unselbstständig
1.1	Positionswechsel im Bett	0	1	2	3
1.2	Halten einer stabilen Sitzposition	0	1	2	3
1.3	Umsetzen	0	1	2	3
1.4	Fortbewegen innerhalb des Wohnbereichs	0	1	2	3
1.5	Treppensteigen	0	1	2	3

Ein Antragsteller erreicht bei der Begutachtung bei Kriterium 1.1 überwiegend selbstständig, bei 1.2 selbstständig, bei 1.3 überwiegend unselbstständig, ebenso bei 1.4 und 1.5. Daraus ergibt sich eine Gesamtpunktzahl von 7 Punkten im Modul 1.

125 Diese Tabelle findet sich in der Anlage 1 zu § 15 SGB XI.

Modul 2 (kognitive und kommunikative Fähigkeiten) folgt einer anderen, allerdings ebenfalls vierstufigen Bewertungsskala. Es wird nicht die Aktivität der Person bewertet, sondern deren geistige Fähigkeiten. Die Abstufung erfolgt danach, ob die **Fähigkeit vorhanden** (0 Punkte), größtenteils vorhanden (1 Punkt), in geringem Maße vorhanden (2 Punkte) oder nicht vorhanden (3 Punkte) ist.

Modul 3 (Verhaltensweisen und psychische Problemlagen) erfasst mit seiner vierstufigen Bewertungsskala die **Häufigkeit des Auftretens** einer bestimmten Verhaltensweise oder einer psychischen Problemlage in den Ausprägungen: nie, selten, häufig oder täglich. Die Punktzahl reicht hier von 0 bis 5.

Bei **Modul 5** (Bewältigung von und selbstständiger Umgang mit krankheits- oder therapiebedingten Anforderungen und Belastungen) kommt es bei der Beurteilung i. d. R. auf die **Häufigkeit** der notwendigen medizinischen und/oder therapeutischen Maßnahmen an und darauf, ob die betroffenen Menschen in der Lage sind, diese Maßnahmen selbstständig vorzunehmen oder ob sie Unterstützung benötigen und wie oft diese vonnöten ist. Die Berechnung ist im Einzelnen sehr komplex.

Nachdem alle Kriterien in den einzelnen Modulen mit Punktzahl bewertet und pro Modul zusammengerechnet worden sind, erfolgt nach § 15 Abs. 2 S. 8 SGB XI eine **Gewichtung**. Der gewichtete Punktwert ist für die Berechnung des Pflegegrades entscheidend, denn der für den Pflegegrad erhebliche Punktwert ergibt sich nicht einfach durch Addition der ermittelten Summen pro Modul. Durch die Gewichtung der Punkte und Module sollen körperliche Defizite und kognitive/psychische Beeinträchtigungen sachgemäß und angemessen bei der Beurteilung der Pflegebedürftigkeit abgebildet werden. Die Gewichtung der Module erfolgt so:

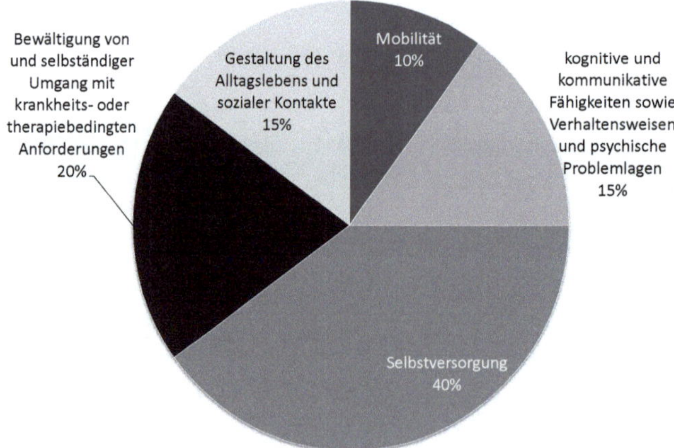

Übersicht 38

Bei den **Modulen 2 und 3** gibt es für die Ermittlung der gewichteten Punktzahl eine Besonderheit: hier gehen nicht die Summen der Einzelpunkte der beiden Module ein, sondern nur die höchste Punktzahl aus Modul 2 oder 3 bzw. die Punktzahl, die den höchsten gewichteten Wert erzielt (§ 15 Abs. 3 S. 2 SGB XI). Da beide Module einen psychosozialen

Unterstützungsbedarf nach sich ziehen, soll dieser nicht einzelnen Handlungen zugeordnet werden müssen.

In der Anlage 2 zu § 15 SGB XI werden die ermittelten Punktbereiche gewichteten Punkten bereits zugeordnet. Man muss also nicht die jeweilige Prozentzahl selbst ausrechnen.

Beispiel Mobilität

Module	Gewichtung	0 Keine	1 Geringe	2 Erhebliche	3 Schwere	4 Schwerste	
1 Mobilität	10%	0–1	2–3	4–5	6–9	10–15	Summe der ermittelten Punkte im Modul
		0	2,5	5	7,5	10	Gewichtete Punkte im Modul 1 (was sind die Punkte für die Gesamtbewertung „wert")

Der Antragsteller im o. g. Beispiel würde mit seiner Gesamtpunktzahl von 7 im Modul 1 insgesamt 7,5 „gewichtete" Punkte erhalten; diese werden für das Gesamtergebnis berücksichtigt.

Nachdem diese Berechnung für jedes der sechs Module durchgeführt ist, erhält man sechs gewichtete Ergebnisse, die in der Addition dann einen Gesamtpunktwert bilden. Anhand dieses Gesamtpunktwerts (Summe aller gewichteten Module) lässt sich dann nach § 15 Abs. 3 SGB XI der Pflegegrad bestimmen. Danach gilt Folgendes:

Anzahl der Gesamtpunkte aller gewichteten Module	Pflegegrad	Erläuterungen
12,5 bis unter 27 Punkte	Pflegegrad 1	geringe Beeinträchtigungen der Selbstständigkeit oder der Fähigkeiten
27 bis unter 47,5 Punkte	Pflegegrad 2	erhebliche Beeinträchtigungen der Selbstständigkeit oder der Fähigkeiten
47,5 bis unter 70 Punkte	Pflegegrad 3	schwere Beeinträchtigungen der Selbstständigkeit oder der Fähigkeiten
70 bis unter 90 Punkte	Pflegegrad 4	schwerste Beeinträchtigungen der Selbstständigkeit oder der Fähigkeiten
90 bis 100 Punkte	Pflegegrad 5	schwerste Beeinträchtigungen der Selbstständigkeit oder der Fähigkeiten mit besonderen Anforderungen an die pflegerische Versorgung

Bei pflegebedürftigen Kindern (Pflegebedürftige unter 18 Jahren) wird der Pflegegrad durch einen Vergleich der Beeinträchtigungen ihrer Selbstständigkeit und ihrer Fähigkeiten mit altersentsprechend entwickelten Kindern ermittelt.[126] Nur der zusätzliche Hilfebedarf, der krankheits- oder behinderungsbedingt ist, fließt in die Beurteilung der Pflegebedürftigkeit ein. Ab einem Alter von 11 Jahren kann ein Kind ohne Beeinträchtigung in allen Modulen, die für die Berechnung eines Pflegegrades relevant sind, selbstständig sein. Bei Kindern unter 18 Monaten gibt es keinen Pflegegrad 1; die Punktegewichtung verschiebt sich entsprechend (§ 15 Abs. 7 SGB XI).

126 Die Ermittlung der Pflegebedürftigkeit von Kindern ist ausführlich in Ziffer 5 der Begutachtungs-Richtlinien erläutert.

4.5.2.3 Antrag und Verfahren

Leistungen der Pflegekasse hängen von einem **Antrag** ab (§ 33 Abs. 1 S. 1 SGB XI). Der Antrag kann formlos („Ich möchte Leistungen der Pflegeversicherung …") gestellt werden. Der Leistungsanspruch beginnt, sofern die anderen Anspruchsvoraussetzungen (Vorversicherungszeit und Pflegebedürftigkeit) vorliegen, ab diesem Zeitpunkt. Der Antrag sollte bei der Pflegekasse gestellt werden, bei der die:der Antragsteller:in versichert ist; ist die Kasse unzuständig, ist sie verpflichtet, den Antrag gem. § 16 Abs. 2 SGB I weiterzuleiten (s.o. Kap. 3.1.4.1).

Geht der Antrag bei der Pflegekasse ein, beginnt das **Verwaltungsverfahren** (§ 18 SGB X), in welchem zuerst die versicherungsrechtlichen Voraussetzungen und dann das Vorliegen der Pflegebedürftigkeit geprüft werden.

Zusammengefasst lässt sich das **Verfahren** so darstellen:
1. **Antrag** bei der Pflegekasse,
2. **Auftrag** der Pflegekasse an den Medizinischen Dienst oder eine:n andere:n unabhängige:n Gutachter:in zur Begutachtung; sollen unabhängige Gutachter:innen beauftragt werden, muss die Pflegekasse den Antragsteller:innen drei Gutachter:innen zur Auswahl benennen ebenso, wenn innerhalb von 20 Tagen ab Antragstellung keine Begutachtung erfolgt ist (§ 18 Abs. 3a SGB XI),
3. **Ankündigung** eines Hausbesuchs (oder eines Besuchs in der jeweiligen Einrichtung, in der die:der Antragsteller:in sich aufhält, z. B. im Krankenhaus, in einer Rehabilitationseinrichtung oder in einer vollstationären Pflegeeinrichtung) durch den Medizinischen Dienst oder eine:n von der Pflegekasse beauftragte:n Gutachter:in,
4. **Begutachtung** der:des Antragsteller:in; unter den Voraussetzungen des § 18 Abs. 3 Sätze 3 und 4 SGB XI muss die Begutachtung innerhalb einer Woche erfolgen; in den Fällen des § 18 Abs. 3 S. 5 SGB XI innerhalb von zwei Wochen, behandelnde Ärzt:innen und ihre Unterlagen über Vorerkrankungen sowie pflegende Angehörige oder pflegende Dienste sind bei der Begutachtung mit einzubeziehen, wenn die Antragsteller:innen einverstanden sind (§ 18 Abs. 4 SGB XI); bei der Begutachtung werden auch zwei zusätzliche Module (außerhäusliche Aktivitäten und Haushaltsführung, § 18 Abs. 5a SGB XI) ermittelt;
5. **Erstellung** des Gutachtens durch den Medizinischen Dienst und Versand an die Pflegekasse; das Gutachten wird auch den Antragsteller:innen übersandt, sofern diese der Übersendung nicht widersprechen; dabei ist das Ergebnis transparent darzustellen und muss den Antragsteller:innen verständlich erläutert werden (§ 18 Abs. 3 Sätze 8–10 SGB XI);
6. **Entscheidung** der Pflegekasse über den Antrag auf der Basis des Gutachtens,
7. **Zustellung** des schriftlichen Bescheides an die Antragsteller:innen spätestens 25 Arbeitstage nach Eingang des Antrags bei der zuständigen Pflegekasse (§ 18 Abs. 3 S. 2 SGB XI).

Ausnahmsweise kann eine Begutachtung auch nach **Aktenlage** erfolgen, wenn nach den vorhandenen Akten eindeutig das Ergebnis der Untersuchung feststeht (§ 18 Abs. 2 S. 4 SGB XI). In diesen Fällen darf aber der Antrag auf einen Pflegegrad nicht abgelehnt werden.

Das Gutachten enthält einen **Feststellungsteil**, in dem steht, ob und seit wann Pflegebedürftigkeit vorliegt und in welcher Schwere, d. h. welcher Pflegegrad erreicht ist. Wurde Pflegegeld beantragt, muss sich die Stellungnahme auch darüber erstrecken, ob die häusliche Pflege in geeigneter Weise sichergestellt ist (§ 18 Abs. 6 S. 4 SGB XI).

Darüber hinaus beinhaltet das Gutachten einen **Empfehlungsteil**, in dem Empfehlungen zur Förderung oder zum Erhalt der Selbstständigkeit oder der Fähigkeiten, Prävention und Rehabilitation abgegeben werden (vgl. dazu BRi Ziff. 4.12). Hierbei soll das Gutachten eine Stellungnahme zu:

- Leistungen zur medizinischen Rehabilitation,
- Hilfsmitteln/Pflegehilfsmitteln,
- Heilmitteln und anderen therapeutischen Maßnahmen,
- wohnumfeldverbessernden Maßnahmen,
- edukativen Maßnahmen (Information, Beratung, Schulung, Anleitung),
- präventiven Maßnahmen,
- einer Beratung über Leistungen zur verhaltensbezogenen Primärprävention nach § 20 Abs. 4 SGB V (z. B. bei starkem Übergewicht oder bei erkennbarem Alkoholmissbrauch) und
- sonstigen Empfehlungen

enthalten, wenn sie erforderlich und erfolgversprechend sind. Darüber hinaus sind Vorschläge zur Verbesserung/Veränderung der Pflegesituation zu dokumentieren. Die vorgeschlagenen Maßnahmen zur Prävention und medizinischen Rehabilitation sind durch eine **gesonderte Präventions- und Rehabilitationsempfehlung** zu dokumentieren (§§ 18 Abs. 6 S. 3, 18a SGB XI; vgl. hierzu BRi Ziff. 7).

Ist die:der Antragsteller:in damit einverstanden, gilt diese Empfehlung gleich als **Antrag** auf die empfohlene Maßnahme. Darüber hinaus gibt das Gutachten auch konkrete Empfehlungen zur **Hilfsmittel- und Pflegehilfsmittelversorgung**; handelt es sich um sog. **„doppelfunktionale Hilfsmittel“**[127], d. h. solche, die sowohl den Zielen der Kranken- als auch der Pflegeversicherung dienen, gilt die Empfehlung bei Zustimmung der:des Antragsteller:in gleichzeitig als Antrag auf diese Hilfsmittel (§ 18 Abs. 6a SGB XI); es wird hier sowohl die Notwendigkeit nach § 40 Abs. 1 S. 2 SGB XI als auch die Erforderlichkeit nach § 33 Abs. 2 SGB V vermutet, sodass es **keiner ärztlichen Verordnung** mehr bedarf.

Erteilt die Pflegekasse den schriftlichen Bescheid innerhalb der vorgeschriebenen Frist (entweder innerhalb von 25 Arbeitstagen oder innerhalb der verkürzten Frist nach § 18 Abs. 3 SGB XI, wenn diese angezeigt war) nicht, muss sie nach Fristablauf für jede begonnene Woche der **Fristüberschreitung** unverzüglich 70 Euro an die Antragsteller:innen zahlen, es sei denn, sie ist für die Verzögerung nicht verantwortlich oder die Betroffenen sind in vollstationärer Pflege und haben schon mindestens Pflegegrad 2 zuerkannt bekommen (§ 18 Abs. 3b SGB XI).

4.5.3 Leistungen der Pflegeversicherung

Die **Leistungen der Pflegeversicherung** sind in § 28 Abs. 1 SGB XI im Überblick zusammengefasst; die jeweiligen konkreten Regelungen finden sich hinter der jeweiligen Leistung. Grundsätzlich gibt es Leistungen der Pflegeversicherung wie folgt:

127 Diese werden in den Richtlinien des GKV-Spitzenverbandes zur Festlegung der doppelfunktionalen Hilfsmittel und Pflegehilfsmittel sowie zur Bestimmung des Verhältnisses zur Aufteilung der Ausgaben zwischen der gesetzlichen Krankenversicherung und der sozialen Pflegeversicherung (Richtlinien zur Festlegung der doppelfunktionalen Hilfsmittel – RidoHiMi) vom 24.6.2020 festgelegt, Download unter https://www.gkv-spitzenverband.de/media/dokumente/pflegeversicherung/richtlinien__vereinbarungen__formulare/rahmenvertraege__richlinien_und_bundesempfehlungen/HiMi-Richtlinien_nach_40_Abs.5_SGB_XI_06-2020.pdf (8.6.2021).

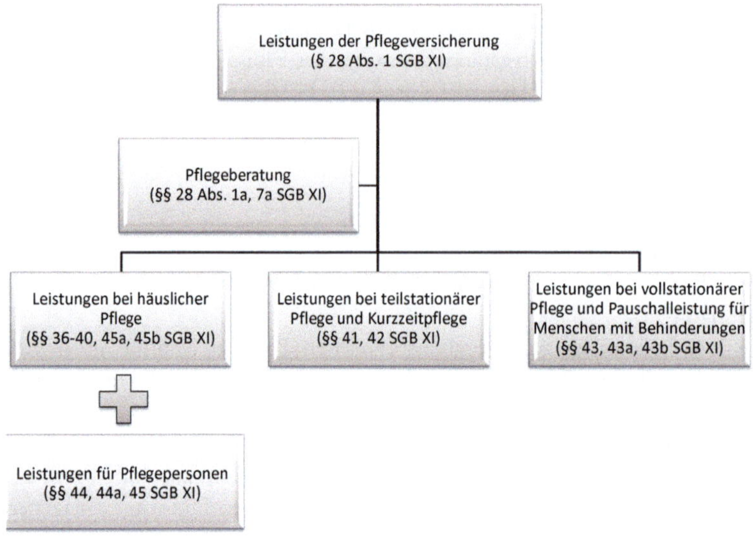

Übersicht 39

Die überwiegende Anzahl der Leistungen setzt mindestens Pflegegrad 2 voraus. Die **Ansprüche** für Pflegebedürftige mit **Pflegegrad 1** finden sich in § 28a SGB XI. Sie zielen auf eine frühzeitige Intervention bei beginnendem Unterstützungs- und Pflegebedarf und umfassen v. a. Leistungen für die Erhaltung und Wiederherstellung der Selbstständigkeit und zur Vermeidung schwererer Pflegebedürftigkeit. Deshalb gehören zu den **Leistungen** nach § 28a Abs. 1 SGB XI:

1. Pflegeberatung nach den §§ 7a und 7b SGB XI,
2. Beratung in der eigenen Häuslichkeit nach § 37 Abs. 3 SGB XI,
3. zusätzliche Leistungen in ambulant betreuten Wohngruppen nach § 38a SGB XI, ohne dass § 38a Abs. 1 S. 1 Nr. 2 SGB XI erfüllt sein muss,
4. Pflegehilfsmittel nach § 40 Abs. 1 bis 3 und 5 SGB XI,
5. finanzielle Zuschüsse für wohnumfeldverbessernde Maßnahmen nach § 40 Abs. 4 SGB XI,
6. Leistungen zur zusätzlichen Betreuung und Aktivierung in stationären Pflegeeinrichtungen nach § 43b SGB XI,
7. zusätzliche Leistungen bei Pflegezeit und kurzzeitiger Arbeitsverhinderung gem. § 44a SGB XI,
8. Pflegekurse für Angehörige und ehrenamtliche Pflegepersonen nach § 45 SGB XI sowie
9. ergänzende Unterstützung bei Nutzung von digitalen Pflegeanwendungen gem. § 39a SGB XI und digitale Pflegeanwendungen gem. § 40a SGB XI, einschließlich.

Hinzu kommt der **Entlastungsbetrag** nach § 45b Abs. 1 S. 1 SGB XI in Höhe von 125 Euro monatlich, der für Leistungen der Tages- und Nachtpflege, der Kurzzeitpflege, von Pflegediensten im Rahmen der Pflegesachleistung (§ 36 SGB XI) sowie für niedrigschwellige Angebote zur Unterstützung im Alltag nach § 45a Abs. 1 und 2 SGB XI eingesetzt werden kann (§ 28a Abs. 2 SGB XI). Der gleiche Betrag steht denjenigen als **Zuschuss** zur Verfügung, die eine **vollstationäre Pflege** wählen (§ 28a Abs. 3 SGB XI).

In der Pflegeversicherung versicherte Menschen, die einen Antrag auf Leistungen stellen und erkennbar einen Beratungs- und Hilfebedarf haben oder die bereits Leistungen beziehen, haben einen Rechtsanspruch gegen ihre Pflegekasse auf **eine individuelle Pflegeberatung** (§ 7a SGB XI) und zwar unabhängig davon, ob sie häuslich oder stationär gepflegt werden (wollen). Die Beratung erfasst nicht nur die Leistungen nach dem SGB XI, sondern hilft „bei der Auswahl und Inanspruchnahme von bundes- oder landesrechtlich vorgesehenen Sozialleistungen sowie sonstigen Hilfsangeboten, die auf die Unterstützung von Menschen mit Pflege-, Versorgungs- oder Betreuungsbedarf ausgerichtet sind".

Die Pflegekassen sind verpflichtet, den Anspruchsberechtigten vor der erstmaligen Beratung unverzüglich unter Angabe einer Kontaktperson einen konkreten Beratungstermin anzubieten, der spätestens innerhalb von zwei Wochen nach Antragseingang durchzuführen ist, oder einen Beratungsgutschein auszustellen, in dem Beratungsstellen benannt werden, bei denen eine Beratung zu Lasten der Pflegekasse stattfinden kann (§ 7b SGB XI).

Die **Aufgaben** der Pflegeberater:innen sind in § 7a Abs. 1 S. 3 SGB XI geregelt und erfassen u. a. die Aufstellung eines individuellen Versorgungsplans mit den im Einzelfall erforderlichen Sozialleistungen und gesundheitsfördernden, präventiven, kurativen, rehabilitativen oder sonstigen medizinischen sowie pflegerischen und sozialen Hilfen, die Unterstützung bei der Durchsetzung der empfohlenen Maßnahmen, v. a. auch derjenigen, die in der gesonderten Präventions- oder Rehabilitationsempfehlung vorgeschlagen wurden, oder die Information über Leistungen zur Entlastung der Pflegepersonen. Die Pflegeberatung ist im Grunde als Fallmanagement konzipiert; sie soll, wenn möglich, in den **Pflegestützpunkten**, die nach landesrechtlichen Vorgaben eingerichtet sind (§ 7c SGB XI), angesiedelt werden.[128]

4.5.3.1 Leistungen in der häuslichen Pflege

Die Leistungen im häuslichen Bereich haben in der Pflegeversicherung Vorrang (§ 3 SGB XI). Sie werden erbracht, wenn Pflegebedürftige häuslich gepflegt werden. **Häusliche Pflege** ist dabei alles, was nicht vollstationäre Pflege ist. Sie muss nicht unbedingt im eigenen Haushalt der Pflegebedürftigen stattfinden, sondern kann auch in der Wohnung von Angehörigen, Wohngemeinschaften, betreuten Wohneinrichtungen, Wohngruppen oder sogar in Altenheimen und Altenwohnheimen erbracht werden. Die Abgrenzung erfolgt anhand § 71 Abs. 2 und 4 SGB XI: danach sind stationäre Einrichtungen entweder Pflegeeinrichtungen (§ 71 Abs. 2 SGB XI) oder Einrichtungen nach § 71 Abs. 4 SGB XI, die keine stationären Pflegeeinrichtungen sind (hierzu Kapitel 4.5.3.3).

Die Unterscheidung ist nicht so einfach; zumal sich auch die klassischen vollstationären Pflegeeinrichtungen ändern, die in kleinere – eigenständige Wohnbereiche – aufgeteilt werden oder durch die Schaffung von betreuten Wohneinrichtungen, Pflege-WGs und andere neue Wohnformen. Wichtige Indizien für die **eigene Häuslichkeit** sind eine wesentlich selbstständige Tragung der Kosten für die Lebens- und Wirtschaftsführung oder die Möglichkeit, einen Pflegeanbieter frei wählen zu können.

128 Einen Überblick über Pflegestützpunkte in allen Bundesländern findet man unter http://gesundheits-und-pflegeberatung.de/Pflegestuetzpunkte/pflegestuetzpunkte.html (8.6.2021).

Leistungen der häuslichen Pflege werden als **Sach- und Geldleistungen**, erbracht; darüber hinaus gibt es eine Reihe an Kombinationsmöglichkeiten. Sie lassen sich im Überblick so darstellen:

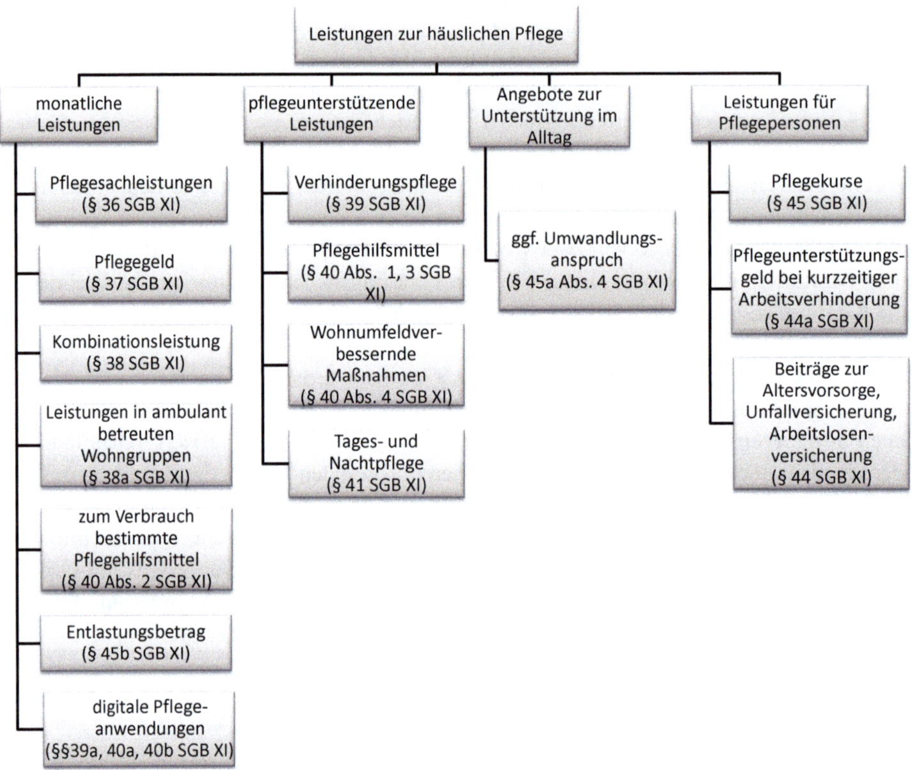

Übersicht 40

Die Höhe der monatlichen Leistungen von **Pflegegeld, Pflegesachleistung oder Kombinationsleistung** ist abhängig vom jeweiligen Pflegegrad. Leistungsberechtigt sind Pflegebedürftige ab Pflegegrad 2.

(1) Pflegesachleistungen (§ 36 SGB XI)

Pflegesachleistungen umfassen **körperbezogene Pflegemaßnahmen**, pflegerische Betreuungsmaßnahmen und Hilfen bei der Haushaltsführung; auch die pflegefachliche Anleitung der Pflegepersonen und der Pflegebedürftigen gehört dazu. **Pflegerische Betreuungsmaßnahmen** sind Unterstützungsleistungen zur Bewältigung und Gestaltung des alltäglichen Lebens im häuslichen Umfeld, auch in Bezug auf Tagesstrukturierung, Kommunikation, Aufrechterhaltung sozialer Kontakte und bei einer bedürfnisgerechten Beschäftigung im Alltag (§ 36 Abs. 2 S. 3 SGB XI). Bei diesen Leistungen kann es Überschneidungen zu den Leistungen der Eingliederungshilfe, insbesondere den Assistenzleistungen zur Sozialen Teilhabe geben. Die Leistungen werden durch ambulante **Pflegedienste** oder **Einzelpflegekräfte** nach § 77 Abs. 1 SGB XI, mit denen die Pflegekasse einen Vertrag geschlossen hat, erbracht.

Die Pflegesachleistungen werden zwischen Pflegebedürftigen und Pflegedienst bzw. der Pflegefachkraft auf der Grundlage eines (privatrechtlichen) **Pflegevertrages** nach § 120 SGB XI erbracht.

Im Rahmen der Pflegeversicherung dürfen die Pflegekräfte mit den Pflegebedürftigen kein Beschäftigungsverhältnis begründen (§ 77 Abs. 1 S. 4 SGB XI). Beschäftigt ein Mensch mit Behinderung Pflegekräfte im Arbeitgebermodell, erhält er hierfür grundsätzlich nur Pflegegeld und nicht den Betrag, der ihm für Pflegesachleistungen zur Verfügung stünde.

(2) Pflegegeld (§ 37 SGB XI)

Das Pflegegeld wird anstelle von Pflegesachleistungen gezahlt. Pflegebedürftige Menschen können sich damit ihre Pflege durch Angehörige, Freunde, Bekannte oder Nachbarn selbst organisieren. Ein konkreter Nachweis, wofür das Pflegegeld eingesetzt wird, ist nicht erforderlich, allerdings wird es nur gezahlt, wenn die **häusliche Pflege sichergestellt** ist (§ 37 Abs. 1 S. 2 SGB XI). Dies wird bei der Begutachtung überprüft (BRi Ziff. 4.10.3). Die Gutachter:innen orientieren sich dabei

- an der Situation der:des Pflegebedürftigen,
- an den Belastungen und der Belastbarkeit der Pflegepersonen,
- am sozialen Umfeld in der konkreten Pflegesituation und
- an der Wohnsituation einschließlich möglicher wohnumfeldverbessernder Maßnahmen.

Beispiele

Eine 80-jährige alleinlebende Frau mit erheblichen körperlichen Funktionsbeeinträchtigungen und einer erheblichen Sehbehinderung ist pflegebedürftig mit Pflegegrad 2. Sie beschäftigt eine Haushaltshilfe, die allerdings nur unregelmäßig kommt; ihre Selbstversorgung will sie allein sicherstellen. Die Pflegekasse hat in diesem Fall das Pflegegeld abgelehnt, weil die Pflege nicht sichergestellt sei und so die Gefahr eines Pflegedefizits bestand.[129]

Andererseits kann die Pflegekasse auch nicht vorschreiben, wie eine Person gepflegt werden soll (z. B. täglich Ganzkörperwäsche, ordentliche Kleidung tagsüber tragen, in einer aufgeräumten Wohnung leben). Dies sei auch Teil der Selbstbestimmung des pflegebedürftigen Menschen, sofern die Pflege und hauswirtschaftliche Versorgung durch geeignete Personen überhaupt sichergestellt sind.[130]

Erhalten pflegebedürftige Menschen ausschließlich Pflegegeld, müssen sie in regelmäßigen Abständen **Beratungseinsätze** abrufen (§ 37 Abs. 3–9 SGB XI), und zwar:

- Pflegebedürftige mit Pflegegrad 2 und 3 einmal im halben Jahr und
- Pflegebedürftige mit Pflegegrad 4 und 5 einmal im Vierteljahr.

Werden diese Beratungseinsätze nicht abgerufen, kann das Pflegegeld gekürzt oder vollständig entzogen werden. Pflegebedürftige mit Pflegegrad 1 haben Anspruch auf einen Beratungseinsatz, sind aber nicht dazu verpflichtet, ihn auch tatsächlich abzurufen. Pflegegeld kann auch im **EU-Ausland** gezahlt werden, wenn sich die:der Pflegebedürftige dort aufhält (§ 34 Abs. 1a SGB XI). Es wird darüber hinaus vollständig:

- in den ersten vier Wochen eines Krankenhausaufenthaltes,

---

129 Vgl. BSG, Urteil vom 17.12.2009, B 3 P 5/08 R.
130 Vgl. LSG Hessen, Urteil vom 21.6.2007, L 8 P 10/05.

- in den ersten vier Wochen einer häuslichen Krankenpflege im Sinne einer Krankenhausvermeidungspflege nach § 37 Abs. 1 SGB V oder
- in den ersten vier Wochen eines Aufenthalts in einer Vorsorge- oder Rehabilitationseinrichtung

weitergezahlt. Die zeitliche Begrenzung entfällt, wenn Pflegebedürftige Einzelpflegefachkräfte im Assistenz- oder Arbeitgebermodell finanzieren. Daneben erhalten Pflegebedürftige das **hälftige Pflegegeld** (§ 37 Abs. 2 S. 2 SGB XI), während

- der Inanspruchnahme von Verhinderungspflege (§ 39 SGB XI) für bis zu sechs Wochen und
- der Inanspruchnahme von Kurzzeitpflege (§ 42 SGB XI) für bis zu acht Wochen.

Das Pflegegeld kann auch **anteilig** für einen Monat gezahlt werden (§ 37 Abs. 1 S. 2 SGB XI). Wird z. B. ein pflegebedürftiges Kind mit Behinderungen, welches in einem Förderzentrum mit angeschlossenem Internat lebt, nur am Wochenende und in den Ferien bei seinen Eltern betreut, können diese für die jeweiligen Tage Pflegegeld beziehen.

Beispiel

Das Kind mit Pflegegrad 3 ist im Monat an vier Wochenenden bei seinen Eltern, jeweils von Freitag bis Sonntag. Das sind 12 Tage. Das Pflegegeld für einen Monat bei Pflegegrad 3 beträgt 545 Euro. Die Berechnung erfolgt so: 545 Euro x 12 Tage = 6.540 Euro/30 Tage = 218 Euro. Es besteht in diesem Monat ein Anspruch auf 218 Euro Pflegegeld.

Die anteilige Aufteilung des Pflegegeldes gilt nicht für Pflegesachleistungen. Werden statt Pflegegeld Pflegesachleistungen in der Zeit zu Hause bezogen, können diese bis zur monatlichen Höchstgrenze abgerechnet werden. Zahlt die Pflegekasse im Rahmen des § 43a SGB XI an eine Einrichtung für Menschen mit Behinderungen eine Pauschalleistung für die Pflege, wird diese vom Sachleistungshöchstbetrag abgezogen. Das Pflegegeld darf allerdings nicht gekürzt werden, auch nicht unter Anrechnung der in der Einrichtung gewährten Pauschalleistungen; es steht den Pflegebedürftigen in diesem Fall für die Tage, in denen sie zu Hause sind, ungekürzt zu (§ 38 S. 4 SGB XI).

(3) Kombinationsleistungen (§ 38 SGB XI)

Pflegegeld und Pflegesachleistungen können miteinander nach § 38 SGB XI kombiniert werden. Eine Kombinationsleistung nach § 38 SGB XI kommt dann in Betracht, wenn ein pflegebedürftiger Mensch nur teilweise Hilfe durch einen professionellen Pflegedienst benötigt (z. B. zum Duschen oder Baden oder beim Ankleiden), ansonsten aber durch Angehörige, Freunde usw. versorgt wird. Es steht den Betroffenen dabei frei, in welcher Quote sie Pflegegeld und Pflegesachleistung abrufen wollen; es erfolgt eine prozentuale Aufteilung (§ 38 S. 2 SGB XI).

Beispiele

Ein Pflegebedürftiger mit Pflegegrad 2 nimmt in einem Monat Sachleistungen im Wert von 368 Euro in Anspruch. Der Höchstbetrag für Pflegesachleistungen mit diesem Pflegegrad beträgt 689 Euro; das Pflegegeld umfasst hier insgesamt 316 Euro. Sein anteiliger Pflegegeldanspruch beträgt nun 137,59 Euro. Die Berechnung erfolgt so:

Realisierte Pflegesachleistung: 368 Euro = 56,46%[131] von 689 Euro
Verbleibender Pflegegeldanspruch: 137,59 Euro = 43,54% von 316 Euro
Ein Pflegebedürftiger mit Pflegestufe 4 nimmt Pflegesachleistungen in Höhe von 700 Euro in Anspruch. Der monatliche Pflegesachleistungsanspruch bei Pflegegrad 4 beträgt 1.612 Euro. Der in Anspruch genommene Betrag sind 43,42% des Sachleistungsanspruchs. Der verbleibende Pflegegeldanspruch beträgt demzufolge 411,90 Euro (56,58% von 728 Euro).

Kombiniert ein pflegebedürftiger Mensch Pflegesachleistung und Pflegegeld, muss kein Beratungseinsatz abgerufen werden, da in diesen Fällen Pflegefachkräfte vor Ort sind.

Hat sich der Pflegebedürftige für eine Kombinationsleistung entschieden, ist er an diese Entscheidung **sechs Monate gebunden**, es sei denn, die Pflegesituation ändert sich wesentlich oder der Wechsel erfolgt zu einem ausschließlichen Bezug von Pflegegeld oder Pflegesachleistung. **Anteiliges Pflegegeld** wird genauso wie das volle Pflegegeld behandelt. Es wird während der Inanspruchnahme von Kurzzeitpflege bis zu acht Wochen und bei Verhinderungspflege bis zu sechs Wochen in Höhe der Hälfte weitergewährt (§ 38 Satz 4 SGB XI). Es wird bis zu vier Wochen weitergewährt, wenn der pflegebedürftige Mensch im Krankenhaus, in einer Vorsorge- oder Rehabilitationseinrichtung ist oder Leistungen der häuslichen Krankenpflege erhält (§ 34 Abs. 2 S. 2 SGB XI).

(4) Zusätzliche Leistungen für Pflegebedürftige in ambulant betreuten Wohngruppen (§ 38a SGB XI)

Pflegebedürftige, die

- mit mindestens zwei und höchstens elf weiteren Personen in einer ambulant betreuten Wohngruppe in einer gemeinsamen Wohnung zum Zweck der gemeinschaftlich organisierten pflegerischen Versorgung leben, wenn mindestens zwei weitere Personen pflegebedürftig i. S. d. §§ 14 f. SGB XI sind,
- Pflegesachleistungen, Pflegegeld, Kombinationsleistung, Leistungen zur Unterstützung im Alltag oder den Entlastungsbetrag in Anspruch nehmen,
- eine Person dort von den Mitgliedern der Wohngruppe gemeinschaftlich beauftragt ist, unabhängig von der individuellen pflegerischen Versorgung allgemeine organisatorische, verwaltende, betreuende oder das Gemeinschaftsleben fördernde Tätigkeiten zu verrichten oder hauswirtschaftliche Unterstützung zu leisten und
- keine vollstationäre Betreuung vorliegt

(sog. „**Pflege-WGs**"), erhalten einen monatlichen **Pauschalbetrag** von 214 Euro. Dieser Betrag dient der Sicherstellung des Managements und der Pflege in der Wohngruppe und kann u. a. dafür eingesetzt werden, die gemeinschaftlich beauftragte Person zu finanzieren.

Pflegebedürftige Menschen, die Leistungen nach § 38a SGB XI beziehen, können daneben Leistungen der Tages- und Nachtpflege nur in Anspruch nehmen, wenn der Medizinische Dienst gegenüber der Pflegekasse bescheinigt hat, dass die Pflege in der ambulant betreuten Wohngruppe nicht ausreicht, um die teilstationäre Pflege zu ersetzen.

131 Die Prozentsätze werden kaufmännisch auf zwei Stellen nach dem Komma gerundet, die zweite Stelle nach dem Komma wird aufgerundet, wenn an dritter Stelle eine Zahl von 5 bis 9 steht.

(5) Weitere Leistungen bei häuslicher Pflege

Als **weitere monatliche Leistungen** stehen den Pflegebedürftigen:

- zum Verbrauch bestimmte Hilfsmittel,
- ein Entlastungsbetrag und
- digitale Pflegeanwendungen

zur Verfügung.

Pflegehilfsmittel, die zum Verbrauch bestimmt sind, werden mit 40 Euro bezuschusst (§ 40 Abs. 2 SGB XI); bis zum 31.12.2021 gilt ein monatlicher Betrag von 60 Euro. Statt Sachleistungen (Kauf bei einem Anbieter, mit dem die Pflegekasse einen Versorgungsvertrag geschlossen hat) kann hier auch Kostenerstattung gewählt werden. Pflegehilfsmittel zum Verbrauch sind z. B. Bettschutzeinlagen, Desinfektionsmittel, Einmalhandschuhe oder Fingerlinge. Windeln gehören nicht dazu; sie werden bei entsprechender Inkontinenzsymptomatik durch Ärzt:innen verordnet und von der Krankenkasse finanziert.

Der nach § 45b Abs. 1 SGB XI vorgesehene **Entlastungsbetrag** i. H. v. 125 Euro kann für Leistungen der Tages- oder Nachtpflege, der Kurzzeitpflege, zusätzliche Leistungen ambulanter Pflegedienste (außer im Bereich der Selbstversorgung) sowie für Angebote zur Unterstützung im Alltag nach § 45a SGB XI eingesetzt werden. **Angebote zur Unterstützung im Alltag** sind in § 45a Abs. 1 SGB XI benannt. Sie sollen dazu beitragen, Pflegepersonen zu entlasten und Pflegebedürftigen helfen, möglichst lange in ihrer häuslichen Umgebung zu bleiben, soziale Kontakte aufrechtzuerhalten und ihren Alltag möglichst selbstständig zu sichern. Diesen Zielsetzungen zufolge gibt es die:

1. **Betreuungsangebote**, bei denen insbesondere ehrenamtliche Helfer:innen unter pflegefachlicher Anleitung die Betreuung von Pflegebedürftigen mit allgemeinem oder mit besonderem Betreuungsbedarf in Gruppen oder im häuslichen Bereich übernehmen,
2. **Angebote zur Entlastung von Pflegenden**, die der gezielten Entlastung und beratenden Unterstützung von pflegenden Angehörigen oder vergleichbar nahestehenden Pflegepersonen in ihrer Eigenschaft als Pflegende dienen und
3. **Angebote zur Entlastung im Alltag**, die dazu dienen, Pflegebedürftigen bei der Bewältigung von allgemeinen oder pflegedingten Anforderungen des Alltags oder im Haushalt, insbesondere bei der Haushaltsführung oder bei der eigenverantwortlichen Organisation individuell benötigter Hilfeleistungen zu unterstützen.

Die Angebote müssen durch Landesrecht anerkannt sein.

Mit dem Gesetz zur digitalen Modernisierung von Versorgung und Pflege werden darüber hinaus **digitale Pflegeanwendungen** i. S. d. § 40a SGB XI ermöglicht und auch die Kosten für sie ergänzende Unterstützungsleistungen nach § 39a SGB XI übernommen. Digitale Pflegeanwendungen bestehen vorrangig in software- oder webbasierten Versorgungsangeboten, die Pflegebedürftige selbst, Pflegebedürftige und ihre Angehörigen gemeinsam oder ggf. Pflegebedürftige und beruflich Pflegende in konkreten pflegerischen Situationen anleitend begleiten, um Beeinträchtigungen der Selbstständigkeit oder der Fähigkeiten der Pflegebedürftigen zu mindern oder einer Verschlimmerung der Lage der Pflegebedürftigen entgegenzuwirken.[132] Nach § 40a SGB XI stehen den Pflegebedürftigen für diese digitalen Anwendungen und die Unterstützung hierzu 50 Euro monatlich zu.

---

132 Zu den Einzelheiten s. BR-Drucks. 52/21 S. 153.

Als pflegeunterstützende Leistungen erhalten Pflegebedürftige mit mindestens Pflegegrad 2 zur Entlastung der ehrenamtlich tätigen Pflegepersonen Leistungen der **Verhinderungspflege** nach § 39 SGB XI für maximal sechs Wochen im Kalenderjahr. Vor der erstmaligen Inanspruchnahme der Leistung müssen Pflegebedürftige mindestens sechs Monate in häuslicher Umgebung gepflegt worden sein. Die Verhinderungspflege kann auch in Einrichtungen durchgeführt werden, die keine Pflegeeinrichtungen sind, auch in Feriencamps oder während Kinder- und Jugendfreizeiten. Sie wird also nicht nur dann geleistet, wenn die Pflegeperson den Pflegebedürftigen „verlässt", sondern auch umgekehrt. Das ermöglicht z. B. auch einen Urlaub der Pflegebedürftigen ohne ihre Pflegeperson.

Beispiel

Eine 18-jährige junge Frau mit einer geistigen Beeinträchtigung hat Pflegegrad 2. Sie wird von ihrer Mutter gepflegt und versorgt. Während der Sommerferien verreist sie für 14 Tage mit einer Gruppe Jugendlicher mit und ohne Behinderungen in ein Feriencamp eines Vereins. Die Betreuung und Pflege dort erfolgen durch mitgereiste Betreuungspersonen. Die Kosten für die Pflege während der Reise werden im Rahmen der Verhinderungspflege von der Pflegekasse getragen.

Kein Anspruch auf Verhinderungspflege besteht allerdings dann, wenn Menschen mit Behinderungen in einer **Einrichtung** i. S. d. § 71 Abs. 4 Nr. 1 SGB XI bzw. in einer **Räumlichkeit** nach § 71 Abs. 4 Nr. 3 SGB XI leben und sich regelmäßig im häuslichen Bereich aufhalten und dort von einer ehrenamtlich tätigen Pflegeperson gepflegt werden (z. B. ein:e Jugendliche:r an den Wochenenden oder in den Ferien). Ist die Pflegeperson dann verhindert (z. B. kann die:der Jugendliche in den Ferien nicht zu ihren:seinen Eltern fahren, weil diese selbst im Urlaub sind), kann die Verhinderungspflege und deren Kosten nicht in der Einrichtung oder Räumlichkeit durchgeführt und abgerechnet werden, die die Menschen auch sonst betreut.

Leistungen der Verhinderungspflege können aus **Mitteln der Kurzzeitpflege** (§ 42 SGB XI) um 806 Euro **aufgestockt** werden (§ 39 Abs. 2 SGB XI). In diesen Fällen steht ein Betrag i. H. v. 2.418 Euro für die Verhinderungspflege zur Verfügung. Der Betrag in der Kurzzeitpflege wird entsprechend gekürzt. Eine zeitliche Ausdehnung über sechs Wochen hinaus ist damit aber nicht möglich. Der volle Leistungsbetrag für Verhinderungspflege wird allerdings nur gewährt, wenn die Ersatzpflegeperson mit den Pflegebedürftigen weder bis zum zweiten Grad verwandt oder verschwägert ist noch mit ihnen in häuslicher Gemeinschaft lebt. Ausnahmen regelt § 39 Abs. 3 SGB XI.

Verhinderungspflege kann auch stundenweise in Anspruch genommen werden. Umfasst der beantragte Leistungsumfang weniger als acht Stunden am Tag, werden die zur Verfügung gestellten Mittel nur auf den finanziellen Höchstbetrag angerechnet, nicht dagegen auf den zeitlichen Umfang von sechs Wochen.

Pflegehilfsmittel als technische Hilfsmittel i. S. d. § 40 Abs. 1 und 3 SGB XI gibt es nur, wenn kein anderer Leistungsträger dafür zuständig ist und wenn ihr Einsatz schwerpunktmäßig der Pflege gilt. Sie werden erbracht, wenn sie notwendig sind

- zur Erleichterung der Pflege,
- zur Linderung der Beschwerden der Pflegebedürftigen oder
- zur Ermöglichung einer selbstständigeren Lebensführung.

Pflegehilfsmittel sind kostenmäßig nicht begrenzt, können aber auch leihweise vergeben werden. Sie sind – ähnlich wie die Hilfsmittel in der Krankenversicherung – in einem **Pflegehilfsmittelverzeichnis** aufgeführt.[133] Mit dem Gesundheitsversorgungsweiterentwicklungsgesetz (GVWG)[134] können nach § 40 Abs. 6 SGB XI Pflegefachkräfte, die Leistungen nach dem SGB V oder dem SGB XI erbringen oder einen Beratungseinsatz nach § 37 Abs. 3 SGB XI durchführen, konkrete Empfehlungen zur Hilfsmittel- bzw. Pflegehilfsmittelversorgung abgeben. Wird eine solche Empfehlung abgegeben, wird die Notwendigkeit der Versorgung nach dem SGB XI und die Erforderlichkeit nach dem SGB V vermutet, wenn die Empfehlung innerhalb von zwei Wochen nach Antragstellung abgegeben wurde. Einer ärztlichen Verordnung bedarf es in diesem Fall nicht mehr.

Beispiele

Pflegehilfsmittel, die die Pflege erleichtern, sind Pflegebetten, Bettgalgen, Pflegerollstühle oder Sitzhilfen. Pflegehilfsmittel zur Körperpflege sind Urinflaschen, Bettschieber oder Duschwagen. Pflegehilfsmittel zur Linderung von Beschwerden sind Lagerungsrollen oder Matratzen zur Dekubitusprophylaxe; Pflegehilfsmittel zur selbstständigeren Lebensführung sind Notrufsysteme einschließlich Zubehör oder Produkte zur Unterstützung der Medikamenteneinnahme.

Für **wohnumfeldverbessernde Maßnahmen** zur Verbesserung der Wohnsituation für pflegebedürftige Menschen steht nach § 40 Abs. 4 ein finanzieller Zuschuss i. H. v. bis zu 4.000 Euro zur Verfügung. Er wird für Maßnahmen erbracht, die

- die häusliche Pflege ermöglichen,
- die häusliche Pflege erheblich erleichtern und damit eine Überforderung der Leistungskraft der pflegebedürftigen Menschen und ihrer Pflegepersonen verhindern und
- eine selbstständigere Lebensführung der pflegebedürftigen Menschen wiederherstellen, d. h. die Abhängigkeit von der pflegenden Person verringern.

Dieser Zuschuss wird grundsätzlich nur einmal gewährt und gilt für alle zum Zeitpunkt der Durchführung aufgrund eines individuellen Hilfebedarfs erforderlichen Verbesserungsmaßnahmen („**Gesamtmaßnahme**"), auch wenn diese aus verschiedenen Einzelmaßnahmen bestehen oder in mehreren Teilschritten realisiert werden.[135]

Es gibt einen **einheitlichen Leistungskatalog**[136], auf den sich die Spitzenverbände der Pflegekassen geeinigt haben und der die Umbaumaßnahmen benennt, die bezuschussungsfähig sind. Allerdings handelt es sich hier nur um eine Verwaltungsvorschrift zur einheitlichen Auslegung des Gesetzes; die Gerichte sind hieran nicht gebunden. Reine Modernisierungsmaßnahmen oder Maßnahmen, mit denen eine allgemeine standardmäßige Ausstattung der Wohnung erreicht wird, die nicht im Zusammenhang mit der Pflegebedürftigkeit bestehen, können nicht über den Zuschuss finanziert werden.

---

133 Das Pflegehilfsmittelverzeichnis ist dem Hilfsmittelverzeichnis der gesetzlichen Krankenversicherung angefügt (Produktgruppen: 50 bis 54). Beide sind unter https://hilfsmittel.gkv-spitzenverband.de/HimiWeb/hmvAnzeigen_input.action (9.6.2021) einsehbar.

134 Gesetz zur Weiterentwicklung der Gesundheitsversorgung (Gesundheitsversorgungsweiterentwicklungsgesetz – GVWG) vom 11.7.2021, BGBl. I S. 2754.

135 Vgl. BSG 17.7.2008 – B 3 P 12/07 R.

136 Dieser Katalog findet sich im Gemeinsamen Rundschreiben zu den leistungsrechtlichen Vorschriften des SGB XI vom 21.4.2020 ab S. 220; Download unter https://www.gkv-spitzenverband.de/media/dokumente/pflegeversicherung/richtlinien__vereinbarungen__formulare/empfehlungen_zum_leistungsrecht/2020_05_18_Gemeinsamen_Rundschreiben_Pflege_Stand_21-04-2020.pdf (9.6.2021).

Beispiele
Einbau eines Personenaufzugs, Installation von Haltestangen, Türvergrößerungen, Abbau von Türschwellen, Beseitigung von Stolperquellen, Absenkung der Fenstergriffe, Anbringung elektrisch betriebener Rollläden, Einbau einer bodengleichen Dusche, Anpassung der Sitzhöhe des Klosettbeckens, Einbau rutschhemmender Bodenbeläge u. a.

Ein Antrag über Pflegehilfsmittel oder wohnumfeldverbessernde Maßnahmen soll zügig, spätestens bis zum Ablauf von drei Wochen nach Antragseingang oder – wenn eine Pflegefachkraft oder der Medizinische Dienst beteiligt wird – spätestens nach fünf Wochen beschieden werden. Hält die Pflegekasse die Frist nicht ein und teilt den Antragsteller:innen auch nicht die Gründe der Fristverzögerung schriftlich mit, gilt die Leistung mit Ablauf der Frist als genehmigt (§ 40 Abs. 6 SGB XI).

Pflegeunterstützende Leistungen sind auch die Leistungen der **Tages- und Nachtpflege** (teilstationäre Leistungen nach § 41 SGB XI). Sie setzen voraus, dass Pflegebedürftige ansonsten im häuslichen Bereich gepflegt werden, die Pflege aber zu bestimmten Zeiten nicht sichergestellt ist oder die Pflegeperson entlastet werden muss. Die Höhe der Leistungen ist abhängig vom Pflegegrad; sie werden monatlich in zugelassenen Einrichtungen der Tages- und Nachtpflege gewährt. Es erfolgt keine Anrechnung auf die sonstigen monatlichen Leistungen der häuslichen Pflege (Pflegesachleistungen, Pflegegeld oder Kombinationsleistung, § 41 Abs. 3 SGB XI).

Beispiel
Eine Pflegebedürftige mit Pflegegrad 4 kann monatlich Pflegesachleistungen im Umfang von bis zu 1.612 Euro in Anspruch nehmen oder Pflegegeld i. H. v. 728 Euro beziehen. Besucht sie zudem regelmäßig eine Tagespflegeeinrichtung, kann sie hierfür nochmals bis zu 1.612 Euro erhalten. Ihr Sachleistungs- oder Pflegegeldanspruch bleibt ungekürzt erhalten.

Pflegebedürftige können darüber hinaus nach § 45a Abs. 4 SGB XI nicht verbrauchte Pflegesachleistungen nach § 36 SGB XI in Leistungen für Angebote zur Unterstützung im Alltag bis zur Höhe von 40 % des Sachleistungsbetrages umwandeln. Beziehen Pflegebedürftige Pflegegeld, werden die Angebote zur Unterstützung im Alltag als „Sachleistung" bis höchstens 40 % des Sachleistungsbetrags angerechnet; sie werden wie bei einer Kombinationsleistung berücksichtigt. Die **Umwandlung** erfolgt als Kostenerstattungsanspruch.

Beispiel Umwandlung bei Bezug von Pflegesachleistungen
Ein Pflegebedürftiger mit Pflegegrad 3 bezieht im November 2020 Pflegesachleistungen i. H. v. 800 Euro. Dies sind 61,63 % der Pflegesachleistungen (1.298 Euro), ihm stehen für Angebote zur Unterstützung im Alltag noch 38,37 % der finanziellen Mittel aus den Pflegesachleistungen zur Verfügung. Er kann deshalb hierfür noch 498,04 Euro im November ausgeben. Hat er Pflegesachleistungen von 600 Euro (46,22 % von 1.298 Euro) bezogen, kann er trotzdem nur maximal noch 519,20 Euro für Angebote zur Unterstützung im Alltag ausgeben, weil der Umwandlungsanspruch höchstens 40 % der nicht ausgegebenen Pflegesachleistungen umfassen kann.

Beispiel Umwandlung bei Bezug von Pflegegeld
Eine Pflegebedürftige mit Pflegegrad 5 bezieht ausschließlich Pflegegeld. Sie nimmt im Januar 2021 Angebote zur Unterstützung im Alltag i. H. v. 600 Euro in Anspruch. Sie kann bis zu 798 Euro von den ihr zustehenden Pflegesachleistungen (40 % von 1.995 Euro) umwandeln. 600 Euro von 1.995 Euro sind 30,07 %. Ihr steht deshalb noch ein anteiliges Pflegegeld i. H. v. 630,07 Euro (69,93 % von 901 Euro) zu.

(6) Überblick über alle Leistungen zur häuslichen Pflege

Der Umfang der Leistungen zur häuslichen Pflege besteht – geordnet nach den einzelnen Pflegegraden – wie folgt:

	Pflegegrad 1	Pflegegrad 2	Pflegegrad 3	Pflegegrad 4	Pflegegrad 5
Pflegesachleistung[137]	kein Anspruch	bis 689 (724) Euro	bis 1.298 (1.363) Euro	bis 1.612 (1.693) Euro	bis 1.995 (2.095) Euro
Pflegegeld Beratungsverpflichtung nach § 37 Abs. 3 SGB XI	kein Anspruch	316 Euro	545 Euro	728 Euro	901 Euro
Kombinationsleistung	kein Anspruch	Kombination von Pflegesachleistungen und Pflegegeld möglich, prozentuale Aufteilung			
Leistungen in ambulant betreuten Wohngruppen	monatlich 214 Euro als Pauschale				
Verhinderungspflege	kein Anspruch	1.612 Euro im Kalenderjahr für höchstens sechs Wochen			
Pflegehilfsmittel zum Verbrauch	monatlich 40 Euro (bis 31.12.2021 60 Euro)				
(technische) Pflegehilfsmittel	Pflegehilfsmittel zur Erleichterung der Pflege, zur Linderung der Beschwerden der:des Pflegebedürftigen oder zur selbstständigeren Lebensführung				
wohnumfeldverbessernde Maßnahmen	einmaliger Zuschuss von 4.000 Euro, wenn damit die häusliche Pflege ermöglicht, erheblich erleichtert oder eine selbstständigere Lebensführung der:des Pflegebedürftigen (wieder-)hergestellt wird				
Tages- und Nachtpflege	kein Anspruch[138]	bis 689 Euro	bis 1.298 Euro	bis 1.612 Euro	bis 1.995 Euro
Entlastungsbetrag	monatlich 125 Euro in Form einer Kostenerstattung				
Digitale Pflege-anwendungen und Unterstützung hierfür	50 Euro				

(7) Leistungen für Pflegepersonen

Um die **Pflegebereitschaft** von ehrenamtlich tätigen Personen zu stärken und so den pflegebedürftigen Menschen zu ermöglichen, so lange wie möglich im häuslichen Bereich verbleiben zu können, kennt die Pflegeversicherung eine Reihe von Leistungen, die Pflegepersonen unterstützen sollen. Dazu gehören v. a. die Zahlung von Beiträgen zur **Altersvorsorge**[139], in die **Unfall- und Arbeitslosenversicherung** für ehrenamtlich tätige Pflegepersonen unter den Voraussetzungen des § 44 SGB XI. Die Leistungen setzen i. d. R. voraus, dass die Pflegeperson nicht erwerbsmäßig eine:n Pflegebedürftige:n oder mehrere Pflegebedürftige in der häuslichen Umgebung pflegt und dies mindestens zehn Stunden wöchentlich verteilt auf regelmäßig mindestens zwei Tage. Leistungen zur sozialen Sicherung setzen mindestens Pflegegrad 2

137 Die in Klammern stehenden Beträge gelten ab 1.1.2022 – vgl. Art. 2 Nr. 5 Gesundheitsversorgungsweiterentwicklungsgesetz vom 11.7.2021, BGBl. I S. 2754.

138 Ggf. Entlastungsbetrag einsetzbar.

139 Die Deutsche Rentenversicherung gibt eine umfangreiche Broschüre heraus, in der die Ansprüche auf Altersvorsorgeleistungen für ehrenamtlich tätige Pflegepersonen zusammengefasst sind. Diese Broschüre „Rente für Pflegepersonen: Ihr Einsatz lohnt sich" findet sich unter https://www.deutsche-rentenversicherung.de/SharedDocs/Downloads/DE/Broschueren/national/rente_fuer_pflegepersonen.pdf?__blob=publicationFile&v=5 (9.6.2021) und kann auch als Broschüre bei der DRV bestellt werden.

voraus. Die Einzelheiten finden sich außer in § 44 SGB XI in den jeweiligen Sozialgesetzbüchern (SGB VI, SGB VII und SGB III).

Darüber hinaus wird ein **Pflegeunterstützungsgeld** bei kurzzeitiger Arbeitsverhinderung nach § 2 PflegeZG als Lohnersatzleistung für maximal zehn Tage bezahlt (§ 44a Abs. 3 SGB XI). Die Höhe der Leistungen orientiert sich am Kinderkrankengeld in der gesetzlichen Krankenversicherung (§ 45 SGB V).

Zusätzlich werden nach § 45 SGB XI **Pflegekurse** von den Pflegekassen für Angehörige und sonstige ehrenamtlich an der Pflege interessierte Personen unentgeltlich durchgeführt, auf Wunsch auch im häuslichen Bereich.

Pflegende Personen haben außerdem **arbeitsrechtliche Ansprüche** auf teilweise oder vollständige Freistellung von ihrer beruflichen Tätigkeit, wenn sie einen nahen Angehörigen pflegen. Die Einzelheiten hierzu sind im Pflegezeitgesetz und im Familienpflegezeitgesetz geregelt.

4.5.3.2 Kurzzeitpflege

Kann die häusliche Pflege zeitweise nicht, noch nicht oder nicht im erforderlichen Umfang erbracht werden (z. B. für eine Übergangszeit im Anschluss an eine Krankenhausbehandlung oder in Krisensituationen) und reicht die teilstationäre Pflege nicht aus, besteht für Pflegebedürftige mit mindestens Pflegegrad 2 ein Anspruch auf **Kurzzeitpflege**, die grundsätzlich in einer **vollstationären Pflegeeinrichtung** erbracht wird (§ 42 Abs. 1 SGB XI). Kurzzeitpflege wird für maximal acht Wochen im Jahr geleistet. Die Höhe der Leistungen für pflegebedingte Aufwendungen einschließlich der Aufwendungen für soziale Betreuung und Leistungen der medizinischen Behandlungspflege beträgt höchstens 1.612 Euro (ab 1.1.2022: 1.774 Euro) für alle Pflegegrade (§ 42 Abs. 2 SG XI). Dieser Anspruch kann aus nicht in Anspruch genommenen Mitteln der Verhinderungspflege um bis zu 1.612 Euro auf insgesamt 3.224 Euro (ab 1.1.2022: 3.386 Euro) im Kalenderjahr erhöht werden. Dieser Betrag steht dann entsprechend für die Verhinderungspflege nicht mehr zur Verfügung. Pflegebedürftige mit Pflegegrad 1 können den Entlastungsbetrag nach § 45b SGB XI für die Kurzzeitpflege einsetzen (§ 28a Abs. 2 SGB XI).

Um zu verhindern, dass **Menschen mit Behinderungen** während der Kurzzeitpflege in vollstationären Pflegeeinrichtungen untergebracht werden müssen, kann die Kurzzeitpflege in begründeten Einzelfällen bei sonst zu Hause gepflegten Pflegebedürftigen auch in geeigneten Einrichtungen der Hilfe für Menschen mit Behinderungen oder in anderen geeigneten Einrichtungen in Anspruch genommen werden, wenn die Pflege in einer vollstationären Pflegeeinrichtung nicht möglich oder nicht zumutbar ist (§ 42 Abs. 3 SGB XI), weil dort z. B. nur hochaltrige Menschen betreut werden. In diesem Fall ruhen die Leistungen der häuslichen Pflege nicht, insbesondere wird das Pflegegeld während des Aufenthalts nicht halbiert (§ 42 Abs. 3 S. 2 i. V. m. § 34 Abs. 2 S. 1 SGB XI).

Ein Anspruch auf Kurzzeitpflege besteht auch in **stationären Vorsorge- und Rehabilitationseinrichtungen**, wenn die Pflegeperson sich dort einer entsprechenden Maßnahme unterzieht und der von ihr betreute pflegebedürftige Mensch in dieser Zeit nicht anderweitig untergebracht werden kann (§ 42 Abs. 4 SGB XI).

Eine Kurzzeitpflege ist auch für Versicherte in der gesetzlichen Krankenversicherung möglich, die (noch) nicht pflegebedürftig sind. Nach § 39c SGB V können sie insbesondere bei schwerer Krankheit oder wegen Verschlimmerung einer Krankheit, insbesondere nach einem Krankenhausaufenthalt, wenn die Leistungen der häuslichen Krankenpflege nicht ausreichen, Kurzzeitpflege erhalten. § 42 SGB XI wird entsprechend angewendet, insbesondere in Bezug auf Leistungshöhe und Leistungsdauer. Die Kurzzeitpflege nach dem SGB V ist in vollstationären Kurzzeitpflegeeinrichtungen oder in anderen geeigneten Einrichtungen möglich.

4.5.3.3 Leistungen im stationären Bereich

Das Pflegeversicherungsrecht unterscheidet zwischen (voll-)stationären Pflegeeinrichtungen („Pflegeheimen“) und stationären Einrichtungen und Räumlichkeiten, die keine Pflegeeinrichtungen sind. **Stationäre Pflegeeinrichtungen** sind nach § 71 Abs. 2 SGB XI selbstständig wirtschaftende Einrichtungen, in denen pflegebedürftige Menschen unter ständiger Verantwortung einer ausgebildeten Pflegefachkraft gepflegt werden und ganztägig (vollstationär) oder tagsüber oder nachts (teilstationär) untergebracht und verpflegt werden können. Zweck der Einrichtung ist die Pflege und Betreuung pflegebedürftiger Menschen. Das Personal besteht hauptsächlich aus Pflegefach- und Pflegehilfskräften.

Einrichtungen, die **keine Pflegeeinrichtungen** sind und der Hilfe für Menschen mit Behinderungen zugerechnet werden können, sind nach § 71 Abs. 4 SGB XI entweder:

- **stationäre Einrichtungen**, in denen die Leistungen zur medizinischen Vorsorge, zur medizinischen Rehabilitation, zur Teilhabe am Arbeitsleben, zur Teilhabe an Bildung oder zur sozialen Teilhabe die schulische Ausbildung oder die Erziehung kranker Menschen oder von Menschen mit Behinderungen im Vordergrund des Zweckes der Einrichtung stehen (Nr. 1) oder
- **Räumlichkeiten**, in denen der Zweck des Wohnens von Menschen mit Behinderungen und der Erbringung von Leistungen der Eingliederungshilfe für diese im Vordergrund steht, auf deren Überlassung das Wohn- und Betreuungsvertragsgesetz Anwendung findet und in denen der Umgang der Gesamtversorgung der dort wohnenden Menschen mit Behinderungen durch Leistungserbringer regelmäßig einen Umfang erreicht, der weitgehend der Versorgung in einer vollstationären Einrichtung entspricht; bei einer Versorgung der Menschen mit Behinderungen ist eine Gesamtbetrachtung anzustellen, ob der Umfang der Versorgung durch Leistungserbringer weitgehend der Versorgung in einer vollstationären Einrichtung entspricht (Nr. 3).

Einrichtungen i. S. d. Nr. 1 sind z. B. Wohnheime für Menschen mit Behinderungen, Einrichtungen der beruflichen oder sozialen Eingliederung (z. B. Berufsbildungswerke und WfbM), Förderschulen mit oder ohne angeschlossenes Internat oder Einrichtungen, die Menschen mit Behinderungen und mit unterschiedlichem Betreuungs- und Pflegeaufwand vollstationär fördern.

Zweck dieser Einrichtungen ist die **Eingliederung und Teilhabe von Menschen mit Behinderungen** durch unterschiedliche individuelle Betreuungs-, Behandlungs- und Therapieangebote und damit die Ermöglichung eines weitgehend unabhängigen, selbstbestimmten Lebens. Das Personal dieser Einrichtungen besteht i. d. R. aus pädagogisch orientierten

Fachkräften. Auch in diesen Einrichtungen werden bei Bedarf **Pflegeleistungen** erbracht; nur sind diese im Unterschied zu Pflegeeinrichtungen **integraler Bestandteil** der jeweiligen Eingliederungsleistung (§ 103 Abs. 1 Satz 1 SGB IX).

Verfügt die Einrichtung über Angebote zur Arbeit oder Beschäftigung, bietet sie Aktivitäten außerhalb der Einrichtung an, werden lebenspraktische Fähigkeiten zur Verwirklichung einer größeren Unabhängigkeit gefördert, spricht dies für eine Einrichtung der Eingliederungshilfe und nicht für eine typische Pflegeeinrichtung. Sowohl bei diesen Einrichtungen als auch bei den Räumlichkeiten i. S. d. § 71 Abs. 4 Nr. 3 SGB XI muss eine **Gesamtbetrachtung** angestellt werden, ob der Umfang der Versorgung durch die entsprechenden Leistungserbringer weitgehend der Versorgung in einer vollstationären Einrichtung entspricht.

Zur Konkretisierung der „Räumlichkeiten" i. S. d. § 71 Abs. 4 Nr. 3 SGB XI hat der GKV-Spitzenverband auf der Grundlage des § 71 Abs. 5 Satz 1 SGB XI **Richtlinien** erlassen.[140] Die Abgrenzung zwischen den Einrichtungen ist entscheidend, weil die Leistungen der Pflegeversicherung bei Pflegebedürftigkeit unterschiedlich sind: Handelt es sich um eine Pflegeeinrichtung, kann die Pflegekasse mit dieser Einrichtung einen Versorgungsvertrag gem. § 72 SGB XI schließen und erbringt dann Leistungen der vollstationären Pflege (§§ 43, 43b SGB XI). Handelt es sich dagegen um eine Einrichtung, die der Behindertenhilfe zugerechnet wird und die i. d. R. Verträge mit den Trägern der Eingliederungshilfe nach dem SGB IX schließt (§§ 123 ff. SGB IX) oder um Räumlichkeiten, werden für pflegebedürftige Bewohner:innen nur unter den Voraussetzungen des § 43a SGB XI maximal 266 Euro durch die Pflegekassen übernommen.

(1) Pflege in vollstationären Pflegeeinrichtungen

Leistungen für **vollstationäre Pflege** werden in zugelassenen Pflegeeinrichtungen nach § 71 Abs. 2 SGB XI erbracht (§ 43 SGB XI). In diesen Einrichtungen ist ein **Heimentgelt** zu entrichten, das unterscheidet zwischen

- pflegebedingten Aufwendungen, einschließlich der Aufwendungen für die Betreuung sowie der Aufwendungen für Leistungen der medizinischen Behandlungspflege,
- den Kosten für Unterkunft und Verpflegung (sog. „Hotelkosten") sowie
- den Investitionskosten.

Die Kosten für die pflegebedingten Aufwendungen, Betreuung und medizinische Behandlungspflege übernimmt die gesetzliche Pflegeversicherung in Höhe eines pauschalen Leistungsbetrags nach § 43 Abs. 2 SGB XI, wenn Pflegebedürftige mindestens Pflegegrad 2 haben. Sie sind nach **Pflegegrad gestaffelt** und betragen bei:

Pflegegrad	Höhe der Leistungen
2	770 Euro
3	1.262 Euro
4	1.775 Euro
5	2.005 Euro

140 Richtlinien des GKV-Spitzenverbandes zur näheren Abgrenzung der in § 71 Abs. 4 Nr. 3 Buchstabe c SGB XI genannten Merkmale vom 11.11.2019, Download unter https://www.gkv-spitzenverband.de/media/dokumente/pflegeversicherung/richtlinien__vereinbarungen__formulare/rahmenvertraege__richtlinien_und_bundesempfehlungen/2019_12_18_Richtlinien_71_Abs._5_Genehmigung.pdf (9.6.2021).

Wählen Pflegebedürftige mit Pflegegrad 1 vollstationäre Pflege, erhalten sie für die anfallenden Aufwendungen einen Zuschuss i. H. v. 125 Euro monatlich (§ 43 Abs. 3 SGB XI).

Übersteigen die Kosten für die pflegebedingten Aufwendungen den Pauschalbetrag, muss der Pflegebedürftige sie selbst zahlen; bei Bedürftigkeit muss der Sozialhilfeträger die Kosten im Rahmen der Hilfe zur Pflege übernehmen. Allerdings zahlen Bewohner:innen vollstationärer Pflegeeinrichtungen für die pflegebedingten Aufwendungen lediglich einen **einrichtungseinheitlichen Eigenanteil (EEE)** unabhängig vom Pflegegrad (§ 84 Abs. 2 SGB XI). Damit soll verhindert werden, dass der von den Pflegebedürftigen zu tragende Eigenanteil mit der Schwere der Pflegebedürftigkeit steigt. Dieser Eigenanteil wird ab 1.1.2022 gesetzlich begrenzt (§ 43c SGB XI).

Die Kosten für Unterkunft und Verpflegung sowie Investitionskosten müssen Pflegebedürftige immer selbst tragen; ggf. übernimmt der Träger der Grundsicherung oder der Sozialhilfe die Kosten im Rahmen der **Grundsicherung** im Alter und bei Erwerbsminderung oder der Hilfe zum Lebensunterhalt. Allerdings übernimmt die Pflegekasse nach § 43 Abs. 2 S. 3 SGB XI auch Aufwendungen für Unterkunft und Verpflegung, wenn die Kosten für die pflegebedingten Aufwendungen in der vollstationären Pflegeeinrichtung geringer sind als der Betrag, den die Pflegekasse übernimmt. Damit reduzieren sich die von den Pflegebedürftigen zu übernehmenden Kosten dann, wenn in der Einrichtung weniger Pflegekosten anfallen, als die Pflegekasse als Pauschalleistung gewährt. Die Anwendung dieser Regelung dürfte aber angesichts der ständig steigenden Kosten in den Pflegeeinrichtungen sehr begrenzt sein.

(2) Pauschalleistung für die Pflege von Menschen mit Behinderungen

Für Pflegebedürftige mit mindestens Pflegegrad 2, die in einer Einrichtung nach § 71 Abs. 4 Nr. 1 SGB XI oder in einer Räumlichkeit nach § 71 Abs. 4 Nr. 3 SGB XI leben, übernimmt nach § 43a SGB XI die Pflegekasse zur **Abgeltung der Aufwendungen** nach § 43 Abs. 2 SGB XI einen **Pauschalbetrag** i. H. v. 15 % der mit dem Träger der Eingliederungshilfe, der diese Einrichtungen und Räumlichkeiten finanziert, ausgehandelten Vergütung. Der Betrag ist auf **266 Euro** begrenzt. Er geht i. d. R. gleich an den Träger der Eingliederungshilfe. Eine Differenzierung nach verschiedenen Pflegegraden findet nicht statt, auch wenn die pflegebedingten Aufwendungen bei einem höheren Pflegegrad auch ungleich höher ausfallen dürften.

Beispiel

Das Heimentgelt für eine Förderschule mit angeschlossenem Internat beträgt monatlich 1.600 Euro. Für ein dort untergebrachtes pflegebedürftiges Kind mit einer Behinderung werden 15 % als Pauschalleistung übernommen, d. h. 240 Euro. Beträgt das Entgelt 2.000 Euro, wären 15 % 300 Euro. Da jedoch die Pauschalleistung begrenzt ist, wird die Pflegekasse maximal 266 Euro übernehmen.

Wenn pflegebedürftige Menschen mit Behinderungen sich regelmäßig **im häuslichen Bereich** aufhalten, ist es sinnvoll, den Pflegegrad genau zu bestimmen, denn in diesen Fällen werden anteilig Leistungen zur häuslichen Pflege erbracht.

4.5.4 Hilfe zur Pflege nach dem SGB XII

Neben den Leistungen der Pflegeversicherung für pflegebedürftige Menschen mit Behinderungen sind die Leistungen der **Hilfe zur Pflege**, die i. d. R. die Träger der Sozialhilfe nach den §§ 61 ff. SGB XII erbringen, von hoher Relevanz. Die Leistungen ergänzen dann die Leistungen der Pflegeversicherung, wenn diese aufgrund fehlender Voraussetzungen keine oder aufgrund ihres Teilleistungscharakters nicht bedarfsdeckende Leistungen erbringt. Die Hilfe zur Pflege hat somit eine gewisse **Auffangfunktion** im Pflegefall, wenn der pflegerische Bedarf nicht durch andere, vorrangige Sozialleistungen gedeckt werden kann oder wenn der von der Pflegeversicherung zur Verfügung gestellte Betrag finanziell nicht ausreicht und die Pflegebedürftigen bzw. ihre Angehörigen die notwendigen Leistungen nicht selbst finanzieren können.

Leistungen der Hilfe zur Pflege sind denen der Pflegeversicherung **nachrangig** (§ 13 Abs. 3 S. 1 Nr. 1 SGB XI). Mit dem Pflegestärkungsgesetz III wurden die Vorschriften der Hilfe zur Pflege im SGB XII denen des SGB XI angepasst und unterscheiden sich nur noch in wenigen Punkten.

4.5.4.1 Anspruchsberechtigung nach dem SGB XII

Leistungen der Hilfe zur Pflege erhalten nach § 61 Abs. 1 S. 1 SGB XII Personen, die **pflegebedürftig** i. S. d. § 61a SGB XII und die (bzw. deren Ehegatt:in oder Lebenspartner:in) **kein ausreichendes Einkommen und Vermögen** haben; bei minderjährigen Leistungsberechtigten werden Einkommen und Vermögen der Eltern bzw. Elternteile berücksichtigt.

Der Begriff der **Pflegebedürftigkeit** in § 61a SGB XII entspricht weitgehend § 14 SGB XI und auch die Pflegegrade in § 61b SGB XII sind identisch (s. Kapitel 4.5.2.2). Unterschiede gibt es nur wie folgt:

- Der Leistungsanspruch setzt keine Versicherung, sondern nur **Bedürftigkeit** voraus und
- bei der Definition der Pflegebedürftigkeit wird auf eine **zeitliche Mindestdauer** (im SGB XI mindestens sechs Monate) verzichtet. Das bedeutet, dass auch Menschen Hilfe zur Pflege erhalten können, die weniger als sechs Monate pflegebedürftig sind.

Die Feststellung der Pflegebedürftigkeit und die Ermittlung eines Pflegegrades erfolgen auf der Grundlage des im SGB XI verwendeten Begutachtungsinstrumentariums; die Begutachtungs-Richtlinien finden entsprechende Anwendung (§ 62 SGB XII). Hat die Pflegekasse bereits einen Bescheid über den Pflegegrad getroffen, bindet dieser auch den Träger der Sozialhilfe (§ 62a SGB XII).

4.5.4.2 Leistungen der Hilfe zur Pflege

Die **Sozialhilfeträger** erbringen Leistungen bei Pflegebedürftigkeit in einem ähnlichen Umfang wie die Pflegeversicherung.

Im Überblick lassen sich die Regelungen wie folgt darstellen:

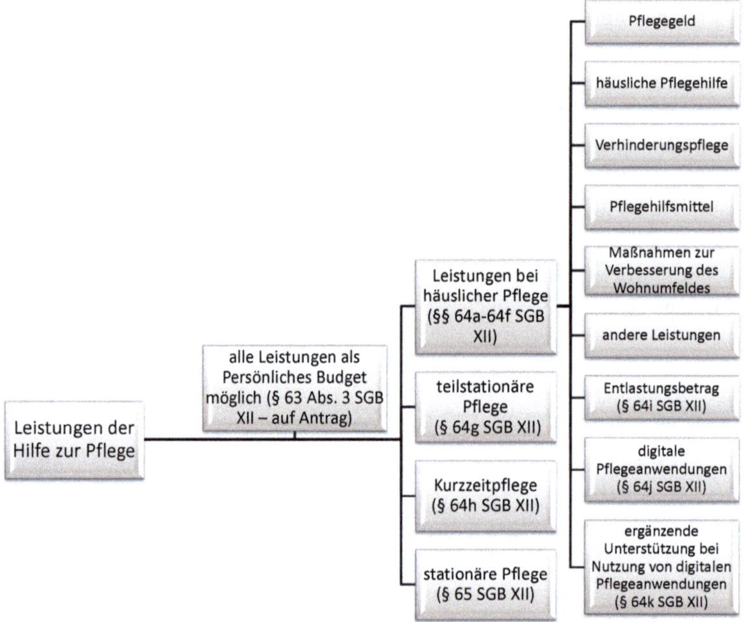

Übersicht 41

Gemeinsamkeiten und Unterschiede zwischen den Leistungen der Pflegeversicherung und den Leistungen der Hilfe zur Pflege bestehen wie folgt:

	Regelung im SGB XI	Regelung im SGB XII	Unterschiede
Leistungen für Pflegegrad 1	§ 28a	§ 63 Abs. 2	nur Pflegehilfsmittel, wohnumfeldverbessernde Maßnahmen, digitale Pflegeanwendungen und ergänzende Unterstützung bei diesen sowie Entlastungsbetrag
Leistungen ab Pflegegrad 2	§ 28	§ 63 Abs. 1	keine Kombinationsleistung, teilweise andere Leistungen, Leistungen umfänglich auch als Persönliches Budget
Pflegegeld (ab Pflegegrad 2)	§ 37	§ 64a	Verweis auf die Höhe nach dem SGB XI, keine Leistungen, wenn Beratungspflichten nach dem SGB XI verletzt wurden
Häusliche Pflegehilfe (Pflegesachleistung, ab Pflegegrad 2)	§ 36	§ 64b	keine finanzielle Begrenzung, nachrangig zum Pflegegeld
Verhinderungspflege (ab Pflegegrad 2)	§ 39	§ 64c	keine zeitliche und finanzielle Begrenzung (Übernahme „angemessener Kosten"), keine Mindestpflegezeit vor der ersten Inanspruchnahme
Pflegehilfsmittel	§ 40 Abs. 1-3	§ 64d	keine Pflegehilfsmittel zum Verbrauch

	Regelung im SGB XI	Regelung im SGB XII	Unterschiede
wohnumfeldverbessernde Maßnahmen	§ 40 Abs. 4	§ 64e	„angemessene Kosten", keine finanzielle Begrenzung
andere Leistungen	nicht, teilweise in den §§ 7a, 44	§ 64f	• bei Bezug von Pflegegeld: Übernahme der Alterssicherungsbeiträge einer Pflegeperson oder einer besonderen Pflegekraft • Kosten für eine Beratung • angemessene Kosten für eine besondere Pflegekraft bei Pflege im Arbeitgebermodell
Entlastungsbetrag	§ 45b	§ 64i (ab Pflegegrad 2) § 66 (für Pflegegrad 1)	bei Pflegegrad 2 zweckgebunden für niedrigschwellige Angebote
teilstationäre Pflege	§ 41	§ 64g	keine finanzielle Begrenzung
Kurzzeitpflege	§ 42	§ 64h	keine finanzielle und keine zeitliche Begrenzung
vollstationäre Pflege	§ 43	§ 65	Nachweis der Heimpflegebedürftigkeit (häusliche oder teilstationäre Leistungen nicht möglich)

In **Einrichtungen oder Räumlichkeiten** i. S. d. § 43a SGB XI, in denen Leistungen der Eingliederungshilfe erbracht werden, sind die notwendigen Pflegeleistungen Teil der Eingliederungshilfe (§ 103 Abs. 1 S. 1 SGB IX). Deshalb werden keine Leistungen der Hilfe zur Pflege übernommen.

Außerhalb von diesen **Einrichtungen oder Räumlichkeiten** gilt Folgendes (§ 103 Abs. 2 SGB IX):

1. Solange die Teilhabeziele nach Maßgabe des Gesamtplans (§ 121 SGB IX) erreicht werden und die Leistungsberechtigten Eingliederungshilfeleistungen vor Eintritt des Rentenalters erhalten haben, sind die Leistungen der Hilfe zur Pflege (Leistungen zur häuslichen Pflege und der Entlastungsbetrag) **Teil der Leistungen der Eingliederungshilfe**. Dies gilt auch für vorübergehende Leistungen der teilstationären Pflege und der Kurzzeitpflege.
2. Erhalten Menschen mit Behinderungen Leistungen der Eingliederungshilfe erst nachdem sie die Regelaltersgrenze erreicht haben, werden die Leistungen der Hilfe zur Pflege vom Träger der Sozialhilfe direkt nach den Vorschriften der §§ 64a ff. SGB XII erbracht.

Die **Unterscheidung** ist wichtig, weil die Berücksichtigung von Einkommen und Vermögen bei der Hilfe zur Pflege nach dem SGB XII anders vorgenommen wird als bei der Eingliederungshilfe (zu Letzterem Kapitel 4.4.9.5)

Da die Leistungen der Pflegeversicherung und der Hilfe zur Pflege inhaltlich weitgehend übereinstimmen – abgesehen von dem Unterschied, dass die Versicherungsleistungen Teilleistungen sind und die Hilfe zur Pflege bedarfsdeckend erbracht wird – müssen die **Konkurrenzen**, ggf. auch zu anderen Sozialleistungen, geklärt werden. Die Leistungskonkurrenzen regelt § 63b SGB XI. Danach gilt zunächst der Grundsatz, dass Leistungen der Hilfe zur Pflege nicht erbracht werden, wenn Pflegebedürftige **gleichartige Leistungen** nach anderen Rechtsvorschriften erhalten (§ 63 Abs. 1 SGB XII).

Beispiele

Eine Pflegebedürftige mit Pflegegrad 3 erhält Pflegegeld von der Pflegeversicherung i. H. v. 545 Euro nach § 37 SGB XI. Erhält sie Leistungen der Hilfe zur Pflege, kann sie hier kein Pflegegeld in gleicher Höhe nach § 64a SGB XII erhalten.

Ein Pflegebedürftiger mit Pflegegrad 3, dessen Pflegebedürftigkeit auf einem Arbeitsunfall beruht und der infolgedessen in Kategorie III (mittlere Beeinträchtigungen) durch die gesetzliche Unfallversicherung eingestuft wurde, erhält von der gesetzlichen Unfallversicherung ein Pflegegeld i. H. v. 617 Euro (§ 44 Abs. 1 SGB VII)[141]. Da es sich um eine gleichartige Leistung handelt, erhält der Pflegebedürftige kein Pflegegeld im Rahmen der Hilfe zur Pflege (und im Übrigen auch keines von der Pflegeversicherung, weil der Betrag über dem liegt, den er nach § 37 Abs. 1 SGB XI erhalten würde).

Darüber hinaus gelten folgenden **Konkurrenzregelungen**:

- Leistungen der **Blindenhilfe**[142] werden auf das Pflegegeld nach § 64a SGB XII zu 70 % angerechnet.
- Der **Entlastungsbetrag** nach § 45b SGB XI geht demjenigen aus der Hilfe zur Pflege (§§ 64i und 66 SGB XII) vor; auf andere Leistungen der Hilfe zur Pflege wird er nicht angerechnet.
- Befinden sich pflegebedürftige Menschen in **teil- oder vollstationärer Pflege,** werden keine Leistungen der häuslichen Pflege erbracht; das Pflegegeld nach § 64a SGB XII kann bei teilstationärer Pflege nach § 64g SGB XII gekürzt werden (liegt im Ermessen des Sozialhilfeträgers).
- Die Leistungen der häuslichen Pflege werden weiter erbracht, wenn Pflegebedürftige im **Krankenhaus** oder in einer Vorsorge- oder Rehabilitationseinrichtung sind und ihre Pflege im **Arbeitgebermodell** organisiert haben. Das Pflegegeld nach § 37 SGB XI oder das anteilige Pflegegeld nach § 38 SGB XI werden angerechnet.
- Das Pflegegeld nach § 64a SGB XII kann um bis zu zwei Drittel gekürzt werden, wenn eine **besondere Pflegekraft** (§ 64f Abs. 1 SGB XII) tätig ist oder Verhinderungspflege in Anspruch genommen wird.
- Organisieren Pflegebedürftige ihre Pflege im **Arbeitgebermodell** mit einer besonderen Pflegekraft, dürfen sie nicht auf die Inanspruchnahme von Pflegesachleistungen nach § 36 SGB XI verwiesen werden; das Pflegegeld nach § 37 SGB XI wird auf die Kosten für die Pflegekraft angerechnet.
- Bei vorübergehender Abwesenheit aus stationärer Pflege werden die Leistungen nach § 65 SGB XII weiter erbracht.

4.5.4.3 Einkommens- und Vermögensberücksichtigung

Leistungen der Sozialhilfe werden grundsätzlich nur erbracht, wenn die Leistungsberechtigten **nicht** über **ausreichendes Einkommen und Vermögen** verfügen. Das gilt für alle Leistungen nach dem SGB XII, allerdings gelten bei den Leistungen in besonderen Lebenslagen und insbesondere bei der Hilfe zur Pflege besondere Vorschriften.

---

141 Die Einstufung der Kategorien im Rahmen der Pflegebedürftigkeit ist in der gesetzlichen Unfallversicherung sehr ausdifferenziert und das Pflegegeld in eine Vielzahl von Unterstufen eingeteilt, die sich prozentual vom Höchstpflegegeld (2020/2021: 1.552 € für Menschen, die im Westteil Deutschlands leben, und 1.483 € für Menschen in den ostdeutschen Bundesländern) herleiten.

142 Leistungen der Blindenhilfe werden nach § 72 SGB XII (Blindengeld) und/oder nach den Rechtsvorschriften der Bundesländer (Landesblindengeld) erbracht. Das Blindengeld beträgt derzeit 765,43 € für Volljährige und 383,37 € für Minderjährige.

Hier muss – anders als bei existenzsichernden Leistungen wie der Grundsicherung im Alter und bei Erwerbsminderung und der Hilfe zum Lebensunterhalt – nicht das komplette Einkommen eingesetzt werden, bevor Leistungen erbracht werden. Es besteht ein Freibetrag, der nicht angerechnet wird. Die Regelungen finden sich in den §§ 85 ff. SGB XII. Für die Berechnung werden das Einkommen der:des Pflegebedürftigen und der nicht getrennt lebenden Ehegatt:in und Lebenspartner:in herangezogen.

Ist die pflegebedürftige Person alleinstehend oder verheiratet oder verpartnert[143], berechnet sich die **Einkommensgrenze** so:

Grundbetrag in Höhe des Zweifachen der Regelbedarfsstufe 1
(2021 insgesamt 892 Euro)
+
angemessene Unterkunftskosten (Miete inklusive Nebenkosten)
+
Familienzuschlag in Höhe von 70 % der Regelbedarfsstufe 1
für die nicht getrennt lebenden Ehegatt:in/Lebenspartner:innen und
jede überwiegend unterhaltsberechtigte Person
(2021: 313[144] Euro)

Nur was über diesem Betrag liegt, müssen Pflegebedürftige einsetzen, bevor sie Hilfe zur Pflege erhalten.

Beispiel

Ein Ehepaar mit einem 12-jährigen Kind wohnt zur Miete in einer Vier-Zimmer-Wohnung, die monatlich 700 Euro brutto warm kostet. Die Ehefrau leidet unter Multipler Sklerose, sie ist in ihrer Selbstständigkeit und ihren Fähigkeiten schwer beeinträchtigt (Pflegegrad 3). Sie ist dauerhaft voll erwerbsgemindert und erhält eine Erwerbsminderungsrente in Höhe von 1.000 Euro. Ihr Ehemann arbeitet bei einer Wachschutzfirma Teilzeit und verdient etwa 950 Euro im Monat. Um zu berechnen, ob der pflegebedürftigen Ehefrau (neben den Leistungen der Pflegeversicherung) auch Leistungen der Hilfe zur Pflege zustehen, wird folgende Berechnung angestellt:

Grundbetrag = 892 Euro plus
Miete = 700 Euro plus
Familienzuschlag = 626 Euro (je 313 Euro für Ehemann und Kind)

Die Einkommensgrenze liegt danach bei 2.218 Euro. Das Einkommen der Familie (Erwerbsminderungsrente und Arbeitsentgelt) liegt mit 1.950 Euro unterhalb dieser Grenze. Damit hat die Frau hat Anspruch auf Leistungen der Hilfe zur Pflege.

Sind Pflegebedürftige **minderjährig** und wohnen bei ihren Eltern, berechnet sich die Einkommensgrenze nach § 85 Abs. 2 SGB XI. Danach gilt:

Grundbetrag in Höhe des Zweifachen der Regelbedarfsstufe 1
(2021 insgesamt 892 Euro)
+
angemessene Unterkunftskosten (Miete inklusive Nebenkosten)
+

143 Partner:in meint hier solche im Sinne des Lebenspartnerschaftsgesetzes. Lebenspartnerschaften wurden zwischen Personen gleichen Geschlechts geschlossen; seit dem Jahr 2017 ist auch eine Ehe zwischen Personen gleichen Geschlechts möglich, sodass keine Lebenspartnerschaften mehr geschlossen werden können.

144 Es wird auf den vollen Euro aufgerundet.

Familienzuschlag in Höhe von 70 % der Regelbedarfsstufe 1 für einen Elternteil, wenn die Eltern zusammenleben sowie für die pflegebedürftigen Minderjährigen und andere (gegenüber den Eltern oder den Minderjährigen) unterhaltsberechtigte Personen (2021: 313 Euro)

Übersteigt das Einkommen die Einkommensgrenze, wird eine **Eigenbeteiligung** in angemessenem Umfang zugemutet. Dabei werden die Art des Bedarfs, die Art und Schwere der Behinderung oder Pflegebedürftigkeit, die Dauer und Höhe der erforderlichen Aufwendungen sowie die besonderen Belastungen der pflegebedürftigen Person und ihrer unterhaltsberechtigten Angehörigen berücksichtigt.

Pflegebedürftige mit Pflegegrad 4 oder 5 und blinde Menschen müssen von ihrem die Einkommensgrenze überschreitenden Einkommen noch maximal 40 % einsetzen (§ 87 Abs. 1 S. 3 SGB XII).

Der Einsatz des **Vermögens** bestimmt sich nach § 90 SGB XII. Nach § 90 Abs. 2 SGB XII müssen bestimmte Vermögensgegenstände von vornherein nicht eingesetzt werden. Dazu gehören z. B. ein selbst bewohntes Haus oder eine selbst bewohnte Eigentumswohnung, soweit diese angemessen sind, ein Barbetrag i. H. v. 5.000 Euro jeweils für die:den Pflegebedürftige:n und deren Ehegatt:in/Lebenspartner:in/Partner:in einer ehe- oder partnerschaftsähnlichen Lebensgemeinschaft sowie 500 Euro für jede von den Pflegebedürftigen und deren Partner:innen unterhaltene Person oder Gegenstände und Geldanlagen, deren Einbeziehung eine unbillige Härte bedeuten würde (z. B. zur Alterssicherung angespartes Vermögen, Erbstücke).

Darüber hinaus ist durch eine **Sonderregelung** in § 66a SGB XII zusätzlich ein Vermögen i. H. v. 25.000 Euro für die Lebensführung und die Alterssicherung geschützt, sofern dieser Betrag ganz oder überwiegend als Einkommen aus selbstständiger und nichtselbstständiger Tätigkeit der Leistungsberechtigten erworben wird. Auf diese Weise soll es v. a. pflegebedürftigen Menschen mit Behinderungen ermöglicht werden, Vermögen aus einer Erwerbstätigkeit aufzubauen, ohne dass dieses auf die Unterstützungsleistungen angerechnet wird.

Erbringt der Träger der Sozialhilfe Leistungen der Hilfe zur Pflege (oder auch andere Leistungen im Rahmen des SGB XII), dann geht auf ihn der **Anspruch auf Unterhalt**, den die Leistungsempfänger:innen gegenüber ihren Eltern und (volljährigen) Kindern haben, **nur** über, wenn diese jeweils **mehr als 100.000 Euro Jahreseinkommen** haben (§ 94 Abs. 1a SGB XII). Dabei wird vermutet, dass das Einkommen der unterhaltsverpflichteten Personen diese Jahreseinkommensgrenze nicht überschreitet; die Vermutung kann auch widerlegt werden. Ansprüche volljähriger unterhaltsberechtigter Personen, die nach § 99 SGB IX eingliederungshilfeberechtigt oder nach § 61a SGB XII pflegebedürftig sind, und die Leistungen der Hilfe zur Pflege erhalten, gegenüber ihren Eltern gehen nur i. H. v. 26 Euro über (§ 94 Abs. 2 SGB XII).

Übungsaufgaben

1. Was bedeutet der Grundsatz der Selbstbestimmung in der Pflege?
2. Welche Leistungsträger erbringen Leistungen im Pflegefall?
3. Welche Voraussetzungen müssen vorliegen, damit eine Person Leistungen aus der Pflegeversicherung erhält?
4. Die 90-jährige Frau M leidet unter einer fortgeschrittenen Demenzerkrankung und Arthrose. Sie wohnt bei ihrer 55-jährigen Tochter, die sich um sie kümmert. Welche Voraussetzungen müssen vorliegen, damit Frau M Leistungen der Pflegeversicherung bekommt? Nennen Sie die entsprechenden Vorschriften!
5. Der 13-jährige S ist blind und körperlich beeinträchtigt. Bei der Begutachtung werden bei ihm folgende Gesamtpunktwerte in den einzelnen Modulen, die den Lebensbereichen des § 14 Abs. 2 SGB XI entsprechen, ermittelt: Modul 1 = 3 Punkte, Modul 2 = 0 Punkte, Modul 3 = 0 Punkte, Modul 4 = 20 Punkte, Modul 5 = 1 Punkt und Modul 6 = 2 Punkte. Berechnen Sie seinen Pflegegrad!
6. S aus Fall 5 besucht eine Schule für Kinder mit Sehbeeinträchtigungen während der Woche und wohnt in einem dort angegliederten Internat. Vorausgesetzt, er ist pflegebedürftig – welche Leistungen erhält er von der Pflegeversicherung?
7. S aus Fall 5 und 6 ist im Monat Juli drei Wochen (21 Tage) in den Ferien bei seinen Eltern. Diese möchten für seine Pflege Pflegegeld beziehen. Ist das möglich und wie hoch wäre der Pflegegeldanspruch?
8. Welcher grundlegende Unterschied besteht zwischen den Leistungen der Pflegeversicherung und den Leistungen der Hilfe zur Pflege?
9. Nennen Sie drei leistungsrechtliche Unterschiede zwischen den Leistungen der Pflegeversicherung und den Leistungen der Hilfe zur Pflege!
10. Müssen Menschen, die Leistungen der Hilfe zur Pflege erhalten, ihr Einkommen vollständig einsetzen?

4.6 Existenzsichernde Leistungen für Menschen mit Behinderungen

Menschen mit Behinderungen, die ihren Lebensunterhalt nicht aus eigenem Einkommen (z. B. Arbeitseinkommen oder Renten) und Vermögen (z. B. Aktienfonds, Immobilienbesitz) bestreiten können und die auch sonst keine Unterstützung durch andere Sozialleistungsträger oder Angehörige erhalten, benötigen **finanzielle Unterstützung** vom Staat. Hierfür gibt es im deutschen Sozialleistungsrecht neben den Leistungen der Hilfe zum Lebensunterhalt (§§ 27 ff. SGB XII) v. a. die Grundsicherung.

Die Grundsicherung ist eine (Fürsorge-)Leistung des Staates, die **einkommens- und bedarfsabhängig** ist und aus Steuergeldern finanziert wird. Mit dieser Leistung wird das Grundrecht auf Sicherstellung eines menschenwürdigen Existenzminimums nach Art. 1 Abs. 1 GG in Verbindung mit dem Sozialstaatsprinzip des Art. 20 Abs. 1 GG gewährleistet. Grundsicherungsleistungen sollen dabei die materiellen Voraussetzungen schaffen, die für die physische

Existenz eines Menschen und ein Mindestmaß an Teilhabe am gesellschaftlichen, kulturellen und politischen Leben unerlässlich sind.[145]

4.6.1 Die Grundsicherung

Das deutsche Sozialleistungsrecht kennt zur Sicherung des Lebensunterhalts zwei verschiedene **Grundsicherungsleistungen**:
1. Die Grundsicherung für Arbeitssuchende nach dem SGB II
und
2. die Grundsicherung im Alter und bei Erwerbsminderung nach dem SGB XII.

Beide Leistungen unterscheiden sich im Wesentlichen danach, ob Leistungsberechtigte **erwerbsfähig** sind oder nicht. Sie schließen sich gegenseitig aus: erhält eine Person Grundsicherung im Alter und bei Erwerbsminderung, erhält sie keine Leistungen nach dem SGB II (Grundsicherung für Arbeitssuchende oder Sozialgeld [§ 5 Abs. 2 S. 2 SGB II]).

Die Leistungen der Grundsicherung für Arbeitssuchende werden durch die Jobcenter, die der Grundsicherung im Alter und bei Erwerbsminderung durch die Grundsicherungsämter, die von den Bundesländern bestimmt werden, gewährt. Häufig sind die Grundsicherungsämter bei den Trägern der Sozialhilfe angesiedelt.

Grundsicherungsleistungen müssen von Leistungen der **Hilfe zum Lebensunterhalt** nach den §§ 27 ff. SGB XII unterschieden werden, für die die Sozialhilfeträger zuständig sind.

Diese Leistungen erhält nur, wer nicht erwerbsfähig ist, keinen Anspruch auf Leistungen der Grundsicherung im Alter und bei Erwerbsminderung hat und nicht in einer Bedarfsgemeinschaft mit einer nach dem SGB II leistungsberechtigten Person zusammenwohnt.

4.6.1.1 Abgrenzung der Leistungen zwischen dem SGB II und dem SGB XII

Die existenzsichernden Leistungen nach dem SGB II und dem SGB XII stehen in einem **Vorrang-/Nachrangverhältnis**. Danach gilt:
- Personen, die Leistungen zur Sicherung des Lebensunterhalts nach dem SGB II (Alg II oder Sozialgeld) erhalten oder dem Grunde nach Anspruch darauf haben, bekommen keine Hilfe zum Lebensunterhalt nach dem SGB XII (§ 5 Abs. 2 S. 1 SGB II, § 21 S. 1 SGB XII).
- Leistungen der Grundsicherung im Alter und bei Erwerbsminderung nach dem SGB XII gehen den Leistungen des SGB II – hier Sozialgeld – vor (§§ 5 Abs. 2 S. 2, 19 Abs. 1 S. 2 SGB II).
- Wer Grundsicherung im Alter und bei Erwerbsminderung erhält, hat keinen Anspruch auf Leistungen der Hilfe zum Lebensunterhalt nach dem SGB XII (§ 19 Abs. 2 S. 2 SGB XII).

Das **Verhältnis** der Leistungen zwischen dem SGB II und dem SGB XII lässt sich wie auf der folgenden Abbildung darstellen.[146]

145 So BVerfG, Urteil vom 9.10.2010 – 1 BvL 1/09, 1 BvL 3/09, 1 BvL 4/09 1. LS.
146 Nach Hoenig/Kuhn-Zuber, Recht der Grundsicherung, S. 354.

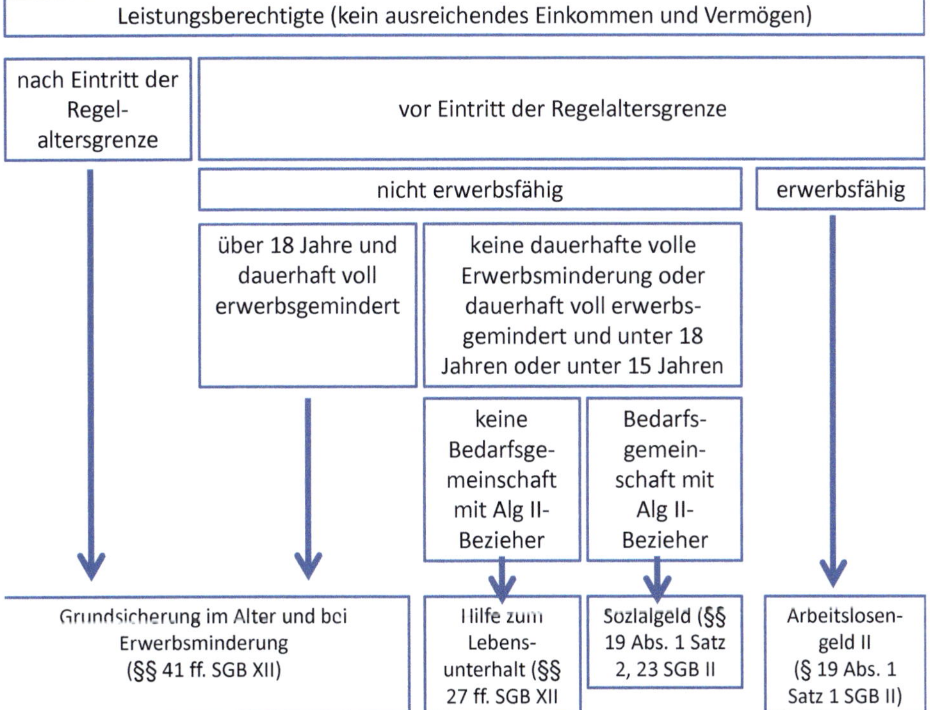

Übersicht 42

Von den Vorrang-Nachrang-Regelungen werden nur die existenzsichernden Leistungen erfasst – Hilfen in besonderen Lebenslagen nach dem SGB XII nach den Kapiteln 5 bis 9 SGB XII (z. B. Hilfe zur Gesundheit, Hilfe zur Pflege, Hilfe zur Überwindung besonderer Schwierigkeiten) werden unabhängig von den existenzsichernden Leistungen erbracht.

4.6.1.2 Regelbedarfe, Mehrbedarfe, Kosten der Unterkunft und Heizung

Grundsicherungsleistungen bestehen grundsätzlich aus drei verschiedenen (Haupt-)**Leistungen** und umfassen:

- Den Regelbedarf,
- die Kosten der Unterkunft und Heizung und – falls erforderlich –
- Mehrbedarfe.

Regelbedarf und Mehrbedarfe sind pauschalierte Leistungen; die Kosten der Unterkunft und Heizung richten sich nach den jeweiligen Wohnorten der Leistungsberechtigten. Sind die Kosten der Unterkunft und Heizung angemessen, werden sie grundsätzlich in voller Höhe übernommen. Hat die Kommune aber die **angemessenen Kosten** durch eine Satzung festgelegt, werden diese Kosten nur bis zu dieser Höhe übernommen.[147] Die Höhe des **Regelbedarfs** der Grundsicherungsleistungen bestimmt sich bei der Grundsicherung für

147 In Berlin wird die Angemessenheit der Kosten der Unterkunft in den Ausführungsvorschriften zur Gewährung von Leistungen gem. § 22 des Zweiten Buches Sozialgesetzbuch und §§ 35 und 36 des Zwölften Buches Sozialgesetzbuch (AV-Wohnen) vom 2.2.2021 (ABl. S. 3727 ff.) geregelt.

Arbeitssuchende nach § 20 Abs. 1a bis 4 SGB II und nach § 28 SGB XII bei der Grundsicherung im Alter und bei Erwerbsminderung. Sie wurde zuletzt durch das Gesetz zur Ermittlung der Regelbedarfe (RBEG) nach § 28 SGB XII festgelegt. Seit dem 1.1.2021 gelten nach § 8 RBEG nach der Anlage zu § 28 SGB XII folgende Regelbedarfe:

Regelbedarfsstufe 1	446 Euro	Jede erwachsene Person, die in einer Wohnung lebt und für die nicht Regelbedarfsstufe 2 gilt (§ 20 Abs. 2 S. 1 SGB II: alleinstehende oder alleinerziehende Personen oder Personen mit minderjährigen Partner:innen)
Regelbedarfsstufe 2	401 Euro	Jede erwachsene Person, wenn sie in einer Wohnung mit einem Ehegatten oder Lebenspartner:in oder in eheähnlicher oder lebenspartnerschaftsähnlicher Gemeinschaft mit einer:einem Partner:in zusammenlebt Jede erwachsene Person, die nicht in einer Wohnung lebt, weil ihr allein oder mit einer weiteren Person ein persönlicher Wohnraum und mit weiteren Personen zusätzliche Räumlichkeiten nach § 42a Abs. 2 Satz 3 SGB XII zur gemeinschaftlichen Nutzung überlassen sind (sog. Räumlichkeiten oder besondere Wohnformen der Hilfe für Menschen mit Behinderungen) (§ 20 Abs. 4 SGB II: volljährige Partner:innen)
Regelbedarfsstufe 3	357 Euro	Jede erwachsene Person, deren notwendiger Lebensunterhalt nach § 27b SGB XII bestimmt ist (Unterbringung in einer stationären Einrichtung) (§ 20 Abs. 2 S. 2 Nr. 2 und Abs. 3 SGB II: volljährige Person im Haushalt anderer sowie Kinder unter 25, die ohne Zusicherung des Jobcenters bei ihren Eltern ausziehen)
Regelbedarfsstufe 4	373 Euro	Jugendliche vom Beginn des 15. bis zur Vollendung des 18. Lebensjahrs (ab 14 Jahre) (§ 20 Abs. 2 S. 2 Nr. 1 SGB II)
Regelbedarfsstufe 5	309 Euro	Kinder vom Beginn des siebten bis zur Vollendung des 14. Lebensjahres (6-bis 14-Jährige) (§ 23 Nr. 1 SGB II)
Regelbedarfsstufe 6	283 Euro	Kinder ab der Geburt bis Vollendung des sechsten Lebensjahres (§ 23 Nr. 1 SGB II)

Mehrbedarfe sind Leistungen, die durch bestimmte Lebenssituationen ausgelöst werden. Sie finden sich sowohl im SGB II wie im SGB XII. Die Leistungen ergänzen die pauschalierten Regelleistungsbedarfe um besondere Bedarfe in **besonderen Lebensumständen**. Das SGB II regelt die Mehrbedarfe im Wesentlichen im § 21, das SGB XII in § 30.

Besondere Regelungen finden sich für Sozialgeldbezieher in § 23 Nr. 2–4 SGB II. Die Höhe der Mehrbedarfe ist i. d. R. in beiden Gesetzen gleich und teilweise an die Regelbedarfsstufe der Leistungsberechtigten gekoppelt; allerdings ist dies aus Gleichbehandlungsgründen auch erforderlich. Darüber hinaus gibt es für Menschen mit Behinderungen in § 42b SGB XII abweichend vom SGB II zusätzliche Mehrbedarfe.

Mehrbedarfe gibt es für folgende Lebenssituationen:

- Für **werdende Mütter** i. H. v. 17 % der Regelbedarfsstufe, die die Schwangere erhält (§ 21 Abs. 2 SGB II, § 30 Abs. 2 SGB XII); der Mehrbedarf wird bis zum Ende des Entbindungsmonats gezahlt;

- für **Alleinerziehende** i. H. v. 36 % oder 12 % pro Kind (§ 21 Abs. 3 SGB II, § 30 Abs. 3 SGB XII)[148];
- für **Menschen mit Behinderungen**, die Leistungen zur Teilhabe am Arbeitsleben (§ 21 Abs. 4 S. 1 Alt. 1 SGB II) oder Leistungen der Eingliederungshilfe (§§ 21 Abs. 4 Satz 1 Alt. 2, 23 Nr. 2 SGB II; § 30 Abs. 4 SGB XII) erhalten, i. H. v. 36 % der Regelbedarfsstufe, die die Leistungsberechtigten erhalten;
- für Menschen, die aufgrund einer Erkrankung eine **kostenaufwändige Ernährung** benötigen (§ 21 Abs. 5 SGB II, § 30 Abs. 5 SGB XII); das SGB XII spricht von einem ernährungsbedingten Mehrbedarf, wenn aus medizinischen Gründen der Ernährungsbedarf von allgemeinen Ernährungsempfehlungen abweicht und die Aufwendungen für die Ernährung deshalb unausweichlich und in mehr als geringem Umfang oberhalb eines durchschnittlichen Bedarfs für Ernährung liegen[149];
- für Menschen, die einen **unabweisbaren besonderen Bedarf** haben; dieser kann einmalig oder laufend bestehen. Ist er einmalig, muss vorrangig ein Darlehen nach § 24 Abs. 1 SGB II in Anspruch genommen werden, es sei denn, ein solches ist nicht zumutbar oder wegen der Art des Bedarfs nicht möglich (nur im SGB II: § 21 Abs. 6 SGB II);
- für Schüler:innen für **Anschaffung oder Ausleihe von Schulbüchern** oder gleichstehenden Arbeitsheften, falls durch schulrechtliche Bestimmungen erforderlich (§ 21 Abs. 6a SGB II, § 30 Abs. 9 SGB XII) und
- für Menschen, in deren Wohnungen das **warme Wasser** dezentral erzeugt und berechnet wird, da dies normalerweise zu den Kosten der Unterkunft gehört (§ 21 Abs. 7 SGB II, § 30 Abs. 7 SGB XII); höhere als dort prozentual festgelegte Aufwendungen können durch separate Messeinrichtungen nachgewiesen werden, sowie
- für nicht erwerbsfähige Menschen mit Behinderungen, die **schwerbehindert** sind und **Merkzeichen G** anerkannt bekommen haben, i. H. v. 17 % der Regelbedarfsstufe, die die Leistungsberechtigten jeweils haben (§ 23 Nr. 4 SGB II, § 30 Abs. 1 SGB XII);
- für Menschen, die in einer WfbM, bei einem anderen Leistungsanbieter nach § 60 SGB IX oder im Rahmen vergleichbarer anderer tagesstrukturierender Angebote (z. B. Tagesförderstätten) eine **gemeinschaftliche Mittagsverpflegung** erhalten (nur im SGB XII: § 42b Abs. 1 SGB XII), wenn die Mittagsverpflegung in der Verantwortung des Trägers oder durch einen Kooperationspartner erbracht wird sowie
- für Menschen mit Behinderungen, die Leistungen zur **Teilhabe an Bildung** erhalten, i. H. v. 35 % der maßgeblichen Regelbedarfsstufe (nur im SGB XII: § 42b Abs. 3 SGB XII).

Unterschiede zwischen dem SGB II und dem SGB XII gibt es hinsichtlich der Mehrbedarfe für werdende Mütter und Alleinerziehende. Hier erlaubt § 30 Abs. 2 und 3 SGB XII einen vom festgelegten Prozentsatz abweichenden Bedarf, eine solche Möglichkeit gibt es im SGB II nicht. Darüber hinaus kennt das SGB II noch einen Mehrbedarf für unabweisbare laufende Bedarfe. Dieser Mehrbedarf ist im SGB XII nicht erforderlich, da nach dem SGB XII – anders als im SGB II – der Regelbedarf nach § 27a Abs. 4 S. 1 Nr. 2 SGB XII individuell angepasst wird, wenn dieser unabweisbar seiner Höhe nach erheblich von einem durchschnittlichen Bedarf abweicht. Die Mehrbedarfe für die gemeinschaftliche Mittagsverpflegung nach

---

148 Alleinerziehende erhalten immer Regelbedarfsstufe 1.

149 Der Deutsche Verein für öffentliche und private Fürsorge gibt Empfehlungen zur Gewährung des Mehrbedarfs bei kostenaufwändiger Ernährung heraus, zuletzt im September 2020. Diese Empfehlungen werden von den Leistungsträgern herangezogen, um einen Mehrbedarf zu bestimmen. Dieser liegt je nach Erkrankung zwischen 5 und 30 % von Regelbedarfsstufe 1. Die Empfehlungen sind abrufbar unter https://www.deutscher-verein.de/de/uploads/empfehlungen-stellungnahmen/2020/dv-12-20_kostenaufwaendige-ernaehrung.pdf (14.6.2021).

§ 42b Abs. 1 SGB XII wurden eingeführt, nachdem mit dem BTHG eine Trennung der existenzsichernden von den Fachleistungen vorgenommen wurde.

Die **Summe aller Mehrbedarfe** darf die Höhe der für die Leistungsberechtigten maßgeblichen Regelbedarfsstufe nicht übersteigen (§ 21 Abs. 8 SGB II, § 30 Abs. 6 SGB XII, § 42b Abs. 4 SGB XII). Nicht einbezogen werden hier allerdings der Mehrbedarf für laufende unabweisbare Bedarfe, für die dezentrale Warmwasserversorgung, für Schulbücher und Arbeitshefte sowie für die gemeinschaftliche Mittagsverpflegung.

Die angemessenen **Kosten der Unterkunft und Heizung** werden nach § 22 SGB II sowie § 35 SGB XII erbracht. Die Angemessenheit der Unterkunftskosten hängt von der Gesamtzahl der leistungsberechtigten Personen in der Wohnung, der Größe der Wohnfläche und der Höhe der Bruttowarmmiete ab. In der Grundsicherung im Alter und bei Erwerbsminderung werden die Bedarfe für Unterkunft und Heizung danach unterschieden, ob Leistungsberechtigte außerhalb von Einrichtungen nach § 42a SGB XII oder in stationären Einrichtungen leben (§ 42 Nr. 4 SGB XII). § 42a SGB XII enthält dann eine sehr ausdifferenzierte Regelung für grundsicherungsberechtigte Menschen, die auf die Trennung existenzsichernder von den Fachleistungen durch das BTHG zurückzuführen ist und die die in Räumlichkeiten oder besonderen Wohnformen bestehenden Besonderheiten berücksichtigen soll.

4.6.1.3 Erwerbsfähigkeit

Das Kriterium der **Erwerbsfähigkeit** entscheidet im Wesentlichen darüber, nach welchem Gesetzbuch eine bedürftige Person existenzsichernde Leistungen erhält. Je nachdem, bei welchem Leistungsträger die Leistungsberechtigten einen Antrag stellen – Jobcenter für Alg II oder (i. d. R.) Sozialhilfeträger für Grundsicherung im Alter und bei Erwerbsminderung – wird die Erwerbsfähigkeit bzw. eine volle Erwerbsminderung der Antragsteller:innen geprüft. Das Verfahren regelt im SGB II der § 44a, im SGB XII der § 45.

Nach § 44a SGB II prüft zunächst die örtlich zuständige Arbeitsagentur die Erwerbsfähigkeit einer antragstellenden Person, wenn diese in Zweifel steht. Kommt die Arbeitsagentur dazu, dass Leistungsberechtigte (voll) erwerbsgemindert sind, können andere **Sozialleistungsträger** (z. B. Rentenversicherungs- oder Sozialhilfeträger oder die Krankenkasse) gegen die Entscheidung einen **begründeten Widerspruch** einlegen (§ 44a Abs. 1 S. 2 SGB II). Daraufhin muss die Arbeitsagentur eine gutachterliche Stellungnahme des nach § 109a Abs. 4 SGB VI zuständigen Rentenversicherungsträgers einholen (§ 44a Abs. 1 S. 4 f. SGB II), es sei denn, es liegt bereits ein **Gutachten** des **Rentenversicherungsträgers** vor (§ 44a Abs. 1a SGB II i. V. m. § 109a Abs. 2 S. 2 SGB VI). Die gutachterliche Stellungnahme bindet die Arbeitsagentur (§ 44a Abs. 1 S. 6, Abs. 1a S. 2 SGB II), aber auch alle anderen Leistungsträger (§ 44a Abs. 2 SGB II). Bis das Gutachten des Rentenversicherungsträgers vorliegt und über den Widerspruch des Sozialleistungsträgers entschieden ist, müssen die Jobcenter Leistungen der Grundsicherung für Arbeitssuchende erbringen (§ 44a Abs. 1 S. 7 SGB II).

Beantragt jemand Grundsicherung bei Erwerbsminderung, muss bei ihm eine volle dauerhafte Erwerbsminderung vorliegen. Diese prüft nach § 45 SGB XII ebenfalls der zuständige Rentenversicherungsträger auf Ersuchen des Trägers der Grundsicherung. Der Rentenversicherungsträger muss nicht um die Prüfung ersucht werden, wenn (§ 45 Satz 3 SGB XII)

- es bereits eine Entscheidung über die volle Erwerbsminderung im Rahmen eines Rentenverfahrens gab,
- der Träger der Rentenversicherung bereits eine Stellungnahme nach § 109a Abs. 2 und 3 SGB VI (z. B. im Rahmen der Erwerbsfähigkeitsprüfung nach § 44a SGB II) abgegeben hat,
- Personen das Eingangsverfahren oder den Berufsbildungsbereich einer WfbM durchlaufen haben oder dort im Arbeitsbereich beschäftigt sind oder
- der Fachausschuss einer WfbM über die Aufnahme in die Werkstatt oder Einrichtung eine entsprechende Stellungnahme abgegeben und dabei feststellt hat, dass ein Mindestmaß an wirtschaftlich verwertbarer Arbeitsleistung nicht vorliegt.

Die Feststellungen im letzten Punkt können auch im Rahmen eines Teilhabeplanverfahrens (§§ 19–23 SGB XI, s. Kapitel 4.4.7.4) oder eines Gesamtplanverfahrens (§§ 117–121 SGB IX, s. Kapitel 4.4.9.4) getroffen werden (§ 45 Satz 4 SGB XII).

4.6.2 Grundsicherung im Alter und bei Erwerbsminderung (SGB XII)

Die Grundsicherung im Alter und bei Erwerbsminderung ist eine existenzsichernde Leistung für **Personen** mit gewöhnlichem Aufenthalt im Inland, die ihren notwendigen Lebensunterhalt nicht oder nicht ausreichend aus Einkommen und Vermögen nach § 43 SGB XII bestreiten können, wenn sie entweder

- die **Altersgrenze** nach § 41 Abs. 2 SGB XII erreicht haben oder
- 18 Jahre alt und – unabhängig von der jeweiligen Arbeitsmarktlage – dauerhaft **voll erwerbsgemindert sind** (§ 41 Abs. 3 SGB XII i. V. m. § 43 Abs. 2 SGB VI) oder
- 18 Jahre alt sind für den Zeitraum, in dem sie in einer WfbM oder bei einem anderen Leistungsanbieter nach § 60 SGB IX (s. Kapitel 4.4.13.3) das **Eingangsverfahren oder den Berufsbildungsbereich** durchlaufen oder in einem Ausbildungsverhältnis, für das sie ein Budget für Ausbildung (§ 61a SGB IX) erhalten.

Die Grundsicherung im Alter und bei Erwerbsminderung ist eine Leistung der Sozialhilfe (§ 8 Nr. 2 SGB XII) und in den §§ 41–46b SGB XII geregelt. Im Gegensatz zu den anderen Sozialhilfeleistungen ist die Grundsicherung **antragsabhängig** (§ 44 SGB XII).

Da die Leistungen im Bedarfsfall nur diejenigen erhalten, die entweder die Altersgrenze überschritten haben, dauerhaft voll erwerbsgemindert oder in einem besonderen Ausbildungsverfahren im Rahmen des SGB IX sind, besteht keine Konkurrenz zum SGB II. Entweder entfällt dort ein Leistungsanspruch aufgrund des Erreichens der Altersgrenze (§ 7 Abs. 1 S. 1 Nr. 1 i. V. m. § 7a SGB II) oder wegen fehlender Erwerbsfähigkeit (§ 7 Abs. 1 S. 1 Nr. 2 i. V. m. § 8 Abs. 1 SGB II).

Lebt eine nach den Vorschriften des SGB XII grundsicherungsberechtigte Person mit einer nach dem SGB II erwerbsfähigen leistungsberechtigten Person in einer Bedarfsgemeinschaft, erhält sie **kein Sozialgeld**. Der Anspruch auf Grundsicherung im Alter und bei Erwerbsminderung ist vorrangig (§ 5 Abs. 2 S. 2 SGB II).

Grundsicherung im Alter und bei Erwerbsminderung geht darüber hinaus auch der Hilfe zum Lebensunterhalt nach dem Dritten Kapitel des SGB XII vor (§ 19 Abs. 2 S. 2 SGB XII).

Ist ein Mensch nach §41 SGB XII leistungsberechtigt, erhält er **keine Hilfe zum Lebensunterhalt**. Diese Leistungen können aber Personen erhalten, die nur befristet erwerbsgemindert sind und nicht mit nach dem SGB II erwerbsfähigen Leistungsberechtigten in einer Bedarfsgemeinschaft leben.

4.6.2.1 Anspruchsvoraussetzungen

Grundsicherungsberechtigt sind zunächst Personen, die die Regelaltersgrenze der gesetzlichen Rentenversicherung erreicht haben (§41 Abs. 2 SGB XII). Sind die Leistungsberechtigten vor dem 1.1.1947 geboren, erreichen sie die Altersgrenze mit Vollendung des 65. Lebensjahres. Danach wird die Altersgrenze schrittweise angehoben (§41 Abs. 2 S. 3 SGB XII). Personen, die nach dem 1.1.1964 geboren sind, erreichen die Altersgrenze erst mit 67 Jahren.

Grundsicherung im Alter und bei Erwerbsminderung erhalten darüber hinaus Personen, die i. S. d. §43 Abs. 2 SGB VI **dauerhaft voll erwerbsgemindert** und mindestens 18 Jahre alt sind. Voll erwerbsgemindert sind diejenigen, die wegen Krankheit oder Behinderung auf nicht absehbare Zeit nicht fähig sind, unter den üblichen Bedingungen des allgemeinen Arbeitsmarktes mindestens drei Stunden täglich erwerbstätig zu sein (§43 Abs. 2 S. 2 SGB VI). Die Erwerbsminderung muss unabhängig von der jeweiligen Arbeitsmarktlage dauerhaft sein. Eine Erwerbsminderung, die nur befristet mit der Aussicht auf Besserung festgestellt wird, oder eine befristet gewährte Erwerbsminderungsrente eröffnen keinen Leistungsanspruch auf Leistungen der Grundsicherung bei Erwerbsminderung. Als voll erwerbsgemindert gelten darüber hinaus nach §43 Abs. 2 S. 3 SGB VI auch:

- Versicherte nach § 1 S. 1 Nr. 2 SGB VI, die wegen Art und Schwere der Behinderung nicht auf dem allgemeinen Arbeitsmarkt tätig sein können (v. a. Menschen mit Behinderungen in WfbMs oder bei anderen Leistungsanbietern) sowie
- in der gesetzlichen Rentenversicherung Versicherte, die bereits vor Erfüllung der allgemeinen Wartezeit (60 Monate mit Beitragszeiten in der Rentenversicherung) voll erwerbsgemindert waren, in der Zeit einer nicht erfolgreichen Eingliederung in den Arbeitsmarkt.

Eine Erwerbsminderung ist dauerhaft, wenn sie **unabhängig von der jeweiligen Arbeitsmarktlage** ist und es (aus medizinischen Gründen) unwahrscheinlich ist, dass sie behoben wird. Hierzu bedarf es einer Prognose bezüglich der Gesundheitsentwicklung der betroffenen Person; bestehen noch Therapiemöglichkeiten, ist die Behebung der Erwerbsminderung nicht unwahrscheinlich.

Darüber hinaus sind volljährige Menschen mit Behinderungen nach §41 Abs. 3a SGB XII grundsicherungsberechtigt, die das **Eingangsverfahren oder den Berufsbildungsbereich** einer WfbM oder eines anderen Leistungsanbieters durchlaufen oder ihre Ausbildung mit dem Budget für Ausbildung absolvieren. Die Leistungsberechtigung folgt daraus, dass erst innerhalb dieser Verfahren festgestellt wird, ob ein Mensch mit Behinderung eine Erwerbstätigkeit auf dem allgemeinen Arbeitsmarkt ausüben kann oder ob die erzielbare wirtschaftlich verwertbare Arbeitsleistung hierfür nicht ausreicht und er berechtigt ist, in einer WfbM Leitungen zur Teilhabe am Arbeitsleben in Anspruch zu nehmen.

4.6.2.2 Leistungen

Nach § 42 SGB XII umfassen die Leistungen der Grundsicherung folgende Bedarfe:

1. Regelbedarfe, die sich nach den Regelbedarfsstufen aus dem Regelbedarfsermittlungsgesetz nach § 28 SGB XII ergeben – da Grundsicherung im Alter und bei Erwerbsminderung erst bei vollendetem 18. Lebensjahr erbracht wird, sind nur die Regelbedarfsstufen 1 bis 3 relevant. Regelbedarfsstufe 2 erhalten auch leistungsberechtigte erwachsene Personen, die in einer Räumlichkeit bzw. besonderen Wohnform für Menschen mit Behinderungen leben,
2. zusätzliche Bedarfe nach dem Zweiten Abschnitt des Dritten Kapitels des SGB XII (Mehrbedarfe nach § 30 und § 42b SGB XII, einmalige Bedarfe nach § 31 SGB XII wie z. B. Erstausstattung für Wohnung, Bekleidung, bei Schwangerschaft und Geburt sowie Anschaffung und Reparaturen von orthopädischen Schuhen, Reparaturen von therapeutischen Geräten und Ausrüstungen sowie die Miete von therapeutischen Geräten, Beiträge für Kranken- und Pflegeversicherung nach § 32 SGB XII und u. U. Beiträge für die Altersvorsorge nach § 33 SGB XII),
3. Bedarfe für Bildung und Teilhabe nach § 34 SGB XII, ausgenommen den Bedarf zur Teilhabe am sozialen und kulturellen Leben (er steht nur Leistungsberechtigten unter 18 Jahren zu),
4. Bedarfe für Kosten der Unterkunft und Heizung nach § 42a SGB XII bzw. in Einrichtungen sowie
5. ergänzende Darlehen nach § 37 Abs. 1 SGB XII (für unabweisbare einmalige Bedarfe, wie z. B. eine neue Waschmaschine) und Darlehen bei am Monatsende fälligen Einkommen nach § 37a SGB XII.

Der Leistungskatalog ist abschließend. Leben grundsicherungsberechtigte Personen in stationären Einrichtungen, gilt § 27b SGB XII. Dieser sieht vor, dass der notwendige Lebensunterhalt in Einrichtungen einerseits den darin erbrachten und andererseits zusätzlich den weiteren notwendigen Lebensunterhalt umfasst. Während der in Einrichtungen erbrachte notwendige Lebensunterhalt dem Umfang der Grundsicherungsleistungen (hier Regelbedarfsstufe 3, zusätzliche Leistungen, Kosten der Unterkunft und Heizung) entspricht, bestimmt sich der weitere notwendige Lebensunterhalt nach § 27b Abs. 2 SGB XII. Danach werden ein angemessener Barbetrag zur persönlichen Verfügung (§ 27b Abs. 3 SGB XII) und Leistungen für Bekleidung und Schuhe (Bekleidungspauschale, § 27b Abs. 4 SGB XII) erbracht. Erwachsene Leistungsberechtigte erhalten als Barbetrag mindestens 27 % der Regelbedarfsstufe 1 (2021: 120,42 Euro). Der Barbetrag ist den Leistungsberechtigten persönlich auszuzahlen und wird nur vermindert, wenn diese nicht in der Lage sind, den Barbetrag bestimmungsgemäß zu verwenden. Die Kleidung wird i. d. R. als Pauschale nach landesrechtlichen Vorschriften gewährt. Sie kann als Geld- oder als Sachleistung erbracht werden; im Falle einer Geldzahlung wird sie monatlich, quartalsweise oder halbjährlich erbracht.[150]

Für Empfänger:innen von Grundsicherung im Alter und bei Erwerbsminderung, die in besonderen Wohnformen der Eingliederungshilfe wohnen, ist kein Barbetrag im SGB XII vorgesehen, da sie ihren Lebensunterhalt, einschließlich Bekleidung, durch den Regelbedarf

---

150 Z. B. für Berlin: Rundschreiben Soz Nr. 06/2017 zur Umsetzung des § 24 Abs. 3 Nr. 1 und 2 des Zweiten Buches Sozialgesetzbuch (SGB II) und der §§ 31 Abs. 1 Nr. 1 bis 3 und 27b Abs. 2 des Zwölften Buches Sozialgesetzbuch (SGB XII) in der Fassung vom 24.3.2020. Die Bekleidungspauschale beträgt hier bei Bettlägerigkeit 129 EUR und bei Hilfe zur Pflege und Mobilität 214 EUR pro Jahr. Die Leistungen werden in Berlin monatlich als Geldleistung erbracht (10,75 EUR bzw. 17,84 EUR).

decken sollen. Die Bewohner:innen der besonderen Wohnformen zahlen dem Leistungserbringer, d.h. dem Träger dieser Wohnformen, aus ihrer Grundsicherung Entgelte für Unterkunft und Verpflegung entsprechend dem abgeschlossenen Wohn- und Betreuungsvertrag. Um sicherzustellen, dass Menschen mit Behinderungen in den besonderen Wohnformen gleichwohl einen bestimmten Barbetrag zur freien Verfügung haben, wird im Gesamtplanverfahren nach den §§ 117 ff. SGB IX beraten, welcher Anteil des Regelsatzes den Leistungsberechtigten als **Barmittel** verbleibt; dieser Betrag wird dann im **Gesamtplan** festgehalten (§ 119 Abs. 2 Satz 2 i. V. m. § 121 Abs. 4 Nr. 6 SGB IX).

4.6.2.3 Einkommens- und Vermögenseinsatz

Die Grundsicherung im Alter und bei Erwerbsminderung ist eine Leistung der Sozialhilfe und wird, wie alle diese Leistungen, nachrangig gewährt. Das bedeutet, dass die Leistungsberechtigten zunächst ihr **Einkommen und Vermögen** zur Deckung ihres Lebensunterhaltes einsetzen müssen. Welches Einkommen einzusetzen ist, regelt § 43 i. V. m. den §§ 82–84 SGB XII, welches Vermögen den Leistungsanspruch mindern kann, die §§ 90 f. SGB XII. Die Vorschriften werden durch § 43 Abs. 2 bis 4 SGB XII ergänzt.

Sind voll erwerbsgeminderte Menschen in einer WfbM oder einem anderen Leistungsanbieter nach § 60 SGB IX beschäftigt, gilt eine Sonderregelung für Einkommensfreibeträge für das in der WfbM oder bei einem anderen Leistungsanbieter erzielte Arbeitsentgelt. Danach bleibt gem. § 82 Abs. 3 S. 2 SGB XII vom Entgelt ein Achtel der Regelbedarfsstufe 1 (2021: 55,75 Euro) zuzüglich 50 % des diesen Betrag übersteigenden Entgelts als Freibetrag unberücksichtigt.

Darüber hinaus werden bestimmte Vermögensgegenstände von einer **Verwertungspflicht** ausgenommen (z. B. angemessenes Altersvorsorgevermögen oder ein selbst bewohntes Hausgrundstück oder eine selbst bewohnte Eigentumswohnung). Auch ein geringer Barbetrag i.H.v. 5.000 Euro für die Grundsicherungsberechtigten und ihre Partner:innen sowie 500 Euro für jede Person, der gegenüber die Grundsicherungsberechtigten unterhaltsverpflichtet sind, bleibt beim Vermögen unberücksichtigt.

4.6.2.4 Unterhaltsansprüche

Bis zum Inkrafttreten des Angehörigen-Entlastungsgesetzes zum 1.1.2020 galt bei der Grundsicherung im Alter und bei Erwerbsminderung eine **Privilegierung** beim Übergang von **Unterhaltsansprüchen** gegenüber den Eltern oder den Kindern leistungsberechtigter Grundsicherungsempfänger:innen. Dieses Unterhaltsanspruchsübergangsprivileg gilt nunmehr für alle Leistungen der Sozialhilfe (s. Kapitel 4.5.4.3). § 94 Abs. 1a SGB XII legt fest, dass die Unterhaltsansprüche von Leistungsberechtigten gegenüber ihren Kindern und Eltern nicht berücksichtigt werden, sofern deren jährliches Gesamteinkommen i. S. d. § 16 SGB IV jeweils unter einem Betrag von 100.000 Euro liegt. Unberücksichtigt bleiben dabei nur die Unterhalts**ansprüche**, wird dagegen Unterhalt geleistet, wird dieser als Einkommen der Leistungsberechtigten angerechnet. Nach § 94 Abs. 1a Satz 3 SGB XII gilt kraft Gesetzes die **Vermutung**, dass das Einkommen der unterhaltspflichtigen Eltern und Kinder die Grenze von 100.000 Euro nicht überschreitet; das Vermögen bleibt – unabhängig von seiner Höhe – immer unberücksichtigt. Die Vermutung gilt so lange, bis sie widerlegt ist. Hat der zuständige Leistungsträger Anlass dafür, dass die Vermutung widerlegt werden kann, kann er von den Leistungsberechtigten Angaben verlangen, die Rückschlüsse auf die Einkommensverhältnisse der Eltern bzw. Kinder zulassen. Er kann aber zu diesem Zeitpunkt weder die Einkommensverhältnisse von Eltern oder Kindern generell überprüfen noch von den Kindern oder Eltern selbst Auskunft über die Einkommensverhältnisse verlangen noch Fragen nach dem Einkommen stellen. Sind nach den Angaben des Grundsicherungsberechtigten hinreichende Anhaltspunkte dafür vorhanden, dass das Einkommen über der 100.000 Euro-Grenze liegt, sind die Eltern und Kinder verpflichtet, dem Leistungsträger Auskunft über ihre Einkommensverhältnisse zu geben (§ 94 Abs. 1a Satz 5 SGB XII). Diese hinreichenden Anhaltspunkte liegen z. B. dann vor, wenn die Kinder oder Eltern Berufe ausüben, in denen üblicher Weise gut verdient wird oder wenn dem Leistungsträger ein umfassendes Immobilienvermögen bekannt wird.

4.6.3 Grundsicherung für Arbeitssuchende (SGB II)

Die Grundsicherung für Arbeitssuchende wurde im Jahre 2005 mit dem SGB II in Kraft gesetzt. Sie führte die im Bundessozialhilfegesetz geregelte Sozialhilfe und die im SGB III geregelte Arbeitslosenhilfe zusammen („Hartz IV“). Entscheidend für die Leistungsberechtigung nach diesem Gesetz ist die **Erwerbsfähigkeit** oder das **Zusammenleben** mit einer erwerbsfähigen leistungsberechtigten Person in einer Bedarfsgemeinschaft.

Die Grundsicherung für Arbeitssuchende soll es den Leistungsberechtigten ermöglichen, ein Leben zu führen, das der **Würde des Menschen** entspricht (§ 1 Abs. 1 SGB II). Ziel der Leistungen ist, die Eigenverantwortung von erwerbsfähigen Leistungsberechtigten und Personen, die mit ihnen in einer Bedarfsgemeinschaft leben, zu stärken und dazu beitragen, dass sie ihren Lebensunterhalt unabhängig von der Grundsicherung aus eigenen Mitteln und Kräften bestreiten können (im Einzelnen § 1 Abs. 2 SGB II). Umgesetzt wird dieses Ziel durch die Grundsätze des Forderns (§ 2 SGB II) und des Förderns (§ 14 SGB II). Die Leistungen der Grundsicherung für Arbeitssuchende werden nach § 4 SGB II als Geldleistungen (v. a. Alg II und Sozialgeld), Dienstleistungen (z. B. Beratung) und Sachleistungen (z. B. Gutscheine) erbracht.

Die Leistungen der Grundsicherung für Arbeitssuchende werden nur auf **Antrag** erbracht (§ 37 Abs. 1 S. 1 SGB II). Dieser ist grundsätzlich beim sachlich und örtlich zuständigen Jobcenter zu stellen. Jobcenter sind gemeinsame Einrichtungen aus Arbeitsagenturen und kommunalen Trägern sowie Optionskommunen (§ 6d SGB II). Der Antrag wirkt, auch wenn er erst im Laufe eines Monates gestellt wird, immer auf den Ersten des Monats zurück (§ 37 Abs. 2 S. 2 SGB II).

4.6.3.1 Anspruchsvoraussetzungen

Einen Anspruch auf Arbeitslosengeld II haben nach § 19 Abs. 1 S. 1 SGB II **erwerbsfähige Leistungsberechtigte**. Dieses sind nach § 7 Abs. 1 S. 1 SGB II Personen, die

- das 15. Lebensjahr vollendet und die Altersgrenze nach § 7a SGB II noch nicht erreicht haben (die Altersgrenze wird sukzessive angehoben; dies entspricht den Regelungen der Grundsicherung im Alter und bei Erwerbsminderung, s. Kapitel 4.6.2.1),
- erwerbsfähig i. S. d. § 8 SGB II sind,

- hilfebedürftig i. S. d. § 9 SGB II sind und
- ihren gewöhnlichen Aufenthalt in der Bundesrepublik Deutschland (§ 30 Abs. 3 SGB I) haben.

Nicht erwerbsfähige Personen, die mit erwerbsfähigen Leistungsberechtigten in einer Bedarfsgemeinschaft leben, haben nach § 19 Abs. 1 S. 2 SGB II einen Anspruch auf Sozialgeld (§ 7 Abs. 2 S. 1 SGB II). **Erwerbsfähig** ist, wer noch mindestens drei Stunden täglich auf dem allgemeinen Arbeitsmarkt tätig sein kann und nicht durch Krankheit oder Behinderung daran gehindert ist (§ 8 Abs. 1 SGB II). **Hilfebedürftig** ist, wer seinen Lebensunterhalt nicht oder nicht ausreichend aus eigenem Einkommen und Vermögen bestreiten kann und auch keine Hilfe von Anderen erhält (§ 9 Abs. 1 SGB II).

Es gibt bestimmte Menschen, deren **Leistungsberechtigung** das SGB II von vornherein **ausschließt**. Dazu gehören:
- Ausländer nach § 7 Abs. 1 Satz 2 SGB II,
- Personen, die stationär untergebracht sind (§ 7 Abs. 4 S. 1 Alt. 1, S. 3 Nr. 1 SGB II),
- Personen, die sich in einer Einrichtung zum Vollzug einer richterlich angeordneten Freiheitsentziehung (z. B. Strafvollzug, Untersuchungshaft, Unterbringung nach Betreuungsrecht oder nach den PsychKGs der Bundesländer) aufhalten (§ 7 Abs. 4 S. 2 SGB II),
- Bewohner:innen von Räumlichkeiten nach § 42a Abs. 2 S. 1 Nr. 2 SGB XII, d. h. Menschen mit Behinderungen in besonderen Wohnformen, die nicht für eine Eingliederung auf dem allgemeinen Arbeitsmarkt zur Verfügung stehen (§ 7 Abs. 4 S. 4 SGB II),
- Personen, die eine Altersrente oder ähnliche Leistungen beziehen (§ 7 Abs. 4 S. 1 HS 2 SGB II),
- Personen, die nicht erreichbar i. S. d. § 7 Abs. 4a SGB II sind sowie
- bestimmte Auszubildende und Studierende (§ 7 Abs. 5 SGB II).

Da das Konstrukt der **Bedarfsgemeinschaft** Leistungsansprüche vermittelt, muss klar definiert werden, wer eine Bedarfsgemeinschaft bilden kann. Die Einzelheiten finden sich in § 7 Abs. 3, Abs. 3a SGB II. Danach gehören zu einer solchen Bedarfsgemeinschaft:
- Die:Der erwerbsfähige Leistungsberechtigte selbst, die Person, die die Voraussetzungen des § 7 Abs. 1 S. 1 SGB II erfüllt (Nr. 1),
- die:der Partner:in der:des erwerbsfähigen Leistungsberechtigten (Nr. 3) und zwar entweder
  - die nicht dauernd getrennt lebende Ehegatt:innen oder
  - die nicht dauernd getrennt lebenden Lebenspartner:innen, gemeint sind hier eingetragene Lebenspartnerschaften nach dem Lebenspartnerschaftsgesetz – oder
  - eine Person, die mit erwerbsfähigen Leistungsberechtigten in einer eheähnlichen oder partnerschaftsähnlichen Gemeinschaft in einem gemeinsamen Haushalt lebt (sog. Einstands- und Verantwortungsgemeinschaft). Die Indizien, ob eine solche Gemeinschaft vorliegt, werden in § 7 Abs. 3a SGB II aufgeführt; liegen diese vor, kann das Jobcenter vom Vorliegen einer Partnerschaft ausgehen,
  - die leiblichen (oder adoptierten) unverheirateten und unter 25-jährigen Kinder der erwerbsfähigen Leistungsberechtigten (oder von ihren Partner:innen), die dem Haushalt angehören und nicht ausreichend Einkommen und Vermögen haben, um ihren Lebensunterhalt selbst zu decken (Nr. 4) sowie

- die Eltern bzw. der:die Partner:in eines Elternteils eines unverheirateten, erwerbsfähigen leistungsberechtigten Kindes unter 25. Diese Bedarfsgemeinschaft entsteht, wenn die Eltern bzw. Partner:innen des Elternteils nicht erwerbsfähig sind und die einzige erwerbsfähige und leistungsberechtigte Person im Haushalt das Kind zwischen 15 und 25 ist.

Die Partner:innen und/oder die Kinder der erwerbsfähigen Leistungsberechtigten können selbst auch erwerbsfähige Leistungsberechtigte i.S.d. §7 Abs.1 S.1 SGB II sein, d.h. eine Bedarfsgemeinschaft kann auch aus mehreren erwerbsfähigen Leistungsberechtigten bestehen.

Innerhalb einer Bedarfsgemeinschaft gilt eine besondere **Vertretungsvermutung**. So wird nach §38 Abs.1 SGB II vermutet, dass eine erwerbsfähige leistungsberechtigte Person, die einen Antrag auf Leistungen stellt, diesen Antrag auch für die anderen Mitglieder der Bedarfsgemeinschaft stellt und auch zum Empfang der Leistungen berechtigt ist. Gibt es mehrere erwerbsfähige leistungsberechtigte Personen, so gilt diese Vermutung für die:den „Erstantragsteller:in“. Diese Vermutung gilt so lange, bis andere Anhaltspunkte dagegen sprechen.

Die Bedarfsgemeinschaft ist eine **Einsatzgemeinschaft** im umfassenden Sinn. Die Einstandspflichten der Mitglieder untereinander bestehen wechselseitig oder einseitig; ein unterhaltsrechtlicher Selbstbehalt wie im zivilrechtlichen Unterhaltsrecht ist nicht vorgesehen. **Wechselseitige Einstandspflichten** bestehen zwischen Ehe- und Lebenspartner:innen sowie zwischen den Partner:innen einer in einem Haushalt zusammenlebenden eheähnlichen oder partnerschaftsähnlichen Gemeinschaft. Einkommen und Vermögen der:des einen werden der:dem anderen zugerechnet.

Einseitige Einstandspflichten bestehen zwischen Eltern bzw. zwischen den Elternteilen und ihren Partner:innen und den unter 25-jährigen Kindern. Können Letztere ihren Bedarf nicht aus eigenem Einkommen und Vermögen decken, stehen die Eltern, der Elternteil oder die mit einem Elternteil zusammenlebenden Partner:innen mit ihrem Einkommen und Vermögen für das Kind vollständig ein. Hat das Kind indessen ausreichendes Einkommen und Vermögen, gehört es nicht mehr zur Bedarfsgemeinschaft; hat es mehr Einkommen und Vermögen, als es für seinen Bedarf braucht, dann muss es nicht für seine Eltern, Elternteile oder deren Partner:innen einstehen.

Eine Bedarfsgemeinschaft definiert §7 Abs.3 SGB II. Auch Personen, die von den Leistungen dieses Gesetzes ausgeschlossen sind, sind Mitglieder in dieser Bedarfsgemeinschaft. Das bedeutet, dass eine erwerbsfähige Person in einer Partnerschaft mit einer:einem Altersrentner:in und einem studierenden unverheirateten unter 25-jährigem Kind sehr wohl in einer Bedarfsgemeinschaft leben kann, auch wenn diese nach dem SGB II nicht leistungsberechtigt sind. Als Einkommen können dann die Rente oder ggf. das BaföG angerechnet werden.

4.6.3.2 Leistungen

Die Leistungen der **Grundsicherung für Arbeitssuchende** umfassen nach §1 Abs.3 SGB II Leistungen zur:

1. Beratung,

2. Beendigung oder Verringerung der Hilfebedürftigkeit insbesondere durch Eingliederung in Ausbildung oder Arbeit (sog. aktive Leistungen, §§ 14 ff. SGB II) und
3. Leistungen zur Sicherung des Lebensunterhalts (sog. passive Leistungen, §§ 19 ff. SGB I).

Dabei sind die Leistungen zur **Eingliederung in Ausbildung oder Arbeit** gegenüber den existenzsichernden Leistungen **vorrangig**. Damit sollen erwerbsfähige Leistungsberechtigte in die Lage versetzt werden, durch die Aufnahme einer Ausbildung oder Erwerbstätigkeit ihre Hilfebedürftigkeit zu beenden und so unabhängig von staatlichen Transferleistungen zu werden.

Die **Beratungspflichten** regelt § 14 Abs. 2 SGB II. Hierbei geht es insbesondere um die Erteilung von Auskünften und Ratschlägen zu Selbsthilfeobliegenheiten und Mitwirkungspflichten, zur Berechnung der Leistungen zur Sicherung des Lebensunterhaltes und zur Auswahl der Leistungen im Rahmen des Eingliederungsprozesses. Die Leistungsberechtigten haben einen **Anspruch** auf eine Beratung, die sich nach ihrem individuellen Beratungsbedarf richtet und die adressatengerecht und verständlich ist.

(1) Leistungen zur Eingliederung in Arbeit

Die **Eingliederungsleistungen** lassen sich einteilen in

- Eingliederungsleistungen, die aus dem SGB III in das SGB II überführt wurden,
- Eingliederungsleistungen, die speziell im SGB II geregelt sind und in den Aufgabenbereich der Arbeitsagenturen fallen und
- Eingliederungsleistungen, die in den Aufgabenbereich der kommunalen Träger fallen.

Diese Leistungen liegen im Wesentlichen im **Ermessen** der Jobcenter. Ein Anspruch auf eine konkrete Leistung besteht grundsätzlich nicht. Bei der Ausübung ihres Ermessens sollen die Leistungsträger nach § 3 Abs. 1 S. 2 SGB II die Eignung, die individuelle Lebenssituation, insbesondere die familiäre Situation, die voraussichtliche Dauer der Hilfebedürftigkeit und die Dauerhaftigkeit der Eingliederung der erwerbsfähigen Leistungsberechtigten einbeziehen, alles unter Berücksichtigung der Grundsätze von Wirtschaftlichkeit und Sparsamkeit.

Seit dem Teilhabestärkungsgesetz haben erwerbsfähige Leistungsberechtigte mit Behinderungen die Möglichkeit, Leistungen zur Eingliederung in Arbeit nach den §§ 16a, 16b, 16d, 16f bis 16i SGB II auch dann in Anspruch nehmen zu können, wenn ein anderer Rehabilitationsträger nach dem SGB IX für die Teilhabe am Arbeitsleben zuständig ist (§ 5 Abs. 5 SGB II). Damit soll eine nachhaltige Eingliederung von Rehabilitand:innen mit multiplen Vermittlungshemmnissen im SGB II erleichtert werden. Damit die Jobcenter diese Fördermöglichkeiten auch tatsächlich nutzen können, muss das Förderinstrumentarium des SGB II mit weiteren Rehabilitationsmaßnahmen abgestimmt und verzahnt werden. Aus diesen Gründen werden die Jobcenter noch enger in das Rehabilitationsverfahren eingebunden.

§ 16 Abs. 1 S. 3 SGB II verweist auf die §§ 112 ff. SGB III. Diese Regelungen betreffen insbesondere die Leistungen zur **Teilhabe und Eingliederung von Menschen mit Behinderungen**. Sie sind im SGB III teilweise als Anspruchsleistungen ausgestaltet; dies gilt über die Verweisung des SGB II auch für erwerbsfähige Leistungsberechtigte mit Behinderungen nach dem SGB II.

Das SGB III unterscheidet zwischen **allgemeinen und besonderen Leistungen zur Teilhabe** am Arbeitsleben. Es sind Leistungen der Arbeitsförderung, die auf die Belange von Menschen mit Behinderungen besonders angepasst wurden. Neben den jeweiligen speziellen Voraussetzungen erfordern diese Leistungen, dass sie wegen der Art und Schwere der Behinderung der erwerbsfähigen Leistungsberechtigten notwendig sind (§ 16 Abs. 1 S. 3 SGB II i. V. m. § 112 Abs. 1 SGB III). Sie müssen erforderlich sein, um die **Teilhabeziele** – Erhalt, Besserung, Herstellung oder Wiederherstellung der Erwerbsfähigkeit und Sicherung der Teilhabe am Arbeitsleben – zu erreichen. Die besonderen Leistungen sind nachrangig gegenüber den allgemeinen Leistungen und werden nur erbracht, wenn Letztere nicht schon das gewünschte Teilhabeziel erreichen (§ 16 Abs. 1 S. 3 SGB II i. V. m. § 113 Abs. 2 SGB III).

Sind Menschen erwerbsfähig und erhalten Leistungen der Grundsicherung für Arbeitssuchende, ist ihnen grundsätzlich jede Arbeit **zumutbar**, die dazu beiträgt, ihre Hilfebedürftigkeit zu beseitigen oder zu vermindern. Die Zumutbarkeitskriterien ergeben sich aus § 10 SGB II.

Beispiel

Die Arbeit ist z. B. nicht zumutbar, wenn die erwerbsfähige leistungsberechtigte Person zu einer bestimmten Arbeit körperlich, geistig oder seelisch nicht in der Lage ist (§ 10 Abs. 1 Nr. 1 SGB II). Einem erwerbsfähigen Leistungsberechtigten, der aufgrund einer Herzkranzgefäßverengung mit Durchblutungsstörung des Herzens aus medizinischer Sicht nur noch mittelschwere körperliche Arbeiten überwiegend stehend oder gehend oder sitzend oder auch in wechselnder Arbeitshaltung unter Vermeidung von ständig vermehrtem Zeitdruck, Nässe, Kälte, Zugluft, Temperaturschwankungen und häufigem Heben und Tragen von Lasten ohne mechanische Hilfsmittel ausüben kann, ist eine Tätigkeit als Hausmeistergehilfe nicht zumutbar, weil diese Arbeit i. d. R. ein Tätigwerden bei Nässe, Kälte und Zugluft bedeutet und außerdem mit Heben und Tragen verbunden ist.[151]

Zur Eingliederung in Arbeit sollen die erwerbsfähigen Leistungsberechtigten mit dem Jobcenter eine Eingliederungsvereinbarung (§ 15 SGB II) schließen. Dabei handelt es sich um einen öffentlich-rechtlichen Vertrag, der einerseits die Leistungen zur Eingliederung für die erwerbsfähige leistungsberechtigte Person, die das Jobcenter erbringen muss, enthält und andererseits festlegt, welche Bemühungen diese selbst zu unternehmen hat, um wieder Arbeit zu finden.

(2) Leistungen zur Sicherung des Lebensunterhalts

Als Leistungen zur **Sicherung des Lebensunterhalts** erhalten erwerbsfähige Leistungsberechtigte das Arbeitslosengeld II (Alg II). Dieses besteht aus (vgl. zu den einzelnen Leistungen Kapitel 4.6.1.2)

1. dem Regelbedarf zur Sicherung des Lebensunterhalts (§ 20 SGB II),
2. den Mehrbedarfen (§ 21 SGB II) und
3. den Bedarfen für Unterkunft und Heizung (§ 22 SGB II).

Der Bezug dieser Leistungen löst auch eine gesetzliche **Krankenversicherungspflicht** (§ 5 Abs. 1 Nr. 2a SGB V) aus, sofern keine Familienversicherung besteht.

Darüber hinaus werden Leistungen erbracht

- für unabweisbare einmalige Bedarfe als Darlehen (§ 24 Abs. 1 SGB II),

151 LSG Berlin-Brandenburg, Beschluss vom 14.3.2008, L 10 B 445/08 AS ER.

- für Erstausstattungen für Wohnung, Bekleidung und bei Schwangerschaft und Geburt sowie für die Anschaffung und Reparatur von orthopädischen Schuhen, Reparaturen von therapeutischen Geräten und Ausrüstungen sowie die Miete von therapeutischen Geräten (§ 24 Abs. 3 SGB II),
- als Zuschüsse zu Versicherungsbeiträgen für Leistungsberechtigte, die freiwillig gesetzlich oder privat krankenversichert sind (§ 26 SGB II),
- für Auszubildende unter den Voraussetzungen des § 27 SGB II sowie
- als Bedarfe für Bildung und Teilhabe (§§ 28 f. SGB II).

Diese Leistungen gehören nicht zum Alg II. Die Unterscheidung ist wichtig, weil u. a. der Krankenversicherungsschutz nur bei Bezug von Alg II-Leistungen ausgelöst wird und Sanktionen nur in Bezug auf Alg II und ggf. auf das Sozialgeld erlassen werden können.

Auszubildende, deren Ausbildung im Rahmen des BAföG dem Grunde nach förderungsfähig ist (§ 7 Abs. 5 S. 1 SGB II), sowie bestimmte Gruppen von Auszubildenden (die in einem Wohnheim oder Internat bei voller Verpflegung untergebracht sind) sind nach § 7 Abs. 5 SGB II zwar grundsätzlich von den Leistungen zur Sicherung des Lebensunterhalts nach dem SGB II ausgeschlossen. Gleichwohl benennt § 27 SGB II einige Leistungen, die diese Personengruppe trotzdem erhält. Dazu zählen bestimmte Mehrbedarfe, die nicht ausbildungsbedingt sind (bei Schwangerschaft, für Alleinerziehende, für kostenaufwändige Ernährung oder für unabweisbare laufende Bedarfe) sowie eine Erstausstattung bei Schwangerschaft und Geburt. Hinzu können Leistungen für Regelbedarfe, ein Mehrbedarf für die dezentrale Warmwassererzeugung, Bedarfe für Unterkunft und Heizung, für Bildung und Teilhabe sowie Zuschüsse zur Kranken- und Pflegeversicherung als Darlehen bei Härtefällen in Betracht kommen. Aufgrund dieser – begrenzten – Leistungsberechtigung können Auszubildende z. B. mit ihren Kindern oder erwerbsunfähigen Eltern eine Bedarfsgemeinschaft bilden mit der Folge, dass diese einen Sozialgeldanspruch haben, ohne dass die Auszubildenden selbst Alg II erhalten.

Nicht erwerbsfähige Mitglieder einer Bedarfsgemeinschaft erhalten nach § 23 SGB II **Sozialgeld**, sofern sie keinen Anspruch auf Leistungen der Grundsicherung im Alter und bei Erwerbsminderung haben. Die Leistungen sind denen des Alg II vergleichbar.

4.6.3.3 Einkommens- und Vermögensanrechnung

Einen Anspruch auf Leistungen nach dem SGB II haben nur diejenigen, die hilfebedürftig sind, d. h. kein ausreichendes Einkommen und Vermögen haben, um ihren Bedarf zu decken (vgl. § 9 SGB II). Einkommen wird nach den §§ 11, 11a und 11b SGB II angerechnet, Vermögen nach § 12 SGB II berücksichtigt. Es wird nicht nur das eigene Einkommen und Vermögen berücksichtigt, sondern auch das der Mitglieder der Bedarfsgemeinschaft – je nach den wechselseitigen oder einseitigen Einstandspflichten.

Die Vorschriften legen fest, was als **Einkommen und Vermögen angerechnet** werden kann; nicht jedes Einkommen und nicht jeder Vermögenswert müssen für den Lebensunterhalt eingesetzt werden. Ob eine Einnahme oder ein Wertgegenstand als Einkommen oder als Vermögen angesehen wird, bestimmt sich nach der sog. **Zuflusstheorie**. Einkommen ist alles, was innerhalb des Bewilligungszeitraums zufließt, Vermögen das, was man bereits davor hatte. Der Stichtag ist der Erste des Monats, in dem Betroffene einen Antrag gestellt haben.

Beispiel

Eine 42-jährige Frau beantragt am 23.8.2021 Leistungen nach dem SGB II. Am 15.8.2021 erhält sie ein Honorar für die Mitwirkung bei einer inklusiven Ferienfreizeit von Kindern mit und ohne Behinderungen in den Sommerferien. Da ihr Antrag nach § 37 Abs. 2 S. 2 SGB II auf den 1.8.2021 zurückwirkt, gilt das Honorar als Einkommen, wird entsprechend angerechnet und mindert unter Umständen den Leistungsanspruch. Erhält sie das Honorar bereits am 28.7.2021, gilt es als Vermögen und bliebe ihr – sofern sie ihre Vermögensfreibeträge noch nicht ausgeschöpft hat – vollständig ohne Anrechnung erhalten.

Nach § 11 SGB II werden **alle Einnahmen** in Geld, abzüglich der in § 11b SGB II genannten Freibeträge und mit Ausnahme der in § 11a SGB II aufgeführten Einnahmen berücksichtigt. Auch bestimmte Einnahmen, die Geldeswert haben und die im Rahmen einer Erwerbstätigkeit, des Bundesfreiwilligendienstes oder eines Jugendfreiwilligendienstes zufließen (z. B. Fahrkostenzuschüsse, freie Verpflegung), werden als Einkommen berücksichtigt.

Das Kindergeld und der Kindergeldzuschlag nach § 6a BKGG werden als Einkommen des Kindes betrachtet, zumindest so lange, wie es diesen Betrag zur Sicherung des Lebensunterhalts einsetzen muss (§ 11 Abs. 1 S. 4 f. SGB II). Einmalige Einnahmen werden in dem Monat, in dem sie zufließen, berücksichtigt; sie werden – falls sie so hoch sind, dass Leistungsberechtigte in diesem Monat keinen Leistungsanspruch mehr hätten – auf sechs Monate gleichmäßig aufgeteilt und dann anteilig berücksichtigt (§ 11 Abs. 3 SGB II).

Einkommen, das von vornherein nicht berücksichtigt wird, ist in § 11a SGB II und in § 1 Alg II-Verordnung festgelegt. Dazu gehören z. B.:

- die Grundrente nach dem BVG und den Gesetzen, die eine entsprechende Anwendbarkeit des BVG vorsehen,
- Schmerzensgeldzahlungen,
- Pflegegeld nach dem SGB XI,
- Einkommen von Kindern und Jugendlichen (bis zum vollendeten 15. Lebensjahr) bis zu 100 Euro monatlich,
- Geldgeschenke an Minderjährige anlässlich einer Firmung, Kommunion, Konfirmation oder vergleichbarer religiöser Feste sowie anlässlich der Jugendweihe bis zu 3.100 Euro oder
- zweckgebundene öffentlich-rechtliche Leistungen (z. B. Arbeitsförderungsgeld für Beschäftigte einer WfbM, Blindengeld oder Ausbildungsgeld im Eingangs- oder Berufsbildungsbereich einer WfbM).

Vom anrechenbaren Einkommen sind noch **Freibeträge** nach § 11b SGB II und § 6 Alg II-VO abzuziehen. Dazu gehören z. B. Steuern und Sozialversicherungsbeiträge, eine Pauschale von 30 EUR für Versicherungen, Werbungskosten oder ein Erwerbstätigenfreibetrag.

Anstelle einzelner Beträge (für Versicherungen, Altersvorsorge oder Werbungskosten) kann vom monatlichen Einkommen auch ein **Pauschalbetrag** von 100 Euro abgezogen werden. Hinzu kommt bei Erwerbstätigkeit nach § 11b Abs. 3 SGB II ein **Freibetrag**, der sich je nach Einkommen berechnet. Bis zu einem Einkommen von 1.000 Euro wird ein Freibetrag von 20 % des 100 Euro übersteigenden Einkommens nicht als Einkommen angerechnet, bei einem Einkommen von 1.000 bis 1.200 Euro bzw. 1.500 Euro (bei minderjährigen Kindern im Haushalt) werden 10 % des über 1.000 Euro liegenden Einkommens nicht angerechnet.

Beispiel

Hat jemand einen sog. Minijob für 450 Euro und bezieht aufstockend noch Alg II, werden von den 450 Euro zunächst 100 Euro als Pauschale nicht angerechnet. Hinzu kommen 70 Euro (20 % von 350 Euro), die nicht berücksichtigt werden. So bleiben bei sog. Minijobbern insgesamt 170 Euro anrechnungsfrei; als Einkommen werden dann nur die verbleibenden 280 Euro angerechnet.

Beim **Vermögen** werden nach § 12 SGB II[152] alle **verwertbaren** Vermögensgegenstände berücksichtigt, die

- kein Schonvermögen i. S. d. § 12 Abs. 3 SGB II sind und
- die nicht unter die Vermögensfreibeträge des § 12 Abs. 2 SGB II

fallen.

Zum **Schonvermögen**, d. h. zum Vermögen, das nicht eingesetzt werden muss, zählen z. B. ein angemessener Hausrat, ein angemessenes Kraftfahrzeug für jede in der Bedarfsgemeinschaft lebende erwerbsfähige Person, bestimmte Altersvorsorgebeiträge bei nicht rentenversicherungspflichtigen Personen oder ein selbst genutztes Hausgrundstück bzw. eine selbst genutzte Eigentumswohnung.

Die **Vermögensfreibeträge** legt § 12 Abs. 2 SGB II fest. Danach stehen jeder in der Bedarfsgemeinschaft lebenden volljährigen Person und deren Partner:in ein Grundfreibetrag i. H. v. 150 Euro je vollendetem Lebensjahr zu, die maximalen Höchstbeträge sind nach Geburtsjahren gestaffelt und in § 12 Abs. 1 S. 2 SGB II festgelegt. Bei ab 1964 Geborenen z. B. beträgt der Vermögensfreibetrag maximal 10.050 Euro; dabei beträgt der Grundfreibeitrag mindestens 3.100 Euro.

Beispiel

Eine 45-jährige Frau hat einen Vermögensfreibetrag i. H. v. 6.750 Euro; so viel Geld darf sie z. B. auf einem Konto oder als Geldanlage haben und erhält trotzdem Leistungen nach dem SGB II.

Die Vermögensfreibeträge können zwischen Partner:innen einer Bedarfsgemeinschaft übertragen werden. Weitere Vermögensfreibeträge betreffen die Altersvorsorgebeträge für die Riester-Rente (unbegrenzt) oder andere Altersvorsorgeversicherungen (hier 750 Euro je vollendetem Lebensjahr, bis zum maximalem Höchstbetrag nach § 12 Abs. 1 S. 2 SGB II) sowie einen Anschaffungsfreibetrag für notwendige Haushaltsgegenstände i. H. v. 750 Euro pro Person in der Bedarfsgemeinschaft. Minderjährige Kinder haben einen Freibetrag von 3.100 Euro; dieser darf allerdings nicht auf die Eltern übertragen werden.

---

152 Im Rahmen der COVID-19-Pandemie wurde die Anrechnung des Vermögens für die Dauer von sechs Monaten ausgesetzt. Diese Regelung gilt bis zum 31.12.2021 (§ 67 Abs. 2 SGB II).

4.6.3.4 Sanktionen

Um den Grundsatz des Forderns durchzusetzen, gibt es im SGB II Möglichkeiten, mit denen die Jobcenter Pflichtverletzungen der Leistungsberechtigten sanktionieren können. Diese Sanktionen bestehen v. a. in der **Absenkung oder im Wegfall des Alg II** oder u. U. auch des Sozialgeldes. Die Regelungen hierzu finden sich in den §§ 31 ff. SGB II.

Die abschließend aufgeführten **Pflichtverletzungen**, die durch die Jobcenter sanktioniert werden können, regeln §§ 31 und 32 SGB II. § 31 Abs. 1 SGB II nennt dabei v. a. Pflichtverletzungen, die mit der Eingliederung in den Arbeitsmarkt zu tun haben (z. B. die Weigerung, Pflichten aus der Eingliederungsvereinbarung zu erfüllen oder eine zumutbare Arbeit aufzunehmen oder eine zumutbare Eingliederungsmaßnahme anzutreten). § 31 Abs. 2 SGB II erfasst Sanktionen wegen Verschleuderung des Vermögens oder unwirtschaftlichen Verhaltens oder die Erfüllung der Voraussetzung einer Sperrzeit nach dem SGB III. § 32 SGB II schließlich ermöglicht eine Sanktionierung bei Meldeversäumnissen.

Die **Folgen** einer Pflichtverletzung sind in den §§ 31a und 31b SGB II geregelt. Bei Verletzung einer Pflicht wird das Alg II zunächst um 30 % abgesenkt, bei Meldeversäumnissen um 10 %. Ein weiterer Verstoß gegen die Pflichten soll nach dem Gesetz zu einer Absenkung von 60 % des Alg II führen; bei jeder weiteren Pflichtverletzung das Alg II ganz entfallen. Die Rahmenfrist für die kumulative Absenkung des Alg II beträgt ein Jahr. Allerdings hat das Bundesverfassungsgericht in einer Entscheidung von 2019 erklärt, dass eine zwingende Absenkung des Alg II für erwachsene Personen, so wie sie in den Vorschriften vorgesehen ist und wenn sie mehr als 30 % des Alg II umfasst, nicht dem Verfassungsrecht (Recht auf Sicherung einer menschenwürdigen Existenz) entspricht.[153] Die gesetzlichen Regelungen müssen entsprechend geändert werden, bis dahin gelten Übergangsregelungen, die das Gericht festgelegt hat.

Erwerbsfähige Leistungsberechtigte **unter 25 Jahren** unterliegen verschärften Sanktionen. Hier entfällt bei einer ersten Pflichtverletzung das Alg II vollständig bis auf die Kosten der Unterkunft und Heizung. Bei einer zweiten Pflichtverletzung entfallen auch diese Bestandteile der Leistung. Die Sanktionen gegen unter-25-Jährige waren nicht Gegenstand der Bundesverfassungsgerichtsentscheidung.

Eine Sanktion ist nur zulässig, wenn erwerbsfähige Leistungsberechtigte zuvor über die **Folgen einer Pflichtverletzung belehrt** wurden oder nachweisbar Kenntnis über diese Folgen hatten.

4.6.3.5 Übergang von Ansprüchen

Erhalten Personen Leistungen zur Sicherung des Lebensunterhaltes, gehen deren Ansprüche gegen andere Personen (z. B. Unterhaltsansprüche oder Ansprüche auf Arbeitsentgelt) nach Maßgabe des § 33 SGB II auf den Leistungsträger über. Das führt dazu, dass der Leistungsträger Inhaber des jeweiligen Anspruchs wird und diesen auch gegen die Anspruchsgegner:innen durchsetzen kann.

153 BVerfG, Urteil vom 5.11.2019, 1 BvL 7/16.

Übungsaufgaben

1. Welche existenzsichernden Leistungen kennen Sie?
2. Nennen Sie den wichtigsten Unterschied zwischen der Grundsicherung im Alter und bei Erwerbsminderung und der Grundsicherung für Arbeitssuchende!
3. Erhält ein 24-jähriger Mann mit schwerer geistiger Beeinträchtigung, die zu einer dauerhaften vollen Erwerbsminderung führt, und der bei seinen Eltern wohnt, die Alg II beziehen, Sozialgeld nach dem SGB II? Begründen Sie Ihre Antwort!
4. Welche Bedarfe werden von der Grundsicherung grundsätzlich erfasst?
5. Warum werden Mehrbedarfe erbracht? Nennen Sie fünf Beispiele für Mehrbedarfe!
6. Ein 55-jähriger Mann beantragt Leistungen nach dem SGB II. Das Jobcenter hat aufgrund der langwierigen Erkrankung des Mannes Zweifel, ob dieser überhaupt erwerbsfähig ist. Wer entscheidet über die Erwerbsfähigkeit des Mannes?
7. Eine 38-jährige Frau erhält aufgrund einer manisch-depressiven Erkrankung eine Erwerbsminderungsrente für zwei Jahre. Hat sie ergänzend Anspruch auf Grundsicherung bei Erwerbsminderung?
8. Ein 42-jähriger arbeitsloser Mann lebt mit seiner ebenfalls arbeitslosen Frau und zwei minderjährigen Kindern in einem Haushalt. Er stellt am 31.8.2021 einen Antrag auf Leistungen beim Jobcenter. Ab wann hat er Anspruch auf die Leistungen? Erhält er nur allein Leistungen? Begründen Sie Ihre Antwort und nennen Sie die gesetzlichen Vorschriften dazu!
9. In welcher Vorschrift finden Sie etwas über die Bedarfsgemeinschaft?
10. Eine 46-jährige Frau ist mit einer 35-jährigen Frau verheiratet. Bei ihnen lebt das 6-jährige Kind der 35-jährigen Frau und der 23-jährige Sohn der 46-jährigen Frau mit im Haushalt. Besteht zwischen diesen Personen eine Bedarfsgemeinschaft? Was wäre, wenn der Sohn 26 Jahre alt wäre?

4.7 Datenschutz, Informationspflichten, Schweigepflichten

Datenschutzrechtliche Vorschriften gibt es im Europarecht, im Bundes- und im Landesrecht. Bedeutsam ist die Europäische Charta der Grundrechte. Die EG-Datenschutzrichtlinie (95/46/EG) ist durch die EU-Datenschutz-Grundverordnung (Verordnung (EU) 2016/679 des Europäischen Parlaments und des Rates v. 27.4.2016 zum 25.5.2018 außer Kraft getreten. Die Datenschutz-Grundverordnung bildet mit der JI-Richtlinie für den Datenschutz in den Bereichen Polizei und Justiz den Datenschutzrahmen in der EU. Das novellierte Bundesdatenschutzgesetz (BDSG) v. 30.6.2017 (BGBl. I S. 2097) spezifiziert die Vorgaben der Verordnung für das Gebiet der Bundesrepublik Deutschland. Dabei gilt das Bundesdatenschutzgesetz primär für die Erhebung, Verarbeitung und Nutzung personenbezogener Daten durch

- **öffentliche Stellen des Bundes**; das sind (neben den Organen der Rechtspflege) die Bundesbehörden, die bundesunmittelbaren Körperschaften, Einrichtungen, Anstalten und Stiftungen und die Sondervermögen (vgl. § 2 Abs. 1 BDSG);
- **öffentliche Stellen der Länder**, sofern diese Bundesrecht ausführen; öffentliche Stellen der Länder sind (neben den Organen der Rechtspflege) die Länderbehörden und andere

öffentlich-rechtlich organisierte Einrichtungen eines Landes, einer Gemeinde, eines Gemeindeverbandes und sonstiger der Aufsicht des Landes unterstehender juristischer Personen des öffentlichen Rechts sowie deren Vereinigungen ungeachtet ihrer Rechtsform (vgl. § 2 Abs. 2 BDSG).

Danach würde das BDSG auch für sozialrechtliche Bereiche gelten; es gibt jedoch zwei Einschränkungen:

Das BDSG gilt für die Länderbehörden nur, soweit nicht das Landesrecht einschlägige Vorschriften aufweist. Darüber hinaus sind das BDSG und die Länderdatenschutzgesetze gegenüber anderen Rechtsvorschriften des Bundes nachrangig, die sich auf den Schutz personenbezogener Daten beziehen.[154] **Bereichsspezifische bundesrechtliche Datenschutzregelungen** gehen damit sowohl den Bestimmungen des BDSG als auch den länderrechtlichen Vorschriften vor.

Die bereichsspezifischen Regelungen zur Datenverarbeitung in den §§ 61 bis 68 SGB VIII sind als nationale Regelungen aufgrund der Art. 6 Abs. 1 UnterAbs. 1 Buchst. c) und e) i. V. m. Abs. 2 und Abs. 3 S. 1 Buchst. b), S. 2 EU-DSGVO sowie für die Verarbeitung besonderer Kategorien von Daten aufgrund Art. 9 Abs. 2 Buchst. b) und g) EU-DSGVO legitimiert.[155] Deshalb gilt für die Tätigkeit der Landesbehörden auf dem Gebiet des Sozialrechts das Datenschutzrecht, das sich im SGB I, im SGB X und ergänzend in den datenschutzrechtlichen Bestimmungen der weiteren Teile des Sozialgesetzbuchs findet. Daneben gibt es ergänzende Regelungen in §§ 4 und 5 KKG. Auch diese Vorschriften müssen den Vorgaben der DSGVO entsprechen.[156] Kirchliche Träger als öffentlich-rechtliche Körperschaften haben sich vergleichbare Datenschutzregelungen gegeben. Der Abschnitt behandelt (nur) die Datenschutzbestimmungen in den für Aufgaben der Heilpädagogik und der Heilerziehungspflege einschlägigen Regelungsbereichen des SGB.

Datenschutzregelungen binden die öffentlichen Stellen (vgl. § 12 SGB I). Damit freie Träger und Rehabilitationsträger, aber auch sonstige private Leistungserbringer als solche zum Datenschutz verpflichtet sind, bedarf es der Einbeziehung durch **öffentlich-rechtliche Verträge**. Die Verträge schließen die Vertretungsberechtigten mit der jeweils nach dem SGB leistungsverpflichteten Behörde. Entsprechende Pflichten können auch delegiert werden (vgl. § 76 SGB VIII). Private können sich überdies freiwillig zur Einhaltung des dem öffentlichen Recht entsprechenden Datenschutzes verpflichten. Die einzelnen Mitarbeitenden der Behörden, der Träger und sonstigen Leistungserbringer werden wiederum **dienstrechtlich (ggf. beamtenrechtlich)** durch Vereinbarung mit dem jeweiligen öffentlichen oder privaten Arbeitgeber in den Datenschutz eingebunden; sie unterschreiben Verpflichtungserklärungen. Deren Einhaltung hat die:der Arbeitgeber:in zu kontrollieren.

Strafvorschriften und Ordnungswidrigkeitstatbestände bei Verletzung des Datenschutzrechts gibt es in bundes- und länderrechtlichen Datenschutzgesetzen und in den §§ 201 ff. StGB. Diese Normen sind für alle, die in der jeweiligen Vorschrift bezeichnet werden, anwendbar.

154 Hauck/Noftz/Rombach K vor §§ 61 bis 68 Rn. 24.
155 Hauck/Noftz/Rombach K vor §§ 61 bis 68 Rn. 48.
156 Zum Normvorrang der EU-DSGVO Hauck/Noftz/Rombach K vor §§ 61 bis 68 Rn. 14, 23.

4.7.1 Grundlagen des Datenschutzes im Sozialrecht

§ 35 SGB I regelt sowohl einen Anspruch wie mehrere Pflichten. Es heißt in Absatz 1 Satz 1: „Jeder hat Anspruch darauf, dass die ihn betreffenden Sozialdaten von den Leistungsträgern nicht unbefugt erhoben, verarbeitet oder genutzt werden." Anspruchsberechtigt ist danach jeder Mensch, der in einem **Sozialverwaltungsverfahren Betroffener** ist. Erfasst sind damit Antragsteller:innen, aber auch Hilfebedürftige, die ohne Antrag eine Leistung erhalten können, sowie solche Personen, denen gegenüber die verantwortliche Behörde eigene Aufgaben erfüllt (wenn sie z. B. prüft, ob das Wohl eines Kindes beeinträchtigt wird, oder ob ein Heim die Bedingungen der Betriebserlaubnis weiterhin erfüllt). Dementsprechend wird die **Behörde** verpflichtet, nur den Vorschriften des SGB X entsprechend Daten zu erheben, zu speichern, zu nutzen und zu übermitteln. Hinzu kommt die Pflicht aus Absatz 1 Satz 2, innerhalb der Behörde datenschutzrechtliche Grundsätze zu beachten. Das bedeutet, dass auch innerhalb des Mitarbeiterstabes Diskretion walten muss und nur Mitarbeitende, die gemeinsam oder nacheinander einen „Fall" bearbeiten, sich darüber austauschen dürfen. Satz 3 und 4 regelt einen weitreichenden Schutz der auf die Person der:des Beschäftigten bezogenen Daten im Hinblick auf Personalverwaltung und -politik. Satz 5 erweitert die Verbindlichkeit über die Beendigung des Arbeits- oder Dienstverhältnisses hinaus; der Datenschutz wird jedoch in Absatz 5 abgeschwächt, sofern es um die Belange Verstorbener geht.

Der Sozialdatenschutz des SGB X, der sich in erster Linie **auf persönliche Verhältnisse einer natürlichen Person** (Betroffene:r) bezieht, setzt voraus, dass solche Daten von den Leistungsträgern i. S. d. des § 35 Abs. 1 Satz 1 SGB I erhoben werden (§§ 67 Abs. 2, 67a Abs, 1 SGB X). Er gilt damit vorrangig im (Sozial-)Leistungsrecht und betrifft den Schutz von Daten der Klient:innen im Verhältnis zu am Verwaltungsverfahren unbeteiligten Dritten.

Danach sind **Sozialdaten** Einzelangaben über persönliche oder sachliche Verhältnisse einer bestimmten oder bestimmbaren natürlichen Person, die von einer in § 35 SGB I genannten Stelle im Hinblick auf ihre Aufgaben nach diesem Gesetzbuch erhoben, verarbeitet oder genutzt werden. Dabei kann zwischen:

- Basisdaten,
- erweiterten Basisdaten,
- leistungsbezogenen Angaben,
- Beratungsdaten und
- besonderen Arten von Daten

unterschieden werden.

Diese Unterscheidung findet sich im Gesetz ansatzweise und verdeutlich die unterschiedliche Sensibilität der Daten. Zu den **Basisdaten**, auch Standarddaten genannt, gehören Name, Vorname, Geburtsdatum, gegenwärtige Wohnanschrift, Anschrift des Arbeitgebers. **Erweiterte (Standard-)Basisdaten** sind frühere Wohnanschriften, Anschriften früherer Arbeitgeber, Angaben zur Staats- und Religionsangehörigkeit und zum Familienstand. Basisdaten sind meist offenkundig, d. h. einem größeren Personenkreis bekannt oder ohne Weiteres zu erfahren, ihr Schutzstatus ist daher nur gering.

Sensible Daten sind **leistungsbezogene Angaben**, d. h. solche personenbezogenen Daten, die zur Klärung der Zulässigkeit und Begründetheit eines Antrags erforderlich sind, wie Angaben zu den Verwandtschaftsbeziehungen von betroffenen Personen, zu Lebensgemeinschaften der

Betroffenen, zur erzieherischen Situation, zum Maß der Pflegebedürftigkeit oder zur wirtschaftlichen Bedarfslage. Sensible Daten werden aber auch bei der Erfüllung der sog. anderen Aufgaben in der Kinder- und Jugendhilfe, insbesondere bei der Gefährdungsprognose, und zur Erfüllung der **Mitwirkungspflichten** der Behörden in gerichtlichen Verfahren erhoben.

Da im Leistungsrecht Mitwirkungsobliegenheiten der Betroffenen bestehen und die Behörden Amtsermittlungspflichten haben (vgl. § 20 SGB X), ist die:der Leistungsberechtigte oder ihre:sein gesetzliche:r Vertreter:in verpflichtet, entsprechende Angaben zu tätigen. Die Behörde hat aber, abgesehen von der Ablehnung oder dem Widerruf einer Leistung, keine Druckmittel, die Mitwirkung der betroffenen Person durchzusetzen. Werden aufgrund der Mitwirkungsobliegenheiten Daten preisgegeben, liegt darin in der Regel eine Einwilligung i. S. d. § 67b Abs. 2 S. 1 SGB X. Sensible und anvertraute sensible Daten sind weitergehend datenschutzrechtlich gesichert, sofern nicht das Wohl eines Kindes oder Jugendlichen gefährdet erscheint (vgl. § 65 SGB VIII).

Beratungsdaten oder **anvertraute sensible Daten** sind solche Angaben, die Gegenstand einer Beratung als Leistung sind. Dazu gehören also Angaben im Vorfeld der Gewährung einer Leistung nicht. Die Grenzen zwischen leistungsbezogenen Daten und anvertrauten Daten sind aber fließend.

Beispiel

Die als Teil der Hilfeplanung vorgesehene Beratung über die infrage kommenden Hilfeformen (vgl. §§ 10a, 36 Abs. 1 SGB VIII) ist keine Leistung i. e. S. Die Angaben, die notwendig sind, um eine Beratung über Hilfeoptionen sinnvoll durchführen zu können, sind daher keine Beratungsdaten. Wird anschließend eine Sozialpädagogische Familienhilfe und zugunsten des Kindes die Aufnahme in eine Tagesgruppe gewährt, sind die gegenüber der:dem Familienhelfer:in geäußerten Details oder im Gespräch mit der:dem Leiter:in der Tagesgruppe offenbarten speziellen Probleme Beratungsdaten.

Besondere Arten personenbezogener Daten sind Angaben über genetische, biometrische oder Gesundheitsdaten (oder Betriebs- oder Geschäftsgeheimnisse) (vgl. § 67b Abs. 2 S. 2 SGB X, § 22 Abs. 1 BDSG). Für besondere Daten gilt ein besonders strenger Datenschutz; die Einwilligung in die Erhebung und Verarbeitung ist schriftlich zu erteilen.

4.7.2 Datenerhebung und Datenverarbeitung

Der erste Schritt im Rahmen des Datenschutzes ist die **Reglementierung der Datenerhebung (vgl. § 62 SGB VIII)**. Aus allgemeinen verwaltungsverfahrensrechtlichen Regeln und auf Grundlage von § 62 Abs. 2 SGB VIII, § 67a Abs. 1 SGB X sind der betroffenen Person die Identität der erhebenden Behörde oder Stelle und der Erhebungszweck bekannt zu geben. Sie ist auch über ihre und ggf. über Mitwirkungspflichten der Behörde und deren datenschutzrechtliche Folgen zu belehren. Informiert werden muss auch über die Sanktionen bei Verletzung der Mitwirkungspflicht der betroffenen Person (vgl. §§ 60 ff. SGB I). Ihr ist außerdem mitzuteilen, dass die Angaben gespeichert und damit elektronisch nutzbar werden, sofern nicht die Einschränkung des § 82 Abs. 1 SGB X greift. Der Bezug auf die Aufgaben „nach diesem Gesetzbuch" (vgl. § 6 Abs. 1 SGB X) bedingt, dass die abgefragten oder zur Kenntnis gebrachten Angaben in **unmittelbarem Zusammenhang** mit der Bearbeitung eines Antrags oder der Erfüllung einer (sonstigen) Aufgabe der Behörde stehen. Darüber hinausgehende Mitteilungen dürfen nicht nachgefragt werden.

Beispiele

1. Bei einem Antrag auf Pflegehilfsmittel ist zu klären, ob die betroffene Person stationäre Pflege erhält (dann hätte sie grundsätzlich keinen Anspruch). Darüber hinaus sind die Beschwerden der betroffenen Person oder die besonderen Belastungen der Pflegeperson zu ermitteln um festzustellen, ob die in § 40 Abs. 1 SGB XI genannten Zwecke erreicht werden können. Die Umstände des Wohnumfeldes, evtl. eine stationäre Aufnahme oder die Auswahl der Pflegeperson sind hingegen Umstände, die nicht in unmittelbarem Zusammenhang damit stehen.
2. Bei einem Antrag der:des Personensorgeberechtigten auf Hilfe zur Erziehung spielt eine bestehende Arbeitslosigkeit der:des Antragssteller:in, abgesehen von der Frage finanzieller Leistungsfähigkeit, nur eine Rolle, wenn dadurch bedingte psychische Probleme sich auf das Erziehungsverhalten auswirken. Im Übrigen sind damit in Zusammenhang stehende (Rechts-)Fragen (Partnerbeziehung, Antrag nach SGB II, zulässiger Zuverdienst, Steuerhinterziehung) unbeachtlich.

Zum (automatisierten) **Verarbeiten** gehört das Speichern der Daten zu dem Zweck, der die Erhebung der Daten regiert hat (§ 63 SGB VIII, § 67c Abs. 1 SGB X). Sonstige Angaben dürfen nicht gespeichert werden oder sind zu löschen. (Nur) soweit eine automatisierte Speicherung erfolgt, liegt **Speichern** vor.

Beispiel

Eine handschriftliche Notiz oder verschriftete Vorüberlegungen, die nicht Gegenstand der Akte zu werden bestimmt sind, gehören daher nicht dazu.

Die Weiterverarbeitung zu dem Zweck, zu dem die Angaben erhoben wurden, heißt **Datennutzung** (vgl. § 67 Abs. 1 SGB X). **Verändern** von Daten liegt vor, wenn diese inhaltlich umgestaltet oder von „demselben Verantwortlichen“ für andere Zwecke (im Rahmen desselben Gesetzbuches) erforderlich sind und genutzt werden (§ 67c Abs. 2 Nr. 1 SGB X). Letzteres liegt auch vor, wenn durch Umgruppierung, partielle Unterdrückung, partielle Löschung, Verbindung von Dateien der Aussagegehalt der Datei abgeändert oder diese anders akzentuiert wird. Erfolgt dies unbefugt, liegt ein strafrechtlich relevantes Verhalten vor. Die Anpassung des Datenbestandes an veränderte Situationen durch die:den Berechtigten ist aber kein unbefugtes Verändern, sondern zulässige Datennutzung.

Beispiel

Das Zusammenführen von Dateien, die dieselben Betroffenen angehen, durch die:den für diese Fälle zuständige Sachbearbeiter:in ist kein unzulässiges Verändern, auch wenn sich dadurch der Aussagegehalt ändert. Es dürfen daher die Dateien nach Antrag auf Hilfe zur Erziehung und weiterem Antrag auf Eingliederungshilfe zusammengeführt werden. Daten für die Entscheidung über einen Antrag auf eine Leistung und Daten, die in Zusammenhang mit einer sog. anderen Aufgabe erhoben worden sind, dürfen zusammengeführt werden, soweit „dies zur Erfüllung der jeweiligen Aufgabe erforderlich ist“ (§ 63 Abs. 2 S. 2 SGB VIII).

Die **Sperrung** von Daten erfolgt durch Verhinderung des Zugangs durch Ausschluss der Möglichkeit die Daten aufzurufen; die Benutzung eines Passworts ist kein Sperren im Sinne der Vorschrift.

Beispiel

Die Verwendung eines Zugangscodes, um den Zugriff unbefugter Personen zu unterbinden, gehört zur Gewährleistung des Datenschutzes und ist keine Sperrung von Daten.

Löschen ist das Vernichten des Datenbestandes. Im Übrigen wird Bezug genommen auf die entsprechenden Vorschriften des Bundes und der Länder zur **Dokumentation** und zu den **Aufbewahrungsfristen**. Auch die vorfristige Löschung bedeutet damit einen Verstoß gegen datenschutzrechtliche Bestimmungen.

§ 62 Abs. 1 SGB VIII wie § 67a Abs. 1 SGB X wiederholt die Begrenzung der **Datenerhebung** auf die erforderlichen personenbezogenen Daten und regelt jeweils in Absatz 2, dass die Daten grundsätzlich **bei den Betroffenen** zu erheben sind. Gleichwohl ist eine Erhebung von Daten bei Leistungsträgern im Sinne des § 12 SGB I und bei den in § 35 Abs. 1 SGB I oder § 69 Abs. 2 SGB X gleichgestellten Stellen ohne vorherige Einwilligung der Betroffenen nach § 67a Abs. 2 S. 2 Nr. 1 SGB X zulässig,

- wenn eine Übermittlungsbefugnis besteht oder
- wenn die Erhebung bei den Betroffenen mit unverhältnismäßig großem Aufwand verbunden wäre, die Datenerhebung aber bei diesen Behörden oder Stellen ohne Weiteres möglich ist und
- keine Anhaltpunkte bestehen, dass überwiegende schutzwürdige Interessen der betroffenen Person beeinträchtigt werden.

Dies gilt für Standarddaten, erweiterte Standarddaten und leistungsbezogene sensible Daten.

Bei **Dritten**, d. h. bei anderen Personen oder Stellen, dürfen nach § 62 Abs. 3 und § 67a Abs. 2 S. 2 Nr. 2 SGB X Daten ohne vorherige Einwilligung der Betroffenen erhoben werden,

- wenn dies ausdrücklich gestattet oder
- eine Übermittlung gesetzlich vorgeschrieben ist oder
- die spezielle Aufgabe die Erhebung bei Dritten erforderlich macht oder
- wenn die Erhebung mit unverhältnismäßig großem Aufwand verbunden wäre, die Datenerhebung aber bei Dritten ohne Weiteres möglich ist und
- keine Anhaltpunkte bestehen, dass überwiegende schutzwürdige Interessen der Betroffenen beeinträchtigt werden.

Dies gilt wiederum für Basisdaten und leistungsbezogene sensible Daten.

Im Übrigen ist eine solche Datenerhebung immer nach Vorinformation und Einwilligung der Betroffenen zulässig; sie können auch eine unbefugte Datenerhebung genehmigen. Einwilligung und Genehmigung setzen Geschäftsfähigkeit voraus.

Für den Schutz der Daten spielt es keine Rolle, ob diese für die jeweilige Tätigkeit in eigener Person erhoben oder ob sie zulässig übermittelt worden sind. Unzulässig übermittelte Daten müssen jedenfalls gelöscht und dürfen nicht genutzt werden. Werden Daten bei Dritten erhoben, werden die Betroffenen über die Speicherung nachträglich informiert, sofern die Betroffenen nicht bereits Kenntnis davon haben oder die Information die öffentliche Sicherheit oder Ordnung gefährden würde (§ 82 Abs. 1 und 2, 82a Abs. 1 und 2 SGB X).

Die **Datennutzung** ist immer berechtigt, wenn erhobene Daten zum Zweck ihrer Erhebung bearbeitet und ausgewertet werden (§ 64 SGB VIII). Ob dies durch dieselbe:denselben Mitarbeiter:in, welche:welcher die Erhebung vorgenommen hat, geschieht, ist nicht maßgeblich.

Die **Übermittlung** ist eine Verwendung von Daten zu einem anderen Zweck, als den, der die Datenerhebung leitete. Diesen „neuen" Zweck kann sowohl die erhebende Behörde in einem anderen „Fall" oder eine andere Stelle im Rahmen von deren Aufgaben verfolgen. Durch die Übermittlung werden eigene Erhebungen eingespart. Eine (zulässige) Übermittlung liegt auch dann vor, wenn die Stelle, an die übermittelt wird, keine Aufgaben „nach diesem Gesetzbuch" erfüllt, sondern, wie das Finanzamt oder die Strafverfolgungsorgane im Fall der Steuerhinterziehung, zufällig oder systematisch erhobene Daten zu völlig anderen Zwecken nutzt.

4.7.3 Informationspflichten

Unter Informationspflicht wird die **Pflicht zur Übermittlung** von personenbezogenen Daten verstanden. Die notwendige Information der mit dem Fall befassten Mitarbeitenden oder von Mitarbeitenden, die den Fall übernehmen (vgl. § 8a Abs. 5 SGB VIII), sowie die Auskunft gegenüber Aufsichts-, Kontroll- und Disziplinarstellen zum Zweck der Rechnungsprüfung und zur Durchführung von Organisationsuntersuchungen sind **keine Übermittlungen**. Der Begriff „weitergeben" ist begriffsspezifisch für das SGB VIII und bezieht sich sowohl auf den Datenfluss innerhalb der jeweiligen Stelle als auch auf die Übermittlung i.e.S.[157]

4.7.3.1 Übermittlungspflicht

Eine Übermittlungspflicht begründet **§ 138 StGB**. Er verpflichtet jede Person als Dienstnehmer:in oder als Privatperson, die zufällig oder im Rahmen von Beratungen erlangten Kenntnisse über **bevorstehende Kapitalverbrechen** (vgl. § 138 Abs. 1 StGB) entweder dem potenziellen Opfer oder einer Verfolgungsbehörde offenzulegen. Insoweit gibt es auch keinen Schutz sensibler Daten wie der Beratungsdaten. Nur Seelsorger:innen dürfen während der Beichte offenbarte Absichten der betroffenen Person verschweigen (§ 139 Abs. 2 StGB). Eine Pflicht zur Übermittlung von Kenntnissen über bereits begangene oder beendete Straftaten besteht hingegen aus strafrechtlicher wie datenschutzrechtlicher Sicht nicht.

Eine eingeschränkte Pflicht zur Information besteht nach **§ 8a Abs. 2 SGB VIII** bei Verdacht auf Kindeswohlgefährdung. Die Einschränkung ergibt sich durch das fachlich begründete Ermessen des Jugendamtes, welches über die Notwendigkeit der Anrufung des Familiengerichts befindet. Sind die Erziehungsberechtigten nicht bereit oder nicht in der Lage, bei der Einschätzung des Gefährdungsrisikos mitzuwirken (vgl. § 8a Abs. 2 Satz 1 2. HS SGB VIII), liegt außerdem keine Übermittlung im engeren Sinne vor. Die Datenerhebung der Jugendhilfebehörde und die Datenerhebung des Gerichts verfolgen die gleichen Zwecke.

4.7.3.2 Zeugnispflicht

Die Übermittlungspflicht darf nicht mit der **Zeugnispflicht** in Gerichtsverfahren verwechselt werden. Dabei ist je nach Gerichtszweig die Rechtslage unterschiedlich. Die Zeugnispflicht besteht für die:den jeweiligen als Zeug:in berufene:n Mitarbeiter:in der Behörde und

157 Hauck/Noftz/Rombach K § 61 Rn. 15a.

bedeutet die Verpflichtung, in einem gerichtlichen Verfahren aus eigener Anschauung oder Kenntnis zu einem bestimmten Sachverhalt auszusagen.

Die Zeugnispflicht in gerichtlichen Verfahren wird durch die **Zeugnisverweigerungsrechte** begrenzt. Einschlägig sind je nach sachlicher Zuständigkeit
- § 29 FamFG i. V. m. §§ 383–385 ZPO,
- § 188 SGG i. V. m. §§ 383–385 ZPO,
- § 180 VwGO i. V. m. § 65 Abs. 1 VwVfG, der auf die Vorschriften der §§ 383–385 ZPO weiterverweist.

Für Mitarbeitende der zum Datenschutz verpflichteten Stellen kommen in der Regel nur Zeugnis- und Gutachtenverweigerungsrechte aus persönlichen Gründen nach § 383 Abs. 1 Abs. 6 ZPO infrage. Danach können, nicht müssen, Personen das Zeugnis verweigern, denen „kraft ihres Amtes [...] Tatsachen anvertraut sind, deren Geheimhaltung durch [...] gesetzliche Vorschrift geboten ist, in Betreff der Tatsachen, auf welche die Verpflichtung zur Verschwiegenheit sich bezieht". Ob hinsichtlich sensibler Daten ein Recht besteht, die Aussage zu verweigern, hängt damit davon ab, ob ein **Geheimnis anvertraut** wurde. Das trifft in jedem Fall auf Beratungsdaten und nie auf Basisdaten zu. Kritisch sind die der Mitwirkungspflicht der:des Klient:in unterliegenden entsprechenden Angaben.

Zur Klärung dieser Fragen ist der **strafrechtliche Geheimnisschutz** einzubeziehen (vgl. § 203 Abs. 1 und 2 StGB und § 155 SGB IX). Danach unterliegen fremde Geheimnisse, die einer:einem Mitarbeitenden als
- „Ehe-, Familien-, Erziehungsberater sowie Berater für Suchtfragen in einer Beratungsstelle, die von einer Behörde oder Körperschaft, Anstalt oder Stiftung des öffentlichen Rechts anerkannt ist" (Nr. 4) oder
- „Mitglied oder Beauftragter einer anerkannten Beratungsstelle nach den §§ 3 und 8 des Schwangerschaftskonfliktgesetzes" (Nr. 4a) oder
- „staatliche anerkanntem Sozialarbeiter oder staatlich anerkanntem Sozialpädagogen [...]" (Nr. 5)

anvertraut oder sonst bekanntgeworden ist [...], dem strafrechtlichen Datenschutz. Nach Absatz 2 wird ebenso bestraft, „wer unbefugt ein fremdes Geheimnis, namentlich ein zum persönlichen Lebensbereich gehörendes Geheimnis [...] offenbart, das ihm als 1. Amtsträger, 2. für den öffentlichen Dienst besonders Verpflichteter [...] anvertraut oder sonst bekannt geworden ist". Nach §§ 179 Abs. 7, 237a Abs. 1, 237b SGB IX sind Vertrauenspersonen eines schwerbehinderten Menschen bei einem Geheimnisbruch mit Strafe bedroht.

Der strafrechtliche Geheimnisschutz setzt also
- eine Tätigkeit als Beamt:in oder Angestellte:r im öffentlichen Dienst,
- eine Tätigkeit bei einem anerkannten freier Träger oder
- eine Tätigkeit als staatlich anerkannte:r Sozialarbeiter:in oder Sozialpädagog:in

voraus.

Heilpädagog:innen und Heilerziehungspfleger:innen werden nicht genannt. Die Logik des Gesetzestextes würde eine Einbeziehung nahelegen, allerdings dürfen aus rechtsstaatlichen Gründen Straftatbestände nicht erweitert werden (nulla poena sine lege). Angehörige dieser Berufsgruppen machen sich daher bei der Weitergabe entsprechender Kenntnisse nicht strafbar.

Der Tatbestand setzt außerdem voraus, dass ein „Geheimnis" bekannt wurde. Ein Geheimnis ist eine Tatsache, die nur einer bestimmten Person oder einem kleinen Personenkreis bekannt ist und an der die:der Geheimnisträger ein schutzwürdiges Geheimhaltungsinteresse hat. Einem solchen Geheimnis stehen nach § 203 Abs. 2 S. 2 HS 1 StGB Einzelangaben über persönliche oder sachliche Verhältnisse einer:eines anderen gleich, „die für Aufgaben der öffentlichen Verwaltung erfasst worden sind". Damit sind auch **leistungsbezogene Daten** vom strafrechtlichen Schutz des § 203 StGB grundsätzlich erfasst.

Doch auch ein tatbestandsmäßiger Verstoß gegen die **Geheimhaltungspflicht** führt nicht in jedem Fall zur Strafbarkeit. Das Verhalten des an sich Schweigepflichtigen kann durch besondere gesetzliche Regelungen (Genehmigungen, Erlaubnisse, Bewilligungen, Befugnisse, Anzeigepflichten, sozialadäquates Verhalten, allgemeine Rechtfertigungsgründe) gerechtfertigt sein. Zu den wichtigsten Rechtfertigungsgründen gehören:

- die Einwilligung der:des Geheimnisträger:in,
- die mutmaßlicheEinwilligung, wenn die:der Täter:in im (vermeintlichen) Interesse der:des Geschützten handelt,
- die Verpflichtungen aus anderen Gesetzen, die mit der Schweigepflicht kollidieren (§ 138 StGB, § 11 IfSG, §§ 98, 100–101a SGB X),
- eine angemessene Güter- und Interessenabwägung,

Beispiele

Der Arzt darf Angehörige eines an einer ansteckenden Krankheit erkrankten Patienten warnen; der Behörde die Fahruntauglichkeit eines an einer schweren Psychose Erkrankten mitteilen; die Pflegekraft die Misshandlung eines pflegebedürftigen Menschen melden.

- Die Zeugnispflicht als Zeug:in oder die Berichtspflicht als Sachverständige:r sowie
- der rechtfertigende Notstand. Auf diesen kann die Anzeige einer Straftat, die nicht zu den in § 138 StGB genannten Verbrechen zählt, gestützt werden.

Da auch **leistungsbezogene Angaben** dem Schutz durch § 203 StGB unterliegen, muss geklärt werden, ob sie auch von einer Zeugnispflicht erfasst werden. § 383 ZPO spricht nicht ausdrücklich von „Geheimnissen", sondern von „Tatsachen, deren Geheimhaltung durch ihre Natur [das meint als anvertrautes Geheimnis] oder durch gesetzliche Vorschrift geboten ist." Damit deckt sich die Pflicht zum Datenschutz mit dem Recht – nicht der Pflicht –, das Zeugnis bei Verfahren in Familiensachen, Betreuungs- und Unterbringungssachen, in sozialgerichtlichen und verwaltungsgerichtlichen Verfahren zu verweigern. Beamt:innen brauchen für eine Aussage überdies eine Aussagegenehmigung.

In **Strafsachen**, auch in Jugendstrafsachen, gilt § 53 StPO, der aus beruflichen Gründen ein Zeugnisverweigerungsrecht regelt. Nicht erfasst davon sind staatlich anerkannte Sozialarbeiter:innen und staatlich anerkannte Sozialpädagog:innen sowie Heilpädagog:innen und Heilerziehungspfleger:innen. Außerdem ist das Zeugnisverweigerungsrecht deliktsabhängig einschränkt (vgl. § 53 Abs. 2 StPO). Zeugnisverweigerungsberechtigt sind daher hier nur Mitarbeitende einer Schwangerschaftskonfliktberatungs- oder Suchtberatungsstelle, sofern es nicht u. a. um eine Verfolgung von Straftaten gegen die sexuelle Selbstbestimmung geht. § 53 StPO ist daher enger als der Schutz, den § 35 Abs. 3 SGB I gewähren will. Da eine Zeugnispflicht für alle anderen Mitarbeitenden besteht, ist auch der Verstoß gegen § 203 StGB und § 179 Abs. 7 SGB IX gerechtfertigt.

4.7.3.3 Behördliche Mitwirkungspflichten in gerichtlichen Verfahren

Eine Sonderform der Informationspflichten sind die **behördlichen Mitwirkungspflichten** in gerichtlichen Verfahren. Sie treffen die Behörde (oder einen anerkannten Träger, auf den die Aufgabe delegiert ist), als juristische Person. Erfasst werden (u. a.) die Jugendämter in Verfahren nach dem FamFG (als Familiengerichtshilfe), der VwGO und dem JGG (als Jugendgerichtshilfe), die Betreuungsbehörden [die nach BtOG zuständige Behörde] in betreuungsrechtlichen und unterbringungsrechtlichen Verfahren nach dem FamFG oder der Medizinische Dienst der Krankenkassen in sozialgerichtlichen Verfahren.

Die **Mitwirkung** besteht entweder in gutachtlichen Stellungnahmen, in Auskünften oder verpflichtet zur Aktenvorlage und bezieht zwangsläufig sensible Daten ein. Diese betreffen entweder die Angaben bezüglich der Leistungsvoraussetzungen oder, sofern ein Angebot nicht angenommen wurde, die Indizien, die zum Angebot seitens der Behörde geführt haben. § 64 Abs. 2 SGB VIII, der auf § 69 SGB X weiterverweist, ermöglicht die Übermittlung von personenbezogenen Daten, auch sensibler Daten, „für die Erfüllung einer gesetzlichen Aufgabe der übermittelnden Stelle nach diesem Gesetzbuch".

Er ist nicht nur für sozialgerichtliche oder verwaltungsgerichtliche Verfahren, sondern über § 69 Abs. 1 Nr. 1 1. bzw. 2. Var. SGB X auch für familiengerichtliche Verfahren anwendbar (Aufgaben als Familiengerichtshilfe). Die gesetzliche Grundlage findet sich in § 50 Abs. 2 SGB VIII. Die im Zusammenhang mit der Entscheidung über die Gewährung einer Leistung erhobenen Daten müssen aber auf das **Regelungsziel** des Verfahrens hin ausgewählt und ausgewertet werden, da der sozialrechtliche Datenschutz grundsätzlich Geltung auch gegenüber prozessualen Pflichten behält.

Der **besondere Vertrauensschutz im Jugendhilferecht** (§ 65 Abs. 1 Nr. 1 SGB VIII) schränkt jedoch die Übermittlung von „zum Zweck persönlicher und erzieherischer Hilfe" anvertrauter Sozialdaten ein. Die Fassung des Gesetzestextes ist dabei zu eng. Erzieherische Hilfe wird vornehmlich bei Gewährung von Hilfe zur Erziehung geleistet; derselbe Schutz muss aber auch Eingliederungshilfeberechtigten und den Adressat:innen von sonstigen Beratungsleistungen zukommen.

Anvertraut i.S.d. § 65 SGB VIII sind leistungsbezogene Sachverhalte jedoch nicht schlechthin. Zu unterscheiden ist der Schutz sensibler Daten und der Schutz anvertrauter sensibler Daten. Die relevanten sensiblen Daten werden zur Klärung der Leistungsvoraussetzungen und ihrer Fortdauer erhoben. Für diese im Verwaltungsverfahren erlangten Daten fehlt es wegen der Mitwirkungsobliegenheit grundsätzlich am Merkmal des Anvertrautseins. Dass es v. a. bei erzieherischen Hilfen immer um Angaben zu defizitärem Erziehungsverhalten geht, die nicht gerne preisgegeben werden, ändert daran nichts. Besonders geschützt sind allein weitere, im Verlauf der Hilfe bekannt gewordene Angaben. Kenntnisse, die lediglich aus Anlass der Hilfe erworben sind, soweit sie überhaupt zulässig erhoben werden, sind hingegen geschützt, sofern nicht eine Übermittlungsbefugnis nach SGB X besteht.

Im Übrigen wird, bei der üblicherweise weiten Auslegung der Norm, zu wenig beachtet, dass für erzieherische Hilfen eine **(drohende) Kindeswohlgefährdung** Leistungsvoraussetzung ist und für Eingliederungshilfen ein Eingliederungshilfebedarf bestehen muss, der durch die elterliche Erziehung als solche nicht ausgeglichen werden kann. Dürfen Kenntnisse über persönliche Verhältnisse zum Schutz des Wohls des Kindes oder der:des Jugendlichen dem Gericht übermittelt werden, wenn die Beteiligten nicht bereit sind, Hilfen anzunehmen (vgl. § 65 Abs. 1 Nr. 2 SGB VII), ist der Ausschluss der Übermittlung für den Fall, dass solche beantragt worden sind, jedenfalls bei einem Amtsverfahren (Sorgerechtsentzug, Sorgerechtsregelungen in den Fällen der §§ 1678, 1680 f., 1696 BGB, Verbleibensanordnungen und Regelungen der Ausübung der Sorge) aus dem Gesichtspunkt des Schutzes des Kindes oder der:des Jugendlichen nicht selbstverständlich. Die geschützten Belange sind abzuwägen und die Interessen der betroffenen Erziehungsberechtigten, ihr informationelles Selbstbestimmungsrecht und die Interessen der:des Minderjährigen auf Schutz ihres:seines Wohls auch durch eine gerichtliche Intervention auszugleichen. Dabei kann die Tendenz des Gesetzgebers, das Wohl des Kindes oder der:des Jugendlichen in den Vordergrund zu stellen, zum Tragen kommen. Auch für die Anhörung des Jugendamtes in Ersetzungsverfahren muss angesichts der gesetzgeberischen Gewichtung der Schutz der Daten der Eltern zurücktreten. Anders liegt der Sachverhalt aber bei **familiengerichtlichen Antragsverfahren**; dort kann der Schutz sensibler Daten weitergefasst werden.

Bei drohender oder bestehender Gefährdung des Wohls eines Kindes besteht eine Ausweitung der Befugnisse sowohl zur **Datenerhebung** (vgl. § 65 Abs. 3 Nr. 1 i. V. m. § 8a und § 65 Abs. 3 Nr. 2d) SGB VIII) als auch zu ihrer **Übermittlung**. Dadurch wird auch die Verwendung von Angaben (anonym bleibender) Dritter ermöglicht. In Gefährdungslagen ist überdies die Übermittlungsbefugnis durch §§ 4 und 5 KKG erheblich erweitert worden. Werden sonst dem Geheimnisschutz unterliegende Sachverhalte bekannt, die Indizien für eine Gefährdung des Wohls eines Kindes oder Jugendlichen aufwerfen, und ist/sind die:der Sorgeberechtigte:n nicht bereit, Hilfeangebote zu nutzen, dürfen auch solche Daten an die Behörde übermittelt und von dieser für die fachliche Äußerung in einem sich ggf. anschließenden gerichtlichen Verfahren genutzt werden (§ 69 Abs. 1 SGB X). Da das Jugendgerichtsverfahren erzieherisch ausgerichtet ist, sind diese Grundsätze auch auf **jugendgerichtliche Verfahren** übertragbar.

Für betreuungs- und unterbringungsrechtliche Verfahren ist die Betreuungsbehörde [die nach BtOG zuständige Behörde] jedoch auf die Verwertung von der betroffenen Person oder ihrer Vertreter:in freiwillig preisgegebene Angaben beschränkt, da insoweit keine behördlichen Aufklärungsrechte und -pflichten normiert sind. Zu den Übermittlungsbefugnissen der Sozialleistungsbehörden s. Kapitel 4.7.5.

4.7.4 Informationsrechte

Informationsrechte werden rechtstechnisch als **Übermittlungsbefugnisse** bezeichnet. Solche finden sich vornehmlich im SGB X, aber auch in den ergänzenden Vorschriften der weiteren Sozialgesetzbücher.
Nach SGB X bestehen folgende Befugnisse (Auswahl):

- Übermittlung jeglicher Daten bei Einwilligung der betroffenen Person.
- Basisdaten dürfen an Bundes- und Länderpolizeibehörden, Staatsanwaltschaften und Gerichte auf Ersuchen übermittelt werden (§ 68 Abs. 1 SGB X); eine Auswahl aus den erweiterten Standarddaten auch an die für den Schutz der inneren und äußeren Sicherheit zuständigen Ämter und Dienste (vgl. § 72 SGB X).

- Alle Sozialdaten (mit Einschränkung für die Beratungsdaten durch § 65 SGB VIII) dürfen unter den Voraussetzungen des § 69 Abs. 1 SGB X übermittelt werden. Ein Datenaustausch hinsichtlich leistungsbezogener Daten zwischen Sozialleistungsträgern und im Rahmen der Mitwirkungspflichten ist in gerichtlichen Verfahren grundsätzlich zulässig.
- Die Übermittlung ist weiterhin zur **Abwendung geplanter Straftaten** nach § 138 StGB und zum Schutz der öffentlichen Gesundheit zulässig (§ 71 Abs. 1 Nr. 1 und 2 SGB X).
- Jede Sozialleistungsbehörde darf Kenntnisse, die auf **Betreuungsbedürftigkeit** schließen lassen oder eine andere Tätigkeit des Betreuungsgerichts nahelegen, an die Betreuungsbehörde [die nach BtOG zuständige Behörde] weitergeben (§ 71 Abs. 3 SGB X). Die übermittelten Hinweise dürfen unabhängig vom Willen der betroffenen Person auch dem Betreuungsgericht zur Kenntnis gebracht werden.
- Eine Übermittlung ist überdies zulässig, wenn ein **Verbrechen oder sonstige Straftat** von erheblicher Bedeutung angeklagt ist (vgl. § 73 SGB X, § 12 StGB). Im Rahmen sonstiger Delikte dürfen die Basisdaten und eine Auswahl der Standarddaten übermittelt werden; zuständig für die Anordnung der Übermittlung ist das Strafgericht (Richtervorbehalt).

Auch bei Vorliegen einer Übermittlungsbefugnis besteht, von § 138 StGB und strafrichterlicher oder betreuungsgerichtlicher Anordnung der Übermittlung abgesehen, **keine Übermittlungspflicht**.

4.7.5 Einzelgesetzliche Regelungen

4.7.5.1 Befugnisse nach SGB V

Spezifische Übermittlungsbefugnisse der **Krankenkassen** finden sich bereits im SGB X, nämlich in § 69 Abs. 4, der es den Krankenkassen ermöglicht, bestimmte Daten über den Gesundheitszustand der:des Arbeitnehmer:in an die:den Arbeitgeber:in zu übermitteln. Darüber hinaus können Krankenkassen nach § 71 Abs. 1 Nr. 2 SGB X an die nach Polizeirecht zuständigen Infektionsschutzbehörden Daten der betroffenen Person zum Schutz der öffentlichen Gesundheit übermitteln; für Betroffene mit ausländischer Staatsangehörigkeit wird diese Befugnis in § 71 Abs. 2 Satz 2 Nr. 1 SGB X wiederholt.

Die Datenerhebung und die Zugriffsbefugnisse regeln §§ 288 f., 291 Abs. 2 SGB V; für die weiteren Angaben auf der elektronischen Gesundheitskarte vgl. § 291a Abs. 2 und 3 SGB V. Den Datenverkehr zwischen den Kassenärztlichen Vereinigungen, den Prüfstellen und den Krankenkassen konkretisieren die §§ 294 ff. SGB V. Zur Sicherung der Datentransparenz sind öffentliche Stellen des Bundes berufen (vgl. § 303a Abs. 1 SGB V); die jeweiligen Übermittlungsbefugnisse des Bundesversicherungsamtes, der Vertrauensstelle und der Datenaufbereitungsstelle sind in §§ 303b–303d SGB V aufgeführt. Die auch datenschutzrechtliche Kooperation mit den Pflegekassen ist Gegenstand des § 96 SGB XI.

4.7.5.2 Befugnisse nach SGB VIII

Im SGB VIII gibt es in § 68 **Sonderregelungen** für die Datenerhebung, Nutzung und Übermittlung im Rahmen der Amtsbeistandschaft, Amtspflegschaft, Amtsvormundschaft und Amtsgegenvormundschaft. Diese betreffen ergänzend die bedeutsamen Rechte auf Kenntnis der gespeicherten Information seitens des volljährig gewordenen Pfleglings oder Mündels und im Falle der Beistandschaft des antragstellenden Elternteils. Im Übrigen regelt § 62 SGB VIII die **Datenerhebung** und ergänzt die Erhebung bei Dritten für die Belange des Schutzes von Kindern und Jugendlichen nach § 8a SGB VIII und die **Inobhutnahme** (§§ 42, 42a SGB VIII) sowie Aufgaben des Pflegekinderdienstes und der Heimaufsicht (vgl. § 62 Abs. 3 Nr. 2 Lit. c) und d) SGB VIII). Für die Datenübermittlung zum Zweck der Erfüllung sozialer Aufgaben bringt § 63 SGB VIII eine Einschränkung: danach darf der Erfolg einer jugendhilferechtlichen Leistung dadurch nicht gefährdet werden. Allgemein wird die Bedeutung von § 65 SGB VIII herausgestellt, der die Übermittlung **anvertrauter sensibler Daten** und **Beratungsdaten** außer bei (formularmäßiger) Einwilligung der betroffenen Person nur vorsieht für

- die Fallübergabe innerhalb des Amts,
- den Wechsel der örtlichen Zuständigkeit, aber vermutlich fortdauernder Gefahr für das Wohl des Kindes oder der:des Jugendlichen,
- den Einbezug einer (weiteren) Fachkraft bei der Gefährdungsprognose und
- die Information des Familiengerichts nach § 8a Abs. 2 SGB VIII. Dabei ist allerdings die Zusatzbedingung, dass „[...] ohne diese Mitteilung eine für die Gewährung von Leistungen notwendige gerichtliche Entscheidung nicht ermöglicht werden könnte", systematisch unrichtig, da die Familiengerichte jugendhilferechtliche Leistungen weder selbst beantragen noch die Gewährung verpflichtend anordnen können.

Für die weiteren Datengruppen bleibt die dargestellte Rechtslage aber unberührt. Soweit § 65 Abs. 1 Nr. 5 SGB VIII die Übermittlung an die Voraussetzung knüpft, dass „eine der in § 203 Abs. 1 oder 3 des Strafgesetzbuches genannten Personen dazu befugt wäre", wird Bezug genommen auf die oben ausgeführten allgemeinen Rechtfertigungsgründe; die Bindungswirkung des § 203 StGB kann dadurch nicht verstärkt werden.

4.7.5.3 Befugnisse nach SGB IX

Da die **Verträge** mit Leistungserbringern nach § 38 Abs. 1 Nr. 7 SGB IX explizit die Inanspruchnahme der Jugendhilfeträger bei Hinweisen auf Gefährdung eines Kindes oder Jugendlichen vorsieht, kann die Norm auch als Übermittlungsbefugnis an die betreffende Fachkraft gelesen werden; diese ergänzt die Regelungen des SGB X. Eine weitere Übermittlungsbefugnis findet sich in § 148 Abs. 2 Satz 2 SGB IX.

4.7.5.4 Befugnisse nach SGB XI

Die Datenerhebung durch die Pflegekassen regelt dem Gegenstand nach § 94 SGB XI spezieller; für die Verbände der Pflegekassen ist § 95 SGB XI einschlägig. §§ 94 Abs. 2 S. 2, 95 Abs. 2 SGB XI bringen Übermittlungspflichten bei Ersuchen des Betreuungsgerichts; einbezogen sind auch die Befunde, die der Medizinische Dienst der Krankenversicherung an die Pflegekasse übermittelt hat. Den Datentransfer an die und von den beauftragten Sachverständigen und Prüfstellen regeln §§ 97, 97a SGB XI. Die vielfach gegebene Multimorbidität der pflegebedürftigen Personen und die wirtschaftlichen Lasten der Pflege wie die Qualitätssicherung sind Grund für die datenrechtlichen Kooperationsbefugnisse

- mit den Krankenkassen und dem Prüfdienst des Verbandes der privaten Krankenversicherung e.V. einerseits (vgl. §§ 96 f.c SGB XI)

- mit den zuständigen Aufsichtsbehörden und dem Träger der Sozialhilfe andererseits (§ 97b SGB XI).

Darüber hinaus finden sich Erhebungs- und Übermittlungsbefugnisse bezüglich relevanter Daten von Pflegebedürftigen u. a. in § 7a Abs. 5 und 6 SGB XI (für Pflegeberater:innen), § 104 Abs. 2 und 3 SGB XI (für Leistungserbringer) oder § 106a SGB XI (Mitteilungspflichten bei defizitärer Pflegesituation).

4.7.5.5 Befugnisse nach SGB XII

Mitwirkungspflichten der Betroffenen wie Dritter regelt § 117 SGB XII ausführlich. Spezielle Übermittlungsbefugnisse bestehen nach § 118 SGB XII zum Zweck der Überprüfung der Rechtmäßigkeit der Leistung (Absatz 1 Satz 1, Absatz 2 und 4); dabei werden auch erweiterte Standarddaten und leistungsbezogene Daten einbezogen. Amtliche Stellen, die über entsprechende Daten verfügen, sind zur Übermittlung **verpflichtet**. Übermittlungsbefugnisse bestehen auch gegenüber der Datenstelle der Rentenversicherungsträger. Für die Kooperation mit den Pflegekassen fehlt eine § 97b SGB XI entsprechende Rechtsgrundlage.

4.7.5.6 Befugnisse nach dem Gesetz über die Kooperation und Information im Kinderschutz (KKG)

§ 4 KKG vermittelt eine Befugnis bestimmter Berufsgeheimnisträger, Informationen bei Kindeswohlgefährdung weiterzugeben Die Liste der einschlägigen Berufe entspricht weitgehend dem § 203 Abs. 1 StGB. Nach Absatz 3 des § 4 KKG sind die Berufsgeheimnisträger berechtigt, über ihren verfestigten Eindruck, dass das Kind oder die:der Jugendliche gefährdet wird oder ist, das Jugendamt zu informieren, wenn ein Gespräch von Seiten der:des Erziehungsberechtigten abgelehnt wird oder diese:r die Inanspruchnahme von Hilfen ablehnt/ablehnen. Diese Befugnis besteht auch gegenüber dem Familiengericht, obwohl der Gesetzgeber dieses nicht explizit erwähnt. Gem. § 5 KKG sind nunmehr auch Strafverfolgungsbehörden und Strafgerichte übermittlungsbefugt, wenn Angeschuldigte:r oder Angeklagte:r eine Person aus dem Lebensumfeld des Kindes oder der:des Jugendlichen ist.

Übungsaufgaben

1. Nennen Sie die datenschutzrechtlichen Normen des SGB I und des SGB X!
2. Werden Handakten von diesen Vorschriften erfasst?
3. Gibt es auch behördeninterne Datenschutzpflichten?
4. Sind Privatpersonen zum Geheimnisschutz verpflichtet?
5. Wie werden freie Träger in die Datenschutzpflichten einbezogen?
6. Was unterscheidet die Datenverwendung von der Datenübermittlung?
7. Nennen Sie fünf Übermittlungsbefugnisse!
8. Ist man zur Ausübung eines Zeugnisverweigerungsrechts verpflichtet?
9. Muss das Wissen von einer bereits begangenen Straftat mitgeteilt werden?

5 Menschen mit Behinderungen in Einrichtungen

5.1 Einrichtungen der Behindertenhilfe

Der Gegenstand dieses Kapitels hängt einerseits ab von der Fassung des **Begriffs der Einrichtung**, wobei die rechtliche Ausgestaltung je nach Art der Einrichtung und Träger der Einrichtung differiert. Andererseits ist die Auswahl betreffender Einrichtungen abhängig von der einbezogenen Klientel.

Unter Einrichtungen werden
- ambulante Dienste,
- ambulante Dienste zur Unterstützung des Wohnens,
- teilstationäre Einrichtungen sowie
- stationäre Einrichtungen verstanden.

Außerdem werden Werkstätten für Menschen mit Behinderungen und vergleichbare Beschäftigungsstätten unter den Einrichtungsbegriff gefasst (zu diesen s. Kapitel 4.4.13).

Die **ambulanten Dienste** kann man in primäre und sekundäre Dienste unterteilen. **Primäre** Dienste (ohne Leistungen für Wohnformen) erbringen Dienstleistungen, die unmittelbar der Klientel zugutekommen.

Dazu gehören Beratungsstellen, Servicestellen, Frühförderstellen, Sozialpädiatrische Zentren, Fahrdienste. Nicht einbezogen werden die schulischen Fördermaßnahmen. **Sekundäre** Dienste beraten Ministerien, Ämter, Verbände und Träger.

Ambulante Dienste zur Unterstützung des Wohnens finden sich in der offenen Wohnform, in ambulanten Wohnformen und im ambulanten Wohnverbund.

Der Begriff der **offenen Wohnform** umschließt Dienste, die Hilfe, Pflege und Beratung in ambulanter Form leisten und deren Klientel in **Privathaushalten** lebt. Dazu gehören Sozialstationen, vergleichbare ambulante Dienste für Menschen mit Behinderungen oder familienentlastende Dienste. Auch Selbsthilfegruppen und Nachbarschaftshilfe werden davon erfasst, diese allerdings nicht als Einrichtungen bezeichnet.

Unter **ambulante Wohnformen** kann die ambulant betreute Wohngemeinschaft gefasst werden, bei der in einem gemeinsamen Haushalt externe Pflegeleistungen gegen Entgelt angeboten werden, wobei die Selbstbestimmung auch in der Wahl des Pflege- und Betreuungsdienstes gewährleistet bleiben muss.

Der **ambulante Wohnverbund** ist eine Kombination aus Einzelwohnen und Wohngemeinschaft, bei der sich beide Formen unter einem Dach befinden. Er dient (auch) der Vorbereitung der Bewohner auf ein (unterstütztes) Einzelwohnen.

Für alle ambulanten (offenen) Wohnformen ist der örtliche Träger der Sozialhilfe als Kostenträger zuständig. Ambulante Dienste gibt es für Menschen **aller Altersstufen** und **Behinderungsformen**. Einzelne Dienstleistungen sind jedoch Angehörigen bestimmter Altersgruppen vorbehalten, z. B. Einrichtungen der Frühförderung.

Teilstationäre Einrichtungen gibt es
- für nicht schulpflichtige Kinder (Integrationskindertagesstätten),
- für schulpflichtige Kinder (ergänzende betreuende Angebote an Förderschulen und inklusiven Schulen, Hortbetreuung für Kinder mit Behinderungen) oder
- für nicht mehr schulpflichtige Jugendliche und Erwachsene (Betreuung in tagesstrukturierenden Einrichtungen, z. B. in heilpädagogischen Zentren).

Stationäre Wohneinrichtungen gibt es gleichfalls für alle Altersstufen. Sie sind in der Regel mit einer **Assistenz** für die Menschen mit unterschiedlichem Unterstützungs- und Förderbedarf verbunden. Bewohner:innen stationärer Wohneinrichtungen beziehen keine Privatwohnungen oder eine eigene Häuslichkeit. Je nach Bedarfslage kann unterschieden werden zwischen
- Einrichtungen der Eingliederungshilfe für seelisch behinderte Kinder und Jugendliche,
- Einrichtungen der Eingliederungshilfe für seelisch behinderte Kinder und Jugendliche mit zusätzlichem erzieherischem Bedarf,
- Einrichtungen für junge Volljährige mit seelischen Behinderungen,
- Einrichtungen für junge Volljährige mit seelischen Behinderungen und zusätzlichem Verselbständigungsbedarf,
- ggf. Wohneinrichtungen für junge Menschen, die Empfänger von Leistungen nach § 13 Abs. 2 SGB VIII und damit von sozialer Ausgrenzung zumindest bedroht sind (§ 13 Abs. 3 SGB VIII). Mutter-Kind-Einrichtungen oder Vater-Kind-Einrichtungen nach § 19 SGB VIII gehören hingegen auch dann nicht zu den Einrichtungen der Behindertenhilfe, wenn Elternteile eine Behinderung haben.
- Wohnstätten als Einrichtungen ohne Tagesstrukturierung, die Wohngelegenheiten für die in WfbM oder vergleichbaren Projekten beschäftigten Menschen bieten,
- Wohneinrichtungen mit interner und externer Tagesstrukturierung für Erwachsene mit körperlichen und Mehrfachbehinderungen,
- Wohneinrichtungen mit interner und externer Tagesstrukturierung für Erwachsene mit geistiger oder seelischer Behinderung und Mehrfachbehinderungen,

- Wohneinrichtungen für Erwachsene mit erworbenen Hirnschädigungen für Langzeitrehabilitation,
- Wohneinrichtungen mit familienähnlichen Wohngruppen,
- Wohneinrichtungen mit integrierter Beschäftigung oder vergleichbarer Förderung der Bewohner,
- Wohneinrichtungen für Menschen mit Pflegebedarf für Teile des Tages (Tages- oder Nachtpflege) oder als stationäre Einrichtung bei Begrenzung der Belegung auf maximal drei Monate (Kurzzeitpflegeeinrichtungen),
- Wohneinrichtungen für Menschen mit ganztätigem Pflegebedarf (stationäre Pflegeeinrichtungen) sowie
- Hospize für Schwerstkranke und sterbende Kinder, Jugendliche oder Volljährige.

Zu den stationären Einrichtungen gehören auch Außenwohngruppen und heimverbundene Hausgemeinschaften. Bei ihnen werden Pflege- und Betreuungsleistungen vom Heimträger organisiert und gesteuert. **Nicht** einbezogen werden Bildungsstätten mit Wohnangeboten (Internate, Lehrlingswohnheime).

Die Einrichtungen unterscheiden sich hinsichtlich des **Profils**, der **konzeptionellen Ausrichtung** und der **qualitativen Ausstattung** nicht unerheblich.

Von den Heimen im engeren Sinne sind die **betreuten Wohnformen** zu unterscheiden. Sie gewährleisten in größerem Umfang selbstbestimmtes Leben mit eigenem Hausrecht und zeichnen sich durch meist ambulante soziale Dienstleistungen aus, die die Bewohner:innen i. d. R. selbst auswählen können. Sie werden nur unter bestimmten Voraussetzungen vom Heimrecht erfasst (s. Kapitel 5.2.1). Zu den betreuten Wohnformen gehören auch

- altersgemischte und
- inklusive Formen (ambulante Wohngruppen für dementiell erkrankte oder geistig behinderte Menschen). Sie können eine Mischform zwischen Heim und betreuter Wohnform bilden.

Gemeinsamkeiten mit dem betreuten Wohnen weisen **Altenwohnheime** auf. Zu sonstigen Wohnformen zählen auch Trainingswohngruppen, Servicehäuser, Seniorenresidenzen, Feierabendheime sowie Wohnstifte.

5.1.1 Wichtige ambulante Dienste

Je nach Trägerschaft kann man von der öffentlichen Hand getragene Dienste und Dienste freier Träger unterscheiden. Diese müssen jedoch den öffentlichen Einrichtungen in der Angebotsstruktur weitgehend entsprechen, um eine Finanzierung im sozialrechtlichen Dreiecksverhältnis zu erreichen (s.o. Kapitel 4.1.4).

5.1.1.1 Ambulante Dienste nach SGB V

Prüfungs- und Beratungspflichten hat der **Medizinische Dienst** (§§ 275 ff. SGB V). Dieser berät u. a. bei der Einleitung von Maßnahmen der Teilhabe, insbesondere zur Koordinierung der Leistungen der Rehabilitationsträger. Zudem obliegt ihm eine Prüfpflicht, sofern Versicherte auffällig häufig oder häufig nur für kurze Zeit arbeitsunfähig sind, ggf. auch unter

Einbeziehung der die entsprechenden Bescheinigungen ausstellenden Ärzt:innen. Mitteilungspflichten gegenüber den Kassen und den Leistungserbringern sind in § 277 SGB V geregelt.

Die Beratung der Versicherten durch die behandelnden Ärzt:innen ist unverzichtbarer Bestandteil sowohl der Prävention als auch der ärztlichen Untersuchung. Sie stellt eine notwendige Voraussetzung der Behandlung oder eines ärztlichen Eingriffs dar und ist damit Gegenstand des zivilrechtlichen (Behandlungs)Vertrags mit der:dem Ärztin:Arzt bzw. mit der behandelnden Einrichtung (§ 630c Abs. 2 BGB).

5.1.1.2 Ambulante Dienste nach SGB VIII

Alle jugendhilferechtlichen Leistungen umfassen Beratungselemente oder beschränken sich auf die Beratung der Klientel. Für Kinder und Jugendliche mit seelischer Behinderung ohne zusätzlichen erzieherischen Bedarf (bei Suchtmittelabhängigkeit, Essstörungen, Autismus, ADHS, Legasthenie und Dyskalkulie) ist Rechtsgrundlage § 35a Abs. 2 Nr. 1 SGB VIII. Zuständig sind die **Allgemeinen Sozialen Dienste der Jugendämter**. Diese gewähren die entsprechenden therapeutischen Leistungen, die von Therapeut:innen als Dritten erbracht werden, und beraten die Sorgeberechtigten in Hinsicht auf die Beantragung der Leistung für den leistungsberechtigten Minderjährigen, die Auswahl der Hilfe und ihre Umsetzung.

Besteht zusätzlich ein erzieherischer Bedarf, kann die notwendige Beratung über §§ 27 Abs. 2, 28 SGB VIII gewährleistet werden. Damit sind meist frei getragene **Erziehungsberatungsstellen** betraut. Familientherapeutische Leistungen auf Grundlage des § 27 Abs. 3 SGB VIII werden von **Familientherapeut:innen** angeboten. Wird eine sozialpädagogische Familienhilfe gewährt, übernimmt die Beratung zumeist die:der eingesetzte Sozialarbeiter:in.

5.1.1.3 Ambulante Dienste nach SGB IX

Unabhängig von der Behinderungsform wird Kindern, die noch nicht schulpflichtig sind, Frühförderung ermöglicht; diese beinhaltet für Kinder mit schweren Mehrfachbehinderungen auch Leistungen zur Teilhabe (§ 79 SGB IX). Sie steht entweder unter ärztlicher Verantwortung und ergänzt dann das Leistungsspektrum des SGB V, oder erfolgt in Verantwortung der Jugendämter, dort der Allgemeinen Sozialen Dienste (vgl. § 10 Abs. 4 SGB VIII a. F., § 46 Abs. 2 SGB IX). Zur Leistung gehört auch die Beratung der Sorge- und Erziehungsberechtigten (§ 46 Abs. 2 SGB IX, §§ 5 Abs. 2, 6 FrühV, vgl. Kapitel 4.4.8.5). Ab dem Schulalter richtet sich die Zuständigkeit [noch bis 2028] nach der Behinderungsform und dem konkreten Eingliederungshilfebedarf. Dabei können unterschiedliche Rehabilitationsträger zuständig sein (vgl. § 6 SGB IX; dazu Kapitel 4.4.5). Die Zuständigkeiten unterscheiden sich teilweise nach der Ursache der Behinderung und nach Behinderungsform sowie dem Lebensalter der Leistungsberechtigten. Sind Leistungen verschiedener Leistungsgruppen oder mehrerer Rehabilitationsträger erforderlich, ist der nach § 14 SGB IX leistende Rehabilitationsträger in der Pflicht, die Koordination zu sichern (s. Kapitel 4.4.7.1). Die Umsetzung erfolgt durch die **fachbezogenen Rehabilitationsdienste** (§ 36 Abs. 1 und 4 SGB IX). Unterstützung erhalten die Leistungsberechtigten von den **Ergänzenden Unabhängigen Teilhabeberatungsstellen** (EUTB, § 32 SGB IX, s. Kapitel 4.4.1).

Sekundäre Dienste, nämlich Beratung und Unterstützung der Fachministerien, Träger von Einrichtungen und Diensten, leistet der **Beirat für die Teilhabe von Menschen mit Behinderungen** (vgl. § 86 SGB IX) und der Beratende Ausschuss für Menschen mit Behinderungen bei den **Integrationsämtern** (vgl. §§ 163 ff. SGB X).

5.1.1.4 Ambulante Dienste nach SGB XI

Im Pflegeversicherungsrecht wird die Beratung durch die Pflegekassen, hier v. a. durch die Pflegeberater:innen nach § 7a SGB XI, und innerhalb der Pflegestützpunkte (§ 92c SGB XI) durchgeführt.

5.1.1.5 Ambulante Dienste nach SGB XII

Für Minderjährige und junge Volljährige stehen im SGB XII die Bedarfe für Bildung und Teilhabe nach §§ 34, 34a SGB XII im Vordergrund. Vorgesehen ist zwar die Anhörung sozial erfahrener Dritter (vgl. § 116 Abs. 1 SGB XII), institutionalisierte ambulante Dienste kennt das Gesetz hingegen nicht.

5.1.2 Teilstationäre und stationäre Einrichtungen

Teilstationäre Leistungen werden für nicht schulpflichtige Kinder in **Integrationskindertagesstätten** erbracht. Diese stehen entweder in öffentlicher Hand oder werden von freien Trägern der Jugendhilfe oder von frei gemeinnützigen oder gewerblich tätigen Gesellschaften und Einzelpersonen vorgehalten. Um Letztere in die Leistungserbringung seitens der öffentlichen Hand einzubeziehen, ist i. d. R. die Anerkennung als Jugendhilfeträger und damit die Rechtsform als eingetragener Verein oder gemeinnützige GmbH (gGmbH) Voraussetzung. **Horte** als ergänzende Leistungen der Betreuung und Förderung von Schulkindern können – je nach Bundesland – an Kindertagesstätten angegliedert sein oder rechtlich selbstständige oder auch rechtlich unselbstständige Untergliederungen von Einrichtungen, auch Schulen darstellen. Sie nehmen Kinder bis zum Ende der vierjährigen, teilweise auch sechsjährigen Grundschulzeit auf.

Es gibt auch **hortähnliche** Nachmittagsbetreuung für Schüler:innen von Förderschulen. Verlässliche Grundschulen stellen hingegen auch für die Betreuungszeiten keine Einrichtungen der Behindertenhilfe dar.

Schulergänzende oder lediglich tagesstrukturierende teilstationäre Angebote gibt es darüber hinaus auf der Grundlage des § 35a Abs. 2 Nr. 2 2. Alt. SGB VIII; sie werden für Menschen mit seelischer Behinderung vom Träger der Jugendhilfe längstens bis zur Vollendung des 27. Lebensjahres gewährt (vgl. Kap. 4.3.3.1.2); für Kinder und Jugendliche mit körperlicher oder geistiger Behinderung und für Erwachsene unabhängig von der Form der Behinderung vom Träger der Eingliederungshilfe.

Stationäre Einrichtungen finden sich

- auf jugendhilferechtlicher,
- eingliederungshilferechtlicher
- sozialhilferechtlicher oder

- pflegeversicherungsrechtlicher Grundlage.[158]

Das Angebotsspektrum ist breit und auf unterschiedlichste Gruppen von Leistungsberechtigten zugeschnitten. Die Einrichtungen der Behindertenhilfe betonen ihre Ausrichtung auf die Förderung der verbliebenen Fähigkeiten, statt auf die Pflegebedürftigkeit und Betreuungsbedürftigkeit der Bewohner:innen abzustellen. Einige stationäre Einrichtungen gehen dazu über, sich in Wohngruppen als überschaubare Wohneinheiten zu organisieren. Sie nehmen damit den Wunsch der Bewohner:innen nach Privatheit auf und richten den Tagesablauf einschließlich des Schlaf- und Wachrhythmus nach den Wünschen und Bedürfnissen der Bewohner:innen. Freiheitsentziehende Maßnahmen sollen ausschließlich zur Gewährleistung der gesundheitlichen Belange und zur Verhinderung von Selbstschädigungen der betroffenen Person zulässig sein und sind richterlich genehmigungsbedürftig; sie sind nie zur Absicherung des reibungsfreien organisatorischen Ablaufs zulässig.

Trotz Nachfragedifferenzierung und Angebotsspezialisierung gilt nach wie vor, dass **Freizügigkeit** und soziale Bewegungsfreiheit bei Heimaufenthalten stärker **tangiert** sind als in anderen Formen unterstützten Lebens. Beklagt wird, dass oft mit den Bedürfnissen der Bewohner:innen in Heimen schematisch umgegangen werde und deren Selbstbild und die Selbstwahrnehmung durch die Umgangsweise in der Einrichtung und die Beschränkung der sozialen Kontakte beeinträchtigt werden.[159]

Soweit die Einrichtungen nicht in öffentlicher Hand stehen, kommen als anerkannt geltende Träger der Jugendhilfe, Träger der Eingliederungshilfe und Träger stationärer Pflegeeinrichtungen in Betracht. Diese sind, wie Träger von teilstationären Einrichtungen, i. d. R. in der Rechtsform eines eingetragenen Vereins oder einer gGmbH organisiert. Persönlich haftende Personen und BGB-Gesellschaften sind eher selten anzutreffen. Inhalt der Belegungs- oder Versorgungsverträge sind Leistungsvereinbarungen (z. B. §§ 78a ff. SGB VIII, § 72 SGB XI, § 76 SGB XII). Dazu gehören auch Vorgaben hinsichtlich der sächlichen und personellen Ausstattung und der Qualifikation des Personals sowie der betriebsnotwendigen Anlagen der Einrichtung, Entgelt- oder Vergütungsvereinbarungen und Qualitätsentwicklungsvereinbarungen. Zur Erhöhung der Transparenz gibt es externe Prüfungen. Deren Ergebnisse müssen veröffentlicht werden (s. Kapitel 5.2.3).

5.2 Heimrecht

Heime sind stationäre Einrichtungen, in denen Menschen mit Behinderungen und/oder Pflegebedarf wohnen, betreut und versorgt werden. Ob eine stationäre Einrichtung als „Heim“ bezeichnet wird, bestimmt sich nach der jeweiligen **Heimgesetzgebung** des Bundes oder der Länder. Seit der Föderalismusreform 2006 haben die Bundesländer die Gesetzgebungskompetenz für den ordnungsrechtlichen Teil des Heimrechts, während der Bund die Gesetzgebungskompetenz für die zivilrechtlichen Vorschriften behalten hat.

158 Zur Qualifizierung einer Wohngruppe Pflegebedürftiger als stationäre Einrichtung BVerwG Beschluss vom 19.01.2016, 3 B 75/15.

159 Vgl. Rechtsgutachten Prof. Dr. Höfling im Auftrag des Bundesministeriums für Familie, Senioren, Frauen und Jugend 2004, S. 9 f.

Alle Bundesländer haben eigene Landesheimgesetze; Thüringen hat als letztes Bundesland das Thüringer Wohn- und Teilhabegesetz 2014 verabschiedet. Der Bund ist seiner zivilrechtlichen Gesetzgebungskompetenz mit dem Erlass des **Wohn- und Betreuungsvertragsgesetzes** (WBVG) nachgekommen.

Ob jemand in einer stationären Einrichtung wohnt, die dem Heimrecht unterfällt, oder in einer ambulanten Wohnform, hat verschiedene leistungsrechtliche Konsequenzen, v. a. in Bezug auf Pflegeleistungen oder die Kostenbeteiligung im Rahmen der Unterbringung.

5.2.1 Begriffsbestimmung Heim

Die Grundlagen für das Heimrecht sind im – nur noch teilweise geltenden – Heimgesetz des Bundes (HeimG) verankert. Nach § 1 HeimG sind Heime **Einrichtungen**, die dem Zweck dienen, ältere oder pflegebedürftige Menschen oder pflegebedürftige oder behinderte Volljährige aufzunehmen, ihnen Wohnraum zu überlassen sowie Betreuung und Pflege sicherzustellen oder vorzuhalten. Sie sind in ihrem Bestand von Wechsel und Zahl der Bewohner unabhängig und werden entgeltlich betrieben. Heime sind deshalb zunächst **vollstationäre Einrichtungen**.

Allerdings erstreckt sich das HeimG auch auf Teile von Einrichtungen zur Rehabilitation (§ 1 Abs. 6 S. 2 HeimG), teilstationäre Einrichtungen (§ 1 Abs. 5 HeimG), Einrichtungen, die der vorübergehenden Aufnahme (für einen Zeitraum bis zu drei Monaten, § 1 Abs. 4 HeimG) dienen oder Hospize (§ 1 Abs. 3 HeimG). Ob eine Einrichtung ein Heim ist, hängt letztlich von der Anlage und Ausstattung der Einrichtung, der Bewohnerstruktur sowie dem Inhalt der zwischen Bewohner:innen und Träger abgeschlossenen Verträge ab, die die notwendigen Leistungs- und Vorhaltungszusagen beinhalten.

Auch Einrichtungen des betreuten Wohnens können Heime i. S. d. HeimG sein, wenn sie für bestimmte Personengruppen (ältere, pflegebedürftige oder behinderte volljährige Menschen) eingerichtet sind, denen begleitende Betreuungs- und Verpflegungsleistungen gewährt oder zur Verfügung gestellt werden. Entscheidend ist der Einzelfall; mitentscheidend ist der **Schutzgedanke**, der hinter den heimrechtlichen Regelungen steht. Menschen in solchen stationären Einrichtungen bedürfen eines besonderen Schutzes, weil sie sich mehr oder weniger weitgehend in einem Abhängigkeitsverhältnis vom Einrichtungsträger befinden.

Der Anwendungsbereich der Landesheimgesetze[160] unterscheidet sich teilweise deutlich voneinander. Insbesondere fallen immer mehr die sog. „neuen Wohnformen“ unter die Vorschriften.

5.2.2 Rechte der Bewohnerinnen und Bewohner von Heimen

Das HeimG und die landesrechtlichen Vorschriften beinhalten zunächst umfangreiche **Leistungs- und Informationspflichten** der Einrichtungsträger gegenüber den Bewohner:innen.

---

160 Einen guten Überblick über alle Landesheimgesetze findet man unter http://www.biva.de/gesetze/laender-heimgesetze/ jeweils mit dem Datum des Inkrafttretens (9.7.2021).

Beispiel

So sind nach dem Berliner Wohn- und Teilhabegesetz die Einrichtungsträger zur Transparenz verpflichtet (§ 6), indem sie ihr Leistungsangebot nach Art, Inhalt, Umfang und Preis Interessenten zugänglich zu machen haben; sie müssen auf Beschwerdemöglichkeiten hinweisen und die Qualitätsprüfberichte aushängen. Darüber hinaus haben sie den Bewohner:innen ein Mitspracherecht bei der Gestaltung der Räumlichkeiten und ein Einsichtsrecht in die sie jeweils betreffenden Akten und Dokumentationen zu gewähren (§ 7). Der Träger hat ein Beschwerdemanagement aufzubauen (§ 8) und die Teilhabe am Leben in der Gesellschaft sicherzustellen (§ 10).

Darüber hinaus haben die Bewohner:innen **Mitwirkungsrechte**, die sie i. d. R. durch ein eigenes Organ (z. B. Heimbeirat, Bewohnervertretung, Bewohnerbeirat oder Einrichtungsbeirat) wahrnehmen. Dieses Organ vertritt ihre Interessen gegenüber der Einrichtung und kann bei Angelegenheiten des Heimbetriebs bzw. der entsprechenden Einrichtung mitwirken, auch ggf. unter Hinzuziehung von fach- und sachkundigen Personen des Vertrauens.

In vollstationären Einrichtungen der Behindertenhilfe sind teilweise noch **Angehörigen- oder Betreuerbeiräte** vorgesehen, die die Leitung und den Heimbeirat bei ihrer Arbeit beraten und durch Vorschläge und Stellungnahmen unterstützen (z. B. in § 5 Abs. 1 S. 2 Landesheimgesetz Baden-Württemberg).

5.2.3 Qualitätssicherung

Die Einhaltung der Vorschriften der Landesheimgesetze wird durch die zuständigen Behörden (**Heimaufsicht**) überwacht. Dafür werden i. d. R. **unangemeldete Prüfungen** grundsätzlich einmal jährlich durchgeführt. Diese Prüfungen der Landesbehörden sind unabhängig von den Qualitätskontrollen, die nach den §§ 114 ff. SGB XI durch den Medizinischen Dienst oder dafür bestellte Sachverständige durchgeführt werden; beide Aufsichtsbehörden sollen allerdings zusammenarbeiten. Bei den **Qualitätskontrollen des Medizinischen Dienstes** bzw. des Prüfdienstes der Privaten Krankenversicherung oder von den Pflegekassen beauftragter Sachverständiger werden die Ergebnisse nach § 115 Abs. 1a SGB XI für pflegebedürftige Menschen und ihre Angehörigen verständlich, übersichtlich und vergleichbar sowohl im Internet als auch in anderer geeigneter Weise kostenfrei veröffentlicht. Auf diese Weise soll den Betroffenen die Entscheidung für eine Einrichtung anhand objektiver Kriterien ermöglicht und ihnen die Auswahl der geeigneten Einrichtung erleichtert werden.

5.2.4 Leistungen in Heimen

Welche Leistungen in Heimen erbracht werden, ist abhängig davon, ob es sich um eine stationäre Pflegeeinrichtung nach dem SGB XI oder um eine stationäre Einrichtung der Behindertenhilfe handelt (dazu Kapitel 4.5.3.3).

Menschen mit Behinderungen erhalten auch in besonderen Wohnformen und Räumlichkeiten **Eingliederungshilfen**, wenn sie die Voraussetzungen des § 99 SGB IX erfüllen. Dazu gehören auch Leistungen zur Sozialen Teilhabe am Leben in der Gemeinschaft, z. B. durch die Inanspruchnahme eines Fahrdienstes, wenn die Benutzung öffentlicher Verkehrsmittel aufgrund der Beeinträchtigung nicht möglich ist. Zu den Pflegeleistungen s. Kapitel 4.5.3.3.

In stationären Pflegeeinrichtungen sind die Leistungen **der medizinischen Behandlungspflege** Teil der Pflege und deshalb in der Leistungsverantwortung der Pflegeversicherung. Da für die Pflegeleistungen allerdings nur ein Pauschalbeitrag geleistet wird, sind Zuzahlungen der Bewohner:innen häufig notwendig, was v. a. bei umfangreichen Behandlungspflegemaßnahmen zu sehr hohen finanziellen Belastungen führt. Lediglich bei einem hohen Bedarf an medizinischer Behandlungspflege (z. B. Dauerbeatmung, Palliativpflege) übernimmt die Krankenkasse ausnahmsweise diese Leistungen. Dies führt im Einzelfall zu Ungerechtigkeiten gegenüber Pflegebedürftigen, die ambulant versorgt werden; denn dort übernimmt die Krankenkasse die medizinische Behandlungspflege vollständig und bedarfsdeckend.

5.2.5 Zivilrechtliche Grundlagen der Versorgung in Heimen

Mit dem WBVG wurden auf Bundesebene die **zivilvertragsrechtlichen Grundlagen** für den Aufenthalt in stationären Einrichtungen, Heimen u. Ä. geregelt. Das Gesetz löst die bisher bestehenden zivilrechtlichen Regelungen des HeimG ab und reagiert damit auf geänderte Betreuungssituationen und neue Wohnformen, die – auch wenn sie nicht mehr als Heim bezeichnet werden – die Bewohner:innen in eine strukturelle Abhängigkeit zum Träger bringen. Ziel ist der Schutz der Betroffenen im Rahmen des zivilrechtlichen Vertragsschlusses. Das Gesetz ist auf Verträge zwischen einem Unternehmer (i. d. R. der Einrichtungsträger) und einer:einem volljährigen Verbraucher:in (i. d. R. der Mensch mit Behinderung und/ oder Pflegebedarf) anzuwenden, wenn dieser Vertrag mit der Überlassung von Wohnraum und der Erbringung von Pflege- und Betreuungsleistungen, die der Bewältigung eines durch Alter, Pflegebedürftigkeit oder Behinderung bedingten Hilfebedarfs dienen, verbunden ist (§ 1 Abs. 1 S. 1 WBVG). Es wird auch angewendet, wenn diese Leistungen zwar Gegenstand verschiedener Verträge sind, allerdings die Wohnraumüberlassung von der Inanspruchnahme dieser Leistungen abhängt.

Das Gesetz begründet verschiedene **Pflichten des Unternehmers** (z. B. Informationspflichten vor Vertragsschluss) und regelt die Form und die zulässigen Inhalte des Vertrages. Die gegenseitigen Leistungspflichten finden sich in § 7 WBVG; die Rechtsfolgen bei Nicht- oder Schlechtleistung in § 10 WBVG.

6 Anhang

6.1 Literaturverzeichnis

Baltzer, Peter/Reisnecker, Manfred, Vorsorgen mit Sorgenkindern 2012.

Bieritz-Harder, Renate/Conradis, Wolfgang/Thie, Stephan, Lehr- und Praxiskommentar SGB XII, 12. Aufl. 2020.

Boetticher, Arne von, Das neue Teilhaberecht, 2. Aufl., 2020.

Boetticher, Arne von/Kuhn-Zuber, Gabriele, Rehabilitationsrecht, 2019.

Dau, Dirk H./Düwell, Franz/Joussen, Jacob, Lehr- und Praxiskommentar SGB IX, 5. Aufl. 2019.

Deinert, Olaf/Welti, Felix, StichwortKommentar Behindertenrecht, 3. Aufl., 2022.

Ehmann, Frank/Karmanski, Carsten/Kuhn-Zuber, Gabriele, Gesamtkommentar Sozialrechtsberatung, 2. Aufl., 2018.

Falterbaum, Johannes, Rechtliche Grundlagen Sozialer Arbeit – Eine praxisorientierte Einführung, 2. Aufl. 2007.

Fasselt, Ursula/Schellhorn, Helmut, Handbuch Sozialrechtsberatung, 6. Aufl. 2021.

Hauck Sozialgesetzbuch SGB VIII Loseblatt Stand Dezember 2021.

Hoenig, Ragnar/Kuhn-Zuber, Gabriele, Recht der Grundsicherung, Beratungshandbuch SGB II 2012.

Institut für Sozialarbeit und Sozialpädagogik e.V., Die Bücher des Sozialgesetzbuches – Einführung für die Soziale Arbeit, 2011.

Kampmeier, Anke/Kraehmer, Stefanie/Schmidt, Stefan (Hg.), Das Persönliche Budget. Selbständige Lebensführung von Menschen mit Behinderungen, 2014.

Kievel, Winfried/Knösel, Peter/Marx, Ansgar, Recht für soziale Berufe, 8. Aufl. 2018.

Klie, Thomas/Krahmer, Utz/Plantholz, Markus, LPK-SGB XI, 5. Aufl. 2018.

Kuhn-Zuber, Gabriele, Soziale Inklusion und Teilhabe. Die Reform der Eingliederungshilfe unter Berücksichtigung des Rechts auf unabhängige Lebensführung und Einbeziehung in die Gemeinschaft aus Art. 19 BRK, Sozialer Fortschritt 2015 (Heft 11), S. 259–266.

Kuhn-Zuber, Gabriele, Ratgeber für Menschen mit Pflegebedarf und ihre Angehörigen, BAG Selbsthilfe 2016.

Lachwitz, Klaus/Schellhorn, Walter/Welti Felix, Handkommentar zum Sozialgesetzbuch IX, 3. Aufl. 2010.

Maydell, Bernd Baron von/Ruland, Franz, Sozialrechtshandbuch, 5. Aufl. 2012.

Möller, Hans-Jürgen/Laux, Gerd/Deister, Arno, Psychiatrie und Psychotherapie, 5. Aufl. 2013.

Münder, Johannes/Geiger, Udo, Lehr- und Praxiskommentar SGB II, 7. Aufl. 2021.

Schneck, Gotthard, Rechtskunde Heilerziehungspflege, 6. Aufl. 2009.

Trenczek, Thomas/Tammen, Britta/Behlert, Wolfgang/Boetticher, Arne von, Grundzüge des Rechts, Studienbuch für soziale Berufe, 5. Aufl. 2017.

6.2 Stichwortverzeichnis

D

E

Q

R

S

T

U

V

W

Z

Die Autorinnen

Dr. Cornelia Bohnert ist Professorin für Rechtliche Grundlagen der Sozialen Arbeit, Bürgerliches Recht, Kinder- und Jugendhilferecht an der Katholischen Hochschule für Sozialwesen und lehrt entsprechende Rechtsgebiete für Studierende der Heilpädagogik in Bachelor- und Masterstudiengängen. Ihre Forschungsschwerpunkte sind das Betreuungs- und Unterbringungsrecht, das Recht der Kinder- und Jugendhilfe sowie das Verfahrensrecht in Familiensachen, in Angelegenheiten der Freiwilligen Gerichtsbarkeit und Jugendstrafsachen.

Dr. Gabriele Kuhn-Zuber ist Professorin für die Rechtlichen Grundlagen der Sozialen Arbeit und der Heilpädagogik mit dem Schwerpunkt Existenzsichernde Leistungen, Recht für Menschen mit Behinderungen, Pflegeversicherungsrecht sowie Sozialverwaltungsrecht an der Katholischen Hochschule für Sozialwesen Berlin (KHSB). Vor ihrer Hochschultätigkeit war sie mehrere Jahre im Sozialverband Deutschland (SoVD) als persönliche Referentin des Präsidenten und Referentin für Pflege- und Gleichstellungsrecht zuständig. Ihre Forschungsschwerpunkte liegen im Bereich Recht für Menschen mit Behinderungen und Pflegerecht.